MEYERS
TASCHEN
LEXIKON
Band 9

MEYERS
TASCHEN
LEXIKON

in 12 Bänden

Herausgegeben und bearbeitet
von Meyers Lexikonredaktion

Band 9: Phön–Sach

B.I.-Taschenbuchverlag
Mannheim · Leipzig · Wien · Zürich

Redaktionelle Leitung:
Dr. Joachim Weiß

Redaktion:
Sabine-Walburga Anders,
Dipl.-Geogr. Ellen Astor,
Ariane Braunbehrens, M.A.,
Ursula Butzek,
Dipl.-Humanbiol. Silke Garotti,
Dr. Dieter Geiß,
Jürgen Hotz, M.A.,
Dr. Erika Retzlaff,
Barbara Schuller,
Marianne Strzysch

Bildredaktion:
Gabriela Horlacher-Zeeb,
Ulla Schaub

Die Deutsche Bibliothek – CIP-Einheitsaufnahme
Meyers Taschenlexikon: in 12 Bänden / hrsg. und bearb. von
Meyers Lexikonredaktion. [Red. Leitung: Joachim Weiß.
Red.: Sabine-Walburga Anders ...]. – [Ausg. in 12 Bd.]. –
Mannheim; Leipzig; Wien; Zürich: BI-Taschenbuchverl.
ISBN 3-411-12201-3
NE: Weiß, Joachim [Red.]
[Ausg. in 12 Bd.]
Bd. 9. Phön–Sach. – 1996
ISBN 3-411-12291-9

Als Warenzeichen geschützte Namen sind durch
das Zeichen ® kenntlich gemacht. Etwaiges Fehlen dieses Zeichens
bietet keine Gewähr dafür, daß es sich um einen nicht geschützten
Namen handelt, der von jedermann benutzt werden darf.

Das Wort MEYER ist für Bücher aller Art für den Verlag
Bibliographisches Institut & F. A. Brockhaus AG
als Warenzeichen geschützt.

Alle Rechte vorbehalten
Nachdruck, auch auszugsweise, nicht gestattet
© Bibliographisches Institut & F. A. Brockhaus AG, Mannheim 1996
Satz: Grafoline T·B·I·S GmbH, L.-Echterdingen
Druck: Klambt-Druck GmbH, Speyer
Bindearbeit: Röck Großbuchbinderei GmbH, Weinsberg
Papier: 80 g/m^2, Eural Super Recyclingpapier matt gestrichen
der Papeterie Bourray, Frankreich
Printed in Germany
Gesamtwerk: ISBN 3-411-12201-3
Band 9: ISBN 3-411-12291-9

Phönix

Phönix [griech.], 1) (Phoinix) *Mythologie:* Fabelwesen der Antike, dessen Lebensdauer 972 Menschenalter betragen haben soll; nach Herodot wurde er im ägypt. Heliopolis verehrt. Die spätere Legende, derzufolge er, wenn er sein Ende nahen fühle, sich selbst verbrenne und aus der Asche ein neuer P. entstehe, ist nicht ägypt. Ursprungs. Das Motiv der Selbstverbrennung wurde bereits von den Kirchenvätern auf Tod und Auferstehung Jesu übertragen; deshalb ist der P. in der alten Kirche und im MA ein Christussymbol.
2) *Astronomie:* ↑Sternbilder (Übersicht).

Phönizien ↑Phönikien.

phono..., Phono..., phon..., Phon... [griech.], Bestimmungswort von Zusammensetzungen mit der Bedeutung »Schall, Laut, Stimme, Ton«.

Phonograph, von T. A. Edison 1877 erfundenes Gerät zur Aufzeichnung und Wiedergabe von Schallvorgängen.

Phonolith [griech.] (Klingstein), grünlichgraues Ergußgestein.

Phonologie (Phonemik, Phonematik), sprachwiss. Disziplin; sie nimmt als lautl. Einheiten einer Sprache ↑Phoneme an und untersucht die Laute einer Sprache unter dem Gesichtspunkt, wie diese ihre Funktion, Wörter voneinander zu unterscheiden, erfüllen können.

Phononen [griech.] (Schallquanten), die Quanten der Schallschwingungen fester und flüssiger Stoffe sowie der als Wärmebewegung der Gitterbausteine eines Kristalls auftretenden Gitterschwingungen.

Phonothek [griech.], Sammlung von Tonträgern (Walzen, Schallplatten, Tonbänder, Tonfilme, Compact Disc) mit Schallaufnahmen zum Zwecke der Dokumentation und Forschung.

Phosgen [griech.] (Karbonylchlorid, Kohlenoxidchlorid), farbloses, äußerst giftiges Gas, das durch Umsetzen von Kohlenmonoxid mit Chlor hergestellt wird; im 1. Weltkrieg als Kampfgas eingesetzt.

Phosphane [griech.], svw. ↑Phosphorwasserstoffe.

Phosphatasen [griech.] (Phosphoesterasen), stoffwechselphysiolog. wichtige Phosphorsäureester (z. B. Nukleotide, Phosphatide) spaltende Enzyme.

Phosphate [griech.], 1) die Salze der Phosphorsäuren, insbes. die der Orthophosphorsäure, die als dreibasische Säure *primäre* ($Me^IH_2PO_4$), *sekundäre* ($Me_2^IHPO_4$) und *tertiäre* P. ($Me_3^IPO_4$) bilden kann. Beim Erhitzen gehen die primären und sekundären P. in *Meta-P.* (mit ringförmigen Molekülen) oder in hochmolekulare *Poly-P.* über, die v. a. in Waschmitteln verwendet werden. Die natürlich vorkommenden P. werden v. a. zu Düngemitteln verarbeitet. Die P. im Abwasser tragen zur ↑Eutrophierung bei.
2) die Ester der Orthophosphorsäure, z. B. die Adenosin-P. und Phospholipide; zahlr. Alkyl- und Arylester werden zur Herstellung von Schädlingsbekämpfungsmitteln (z. B. E 605 ®), Weichmachern und Flotationsmitteln verwendet.

Phosphatide [griech.], svw. ↑Phospholipide.

Phosphide [griech.], Verbindungen des Phosphors mit Metallen und Halbmetallen.

Phospholipide (Phospholipoide, Phosphatide) [griech.], in tier. und pflanzl. Zellen v. a. als Bestandteile biolog. Membranen vorkommende Lipoide.

Phosphor [griech.], chem. Element, Symbol **P**, der V. Hauptgruppe des Periodensystems, Ordnungszahl 15, relative Atommasse 30,97376; tritt in drei Mo-

Phonograph. Verbesserter Edison-Standard-Phonograph aus dem Jahr 1901

Phosphoreszenz

difikationen auf: *Weißer P.* ist eine wachsartige, gelbl., an Luft selbstentzündl. giftige Masse mit knoblauchartigem Geruch; Dichte 1,82 g/cm³; Schmelztemperatur 44,1 °C; Siedetemperatur 280 °C. An der Luft entzündet sich weißer P. unter schwachem Leuchten, es entsteht P.pentoxid. Bei Raumtemperatur wandelt er sich langsam, oberhalb 200 °C unter Luftabschluß schneller in roten P. um. *Roter P.* ist ein amorphes oder feinkristallines, ungiftiges Pulver (Dichte 2,2 g/cm³), das sich erst beim Erhitzen auf über 300 °C entzündet; er wird zur Herstellung von Zündhölzern verwendet. Der graue rhomb. Kriställchen bildende *schwarze P.* entsteht aus weißem P. unter hohem Druck und besitzt elektr. Leitfähigkeit. – In seinen Verbindungen tritt P. drei- und fünfwertig auf.

Phosphoreszenz [griech.], eine Form der Lumineszenz, die im Ggs. zur Fluoreszenz nicht sofort nach Beendigung der Anregung abklingt, sondern sich durch ein längeres Nachleuchten auszeichnet. Stoffe, die P. zeigen, werden *Phosphore* genannt. Auf der P. beruht die Wirkungsweise von Leuchtschirmen, bei denen zur Darstellung eines zusammenhängenden Bildes durch den Elektronenstrahl ein gewisses Nachleuchten erforderlich ist.

Phosphorsäuren, die von Phosphor abgeleiteten Sauerstoffsäuren. Neben der durch Umsetzen von Phosphortrioxid mit Wasser entstehenden kristallinen *phosphorigen Säure*, H_3PO_3, ist die *[Ortho-]P.*, H_3PO_4, wichtig; sie ist eine farblose, kristalline, in wäßriger Lösung schwach sauer reagierende Substanz, die in zahlr. physiolog. wichtigen Verbindungen (z. B. in der DNS) gebunden ist. Über 200 °C geht sie unter Wasserabspaltung in die *Diphos-P. (Pyrophosphorsäure)*, $H_4P_2O_7$, über, die durch weitere Entwässerung in die hochmolekulare *Meta-P.* übergeht. Die *hypophosphorige Säure*, H_3PO_2, bildet farblose, blättchenförmige, in Wasser lösl. Kristalle; sie wirkt stark reduzierend.

Phosphorwasserstoffe (Phosphane), Wasserstoffverbindungen des Phosphors; z. B. das sehr giftige, gasförmige *Monophosphan (Phosphin)*.

Photios, * Konstantinopel um 820, † (in der Verbannung) zw. 891 und 898, byzantin. Gelehrter und Patriarch von Konstantinopel (859–867 und 879 bis 886). Von Papst Nikolaus I. abgesetzt, faßte P. 867 in einer Enzyklika die dogmat. Streitpunkte mit Rom zusammen und exkommunizierte Nikolaus I. *(Photianisches Schisma)*, wurde kurz danach von Basileios I. Makedon gestürzt und auf dem 4. Konzil von Konstantinopel 869/870 exkommuniziert. 879 erneut Patriarch, 886 durch seinen Schüler Kaiser Leon VI. amtsenthoben und exiliert; seit dem 10. Jh. in der Ostkirche als Heiliger verehrt.

photo..., Photo... [griech.] (eindeutschend foto..., Foto...), Bestimmungswort von Zusammensetzungen mit der Bedeutung »Licht«, »Lichtbild«.

Photoapparat, opt. Gerät zur Aufnahme photograph. Bilder nach dem Vorbild der ↑Camera obscura. Ein P. besteht aus einem lichtdichten Gehäuse mit Bildbühne und Transportvorrichtung für das Aufnahmematerial, Objektiv (↑photographische Objektive) mit Blende, Verschluß und Visiereinrichtung (Suchersystem). Hinzu kommen bei modernen Kompaktkameras und Kleinbild-Systemkameras mikroelektron. Systeme zur Steuerung zahlreicher Kamerafunktionen.
Großformatkameras (Großbildkameras) mit dem Aufnahmeformat 9×12 cm und größer für Planfilme, mit Adapter auch für andere Formate (bes. Sofortbildfilm), besitzen einen Balgen als Gehäuse; Objektivstandarte und Kassettenrückteil sind auf einem Laufboden oder einer opt. Bank verstellbar und schwenkbar angeordnet. Die Scharfeinstellung erfolgt auf der Einstellscheibe (Mattscheibe). – *Mittelformatkameras* mit den Aufnahmeformaten 6×9 cm, 6×7 cm, 6×6 cm, 56×72 mm (Idealformat) und 4,5×6 cm sind überwiegend ein- oder zweiäugige Spiegelreflextubuskameras mit auswechselbarem Zentralverschluß oder einem Schlitzverschluß. – *Kleinbildkameras* mit dem Aufnahmeformat 24 × 36 mm und kleiner (z. B. »Halbformat«) sind nach den Großbildkameras die vielseitigsten Kameratypen für Professionalanwender und Amateure. Funktionen wie automat. Filmeinfädelung, -transport und -rückspulung, Belichtungsautomatik und automatische Scharfeinstellung (Autofokus)

Photoapparat

Photoapparat. Teilschnitt durch eine moderne Spiegelreflexkamera mit Autofokussystem (Canon EOS 650)

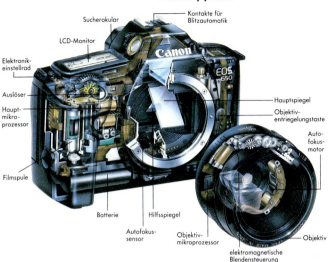

werden weitgehend von Mikroprozessoren gesteuert. Man unterscheidet: *1. Kompaktkameras:* Sucherkameras in Tubusbauweise mit festeingebautem Objektiv (auch zwei Objektiven auf Wechselschlitten oder Zoomobjektiv) und Elektronenblitz. *2. Systemkameras:* überwiegend einäugige Spiegelreflexkameras mit Wechselobjektiven in Schraub- oder Bajonettfassung. Sie besitzen meist mehrere Belichtungsautomatikprogramme, unterschiedl. Autofokusfunktionen, integrale oder selektive Belichtungs- und Blitzhelligkeitsmessung durch das Objektiv hindurch (TTL, Through-the-lens) und spezielle, bei einigen Modellen durch einschiebbare Chips gesteuerte Funktionsprogramme, z. B. für Nahaufnahmen. Alle aktuellen Funktionen werden auf einem Flüssigkeitskristallmonitor (LCD-Monitor) an der Kameraoberseite angezeigt. Filmtransport und -rückspulung können durch ansetzbare (heute meist eingebaute) Elektromotoren (bis 6 Aufnahmen/s) oder sog. *Winder* (2–3 Aufnahmen/s) bewerkstelligt werden. *3. Bridge Cameras:* P., die eine Brücke zwischen Kompakt- und Systemkameras schlagen wollen, indem sie kompakte Bauweise mit den Merkmalen der Systemkamera verbinden. Sie besitzen keine Wechselobjektive, sondern ein festeingebautes (Weitwinkel-Tele-) Zoomobjektiv. – *Kleinstbildkameras* (Miniaturkameras) mit den Aufnahmeformaten 8×11 mm und 12×17 mm sind als sog. *Pocketkameras* populär geworden, die außer in Einfachausstattung auch mit Belichtungsautomatik (Programmautomatik), eingebautem Elektronenblitz, Motor, Objektiven auf Wechselschlitten und Spiegelreflexsystem angeboten werden. Neuartige Kleinstbildkameras sind die *Disc-Kameras,* deren Aufnahmematerial (8×10,5 mm) sich auf einer kreisförmigen Kunststoffscheibe befindet. Die große Schärfentiefe macht bei Kleinstbildapparaten eine Entfernungseinstellung überflüssig. Kompaktkameras verfügen über Durchlichtsucher (zweilinsiger *Galilei-Sucher* oder *Leuchtrahmensucher*). Bei Systemkameras war der Sucher mit einem ↑Entfernungsmesser zum *Meßsucher* vereinigt. Bei Spiegelreflexkameras spricht man von einem *Suchersystem;* das vom Kameraobjektiv erzeugte Bild wird von einem Ablenkspiegel auf eine zur Bildebene konjugierte, meist mit zusätzlichen Scharfeinstellhilfen wie Meßkeilen und/oder Mikroprismenraster ausgestattete horizontale Einstellebene (Einstellscheibe, Mattscheibe) geworfen.

Photoapparat

Ein nachgeschaltetes Pentaprisma zeigt das Bild aufgerichtet und seitenrichtig. Vor der Belichtung wird der Ablenkspiegel aus dem Strahlengang geschwenkt. Gegenüber der einäugigen Spiegelreflex-Kleinbildkamera mit Schwenkspiegel hat die zweiäugige Spiegelreflex-Mittelformatkamera ein Suchersystem mit eigenem Objektiv und starrem Spiegel.
Autofokus (automat. Scharfeinstellung): Kleinstbildkameras und einfache Kompaktkameras besitzen Fixfokusobjektive, die keine Entfernungseinstellung zulassen. Ihre Schärfentiefe erstreckt sich über den ganzen abzubildenden Gegenstandsbereich. Die Mehrzahl der übrigen Kleinbild- und Sofortbildkameras verfügt über automatisch arbeitende Einstellsysteme. *Aktive Autofokussysteme* nutzen die gemessene Laufzeit von durch das Objekt reflektierten Ultraschallwellen oder Infrarotstrahlen. Mit Laufzeitbeginn verschiebt sich das Objektiv aus der Nahstellung in Richtung Unendlichstellung. Diese Bewegung wird beim Wiedereintreffen des Signals gestoppt. Die weiter verbreiteten *passiven Autofokussysteme* arbeiten meist nach dem Prinzip der passiven Triangulation. Hierbei wird wie beim Entfernungsmesser über zwei Einblicke mit Fest- und Drehspiegel die Gegenstandsweite ermittelt; der Deckungsgrad der Teilbilder wird durch Kontrastmessung bestimmt. Spiegelreflex-Systemkameras müssen mit Rücksicht auf die geringere Schärfentiefe längerer Brennweiten über eine große Zahl von Einstellstufen verfügen oder stufenlos arbeiten. Hier wird über einen Hilfsspiegel am Reflexspiegel ein Teil des Bildes auf eine CCD-Sensoren-Gruppe abgebildet, die den Moment des höchsten Kontrastes bestimmt. Beim Druck auf den Auslöser läuft zunächst der Fokussiervorgang (automat. Objektivverstellung) ab, danach öffnet sich der Verschluß *(Schärfepriorität).* Diese zeitl. Verzögerung ist für bestimmte Aufnahmen, z. B. Schnappschußaufnahmen, nachteilig. Darum ist bei verschiedenen Modellen auch der Modus *Auslösepriorität* vorgesehen: Hier öffnet sich der Verschluß schon, bevor der Fokussiervorgang abgeschlossen ist, so daß sich das Objekt zwar noch nicht in der Einstellebene, aber doch im Schärfentiefenbereich befindet. Man kann auch eine gewünschte Schärfentiefe durch Autofokus festlegen.
Verschlüsse regeln die Belichtungszeit und zus. mit der gewählten Blendenöffnung die Belichtung (Lichtmenge, die auf den Film fällt). Der *Zentralverschluß* (Lamellenverschluß) befindet sich meist innerhalb des Objektivs in der Nähe der Blendenebene; seine Verschlußsektoren, mehrere schwenkbare Stahlamellen, geben die Öffnung, durch ein Federwerk oder einen Elektromagneten betätigt, von der Mitte her beginnend frei und kehren nach Ablauf der Offenzeit in die Schließstellung zurück. Der *Schlitzverschluß* läuft dicht vor dem Bildfenster ab; er besteht im wesentlichen aus zwei Vorhängen (Lamellen aus Stoff oder elastisch verbundenen Metallstreifen), von denen einer das Bildfeld zunächst abdeckt und es bei der Belichtung horizontal oder vertikal ablaufend freigibt, während der andere in einstellbarem zeitl. Abstand folgt und das Bildfeld wieder abdeckt. Beide Vorgänge bilden einen Schlitz variabler Breite. Moderne elektron. Verschlüsse sind teilweise quarzgesteuert.
Die Wahl von Blendenöffnung und Verschlußzeit ist abhängig vom Lichtangebot des Motivs und der Empfindlichkeit des Aufnahmematerials. Die Blendenöffnung bestimmt aber zusätzlich die Größe des Schärfentiefenbereichs (abhängig von Brennweite und Aufnahmeentfernung), die Verschlußzeit hingegen die Abbildungsschärfe bei bewegten Objekten. Beide Größen müssen zunächst durch Belichtungsmessung ermittelt werden. Diese erfolgt durch eingebaute Belichtungsmeß- und -steuersystem (mit Silizium- oder Galliumarsenid-Phosphor-Meßzellen). Bei Spiegelreflexkameras wird die Belichtung durch das Objektiv hindurch gemessen (Belichtungsinnenmessung, TTL). Der Meßmodus ist i. d. R. *integral,* d. h., es wird ein Mittelwert für das gesamte Bildfeld bestimmt, meist jedoch unter besonderer Berücksichtigung der mittleren Bildpartien, entsprechend dem normalen Bildaufbau (sog. *mittenbetonte Integralmessung*), für präzisere Messungen kann aber oft der Meßmodus »selektiv« angewählt werden, mit dem die

Helligkeit eines einzelnen bildwichtigen Details bestimmt werden kann. Da die *Selektivmessung* einige photographische Erfahrung voraussetzt, weichen moderne Automatikkameras auf die *selektive Mehrfeldmessung* aus, bei der mehrere Selektivmessungen über das Bildfeld verteilt gleichzeitig vorgenommen und die Meßergebnisse mit vorab eingespeicherten Belichtungsdaten verglichen werden. Die ermittelte Belichtung kann meist zusätzlich durch ein »Override« um bis zu zwei Belichtungsstufen nach oben und unten korrigiert werden.

Die *Belichtungssteuerung* erfolgt automatisch. Kompaktkameras verfügen über eine *Programmautomatik,* die entsprechend dem Lichtwert (Belichtungswert, Exposure Value) genau eine Zeit-Blenden-Paarung auswählt und nicht alle gleichwertigen Paarungsmöglichkeiten zur Verfügung stellt. Letzteres ist bei den Modi *Zeitautomatik* und *Blendenautomatik* möglich, über die Systemkameras verfügen: Bei Zeitautomatik wird der Blendenwert vorgewählt, d. h. von Hand eingestellt, die zugehörige Belichtungszeit stellt sich selbsttätig ein; bei Blendenautomatik genau umgekehrt. Hier kann der Benutzer diejenige Wertepaarung wählen, die den Motiverfordernissen am besten gerecht wird (kurze Zeit oder große Schärfentiefe). Doch auch bei Systemkameras wird die unproblematische Programmautomatik angewendet; allerdings arbeitet sie in mehreren Varianten: Da z. B. längere Brennweiten (Teleobjektive) kürzere Belichtungszeiten erfordern (wegen der größeren Verwacklungs- und Vereißungsgefahr), bevorzugt das *Teleprogramm* gegenüber dem *Normalprogramm* kürzere Zeiten; es schaltet sich automatisch ein, wenn ein langbrennweitiges Objektiv angesetzt oder das Zoomobjektiv in Telestellung gefahren wird. Oft ist für Weitwinkelobjektive auch ein spezielles *Weitwinkelprogramm* vorgesehen.

Kleinbildpatronen und -filmanfänge sind heute mit dem sog. DX-Code ausgestattet: Ein schachbrettartiges Muster am Patronenmaul steuert die Kenndaten des Films (Empfindlichkeit, Filmart, Länge) über elektr. Kontakte in die Kameraautomatik ein, ein Lochcode am Filmanfang programmiert die Entwicklungsmaschine, während ein Strichcode unter den Bildern den Printer steuert. Eine neue Entwicklung stellen die *Still Video Cameras* dar, die die Bilder auf Magnetplatten speichern; sie stehen in der Konzeption den Bridge Cameras nahe und arbeiten mit einem CCD-Bildwandler. Die gespeicherten Bilder können auf Monitoren oder Fernsehbildschirmen abgerufen, über das Fernsprechnetz übermittelt und mit speziellen Printern ausgedruckt werden.

Photochemie, Teilgebiet der Chemie, das sich mit chem. Reaktionen befaßt, die durch Licht oder andere elektromagnet. Strahlung ausgelöst werden. Die Photochemie spielt bei der ↑Photosynthese und in der Photographie eine große Rolle.

Photodetektor, optoelektron. Bauelement, das einfallende elektromagnet. Strahlung (Licht) in elektr. Signale umwandelt.

Photodiode, spezielle Halbleiterdiode, die ihre elektr. Eigenschaften bei Belichtung der p-n-Übergangsschicht stark ändert. P. sind wichtige Bauelemente der ↑Optoelektronik und werden z. B. zu Lichtmeß- und Lichtsteuerungszwecken verwendet.

Photoeffekt (lichtelektr. Effekt, photoelektr. Effekt), das Herauslösen von Elektronen aus Festkörpern *(äußerer P.),* das Anheben von Elektronen aus dem Valenz- ins Leitungsband in Halbleitern *(innerer P.)* oder das Herauslösen von Elektronen aus freien Atomen *(atomarer P.; Photoionisation)* durch Einstrahlung von Licht-, Röntgen- oder Gammastrahlung. Der *äußere P. (Photoemission)* setzt bei Beginn der Einstrahlung praktisch trägheitslos ein. Die herausgelösten *Photoelektronen* können durch ein elektr. Feld abgesaugt werden. Die Stärke dieses sog. *Photostroms* ist der Intensität der absorbierten Strahlung proportional und folgt Schwankungen fast trägheitslos. Beim *inneren* oder *Halbleiter-P.* führt die Anhebung von Elektronen in das Leitungsband eines Halbleiters zur Erhöhung der elektr. Leitfähigkeit.

Photoelektronenvervielfacher ↑Photomultiplier.

Photoelement (Sperrschichtphotozelle), ein den inneren Photoeffekt ausnutzendes photoelektronisches Bauelement,

Photogrammetrie

in dem bei Belichtung eine Spannung *(Photospannung)* von einigen Zehntel Volt entsteht. Die Stromstärke hängt von der Lichtintensität ab; Anwendung u. a. in Belichtungsmessern und Solarzellen.

Photogrammetrie [griech.] ([Raum]-bildmessung), Verfahren, nach dem photograph. Meßbilder *(Photogramme)* hergestellt, geometrisch oder strukturell umgebildet und graphisch oder numerisch ausgewertet werden. Je nach der Lage der Aufnahmeorte unterscheidet man zw. *Erdbildmessung (terrestr. P.)* und *Luftbildmessung (Aero-P.).* – Im geodät. Bereich wird die vom Flugzeug aus erfolgende Luftbildmessung mit einer mit Visier- und Winkelmeßeinrichtung versehenen *Meßbildkamera* durchgeführt. Der Luftbildaufnahme folgt die Zuordnung photograph. Strukturen wie Tönungsflächen, Kontrastgebung u. a. zu realen Formen und schließlich die meßtechn. Auswertung. Die am Luftbild vorgenommene *Bildmessung* wird erleichtert, wenn das Luftbild zuvor durch Umbilden weitgehend »kartenähnlich« gemacht wurde (u. a. Beseitigung von Einflüssen der Erdkrümmung). Bei der *Doppel-* oder *Zweibildmessung* werden jeweils zwei aufeinanderfolgende, sich zu 60% überdeckende Luftbilder gleichzeitig nach stereoskop. Verfahren ausgewertet *(Stereoluftbildauswertung).*

Photographie. Joseph Nicéphore Niepce. Blick aus dem Arbeitszimmer in Chalon-sur-Saône; erste Photographie der Welt (1826)

Photographie, die Gesamtheit der Verfahren zum dauerhaften Festhalten und Sichtbarmachen der von opt. Systemen der ↑Photoapparate entworfenen Bilder auf Materialien, deren physikal. und/oder chem. Eigenschaften durch Einwirkung von Strahlung (insbes. sichtbarem Licht, auch Infrarot-, Ultraviolett-, Röntgen-, Elektronenstrahlen) verändert werden. Verwendet werden unterschiedlich lichtempfindliche Materialien, v. a. Silberhalogenide. Beim *Silberhalogenidverfahren* wird die auf einem Träger befindl. lichtempfindl. Schicht, die aus einer festen Suspension (fälschl. »Emulsion«) von feinsten Silberhalogenidkörnern in einem Schutzkolloid (Gelatine) besteht, [in einer Kamera] belichtet. Die einfallenden Lichtquanten spalten aus den Halogenidionen Elektronen ab, die Silberionen zu Silberatomen reduzieren können; wenn eine bestimmte Mindestanzahl von benachbarten Silberatomen erreicht ist, spricht man von einem Entwicklungskeim, an dem später der Entwickler angreifen kann. Während das Aufnahmematerial bei der Schwarzweiß-P. aus nur einer oder zwei (dann unterschiedl. empfindl.) lichtempfindl. Schichten besteht, haben die Farbfilme drei lichtempfindl. Schichtengruppen, die jeweils auf blaues, grünes bzw. rotes Licht ansprechen, sowie Maskenschichten zum Ausgleich der entstehenden Nebenfarbdichten.

In der Dunkelkammer wird zunächst der Film entwickelt. Der ↑Entwickler wandelt die Silberhalogenide in schwarzes Silbermetall um (Überführung des unsichtbaren in ein sichtbares Bild). Man erhält eine negative Abbildung, das *Negativ,* das an den Stellen intensivster Belichtung die größte Schwärzung aufweist. Beim Farbnegativfilm bilden die chem. Farbkoppler in der Emulsion oder im Entwickler die Komplementärfarben zum abgebildeten Objekt (z. B. blau wird gelb). Beim Farbumkehrfilm erfolgt zuerst eine Schwarzweißentwicklung, es entsteht ein monochromes Negativbild. Nach einer Zweitbelichtung bzw. Verschleierung des restl. Silberhalogenids folgt die Zweitentwicklung mit einem Farbentwickler, und es entsteht das positive Farbbild *(Diapositiv, Dia).*

Aus dem Entwicklerbad gelangen die Filme in ein Unterbrecherbad und von dort in ein Fixierbad (bzw. Bleichbad und folgendes Fixierbad), in dem durch Herauslösen des unentwickelten (unbelichteten) Silberhalogenids die Abbildung lichtunempfindl. und dauerhaft

gemacht wird. Es folgen die Schlußwässerung und gegebenenfalls ein Netzmittelbad (um Trockenflecken zu verhindern) sowie die Trocknung.
Positive Schwarzweiß- bzw. Farbabbildungen *(Positive)* erhält man, wenn das Negativ auf eine andere lichtempfindl. Schicht kopiert bzw. vergrößert wird. Bei Farbabzügen muß die Belichtung zum Ausgleich von Farbstichen durch Farbfilter hindurch geschehen (additive oder subtraktive Farbmischung). Die weiteren Prozeduren gleichen im Prinzip denen der Negativentwicklung.
Geschichte: Bei frühen Abbildungsversuchen mit lichtempfindl. Silbersalzen (u. a. 1727) gelang es nicht, beständige Bilder zu erhalten. 1826 machte J. N. Niepce die erste befriedigende Kameraaufnahme. 1835–37 entwickelte L. J. M. Daguerre sein Verfahren der ↑Daguerreotypie (1839 in Paris bekanntgegeben). 1839 führte W. H. F. Talbot das Negativ-Positiv-Verfahren ein. Das 1851 in London vorgestellte Naßaufnahmeverfahren (»nasses Kollodiumverfahren«) wurde ab 1878 durch die Verwendung von Trockenplatten abgelöst. 1873–1906 gelangen grundlegende Entdeckungen und Entwicklungen zur Farb-P. (aber erst 1925 erster praktisch verwertbarer Farbfilm). Die Herstellung von Zellulosenitrat-Filmbändern (Grundlage der Rollfilmproduktion) gelang 1887.

photographische Objektive, an ↑Photoapparaten bzw. photograph. Kameras verwendete opt. Systeme mit den Kenngrößen Lichtstärke (größtes einstellbares Öffnungsverhältnis) und Bildwinkel bzw. (auf die Bildformatdiagonale bezogene) Brennweite, nach der die Objektivtypen unterschieden werden (Normal-, Tele-, Weitwinkel-, Superweitwinkelobjektive, Fischauge [Fish-eye]); Lichtstärke und Brennweite sind jeweils an der Frontlinsenfassung der p. O. eingraviert.

Photokopie, unmittelbare photograph. Übertragung von Dokumenten, Buchseiten u. a. auf lichtempfindl. Papier; beglaubigte P. haben Urkundenwert.

Photolithographie, in der *Elektronik* Verfahren zur Übertragung von Schaltkreisanordnungen integrierter ↑Schaltungen auf eine Silicium-Halbleiterscheibe (Wafer). Die Scheibe wird mit einem Speziallack (↑Resist) beschichtet und durch eine Maske, die die gewünschten Leiterbahnanordnungen enthält, bestrahlt (Licht-, Röntgen-, Elektronenstrahlen). Je nachdem, ob es sich um Positiv- oder Negativlack handelt, wird der belichtete oder unbelichtete Lack abgelöst und die Halbleiteroberfläche freigelegt. Durch Eintauchen des Wafers in Flußsäure wird an der freiliegenden Oberfläche die Siliciumoxidschicht abgeätzt und somit die Schaltkreisstrukturen auf die Waferoberfläche übertragen. Je kurzwelliger dabei die Strahlungsart ist, desto feinere Strukturen können erreicht werden.

photomechanische Verfahren ↑Reproduktionsverfahren.

Photometrie [griech.] (Lichtmessung), die Messung der für die Lichttechnik und das menschl. Sehen grundlegenden physikal. Größen (Lichtstärke, Leuchtdichte, Beleuchtungsstärke u. ä.; sog. photometr. Größen). Da diese Größen auf die Eigenschaften des menschlichen Auges bezogen sind, muß das Auge direkt in den Meßprozeß einbezogen werden (z. B. Helligkeitsvergleich; subjektive P., visuelle P.; z. B. mittels Fettfleck-Flimmerphotometer), oder der Strahlungsempfänger muß der spektralen Empfindlichkeit des Auges angepaßt werden (objektive P., physikal. P.; z. B. mittels Photozelle, Bolometer). Die *Astro-P.* befaßt sich mit der Bestimmung der Helligkeit von Gestirnen.

Photomontage [...ta:ʒə], Kombination mehrerer Photographien zu einem Simultanbild; entweder als Klebemontage (Reproduktion eines aus mehreren Photos bzw. Ausschnitten bestehenden, zusammengeklebten Bildes) oder als Lichtmontage (Vielfachbelichtungen, Einkopieren, partielles Abschwächen u. a.).

Photomultiplier [...mʌltɪplaɪə] (Photoelektronenvervielfacher, [Sekundär]elektronenvervielfacher), Elektronenröhre (Photozelle) zur Verstärkung des extrem schwachen elektr. Stroms, den die durch äußeren Photoeffekt (an einer Photokathode) ausgelösten Elektronen (Primärelektronen) darstellen. Verwendung v. a. zum Nachweis sehr geringer Lichtintensitäten. Die ausgelösten Elektronen werden durch ein elektr. Feld beschleunigt und prallen auf eine weitere

Photonen

Elektrode (Dynode), aus der sie wiederum mehr Elektronen herausschlagen als auftreffen. Bei zehn Dynoden wird eine 10^7fache Stromverstärkung erreicht.

Photonen [griech.] (Lichtquanten, Strahlungsquanten), masselose Elementarteilchen, die Energiequanten der elektromagnet. Strahlung. Die P. in einer monochromat. elektromagnet. Welle mit der Frequenz v haben die Energie $W = h \cdot v$ (h Plancksches Wirkungsquantum); sie beträgt für sichtbares Licht einige eV, für weiche Röntgenstrahlung 100–100000 eV, für Gammastrahlung einige MeV und für Strahlung aus Teilchenbeschleunigern bis über 20 GeV. Die P. bewegen sich im Vakuum stets mit Lichtgeschwindigkeit. Sie repräsentieren den korpuskularen Charakter der elektromagnet. Strahlung (↑Welle-Teilchen-Dualismus).

Photorealismus ↑Neuer Realismus.

Photorezeptoren, 1) lichtempfindl. Zellen (Stäbchen und Zapfen) der Netzhaut des Auges, die auf Licht bestimmter Wellenlänge ansprechen und zu opt. Wahrnehmungen führen. Das Pigment der P. der meisten Tiere ist das Rhodopsin.
2) Pigmente, die nach Absorption von Licht bestimmter Wellenlängen bei Bakterien, Flagellaten und Pflanzen Bewegungen oder Verhaltensänderungen auslösen (z. B. Phytochrom, Flavoenzyme oder Rhodopsin).

Photosatz ↑Setzerei.

Photosphäre ↑Sonne.

Photosynthese, die grundlegende Stoffwechselreaktion chlorophyllhaltiger Organismen (Samenpflanzen, Farne, Moose, Algen und Blaualgen [*oxygene P.*] und einige Bakterien [*anoxygene P.*]), die nach der Absorption von Licht zur Synthese einer energiereichen organ. Verbindung führt. Kohlendioxid (CO_2) wird aus der Luft aufgenommen und unter Energieverbrauch an Zuckermoleküle gebunden, so daß Glucose entsteht. Die Absorption des energiereichen Sonnenlichtes durch Chlorophyll führt zur Bildung von ATP und NADPH + H$^+$ (nach Reduktion von NADP$^+$). Bei der oxygenen P. wird dafür Wasser in Wasserstoff und Sauerstoff gespalten und der entstehende Sauerstoff an die Atmosphäre abgegeben. Bei der anoxygenen P. wird nicht Wasser, sondern Schwefelwasserstoff oder andere Moleküle gespalten. Der heutige Gehalt an Sauerstoff in der Atmosphäre (21%) beruht allein auf der Sauerstofffreisetzung durch die P. Ohne den freigesetzten Sauerstoff und die aufgebaute Glucose wäre kein Leben für die Tiere und den Menschen auf der Erde möglich.
Die P. besteht aus zwei miteinander gekoppelten Prozessen, der *Lichtreaktion* und der *Dunkelreaktion.* Die *Bruttogleichung* der oxygenen P. lautet:

$$6\,CO_2 + 12\,H_2O \xrightarrow[2825\,kJ]{Licht} C_6H_{12}O_6 + 6\,O_2 + 6\,H_2O.$$

Der erste Prozeß der P. ist die Lichtreaktion, in der nach Absorption des Lichts ein Elektron angeregt wird und die Wasserspaltung (*Photolyse*) stattfindet. Die Lichtreaktion vollzieht sich in mehreren Proteinkomplexen, die in die Membransysteme *(Thylakoiden)* eines Chloroplasten eingelagert sind. Kernstück der Proteinkomplexe sind die miteinander verkoppelten Photosysteme I und II, die die Chlorophylle und Karotinoide als Pigmente gebunden haben. Nach Absorption des Lichts in einem Chlorophyll- oder Karotinoidmolekül des Photosystems II wird dessen Energie zu einem zentralen Chlorophyll weitergeleitet, wo ein Elektron in einen energiereichen Zustand angeregt und schließlich zu einem ersten Akzeptor abgegeben wird. Die entstehende Elektronenlücke im zentralen Chlorophyll des Photosystem II füllt ein bei der Wasserspaltung frei werdendes Elektron wieder auf. Die Wasserspaltung findet in einem Protein statt, in dem Manganatome in einem Zyklus mehrfach reduziert werden, bevor Wasserstoff und Sauerstoff frei werden. Das energiereiche Elektron des Chlorophylls in Photosystem II reduziert zunächst ein Phaeophytin (ein Chlorophyll ohne Magnesium). Danach wird das Elektron in einer Folge von Redoxreaktionen über drei verschiedene Plastochinone, ein Eisen-Schwefel-Protein, Zytochrom f und Plastocyanin (ein Kupfer-Protein) weitergeleitet. Das Elektron füllt die Lücke im zentralen Chlorophyll des

Photosystems I, die entstanden ist, nachdem auch hier ein Elektron nach Lichtabsorption abgegeben wurde. Dieses energiereiche Elektron reduziert im Photosystem I zunächst ein weiteres Chlorophyll, um nachfolgend in weiteren Redoxreaktionen über Menachinon (Vitamin K), vier Eisen-Schwefel-Proteinen u. a. Ferredoxin zum NADP$^+$ weitergeleitet zu werden. Gleichzeitig mit den Redoxreaktionen findet ein Protonentransport über die Thylakoidmembran statt. Der so entstehende Protonengradient wird zur ATP-Bildung genutzt.

Die Dunkelreaktion ist i. d. R. mit der Lichtreaktion gekoppelt, kann aber auch alleine im Dunkeln ablaufen. Die Enzyme dieser Reaktion sind im Zytoplasma des Chloroplasten *(Stroma)* lokalisiert. Hier bindet CO_2 an ein phosphorylierten Pentosezucker. Die so entstandene instabile Hexose zerfällt in zwei C_3-Carbonsäuren, die mit Hilfe von ATP und NADPH + H$^+$ reduziert werden. Aus den Produkten dieser Reaktion entsteht entweder Glucose, oder der ursprüngl. Pentosezucker wird in einem komplexen Reaktionszyklus wieder zur Verfügung gestellt.

Phototransistor, ein ↑Transistor, dessen Bauart eine Belichtung der Sperrschicht durch eine externe Lichtquelle ermöglicht. Das auf die Sperrschicht auftreffende Licht erzeugt dabei eine Spannung, die den P. steuert. Anwendung z. B. in Optokopplern.

phototroph, Licht als Energiequelle für Stoffwechselprozesse nutzend.

Phototropismus ↑Tropismus.

Photovoltaik, Gebiet, das sich mit der direkten Umwandlung von Lichtenergie in elektr. Energie befaßt. Ausgenutzt wird der photovoltaische Effekt (Sperrschicht-Photoeffekt) in Halbleitermaterialien (Solarzelle), mit denen u. a. photovoltaische Sonnenkraftwerke aufgebaut werden können.

Photowiderstand, lichtempfindliches Halbleiterbauelement, dessen Widerstand bei Beleuchtung abnimmt; besteht im wesentlichen aus einer dünnen, auf einer isolierenden Unterlage aufgebrachten photoleitenden Schicht, z. B. aus Cadmiumsulfid *(Cadmiumsulfidzelle, CdS-Zelle),* Cadmiumselenid, Bleisulfid oder -selenid. Photowiderstände werden z. B. zur Belichtungsmessung in Photoapparaten oder als Photodetektoren verwendet.

Photozelle (lichtelektr. Zelle), optoelektron. Bauelement auf der Grundlage des äußeren Photoeffekts. In einem luftleeren Glaskolben sind eine Photokathode und eine Anode untergebracht und an eine Spannungsquelle angeschlossen. Auf die Photokathode auffallendes Licht löst Photoelektronen heraus, die von der Anode »abgesaugt« werden; dadurch entsteht ein der Lichtintensität proportionaler *Photostrom.* Anwendung z. B. beim Tonfilm (zum »Abtasten« der Tonspur), in Überwachungsanlagen.

Phrase [griech.], 1) *allg.:* abgegriffene Redensart, inhaltsloses Gerede.
2) *Linguistik:* zusammengehöriger Teil eines Satzes, Satzglied.
3) *Musik:* eine melod. Sinneinheit. ↑Phrasierung.

Phraseologie [griech.], die in einem Wörterbuch zu einem Stichwort gegebenen Beispiele (Beispielsätze, Zitate, idiomat. Ausdrücke).

Phrasierung [griech.], Gliederung einer Komposition nach (melod.) Sinneinheiten (↑Phrasen). P. kann annähernd vom Komponisten bezeichnet werden (z. B. durch Bögen, Pausen, Betonungs- und andere Vortragszeichen), ist aber oft mehrdeutig und mehrschichtig und daher auf subjektive Deutung angewiesen.

Phrygien, histor. Landschaft im westl. Inneranatolien, Türkei. Die *Phryger,* ca. 1200 v. Chr. aus Makedonien und Thrakien eingewandert, gründeten im 8. Jh. ein Großreich, das um 695 von den Kimmeriern zerstört wurde; Mitte des 6. Jh. pers.; durch die Kelteninvasion (277–274) entstand ein östl. kelt. und ein westl. Teil, der 133 v. Chr. röm. (Prov. Asia) wurde.

Phrygisch, zu den indogerman. Sprachen gehörende Sprache der Phryger. Inschriften sind seit dem 8. Jh. v. Chr. überliefert; noch für das 5. Jh. n. Chr. wird das P. als gesprochene Volkssprache bezeugt.

phrygische Mütze ↑Jakobinermütze.

Phthise (Phthisis) [griech.] (Schwindsucht), allg. Verfall des Körpers oder einzelner Organe; i. e. S. Form der Lungentuberkulose.

Phuket

Phuket, thailänd. Insel in der Andamanensee, 552 km²; bed. Touristenzentrum.

pH-Wert [pH, Abk. für **p**otentia (oder **p**ondus) **h**ydrogenii »Stärke des Wasserstoffs«], Maßzahl für die in Lösungen enthaltene Konzentration an Wasserstoffionen, H^+-Ionen (bzw. Hydroniumionen, H_3O^+-Ionen), d. h. für den sauren oder basischen Charakter einer Lösung. Der pH-W. ist definiert als der negative dekad. Logarithmus der Wasserstoffionenkonzentration; beträgt die Wasserstoffionenkonzentration einer sauren Lösung 10^{-3} Mol/l, dann hat die Lösung einen pH-W. von 3; saure Lösungen haben pH-W. kleiner als 7, alkal. (bas.) Lösungen haben pH-W. über 7 (1-normale Salzsäure hat den pH-W. 0 und 1-normale Kalilauge den pH-W. 14). Der pH-W. ist für den Ablauf vieler chem. und biochem. Vorgänge entscheidend.

Phyle [griech.], altgriech. Stammesverband, in Athen als Verband des Stadtstaates organisiert.

Phylogenie [griech.], svw. Stammesentwicklung (↑Entwicklung [in der Biologie]).

Phylum [griech.] ↑Stamm.

phys..., Phys... ↑physio..., Physio...

Physik [griech.], Wiss., die sich mit der Erforschung aller experimentell und messend erfaßbaren sowie mathematisch beschreibbaren Erscheinungen und Vorgängen *(physikal. Phänomene)* in der Natur befaßt und die insbes. die Erscheinungs- und Zustandsformen der Materie, ihre Struktur und Bewegung (Veränderung) sowie die diese hervorrufenden Kräfte und Wechselwirkungen erforscht.
Die *Experimentalphysik* gewinnt durch exakte Beobachtung des Naturgeschehens und durch planmäßige, unter kontrollierten, übersichtl. und vereinfachten Bedingungen ausgeführte Versuche, die *physikalischen Experimente,* und dabei angestellte Messungen Kenntnis über die qualitativen und quantitativen Zusammenhänge der verwendeten Meßgrößen. Die *theoret. Physik* faßt das experimentelle Material zusammen, abstrahiert aus ihm die funktionellen Beziehungen zw. den untersuchten Größen und formuliert diese Beziehungen in mathemat. Form als *physikal. Gesetze.*
Eine wesentl. Rolle spielen in der theoret. P. Modellvorstellungen *(physikalische Modelle;* z. B. ↑Atommodell).
Das Gesamtgebiet der P. wird nach verschiedenen Gesichtspunkten unterteilt. Unter dem Begriff *klass. Physik* faßt man die bis zum Ende des 19. Jh. untersuchten Erscheinungen und Vorgänge zusammen, die anschaulich in Raum und Zeit beschreibbar sind und für die zu Beginn des 20. Jh. abgeschlossene Theoriengebäude vorlagen. Teilbereiche der klass. P. sind die ↑Mechanik, die ↑Akustik, die ↑Thermodynamik, die ↑Elektrodynamik sowie die ↑Optik. Eine Vollendung der klass. P. ist die zu Beginn des 20. Jh. entwickelte und meist zur modernen P. gezählte ↑Relativitätstheorie. Die sich seit Beginn des 20. Jh. entwickelnde *moderne Physik* umfaßt v. a. die Naturerscheinungen und -vorgänge der Mikrophysik und kann gegliedert werden in eine die Gesetze der Relativitätstheorie befolgende *relativist. P.* sowie in die *Quanten-P.* mit ihren nur durch die ↑Quantentheorie beschreibbaren Erscheinungen und Vorgängen. Teilbereiche der Quanten-P. sind die ↑Atomphysik, die ↑Kernphysik und die ↑Hochenergiephysik. Weitere wichtige Bereiche der modernen P. sind die sich mit den physikal. Eigenschaften von Flüssigkeiten und Festkörpern befassende *P. der kondensierten Materie* (z. B. Festkörper-P. und Halbleiter-P.) und die ↑Plasmaphysik.

physikalische Therapie, medizin. Behandlungs- und Rehabilitationsverfahren unter Anwendung physikal. Faktoren; u. a. Elektrotherapie, Hydrotherapie, Bewegungstherapie, Balneo- und Klimatherapie.

Physikalisch-Technische Bundesanstalt, Abk. **PTB,** Bundesoberbehörde im Geschäftsbereich des Bundes-Min. für Wirtschaft, Sitz Braunschweig, angeschlossen ist ein natur- und ingenieurwiss. Institut in Berlin. Wichtigste Aufgaben: Forschungen auf den Gebieten Meßwesen, Sicherheitstechnik und Strahlungsschutz.

Physikum [griech.], Abschlußprüfung nach den vier vorklin. Semestern in der ärztl. Ausbildung.

physio..., Physio..., physi..., Physi..., phys..., Phys... [zu griech. phýsis »Natur«], Bestimmungswort von Zusammensetzungen mit der Bedeutung »Natur, Leben, Körper«.

Physiognomie [griech.], die äußere Erscheinung, insbes. der Gesichtsausdruck.

Physiognomik [griech.], Sammel-Bez. für die (unbewegte) Ausdruckserscheinung der menschl. (und tier.) Körpers, von dessen Form und Gestaltung auf innere Eigenschaften geschlossen wird.

Physiokraten [griech.-frz.], Gruppe frz. Wirtschaftstheoretiker, die in der 2. Hälfte des 18. Jh. die erste nationalökonom. Schule bildete. Ihr Begründer F. Quesnay entwickelte das Modell eines *Wirtschaftskreislaufs* zw. den sozialen Klassen. Die einzige wirtschaftlich produktive Klasse bilden die in der Landwirtschaft Tätigen; die Klasse der Grundeigentümer soll dem Staat für polit. Aufgaben zur Verfügung stehen; die unproduktive Klasse umfaßt alle außerhalb des agrar. Bereichs Tätigen. – Ziel der P., v. a. des Praktikers A. R. Turgot, waren Wirtschafts- und Finanzreformen zur Behebung der frz. Wirtschafts- und Gesellschaftskrise. Der bedeutendste dt. Physiokrat war J. A. Schlettwein.

Physiologie, Teilgebiet der Biologie; die Wiss. und Lehre von den normalen, auch den krankheitsbedingten *(Patho-P.)* Lebensvorgängen und Lebensäußerungen der Pflanzen, Tiere und des Menschen.

physiologische Uhr (biolog. Uhr, endogene Rhythmik, innere Uhr), rhythmisch ablaufender physiolog. Mechanismus, der bei allen Lebewesen vorhanden ist und nach dem die Stoffwechselprozesse, Wachstumsleistungen und Verhaltensweisen festgelegt werden. Die p. U. ist in der Zelle lokalisiert; die molekularen Vorgänge in ihrer Funktion sind noch nicht bekannt. Die Periodendauer vieler Rhythmen der p. U. ist etwa 24 Stunden *(circadian)*. Der tägl. Hell-Dunkel-Wechsel ist der wichtigste Zeitgeber.

Physiologos (Physiologus) [griech.], ein vermutlich im 2. Jh. in Alexandria entstandenes Buch der Naturbeschreibungen, das im 4. Jh. aus dem Griech. ins Lat. übertragen wurde und Tiere, Pflanzen und Steine in Zusammenhang mit der Heilsgeschichte stellte: eine der verbreitetsten Schriften des MA, grundlegend für die Symbolsprache der christl. Natur- und Kunstvorstellungen; erste dt. Übersetzung vermutlich um 1070 (↑Bestiarium).

Physiotherapie (Physiatrie), zusammenfassende Bez. für physikal. Therapie und Naturheilkunde.

physisch, 1) in der Natur gegründet, natürlich.
2) die körperl. Beschaffenheit betreffend, körperlich.

phyto..., Phyto... [zu griech. phytón »Gewächs«], Bestimmungswort von Zusammensetzungen mit der Bedeutung »Pflanze«.

Phytohormone, svw. ↑Pflanzenhormone.

Phytolithe [griech.], aus pflanzl. Resten aufgebaute Sedimente; z. B. Kohle, verschiedene Kalkgesteine und Kieselsedimente.

Phytologie, svw. ↑Botanik.

Phytophagen [griech.], svw. Pflanzenfresser.

Pi [griech.], 1) 16. Buchstabe des klass. griech. Alphabets mit dem Lautwert [p]: Π, π.
2) (Ludolphsche Zahl) Bez. für die durch den griech. Buchstaben π symbolisierte transzendente (also irrationale) Zahl, die das konstante Verhältnis des Kreisumfangs ($2\pi r$) zum Durchmesser ($2r$) angibt:
$\pi = 3{,}14159265358979323846...$ (unendl., nichtperiod. Dezimalzahl).

Piacenza [italien. pia'tʃɛntsa], italien. Prov.-Hauptstadt in der Emilia-Romagna, 105 000 E. Museum, Theater. Handelsplatz an einem wichtigen Poübergang. Roman.-got. Dom (1122–1233) u. a. bed. Kirchen; Palazzo del Comune (1280 ff.). – 218 v. Chr. als röm. Militärkolonie *Placentia* gegr.; nach verschiedenen Besitzwechseln 1512 an den Kirchenstaat; 1545 mit Parma Herzogtum.

Piaf, Édith [frz. pjaf], eigtl. É. Giovanna Gassion, *Paris 19. 12. 1915, †ebd. 11. 10. 1963, frz. Chansonsängerin. Hatte mit z. T. selbstverfaßten Chansons internat. überragende Erfolge.

Piaget, Jean [frz. pjaˈʒɛ], *Neuenburg 9. 8. 1896, †Genf 16. 9. 1980, schweizer. Psychologe. Beschäftigte sich v. a. mit dem kindl. Spracherwerb.

Pianino [italien.] ↑Klavier.

piano [italien.], Abk. **p,** musikal. Vortrags-Bez.: leise, sanft, still (Ggs. ↑forte); **pianissimo,** Abk. **pp,** sehr leise;

Piacenza
Stadtwappen

Pianoforte

Pablo Picasso

Pablo Picasso. Stierkopf; Bronze (1943)

Auguste Piccard

Jacques Piccard

mezzopiano, Abk. **mp,** halbleise; **fortepiano,** Abk. **fp,** laut und sofort wieder leise.
Pianoforte [italien.-frz.] ↑Klavier.
Pianola [italien.], automat., pneumat. Klavier (↑mechanische Musikinstrumente).
Piassave [Tupí-portugies.], Bez. für mehrere wirtschaftlich genutzte Pflanzenfasern, die aus den Gefäßbündeln der Blattscheide und des Blattstiels verschiedener Palmenarten gewonnen werden.
Piasten, poln. und schles. Herrschergeschlecht. Histor. greifbar seit Hzg. Mieszko I. (⌒ 960–992). Durch die Reichsteilung 1138 entstanden in Schlesien (bis 1675), Großpolen (bis 1296) und Kleinpolen (bis 1279), schließlich durch Teilungen der kleinpoln. Linie in Masowien (bis 1526) und Kujawien (bis 1370/89) Nebenlinien. Kasimir III., d. Gr. (*1310, †1370), vereinigte wieder große Teile Polens und war der letzte Piast auf dem poln. Königsthron.
Piaster (frz. Piastre, italien. Piastra) [griech.-lat.], 1) europ. Bez. für den span.-amerikan. Peso (Säulen-P.) als Handelsmünze.
2) im Osman. Reich allg. Bez. für Talermünzen und seit 1687 auch für die osman. Großsilbermünzen (1 P. = 40 Para); heute noch kleine Währungseinheit in Ägypten, Libanon, Sudan, Syrien (100 P. = 1 Pfund).
Piauí, [brasilian. pia'ui], Gliedstaat in NO-Brasilien, 250 934 km², 2,581 Mio. E., Hauptstadt Teresina.
Piazza, italienische Bezeichnung für [Markt]platz.
Piazza Armerina, italien. Stadt im Innern Siziliens, 21 300 E. Schwefelgewinnung. Dom (im 17. Jh. barockisiert); nahebei Reste einer kaiserl. Jagdvilla (um 300 n. Chr.) mit Mosaikböden.
Pic [frz. pik], frz. svw. Bergspitze.
Picabia, Francis [frz. pika'bja], *Paris 22. 1. 1879, †ebd. 30. 11. 1953, frz. Maler span.-frz. Herkunft. Wegbereiter von Dadaismus und Surrealismus.
Picador [span.] ↑Stierkampf.
Picardie [pikar'di;], histor. Prov. und Region in N-Frankreich, 19 399 km², 1,81 Mio. E, Regionshauptstadt Amiens. Im MA in viele Herrschaften zersplittert, seit 1185 der frz. Krondomäne angeschlossen; 1477/82 an Ludwig XI. von Frankreich.
Picasso, Pablo, eigtl. Pablo Ruiz y P., *Málaga 25. 10. 1881, †Mougins bei Cannes 8. 4. 1973, span. Maler, Graphiker und Bildhauer. P. besuchte mit 15 Jahren die Kunstschule in Barcelona, 1897 die Academia San Fernando in Madrid und ließ sich 1904 in Paris nieder (u. a. Freundschaft mit den Schriftstellern P. Valéry, J. Cocteau, G. Apollinaire und dem Komponisten I. Strawinski). 1901–04 entwickelte er in der »Blauen Periode« seinen ersten originalen Stil mit Figurenbildern in verschiedenen Blautönen (»Absinthtrinkerin«, 1902; Glarus, Sammlung Huber). 1904–06 bevorzugte P. Zirkusmotive, häufig vor einem rosa gestimmten Hintergrund, daher der Name »Rosa Periode« (»Die Gaukler«, 1905; Washington D. C., National Gallery); neben Radierungen und Kupferstichen entstanden gleichzeitig die ersten Plastiken. Die Auseinandersetzung mit iber. Plastik, mit der Kunst der Naturvölker und mit dem Werk P. Cézannes ließ die Beschäftigung mit Formproblemen an die Stelle psycholog. Studien treten; das Bild »Les Demoiselles d'Avignon« (1907; New York, Museum of Modern Art) brach mit der bisher gültigen Ästhetik, indem es zersplitterte Formen und Farben (v. a. Grau-, Braun-, Grüntöne) zeigte. Gemeinsam mit G. Braque beschäftigte P. in der Folgezeit das Problem, alles Gegenständliche auf eine organisierte Struktur einfacher geometr. Formen zurückzuführen. Diesem analytischen ↑Kubismus folgte ab 1912 der synthetische Kubismus (»Die Violine«, 1912; Stuttgart, Staatsgalerie), der bedeutungsfreie Form- und Farbelemente, bes. eingeklebte Collagen (»papiers collés«) verwendet. Der »synthetische« Charakter dieser Kunst kommt in den gleichzeitig entstandenen Plastiken (von P. »Construction« gen.) bes. deutlich zum Ausdruck (»Gitarre«, 1912; New York, Museum of Modern Art). Ab 1914 trat neben die kubist. eine monumentale »klassizistische« Malerei, ab 1919 erfolgte auch ein Rückgriff auf mytholog. Motive und Vorbilder der Antike. Nachhaltige Impulse erhielt P. vom ↑Surrealismus. Die hier eröffnete Möglichkeit zur Verschlüsselung und myth.

Überhöhung psych. Erfahrungen erweiterte die Ausdruckskraft in P. Werk (»Minotauromachie«; Radierungen, 1935); Höhepunkt dieser Entwicklung ist das für den span. Pavillon auf der Weltausstellung in Paris (1937) gemalte großformatige Gemälde »Guernica« (Madrid, Centro de Arte Reina Sofía), das aus Erschütterung über die Zerstörung der bask. Stadt Guernica (26. 4. 1937) durch die dt. Legion Condor entstand. Auch mit dem Plakat der »Friedenstaube« (1949) bezog P. (ab 1944 Mgl. der KPF) politisch Stellung. Nach dem 2. Weltkrieg experimentierte P. in S-Frankreich mit neuen Techniken (Lithographie, Linolschnitt) und Themen; 1947 entstanden in Vallauris (bei Cannes) zahlr. bemalte Keramiken. In der Malerei entwickelte er einen stark vereinfachenden, kurvigen Linienstil und orientierte sich an histor. Vorbildern (Rembrandt, Velázquez, Delacroix, Manet), die einer Reihe eigenwilliger Metamorphosen unterworfen wurden (u. a. »Las Meninas«, 1957; Barcelona, Museo P.). – In seiner Vielfältigkeit kann sein Gesamtwerk als einzigartig in seiner Wirkung auf die bildende Kunst des 20. Jh. bezeichnet werden. – 1963 wurden in Barcelona das Museo P., 1985 in Paris das Musée P. eröffnet.

Piccard [frz. pi'ka:r], **1)** *Auguste*, * Lutry 28. 1. 1884, † Lausanne 25. 3. 1962, schweizer. Physiker. Führte 1931/32 die ersten Stratosphärenflüge mit einem Ballon durch (maximale Höhe 16 203 m) und unternahm ab 1947 Tiefseetauchversuche, u. a. mit dem von ihm konstruierten Tieftauchgerät (Bathyscaph) »Trieste«.

2) *Jacques*, * Brüssel 28. 7. 1922, schweizer. Tiefseeforscher. Sohn von Auguste P.; tauchte zus. mit D. Walsh mit dem Tieftauchgerät (Bathyscaph) »Trieste« im Marianengraben (Pazif. Ozean) bis auf 10 916 m.

Piccinni (Piccini), *Niccolò* (Nicola) [italien. pit'tʃinni, pit'tʃi:ni], * Bari 16. 1. 1728, † Passy (heute zu Paris) 7. 5. 1800, italien. Komponist. Vertreter der neapolitan. Schule (Opern).

Piccoli, *Michel* [frz. pikɔ'li], * Paris 27. 12. 1925, frz. Schauspieler. Bekannt als Darsteller komplexer Charaktere; u. a. »Tagebuch einer Kammerzofe« (1963), »Belle de jour« (1967), »Das Mädchen und der Kommisar« (1973), »Das große Fressen« (1973), »Die schöne Querulantin« (1991).

Piccolomini, Adelsgeschlecht aus Siena, 1464 im Mannesstamm erloschen. Bed. v. a.: *Piccolomini* (P.-Pieri), *Ottavio*, Hzg. von Amalfi (seit 1639), Reichsfürst (seit 1650), * Florenz 11. 11. 1599, † Wien 11. 8. 1656, Heerführer. 1627 Kapitän der Leibgarde Wallensteins; erhielt für seinen Verrat an Wallenstein aus dessen Gütern die mähr. Herrschaft Nachod.

Picht, *Georg*, * Straßburg 9. 7. 1913, † Hinterzarten 7. 8. 1982, dt. Pädagoge und Religionsphilosoph. Ab 1965 Prof. für Religionsphilosophie in Heidelberg; Wegbereiter der Bildungsreform.

Pickford, *Mary* [engl. 'pɪkfəd], eigtl. *Gladys M. Smith*, * Toronto 8. 4. 1893, † Santa Monica (Calif.) 29. 5. 1979, amerikan. Schauspielerin und Filmproduzentin. Star des amerikan. Stummfilms; gründete mit D. Fairbanks

Pablo Picasso. Das Leben (1903; Cleveland, Museum of Art)

Pieper.
Oben: Baumpieper
(Größe 15 cm) ♦
Unten: Wiesenpieper
(Größe 15 cm)

Pico

(∞ 1925–35), C. Chaplin und D. W. Griffith 1919 die Filmgesellschaft United Artists Corporation Inc., 1945 die Pickford Productions Inc.

Pico [portugies. 'piku], Insel der Azoren, 433 km^2, Hauptort Lajes do Pico an der Südküste; gebirgige Vulkaninsel, bis 2351 m ü. M.; Fischerei.

Pico della Mirandola, Giovanni, * Mirandola bei Modena 24. 2. 1463, † bei Florenz 17. 11. 1494, italien. Philosoph. Mgl. der Platon. Akademie in Florenz; vertrat als Humanist in 900 Thesen die Position, daß die verschiedenen Philosophien und Theologien bestimmte allgemeingültige Wahrheiten enthalten, die (v. a. auch unter Einbeziehung des Platonismus und Aristotelismus sowie der Kabbala) in einem universalen Lehrgebäude zusammengefaßt werden könnten (von Papst Innozenz VII. verurteilt); schrieb u. a. »De dignitate hominis« (Über die Würde des Menschen, entst. 1487, hg. 1496), eine der wesentl. Schriften der Renaissancephilosophie.

Pictor [lat.] ↑Sternbilder (Übersicht).

Pidgin-English ['pɪdʒɪn'ɪŋlɪʃ; engl., nach der chin. Aussprache des engl. Wortes business »Geschäft«] (Pidgin-Englisch, Pidgin), eine in O-Asien verbreitete Verkehrs- und Handelssprache mit stark reduziertem engl. Grundwortschatz und chin. Lautung, Wortbildung und Syntax.

Pieck, Wilhelm, * Guben 3. 1. 1876, † Berlin 7. 9. 1960, dt. Politiker. 1895 Mgl. der SPD; 1919 Mitbegründer der KPD; 1928–33 MdR; ab 1933 im Exil (Frankreich, UdSSR); ab 1935 Vors. der KPD; 1943 Mitbegründer des »Nat.komitees Freies Deutschland«; 1946–54 mit O. Grotewohl Vors. der SED; 1949–60 Präs. der DDR.

Piedestal [pi-edɛs'ta:l; italien.-frz.], Sockel, sockelartiger Ständer (für Vasen u. ä.).

Piemont [pi-e...], italien. Region in der westl. Poebene und den Alpen, 25 399 km^2, 4,338 Mio. E, Hauptstadt Turin. **Geschichte:** Name 1240 erstmals belegt; unter Kaiser Augustus zum Röm. Reich; Mitte des 11. Jh. an die Grafen (ab 1416 Herzöge) von Savoyen; 1713 erhielt P.-Savoyen das Kgr. Sizilien, das es 1720 gegen Sardinien eintauschen mußte; bei der Einigung Italiens war Sardinien-P. Kern des neuen Staates.

Pieper, fast weltweit verbreitete Gruppe etwa buchfinkengroßer Stelzen; etwas zierlicher und kleiner als die eigtl. Stelzen, Schwanz kürzer; in M-Europa u. a. der *Baumpieper* (etwa 15 cm lang).

Pier [engl.], ins Wasser reichende Anlegestelle für Boote und Schiffe.

Pierce, Franklin [engl. pɪəs], * Hillsboro (N. H.) 23. 11. 1804, † Concord (N. H.) 8. 10. 1869, 14. Präs. der USA (1853–57). Demokrat; expansionist. Bestrebungen gegen Kuba, M-Amerika, Japan und Mexiko.

Piero della Francesca [italien. 'pje:ro 'della fran'tʃeska] (P. dei Franceschi), * Sansepolcro bei Arezzo zw. 1410/20, † ebd. 12. 10. 1492, italien. Maler. Vertreter der Frührenaissance. Fresken (zw. 1453/65; San Francesco in Arezzo), »Geißelung Christi« (zw. 1455/65; Urbino, Palazzo Ducale), Doppelbildnis des Herzogs F. da Montefeltro und seiner Gemahlin (Florenz, Uffizien), »Pala de Montefeltro« (Madonna mit Heiligen und dem Stifterbildnis; Mailand, Brera); auch mathemat.-kunsttheoret. Schriften.

Piero di Cosimo [italien. 'pje:ro di 'kɔ:zimo], * Florenz 1461 oder 1462, † ebd. 1521, italien. Maler. Schuf u. a. mytholog. Bilder mit bizarren Szenerien.

Pierre [engl. pɪə], Hauptstadt des amerikan. Staates South Dakota (seit 1889), am Missouri, 12 000 E.

Pierrot [pjɛ'ro:, frz. pjɛ'ro], frz. Komödienfigur, im 17. Jh. aus einer Dienerfigur der Commedia dell'arte entwickelt.

Pieta [pi-e'ta; lat.-italien.] (Pietà, Vesperbild), in Plastik und Malerei Darstellung der trauernden Maria mit dem Leichnam Jesu auf dem Schoß, seit dem 14. Jh. als Andachtsbild; berühmt die »Pietà« von Michelangelo (1498/99).

Pietät [pi-e...; lat.], Ehrfurcht, Achtung (bes. gegenüber Toten oder den sittl., religiösen Wertvorstellungen anderer).

Pietermaritzburg [afrikaans pi:tərma-'rɒtsbœrx], Hauptstadt von KwaZulu/Natal, Republik Südafrika, 192 400 E. Museen, botan. Garten.

Pietismus [pi-e...; lat.], Bewegung des dt. Protestantismus im 17./18. Jh., die eine subjektive Frömmigkeit entwickelte und eine Erneuerung der Kirche zum Ziel hatte; im Mittelpunkt steht nicht mehr die ↑Rechtfertigung, sondern die Wiedergeburt (Bekehrung) jedes einzelnen Menschen. Das Verhältnis des Wiedergeborenen zu Gott wird als unmittelbare Gotteskindschaft bestimmt. Mit anderen Wiedergeborenen findet er in Konventikeln (»collegia pietatis«), der typ. Gemeinschaftsform des P., zusammen. – Richtungweisend für den P. ist die Schrift P.J. Speners, »Pia Desideria« (1675). Neben Spener und A. H. Francke ist Zinzendorf einer der Exponenten des luth. P. (Herrnhuter ↑Brüdergemeine).

Piezoelektrizität [pi-e...; griech.], das Auftreten elektr. Ladungen an den Oberflächen von Ionenkristallen (z. B. Quarz-, Turmalin-, Seignettesalz- oder Zinkblendekristallen) infolge einer mechan. Deformation. In der Technik wird auch die Umkehrung des *piezoelektr. Effekts*, die Änderung der äußeren Abmessungen eines Körpers beim Anlegen eines elektr. Feldes, ausgenutzt (↑Elektrostriktion). Bei einem Quarzkristall läßt sich durch Anlegen eines Hochfrequenzfeldes erreichen, daß dieser Eigenschwingungen ausführt. Die hohe Frequenzkonstanz dieser Resonanzschwingungen kann u. a. zur Steuerung von Quarzuhren verwendet werden. Bei einem Piezotransistor kann ein Drucksignal direkt in die Änderung eines Stromflusses umgesetzt werden, bei Halbleiterdehnmeßstreifen wird der Piezowiderstandseffekt ausgenutzt.

Pigage, Nicolas de [frz. pi'ga:ʒ], * Lunéville 2. 8. 1723, † Mannheim 30. 7. 1796, frz. Baumeister. In kurpfälzischen Diensten; schuf das klassizistische Schloß Benrath (heute zu Düsseldorf; 1755–73), die Bauten im Schwetzinger Schloßgarten (1761–85), das Heidelberger Karlstor (1773–81).

Pigalle, Jean-Baptiste [frz. pi'gal], * Paris 26. 1. 1714, † ebd. 21. 8. 1785, frz. Bildhauer. »Merkur« (mehrere Fassungen); Grabmal des Marschalls Moritz von Sachsen (1753–77, Straßburg, Thomaskirche); Bronzebüste Diderots (1777; Paris, Louvre).

Pigmente [lat.], 1) *Biologie:* Bez. für alle in Pflanze, Tier und Mensch auftretenden lichtabsorbierenden Farbstoffe, die in bestimmten Zellen oder Zellorganellen abgelagert sind. Die ↑Chlorophylle und ↑Karotinoide spielen in der ↑Photosynthese eine entscheidende Rolle; ↑Rhodopsine sind bei Tieren und Rhodopsine, Flavine, Pteridine sowie Karotinoide bei den Pflanzen Lichtrezeptor-P.; ↑Anthocyane und ↑Flavone dienen als Blütenfarbstoffe. Bei Tieren schützen ↑Melanine vor UV-Strahlen und fungieren andere P. wie Karotinoide als opt. Signale.
2) *Chemie und Technik:* Bez. für bunte oder unbunte organ. oder anorgan. Farbmittel, die im Ggs. zu den Farbstoffen keine echten Lösungen bilden und zur Massenfärbung von Papier, Gummi, Seife u. a. oder in Form von Dispersionen in Bindemitteln (z. B. Leinöl, Kalkmilch, Wasserglas, Kunstharze) für Anstriche und Druckfarben verwendet werden.

Pik (Pique) [frz., eigtl. »Spieß, Lanze«], neben Kreuz die andere schwarze Farbe in der frz. Spielkarte; entspricht dem dt. Grün.

pikant [frz.], 1. angenehm scharf gewürzt; 2. leicht anzüglich.

Pikardisch, nordfrz. Mundart, gesprochen in den ehem. Provinzen Artois und Picardie sowie im belg. Hennegau.

Pike [frz.], Stoßwaffe mit langem, hölzernem Schaft und Eisenspitze.

Pikkolo [italien. »klein«] (Piccolo), bei Musikinstrumenten Zusatz-Bez. für die kleinste Ausführung mit der höchsten Tonlage.

Piko... (Pico...) ↑Vorsatzzeichen.

Pikrinsäure [griech./dt.] (2,4,6-Trinitrophenol), gelbe, kristalline, wenig wasserlösl., saure Verbindung; färbt proteinhaltige Substanzen (Seide, Wolle und Leder) gelb; früher auch Sprengstoff.

Pikrinsäure

Pikten (lat. Picti), seit dem 3./4. Jh. röm. Name (»Die Bemalten«) für die brit. Stämme nördlich des Antoninuswalles; nach Abzug der Römer vergebl. Vorstöße nach S; seit dem 7.Jh. eigenes Kgr.; um 846 einem schott. Großreich eingegliedert.

Piktogramm [lat./griech.], allgemeinverständliches Bildsymbol.

Piktographie [lat./griech.], svw. ↑Bilderschrift.

Pilaster [lat.-italien.-frz.], flach aus der Wand heraustretender Wandpfeiler zur Wandgliederung, meist wie eine Säule unterteilt (röm. Baukunst, Renaissance und Barock).

Pilatus (Pontius P.), † Rom 39 n. Chr., röm. Statthalter (Prokurator) von Judäa

Jean-Baptiste Pigalle. Graf Henri-Claude d'Harcourt; Grabmal in Notre-Dame, Ausschnitt (Paris)

Pilatus

(26–36). Verursachte aufgrund seiner judenfeindl. Amtsführung mehrfach Unruhen; verurteilte Jesus zum Kreuzestod.

Pilatus, Bergstock am W-Rand des Vierwaldstätter Sees (Schweiz), bis 2129 m hoch. Zur Hotelsiedlung P.-Kulm (2067 m ü. M.) führt seit 1889 von Alpnach-Stad aus die steilste Zahnradbahn der Erde.

Pilcher, Rosamunde [engl. 'pɪltʃə], * Lelant 22. 9. 1924, engl. Schriftstellerin. Schrieb zahlr. Bestseller, u. a. »Die Muschelsucher« (R., 1987), »September« (R., 1990), »Heimkehr« (R., 1995).

Pileta, Cueva de la [span. 'kueβa ðə la pi'leta] ↑Höhlen (Übersicht).

Pilger [lat.], ein aus religiösen Motiven zeitweise oder dauernd heimatlos Wandernden. Häufigste Form der P.schaft ist die Wallfahrt.

Pilgerväter (Pilgrim Fathers), engl. Kongregationalisten, die zur freien Religionsausübung 1620 auf der »Mayflower« nach Amerika auswanderten.

Pilgram, Anton, * Brünn um 1460, † Wien 1515, dt. Bildhauer und Baumeister. Nach Tätigkeit in Südwestdeutschland leitete P. 1511–15 die Bauhütte von Sankt Stephan in Wien (Kanzel mit Selbstbildnis 1514/15).

Pilgrim (Piligrim), † Passau 21. Mai 991, Bischof von Passau (seit 971). Sein Versuch, mit Hilfe der *Lorcher Fälschungen* seine Kirche als Rechtsnachfolgerin des spätantiken Bistums Lorch (Lauriacum) zu erweisen und als Metropolitansitz einer donauländ. Kirchenprov. (Ungarn, Mähren) durchzusetzen, scheiterte.

Pilgrim, svw. ↑Pilger.

Pili [lat.] (Fimbrien), fädige Proteinanhänge an der Oberfläche gramnegativer Bakterien, z. B. die *F-Pili* (*Geschlechtspili*) zur DNS-Übertragung.

Pilinszky, János ['pilinski], * Budapest 25. 11. 1921, † ebd. 27. 5. 1981, ungar. Schriftsteller.

Pillau (russ. Baltisk), Stadt in Ostpreußen, Rußland, 20000 E. Vorhafen von Königsberg, Seebad.

Pillauer Seetief ↑Frisches Haff.

Pille (Antibaby-P.) ↑Empfängnisverhütung.

Pillendreher (Skarabäen, Scarabaeus), Gatt. etwa 2–4 cm großer, schwarzer Kotkäfer, v. a. in S-Rußland und im Mittelmeerraum verbreitet; formen aus Huftierkot entweder Futterpillen für die eigene Ernährung oder Brutpillen (für die Ernährung der Larven). Die bekannteste Art ist der im alten Ägypten als Bringer der Wiedergeburt und des Glücks als heilig verehrte *Heilige Pillendreher.*

Pillendreher. Heiliger Pillendreher (Größe 20 – 30 mm)

Pillenwespen, weltweit verbreitete Gattung schwarzgelb gezeichneter ↑Lehmwespen, die aus feuchtem Lehm urnen- bis pillenförmige Brutzellen bauen.

Pillnitz, sö. Stadtteil von Dresden mit bed. Schloßanlage (18. und 19. Jh.) an der Elbe; ehemalige Sommerresidenz des sächs. Hofes.

Pilon, Germain [frz. pi'lõ], * Paris 1537 (?), † ebd. 3. 2. 1590, frz. Bildhauer. Grabmonument u. a. für Heinrich II. und Katharina von Medici (ehem. Abteikirche Saint-Denis, 1563–71); bed. Medailleur.

Pilos (Pylos), griech. Hafenstadt an der SW-Küste der Peloponnes, 2100 E. Beansprucht in der Antike, das homer. *Pylos* zu sein; am N-Hang die sog. Nestorhöhle mit schon neolith. Kult. seit der fränk., im 13. Jh. venezian. Besetzung *Navarino* gen.; 1500–1686 und 1715–1827 osmanisch. – Der Sieg einer frz.-brit. Flotte über die osman.-ägypt. Seestreitkräfte bei Navarino (20. 10. 1827) entschied den griech. Unabhängigkeitskrieg.

Pilose (Pilosis) [griech.-lat.], übermäßiger Haarwuchs.

Pilotfisch, svw. Lotsenfisch.

Pilottonverfahren, 1) *Film- und Fernsehtechnik:* ein Verfahren zur bildsynchronen Tonaufnahme auf unperforiertem Magnettonband, bei dem gleichzeitig ein sog. *Pilotton* aufgezeichnet wird. 2) *Hörfunk:* Verfahren zur Übertragung stereophonischer Sendungen.

Piloty, Karl von (seit 1860), * München 1. 10. 1826, † Ambach (heute zu Münsing) 21. 7. 1886, dt. Historienmaler

---

Pilze (Speisepilze).
1 Riesenschirmpilz oder Parasolpilz;
2 Goldpilz;
3 Wiesen- oder Feld-Champignon;
4 Graublättriger Schwefelkopf;
5 Hallimasch

Piment

(»Seni an der Leiche Wallensteins«, 1855; München, Neue Pinakothek).

Pilsen (tschech. Plzeň), Hauptstadt des Westböhm. Gebiets, Tschech. Rep., im Pilsener Becken, 175 000 E. Hochschule für Maschinenbau, Museen, zwei Theater, Planetarium. Standort des größten Maschinenbauunternehmens der Tschech. Rep., Brauereien. Spätgot. Sankt-Bartholomäus-Kirche (14./15.Jh.); got. Franziskanerkirche (14. Jh.); Renaissancerathaus (16. Jh.); Bürgerhäuser aus Gotik, Renaissance und Barock. – Bereits im 10. Jh. Handelsplatz; Ende des 13. Jh. befestigte Stadt; 1633/34 Hauptquartier Wallensteins, der hier seine Offiziere zur Unterzeichnung einer bes. Treueerklärung *(Pilsener Revers)* bewog.

Pilsener Bier [nach der Stadt Pilsen], untergäriges, stark gehopftes Bier.

Piłsudski, Józef Klemens [poln. piu-'sutski], *Zulowo (heute Sulowo bei Wilna) 5. 12. 1867, † Warschau 12. 5. 1935, poln. Politiker, Marschall von Polen (seit 1920). Seit 1893 führend in der Poln. Sozialist. Partei (PPS) tätig; im Interesse einer Eigenstaatlichkeit Polens im 1. Weltkrieg zunächst auf der Seite der Mittelmächte; wandte sich seit 1916 den Ententemächten zu (1917/18 in dt. Haft); nach Proklamation des Kgr. Polen 1918 »Staatschef« mit der obersten Militär- und Staatsgewalt (bis 1922). Sein strateg. Geschick (»Wunder an der Weichsel«) verhinderte im Krieg gegen Sowjetrußland 1920 eine Katastrophe. Nach dem Staatsstreich 1926 errichtete er ein autoritäres Regime; Premier-Min. (1926–28 und 1930); Verteidigungs-Min. (1926–35); schloß den Nichtangriffsvertrag mit der UdSSR und den Dt.-Poln. Nichtangriffspakt 1934. – Abb. S. 2646.

Pilum (Mrz. Pila) [lat.], antikes Wurfgeschoß, etwa 2 m lang (Holzschaft mit Metallspitze); Hauptwaffe in der röm. Armee.

Pilze [griech.-lat.] (Mycophyta), heterotroph oder saprophyt. lebende, chlorophyllfreie Organismen mit rund 100 000 Arten. Die P. sind eine inhomogene Gruppe. Die höheren Pilze werden in einem eigenen Reich der Pilze *(Fungi)* zusammengefaßt, die niederen Pilze *(Schleimpilze)* eher als Teil der *Protisten* (alle einzelligen Organismen) angesehen. Die höheren P. durchziehen das Substrat mit Zellfäden *(Hyphen).* Diese Hyphen bilden oft ein dichtes Geflecht, das *Myzel.* Die Zellwände der P. bestehen aus Chitin, nur bei den meisten Arten der Schleim-P. aus Zellulose. Als Reservestoffe speichern P. Glykogen und Fett. Die ungeschlechtl. Vermehrung erfolgt durch verschiedene Sporenarten. Bei der geschlechtl. Fortpflanzung verschmelzen Gameten. – Die P. gliedert sich in sechs Abteilungen, u. a. verschiedene Schleim-P. und die *Echten Pilze.* Zu den P. gehören auch die ↑Deuteromyzeten. Zu den *Echten P.* (dazu zählen Algen-P., Joch-P., Schlauch- und Ständer-P.) gehören etwa 99% aller Arten. Unter ihnen gibt es zahlr. eßbare Arten *(Speisepilze).* Ihr Nährwert ist gering, der Vitamin- und Mineralstoffgehalt entspricht etwa dem pflanzl. Nahrungsmittel. – Unter den Echten P. gibt es viele Arten, die mit dem Wurzelsystem verschiedener Waldbäume in Symbiose leben. Große wirtschaftl. Schäden entstehen durch *Rost- und Brand-P.,* die jedes Jahr einen erhebl. Teil der Weltgetreideernte vernichten. Auch die Erreger von Pflanzenkrankheiten in Wein- und Obstkulturen (z. B. Mehltaupilze) verursachen große Schäden. – Viele *Schlauch-P.* leben in Symbiose mit Blau- und Grünalgen und bilden *Flechten.* Die *Hefe-P.* sind zur Wein- und Bierbereitung, im Bäckereigewerbe und bei der Käsebereitung wichtig. Andere *Schlauch-P.* werden industriell gezüchtet und v. a. zur Gewinnung von Antibiotika und Enzymen verwendet.

Pilzgifte, svw. ↑Mykotoxine.

Pilzvergiftung (Myzetismus), Vergiftung durch den Genuß von Giftpilzen (landläufig auch von verdorbenen Speisepilzen im Sinne einer Lebensmittelvergiftung). Die Symptome einer P. sind entweder akuter Magen-Darm-Katarrh (etwa 2 Std. nach dem Pilzgenuß) oder Zeichen des akuten Leberversagens (12–36 Std. nach dem Verzehr; Leberkoma), ferner Schwindel, Benommenheit, Atemlähmung.

Piment [lat.-roman.] (Nelkenpfeffer), vor der Reife gepflückte und getrocknete Beeren des Pimentbaums, die als Gewürz ähnl. wie Pfefferkörner verwendet werden.

Pilze (Speisepilze).
1 Perlpilz; **2** Pfifferling; **3** Maronenpilz; **4** Echter Reizker; **5** Butterpilz; **6** Speisemorchel

Pimpernuß

Józef Klemens
Piłsudski

Pinguine.
Oben: Kaiserpinguin
(Größe 115 cm) ◆
Unten: Felsenpinguin
(Eudyptes crestatus;
Größe 55 cm)

Pimpernuß (Klappernuß), Gatt. der zweikeimblättrigen Pflanzenfam. *Pimpernußgewächse* in der nördl. gemäßigten Zone; sommergrüne Sträucher, Kapselfrüchte mit zwei bis drei erbsengroßen, beim Schütteln der Frucht klappernden (»pimpernden«) Samen; z. T. Ziersträucher.

PIN, Abk. für engl. **P**ersonal **I**dentification **N**umber, zusätzlich zur Ausweiskarte benötigte Geheimnummer, die beim Geldabheben am Bankautomaten eingegeben werden muß. Kann die Nummer nicht innerhalb einer bestimmten Zeit eingetastet werden, wird die Ausweiskarte vom Automaten einbehalten.

Pinaceae [lat.], svw. ↑Kieferngewächse.

Pinakothek [griech.], Gemäldesammlung.

Pinatubo, Mount [maʊnt -], Vulkan im N der Insel Luzon, Philippinen, 1 475 m ü. M.; brach nach 611jähriger Ruhe im Juni 1991 erneut aus.

Pincheffekt [ˈpɪntʃ...; engl.] (Schnüreffekt), die Kontraktion eines Plasmas (z. B. des hochionisierten Entladungskanals einer Gasentladung hoher Stromdichte) zu einem sehr dünnen, sehr heißen und stark komprimierten Plasmaschlauch oder -faden *(Pinch)* infolge Wechselwirkung des Plasmastroms mit dem von ihm erzeugten Magnetfeld.

Pincus, Gregory [engl. ˈpɪŋkəs], * Woodbine (N. J.) 9. 4. 1903, † Boston 22. 8. 1967, amerikan. Physiologe. Entwickelte mit seinen Mitarbeitern die sog. Antibabypille (hormonale ↑Empfängnisverhütung).

Pindar (Pindaros), * Kynoskephalai bei Theben 522 oder 518, † Argos nach 446, griech. Lyriker. Pries in seinen *Epinikien* (Preislieder) die Sieger im sportl. Wettkampf. Von den 17 Büchern seiner Dichtung sind nur noch vier Bücher (nach den vier Hauptfesten in »Olympien«, »Pythien«, »Nemeen« und »Isthmien« aufgeteilt), bestehend aus 44 Oden *(pindar. Oden,* bestehend aus zwei gleichgebauten Strophen und einer metrisch abweichenden Antistrophe) fast vollständig erhalten; u. a. von Hölderlin übersetzt.

pin-Diode, pn-Halbleiterdiode, die zw. p- und n-Schicht eine Intrinsic-Schicht (Eigenleitungsschicht) aufweist und dadurch über eine höhere Sperrspannung verfügt; Verwendung zur Gleichrichtung hoher Spannungen.

Pindos, Gebirge in Griechenland, bis 2 637 m hoch; Wasserscheide zw. Ionischem und Ägäischem Meer.

Pinealorgane [lat.] (Pinealapparat), unpaare Anhänge des Zwischenhirndachs der Wirbeltiere, bestehend aus dem *Parietalorgan* bzw. (z. B. bei Reptilien) dem lichtempfindl., unter dem Scheitelloch liegenden *Parietalauge* und dem dahinterliegenden *Pinealorgan* i. e. S., aus dem die Zirbeldrüse hervorgeht.

Pinget, Robert [frz. pɛ̃ˈʒɛ], * Genf 19. 7. 1919, frz. Schriftsteller schweizer. Herkunft. Vertreter des ↑Nouveau roman; Freund und Übersetzer S. Becketts; schrieb u. a. »Augenblicke der Wahrheit« (1965), »Apokryph« (1980), »Der Feind« (1987); auch Dramatiker.

Pingo [eskimoisch], Hügel mit Eiskern in Dauerfrostgebieten, bis 50 m hoch, bis 200 m Durchmesser.

Pinguine, Fam. bis 1,2 m hoher, flugunfähiger Meeresvögel mit fast 20 Arten um die Antarktis und entlang den kalten Meeresströmungen; vorwiegend Fische, Weichtiere und Krebse fressende Tiere mit schwerem, spindelförmigem Körper, kurzen, zu Flossen umgewandelten Flügeln, schuppenförmigen Federn und Schwimmhäuten an den Füßen. Sie brüten meist in großen Kolonien. Bes. bekannte Arten sind: *Adelie-P.,* etwa 70 cm groß, oberseits schwarz, unterseits weiß; *Kaiser-P.,* mit 1,2 m höhe größter lebender, oberseits blaugrauer, unterseits weißer P.; *Königs-P.,* etwa 1 m groß, orangegelbe Hals- und Kopfseitenpartie.

Pinheiro [pɪnˈjeːro; brasilian. piˈɲeiru; portugies.] (Brasilian. Schmucktanne), bis 50 m hohe, kiefernähnl. Araukarie; bildet im südl. Brasilien große Wälder.

Pinie [...i-ə; lat.] ↑Kiefer.

Pink [engl.], blasses Rot, intensives Rosa.

Pinkerton, Allan [engl. ˈpɪŋkətən], * Glasgow 25. 8. 1819, † Chicago 1. 7. 1884, amerikan. Kriminalist schott. Herkunft. Begründete 1850 in Chicago ein privates Detektivbüro, das Weltruhm erlangte.

Pink Floyd [engl. - flɔɪd], brit. Rockmusikgruppe, 1965 gegr., mit dem Leadgitarristen und Sänger Syd Barrett

(*1946), dem Keyboardspieler und Sänger Rick Wright (*1945), dem Baßgitarristen und Sänger Roger Waters (*1944), dem Schlagzeuger Nick Mason (*1945). Barretts Stelle übernahm 1968 David Gilmour (*1944); Rockopernshow »The wall« (1979, 1982 auch als Film).

Pinneberg, Kreisstadt im nw. Vorortbereich von Hamburg, Schlesw.-Holst., 37 600 E. Motorenwerk, Rosenzucht.

Pinochet Ugarte, Augusto [span. pino-'tʃet u'ɣarte], *Valparaíso 25. 11. 1915, chilen. General und Politiker. Seit 1973 Oberbefehlshaber der Streitkräfte; leitete im Sept. 1973 den Militärputsch gegen S. Allende Gossens; 1973–81 Vors. der Militärjunta, 1974–90 Präsident.

Pinot [frz. pi'no], svw. Burgunderrebe (↑Rebsorten, Übersicht).

Pinseläffchen (Seidenäffchen), Gatt. zierl. Affen in S-Amerika; Körper bis 30 cm lang, Schwanzlänge bis etwa 40 cm; Gesicht fast unbehaart, an den Ohren meist lange, abwärts gekrümmte Haarbüschel.

Pinselschimmel (Penicillium), Gattung der Schlauchpilze mit mehr als 200 weltweit verbreiteten, meist saprophyt. lebenden Arten; charakterist. sind die meist grünen Konidien. Einige Arten liefern die Antibiotika der Penicillingruppe.

Pint [engl. paɪnt; lat.], in Großbrit. und in den USA verwendete Volumeneinheit, Einheitenzeichen **pt.** Für Großbrit. gilt 1 pt = 0,568 dm³, für die USA 1 liq pt (liquid pint) = 0,473 dm³, 1 dry pt = 0,551 dm³.

Pinter, Harold [engl. 'pɪntə], *London 10. 10. 1930, engl. Dramatiker. Einer der bedeutendsten zeitgenöss. engl. Dramatiker; auch Kurzgeschichten, Gedichte, Filmdrehbücher und Fernsehspiele. – *Werke:* Der Hausmeister (Dr., 1960), Alte Zeiten (Dr., 1971), Niemandsland (Dr., 1975), Betrogen (Dr., 1978), Noch einen Letzten (Dr., 1984).

Pinto [span.] (Painted Horse), amerikan. Farbrasse des Hauspferdes; die Pferde weisen aufgrund gezielter Züchtung zur Grundfarbe des Fells große Farbflecke auf.

Pinturicchio [italien. pintu'rikkjo], eigtl. Bernardino di Betto, *Perugia um 1454, † Siena 11. 12. 1513, italien. Maler. Schüler des Perugino; Fresken im Vatikan (1492–95) und der Bibliothek des Kardinals E. S. Piccolomini in Siena (1502 ff.).

Pin-up-Girl [pɪn''apgɚːrl, engl. 'pɪnʌp-'gəːl; engl.-amerikan., eigtl. »Anheftmädchen«], aus Illustrierten u. ä. ausgeschnittenes und an die Wand geheftetes Photo einer erotisch anziehenden jungen Frau.

Pinus [lat.] ↑Kiefer.

pinxit [lat. »hat es gemalt«], Abk. **p.** (pinx.), Vermerk auf Gemälden oder Stichen, oft hinter der Signatur des Künstlers.

Pinzettfische, Knochenfische, bei denen die Mundöffnung am Ende einer röhrenartig verlängerten Schnauze liegt, die der Futtersuche dient.

Pinzgau, westl. Landesteil des österr. Bundeslandes Salzburg.

Piombino [italien. pjom'biːno], italien. Stadt in der Toskana, 39 100 E. Zentrum der Schwer-Ind. (Eisenverhüttung und -ausfuhr seit dem 5. Jh. v. Chr.), Werften; Hafen.

Pion ['piːɔn, pi'oːn; gebildet aus **Pi**meson] (Pimeson, π-Meson), ein ↑Elementarteilchen aus der Gruppe der Mesonen.

Pioneer [engl. paɪə'nɪə »Pionier«], Name einer Serie unbemannter amerikan. Raumsonden zur Erforschung des interplanetaren Raums und der Sonne.

Pionier [lat.-frz.], allg. svw. Wegbereiter, Vorkämpfer.

Piontek, Heinz, *Kreuzburg O. S. (Oberschlesien) 15. 11. 1925, dt. Schriftsteller. Schreibt Lyrik (»Die Furt«, 1952, »Helldunkel«, 1987), Romane (»Die mittleren Jahre«, 1967), Erzählungen (»Kastanien aus dem Feuer«, 1963) und Essays (»Leben mit Wörtern«, 1975). 1976 Georg-Büchner-Preis.

Pipeline [engl. 'paɪplaɪn »Rohrleitung«], eine über größere Strecken ober- oder unterirdisch, auch unter Wasser verlegte Rohrleitung zum Transport einer Flüssigkeit (insbes. Erdöl [Ölleitung), eines Gases (v. a. Erdgas) oder in Wasser aufgeschwemmter feinkörniger Feststoffe.

Piper [griech.-lat.] ↑Pfeffer.

Pipette [frz.], eine dünne Glasröhre mit sich verengender Spitze und einer bauchigen oder zylindr. Erweiterung in der Mitte, mit einer Eichmarke oder mit vo-

Augusto Pinochet Ugarte

Pipinsburg

lumenunterteilender Graduierung zum Entnehmen geringer Flüssigkeitsmengen.
Pipinsburg ↑Osterode am Harz.
Pippau [slaw.-niederdt.] (Feste), Gatt. der Korbblütler mit rd. 200 Arten auf der Nordhalbkugel sowie im trop. Afrika.
Pippin (Pipin) [pɪˈpiːn, ˈpɪpiːn], Name fränk. Herrscher:
1) Pippin II., der Mittlere (P. von Heristal), * um 640, † 16. 12. 714, Hausmeier. Begründete die fakt. Herrschaft der Karolinger im Fränk. Reich.
2) Pippin III., der Jüngere (lat. Pippinus Minor; fälschlich übersetzt als P. der Kleine oder P. der Kurze), * 714 oder 715, † Saint-Denis 24. 9. 768, König (seit 751). Sohn Karl Martells; übte zunächst zus. mit seinem Bruder Karlmann, nach dessen Verzicht allein die Herrschaft aus. 751 nach Absetzung des letzten Merowingerkönigs Childerich III. ließ sich P. zum König wählen. Er unterstützte Papst Stephan II. auf zwei Feldzügen (754/756) gegen die Langobarden; begründete den ↑Kirchenstaat. Vor seinem Tode teilte P. das Reich unter seine Söhne Karlmann und Karl d. Gr. auf.
Pippinsche Schenkung, Schenkung bestimmter von den Langobarden unter Aistulf besetzter, vorher röm.-byzantin. Gebiete an den Papst durch Pippin III., d. J., Grundlage des ↑Kirchenstaates.
Pique [piːk; frz.], frz. Spielkarte, ↑Pik.
Pirañas [piˈranjas; indian.-span.], svw. ↑Pirayas.
Pirandello, Luigi, * Agrigent 28. 6. 1867, † Rom 10. 12. 1936, italien. Schriftsteller. Sein Werk ist wegweisend für das zeitgenöss. Theater. Bed. ist v. a. das Drama »Sechs Personen suchen einen Autor« (1921) sowie der Roman »Mattia Pascal« (1904), der, ebenso wie der Roman »Einer, Keiner, Hunderttausend« (1926), das Phänomen der Persönlichkeitsspaltung und des Identitätswechsels (»Pirandellismus«) darstellt. Um die gleiche Problematik kreisen auch seine rd. 240 Novellen; bed. auch sein Essay »Der Humor« (1908); 1934 Nobelpreis für Literatur.
Piranesi, Giovanni Battista (Giambattista), * Mogliano Veneto 4. 10. 1720, † Rom 9. 11. 1778, italien. Kupferstecher und Architekt. Publizierte zahlr. Folgen von an der Antike orientierten Architekturphantasien, u. a. »Carceri« (1745 ff., 1760 ff.), »Antichità romane« (4 Bde., 1756).
Piranhas [piˈranjas; indian.-portugies.], svw. ↑Pirayas.
Piratensender, privat betriebene Rundfunk- oder Fernsehsender, die ohne Erlaubnis und Sendefrequenz von Stellen außerhalb des Staatsgebiets Programme aussenden.
Piräus, griech. Hafenstadt am Saron. Golf, 196 400 E. Teil der Agglomeration Athen. – 493/492 von Themistokles an der Stelle von Phaleron als Hafenstadt Athens ausgebaut, wurde zentraler Warenumschlagplatz der griech. Welt bis zur Eroberung durch Sulla (86 v. Chr.).
Pirayas [indian.] (Pirañas, Piranhas, Karibenfische, Sägesalmler), Unter-Fam. der Knochenfische in S-Amerika; Körper hochrückig, kielartige Bauchkante sägeartig gekerbt; Schwarmfische mit ungewöhnl. scharfen Zähnen; überwiegend Fischfresser; die Gefährlichkeit der P. für den Menschen ist nicht erwiesen.

Pirayas. Serrasalmus piraya (Länge bis 35 cm)

Pirckheimer (Pirkheimer), Willibald, * Eichstätt 5. 12. 1470, † Nürnberg 22. 12. 1530, dt. Humanist. 1496–1501 und 1506–23 Ratsherr in Nürnberg; Freund Reuchlins und Dürers; Hg. und Übersetzer (in lat. Sprache) v. a. griech. Schriftsteller.
Pire, Dominique Georges, bekannt als Pater P. [frz. piːr], * Dinant 10. 2. 1910, † Löwen 30. 1. 1969, belg. Dominikaner. Gründete 1950 die »Hilfe für heimatlose Ausländer« (»Europadörfer«); 1958 Friedensnobelpreis.
Pirmasens [...zɛns], Stadt am W-Rand des Pfälzer Waldes, Rheinl.-Pf., 47 600 E. Schuh- und Heimatmuseum. Zentrum der dt. Schuh-Industrie mit internat. Messe.

Willibald Pirckheimer
(Kreidezeichnung von Albrecht Dürer; 1503; Berlin, Staatliche Museen)

Luigi Pirandello

Pirmin, hl., latin. Pirminius, † Hornbach bei Zweibrücken 3.11. 753, fränk. Klosterbischof westgot.-aquitan. oder span. Herkunft. Gründete das Kloster Reichenau (724) u. a. Benediktinerklöster; erstrebte Unabhängigkeit der Klöster von Bischöfen und Stiftern. – Fest: 3. November.

Pirna, Kreisstadt in Sachsen, an der Elbe, 41 400 E. Kunstseiden- und Zellstoffwerke. Spätgotische Marienkirche (1502–46), Bürgerhäuser aus Spätgotik und Renaissance.

Piroge [karib.], Einbaum mit aufgesetzten Bordplanken.

Pirol (Golddrossel), etwa amselgroßer Singvogel in Europa; ♂♂ gelb mit schwarzen Flügeln und Schwanzfedern, ♀♀ unscheinbar grünlich und grau; melod. Flötenruf.

Pirouette [piruˈɛtə; frz.], 1) *Reitkunst:* Übung der Hohen Schule.
2) *Sport:* Standwirbel um die eigene Körperachse (im Eiskunstlauf, Rollschuhlauf, Ballett).
3) *Kunstflug:* (senkrechte Rolle, Schraube) Kunstflugfigur, senkrechter Aufwärtsflug mit Drehung um die Längsachse.

Pirsch ↑Jagdarten.

Pisa [ˈpiːza, italien. ˈpiːsa], italien. Prov.-Hauptstadt in der Toskana, am Arno, 103 500 E. Univ. (gegr. 1343), Museen; chem., pharmazeut. und keram. Ind. – Roman. Dom (1063 ff.), dessen Kampanile (1173 ff.; sog. Schiefer Turm von P.) auf nachgebendem Untergrund steht (Neigung z. Z. 1 : 10); Baptisterium (1152 ff.), Camposanto (13. Jh.); in der Altstadt weitere bed. Kirchen und Paläste. – In der Antike *Pisae,* im 5. Jh. v. Chr. etrusk., im 3./2. Jh. röm. Stützpunkt, 89 v. Chr. röm. Munizipium; wurde im Hoch-MA als Handelsstadt zum Konkurrenten von Genua und Venedig. Mit der Niederlage gegen Genua (1284) und der Versandung des Hafens begann der Niedergang von P.; gehörte 1406–1861 zu Florenz bzw. zur Toskana.

Pisanello, eigtl. Antonio Pisano, *Pisa oder Verona vor dem 22. 11. 1395, † Rom (?) vermutlich Okt. 1455, italien. Maler und Medailleur. Bed. seine Bildnismedaillen sowie ornamentale Fresken, u. a. in Verona, Sant' Anastasia (nach 1433 bis 1438).

Pisano, 1) Andrea, *Pontedera bei Pisa zw. 1290 und 1295, † Orvieto zw. 26.8. 1348 und 19.7. 1349, italien. Bildhauer und Baumeister. Urspr. Goldschmied, 1330–33 Bronzereliefs der Südtür des Baptisteriums in Florenz, 1334 ff. Marmorreliefs des Kampanile des Florentiner Doms (Originale im Dommuseum), dessen Bauleitung er nach Giottos Tod übernahm, 1347 auch des Doms von Orvieto.
2) Antonio ↑Pisanello.
3) Giovanni, *Pisa (?) zw. 1245 und 1250, † Siena bald nach 1314, italien. Bildhauer und Baumeister. Sohn von Nicola P.; 1284–96 Dombaumeister in Siena (Fassade), Kanzeln für Sant' Andrea in Pistoia (1298–1302) und den Dom von Pisa (1302–11); Marienfiguren (Arenakapelle in Padua, um 1305/06; Dom vom Prato).
4) Leonardo, italien. Mathematiker, ↑Fibonacci, Leonardo.
5) Nicola (Niccolò), *um 1225, † Pisa (?) bald nach 1278, italien. Bildhauer. Neuer körperhafter Reliefstil der Kanzel des Baptisteriums von Pisa (1260 vollendet) sowie, unter Mitarbeit seines Sohnes Giovanni und Arnolfos di Cambio, Reliefs in der Kanzel im Dom von Siena (1266–68).
6) Nino, *Pisa (?) um 1315, † ebd. (?) vor dem 8. 12. 1368, italien. Bildhauer und Baumeister. Nachfolger seines Vaters Andrea P. als Dombaumeister in Orvieto; Madonnenfiguren und Grabmäler im Geiste der frz. Gotik.

Piscator, Erwin, *Ulm (heute zu Greifenstein, Lahn-Dill-Kreis) 17. 12. 1893, † Starnberg 30. 3. 1966, dt. Regisseur. Mitinitiator polit. Theaters. Formen und Ziele des Theaters (v. a. Dokumentarstil); u. a. Gründung des Proletar. Theaters in Berlin (1921/22); 1931–36 in der UdSSR, 1936–39 in Paris, 1939–51 in den USA; 1962–66 Leiter der Freien Volksbühne in Berlin; von bed. Einfluß auf die zeitgenöss. Regie.

Pisces [lat.] (Fische) ↑Sternbilder (Übersicht).

Piscis Austrinus [lat.] (Südlicher Fisch) ↑Sternbilder (Übersicht).

Pisidien, histor. Gebiet im W-Taurus, südlich von Burdur und Isparta, Türkei; schließt sich nach N an Pamphylien an.

Piso, 1) Gaius Calpurnius P., † 19. 4. 65 n. Chr. (Selbstmord), röm. Konsul. 65

Pirol

Pisa
Stadtwappen

Pissarro

Pistazie.
Echte Pistazie
(Höhe bis 10 m)

Pistazie.
Steinfrüchte der
Echten Pistazie

William Pitt d. J.
(Ausschnitt aus einem
Gemälde von
John Hoppner; London,
National Portrait
Gallery)

Mittelpunkt der *Pisonischen Verschwörung* gegen ↑Nero.
2) Lucius Calpurnius P. Frugi, röm. Geschichtsschreiber und Konsul (133 v. Chr.). Verfaßte eine Geschichte Roms (sieben Bde.); Gegner des Tiberius Sempronius Gracchus.
Pissarro, Camille, * auf Saint Thomas (Antillen) 10. 7. 1830, † Paris 12. 11. 1903, frz. Maler und Graphiker. Vertreter des Impressionismus, malte meist Landschaftsbilder. Von G. Seurat angeregt, malte er auch einige Jahre pointillistisch. Förderer u. a. von C. Monet, P. Cézanne, P. Gauguin.
Pistazie [pers.-griech.-lat.] (Echte P., Aleppunuß, Pistakinuß, Grüne Mandel), im gesamten Mittelmeergebiet kultivierter, bis 10 m hoher Baum. Die mandelförmigen Steinfrüchte enthalten im Steinkern je einen grünl., ölhaltigen, aromat. schmeckenden Samen *(Pistazien)*.
Piste [italien.-frz.], **1)** Verkehrsweg ohne feste Fahrbahndecke.
2) *Luftfahrt:* Start- und Landebahn auf Flughäfen.
3) *Sport:* [abgesteckte] Skirennstrecke (bei alpinen Wettbewerben), Rodelbahn, Rennstrecke bei Motor- und Radsportwettbewerben.
Pistill [lat.] ↑Mörser.
Pistoia, italien. Prov.-Hauptstadt in der Toskana, 90 500 E. Textil-Industrie. Dom (v. a. 12. Jh.) mit Silberaltar des hl. Jakobus, roman. Kirche San Giovanni Fuorcivitas (12.–14. Jh.), got. Palazzo Comunale (1294 ff.). – In der Römerzeit *Pistoria,* wo 62 v. Chr. Catilina geschlagen wurde.
Pistole, 1) *Münzkunde:* Bez. für die ↑Dublone; später auf die dt. 5-Taler-Stücke übertragen.
2) [tschech.] *Waffenkunde:* fast ausschließlich einläufige Faustfeuerwaffe. Mehrschüssige *Selbstladepistolen* haben im Unterschied zum Revolver ein Patronenlager (Magazin für 6–10 Patronen) im Griff.
Piston, Walter [engl. 'pɪstən], * Rockland (Maine) 20. 1. 1894, † Belmont (Mass.) 12. 11. 1976, amerikan. Komponist. Schrieb u. a. Sinfonien, Streichquartette, Konzerte (mit Klangwirkungen des Jazz).
Piston [pɪs'tõː; frz.], frz. Bez. für das Pumpenventil an Blechblasinstrumenten; auch Kurz-Bezeichnung für das ↑Kornett.
Pitcairn [engl. 'pɪtkɛən], bis 335 m hohe Vulkaninsel im südl. Pazifik, 4,6 km², 59 E (Nachkommen von Meuterern der Bounty), Hauptort Adamstown; bildet zus. mit drei unbewohnten Inseln (seit 1838) die brit. Kolonie Pitcairn. – 1767 entdeckt.
Pithecanthropus [griech.-lat. »Affenmensch«] (Homo erectus, Javamensch) ↑Mensch.
Pithecoidea [griech.], svw. ↑Affen.
Pitt, 1) William, d. Ä., Earl of Chatham (seit 1766), * London 15. 11. 1708, † Hayes (heute zu London) 11. 5. 1778, brit. Politiker. Zunächst in Opposition zu Sir R. Walpoles und den Whigs; von 1756–61 und 1766–68 brit. Premier-Min. Im Siebenjährigen Krieg brach P. als Bundesgenosse Preußens die frz. Vormacht zur See und in den Kolonien und legte die Basis für die brit. Weltmachtstellung.
2) William, d. J., * Hayes (heute zu London) 28. 5. 1759, † Putney (heute zu London) 23. 1. 1806, brit. Politiker. Sohn von William P. d. Ä.; wurde im Dez. 1783 Premier-Min. der Tories; trug dazu bei, daß die eigtl. polit. Entscheidungsbefugnis von der Krone an das Kabinett unter Führung des Premier-Min. überging; unterdrückte nach der Franz. Revolution brit. Reformkräfte und führte die 2. Koalition (1798–1801) gegen Frankreich; erreichte 1800 die Zustimmung des Parlaments zur Realunion mit Großbrit.; trat 1801 wegen der gescheiterten Katholikenemanzipation zurück; im Mai 1804 erneut zum Premier-Min. berufen; leitete 1805 die 3. Koalition gegen Napoleon.
Pittakos, griech. Staatsmann. Lebte um 600 v. Chr.; befreite seine Vaterstadt Mytilene von der Tyrannei und schuf eine vortreffl. Gesetzgebung. Einer der ↑Sieben Weisen.
Pitti (Palazzo P.), Palast in Florenz (heute Gemäldegalerie); älteste Teile 1457–66, von B. Ammannati 1560–66 als Residenz der Hzg. von Toskana ausgebaut, auch im 17.–19. Jh. erweitert; 1864–71 Residenz des Königs von Italien; Gartenanlage (Boboli-Gärten) 1550 ff.
pittoresk [lat.-italien.-frz.], malerisch.

Pittsburgh [engl. 'pɪtsbɔ:g], Stadt in Pennsylvania, 370 000 E. Drei Univ., Planetarium, Museen, Bibliotheken, Sinfonieorchester; Zoo. P. ist eines der bedeutendsten Ind.-Zentren in den USA; Endpunkt der Schiffahrt auf dem Ohio. – 1759 gegr. als *Fort Pitt* (nach William Pitt d. Ä.).

Pius, Name von Päpsten:
1) Pius II., *Corsignano (heute zu Pienza) bei Siena 18. 10. 1405, † Ancona 15. 8. 1464, vorher Enea Silvio Piccolomini, Papst (ab 18. 8. 1458). Einer der bedeutendsten Humanisten seiner Zeit: Dichter, Geschichtsschreiber, bed. Briefe, Reiseschilderungen und Memoiren; Geograph und Ethnograph.
2) Pius V., hl., *Bosco Marengo bei Alessandria 17. 1. 1504, † Rom 1. 5. 1572, vorher Michele Ghislieri, Papst (ab 7. 1. 1566). 1558 Großinquisitor; sein Ziel war die Kirchenreform nach den Beschlüssen des Trienter Konzils (1545–63); publizierte 1566 den »Catechismus Romanus«, 1570 das »Missale Romanum«; das von ihm initiierte Bündnis mit Spanien und Venedig ermöglichte den Seesieg über die Osmanen bei Lepanto 1571. – Fest: 5. Mai.
3) Pius VII., *Cesena 14. 8. 1742, † Rom 20. 8. 1823, vorher Luigi Barnaba Chiaramonti, Papst (ab 14. 3. 1800). Reorganisierte den Kirchenstaat, 1801 Konkordat mit Frankreich, 1804 Mitwirkung an der Kaiserkrönung Napoleons I., der den Kirchenstaat 1809 besetzte; 1809–14 Gefangener der Franzosen; ab 1814 wieder in Rom, gab 1816 dem wiederhergestellten Kirchenstaat eine neue Verfassung.
4) Pius IX., *Senigallia bei Ancona 13. 5. 1792, † Rom 7. 2. 1878, vorher Graf Giovanni Maria Mastai-Ferretti, Papst (ab 16. 6. 1846). Seine Regierung (u. a. Ende des ↑Kirchenstaates) war gekennzeichnet durch zunehmende Zentralisierung und schroffe Abwehr aller modernen Ideen. Die Spannungen erreichten ihren Höhepunkt anläßlich des 1. Vatikan. Konzils 1869/70, das den Primat und die Unfehlbarkeit des Papstes definierte.
5) Pius X., hl., *Riese (heute Riese Pio X, bei Treviso) 2. 6. 1835, † Rom 20. 8. 1914, vorher Giuseppe Sarto, Papst (ab 4. 8. 1903). 1893 Patriarch von Venedig und Kardinal. Bekämpfte v. a. den ↑Modernismus, was zu großer Behinderung wiss.-theolog. Arbeit führte. – Fest: 3. September.
6) Pius XI., *Desio bei Mailand 31. 5. 1857, † Rom 10. 2. 1939, vorher Achille Ratti, Papst (ab 6. 2. 1922). 1919/20 Nuntius in Polen; 1921 Erzbischof von Mailand und Kardinal. Nach dem 1. Weltkrieg bemühte sich P. um »christl. Frieden« und kirchl. Konsolidierung, bes. bedeutsam waren die Lösung der ↑Römischen Frage durch die ↑Lateranverträge 1929 und das ↑Reichskonkordat. Zw. der kath. Kirche und der nat.-soz. Regierung kam es bald nach dem Konkordat zu wachsenden Spannungen und zahlr. kirchl. Protesten, 1937 in der Enzyklika »Mit brennender Sorge« (in dt. Sprache) scharfe Anprangerung des Nationalsozialismus.

Pius XI.

7) Pius XII., *Rom 2. 3. 1876, † Castel Gandolfo 9. 10. 1958, vorher Eugenio Pacelli, Papst (ab 2. 3. 1939). Ab 1901 im Staatssekretariat; 1917 Nuntius in München, 1920–29 in Berlin, 1929 Kardinal, ab 1930 Kardinalstaatssekretär Pius' XI.; förderte die Marienverehrung durch das Dogma der Himmelfahrt Marias 1950. Nach seinem Tod v. a. Kritik an seinem Arrangement mit faschist. Systemen und Schweigen zu den Judenverfolgungen des Nat.-Soz., thematisiert u. a. in »Der Stellvertreter. Ein christl. Trauerspiel« von R. Hochhuth (1963).

Pixel [Kw. aus **Pi**cture **el**ements], die durch Aufrasterung eines Bildes entstehenden Bildpunkte, die digitalisiert von einem Computer verarbeitet werden können. Mit der Anzahl der P. je Flächeneinheit steigt die Abbildungsgenauigkeit. Fernsehbildschirme arbeiten mit 800 P. je Zeile, Arbeitsplatzrechner mit 640 P. je Zeile.

Pizarro, Francisco [pi'tsaro, span. pi-'θarrɔ], *Trujillo bei Cáceres um 1475, † Ciudad de los Reyes (heute Lima) 26. 6. 1541, span. Konquistador. Erkundete zw. 1524 und 1527 Peru; 1529 Statthalter und Generalkapitän des zu erobernden Landes. Am 13. 5. 1531 landete er gemeinsam mit seinen drei Brüdern bei Tumbes. Der Gefangennahme und Hinrichtung des Inka Atahualpa in Cajamarca 1533 folgte der Einzug in die Inkahauptstadt Cuzco (15. 11. 1533). Bei Kämpfen der Konquistadoren un-

Pius XII.

Pittsburgh Stadtwappen

Piz Buin

Max Planck

tereinander um Cuzco besiegte sein Bruder Hernando P. (* 1504 [?], † 1578 [?]) D. de Almagro und ließ ihn hinrichten. P. wurde von Anhängern Almagros ermordet.

Piz Buin, Doppelgipfel in der Silvrettagruppe, auf der österr.-schweizer. Grenze, 3312 m und 3255 m.

pizzicato [italien. »gezupft«] (pincé), Abk. **pizz.,** Spielanweisung für Streichinstrumente: die Saiten mit den Fingern zupfen; aufgehoben durch ↑coll'arco.

Pjandsch ↑Amudarja.

Pjongjang [pjɔŋˈjaŋ] (Pjöngjang, P'yŏngyang), Hauptstadt der Demokrat. VR Korea, am unteren Taedong, 2,35 Mio. E. Univ.; Museen. Zentrum der Metall-Ind.; internat. ✈.

PKK, Abk. für **P**artîya **K**arkerên **K**urdistan (»Arbeiterpartei Kurdistans«), 1978 von A. Öcalan gegr. kurdische Partei, die die Errichtung eines kurd. Staates auf marxist. Grundlage anstrebt. Seit 1984 führt die PKK in den kurd. Siedlungsgebieten im Osten der Türkei einen blutigen Guerillakrieg gegen den türk. Staat, der v. a. seit 1992 eskalierte. Ende 1993 wurde die PKK nach blutigen Anschlägen gegen türk. Einrichtungen in ganz Europa auch in Deutschland verboten.

Pkw (PKW), Abk. für **P**ersonen**k**raft**w**agen (↑Kraftwagen).

pK-Wert [Analogiebildung zu pH-Wert], in der Chemie gebräuchl. Maßzahl für den negativen dekad. Logarithmus der Gleichgewichtskonstante K_c (↑Massenwirkungsgesetz) einer chem. Reaktion:

$$pK = -\log K_c.$$

pl., Pl., Abk. für ↑**Plural.**

Pl 1 (PL/1), Abk. für engl. **P**rogramming **L**anguage **1,** problemorientierte Programmiersprache für die Lösung kommerzieller und technisch-wissenschaftlich Probleme.

Placebo [lat. »ich werde gefallen«] (Scheinmedikament, Leermedikament), dem Originalarzneimittel nachgebildetes und diesem zum Verwechseln ähnl. Mittel (mit gleichem Geschmack), das jedoch keinen Wirkstoff enthält. Man kann die subjektiv-psych. von der objektiv-pharmakolog. Wirkung eines Arzneimittels trennen, wenn man statt dessen ein P. verabreicht.

Plädoyer [plɛdwaˈjeː; lat.-frz.], zusammenfassende Schlußrede des Staatsanwalts und des Rechtsanwalts vor Gericht.

Plafond [plaˈfõː; frz.], flache Decke eines Raums.

Plagiat [lat.-frz.], widerrechtl. Übernahme und Verbreitung von fremdem geistigem Eigentum; bewußte Verletzung des ↑Urheberrechts.

Plagioklas [griech.] ↑Feldspäte.

Plaid [plet; engl. pleɪd; schott.-engl.], 1) Reisedecke (für die Knie).
2) Umhang aus kariertem Wollstoff (schott. Nationaltracht).

Plakapong [Thai] ↑Glasbarsche.

Plakat [frz.-niederl.] (engl. Poster, frz. Affiche), öffentlich angeschlagene in Bild und Schrift gestaltete (großformat.) Bekanntmachung oder Werbung. Seit dem 16. Jh. sollte sich das P. die Flugblättern, Theaterzetteln u. ä. gleichen. Als im 19. Jh. die ersten Litfaßsäulen errichtet wurden, entstanden größere Formate; gleichzeitig entwickelte sich die *P.-Kunst,* die von H. de Toulouse-Lautrec initiiert wurde; die Technik der Farblithographie machte den Druck des Künstlerentwurfs in großer Auflage möglich; in England sind als Vertreter des *Jugendstil-P.* V. A. Beardsley und Charles Rennie Mackintosh (* 1866, † 1953), in den USA William H. Bradley (* 1868, † 1962) und Edward Penfield (* 1865, † 1902), in Frankreich P. Bonnard und M. Denise, aus Belgien H. van de Velde und in Deutschland M. Klinger, T. T. Heine und Otto Eckmann (* 1865, † 1902) zu nennen. Mit der Ausbreitung der kommerziellen und polit. Werbung gewann das P. große publizist. Bedeutung, an der künstler. Bewegungen der jeweiligen Zeit regen Anteil hatten (Expressionismus, Bauhausstil, Kubismus). Die Photomontage wurde (bes. im Film-P.) integrierender Bestandteil. Soziales und polit. Engagement bestimmten die P. von K. Kollwitz, J. Heartfield, G. Grosz. Seit 1966 »Internat. P.-Biennale in Warschau.

Plakette [frz.], 1) kleine, dem Gedenken gewidmete Tafel mit Reliefdarstellung (v. a. 16.–18. Jh.).
2) Button.

plan [lat.], flach, eben, platt.

Planartechnik, grundlegende Technologie der Fertigung von Halbleiterbau-

Planetoiden

elementen, bei der alle Strukturen und Verbindungen in Ebenen parallel zur Oberfläche eingearbeitet werden (Dotierung z. B. mit Hilfe der Ionenimplantation). Wichtigste Teilschritte sind die Erzeugung und partielle Abtragung (Ätzen) von Siliciumdioxidschichten auf der Halbleiteroberfläche mittels Photolithographie.

Planck, Max, *Kiel 23. 4. 1858, † Göttingen 4. 10. 1947, dt. Physiker. Als Begründer der Quantentheorie zählt er zu den Mitbegründern der modernen Physik; Verfechter der Relativitätstheorie Einsteins. Von Arbeiten zur Thermodynamik ausgehend, leitete er 1900 das heute nach ihm ben. Plancksche Strahlungsgesetz her, bei dessen Begründung er die Wärmestrahlung in einem Hohlraum als ein System von linearen Oszillatoren behandelte. Entscheidend war die Hypothese, daß die Energiewerte der Oszillatoren nicht kontinuierlich seien, sondern nur diskrete, zu ihrer Frequenz ν proportionale Werte $W = h\nu$ annehmen können, wobei h eine später nach ihm als ↑Plancksches Wirkungsquantum bezeichnete Naturkonstante sein sollte. 1918 erhielt P. den Nobelpreis für Physik.

Plancksches Wirkungsquantum (Plancksche Konstante, Elementarquantum), Zeichen h, die von M. Planck bei der Aufstellung des nach ihm ben. Strahlungsgesetzes eingeführte Konstante $h = 6{,}625 \cdot 10^{-34}$ J·s, die die Dimension einer Wirkung besitzt; sie ist gleichzeitig der Proportionalitätsfaktor in der Beziehung $W = h\nu$ zw. der Frequenz ν einer elektromagnet. Welle und der Energie W der in ihr enthaltenen Energiequanten.

planetarische Nebel (Ringnebel), in der Astronomie ring-, kreis- oder scheibenförmige kleine Nebelflecken, in deren Zentrum oft ein Zentralstern gefunden wird.

Planetarium [griech.], eine Einrichtung zur Veranschaulichung der scheinbaren Bewegungen der Planeten sowie der Sonne, des Mondes und des Fixsternhimmels, wie sie von der Erde aus am Himmel beobachtet werden. Beim modernen *Projektions-P.* werden die Gestirne als Lichtbilder an die Innenwand einer halbkugeligen Kuppel projiziert; die Kuppel stellt für den Betrachter im Innern das Himmelsgewölbe dar; die Bewegung der einzelnen Himmelskörper wird durch mechan. Bewegung der Projektoren mittels Motoren und Getrieben erzielt. Bei einem Zeiss-P. werden etwa 9 000 Sterne (mehr, als das bloße Auge sieht), dazu einige Sternhaufen, Nebel und die Milchstraße sowie die versch. Sternbilder projiziert.

Planeten [griech.] (Wandelsterne), nicht aus sich selbst, sondern nur im reflektierten Licht der Sonne (bzw. eines anderen Sterns) leuchtende Himmelskörper, die das sie beleuchtende Zentralgestirn auf ellipsenförmigen Bahnen umlaufen. Von den neun »großen« P. des Sonnensystems sind von der Erde aus fünf mit bloßem Auge zu sehen: Merkur, Venus, Mars, Jupiter und Saturn. Drei weitere P. wurden erst nach der Erfindung des Fernrohrs entdeckt: Uranus, Neptun und Pluto. Eine gebräuchl. Einteilung unterscheidet zw. *inneren P.,* Merkur bis einschließlich Mars, und den *äußeren P.* Jupiter bis Pluto. Ferner wird auf Grund des Aufbaus der P. von *terrestrischen* bzw. *erdähnlichen P.* (Merkur, Venus, Erde, Mars [und Pluto]) und *iovianischen* bzw. *jupiterähnlichen P.* (Jupiter, Saturn, Uranus und Neptun) gesprochen. – Übersicht Seite 2654/2655.

Planetensystem, die Planeten, einschließlich der kosm. Kleinkörper im zw. den Planeten gelegenen (interplanetaren) Raum wie Planetoiden, Kometen, Meteorite und interplanetare Materie. Wird die Sonne mit einbezogen, so spricht man meist vom *Sonnensystem.* Die Gesamtmasse des P. (ohne Sonne) beträgt 448,0 Erdmassen = $2{,}678 \cdot 10^{30}$ g ≈ $1/743$ Sonnenmasse.

Planetentafeln, Tabellenwerke, in denen die ↑Ephemeriden der Planeten (auch der von Sonne und Mond) für bestimmte Zeiträume angegeben sind (heute meist in astronom. und naut. Jahrbüchern).

Planetoiden [griech.] (Asteroiden, Kleinplaneten), planetenähnl. Kleinkörper (Durchmesser bis zu 750 km) auf ellipt. Bahnen (vorwiegend zw. Mars- und Jupiterbahn). Die vier hellsten und größten P. sind Ceres mit 1 023 km Durchmesser, Pallas (608 km), Vesta (538 km) und Juno (288 km). Die kleinsten bis jetzt bekannten P. haben

Planeten. Größenverhältnisse der Planeten im Vergleich zur Sonne

Planfeststellung

Planeten (Übersicht)

	Merkur ☿	Venus ♀	Erde ⊕
kleinster Abstand von der Sonne (in Mio. km)	46	107,5	147
größter Abstand von der Sonne (in Mio. km)	70	108,9	152
kleinster Abstand von der Erde (in Mio. km)	80	38,3	–
größter Abstand von der Erde (in Mio. km)	220	260,9	–
mittlere Umlaufgeschwindigkeit (in km/s)	47,9	35,0	29,8
siderische Umlaufzeit (in Jahren)	024085	0,61521	1,00004
Bahnneigung gegen die Ekliptik	7,005°	3,395°	0,000°
numerische Exzentrizität der Bahn	0,2056	0,0068	0,0167
Äquatordurchmesser (in km)	4878	12 104	12 756,28
Durchmesser (in Erddurchmessern)	0,382	0,949	1,000
Abplattung	0	0	1 : 298,257
Masse (in kg)	$3,302 \cdot 10^{23}$	$4,869 \cdot 10^{24}$	$5,974 \cdot 10^{24}$
Masse (in Erdmassen)	0,0553	0,8150	1,000
mittlere Dichte (in g/cm³)	5,43	5,24	5,515
Entweichgeschwindigkeit (in km/s)	4,25	10,4	11,2
Fallbeschleunigung (in cm/s²)	278	860	978
siderische Rotationsperiode	58,65 d	243,0 d	23 h 56 min 4,099 s
Neigung des Äquators gegen die Bahnebene	≈2°	≈3°	23° 27'
Albedo	0,096	0,6	0,37
größte scheinbare visuelle Helligkeit (in Größenklassen)	–0,17	–3,81	–3,87
Anzahl der Monde	0	0	1

Die Werte in Klammern sind nicht hinreichend gesichert

Durchmesser von einigen hundert Metern. Im Ggs. zu den Planeten umrunden die P. die Sonne auf z. T. recht exzentr. Bahnen; ihre Bahnbewegung ist rechtsläufig.
Pla̱nfeststellung, die im Rahmen der staatlichen Fachplanung vorzunehmende Prüfung, rechtl. Gestaltung und Durchführung eines konkreten [Bau]vorhabens. Mit der P. treten unmittelbare Rechtsfolgen ein, z. B. Nutzungseinschränkungen für Anliegergrundstücke.
Pla̱nflächen, in der *Optik* Bez. für ebene Begrenzungsflächen bei Linsen, Prismen oder Spiegeln.
Planime̱ter [lat./griech.], Gerät zur mechan. Ausmessung krummlinig begrenzter ebener Flächen.
Planimetri̱e [lat./griech.] ↑Geometrie.
Planisphä̱re [lat./griech.], stereograph. Polarprojektion des Sternenhimmels (»Himmelskugel«) auf eine Ebene.
pla̱nkonkav, auf der einen Seite eben (plan), auf der anderen Seite nach innen gekrümmt (z. B. Linsen).

pla̱nkonvex, auf der einen Seite eben (plan), auf der anderen Seite nach außen gekrümmt (z. B. Linsen).
Pla̱nkton, Gesamtheit der im Wasser schwebenden tier. und pflanzl. Lebewesen *(Planktonten, Plankter),* die keine oder nur eine geringe Eigenbewegung haben, so daß Ortsveränderungen überwiegend durch Wasserströmungen erfolgen. Kennzeichnend für P.organismen sind Sonderbildungen, die das Schweben im Wasser erleichtern, indem sie die Absinkgeschwindigkeit verringern, z. B. lange Körperfortsätze, Ölkugeln oder Gasblasen im Körper. Zum P. zählen neben überwiegend einzelligen Algen *(Phyto-P.)* v. a. viele Hohltiere (bes. Quallen), Kleinkrebse, Räder- und Manteltiere, Flügelschnecken sowie die Larvenstadien z. B. von Schwämmen, Schnurwürmern, Weichtieren, Ringelwürmern, Moostierchen, Stachelhäutern und Höheren Krebsen *(Zoo-P.).* – Das P. ist eine wichtige Grundnahrung bes. für Fische und Bartenwale.

Planwirtschaft

Planeten (Übersicht)

Mars ♂	Jupiter ♃	Saturn ♄	Uranus ♅	Neptun ♆	Pluto ♇
206,7	740	1 343	2 735	4 456	4 425
249,2	815	1 509	3 005	4 537	7 375
55,5	588	1 193	2 590	4 304	4 275
400	967	1 658	3 160	4 689	7 525
24,1	13,1	9,6	6,8	5,4	4,7
1,88089	11,869	29,628	84,665	165,49	251,86
1,850°	1,305°	2,488°	0,772°	1,771°	17,141°
0,0934	0,0482	0,051	0,0474	0,0104	0,2476
6 794,4	142 984	120 536	51 120	49 528	2 300
0,533	11,21	9,45	4,01	3,88	0,180
1:191	1:15,5	1:9,2	(1:50)	(1:43)	−29
$6,419 \cdot 10^{23}$	$1,8988 \cdot 10^{27}$	$5,684 \cdot 10^{26}$	$8,698 \cdot 10^{25}$	$1,024 \cdot 10^{26}$	$(1,29 \cdot 10^{22})$
0,1074	317,826	95,145	14,559	17,204	0,0053
3,93	1,33	0,70	1,27	1,71	2,03
5,02	59,6	35,5	21,3	23,3	1,1
372	2 288	905	777	1 100	40
24 h 37 min 22,66 s	9 h 50 min 30,003 s	10 h 14 min	17 h 12 min	18 h 12 min	6,39 d
23° 59'	3° 4'	26° 44'	98°	29°	122°
0,154	0,52	0,76	0,51	0,35	0,4
−2,01	−2,55	+0,67	+5,52	+7,84	+14,90
2	16 + Ringsystem	mind. 21	15 + Ringsystem	8 + Ringsystem	1

Planspiel, Lehrverfahren, bei dem am Modell einer (vereinfachten) Situation den Lernenden Handlungsentscheidungen abverlangt werden, deren Auswirkungen dann geprüft werden.

Plantagenet [engl. plænˈtædʒɪnɪt] (Anjou-P.), engl. Königshaus, das 1154 bis 1399, mit seinen Nebenlinien Lancaster und York bis 1485 regierte; Name abgeleitet von der Helmzier des Stammvaters Graf Gottfried (Geoffroi) V. von Anjou (* 1113, † 1151), einem Ginsterbusch (lat. Planta genista).

Plantin, Christophe [frz. plãˈtɛ̃], * Saint-Avertin bei Tours um 1520, † Antwerpen 1. 7. 1589, frz. Buchdrucker und Verleger. Eröffnete 1555 in Antwerpen eine Druckerei und Verlagsbuchhandlung; rd. 1 600 typograph. wertvolle Drucke (v. a. wiss. Werke, eine achtbändige Bibelausgabe in fünf Sprachen, 1569 bis 1572); 1585 übertrug er die Leitung seines Betriebes seinem Schwiegersohn Johann (Jan) Moretus (* 1534, † 1610); dessen Sohn Balthasar (* 1574, † 1641) und dessen Neffe Balthasar Moretus (* 1615, † 1674) führten die Tradition weiter.

Planung, zielgerichteter, vernunftgeleiteter wie systemat. Vorgang der Informationsgewinnung und -verarbeitung. Um die ins Auge gefaßten Programme zu verwirklichen, sollen in deren Verlauf Zufall und Intuition annähernd ausgeschaltet werden. Diese Optimierung der P. bedingt Übersehbarkeit und Verfügungsgewalt über die notwendigen Mittel (↑Kybernetik).

Planungswertausgleich, Abschöpfung des Wertzuwachses von Grundstücken, den diese durch staatl. Planungen oder öffentl. Investitionen erfahren haben.

Planwirtschaft (Zentralverwaltungswirtschaft), Wirtschaftsordnung, in der eine zentrale Planungsbehörde entsprechend den allg. Zielvorgaben der Staatsführung Volkswirtschaftspläne (v. a. für Produktion und Investitionen) erstellt und in Einzelpläne aufschlüsselt, die dann von nachgeordneten Stellen

2655

Plaque

(Fachministerien, Betrieben) weiter ausgearbeitet werden. In einer reinen zentralen P. (z. B. der nat.-soz. P. während des 2. Weltkriegs) kommen u. a. Zuteilung von Gütern und Verbot des Austauschs zugeteilter Güter hinzu. Der Preis legt nicht die Aufgabe, Güterangebot und -nachfrage zum Ausgleich zu bringen, sondern wird vom Staat als Bewertungsmaßstab festgelegt. – Nach dem Zusammenbruch der kommunist. Regierungssysteme in Mittel-, Ost- und Südosteuropa (seit 1989) findet dort ein überwiegend in Form und Zeitperspektive unterschiedl. Ablösungsprozeß von der P. (zugunsten einer Marktwirtschaft) statt.

Plaque [frz. plak], 1) *Medizin:* ein Haut- oder Schleimhautfleck.
2) *Zahnmedizin:* weißlichgelber, weicher Zahnbelag.

Plasma [griech. »Geformtes, Gebildetes«], 1) *Biologie:* (Protoplasma) die lebende Substanz in den Zellen von Mensch, Tier und Pflanze.
2) *Physiologie:* (Blut-P.) die zellfreie Blutflüssigkeit (↑Blut).
3) *Physik:* elektr. leitendes, im allg. sehr heißes Gemisch aus weitgehend frei bewegl. Elektronen und Ionen sowie elektr. neutralen Atomen und Molekülen, die sich – ähnlich wie die Atome und Moleküle eines Gases – in ständiger ungeordneter Wärmebewegung befinden. Man kann jede Materie durch hinreichende Energiezufuhr in den P.zustand als den sog. vierten *Aggregatzustand* der Materie überführen; Materie im P.zustand sind z. B. ionisierte Flammengase, das Gas innerhalb einer Gasentladung, die bei Kernfusionsexperimenten erzeugten Plasmen, die Ionosphäre, große Teile der interstellaren Materie sowie die Materie in Sternatmosphären und im Sterninneren.

Plasmaersatz (Plasmaexpander), künstl. Lösungen zum vorübergehenden Flüssigkeitsersatz bei größeren Blutverlusten. P.flüssigkeiten können nur das fehlende Blutvolumen auffüllen, die spezif. Transportfunktionen des Blutes für Sauerstoff und Kohlendioxid jedoch lediglich zu einem geringen Teil mit übernehmen.

Plasmaphysik, Teilgebiet der modernen Physik, dessen Aufgabe die Untersuchung der Eigenschaften der Materie in ihrem vierten Aggregatzustand, dem sog. *Plasmazustand,* sowie die Auffindung, Formulierung und Deutung der für diesen Zustand gültigen Gesetzmäßigkeiten ist. Große Bedeutung hat die P. für die kontrollierte ↑Kernfusion.

Plasmaspritzen, Spritzverfahren, bei dem das aufzutragende Material (insbes. hochschmelzende metall. oder keram. Stoffe) pulverförmig in den Plasmastrahl eines *Plasmabrenners* eingebracht, von diesem erhitzt und erschmolzen sowie dann mit hoher Geschwindigkeit auf die mit einem schützenden Überzug zu versehende Oberfläche aufgespritzt wird.

Plasmodium [griech.], durch aufeinanderfolgende Vielteilung des Kerns ohne nachfolgende Zellteilung entstandener vielkerniger Plasmakörper.

Plasmolyse [griech.], Erscheinung bei vakuolisierten Pflanzenzellen, die auf Osmose beruht: Durch eine höher als die Vakuolenflüssigkeit konzentrierte Außenlösung wird der Vakuole über die semipermeablen Membranen der Zelle Wasser entzogen, so daß die Vakuolen schrumpfen und sich der Protoplast von der Zellwand abhebt.

Plasmozytom [griech.] (Kahler-Krankheit, Plasmazytom), monoklonale (von einem einzelnen Zellklon ausgehende) Vermehrung und tumorartige Wucherung von Plasmazellen, meist im Bereich des Knochenmarks.

Plastiden [griech.], Zellorganellen der Pflanzen. Die P. sind meist von zwei biolog. Membranen umgeben; die P. einiger Algengruppen haben drei oder vier Membranen. P. vermehren sich durch Teilung und verfügen innerhalb der Zelle wegen ihrer eigenen DNS über eine gewisse genet. Selbständigkeit. In den *Chloroplasten* mit einer hohen Chlorophyllkonzentration läuft die Photosynthese ab, in den *Leukoplasten* wird Stärke gespeichert. Die *Chromoplasten*, durch Karotinoide gelb bis rot gefärbt, führen zur Färbung von Blüten und Früchten; sie haben kein Chlorophyll. Aus den *Proplastiden* gehen die anderen P.typen hervor. – Die Farbpigmente tragenden Chloro- und Chromoplasten werden auch *Chromatophoren* genannt.

Plastifikator [griech./lat.], svw. ↑Weichmacher.

Plastik [griech.], 1) die Gesamtheit wie die einzelnen Werke der Bildhauerkunst. 2) *Medizin:* operative Formung, Wiederherstellung von Organen und Gewebsteilen (↑plastische Chirurgie). 3) allgemeinsprachl. Bez. für Kunststoff.

Plastilin [griech.], Modelliermasse aus wachsartigen Substanzen (Bienenwachs, Mineralwachs), u. a. mit Füllstoffen (z. B. Gips) und Pigmenten.

plastische Chirurgie, Teilgebiet der Chirurgie, das die [Wieder]herstellung der organ. Funktionen bei angeborenen oder verletzungsbedingten Körperschäden oder die Beseitigung von Verunstaltungen mittels plast. Operationen zum Ziel hat. Die *konstruktive p. C.* befaßt sich mit der operativen Neubildung nichtvorhandener Körperteile. Im Rahmen der Unfallchirurgie kommt der *rekonstruktiven p. C.* eine zentrale Rolle zu; z. B. werden Finger und Hände bzw. Zehen und Füße, Nasenspitzen und Ohrläppchen heute in den meisten Fällen erfolgreich angenäht (replantiert). Die *anaplast. Chirurgie* befaßt sich mit der Defektdeckung durch freie Verpflanzung (Transplantation) von Haut und Weichteilgewebe. Im Ggs. zu den anderen Bereichen werden in der *kosmet. Chirurgie* Operationen an funktionstüchtigen Organen vorgenommen. Dadurch soll das äußere Erscheinungsbild eines Menschen verbessert oder verändert werden.

Plastizität [griech.], 1) *allg.:* räuml., körperhafte Anschaulichkeit; Formbarkeit (eines Materials). 2) *Technik:* Verformbarkeit fester Körper durch äußere Kräfte, sog. *plast. Verformungen,* die nach Aufhören der Einwirkung – anders als bei elast. Deformationen – bestehen bleiben.

Platää (Plataiai; lat. Plataeae), griech. Stadt in Böotien, südl. von Theben. Die Niederlage der Perser in der *Schlacht bei Platää* 479 v. Chr. beendete die Perserkriege.

Plata, La, ↑La Plata, ↑Río de la Plata.

Platane [griech.], einzige Gattung der *Platanengewächse* (Platanaceae) mit sechs bis sieben rezenten Arten; 30–40 m hohe, sommergrüne Bäume mit in Platten sich ablösender Borke. Als Park- und Alleebäume werden in Mitteleuropa neben der *Amerikan. P.* (mit meist kleinschuppiger Borke und dreilappigen Blättern) v. a. die *Morgenländ. P.* (mit großschuppig sich ablösender Borke und fünf- bis siebenlappigen Blättern) sowie die *Ahornblättrige P.* (mit drei- bis fünflappigen Blättern und großflächig sich ablösender Borke) kultiviert.

Plateau [pla'to:; frz.], Hochebene, Tafelland.

Platen, August Graf von, eigtl. P.-Hallermünde, * Ansbach 24. 10. 1796, † Syrakus 5. 12. 1835, dt. Dichter. Schrieb neben der freiheitl. »Polenliedern« (hg. 1849) v. a. Oden und Sonette (»Sonette aus Venedig«, 1825; darin »Das Grab im Busento«) sowie ↑Ghasele; wegen der strengen Versmaße als »Klassizist« angegriffen (Fehde mit H. Heine); auch Verskomödien.

plateresker Stil [span.], span. Dekorationsstil des 15./16. Jh., vom Mudejarstil der span. Spätgotik und Formen der italien. Frührenaissance abgeleitet.

Platin [span.], chem. Element, Symbol Pt; Übergangsmetall der VIII. Nebengruppe des Periodensystems, Ordnungszahl 78; relative Atommasse 195,09; Dichte 21,45 g/cm^3; Schmelztemperatur 1772 °C; Siedetemperatur 3827 ± 100 °C. P. ist ein silbergrau glänzendes Edelmetall und der Hauptvertreter der *P.metalle* (Ruthenium, Rhodium, Palladium, Osmium, Iridium). P. ist nur in Königswasser und geschmolzenen Alkaliperoxiden löslich. In seinen meist farbigen Verbindungen tritt P. ein- bis vier- und sechswertig auf; es bildet zahlr. Koordinationsverbindungen. Es kommt meist gediegen (zus. mit den übrigen P.metallen) vor. P. wird (z. T. in Legierungen) zur Herstellung von Schmuck, für medizin. und chem. Geräte, für elektr. Schaltkontakte und als Katalysator verwendet.

Platine [griech.-frz.], 1) *Metallverarbeitung:* ein geschmiedetes oder vorgewalztes Formteil aus Blech (Halbzeug); wird durch Umformen weiterverarbeitet. 2) *Elektronik:* Bez. für eine unbestückte Leiterplatte.

Platon (Plato), * Athen (oder Ägina) 428 oder 427 v. Chr., † Athen 348/347 v. Chr., griech. Philosoph. Schüler von Sokrates; begründete etwa 387 die ↑Akademie in Athen. – Sein umfangreiches Werk – in der Antike in neun Te-

Platon
(römische Kopie, Marmor, 370/360 v. Chr.)

Platonische Akademie

tralogien geordnet – besteht (abgesehen von der »Apologia« und einigen Briefen) aus Dialogen, in denen meist Sokrates das Gespräch führt. Die wichtigsten sind »Symposion« (Das Gastmahl), »Phaidon«, »Politeia« (Der Staat), »Parmenides« und »Timaios«. P. verwendet darin die sokrat. Dialektik als Weg zur Erkenntnis. In Auseinandersetzung mit den Sophisten, unter Einfluß von Parmenides' Lehre von dem Einen wahrhaft Seienden und von Sokrates' Fragen nach dem Wesen des Allgemeinen (z. B. des »Gerechten«), das den vielen konkreten Fällen eine einheitliche Bedeutung verleihe, begründete P. seine Ideenlehre, die erst später so gen. Metaphysik. Grundlegend ist der Gegensatz zwischen der werdenden, vergehenden und sich niemals gleichbleibenden Welt der Erscheinungen und dem sich gleichbleibenden, wahrhaft Seienden, den Ideen. Ursache der Erfahrungsdinge ist die Idee (idea, eidos), in der jene im Verhältnis des Abbildes, der Teilhabe und nachstrebenden Nachahmung stehen. Den Erfahrungsdingen entspricht die Erkenntnisstufe der (unsicheren) Meinung, nur von den Ideen ist (gesichertes) Wissen möglich. Letztes Erkenntnisziel ist die Idee des Guten als obersten Prinzips. Das Verhälnis der Erfahrungsdinge zu den Ideen sowie den menschl. Erkenntnisweg erläutert Platon in berühmten Gleichnissen (»Höhlengleichnis«). Erkennen erklärt P. auch als Wiedererinnerung, da die Seele vor der Geburt im Raum der ewigen Ideen lebte, durch Leiblichkeit und Triebe jedoch gehemmt ist. Ihre Läuterung vollzieht sich ähnlich der pythagoreischen Seelenwanderung. Um auf Erden die Tugenden zu verwirklichen, erhofft Platon die Realisierung eines Idealstaats, den Philosophen leiten, »Wächter« schützen und ein dritter Stand nährt. P. fordert u. a. eine verantwortungsvolle Erziehung. – Bedeutende Nachwirkung auf MA und Neuzeit (↑Neuplatonismus).

Platonische Akademie, 1) die von Platon in Athen gegr. ↑Akademie.
2) am Renaissancehof Cosimos I. de' Medici 1459 begründeter Gelehrtenkreis zur Erneuerung der Philosophie Platons; Mittelpunkt des italien. Humanismus (bis 1522).

platonische Körper (regelmäßige Körper, regelmäßige Polyeder), konvexe Polyeder (Vielflächner), die von regelmäßigen, untereinander kongruenten Vielecken begrenzt werden und in deren Ecken jeweils gleich viele Kanten zusammenstoßen. Es gibt fünf p. K., deren Oberfläche (O) und Volumen (V) bei einer Kantenlänge a wie folgt zu berechnen sind:

	O	V
Tetraeder	$a^2 \sqrt{3}$	$(a^3/12) \sqrt{2}$
Würfel	$6a^2$	a^3
Oktaeder	$2a^2 \sqrt{3}$	$(a^3/3) \sqrt{2}$
Dodekaeder	$3a^2 \sqrt{25+10\sqrt{5}}$	$(a^3/4)(15+7\sqrt{5})$
Ikosaeder	$5a^2 \sqrt{3}$	$(5/12)a^3(3+\sqrt{5})$

platonische Liebe, geistige, nicht sinnl. Zuneigung (nach Platons Schrift »Symposion«).
platonisches Jahr (Großes Jahr, Weltjahr), die Dauer eines Umlaufes des Frühlingspunktes in der Ekliptik aufgrund der Präzession; etwa 25 800 Jahre.
Platonismus [griech.], die Lehre Platons sowie deren vielfältige, weitreichende und oft nicht genau zu bestimmende Nachwirkung (↑Neuplatonismus).
Plattdeutsch, gleichbedeutend mit niederdt. Mundarten.
Plattensee (ungar. Balaton), mit 591 km² größter See Mitteleuropas, in Ungarn, durchschnittlich 3 m, maximal 11 m tief.
Plattenspieler, Abspielgerät für ↑Schallplatten, mit dem die auf diesen gespeicherten Schallaufzeichnungen in Wechselspannungen umgewandelt werden, die dann mittels Verstärker und Lautsprecher hörbar gemacht werden. Der P. besteht aus dem von einem Elektromotor angetriebenen *Laufwerk,* das den *Plattenteller* (Geschwindigkeit meist 45 und 33 $^{1}/_{3}$ U/min) antreibt und dem über dem Plattenteller schwenkbaren bzw. auch tangential geführten *Tonarm* mit einem elektr. *Tonabnehmer;* dieser tastet mit seiner Abtastnadel (Saphir oder Diamant) die Rillen der auf dem Plattenteller liegenden Schallplatte ab.
Plattentektonik, Weiterentwicklung der Theorie der Kontinentalverschiebung, aufgrund von Echolotvermessungen der Ozeane und Tiefbohrungen.

Playback

Danach ist die Lithosphäre in sechs große und zahlr. kleinere Platten aufgeteilt, deren Verschiebung und die damit verbundene Entstehung der Ozeane auf ständiges Aufdringen von basalt. Lava aus der Zentralspalte der mittelozean. Rücken zurückzuführen ist. Als Energiequelle werden in sich geschlossene Wärmeströmungen angenommen.

Platterbse, Gatt. der Schmetterlingsblütler mit mehr als 150 Arten; in Deutschland u. a.: *Frühlings-P.* (Frühlingswicke), bis 40 cm hohe Staude mit rotvioletten Blütentrauben; *Saat-P.* (Dt. Kicher), einjährige, nur kultiviert bekannte Pflanze mit bis 1 m hohem Stengel, Blüten bläulich, rötlich, oder weiß; *Wald-P.*, ausdauernde Pflanze mit 1–2 m langen liegenden oder kletternden Stengeln und blaßroten Blüten.

Platte River [engl. 'plæt 'rɪvə], rechter Nebenfluß des Missouri, entsteht durch Zusammenfluß des North P. R. und des South P. R., 500 km lang.

Plattfische (Pleuronectiformes), Ordnung wenige Zentimeter bis mehrere Meter langer Knochenfische mit rd. 600 Arten, v. a. in flachen Meeresgewässern; Körper seitlich stark abgeplattet, asymmetrisch; beide Augen und Nasenlöcher auf der dem Licht zugekehrten Körperseite; z. T. wichtige Speisefische, z. B. Scholle, Heilbutt, Steinbutt, Seezunge und Flunder.

Plattfuß, völlige Abflachung des Fußgewölbes, die durch Veränderung der Gelenkflächen zu einer völligen Versteifung führen kann.

Plattkäfer (Schmalkäfer), weltweit verbreitete Käfer-Fam. mit rd. 1 300 2–3 mm langen Arten; z. T. Vorratsschädlinge, z. B. der weltweit verschleppte, 3 mm lange braune *Getreideplattkäfer*.

Plattmuscheln (Tellmuscheln), Fam. z. T. prächtig gefärbter Muscheln im Pazifik und Atlantik, z. B. in der Nord- und Ostsee die *Balt. Plattmuschel* (Rote Bohne).

Plattwanzen (Hauswanzen), weltweit verbreitete Fam. der Landwanzen mit rd. 20 an Säugetieren und Vögeln blutsaugenden Arten (auch die Larven sind Blutsauger); u. a. *Gemeine Bettwanze*, *Trop. Bettwanze* sowie die an Tauben und Hühnern schmarotzende *Taubenwanze*.

Plattwürmer (Plathelminthes), Klasse der Würmer mit über 12 000 meist zwittrigen Arten von etwa 0,5 mm bis über 15 m Länge; Blutgefäßsystem und bes. Atmungsorgane sind nicht entwickelt; der Darm endet blind. Zu den P. gehören Strudelwürmer, Saugwürmer und Bandwürmer.

Platy [griech.] (Spiegelkärpfling), Art der Lebendgebärenden Zahnkarpfen in Süßgewässern Mexikos und Guatemalas.

Platzangst (Agoraphobie), zwanghafte Angst, allein über freie Plätze oder Straßen zu gehen; umgangssprachlich: Beklemmungszustand in geschlossenen, überfüllten Räumen.

Platzverweis, svw. ↑Feldverweis.

Platzwette, Wette, daß ein Pferd bei einem Rennen auf die ersten, mit Preisen bedachten Plätze kommt.

Plauen, E. O., eigtl. Erich Ohser, * Untergettengrün (heute zu Gettengrün bei Bad Elster) 18. 3. 1903, † Berlin 6. 4. 1944 (Selbstmord in nat.-soz. Haft), dt. Zeichner und Karikaturist (»Vater und Sohn«, 1933 ff.).

Plauen, Kreisstadt im Vogtland, Sachsen, 71 400 E. Textil-Ind., Maschinenbau. Spätgot. Stadtkirche Sankt Johannis (13.–16. Jh.), barocke Lutherkirche (17. Jh.).

plausibel [lat.-frz.], einleuchtend.

Plautus, Titus Maccius, *Sarsina bei San Marino um 250, † Rom um 184, röm. Komödiendichter. Die 21 Komödien, die von den Philologen des 1. Jh. v. Chr. für echt gehalten wurden, blieben vollständig erhalten. P. bearbeitete Stücke des griech. Theaterrepertoires für die röm. Bühne. Als Übersetzer hat P. zur Entwicklung der röm. Literatur beigetragen.

Playback [engl. 'pleɪbæk], tontechn. Verfahren bei Film- und Fernsehaufnahmen: Störungsfrei im Tonstudio aufgenommene Musik- und Sprachaufzeichnungen werden während der Bildaufzeichnung über Lautsprecher wiedergegeben (»zugespielt«), die Schauspieler richten sich bei der Darstellung (synchrone Mundbewegungen) nach der Lautsprecherwiedergabe. – Bei reinen Tonaufzeichnungen werden im P.verfahren z. B. Orchester und einzelne Gesangsstimmen getrennt auf Tonband aufgenommen (der Sänger singt z. B. zu der ihm über Kopfhörer zugespielten Begleitmusik) und auf ein

Platterbse. Frühlingsplatterbse

Plattwanzen. Gemeine Bettwanzen

Play-off

Endband überspielt (korrekter als *Multiplay* bezeichnet).

Play-off [engl. pleɪ'ɔf], Austragungssystem in Meisterschaftsendrunden verschiedener Sportarten (z. B. Eishockey), bei dem der Verlierer (nach Hin-, Rück- und evtl. Entscheidungsspielen) ausscheidet.

Plazenta [griech.-lat.] (Placenta, Mutterkuchen), vom Emryo *(Fruchtkuchen)* und der Gebärmutter *(Mutterkuchen i. e. S.)* der höheren Säugetiere und des Menschen gebildetes Organ, in dem der mütterl. und der kindl. Blutkreislauf in engem Kontakt stehen, ohne direkt ineinander überzugehen. Die P. dient dem Nährstoff- und Gasaustausch zw. Mutter und Keimling. Die menschl. P. übernimmt etwa ab dem 4. Schwangerschaftsmonat die Produktion von Hormonen (Follikel-, Gelbkörperhormon, gonadotropes Hormon), die schwangerschaftserhaltend wirken. Nach der Geburt wird die P. durch Wehen als ↑Nachgeburt ausgestoßen.

Plazentatiere (Plazentalier), seit dem Tertiär bekannte, heute mit über 4000 Arten weltweit verbreitete Unterklasse der Säugetiere, bei denen die Embryonen in der Gebärmutter des mütterl. Körpers über eine Plazenta ernährt werden. – Zu den P. zählen der Mensch und alle Säugetiere, mit Ausnahme der Kloakentiere und Beuteltiere.

Plebejer (lat. plebeii), im antiken Rom die gesamte Bevölkerung *(Plebs)*, die nicht zu den altadligen Familien, den Patriziern, gehörte. ↑römische Geschichte.

Plebiszit [lat.], urspr. im antiken Rom Beschluß der Plebejer, seit dem 3. Jh. v. Chr. in zunehmendem Maße Weg der Gesetzgebung; im *Staatsrecht* svw. ↑Volksabstimmung.

Plebs [lat.], 1) ↑Plebejer. 2) die (ungebildete) Masse.

Plechanow, Georgi Walentinowitsch [russ. plɪ'xanɐf], * Gudalowka (Gebiet Lipezk) 11. 12. 1856, † Terijoki (heute Selenogorsk) 30. 5. 1918, russ. Revolutionär. Zunächst Anhänger der Narodniki; 1880 Emigration; 1889–1904 Mgl. der Exekutive der 2. Internationale; bestimmender Einfluß auf Lenin (Zeitschrift »Iskra«, gegr. 1900); unterstützte nach der Spaltung der Sozialdemokrat. Arbeiterpartei Rußlands (1903 in London) die Menschewiki; trat nach seiner Rückkehr nach Rußland 1917 für die Politik der Provisor. Regierung gegen Lenins Kurs einer revolutionären Machtergreifung ein.

Plegie [griech.], motor. Lähmung eines Muskels, einer Extremität oder eines größeren Körperabschnitts.

Pléiade [ple'ja:də, frz. ple'jad], an der antiken und italien. Dichtung orientierte frz. Dichterschule der Renaissance um P. de Ronsard und J. Du Bellay.

Pleinairmalerei [plɛ'nɛːr...; frz./dt.], svw. ↑Freilichtmalerei.

Pleistozän [griech.] (Diluvium), die ältere Abteilung des Quartärs.

p-Leiter ↑Halbleiter.

Plejaden [griech.], 1) *griech. Mythologie:* die sieben Töchter des Atlas und der Okeanide Pleione: Alkyone, Asterope, Elektra, Kelaino, Maia, Merope und Taygete; von Zeus als Siebengestirn an den Himmel versetzt.
2) [nach den gleichnamigen Gestalten der griech. Mythologie] *Astronomie:* offener Sternhaufen im Sternbild Taurus, von dessen rund 120 Haufenmitgliedern sechs bis neun Sterne mit bloßem Auge als *Siebengestirn* sichtbar sind.

Plektron [griech.] (lat. Plectrum), Stäbchen oder Plättchen (aus Holz, Elfenbein, Metall u. ä.) zum Anreißen oder Schlagen der Saiten von Zupfinstrumenten.

Plenar... [lat.], Bestimmungswort von Zusammensetzungen mit der Bedeutung »voll, gesamt«.

Plenterwald (Femelwald), Form des vorzugsweise reich gemischten Hochwaldes (mit ungleichaltrigen Bäumen), dessen Kronendach ständig neu aufgelockert wird.

Plenum [lat.], Vollversammlung [der Mgl. einer Volksvertretung].

Plenzdorf, Ulrich, * Berlin 26. 10. 1934, dt. Schriftsteller. Arbeitete als Filmdramaturg der DEFA (auch Drehbücher); bewirkte mit seinem an Goethes Roman »Die Leiden des jungen Werthers« anknüpfenden, z. T. im Jargon geschriebenen Theaterstück »Die neuen Leiden des jungen W.« (1973, auch als Erzählung), eine breite Diskussion über Lebensgefühl und Selbstverwirklichung von Jugendlichen (in der DDR); schreibt Dramen (»Buridans

Ulrich Plenzdorf

Esel«, UA 1976) sowie Filmszenarien und -drehbücher (»Liebling Kreuzberg«, 1993).

pleo..., Pleo... [griech.], Bestimmungswort von Zusammensetzungen mit der Bedeutung »mehr..., mehrfach«.

Pleonasmus [griech.-lat.], tautolog. Ausdrucksweise; z. B. weißer Schimmel, mit *meinen eigenen* Augen.

Pleskau (russ. Pskow), russ. Geb.-Hauptstadt, an der Welikaja, 197 000 E. PH, Museen; u. a. Radio-, Elektromaschinenbau, Fischkombinat. Bed. u. a.: Wassili-Weliki-Kirche (1413), Nikolaikirche (1536), Pogankinipalast (um 1620), Dreifaltigkeitskathedrale (17. Jh.) im Kreml (12.–16. Jh.). – Eine der ältesten Städte Rußlands (903 erstmals erwähnt); konstituierte sich 1348 als Republik; 1510 dem Moskauer Staat angeschlossen; im 16./17. Jh. bedeutendstes Zentrum im Handel mit W-Europa.

Plessner, Helmuth, *Wiesbaden 4. 9. 1892, † Göttingen 12. 6. 1985, dt. Philosoph. Emigrierte 1933 in die Niederlande; ab 1951 Prof. für Soziologie in Göttingen; Mitbegründer der modernen philosoph. Anthropologie.

Pleuelstange (Pleuel, Schubstange, Treibstange), Verbindungsglied zw. der Kurbelwelle und dem geradegeführten Teil (z. B. dem Kolben einer Kolbenmaschine).

Pleura [griech.], svw. Brustfell.

Pleuritis [griech.], svw. ↑Rippenfellentzündung.

Pleven, René, *Rennes 13. 4. 1901, † Paris 13. 1. 1993, frz. Politiker. Mitbegründer und 1946–53 Vors. der Union Démocratique et Socialiste de la Résistance; 1950/51 und 1951/52 Min.-Präs.; 1950 *Plevenplan* über die Aufstellung einer integrierten europ. Armee.

Plexiglas ® [lat.] (Acrylglas), Handelsname für einen glasartig durchsichtigen Kunststoff aus Polymethacrylsäureestern.

Plexus [lat.], netzartige Vereinigung bzw. Verzweigung (Geflecht) von Gefäßen *(Ader-, Lymphgeflecht)* oder Nerven *(Nervengeflecht)*. ↑Eingeweidegeflecht.

Pleydenwurff, Hans, *Bamberg um 1420, □ Nürnberg 9. 1. 1472, dt. Maler. Vermittelte der spätgot. Nürnberger Malerei den Wirklichkeitssinn der Niederländer (R. van der Weyden, D. Bouts); u. a. »Löwenstein-Diptychon« (um 1456; Basel und Nürnberg), »Kreuzigung« (um 1470; München, Alte Pinakothek).

Pleyel, Ignaz (Ignace), *Ruppersthal (heute zu Großweikersdorf bei Tulln) 18. 6. 1757, † bei Paris 14. 11. 1831, österr. Komponist. Eröffnete 1807 in Paris eine Klavierfabrik, die unter seinem Sohn Camille P. (*1788, † 1855) Weltgeltung erlangte; komponierte zahlr. Sinfonien, Kammermusikwerke, Konzerte, Klaviermusik und Opern.

Plicht ↑Cockpit.

Plinius, 1) P. der Ältere (Gaius P. Secundus), *Novum Comum (heute Como) 23 oder 24, † Stabiae (heute Castellammare di Stabia) 24. 8. 79, röm. Historiker und Schriftsteller. Kommandant der Flotte in Misenum; kam beim Vesuvausbruch ums Leben; erhalten ist nur seine 37 Bücher umfassende »Naturgeschichte« (»Naturalis historia«), in der er als erster in enzyklopäd. Zusammenstellung alle Naturerscheinungen zu beschreiben suchte.

2) P. der Jüngere (Gaius P. Caecilius Secundus), *Novum Comum (heute Como) 61 oder 62, † um 113, röm. Politiker und Schriftsteller. Von seinem Onkel Plinius d. Ä. adoptiert; hoher Beamter Trajans, seine Briefe (neun Bücher) geben ein anschaul. Zeitbild wieder.

Pliohippus [griech.], ausgestorbene, nur aus dem Pliozän N-Amerikas bekannte Gatt. etwa zebragroßer Pferdevorfahren, die als unmittelbare Stammform der heutigen Pferde angesehen wird.

Pliozän [griech.], jüngste Abteilung des Tertiärs.

Plitvicer Seen [ˈplɪtvɪtsər -], 16 gestaffelte Seen auf 7,2 km Länge am NO-Fuß der Kleinen Kapela (Kroatien); Nationalpark.

PLO, Abk. für engl. **P**alestine **L**iberation **O**rganization, ↑Palästinensische Befreiungsorganisation.

Plöcken ↑Alpenpässe (Übersicht).

Ploetz, Karl [plɔts], *Berlin 8. 7. 1819, † Görlitz 6. 2. 1881, dt. Schulbuchautor. Werke für den Französischunterricht, daneben histor. Nachschlagewerke, die bis heute (neu bearbeitet) in dem von seinem Sohn gegr. A. G. Ploetz Verlag KG (heute zum Verlag Herder) erscheinen.

René Pleven

Ploiești

Ploiești [rumän. plo'jeʃtj], rumän. Stadt in der Walachei, 211 500 E. Mittelpunkt des wichtigsten rumän. Erdölgebiets.

Plombe [lat.-frz.], **1)** umgangssprachlich für Zahnfüllung. **2)** Metallsiegel zum Sichern von Behältern, Räumen, Meßeinrichtungen, elektr. Anschlüssen.

Plön, Kreisstadt in der Holsteinischen Schweiz, am Großen Plöner See, Schlesw.-Holst., 10 700 E. Luftkurort. Schloß (17. Jh.), ehem. Marstall (1745/46). – Erhielt 1236 lüb. Stadtrecht; 1290–1390 Residenz einer Linie des Grafenhauses, 1636–1761 der Herzöge von Schleswig-Holstein-Sonderburg-Plön.

Plotin, *Lykonpolis (heute Assiut) um 205, † Minturnae (Kampanien) 270, griech. Philosoph. Hauptvertreter des ↑Neuplatonismus. Kernstück seiner Philosophie ist die Lehre von dem unkörperl., völlig eigenschaftslosen »Einen«, aus dem alles Seiende durch »Ausstrahlung« oder Emanation hervorgeht. P. beeinflußte nachhaltig die europ. Geistesgeschichte.

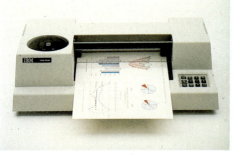

Plotter. Trommelplotter für Farbgraphiken (Tischmodell)

Plotter [engl.], computergesteuerte Ausgabeeinheit (Peripheriegerät) zur graph. Darstellung von Zeichnungen, Schriften u. a. nach digitalen oder analogen elektromagnet. Signalen.

Plötze [slaw.] (Rotauge), etwa 25–40 cm langer, gestreckter Karpfenfisch, v. a. in Süßgewässern großer Teile des nördl. und gemäßigten Eurasien.

Plötzensee, Strafanstalt in Berlin-Charlottenburg, in deren Waschhaus im Dritten Reich über 2 000 polit. Gefangene (auch ein Teil der Widerstandskämpfer des 20. 7. 1944) hingerichtet wurden.

plötzlicher Kindstod, svw. ↑SIDS.

Plowdiw, bulgar. Stadt an der Maritza, 374 000 E. Univ., PH, Museen; Messeplatz. Erhalten sind aus thrak. Zeit ein Kuppelgrab (4. Jh. v. Chr.), röm. Ruinen eines Aquädukts und eines Stadions; zwei große Moscheen. – 342/341 von König Philipp II. von Makedonien erobert *(Philippopolis),* 46 n. Chr. von den Römern, 250 von den Goten erobert; nach bulgar. und byzantin. 1364 unter osman. Herrschaft; 1885 als Hauptstadt Ostrumeliens an Bulgarien.

Pluhar, Erika, *Wien 28. 2. 1939, österr. Schauspielerin. Seit 1959 Mgl. des Wiener Burgtheaters; bes. bekannt als Chansonsängerin.

Plumbum [lat.], svw. ↑Blei.

Plumeau [ply'mo:; lat.-frz.], svw. Federdeckbett; halblanges Federbett.

Plünderung, die rechtswidrige Wegnahme privater oder öffentl. Sachen unter Ausnutzung durch krieger. Handlungen, Landfriedensbruch oder Katastrophenfälle hervorgerufener Verhältnisse.

Plural [lat.] (Pluralis, Mehrzahl; Abk. **pl., Pl., Plur.**), Numerus, der das mehrfache Vorhandensein von etwas anzeigt (Ggs. Singular). Ein Substantiv, das ausschließlich im P. gebräuchlich ist, heißt *Pluraletantum* (z. B. Leute, Ferien).

Pluralis majestatis [lat. »Plural der Majestät«] (P. majestaticus), die Verwendung der 1. Person Plural statt der 1. Person Singular (»Wir, Wilhelm, von Gottes Gnaden dt. Kaiser«).

Pluralis modestiae [lat. »Plural der Bescheidenheit«] (Autorenplural), die bei Autoren u. ä. gebräuchl. Verwendung des Plurals statt des Singulars für die eigene Person (»wie *wir* früher gezeigt haben«).

Pluralismus [lat.], Begriff zur Kennzeichnung von gesellschaftl. – auch wiss. – Diskussions- und Entscheidungsprozessen, in die eine Vielzahl unterschiedl. Argumente, Interessen, Theorien und Methoden eingebracht wird. In den *Sozialwiss.* bezeichnet P. die Struktur moderner Gesellschaften, in denen eine Vielzahl in Konkurrenz stehender Interessengruppen, Organisationen und Mgl.

Plowdiw.
Blick auf die Altstadt

sozialer Teilbereiche um polit. und gesellschaftl. Einfluß kämpfen.
Pluralität [lat.], Mehrheit; Mannigfaltigkeit (der Meinungen u. ä.).
Pluralwahlrecht, Wahlrecht, bei dem einem Teil der Wähler, z. B. entsprechend ihrem Einkommen oder ihrer Steuerkraft, eine oder mehrere zusätzliche Stimmen zugebilligt werden, um diese Wählergruppe zu bevorzugen; u. a. in einigen deutschen Ländern vor 1918 gültig.
plus [lat. »mehr«], zuzüglich, und; das *Pluszeichen* + steht als Symbol für die ↑Addition.
Plüsch [frz.], samtähnl. Stoff.
Plusquamperfekt [lat.] (vollendete Vergangenheit, Vorvergangenheit, 3. Vergangenheit), Zeitform, die ein vor einem anderen in der Vergangenheit vollendetes Verbalgeschehen ausdrückt.
Plutarch (Mestrius Plutarchus), * Chaironeia um 46, † um 120, griech. Schriftsteller. Erhalten sind u. a. 44 Biographien, die je einen Griechen und einen Römer vergleichen (bed. Quelle Shakespeares u. a.), auch naturwiss., theolog., philosoph. und eth. Schriften.
Pluto [griech.], der sonnenfernste der bekannten Planeten unseres Sonnensystems, dessen derzeit (1979–1999) durchlaufener Bahnteil innerhalb der Bahn des Neptun liegt (charakterist. Daten des P. ↑Planeten [Übersicht]). – 1930 von Clyde William Tombaugh (* 1906) entdeckt; 1978 konnte auch die Existenz eines P.mondes (»Charon«) nachgewiesen werden.
Plutokratie [griech.], polit.-soziales System, in dem allein Besitz polit. Macht garantiert.
Pluton (Pluto), Gestalt der griech. Mythologie. Gott des Reichtums; mit dem Gott der Unterwelt, Hades, identifiziert.
Plutonismus [griech., nach Pluton], die Entstehung, Veränderung, Wanderung und Platznahme natürl. Gesteinsschmelzen innerhalb der Erdkruste.
Plutonite ↑Gesteine.
Plutonium [griech., nach dem Planeten Pluto], chem. Symbol **Pu,** radioaktives chem. Element aus der Gruppe der Transurane und Actinoide im Periodensystem der chem. Elemente; Ordnungszahl 94; Dichte 19,84 g/cm^3; Schmelztemperatur 641 °C: Siedetemperatur 3232 °C; unedles, silberweißes Schwermetall, das in der Natur nur in sehr geringen Mengen in Uranerzen vorkommt und meist künstlich in Kernreaktoren hergestellt wird. An Isotopen sind Pu 232 bis Pu 246 bekannt; das wichtigste P.isotop ist Pu 239, ein Alphastrahler mit der Halbwertszeit von 24 110 Jahren, der in schnellen Brutreaktoren in größeren Mengen aus dem Uranisotop U 238 erhalten wird. P. wirkt sehr stark radiotoxisch. – Als erstes P.isotop entstand 1940/41 Pu 238 von G. T. Seaborg, Joseph William Kennedy (* 1917) und Arthur Charles Wahl

Pluvial

(* 1917) durch Deuteronenbeschuß des Uranisotops U 238 als Betazerfallsprodukt des dabei entstehenden Neptuniumisotops Np 239. Am 9. 8. 1945 wurde die erste in den USA hergestellte P.bombe auf Nagasaki abgeworfen.

Pluvial [lat.], den pleistozänen Eiszeiten der gemäßigten und höheren Breiten entsprechender, relativ niederschlagsreicher Zeitabschnitt in den heutigen subtrop. Trockengebieten und im Mittelmeerraum.

Plymouth [engl. 'plɪməθ], 1) engl. Stadt an der S-Küste der Halbinsel Cornwall, 258 000 E. TH, Museen, Zoo. Ind.-Betriebe, Hafen. Royal Citadel ist eine der besterhaltenen Festungsbauten des 17. Jahrhunderts. – Erhielt 1311 Stadtrecht; 1620 Aufbruch der Pilgerväter mit der »Mayflower« nach Amerika.
2) Stadt in SO-Massachusetts, USA, 36 000 E. Pilgrim Hall Museum; Schiffbau, Hafen. – Älteste Stadt in Neuengland, 1620 gegründet. Am P. Rock landeten 1620 die Pilgerväter mit der »Mayflower«.

Plymouth 1) Stadtwappen

Plymouth-Brüder [engl. 'plɪməθ] ↑Darbysten.

Pm, chem. Symbol für ↑Promethium.

p.m., 1) Abk. für lat. per mille, pro mille (↑Promille).
2) Abk. für lat. post meridiem (↑ante meridiem).

Pneuma [griech. »Hauch, Wind, Atem«] (lat. spiritus), im griechischen Denken eine stets materiell gedachte Lebenskraft, die Atem und Puls reguliert. Eine rein geistige Auffassung vertritt das NT: Die Taufe wird als Vermittlung des geistigen P. angesehen, und das Pfingstwunder gilt als Ausgießung des Hl. Geistes.

Pneumatik [griech.], Teilgebiet der Technik, das sich mit der Anwendung von Druck- und Saugluft befaßt. Der Einsatz *pneumat. Einrichtungen* (oft kurz P. genannt) erfolgt für Antriebsaufgaben sowie für Steuerungen und/oder Regelungen.

Pneumokokken [griech.], krankheitserregende Milchsäurebakterien.

Pneumonie [griech.], svw. Lungenentzündung (↑Lungenkrankheiten).

Pneumothorax [griech.] (Kurz-Bez. Pneu; Gasbrust, Luftbrust), Ansammlung von Luft (oder Gas) im Pleuraraum, z. B. nach Verletzungen im Bereich des Brustkorbs, nach Platzen von Lungenbläschen und Durchbruch des Lungenfells; auch therapeut. zur Ruhigstellung von tuberkulös-kavernösen Lungenprozessen angelegt, wobei die Luft in den Pleuraraum eingeblasen wird und die Lunge sich je nach dem eingefüllten Volumen verkleinert (*Lungenkollaps*).

pn-Übergang ↑Halbleiter.

Po, Strom in Oberitalien, der größte Fluß Italiens, entspringt in den Cottischen Alpen, erreicht südlich von Re-

Plymouth 1)
Plymouth und Sound mit einem Teil des Hoe Park und der im 17. Jh. erbauten Royal Citadel

vello das W-Ende der Poebene, fließt ab Valenza nach O, von Deichbauten begleitet, mündet mit einem Delta in das Adriat. Meer, 652 km lang.

Po, chem. Symbol für ↑Polonium.

Pocci, Franz Graf von ['pɔtʃi], *München 7. 3. 1807, † ebd. 7. 5. 1876, dt. Schriftsteller, Illustrator und Musiker. Berühmt durch selbstillustrierte Kinderbücher und satir. Puppenspiele (»Neues Kasperltheater«, 1855); auch Singspiele und Märchen.

Pöchlarn, niederösterr. Stadt an der Donau, an der Mündung der Erlauf, 3600 E. Got. Pfarrkirche (1389–1429, 1766). – Im »Nibelungenlied« Bechelaren.

Pocken [niederdt.] (Blattern, Variola), durch Viren hervorgerufene, anzeige- und isolierpflichtige, schwere, hochansteckende Infektionskrankheit. Bei den echten P. kommt es nach einem Initialstadium von 2–4 Tagen mit hohem Fieber, Kopf-, Kreuz- und Gliederschmerzen, Entzündung der oberen Atemwege und einem vorübergehenden Ausschlag unter kurzzeitigem Fieberabfall im Eruptionsstadium zur charakterist. Ausbildung von blaßroten, juckenden Flekken, die sich zu Knötchen, eingedellten Bläschen mit dunkelrotem Saum und Pusteln entwickeln; später platzen die P.bläschen und bedecken sich mit braungelben Krusten, die abfallen und die sog. P.narben hinterlassen. Eine P.infektion verläuft bei Nichtgeimpften fast immer tödlich; das Überstehen der Erkrankung verleiht lebenslängl. Immunität. – Den eigtl. Impfschutz ermöglichte E. Jenner 1796 durch die Entdeckung, daß auch Kuhpockenlymphe (Vakzination) als Impfstoff gegen die echten P. immunisiert. Die allg. Impfpflicht gemäß Reichsimpfgesetz von 1874 wurde 1976 aufgehoben; 1979 erklärte die Weltgesundheitsorganisation die P. für ausgerottet.

Podagra [griech.] ↑Gicht.

Podgorica [...tsa], Hauptstadt von Montenegro, an der Morača, 132 000 E. Univ., Theater. Georgskirche (10. Jh.; umgebaut); Uhrturm, alte Brücke, von Moscheen und alte Zitadelle stammen aus der osman. Zeit. – 1326 als P. erstmals erwähnt; wurde 1946 unter dem Namen *Titograd* (bis 1992) Hauptstadt Montenegros.

Podgorny, Nikolai Wiktorowitsch [russ. pad'gɔrnij], *Karlowka (Gebiet Poltawa) 18. 2. 1903, † Moskau 11. 1. 1983, sowjet. Politiker. 1965–77 Vors. des Präsidiums des Obersten Sowjets (Staatsoberhaupt); bildete mit A. N. Kossygin und L. I. Breschnew die sowjet. Führungsspitze.

Podolien, histor. Landschaft zw. dem Oberlauf des Südl. Bug und dem Dnjestr, Ukraine.

Poe, Edgar Allan [engl. pəʊ], *Boston 19. 1. 1809, † Baltimore 7. 10. 1849, amerikan. Schriftsteller. Bedeutendster Vertreter der amerikan. Romantik; als Lyriker (u. a. »Der Rabe«, 1845) und Erzähler (u. a. »Der Untergang des Hauses Usher«, 1839; »Der Goldkäfer«, 1843) von scharfsinniger Phantastik mit nachhalt. Wirkung, v. a. auf die frz. Symbolisten; als Meister und theoret. Begründer der Short story sowie der Kriminalerzählung (u. a. »Der Doppelmord in der Rue Morgue«, 1841; »Der entwendete Brief«, 1844) wegweisend für die Entwicklung dieser Gattungen.

Edgar Allan Poe

Poelzig, Hans ['pœltsɪç], *Berlin 30. 4. 1869, † ebd. 14. 6. 1936, dt. Architekt. 1919–21 Vors. des Dt. Werkbundes; gehörte zu den Hauptvertretern der expressionist. Architektur (Umbau des Großen Schauspielhauses in Berlin [1918/19] für M. Reinhardt).

Poesie [po-e'zi:; griech.], Bez. für Dichtung, bes. für Versdichtung im Unterschied zur Prosa.

Poeta laureatus [lat. »lorbeergekrönter Dichter«], urspr. antiker Brauch der Dichterkrönung durch feierl. Bekränzen mit Lorbeer; im MA wieder aufgenommen als offizielle Auszeichnung eines Dichters.

Poetik [griech.], die Lehre von der Dichtkunst, ihrem Wesen und ihrer Wirkung, ihren Erscheinungsweisen, ihren Form- und Gattungsgesetzen und ihren Gestaltungsmitteln. Als Theorie der Poesie gehört sie zum Bereich der Literaturwiss., als Reflexion über den Charakter von Kunstwerken ist sie Teil der Ästhetik.

Poggio Bracciolini, Gian Francesco [italien. 'pɔddʒo brattʃo'li:ni], *Terranuova (heute Terranuova Bracciolini) 11. 2. 1380, † Florenz 30. 10. 1459, italien. Humanist. Ab 1453 Kanzler von Florenz; entdeckte wertvolle Hand-

Pogorelich

Denis Poisson

schriften röm. Autoren; Vertreter der humanist. Briefliteratur; schrieb u. a. eine Geschichte von Florenz in acht Büchern (1453 ff.).

Pogorelich, Ivo [serb. pɔˈgɔrɛlɪtʃ], *Belgrad 20. 10. 1958, jugoslaw. Pianist. Zahlr. weltweite Konzertreisen; gilt v. a. als hervorragender Interpret der Werke F. Chopins.

Pogrom [russ.], im zarist. Rußland mit Plünderungen und Vernichtung verbundene Judenverfolgung: im 20. Jh. allg. Bez. für Ausschreitungen gegen Minderheiten.

Pointer (Widerristhöhe 54–62 cm)

Poincaré [frz. pwẽkaˈre], 1) Henri, *Nancy 29. 4. 1854, † Paris 17. 7. 1912, frz. Mathematiker. Begründer der modernen Topologie; wichtige Beiträge auch zur Funktionentheorie, zur Thermodynamik und zur Theorie der Elektrizität und der Optik.

2) Raymond, *Bar-le-Duc 20. 8. 1860, † Paris 15. 10. 1934, frz. Politiker. Rechtsanwalt; 1912/13 Min.-Präs. und Außen-Min.; wurde als Präs. der Republik (1913–20) im 1. Weltkrieg zum Symbol der nat. Einheit und des militär. Durchhaltewillens; 1920 Vors. der Reparationskommission; steuerte als Min.-Präs. und Außen-Min. (1922–24) den Kurs einer konzessionslosen Durchführung des Versailler Vertrags, mußte aber nach der Ruhrbesetzung 1923 eine Neuregelung der Reparationsfrage zugestehen; sanierte als Min.-Präs. (1926–1929) und Finanz-Min. (1926–28) den Staatshaushalt.

Raymond Poincaré

Point, 1) [engl. pɔɪnt] *Geographie:* engl. svw. Kap.

2) [poˈɛ̃; lat.-frz.] *Spiele:* Stich (bei Kartenspielen), Auge (bei Würfelspielen).

Pointe [poˈɛ̃:tə; lat.-frz.], geistreicher, überraschender [Schluß]effekt; »springender Punkt« einer Angelegenheit.

Pointe-Noire [frz. pwɛ̃tˈnwa:r], Hafenstadt am Atlantik, Kongo, 387 000 E. Ind.-Zentrum, Eisenbahnendpunkt, internat. ✈. – 1950–58 Hauptstadt des frz. Kongo.

Pointer [engl.] (Engl. Vorstehhund), aus England stammende Haushundrasse; kräftiger, kurzhaariger, etwa 65 cm schulterhoher Jagdhund.

Pointillismus [poɛtiˈjɪsmʊs; frz.] ↑Impressionismus.

Poisson, Denis [frz. pwaˈsõ], *Pithiviers bei Orléans 21. 6. 1781, † Paris 25. 4. 1840, frz. Mathematiker und Physiker. Bed. Arbeiten u. a. über Analysis, Wahrscheinlichkeitsrechnung, Kapillarität und Wärmeleitung; einer der Begründer der Potentialtheorie.

Poitier, Sidney [engl. ˈpwaːtiːeɪ], *Miami 20. 2. 1927, amerikan. Filmschauspieler. Bekannt durch die Filme »Porgy and Bess« (1959), »Lilien auf dem Felde« (1963; erster Oscar für einen schwarzen Darsteller), »In der Hitze der Nacht« (1966); auch Regisseur.

Poitiers [frz. pwaˈtje], frz. Regions- und Dép.-Hauptstadt im Poitou, 82 500 E. Univ., Museen. Got. Kathedrale Saint-Pierre (1166 ff.); frühchristl. Baptisterium Saint-Jean (4. Jh., im 6./7. und 10. Jh. verändert); bed. roman. Kirchen: Notre-Dame-la-Grande (12. Jh.), Saint-Hilaire-le-Grand (11./12. Jh.), Sainte-Radegonde (11.–13. Jh.). – Vermutlich als *Limonum* Hauptort der kelt. Piktonen; im 4. Jh. Bischofssitz, um 1175 Stadtrecht.

Poitou [frz. pwaˈtu], histor. Gebiet in Frankreich zw. Bretagne und Zentralmassiv. In der vorröm. Antike das Gebiet der kelt. Piktonen; im 8. Jh. Gft. (Hauptort Poitiers), deren Grafen seit 827/828 auch Herzöge von Aquitanien waren; im 12. Jh. direkte Einflußnahme der engl. Monarchie; 1224 vom frz. König eingezogen, kam 1416 endgültig zur frz. Krondomäne.

Poitou-Charentes [frz. pwatuʃaˈrã:t], Region in W-Frankreich, 25 810 km², 1,6 Mio. E, Hauptstadt Poitiers.

Pökeln [niederdt.] ↑Konservierung.

Poker [amerikan.], Kartenglücksspiel amerikan. Herkunft für mindestens vier Spieler mit 52 frz. Karten.

Polarisation

Pol [griech.] (Drehpunkt, Achse), **1)** *Astronomie* und *Geographie:* Durchstoßpunkt der Rotationsachse eines sich drehenden Körpers durch die Oberfläche. Bei Himmelskörpern, bes. der Erde, werden Nordpol und Südpol unterschieden. Die Himmels-P. sind die Durchstoßpunkte der Rotationsachse der Erde durch die Himmelssphäre.
2) *Elektrotechnik:* Anschlußklemme einer Spannungs- oder Stromquelle: Plus-P. (P. mit Elektronenmangel), Minus-P. (P. mit Elektronenüberschuß).
3) *Mathematik:* auf der Kugel ausgezeichneter Punkt zur Festlegung eines Systems von Polarkoordinaten.
4) *Physik:* ↑Dipol, ↑Magnet.

Polanski, Roman (poln. Polański), * Paris 18. 8. 1933, poln. Filmregisseur und -schauspieler. Drehte zunächst vom Surrealismus beeinflußte Filme wie »Das Messer im Wasser« (1961), »Ekel« (1965), »Tanz der Vampire« (1966), »Rosemaries Baby« (1967), »Macbeth« (1971); später »Chinatown« (1974), »Tess« (1979), »Piraten« (1986), »Bitter Moon« (1992), »Der Tod und das Mädchen« (1994).

Polanyi [pɔ'lænjɪ], John Charles, * Berlin 23. 1. 1929, kanad. Chemiker und Physiker. Erhielt für seine Arbeiten zur Erforschung der Dynamik chem. Elementarprozesse mit Hilfe der Chemolumineszenzmethode den Nobelpreis für Chemie 1986 (zus. mit D. Herschbach und Y. Lee).

Polare [griech.], die Verbindungsgerade der Berührungspunkte zweier Tangenten an einen Kegelschnitt (z. B. einen Kreis). Der Tangentenschnittpunkt heißt der *Pol.*

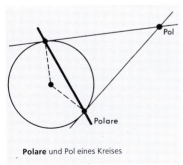

Polare und Pol eines Kreises

Polarfuchs (Eisfuchs), im Gebiet des Nordpols verbreiteter, 45–70 cm körperlanger, graubrauner Fuchs (↑Füchse).

Polargrenze, durch klimat. Faktoren bestimmter Grenzsaum, in dem polwärts die Verbreitung von bestimmten Pflanzen, Tieren, von Besiedlung u. a. endet.

Polarfuchs (Körperlänge etwa 45–70 cm)

Polarhund (Eskimohund, Grönlandhund), vermutl. aus Sibirien stammende, bis 65 cm schulterhohe Rasse der Nordlandhunde; Schlitten- und Jagdhund.

Polarisation [griech.], **1)** *allg.:* das deutl. Hervortreten von Gegensätzen, die Herausbildung einer Gegensätzlichkeit.
2) *Physik:* 1. die *dielektr. P.,* die Erzeugung und Ausrichtung elektr. Dipole in einem Stoff durch ein äußeres elektr. Feld; 2. die *parelektr. P.,* die Verstärkung und Ausrichtung permanent vorhandener atomarer elektr. Dipole in einem Stoff durch ein äußeres elektr. Feld; 3. die *elektrochem. P. (elektrolyt. P., galvan. P., Reaktions-P.),* das Auftreten bzw. die Ausbildung einer P.spannung zw. den Elektroden bei der Elektrolyse oder in elektrochem. Elementen; 4. die *P. des Lichts (opt. P.),* das Vorhandensein von Lichtwellen einer bestimmten Schwingungsrichtung bzw. das Aussondern solcher Wellen aus einem Gemisch von in allen Richtungen schwingenden Wellen (unpolarisiertes Licht). In diesem Fall liegt der Schwingungsvektor in einer Ebene *(lineare P.);* beschreibt die Spitze des Schwingungsvektors einen Kreis bzw. eine Ellipse, so liegt *zirkulare* bzw. *ellipt. P.* vor.

John Charles Polanyi

Poitiers
Stadtwappen

Polarisationsfilter

Polarisationsfilter, ein photograph. Aufnahmefilter (↑Filter).
Polarisierung [griech.], 1) *allg.:* Herausbildung zweier sich diametral gegenüberstehender Kräfte (Pole).
2) *Gesellschaft und Politik:* die Verhärtung von Gegensätzen.
Polarität [griech.], allg. das Verhältnis von (paarweisen) Polen zueinander, die einander bedingen und gegensätzl. Natur sind.
Polarklima, Klima der Polkappen mit langem, sehr kaltem Winter und nebelreichem, kaltem Sommer.
Polarkreise, die von beiden Erdpolen um 23°30´ entfernten Parallelkreise (nördl. und südl. Polarkreis bei 66°30´ n. Br. bzw. s. Br.); trennen die *Polarzonen* von den *gemäßigten Zonen.*
Polarlicht, nächtl. Leuchterscheinung in den polaren Gebieten der Nord- *(Nordlicht)* und Südhalbkugel *(Südlicht).* P. entsteht, wenn die Atome der Ionosphäre (meist in 100 km Höhe) durch von der Sonne ausgehende Korpuskularstrahlung zum Leuchten angeregt werden.
Polarluft, kalte, dem Polargebiet entstammende Luftmasse.
Polarmeere, Bez. für die Meeresgebiete im Bereich der Arktis und Antarktis.
Polarnacht, der Zeitraum, in dem die Sonne länger als 24 Stunden unter dem Horizont bleibt (zutreffend für Orte zw. den Polarkreisen und den Polen). Die Dauer der P. wächst mit der geograph. Breite und beträgt an den Polen nahezu ein halbes Jahr; während auf der einen Erdhalbkugel P. herrscht, ist auf der anderen *Polartag.*
Polarographie [griech.], von J. Heyrovský um 1925 entwickeltes qualitatives und quantitatives elektrochem. Analysenverfahren für gelöste Metallionen auf Grund ihrer Zersetzungsspannungen.
Polaroid-Land-Verfahren ® [...'lænt...; griech./engl./deutsch; nach E. Land] ↑Sofortbildphotographie.
Polarstern ([Stella] Polaris, Nordstern), der Stern α (Doppelstern) im Sternbild Ursa Minor (Kleiner Bär, Kleiner Wagen); steht in der Nähe des nördl. Himmelspols.
Polbewegung (Polschwankung), Wanderung des Durchstoßpunktes der Rotationsachse der Erde (d. h. des Erdpols) auf der Erdoberfläche.
Polder ↑Deich.
Pole, Reginald [engl. pəʊl, puːl], * Stourton Castle (Staffordshire) 3. 3. 1500, † London 17. 11. 1558, engl. Kardinal. Erwirkte für seinen Vetter Heinrich VIII. ein günstiges Ehescheidungsurteil der Sorbonne; nach der Thronbesteigung Marias I., der Katholischen, 1553 von Papst Julius II. zum päpstl. Legaten ernannt; setzte sich als Erzbischof von Canterbury (seit 1556) für die Restauration des Katholizismus in England ein.
Polemik [griech.-frz.], als Form der ↑Kritik die Kunst des Streitens; un-

Polen. Weichsellandschaft bei Tczew

sachl., der bloßen Diffamierung dienender Angriff.
Polen (polnisch Polska), Staat in Europa, grenzt im NO an das russ. Gebiet Kaliningrad und Litauen, im O an Weißrußland, im SO an die Ukraine, im S an die Tschech. und die Slowak. Rep., im W an Deutschland, im N an die Ostsee.
Staat und Recht: Republik; provisor. *Verfassung* von 1992 (daneben noch vielfach geänderte Teile der Verfassung von 1952/76). *Staatsoberhaupt* ist der Staats-Präs., der alle 5 Jahre vom Volk gewählt wird. Die *Exekutive* liegt beim Ministerrat unter Leitung des Min.-Präs.; der Ministerrat ist dem Parlament verantwortlich. *Legislativorgan* ist das Parlament, der Sejm (460 Abg. auf 4 Jahre gewählt) und der Senat (100 Mgl.). Stärkste *Parteien* sind das Bündnis der Demokrat. Linken (SLD; sozialdemokrat. Nachfolgeorganisation der KP), die Poln. Bauernpartei (PSL), die aus der Solidarność hervorgegangene Demokrat. Union (UD) und die sozialist. Union der Arbeit (UP).
Landesnatur: Den größten Landesteil bildet die flachwellige Poln. Tiefebene. Sie erstreckt sich südlich der Ostsee, gegliedert in das Jungmoränengebiet des Balt. Landrückens mit den Seengebieten Pommerns und Masurens sowie in das südlich anschließende Altmoränengebiet. Östlich der oberen Oder liegt das Kleinpoln. Berg- und Hügelland. Den SW Polens nehmen die Sudeten mit Riesengebirge und Glatzer Bergland ein. Im S hat P. Anteil an den Karpaten mit der Hohen Tatra (Meeraugspitze 2 499 m hoch). P. besitzt ein Übergangsklima, das von SW nach NO zunehmend kontinentaler wird.
Bevölkerung: Neben der zu über 98 % poln. Bevölkerung gibt es Minderheiten von Ukrainern, Weißrussen, Deutschen und Slowaken. 97 % der E sind katholisch.
Wirtschaft, Verkehr: Nach dem 2. Weltkrieg entwickelte sich der Agrarstaat P. in dem nach sowjetischen Vorbild errichteten planwirtschaftlichen System zu einem Agrar-Ind.-Staat. Der Übergang zur marktwirtschaftl. Ordnung nach 1989 war mit erhebl. wirtschaftl. Problemen (hohe Auslandsverschuldung) verbunden. Die auch unter

Polen

Polen

Fläche:	312 683 km²
Einwohner:	38,417 Mio.
Hauptstadt:	Warschau
Amtssprache:	Polnisch
Nationalfeiertage:	3. 5. und 9. 5.
Währung:	1 Złoty (Zł) = 100 Groszy (Gr, gr)
Zeitzone:	MEZ

sozialist. Herrschaft zu etwa 80 % privat betriebene Landwirtschaft erzeugt Roggen, Kartoffeln, Zuckerrüben, Raps- und Leinsamen, Hopfen, Hanf und Obst; Rinder-, Schweine- und Schafhaltung, Holz- und Jagdwirtschaft sind gleichfalls bed. An Bodenschätzen gibt es Stein- und Braunkohle, Eisen-, Kupfer-, Blei- und Zinkerze, Schwefel, Salz, Erdöl und Erdgas. Bed. sind die Schwer-Ind., der Maschinenbau, Elektro-, chem., Textil- und Nahrungsmittelind. Das Schienennetz ist 24 309 km, das Straßennetz rd. 153 000 km lang. Wichtigste Häfen sind Danzig, Stettin (mit Außenhafen Swinemünde) und Gdingen. Internat. ✈ ist Warschau.
Geschichte: *Der frühe Piastenstaat (10. Jh. bis 1138):* Um Posen und Gnesen, das Siedlungsgebiet der Polanen, das »ältere« Groß-P., konnten im 10. Jh. die Gebiete einiger früherer slaw. Stammesverbände in straffer Organisation zusammengefaßt werden zu Kujawien (Goplanen) sowie das mittlere Weichselgebiet (Masowien) einbezogen werden. Erster histor. Herrscher Polens war Mieszko I., der 966 zum Christentum übertrat. Die schles. Stämme und das »jüngere« Klein-P. an der oberen Weichsel wurden um 990 der poln. Herrschaft unterstellt, die von ausländ. Chronisten um 1000 erstmals »P.«

Polen

Staatsflagge

Staatswappen

1970 1992 1970 1992
Bevölkerung (in Mio.) Bruttosozialprodukt je E (in US-$)

Bevölkerungsverteilung 1992

Bruttoinlandsprodukt 1992

2669

Polen

genannt wurde. Mieszkos Sohn Boleslaw I. Chrobry konnte in langen, bis 1018 dauernden Kämpfen gegen Kaiser Heinrich II. und die Przemysliden die Lausitz, Teile von Mähren und der Slowakei sowie Schlesien und Pommern an P. angliedern und 1025 die Königswürde erwerben. Nach dem Tod von Boleslaw I. Chrobry (1025) gingen die eroberten Gebiete nach und nach wieder verloren.

Die Zeit der Teilfürstentümer (1138 bis 1320): Boleslaw III. Krzywousty führte 1138 eine Senioratserbordnung ein, die zur Entstehung von Teil-Hzgt. führte. Pommern schied 1181 endgültig aus der losen Abhängigkeit aus, während Schlesien ab 1163 eine Sonderentwicklung nahm und sich um 1300 der böhm. Lehnshoheit unterstellte. Die religiöse Einheit sowie das Bewußtsein der gemeinsamen Vergangenheit, das in dem Begriff der poln. Nationalität seinen Ausdruck fand, verhüteten eine völlige Auflösung des poln. Staates. Seit dem 12. Jh. versuchten Fürsten und kirchl. Institutionen, neue Siedler für ihre Güter heranzuziehen. Durch den Mongolensturm bis nach Schlesien (1241) und spätere Tatareneinfälle wurde P. allerdings weiter geschwächt. Zur Abwehr der zunehmenden Raubüberfälle der Pruzzen (Preußen), Jadwiger und Litauer rief Herzog Konrad I. von Masowien 1226 den Dt. Orden nach Polen. Nach der 1283 abgeschlossenen Unterwerfung der Pruzzen weitete der Orden seine weltl. Herrschaft 1309 über das von P. beanspruchte Pomerellen aus. Die Auseinandersetzung mit dem Dt. Orden sowie das Erstarken der Bürgerschaft und des Adels prägten das 14. und 15. Jahrhundert.

Die Piasten (1320–70): Der Aufstieg Böhmens, Litauens und Galitsch-Wladimirs sowie das Vordringen der Askanier lösten Ende des 13. Jh. in Groß-P. Versuche zur Wiedererlangung der staatl. Einheit aus. Der Herzog von Kujawien, Wladislaw I. Łokietek, erreichte die Vereinigung seiner Prov. mit Groß- und Klein-P. und 1320 die Königskrönung. Bes. unter seinem Nachfolger Kasimir III., d. Gr., konnte der Staat innerl. konsolidiert und durch geschickte Bündnis- und Heiratspolitik auch außenpolit. abgesichert werden. 1349/66 gelang die Eingliederung des konfessionell orth., ethn. ukrain. (ruthen.) Ft. Galitsch-Wladimir (Rotreußen) mit Lemberg sowie die Anerkennung der Lehnshoheit durch Masowien.

Das Haus Anjou (1370–86) und die Jagellonen (1386–1572): Ludwig I., d. Gr., Kasimirs Neffe, mußte die Regelung der Nachfolge mit großzügigen Privilegien für den Adel erkaufen. In den Unionen von Krewo und Krakau 1385/86 wurde festgelegt, daß sich der bisher heidn. Großfürst Jagello von Litauen taufen lassen und die Tochter Ludwigs I., Hedwig (Jadwiga), zur Frau nehmen würde. Als König Wladislaw II. vereinigte er das multinationale und mehrkonfessionelle Doppelreich P.-Litauen in Personalunion (1569 Realunion). P.-Litauen stieg nicht zuletzt in den Kriegen mit dem Dt. Orden (1409–11, 1419–22, 1431–38) zur polit. und militär. Führungsmacht in Osteuropa auf. Nach der Beseitigung der Gefahr durch den Ordensstaat festigte der Anschluß Kur-

Polen Ende des 18. Jahrhunderts

lands und Livlands 1561 die poln. Machtposition an der Ostsee. Litauen dagegen, das 1449 seine größte Ausdehnung nach O erreichte, führte 1486 bis 1522 vier Abwehrkriege gegen das nach W expandierende Groß-Ft. Moskau und mußte auf große Gebiete verzichten. Der Adel, die »Schlachta«, zunehmend an den Regierungsgeschäften beteiligt, konnte seine privilegierte Stellung weiter ausbauen. Im Reichstag (Sejm) war das Bürgertum nicht vertreten; die Bauern gerieten in zunehmende Abhängigkeit von adligen Grundherren, bald in totale Erbuntertänigkeit. In seinem »Goldenen Zeitalter« im 16. Jh. kontrollierte P. den böhm. und den ungar. Thron und erlebte unter Sigismund I., dem Alten, und Sigismund II. August eine Blüte von Literatur, Wiss. und Kunst.

Das Wahlkönigtum (1572–1795): Nach dem Aussterben der Jagellonen wurde P. 1572 eine Wahlmonarchie. Bei der Wahl des weitgehend entmachteten Königs suchten durch den Adel zunehmend ausländ. Mächte einzugreifen. 1660/67 verlor P. Livland, die Ukraine bis zum Dnjepr mit Kiew und Smolensk und mußte die Unabhängigkeit Preußens anerkennen. Die längst überfälligen inneren Reformen konnten auch unter den beiden Sachsenkönigen August II., dem Starken, und August III. wegen der russ. und preuß. Intervention nicht durchgeführt werden. Interne Auseinandersetzungen der Adelsgruppen, die 1706 und 1733 zur Wahl Stanislaus' I. Leszczyński führten, lösten eine weitgehende Lähmung des öffentl. Lebens aus (↑Polnischer Thronfolgekrieg). 1764 wurde auf russ. Druck Stanislaus II. August (Poniatowski) zum letzten König gewählt. Die ausländ. Nachbarn verstrickten die zerstrittenen Adelsparteien in einen Bürgerkrieg (Konföderation von Bar, 1768) und nahmen mit der 1. Poln. Teilung (1772) P. fast 30% seines Gebietes und 35% seiner Einwohner. Mit der Nat. Erziehungskommission (1773) und dem Immerwährenden Rat (1775) erhielt P. moderne Zentralbehörden. Das 1788 eingeleitete Reformwerk fand in der Verfassung vom 3. 5. 1791, der ersten geschriebenen Verfassung Europas, einen Abschluß. Die unter russ. Einfluß 1792 gebildete Adelsopposition bot aber Rußland und Preußen 1793 die Möglichkeit, P. in der 2. Teilung zu einem Reststaat zu reduzieren. Der 1794 von T. A. B. Kościuszko geführte Aufstand lieferte den drei Teilungsmächten (Österreich, Preußen, Rußland) den Vorwand, in der 3. Poln. Teilung die poln. Eigenstaatlichkeit 1795 zu liquidieren.

Unter der Herrschaft der Teilungsmächte (1795–1918): Das durch Napoleon I. 1807 errichtete Hzgt. Warschau wurde auf dem Wiener Kongreß 1815 um Posen und Krakau verkleinert und als Kgr. P. (Kongreß-P.) in Personalunion mit Rußland vereinigt. Versuche zur Wiederherstellung des Nationalstaates (Novemberaufstand 1830/31, Aufstandsversuche in Galizien 1846 und Posen 1848, Januaraufstand 1863) wurden blutig niedergeschlagen. Der Ausbruch des

Polen nach dem Wiener Kongreß

Polen

1. Weltkriegs belebte die nat. Hoffnungen der Polen. Der amerikan. Präs. W. Wilson forderte die Bildung eines unabhängigen poln. Staates mit einem Zugang zur See (8. 1. 1918). Der Ausrufung eines unabhängigen P. durch den Regentschaftsrat im Okt. 1918 folgte die Proklamation der Republik P. am 11. 11. 1918.

Die Republik Polen (1918–39): Seine territoriale Gestalt fand P. jedoch erst in den folgenden Jahren. Durch den Versailler Vertrag und nach Volksabstimmungen wurde die Grenze zum Dt. Reich festgelegt. Gegenüber Sowjetrußland hatte die Pariser Friedenskonferenz 1919 eine Demarkationslinie (↑Curzon-Linie) gezogen. P. löste durch seinen Angriff den poln.-sowjet. Krieg 1920 aus und erreichte im Frieden von Riga (18. 3. 1921) eine Grenzziehung mehr als 200 km östlich der Curzon-Linie. Mit Ausnahme von Rumänien hatte P. mit allen Nachbarstaaten bei der Festlegung seiner Grenzen schwere, in der Folgezeit nachwirkende Konflikte riskiert. Die innere Konsolidierung wurde erschwert durch die polit. Zersplitterung (59 Parteien und Verbände), die wirtschaftl. Rückständigkeit, die in der Teilungszeit entstandenen unterschiedl. Wirtschafts-, Bildungs-, Justiz-, Verwaltungs- und Verkehrssysteme und die Existenz nat. Minderheiten (31% der Gesamtbevölkerung). Außenpolitisch wurde P. in das frz. Allianzsystem einbezogen. Die restriktive Politik gegenüber der dt. Minderheit, die dt. Weigerung, die neue dt. O-Grenze anzuerkennen, ein »Zollkrieg« um die oberschles. Kohle, andererseits der polit.-ideolog. Gegensatz zum Sowjetsystem schlossen eine Kooperation Polens mit seinen beiden größten Nachbarn aus.

Am 12. 5. 1926 übernahm Marschall Pilsudski in einem Staatsstreich die Macht, errichtete unter formaler Beibehaltung von Verfassung und Parlament ein autoritäres System und setzte 1935 eine autoritäre Präsidialverfassung durch. Zur außenpolit. Absicherung wurden der Nichtangriffsvertrag mit der Sowjetunion 1932 und der ↑Deutsch-Polnische Nichtangriffspakt 1934 abgeschlossen. Außen-Min. J. Beck strebte den Aufstieg Polens zur ostmitteleurop. Führungsmacht im Rahmen eines Dritten Europa von der Ostsee bis zur Adria an.

Nach dem Tod Pilsudskis 1935 wurden die Militärs unter Marschall E. Rydz-Śmigły staatsbestimmend; militär. Pressionen gehörten fortan zum außenpolit. Instrumentarium. Die Verschärfung der Minderheitenpolitik, auch gegenüber der dt. Volksgruppe, engte die außenpolit. Manövrierfähigkeit ein. Im März 1938 wurde Litauen zur Grenzanerkennung und die ČSR im Okt. 1938 zur Abtretung des Olsagebietes gezwungen. Der verstärkte Druck des Dt. Reiches seit Okt. 1938 (Danzigfrage, Poln. Korridor) veranlaßte P. wieder zu engerer Anlehnung an die Westmächte. Die Kündigung des Dt.-Poln. Nichtangriffspakts durch Hitler (28. 4. 1939) hoffte P. durch die brit. Garantieerklärung (31. 3. 1939) und das poln.-brit. Beistandsabkommen (25. 8. 1939) ausgleichen zu können. Doch im Dt.-Sowjet. Nichtangriffspakt vom 23. 8. 1939 war in einer Geheimklausel u. a. die Aufteilung Polens vereinbart worden. Am 1. 9. 1939 begann der dt. Angriff auf Polen.

2. Weltkrieg (1939–44): Das poln. Heer konnte sich nicht gegen die dt. Wehrmacht und die seit 17. 9. 1939 einrükkende Rote Armee behaupten. P. wurde entlang des Flusses Bug zw. dem Dt. Reich und der Sowjetunion aufgeteilt. Die v. a. von Ukrainern und Weißruthenen bewohnten östl. Gebiete mit 13,5 Mio. E (darunter 3,5 Mio. Polen) wurden der Ukrain. SSR und der Weißruss. SSR eingegliedert. 1940/41 wurden weit über 1 Mio. Polen nach Zentralasien und Sibirien zwangsdeportiert. West-P. mit 10 Mio. E wurde dem Dt. Reich eingegliedert, der Rest am 26. 10. 1939 als Dt. Generalgouvernement P. (mit über 10 Mio. E) organisiert. Die seit Sept. 1939 durchgeführten nat.-soz. Terrormaßnahmen, bes. gegen die poln. Intelligenz und die kath. Geistlichkeit, nahmen bald mit der bestial. Ausrottung – anfangs der jüd., später auch der übrigen poln. Bevölkerung – in den Konzentrations- und Vernichtungslagern immer größere Ausmaße an. Zw. 1939 und 45 kamen etwa 6 Mio. Polen, unter ihnen rd. 3 Mio. Juden, ums Leben.

Polen

Die am 30. 9. 1939 in Paris unter General W. Sikorski gebildete, später von London aus operierende Exilregierung, die sich v. a. der Aufstellung einer Exilarmee widmete, wurde von den Alliierten als kriegführender Bundesgenosse anerkannt. Sie schloß am 30. 7. 1941 ein Bündnis mit der Sowjetunion (Aufstellung einer poln. Armee aus 80 000 Kriegsgefangenen), das aber nach der Entdeckung der Massengräber poln. Offiziere bei Katyn im April 1943 auseinanderbrach. Die Exilregierung, von Juli 1943 bis Nov. 1944 unter S. Mikołajczyk, danach unter T. Arciszewski, wurde von Großbrit. zu einem Ausgleich mit der Sowjetunion gedrängt, lehnte aber die Anerkennung der Curzon-Linie als poln.-sowjet. Grenze (bei Entschädigung mit dt. Gebieten östlich der Oder) ebenso ab wie eine kommunist. Regierungsbeteiligung im befreiten Polen. Im Juli 1945 wurde der Exilregierung die Anerkennung der Alliierten entzogen. Im sowjet. Exil konnten sich poln. Kommunisten erst seit 1943 stärker durchsetzen. Sie beteiligten sich an der Seite der Roten Armee an der militär. Befreiung Polens. In P. selbst waren bereits im Sept. 1939 Widerstandsorganisationen entstanden, 1942 die »Armee im Lande« (AK), die der Londoner Exilregierung unterstellt war. Am 21. 7. 1944 wurde das kommunist. geführte Lubliner Komitee gegründet, die erste von der Sowjetunion getragene Nachkriegsregierung auf poln. Boden. Gegen ihren polit. Führungsanspruch gerichtet war der von der AK am 1. 8. 1944 ausgelöste Warschauer Aufstand, der am 2. 10. 1944 wegen fehlender alliierter, bes. sowjet. Hilfe zusammenbrach. Das Lubliner Komitee übernahm in den von der Roten Armee freigekämpften Gebieten einschließl. Danzigs und der dt. Gebiete östlich von Oder und Görlitzer Neiße die Regierungsgewalt.

Nachkriegszeit und Volksdemokratie (1944 bis 1989): Die Zwangsaussiedlung der nicht zuvor evakuierten oder geflohenen dt. Bevölkerung setzte schon vor der Potsdamer Konferenz ein und erreichte den Höhepunkt 1945/46. Im Vertrag mit der Sowjetunion vom 16. 8. 1945 wurde die O-Grenze weitgehend entlang der Curzon-Linie festgelegt.

Polen. Karsee Meerauge am Fuß der Meeraugspitze in der Hohen Tatra

Mit Ausnahme der Poln. Bauernpartei (PSL) wurden alle Parteien im »Demokrat. Block« zusammengefaßt, der von der kommunist. Poln. Arbeiterpartei (PPR) unter Generalsekretär W. Gomułka beherrscht wurde und bei der Parlamentswahl (19. 1. 1947) die Mehrheit gewann. Nach Säuberungen wurden am 21. 12. 1948 PPR und Sozialist. Partei (PPS) zur Poln. Vereinigten Arbeiterpartei (PZPR) zusammengeschlossen. Die nach 1949 forcierte Industrialisierung brachte unter großem Konsumverzicht der Bevölkerung eine völlige Umgestaltung der Wirtschaftsstruktur. Mit dem Abschluß des Warschauer Paktes (14. 5. 1955) wurde auch Polens Zugehörigkeit zum sowjet. Einflußbereich vertragl. abgesichert. Unter dem Eindruck der »Entstalinisierung« in der Sowjetunion kam es zum Posener Aufstand (28. 6. 1956). Bei fester Einbettung im »sozialist. Lager« änderte Gomułka den polit. Kurs: Verurteilung führender Staatssicherheitsfunktionäre, Wiedereinführung der bäuerl. Privatwirtschaften, Fortsetzung der Industrialisierung unter Verstärkung des Konsumgütersektors, Begrenzung der sowjet. Stationierungstruppen, Normalisierung der Beziehungen zur kath. Kirche. Die vorbehaltlose poln. Beteiligung an der Besetzung der ČSSR (Aug. 1968)

2673

Polen

sicherte Gomułka die sowjet. Unterstützung bei der Zurückdrängung seiner Gegner im Innern und beim Abschluß des Dt.-Poln. Vertrages (7. 12. 1970). Im Dez. 1970 kam es zu Streiks und blutig niedergeschlagenen Arbeiteraufständen in den Küstenstädten, die am 19. 12. 1970 zur Entlassung Gomułkas und zur Machtübernahme durch E. Gierek führten, dem zusammen mit Min.-Präs. P. Jaroszewicz in kurzer Zeit eine polit. und wirtschaftl. Konsolidierung gelang. Ausgelöst durch wirtschaftl. Schwierigkeiten (v. a. das Mißverhältnis zw. Kaufkraft und Warenangebot), kam es im Juli/Aug. 1980 zu einer Streikbewegung im ganzen Land, deren Zielsetzung sich bald politisch ausweitete (Zulassung freier Gewerkschaften mit Streikrecht) und die Ende Aug. mit förml. Vereinbarungen zw. Staat und Streikenden beendet wurde. Der Dachverband der neuen unabhängigen Gewerkschaften »Solidarność« unter Führung von L. Wałęsa wurde am 17. 9. 1980 gegründet und am 10. 11. gerichtlich bestätigt. E. Gierek wurde als 1. Sekretär der PZPR Anfang Sept. 1980 durch S. Kania ersetzt. Am 11. 2. 1981 übernahm General W. Jaruzelski das Amt des Min.-Präs., am 18. 10. 1981 auch das des 1. Sekretärs. Am 13. 12. 1981 wurde das Kriegsrecht über P. verhängt: Ein »Militärrat der Nat. Rettung« unter General Jaruzelski setzte auf allen Verwaltungsebenen und in Wirtschaftseinheiten Militärkommissare ein. Streiks und sonstige Tätigkeiten von Gewerkschaften und gesellschaftl. Organisationen wurden verboten, Tausende wurden interniert. Anfängl. Widerstand in den Betrieben wurde gewaltsam unterdrückt, die Gewerkschaft »Solidarność« durch das Gewerkschaftsgesetz vom 9. 10. 1982 verboten. Das Kriegsrecht wurde am 12. 12. 1982 zwar ausgesetzt (aufgehoben am 22. 7. 1983), fast alle Internierten freigelassen (auch L. Wałęsa), doch blieben zahlr. Beschränkungen (z. B. Verbot der »Solidarność«) aufrechterhalten.

Die Republik (seit 1989): Zur Überwindung der innenpolit. und wirtschaftl. Dauerkrise wurden Anfang Febr. 1989 Gespräche mit der Opposition aufgenommen, die die Ablösung der kommunist. Herrschaft und die Hinwendung zu einem demokrat. System einleiten.

Ergebnis dieser Verhandlungen waren zunächst die Wiederzulassung der Gewerkschaft »Solidarność« (April 1989), die Zulassung oppositioneller Medien und die Einrichtung einer zweiten Parlamentskammer. Die Parlamentswahlen vom 4. 6. 1989 brachten einen überwältigenden Sieg der Opposition; das Bürgerkomitee »Solidarność« erhielt im Sejm alle 161 der Opposition zugestandenen Sitze, in der 2. Kammer 99 von 100 Sitzen. Der bisherige Vors. des Staatsrats, W. Jaruzelski, wurde am 19. 7. zum Staats-Präs. gewählt. Am 24. 8. wählte das Parlament den Oppositionspolitiker T. Mazowiecki zum ersten nichtkommunist. Regierungschef seit dem 2. Weltkrieg. 1990 löste sich die PZPR auf. Nachdem Jaruzelski sich zum vorzeitigen Rücktritt als Staats-Präs. bereit erklärt hatte, wählte die Bevölkerung im Dez. 1990 Wałęsa zum neuen Staats-Präs.; Min.-Präs. Mazowiecki trat daraufhin zurück. Am 14. 11. 1990 schloß P. mit der BR Deutschland einen Grenzvertrag (endgültige Festlegung der Oder–Neiße-Linie als endgültige dt.-poln. Grenze), am 16. 6. 1991 einen Nachbarschaftsvertrag. Vor dem Hintergrund der Auflösung des RGW (Jan. 1991) und des Warschauer Paktes (Juli 1991) wandte sich P. stärker den westl. Demokratien und deren Organisationen (NATO, EU) zu. Mit den wachsenden wirtschaftl. und sozialen Problemen büßte auch die Solidarność-Bewegung, die seit ihrer Einbindung in die Regierungsverantwortung politisch zersplitterte (Herausbildung mehrerer Parteien), an Popularität und Einfluß ein. Bei den Parlamentswahlen im Okt. 1991 gelangten 29 Parteien in den Sejm; auf Grund ihrer verschiedenartigen Interessen kam keine längerfristige regierungsfähige Mehrheit zustande; so führte etwa von Juni 1992 bis Mai 1993 Hanna Suchocka eine Koalitionsregierung, die an einem Mißtrauensantrag der Solidarność-Fraktion scheiterte. Nach den Neuwahlen im Sept. 1993 bildete sich eine Regierungskoalition aus SLD und PSL, zunächst unter Min.-Präs. W. Pawlak (PSL), ab März 1995 unter J. Oleksy (SLD). Die Präsidentschaftswahlen im Nov. 1995 konnte A. Kwaśniewski (SLD) für sich entscheiden; er löste Wałęsa im Dez. 1995 ab.

Polgar, Alfred, *Wien 17. 10. 1873, † Zürich 24. 4. 1955, österr. Schriftsteller und Kritiker. Exponent der Theater- und Literaturkritik (»Ja und Nein«, 4 Bde., 1926–27); schrieb subtile Kleinprosa (»Andererseits«, 1948; »Begegnung im Zwielicht«, 1951; »Standpunkte«, 1953) und Essays (»Schwarz auf Weiß«, 1929).

Poliakoff, Serge [frz. pɔljaˈkɔf], *Moskau 8. 1. 1906, † Paris 12. 10. 1969, frz. Maler und Graphiker russ. Herkunft. Entwickelte einen Stil, den wenige streng gegliederte und verzahnte Formen von meist kräftigem Kolorit kennzeichnen.

Police [poˈliːsə; griech.-frz.], Versicherungsschein.

Polidoro da Caravaggio [italien. poliˈdɔːro dakkaraˈvaddʒo] (P. Caldara), *Caravaggio bei Bergamo um 1500, † Messina 1543, italien. Maler (Sgraffito- und Freskotechnik). Wegbereiter barocker Landschaftsmalerei.

Polier [frz.], Vorarbeiter der Maurer und Zimmerleute.

Poliermittel, 1) feinkörnige bis pulverige Substanzen, auch in Form von Aufschlämmungen, Pasten oder gepreßten Massen zum Polieren von Oberflächen; z. B. Bimsmehl, Kreide, Kieselgur, Cerdioxid, Zinndioxid, Diamantstaub. **2)** ↑Politur.

Polignac, Jules Auguste Armand Marie, Fürst von (seit 1820) [frz. pɔliˈnak], *Versailles 14. 5. 1780, † Paris 29. 3. 1847, frz. Politiker. Ab 1829 Außen-Min. und Min.-Präs.; betrieb die Eroberung Algeriens. Die von ihm am 25. 7. 1830 unterzeichneten Juliordonnanzen führten zur Julirevolution.

Poliklinik [griech.], an ein Krankenhaus oder eine Klinik angeschlossene Einrichtung (Abteilung) zur ambulanten Untersuchung und Krankenbehandlung.

Polio, Kurz-Bez. für Poliomyelitis (↑Kinderlähmung).

Poliomyelitis [griech.], svw. ↑Kinderlähmung.

Polis [griech.], Bez. für den griech. Stadtstaat. Die P. verstand sich als Gemeinschaft der Einwohner (»politai«), für die es feste soziale und ethn. Zugehörigkeitskriterien gab (Abgrenzung z. B. gegen Sklaven und Fremde). Kennzeichen waren: Selbstverwaltung mit festgelegten polit. Rechten und Pflichten für den einzelnen, Tendenz zur Gleichheit der Rechte und Pflichten aller Bürger im Inneren (Demokratie). Nur in wenigen Staaten (z. B. Athen) wurde dies verwirklicht. – In hellenist. Zeit Eingliederung in den Territorialstaat.

Serge Poliakoff. Komposition (Saarbrücken, Saarlandmuseum)

Politbüro, das vom Zentralkomitee gewählte Führungsgremium einer kommunist. Partei.

Politesse [Kw. aus **Poli**zei und Ho**stess**], [von einer Gemeinde] angestellte Hilfspolizistin, z. B. zur Überwachung des ruhenden Verkehrs.

Politik [griech.-frz.], auf die Durchsetzung bestimmter Ziele insbes. im staatl. Bereich und auf die Gestaltung des öffentl. Lebens gerichtetes Verhalten von Individuen, Gruppen, Organisationen, Parteien, Klassen, Parlamenten und Regierungen. Aus der Interessenbestimmtheit ergibt sich der Kampfcharakter der Politik. Ihre Legitimation findet P. in einem demokrat. System letztlich in der Zustimmung [der Mehrheit] der Betroffenen, in totalitären Systemen wird sie aus der herrschenden Ideologie abgeleitet. Nach dem *Gegenstand* bzw. *Bereich* des polit. Handelns unterscheidet man z. B. Außen-, Wirtschafts-, Gesundheits-P., nach der je-

Politikwissenschaft

weiligen *Ebene* z. B. Bundes-, Landes- und Kommunal-P., nach dem *Handlungs-* und *Interessenträger* z. B. Partei-, Verbands-P., nach den *Grundsätzen* des polit. Handelns z. B. Macht-, Interessen-, Hegemonial-, Friedens-, Realpolitik.

Politikwissenschaft (politische Wissenschaft, Politologie), Bez. für die Wiss. von den institutionellen Formen, Prozessen, Inhalten und normativen Grundlagen der Politik. Hauptforschungsgebiete sind die Geschichte der polit. Ideen und der modernen Politiktheorien, die internat. Beziehungen und die Struktur und Dynamik polit. Systeme einschließlich ihres Vergleichs. Die P. bedient sich der Methoden von Soziologie, Philosophie sowie Geschichts- und Rechtswissenschaft.

politische Ökonomie, zuerst von Vertretern des Merkantilismus geprägter Begriff für die Wirtschaftslehre des absolutist. Staatshaushalts. Seit dem 18. Jh. war der Begriff p. Ö. lange Zeit ein Synonym für Nationalökonomie, Sozialökonomie und Volkswirtschaftslehre. Die Kritik der p. Ö. von Marx versteht sich als Analyse der Entstehung, Struktur und Entwicklung der kapitalist. Produktionsweise. Die p. Ö. des Sozialismus war als Bestandteil des Marxismus-Leninismus die wirtschaftstheoret. Grundlage der Zentralverwaltungswirtschaft in den kommunist. Staaten. Die Neue p. Ö. ist eine Ende der 1960er Jahre entstandene politolog. Theorie, die von der Gleichförmigkeit ökonom. und polit. Entscheidungsfindungen ausgeht und sich das Ziel setzt, die wechselseitige Abhängigkeit des ökonom. und polit. Handelns zu analysieren.

politische Polizei, Bez. für bes. Polizeiorgane (z. T. auch *Geheimpolizei* gen.), deren Aufgabenfeld die polit. Strafsachen sind. Die p. P. hat in totalitären Systemen eine wesentl. Funktion als Instrument der Herrschaftssicherung (z. B. GPU, Geheime Staatspolizei, Staatssicherheitsdienst). – In der BR Deutschland gibt es keine p. P.; den Verfassungsschutzämtern des Bundes und der Länder stehen polizeil. Befugnisse nicht zu.

politischer Katholizismus, im 19. Jh. entstandene Bez. für Kräfte und Tendenzen, die kath. Gedankengut (z. B. die ↑katholische Soziallehre) über den Raum der Kirche hinaus im polit. und kulturellen Bereich zu verwirklichen trachten und den kirchl. Interessen gegen Säkularisierung, Laizismus und Nationalisierung zu sichern suchen. Parteipolitisch organisierte sich der p. K. in Deutschland im ↑Zentrum.

politischer Protestantismus, im 19. Jh. entstandene Bez. für Kräfte und Tendenzen, die prot. Gedankengut über den Raum der Kirche hinaus im polit. und kulturellen Bereich zu verwirklichen trachten. Für den von E. Troeltsch ausgehenden »Neuprotestantismus« war der christl. Glaube Bestandteil der allg. Kultur, der mit Individualismus, Liberalismus und Rationalismus eine »Kultursynthese« bildete.

politische Wissenschaft ↑Politikwissenschaft.

Politologie [griech.] ↑Politikwissenschaft.

Politur [lat.], durch Polieren hervorgebrachte Glätte; Glanz.

Polizei [griech.], die gesamte Tätigkeit von Verwaltungsbehörden und Vollzugsorganen (z. B. Bau- und Gewerbeaufsicht, uniformierte P.) zur Abwehr von Gefahren für die öffentl. Sicherheit und Ordnung sowie zur Beseitigung bereits eingetretener Störungen; auch Bez. für die im Vollzugsdienst tätigen Dienstkräfte, d. h. die im Außendienst eingesetzten uniformierten P.kräfte und die Kriminalpolizei.

Polizeirecht: Das P.recht umfaßt als Teil des Verwaltungsrechts alle Vorschriften über Aufgaben und Befugnisse (materielles P.recht, P.aufgabenrecht) sowie über die Organisation der P. (formelles P.recht). Die der Gefahrenabwehr dienenden Rechtsnormen werden als Ordnungsrecht (Sicherheitsrecht) bezeichnet und von den Ordnungsbehörden (Sicherheitsbehörden) ausgeführt. Die Regelung des P.- und Ordnungsrechts fällt grundsätzlich in die Gesetzgebungskompetenz der Länder (Artikel 70 GG), jedoch ist das *Ordnungsrecht* überwiegend durch den Bund geregelt (Artikel 73 ff. GG). Der Bund hat nur ausnahmsweise das Recht, eigene P.behörden zu errichten und deren Organisation zu regeln, wie z. B. beim Bundesgrenzschutz und beim Bundeskriminalamt.

Pollenblumen

Aufgaben und *Befugnisse* der P. und der Ordnungsbehörden sind in allen Bundesländern durch eine polizeil. Generalklausel normiert, die den Tätigkeitsbereich der P. und der Ordnungsbehörden allg. umschreibt. Das Verhältnis von P. und Ordnungsbehörden ist so geregelt, daß die P. (Vollzugspolizeibehörden) im Bereich der Gefahrenabwehr nur für die ihr ausdrücklich zugewiesenen Aufgaben oder in Eilfällen zuständig ist. Die P. hat insbes. den Ordnungsbehörden auf deren Ersuchen Vollzugshilfe bei der Durchsetzung der von diesen angeordneten Maßnahmen zu leisten sowie die ihr durch Bundesrecht übertragenen Aufgaben auf dem Gebiet des Straßenverkehrsrechts, bei der Ermittlung von Ordnungswidrigkeiten und bei der Verfolgung von Strafsachen (als Hilfsbeamte der Staatsanwaltschaft) wahrzunehmen. Zur Durchsetzung ihrer Verfügungen können die P.- und Ordnungsbehörden Zwangsmittel anwenden, nämlich das Zwangsgeld, die Ersatzvornahme und den unmittelbaren Zwang (u. U. Haft). Polizeil. Maßnahmen müssen jedoch immer vom Verhältnismäßigkeitsgrundsatz getragen sein.
Träger: Polizeil. Einrichtungen werden vom Staat (Bund oder Länder), ausnahmsweise auch von den Gemeinden getragen. Die Gemeinden nehmen i. d. R. die ordnungsrechtl. Aufgaben als unterste staatl. Behörden wahr (Auftragsangelegenheiten, Pflichtaufgaben nach Weisung). Die Aufgaben der Vollzugs-P. werden wegen der größeren Effektivität i. d. R. von staatl. P.behörden wahrgenommen.

Polizeistaat, der das polit., wirtschaftl. und soziale Leben durch repressive Kontrollmaßnahmen reglementierende Staat im Ggs. zum Rechts- und Verfassungsstaat. Die Regierung übt die Staatsgewalt ohne jegl. Bindung an Verfassung oder institutionalisierte Kontrolle aus und greift auch in die persönl. Freiheit und Privatsphäre der Bürger ein, bes. mit Hilfe der (Geheim)polizei.

Poliziano, Angelo, eigtl. Angiolo Ambrogini, * Montepulciano 14. 7. 1454, † Florenz 29. 9. 1494, italien. Humanist. Kanzler Lorenzos de' Medici; führte die Textkritik ein; bed. Übersetzungen Homers; bed. Geschichtsschreiber; schrieb lat. Gedichte (»Silvae«, 1485/86), italien. Stanzen und das italien. Drama »Orpheus« (hg. 1494).

Polje [russ. »Feld«], meist langgestrecktes, geschlossenes Becken in Karstgebieten mit oft fruchtbarem Boden.

Polk, James Knox [engl. pəʊk], * bei Little Sugar Creek (N. C.) 2. 11. 1795, † Nashville 15. 6. 1849, 11. Präs. der USA (1845–49). Erreichte die Festlegung der N-Grenze der USA auf den 49. Breitengrad und den Gewinn von Texas 1848.

Polka [tschech.], böhm. Paartanz im lebhaften $^2/_4$-Takt, seit dem 19. Jh. europ. Gesellschaftstanz.

Polke, Sigmar, * Oels 13. 2. 1941, dt. Künstler. Großformatige Raster- und Stoffbilder in geistvoll-iron., scheinbar naiver Bildsprache.

Pollack, Sydney [engl. 'pɔlæk], * Lafayette (Ind.) 1. 7. 1934, amerikan. Filmregisseur und -produzent. Drehte u. a. in »Dieses Mädchen ist für alle« (1965), »Tootsie« (1982), »Jenseits von Afrika« (1985), »Havanna« (1989), »Die Firma« (1993).

Pollaiuolo, Antonio del [italien. pollaiˈuɔːlo, pollaˈjɔːlo], eigtl. Antonio di Iacopo D'Antonio Benci, * Florenz 17. 1. 1432, † Rom 2. 1498, italien. Bildhauer und Maler. Urspr. Goldschmied; mit seinem Bruder Piero (* 1443, † 1496) in Werkstattgemeinschaft tätig. Seine Figuren (v. a. Kleinplastik) zeigen im Raum kompliziert verschränkte Bewegungen und klare Umrisse. Der Kupferstich »Kampf der nackten Männer« wurde wegweisend für die Aktdarstellung in der Frührenaissance. Bed. sind auch die für die Peterskirche in Rom geschaffenen Grabmäler der Päpste Sixtus IV. (1481–93) und Innozenz VIII. (1493–97).

Pollen [lat.] (Blütenstaub), Gesamtheit der Pollenkörner einer Blüte.

Pollenanalyse, Methode zur Bestimmung der Flora der erdgeschichtl. jüngeren Vegetationsperioden aus Pollenkörnern. Deren für jede Pflanzenart bzw. -gattung charakterist. Form erlaubt nach Jahrtausenden noch Rückschlüsse z. B. auf die Geschichte der Kulturpflanzen.

Pollenblumen, Pflanzen mit meist großen, staubblattreichen Blüten, die den Insekten nur Pollen, jedoch keinen Nektar bieten (z. B. Rose, Mohn).

Pollen. Pollenkörner und Bildung des Pollenschlauchs beim Türkenbund (Lilium martagon); a Kern der vegetativen Zelle, b generative Zelle, c die beiden Spermazellen (nach Strasburger, etwa 425fach vergrößert)

Pollenkorn

Pollenkorn, ungeschlechtl., durch Meiose aus Pollenmutterzellen in den *Pollensäcken* der Staubblätter entstehende haploide männl. Fortpflanzungszelle (Mikrospore) der Samenpflanzen. Im P. entwickelt sich bei der Reifung der männl. Mikrogametophyt, bestehend aus einer vegetativen und einer darin eingeschlossenen generativen Zelle, die sich vor oder nach der Blütenbestäubung in zwei Spermazellen teilt. Nach Übertragung auf die Narbe (bzw. auf die nackte Samenanlage der Nacktsamer) treibt die innere Wand zum *Pollenschlauch* aus; dieser dringt in die Samenanlage ein, wo die Befruchtung stattfindet.

Poller, Vorrichtung auf Schiffen und Kaimauern, um die Trossen zum Festmachen von Schiffen gelegt werden.

Pollini, Maurizio, *Mailand 5. 1. 1942, italien. Pianist. Vielseitiger, international bekannter Interpret; seit 1978 auch Konzert- und Operndirigent.

Pollock, Jackson [engl. 'pɔlək], *Cody (Wyo.) 28. 1. 1912, † East Hampton (N. Y.) 11. 8. 1956, amerikan. Maler. Gilt als der bedeutendste Vertreter des Action painting; verwendete die Tropf- [»Dripping«]Methode statt der Verwendung des Pinsels.

Pollution [lat.], unwillkürl. ↑Ejakulation [im Schlaf]; meist in der Pubertät oder im Zusammenhang mit Träumen.

Pollux ↑Dioskuren.

Polnisch, zur westl. Gruppe der slaw. Sprachen gehörende Sprache der Polen. – Das phonolog. System der heutigen poln. Schriftsprache besitzt nichtpalatale und entsprechende palatale Konsonanten (z. B. [s] und [ɕ]) und eine dreifache Gliederung der Zischlaute bzw. Affrikaten, die durch Buchstabenverbindungen oder diakrit. Zeichen (s-ś-sz; z-ź-ż, rz; c-ć-cz; dz-dź-dż) gekennzeichnet werden; ł ist unsilb. Die Morphologie zeigt großen Formenreichtum im Bereich der Nominalflexion (sieben Fälle, Belebtheitskategorie u. a.) sowie ein kompliziertes Verbalaspektsystem.

polnische Kunst. Im MA nahm die Kunst der Zisterzienser eine wichtige Rolle ein, Einflüsse aus dem W (S-Deutschland), N (Gebiet des Dt. Ordens, N-Deutschland; Backsteingotik) und S (Böhmen); bed. v. a. die Dome in Krakau und Gnesen sowie die Stiftskirche in Wiślica (alle 14.Jh.). Um 1500 arbeiteten mehrere Nürnberger in Krakau (V. Stoß, P. Vischer, P. Flötner). König Sigismund berief italien. Renaissancekünstler ins Land (Schloß und Sigismundkapelle im Dom von Krakau). Eine bed. Barockkunst entstand im palladian. Stil (Tylman von Gameren, u. a. Palais Krasiński in Warschau) und unter sächs. Einfluß (Pöppelmann in Warschau; »Stanislaus-August-Klassizismus« [D. Merlini u. a.]); der Adel baute bevorzugt Rokokoschlösser. P. Michałowski, J. Matejko, M. und A. Gierymski zeugen von der starken nat. Gesinnung im 19. Jh.; der wichtigste Beitrag zur

Jackson Pollock. Nummer 32 (1950; Düsseldorf, Kunstsammlung Nordrhein-Westfalen)

polnische Literatur

Kunst des 20. Jh. war die poln. konstruktivist. Malerei (W. Strzemiński, H. Berlewi, K. Kobro). Experimentelle Offenheit kennzeichnet auch die p. K. nach dem 2. Weltkrieg, z. B. T. Kantor, M. Jarema, A. Marczyński, v. a. auch in der Plakatkunst.

polnische Literatur, die Literatur in poln. Sprache.

Mittelalter, Humanismus und Renaissance: Die Christianisierung (966) führte im 11. und 12. Jh. zu lat. hymnograph. (Heiligenviten, Gebete) und annalist. Literatur. Die ältesten Denkmäler in poln. Sprache sind Bibelübersetzungen und Predigten sowie das Marienlied »Bogurodzica« (»Gottesgebärerin«) aus dem 14. Jh., das ab dem 15. Jh. zur ersten Nationalhymne wurde. Im Zuge der Europäisierung des poln. Kulturlebens entwickelt sich die 2. Hälfte des 16. Jh. zum *Goldenen Zeitalter* der slawischsprach. humanist. Dichtung, zu nennen sind: J. Kochanowski, Pjotr Skarga (*1536, †1612), Mikolaj Rej (*1505, †1569) und Andrzej Frycz Modrzewski (*um 1503, †1572).

Barock (1620–1764): Herausragende Vertreter sind der Epiker Wacław Potocki (*1621, †1696), Jan Chryzostom Pasek (*um 1636, †1701) mit Memoiren, Wespazjan Kochowski (*1633, †1700) als patriot. Psalmendichter sowie Stanisław Hieronym Konarski (*1700, †1773) mit publizist. Werken.

Aufklärung, Klassizismus und Empfindsamkeit (1764–1822): Die Regierungszeit von Stanislaus II. August war trotz des staatl.-polit. Zusammenbruchs (Teilungen 1772, 1793, 1795) eine Zeit der geistigen Erneuerung und der literar.-polit. Aufklärung. Bedeutendste Vertreter dieser Epoche: I. Krasicki, Adam Stanisław Naruszewicz (*1733, †1796), der Dramatiker Wojciech Bogusławski sowie die polit. Reformer Hugo Kołłątaj (*1750, †1812) und Stanisław Staszic (*1755, †1826). Der »Warschauer Klassizismus« der histor. Tragödie Alojzy Felinskis (*1771, †1820) und der »Geschichtl. Gesänge der Polen« (1816) von Julian Ursyn Niemcewicz (*1758, †1841) bildet zusammen mit dem Sentimentalismus eines Franciszek Kniaznin (*1749, †1807) und einer Maria Wirtemberska (*1768, †1854), verstärkt durch zahlr. Übers. westeurop. zeitgenöss. Literatur, die Übergangszeit zur großen poln. Romantik, der bes. Kazimierz Brodziński (*1791, †1835) entscheidende Anstöße gab.

Romantik und Positivismus (1822 bis etwa 1900): Mit der poln. Romantik, v. a. vertreten durch A. Mickiewicz, J. Słowacki, Z. Krasiński und C. K. Norwid kam die poln. Literatur ins europ. Bewußtsein; ihren Höhepunkt erreichte sie nach dem Scheitern des Novemberaufstandes von 1831 in der *Emigration:* A. Mickiewicz wirkte aus Paris mit seinen Werken in das besetzte Polen. Seine Bedeutung für die Polen ist vergleichbar mit der Bedeutung, die Goethe für die Deutschen hat. Unter dem Einfluß des Positivismus A. Comtes entstand eine bed. realist., später auch naturalist. Literatur; führender Theoretiker war Aleksander Swietochowski (*1849, †1935); im literar. Zentrum stehen die großen Romane von B. Prus und das Erzählwerk von H. Sienkiewicz.

polnische Kunst. Katarzyna Kobro. »Raumkomposition 4« (1929; Łódź, Kunstmuseum)

Frühes 20. Jh.: Vorbild der vom frz. Symbolismus beeinflußten jungpoln. Bewegung (»Junges Polen«) wurde der Romantiker J. Słowacki. Bed. Vertreter waren u. a. die Lyriker K. Tetmajer-Przerwa, J. Kasprowicz, Leopold Staff

polnische Musik

(*1878, †1957), der Dramatiker S. Wyspiański sowie die Romanciers S. Żeromski und W. S. Reymont, der den Naturalismus durchsetzte. In der Lyrik gewann die gemäßigte Neuerergruppe der Monatsschrift »Skamander« (1920–28 und 1935–39) um J. Tuwim und A. Słonimski bes. Bedeutung; gegen sie wandte sich eine futurist. Strömung um T. Peiper. Daneben wirkten expressionist. Theoretiker, Lyriker und Dramatiker, als großer Vertreter einer grotesken, phantast. Lyrik ist C. Miłosz zu nennen. Überragender Dramatiker war S. I. Witkiewicz, der mit grotesk-absurden Dramen das »Theater der reinen Form« schaffen wollte; die erzählende Literatur wurde insbes. von J. Kaden-Bandrowski, Z. Nałkowska, M. Dąbrowska, B. Schulz und W. Gombrowicz bestimmt.

Nach 1945: Der 2. Weltkrieg und die Zeit der dt. Okkupation forderten auch unter den Schriftstellern zahlr. Opfer; nicht wenige gingen in die Emigration. – Auf Grund der polit. Ereignisse wird die p. L. nach 1945 in folgende Abschnitte gegliedert: 1945–48; 1949–55; 1956 bis 1968; 1969–80/81; seit 1982.

1945–48 setzte sich die Prosa mit dem Krieg und KZ-Erlebnissen (Zofia Nałowska [*1884, †1954], »Medaillons«, En., 1946; Tadeusz Borowski [*1922, †1951, Selbstmord], »Die steinerne Welt«, En., 1948, 1982 u. d. T. »Bei uns in Auschwitz«) sowie den Nachkriegswirren (J. Andrzejewski, »Asche und Diamant«, 1948) auseinander. In der Lyrik spiegelte sich der Krieg u. a. in den Gedichten von T. Różewicz wider. Bed. Dramen schrieben Leon Kruszkowski (*1900, †1972; »Die Sonnenbrucks«, 1950) und Jerzy Szaniawski (*1896, †1970; »Zwei Theater«, 1946).

Der im Jan. 1949 auf dem Stettiner Schriftstellerkongreß beschlossene ↑sozialistische Realismus führte zur Unterdrückung der literar. Vielfalt. 1955 begann die offene Kritik an der staatl. Kulturpolitik, der entscheidende »Tauwetter« fand in Adam Ważyks (*1905, †1982) lyr. Zyklus »Ein Gedicht für Erwachsene« (1956) seinen programmat. Ausdruck; ein herausragendes Dokument der Tauwetterperiode sind v. a. auch die Aphorismen von St. Lec (»Unfrisierte Gedanken«, 1957); es entstanden auch große Romane (J. Iwaskiewicz, »Ruhm und Ehre«, 1956–62), histor. Erzählwerke (Theodor Parnicki [*1908, †1988], »Wort und Leib«, 1959) und Science-fiction-Literatur (St. Lem). L. Kołakowski schrieb Parabeln. Die Lyrik zeichnete sich durch Experimente aus; zu den bereits bekannten Lyrikern trat die neue »Generation von 1966« (Stanisław Grodiowiak [*1934, †1976]; Jerzy Harasymowicz [*1933], Wisława Szymborska [*1923]). In der Dramatik traten die absurden Theaterstücke von S. Mrożek in den Vordergrund. Ein neuer Abschnitt des literar. Lebens begann 1968; den Einmarsch der Truppen des Warschauer Pakts in die Tschechoslowakei verurteilte u. a. Andrzejewski (zwei Jahre Publikationsverbot). Die folgenden Jahre brachten eine zunehmende Konfrontation zw. Staat und Literatur (Publikationsverbot für Stanisław Barańczak [*1946], »Gesichtskorrektur«, Ged., 1968; Tadeusz Konwicki [*1926], »Angst hat große Augen«, R., 1971; Wiktor Woroszylski [*1927], »Träume unter Schnee«, R., 1963). Zu einer bis Ende der 1980er Jahre andauernden Polarisierung führten die Bewegung der unabhängigen Gewerkschaft »Solidarność« und das im Dez. 1981 verhängte Kriegsrecht, das die Auflösung oder linientreue Neugründung von Kulturverbänden zur Folge hatte. Die Ereignisse dieser Zeit fanden ein vielfältiges Echo in der Literatur, die im Untergrund oder im Ausland gedruckt wurde: u. a. in den Erzählungen von Marek Nowakowski (*1935; »Grisza, ich sage dir«, 1986), in dem Roman »Ich kann nicht klagen« (1982) von Janusz Głowacki (*1938), in den Tagebuchaufzeichnungen »Warschauer Tagebuch« (1978 bis 1981) von K. Brandys oder in dem Lyrikband »Bericht aus einer belagerten Stadt« (1983) von Z. Herbert. Der Zusammenbruch des kommunist. Regimes 1989 führte dazu, daß sich zahlr. Schriftsteller (u. a. A. Szczypiorski) zeitweise im polit. Leben engagierten, was eine Verminderung der literar. Produktivität zur Folge hatte.

polnische Musik, die Musik und Musikpflege in Polen. Mit der Christianisierung Polens im 10. Jh. kam der Gregorian. Gesang ins Land. Dem liturg.-geistl. Bereich gehört auch die erste be-

Marco Polo mit seinen Verwandten bei der Ankunft am Hof des Mongolenherrschers Kubilai (Miniatur in einer französischen Ausgabe des Reiseberichts »Il milione« aus dem Jahr 1410; Paris, Bibliothèque Nationale)

kannte Komposition p. M. an, der Gesang »Bogurodzica« (»Gottesgebärerin«) aus dem 14. Jh. Eine eigene Bedeutung muß der poln. Orgelmusik beigemessen werden, für die die Tabulatur des Johannes von Lublin aus dem 16. Jh. die wichtigste Quelle darstellt. Sie enthält auch Werke von Nikolaus von Krakau. Im neuen venezian. und konzertierenden Stil sind die »Offertoria« und »Communiones« von Mikołaj Zieleński (* um 1550, † 1615), dem Organisten des Erzbischofs von Gnesen, geschrieben. Zentrum der Musikpflege blieb die 1596 von Krakau nach Warschau verlegte Hofkapelle, daneben traten die Höfe der weltl. und geistl. Magnaten. Für das 18. Jh. ist v. a. die Gründung des Nationaltheaters in Warschau (1765) wesentlich; 1778 wurde die erste poln. Oper »Glück im Unglück« von Maciej Kamieński (* 1734, † 1821) aufgeführt. Im 19. Jh. gründete Józef Elsner (* 1769, † 1854) in Warschau eine Musikschule, aus der auch F. Chopin hervorging; Stanislaw Moniuszko (* 1819, † 1872) schuf die poln. Nationaloper »Halka« (1848). – Für die Musik des 20. Jh. stehen u. a. K. Szymanowski, T. Baird und Michał Spisak (* 1914, † 1965), wobei K. Serocki sowie v. a. W. Lutosławski und K. Penderecki zur internat. Avantgarde gehören.

Polnischer Korridor, Gebietsstreifen zw. Pommern und der Weichsel bzw. der W-Grenze der Freien Stadt Danzig, den das Dt. Reich im Versailler Vertrag 1919 an Polen abtreten mußte, um Polen einen Zugang zur Ostsee zu schaffen.

Polnischer Thronfolgekrieg, 1733–35/ 1738 geführter europ. Krieg um die Nachfolge Augusts II., des Starken, von Polen-Sachsen. Das Hl. Röm. Reich und Rußland unterstützten den sächs. Kurfürsten Friedrich August II., Frankreich den polnischen Exkönig Stanislaus I. Leszczyński, der in den Wiener Frieden 1735/38 auf die Krone verzichtete.

Polnisches Komitee der Nationalen Befreiung, 1944 in Chelm gegr. Komitee, das als *Lubliner Komitee* die Regierungsgeschäfte in den von der Roten Armee befreiten poln. Gebieten westlich der Curzon-Linie aufnahm; 1945 in die poln. Provisor. Regierung übergeleitet.

Polnische Teilungen (1772–95) ↑Polen (Geschichte).

Polo, Marco, * Venedig (?) 1254, † ebd. 8. 1. 1324, venezian. Reisender. Begleitete 1271–75 seinen Vater und Onkel auf deren Reise an den Hof des Mongolenherrschers Kubilai, der ihn 1275–92 zu verschiedenen Missionen einsetzte.

Auf seiner Rückreise 1292–95 gelangte P. nach Sumatra, Vorderindien, Persien, Armenien und Trapezunt. Als genues. Gefangener (1298/99) diktierte P. einem Mitgefangenen den Bericht über seine Reisen.

Polo [engl.], Treibballspiel zw. zwei Mannschaften (als Pferde-P., Kanu-P., Rad-P.); beim Pferde-P. versuchen die Spieler, einen Ball aus Bambusholz mit der Breitseite eines hammerartigen Schlägers in das gegner. Tor zu treiben. Gespielt wird in vier, höchstens acht Abschnitten *(Chukkers)* zu je $7\,^1/_2$ Minuten mit Pausen von 5 Minuten nach dem 2. und 4. Spielabschnitt.

Polonaise [polo'nɛzə; frz.], poln., paarweiser Schreittanz zunächst in geradem Takt, seit dem 18. Jh. im $^3/_4$-Takt; seit 1830 in Europa Eröffnungstanz der Bälle.

Polonium [Kw.; nach Polen, der Heimat von M. Curie] Symbol **Po**, radioaktives chem. Element aus der VI. Nebengruppe des Periodensystems, Ordnungszahl 84. An Isotopen sind Po 192 bis Po 218 bekannt. P. ist ein silberweißes, in zwei Modifikationen auftretendes Metall; auf Grund der Radioaktivität leuchten die Verbindungen im Dunkeln hellblau. Po 210 wird als Energiequelle von in Raumfahrzeugen verwendeten Isotopenbatterien genutzt. P. wurde 1898 von M. und P. Curie entdeckt.

Pol Pot, *Memot (Prov. Kompong-Thom) 19. 5. 1928, kambodschanischer Politiker. Seit 1963 Sekretär des ZK der KP; baute die militärische Formationen der »Roten Khmer« auf; wurde 1976 Min.-Präs., Anfang 1979 mit vietnames. Unterstützung gestürzt und ging danach wieder in den Untergrund; wegen Völkermordes und anderer Verbrechen in Abwesenheit zum Tode verurteilt.

Polstärke, magnet. Größe, die die Stärke eines Magnetpols und damit die von ihm auf einen anderen Magnetpol ausgeübte Kraft festlegt.

Polsterpflanzen, ausdauernde, polsterig-buschig verästelte und dichtbeblätterte Wüsten-, Felsen-, Tundra- und Alpenpflanzen; im Gartenbau als Rasenersatz, zum Bepflanzen von Trockenmauern u. ä.

Polt, Gerhard, *München 7. 5. 1942, dt. Kabarettist. Bekannt durch die Fernsehreihe »Fast wia im richtigen Leben« (1978 ff.); Zusammenarbeit u. a. mit D. Hildebrandt (»Scheibenwischer«); auch Spielfilme, u. a. »Kehraus« (1986) und »Man spricht deutsch« (1988).

Poltawa [pɔl'ta:va, russ. pal'tavɐ], Geb.-Hauptstadt in der Dnjeprniederung, Ukraine, 305 000 E. Hochschulen, Museen, Philharmonie; u. a. Maschinenbau. – Im 2. Nord. Krieg brachte Peter d. Gr. 1709 dem schwed. Heer unter Karl XII. bei P. eine vernichtende Niederlage bei.

Polwanderung, im Unterschied zur period. Polbewegung die Ortsverlagerung der Rotationsachse der Erde relativ zur Erdoberfläche innerhalb geolog. Zeiträume.

Polo. Spielszene

poly..., Poly... [griech.], Bestimmungswort von Zusammensetzungen mit der Bedeutung »mehr, viel«.

Polyacrylnitril, Abk. **PAN,** durch Polymerisation von Acrylnitril hergestellter hochmolekularer Stoff; v. a. für Chemiefasern (*P.fasern*) verwendet.

Polyacrylsäure, durch Polymerisation von ↑Acrylsäure hergestellter hochmolekularer Stoff; verwendet zur Herstellung von Appreturen und ↑Acrylharzen.

Polyaddition, grundlegende Reaktion zur Herstellung makromolekularer Stoffe (Chemiefasern, Kunststoffe), bei der sich ohne Abspaltung niedermolekularer Reaktionsprodukte reaktionsfähige Gruppen zu langkettigen Makromolekülen verbinden.

Polyamide, durch Polykondensation von Diaminen (z. B. Hexamethylendiamin) und Dicarbonsäuren (z. B. Adipinsäure) oder durch Polykondensation von ω-Aminocarbonsäure hergestellte makromolekulare Stoffe.

Polyandrie [griech.] ↑Ehe.

Polyäthylen, Abk. **PE** (von engl. polyethylene), durch Polymerisation von ↑Äthylen hergestellter durchsichtiger bis milchig-undurchsichtiger Kunststoff.

Polybius (Polybios), * Megalopolis (Arkadien) um 200 v. Chr., † um 120 v. Chr., griech. Geschichtsschreiber. 168 als Geisel in Rom, wurde P. Freund und militär. Berater von Scipio Aemilianus Africanus d. J.; schrieb u. a. die erste Universalgeschichte (40 Bücher, die Zeit von 264 bis 144 v. Chr. umfassend, bis auf die Bücher 1–5 nur in Fragmenten erhalten).

Polycarbonate, durch Polykondensation von Phenolen hergestellte Kunststoffe.

polychlorierte Biphenyle [...klo... -] ↑PCB.

Polychromie [...kro...; griech.], als »Vielfarbigkeit« in Malerei, Plastik, Kunsthandwerk und Baukunst angewendete farbige Gestaltung mit meist übergangslos voneinander abgesetzten Flächen ohne ineinander übergehende, verfließende Tonwerte und ohne einen einheitl. Grundton.

Polydeukes ↑Dioskuren.

Polyeder [griech.] (Ebenflächner, Vielflächner), von endlich vielen ebenen Flächen begrenzter Körper (z. Beispiel Würfel, Quader, Pyramide, Achtflach [Oktaeder]).

Polyedersatz ↑Eulerscher Polyedersatz.

Polyene [griech.], sehr reaktionsfähige organ. Verbindungen mit mehreren Doppelbindungen.

Polyester, durch Polymerisation mehrbas. Säuren mit mehrwertigen Alkoholen hergestellte hochmolekulare Stoffe mit vielfältigen Verwendungsmöglichkeiten: Weichmacher, Polyesterfasern (z. B. Diolen ®, Trevira ®), Polyesterharze.

Polygamie [griech.] **1)** ↑Ehe.
2) *Botanik:* das Auftreten von zwittrigen und eingeschlechtigen Blüten auf einer Pflanze.

Polyglobulie [griech./lat.] (Hyperglobulie), Vermehrung der roten Blutkörperchen im Blut mit entsprechender Zunahme des Hämoglobinwertes; u. a. bei Sauerstoffmangel.

Polyglotten [griech.], Bez. für mehrsprachige Text- bes. Bibelausgaben.

Polygon [griech.], svw. ↑Vieleck.

Polygynie [griech.] ↑Ehe.

Polyhymnia ↑Musen.

Polyisobutylen, Abk. **PIB,** durch Polymerisation von Isobutylen hergestellter hochmolekularer Kunststoff; viskose Flüssigkeiten, teigige, klebrige oder feste, kautschukartige Substanzen (für Weichmacher, Isoliermaterial und Folien).

Polyklet von Argos, griech. Bildhauer des 5. Jh. v. Chr. (tätig etwa 450–410). Seine Lehrschrift »Kanon« war grundlegend für alle späteren Proportionslehren. P. wendete den Kontrapost (Stand- und Spielbein) an und gab der ganzen Figur deshalb eine S-förmige Kurve. Verschiedene seiner Bronzeplastiken sind in Marmorkopien überliefert: Doryphoros (um 440 v. Chr.), Amazone (um 430 v. Chr.), Herakles, Diadumenos (um 425 v. Chr.).

Polykondensation, wichtige Reaktion zur Herstellung von Makromolekülen (↑Kondensation).

Polykrates, † Magnesia am Mäander 522 v. Chr., Tyrann von Samos (seit 538). Erlangte die Herrschaft über zahlr. Ägäisinseln und kleinasiat. Küstenstädte, förderte Wiss. und Kunst; durch den pers. Satrapen Oroites nach Magnesia gelockt und hingerichtet.

Polyklet von Argos. Amazone Sciarra; auf eine Skulptur von Polyklet zurückgehende römische Kopie (Berlin, Antikensammlung)

Polymere

Polymere [griech.], natürl. oder (durch Polymerisation, Polyaddition oder Polykondensation entstehende) synthet., aus zahlr. ↑Monomeren aufgebaute Verbindungen mit einer Molekülmasse über 1 000.

Polymerholz, Bez. für Holz-Kunststoff-Verbundwerkstoffe, die durch Tränken des Holzes mit polymerisationsfähigen Monomeren oder durch Oberflächenimprägnierung mit Kunststoffen hergestellt werden.

Polymerisation [griech.], die wichtigste der drei Reaktionen zur Herstellung von Makromolekülen durch Zusammenschluß ungesättigter Monomeren (v. a. Alkenen) oder von Monomeren mit instabilen Ringsystemen (z. B. Epoxide, Lactame), wobei (im Ggs. zur Polykondensation) keine niedermolekularen Reaktionsprodukte abgespalten werden. Die Produkte einer P. *(Polymerisate)* bestehen aus einem Gemisch von Polymeren, die sich in ihrem Polymerisationsgrad unterscheiden.

Polymorphie [griech.] (Polymorphismus), Bez. für die Möglichkeit einzelner Stoffe, in mehreren Modifikationen aufzutreten (↑Allotropie).

Polymorphismus [griech.] (Polymorphie, Heteromorphie), das regelmäßige Vorkommen unterschiedl. gestalteter Individuen (auch verschieden ausgebildeter einzelner Organe) innerhalb derselben Art, v. a. als Dimorphismus, bei sozialen Insekten und Tierstöcken als *sozialer Polymorphismus.*

Polyneikes, einer der ↑Sieben gegen Theben.

Polynesien, zusammenfassende Bez. für die Inseln im zentralen Pazifik (↑Ozeanien).

Polynesier, die einheim. Bevölkerung Polynesiens. Die urspr. Wirtschaft beruht auf dem Fang von Meerestieren, dem Anbau von Taro, Jams, Bataten, Zuckerrohr, Bananen u. a.; hochentwickelter Schiffbau. – Die P. wanderten zw. 500 v. Chr. und 300 n. Chr. von Asien nach Polynesien ein.

polynesische Sprachen, Untergruppe der austronesischen Sprachen; u. a. das Samoanische und das Tonganische.

Polyneuritis [griech.] ↑Nervenentzündung.

Polynom [griech.], mathemat. Ausdruck aus zwei oder mehr additiv oder subtraktiv verknüpften Gliedern, in denen neben Konstanten, den Koeffizienten des P., eine oder mehrere Unbestimmte auftreten. Ein Ausdruck der Form $P(x) = a_0 + a_1 x + a_2 x^2 + \ldots + a_n x^n$ mit $a_n \neq 0$ heißt P. vom Grade n in einer Unbestimmten; jedes Glied eines P. heißt Monom. P. lassen sich als Funktionen der jeweiligen Anzahl von Variablen auffassen.

Polypen [griech.], 1) *Biologie:* mit Ausnahme der Staatsquallen festsitzende Form der Nesseltiere, die sich i. d. R. durch (ungeschlechtl.) Knospung und Teilung fortpflanzt und dadurch oft große Stöcke bildet (z. B. Korallen); Körper schlauchförmig, mit Fußscheibe am Untergrund festgeheftet; die gegenüberliegende Mundscheibe fast stets von Tentakeln umgeben.
2) *Zoologie:* Bez. für ↑Kraken.
3) *Medizin:* gutartige Geschwülste der Schleimhäute.

Polyphem, in der griech. Mythologie ein einäugiger Zyklop, Sohn des Poseidon, in dessen Gewalt Odysseus und zwölf seiner Gefährten auf der Heimfahrt geraten. Odysseus gelingt es, ihn betrunken zu machen und mit einem glühenden Pfahl zu blenden, so daß er mit seinen Gefährten entkommen kann. Deshalb verfolgte Poseidon Odysseus mit seinem Zorn.

Polyphenyläthylen, svw. ↑Polystyrol.

Polyphonie [griech.], mehrstimmige Kompositionsweise, die im Gegensatz zur ↑Homophonie durch weitgehende Selbständigkeit und linear-kontrapunktischen Verlauf der Stimmen gekennzeichnet ist. Polyphonie ist am reinsten ausgeprägt in den Vokalwerken der franko-fläm. Schule mit dem Höhepunkt im 16. Jh. bei Orlando di Lasso und Palestrina. Auch nach 1600 blieb die polyphone Setzweise (neben dem Generalbaß) erhalten, v. a. in den Werken J. S. Bachs.

Polyploidie [...plo-i...; griech.], das Vorhandensein von mehr als zwei ganzen Chromosomensätzen in Zellen bzw. Lebewesen; führt zur Vergrößerung der Zellen und ist daher v. a. für die Pflanzenzüchtung von großer Bedeutung.

Polypol [griech.], Marktform, bei der auf der Angebots- oder Nachfrageseite jeweils viele kleine Anbieter bzw. Nachfrager in Konkurrenz stehen.

Pommersfelden

Polypropylen, Abk. **PP,** durch Polymerisation von Propen (Propylen) hergestellter hochmolekularer Kunststoff.

Polysaccharide (Vielfachzucker, Glykane), Sammel-Bez. für hochmolekulare ↑Kohlenhydrate (Saccharide), die aus zahlr. glykosid. miteinander verbundenen Monosacchariden aufgebaut sind.

Polysemie [griech.], Mehr- oder Vieldeutigkeit von Wörtern.

Polysklerose, svw. ↑multiple Sklerose.

Polystyrol (Polyphenyläthylen, Polyvinylbenzol), Abk. **PS,** durch Polymerisation von ↑Styrol hergestellter Kunststoff; vielfältige Verwendung, u. a. verschäumt als Verpackungsmaterial.

Polysyndeton [griech.], Wort- oder Satzreihe, deren Glieder durch ↑Konjunktionen verbunden sind. – Ggs. ↑Asyndeton.

Polytetrafluoräthylen, Abk. **PTFE,** durch Polymerisation von Tetrafluoräthylen hergestellter, gegen Hitze und Chemikalien beständiger Kunststoff.

Polytheismus, im Ggs. zum ↑Monotheismus der Glaube an eine Vielzahl von Göttern, u. a. in den antiken Religionen, dem Hinduismus und verschiedenen Naturreligionen. ↑Pantheon.

Polytonalität, das gleichzeitige Erklingen mehrerer, meistens zweier (Bitonalität) Tonarten in einem musikal. Werk.

Polyurethane, Abk. **PUR,** durch Polyaddition von Isocyanaten und Alkoholen hergestellte, vielfältig verwendbare (Fasern, Lacke, Schaumstoffe) Kunststoffe.

Polyvinylchlorid, Abk. **PVC,** durch Polymerisation von Vinylchlorid hergestellter thermoplast. Kunststoff; einer der wichtigsten Kunststoffe.

Pombal, Sebastião José de Carvalho e Melo, Graf von Oeiras (seit 1759), Marquês de (seit 1770), *Soure bei Coimbra 13. 5. 1699, † Pombal bei Leiria 8. 5. 1782, portugies. Staatsmann. Führte in Finanz-, Heer-, Rechts-, Erziehungs- und Polizeiwesen umfassende Reformen durch.

Pomeranze [italien.] (Bigarade, Bitterorange), wildwachsende Unterart (Baum) der Gatt. Citrus am S-Abfall des Himalaya, angebaut in Indien und im Mittelmeergebiet; die kugelförmigen, orangefarbenen Früchte (*Pomeranzen*) werden zur Herstellung von Marmelade und Likör verwendet. Aus den Schalen der unreifen Früchte wird durch Pressen *Pomeranzenöl* (Orangenöl) gewonnen (wichtig in der Parfüm- und Genußmittelindustrie).

Pomerellen, seenreiche Landschaft an der unteren Weichsel, deren nördl. Teil *Kaschubien* heißt. – Ende des 12. Jh. Bildung eines Hzgt. P. (Hauptort Danzig), 1308 Besetzung durch den Dt. Orden, 1466 an Polen, 1772 (ohne Danzig) an Preußen (Hauptteil der Prov. Westpreußen); 1919–39 identisch mit dem Poln. Korridor.

Pomesanien, altpreuß. Landschaft zw. Nogat, Sorge, Drewenz, Weichsel und Drausensee.

Pommern (poln. Pomorze), histor. Landschaft beiderseits der Odermündung, Polen. Im 12. Jh. und in der 1. Hälfte des 13. Jh. entstanden das vom Gollenberg (östlich von Köslin) bis zur Weichsel reichende slaw. Hzgt. ↑Pomerellen, westlich davon das über die Oder bis Demmin, Wolgast und die Uckermark ausgedehnte Herrschaftsgebiet des slaw. Fürstenhauses der Greifen (Stammburg Stettin); Christianisierung seit der 2. Hälfte des 12. Jh.; 1181 Anerkennung Herzog Bogislaws I. als Reichsfürst durch Kaiser Friedrich I. Barbarossa. 1478 vereinigte Bogislaw X. (*1454, † 1523) ganz P.; nach dem Erlöschen des Greifenhauses (1637) konnte Brandenburg im Westfäl. Frieden (1648) nur P. östlich der Oder (später *Hinterpommern* gen.) erwerben, während das spätere *Vorpommern* mit Stettin, den Inseln Usedom, Wollin und Rügen sowie ein schmaler Landstreifen östlich der Oder an Schweden fiel. 1815 vereinigte Preußen die pommerschen Länder zur Prov. P.; 1945 wurde Vorpommern Mecklenburg zugeschlagen (↑Mecklenburg-Vorpommern); Hinterpommern, Stettin und Swinemünde kamen unter poln. Verwaltung (seit 1991 endgültig zu Polen).

Pommersch, niederdt. Mundart, ↑deutsche Mundarten.

Pommersche Bucht, der Odermündung vorgelagerte Bucht der Ostsee nördlich der Inseln Usedom und Wollin.

Pommersfelden, Gem. im Landkreis Bamberg, 2 300 E. Bed. Barockschloß (Schloß Weißenstein), erbaut für den Mainzer Erzbischof Lothar Franz von

Pomeranze. Zweig mit Blüte und Frucht

Pomodoro

Marquise de Pompadour
(Ausschnitt aus einem Gemälde von François Boucher; 1758)

Poncho
eines Häuptlings der Guaraní (Paraguay)

Schönborn, v. a. ein Werk J. Dientzenhofers (1711–16); Treppenhaus nach Plänen von J. L. von Hildebrandt.
Pomodoro, Arnaldo, *Morciano di Romagna bei Cattolica 23. 6. 1926, italien. Bildhauer. Strenge Metallplastiken, z. T. mit eingefrästen Strukturen.
Pomologie [lat./griech.], die Lehre von den Obstsorten und vom Obstbau.
Pomp [griech.-frz.], übertriebener Prunk; aufwendige Ausstattung.
Pompadour, Jeanne Antoinette Poisson, Dame Le Normant d'Étioles, Marquise de (seit 1745) [frz. pōpa'du:r], *Paris 29. 12. 1721, † Versailles 15. 4. 1764, Mätresse Ludwigs XV. Bürgerl. Herkunft; förderte Literatur, Wiss. und Kunst; übte polit. Einfluß aus.
Pompeji, italien. Stadt in Kampanien, am S-Fuß des Vesuv, 23 100 E. Wallfahrts- und Badeort.
Geschichte: Zuerst Siedlung der Osker (8. Jh.?), im 6. Jh. griech., im 5. Jh. etrusk., 425 von Samniten besetzt. 290 v. Chr. mit Rom verbündet, 89 v. Chr. erobert, 80 v. Chr. Veteranenkolonie; am 5. 2. 62 (oder 63) n. Chr. durch Erdbeben stark zerstört und am 24. 8. 79 durch einen Vesuvausbruch verschüttet. Ausgrabungen seit 1748. Im SW liegt der älteste Teil: zwei Foren mit Tempeln und Basilika z. T. des 6. Jh. v. Chr. sowie Theater; östl.: Thermen; Amphitheater (80 v. Chr.); Casa del Menandro; nördl.: Casa dei Vetti (Fresken, um 75 n. Chr.), Casa del Fauno (Fundort des ↑Alexandermosaiks), Merkurturm, Porta Ercolano. Die Straßen waren durchgehend gepflastert und hatten Gehsteige; zahlr. weitere v. a. kaiserzeitl. Luxusvillen vom Typus des altitalischen Atriumhauses; außerhalb der Stadttore Villa dei Misteri (Fresken um 50 v. Chr.).
Pompejus (Pompeius), **1)** Gnaeus P. Magnus (seit 61), *29. 9. 106, † in Ägypten 28. 9. 48, röm. Feldherr und Politiker. Kämpfte ab 83 mit Sulla gegen die Anhänger des Cinna in Sizilien und Afrika; schlug 71 die Reste des Sklavenheeres des Spartakus und erzwang für 70 das Konsulat; erhielt 67 das außerordentl. Kommando gegen die Seeräuber, 66 gegen Mithridates VI. Eupator; nach erneutem Triumph (61) 1. Triumvirat mit Cäsar und Crassus (60–53); näherte sich aber nach seinem 2. Konsulat (55) und dem Tod seiner Gattin Julia (54) erneut dem Senat; 52 alleiniger Konsul, 49 Oberbefehlshaber gegen Cäsar, dem er am 9. 8. 48 bei Pharsalos unterlag; auf der Flucht ermordet.
2) Sextus P. Magnus, *um 70, † Milet 35, Flottenkommandant. Sohn des Gnaeus P. Magnus; kämpfte seit 43 gegen Oktavian, Antonius und Lepidus; 36 in den Seeschlachten von Mylai und Naulochos geschlagen und auf der Flucht getötet.
Pompidou, Georges [frz. pɔ̃pi'du], *Montboudif bei Aurillac 5. 7. 1911, † Paris 2. 4. 1974, frz. Politiker. Seit 1944 Mitarbeiter de Gaulles; 1961/62 maßgeblich am Zustandekommen des Abkommens von Évian-les-Bains über Algerien beteiligt; 1962–68 Min.-Präs.; 1969–74 Staatspräsident.
Ponchielli, Amilcare [italien. poŋ'kjɛlli], *Paderno Cremonese (heute Paderno Ponchielli) 31. 8. 1834, † Mailand 16. 1. 1886, italien. Komponist. Schrieb v. a. Opern, u. a. »La Gioconda« (1876).
Poncho ['pɔntʃo; indian.-span.], rechteckiger indian. Umhang mit Kopfschlitz.
Pond [lat.], ↑Kilopond.
Ponderabilien [lat.], kalkulierbare Dinge. – Ggs. Imponderabilien.
Pondicherry [pɔndɪ'tʃɛrɪ], Unionsterritorium an der SO-Küste Indiens, 492 km², 604 000 E; Hauptstadt Pondicherry.
Pongau, Talschaft der mittleren Salzach, Österreich, einschließlich der rechten Nebentäler sowie das südlich anschließende Einzugsgebiet der oberen Enns.
Ponge, Francis [frz. põːʒ], *Montpellier 27. 3. 1899, † Le Bar-sur-Loup 6. 8. 1988, frz. Schriftsteller. Mit seinen Prosastücken (»Im Namen der Dinge«, 1942; »Die Seife«, 1967; »Schreibpraktiken«, 1984) wesentl. Anreger des ↑Nouveau roman.
Poniatowski, Józef Fürst, *Wien 7. 5. 1763, † Leipzig 19. 10. 1813, poln. Kriegsminister und frz. Marschall (1813). Seit 1789 als poln. Generalmajor für den Aufbau eines stehenden Heeres verantwortlich; 1794 Teilnehmer am Kościuszko-Aufstand; 1806 nach dem napoleon. Einmarsch Oberbefehlshaber der poln. Armee, ab Jan. 1807 Kriegs-Min. im Hzgt. Warschau; an der Völkerschlacht bei Leipzig beteiligt.

Pönitent [lat.], der Büßende, der Beichtende.

Ponnelle, Jean-Pierre [frz. pɔ'nɛl], *Paris 19.2.1932, † München 11.8.1988, frz. Bühnenbildner, Theater- und Opernregisseur. Inszenierte neben Monteverdi- und Mozartzyklen (Zusammenarbeit mit N. Harnoncourt) v. a. Opern von R. Wagner, G. Verdi, A. Schönberg, A. Berg und H. W. Henze, mit dem er schon als Bühnenbildner zusammenarbeitete.

Ponor (Karothre, Flußschwinde), in Karstgebieten eine Stelle, wo Wasser in den Untergrund verschwindet.

Pont-Aven, Schule von [frz. pɔ̃ta'vã], von Volkskunst und japan. Farbholzschnitt beeinflußte Gruppe von Künstlern (P. Gauguin, É. Bernard u. a.), die 1886 in Pont-Aven in der Bretagne und im Nachbarort Le Pouldu arbeiteten.

Pont du Gard [frz. põdy'ga:r], röm. Aquädukt, ↑Gard.

Ponte, Lorenzo da, italien. Schriftsteller, ↑Da Ponte, Lorenzo.

Pontiac [engl. 'pɔntɪæk], *in Ohio um 1720, † Cahokia bei Saint Louis 1769 (ermordet), Häuptling der Ottawa. Anführer im Indianerkrieg (1763–66) gegen die Briten.

Pontifex maximus [lat. eigtl. »größter Brückenbauer«], sakraler Titel v. a. des Vorstehers des röm. Priesterkollegiums und der röm. Kaiser; von Papst Leo I. in die päpstl. Titulatur aufgenommen.

Pontifikalamt [lat./dt.] ↑Hochamt.

Pontifikat [lat.], Amtsdauer eines Papstes oder Bischofs.

Pontinische Sümpfe, italien. Küstenlandschaft sö. von Rom, Teil der Maremmen; lange Zeit wegen Malariagefahr gemieden; ab 1928 trockengelegt.

Pontisches Gebirge, nördl. Randgebirge Anatoliens, parallel der südl. Küste des Schwarzen Meeres, bis 3937 m hoch.

Pontisches Reich ↑Pontus.

Pontius Pilatus ↑Pilatus.

Ponto, Erich, *Lübeck 14.12.1884, † Stuttgart 4.2.1957, dt. Schauspieler. Engagements u. a. in Dresden (1945/46 als Intendant), Stuttgart, Göttingen; auch Filme.

Ponton [põ'tõ:; lat.-frz.], meist kastenförmiger, schwimmfähiger Hohlkörper, z. B. als »schwimmender Pfeiler« bei Behelfsbrücken *(P. brücken).*

Pontoppidan, Henrik [dan. pɔn'tɔbidan], *Fredericia 24.7.1857, † Kopenhagen 21.8.1943, dän. Schriftsteller. Bedeutender Vertreter des Naturalismus, u. a. drei Romanzyklen: »Das gelobte Land« (3 Bde., 1891–95), »Hans im Glück« (8 Bde., 1898–1904), »Totenreich« (5 Bde., 1912–16). 1917 Nobelpreis für Literatur (mit K. A. Gjellerup).

Pontormo, Iacopo da, eigtl. I. Carrucci, *Pontormo (bei Empoli) 24.5.1494, □ Florenz 2.1.1557, italien. Maler. Wandte sich vom klass. Stil der Hochrenaissance ab und schuf manierist. Kompositionen in eigenwilliger Form und in kühlen, transparent erscheinenden Farben; u. a. Passionszyklus der Certosa di Galuzzo, Florenz (1522–25, angeregt von Dürer-Stichen), Altarbild und Fresken in S. Felicità in Florenz (1525–28).

Pontus (Pont. Kappadokien), histor. Landschaft an der Kleinasiat. Küste des Schwarzen Meeres. Nach griech. Kolonisation gründete Mithridates I. 301 v. Chr. das *Pontische Reich,* das seine größte Ausdehnung unter Mithridates VI. Eupator (um 130–63) erreichte.

Pontuskonferenz, Zusammenkunft Großbrit., Frankreichs und des Osman. Reiches in London (Februar/März 1871), auf der das nach dem Krimkrieg verhängte Aufenthaltsverbot für Kriegsschiffe im Schwarzen Meer *(Pontusklausel)* aufgehoben wurde; die Dardanellendurchfahrt für russ. Kriegsschiffe blieb jedoch von osman. Erlaubnis abhängig.

Ponys ['pɔni:s; engl.], Rasse relativ kleiner, robuster, genügsamer Hauspferde (Schulterhöhe bis 148 cm). Man unterscheidet vielfach: 1. Eigentl. P. *(Zwergpferde)* bis 117 cm hoch; z. B. *Shetlandpony* (tief und gedrungen gebaute P. mit glattem, langem Haar in allen Farben); 2. P. im erweiterten Sinne sind *Kleinpferde* (120–134 cm hoch); z. B. *Islandpony* (kräftige P. mit rauhem Fell in verschiedenen Farbschlägen) sowie die als *Mittelpferde* bezeichneten, 135–148 cm hohen Rassen, wie z. B. *Fjordpferd, Haflinger* und *Koniks.*

Pool [engl. pu:l], in der *Wirtschaft* ein Zusammenschluß zur gemeinsamen Interessenverfolgung, von Unternehmen zu einer Gewinngemeinschaft.

Poolbillard [engl. 'pu:lbɪʎart] ↑Billard.

Poona ['pu:nə], ind. Stadt, ↑Pune.

Henrik Pontoppidan

Poop

Poop [engl. puːp] (Hütte), hinterer Aufbau oberhalb des Hauptdecks von Schiffen.

Popanz, Schreckgespenst.

Pop-art [engl. ˈpɔpaːt], Strömung der zeitgenöss. Kunst, die v. a. in Großbrit. und den USA in den 1950er und 1960er Jahren die Kunstszene beherrschte. Die P.-a. entdeckte die Welt der Unterhaltungsind. und der Werbung als eigene ästhetische Wirklichkeit; banale Objekte des Massenkonsums wurden durch Isolierung, Vergrößerung oder Aneinanderreihung (Collage) entweder der Objekte selbst oder durch Imitationen verfremdet, parodiert, fetischiert. Grelle Farbzusammenstellungen (»Popfarben«) und große Formate dominieren. Bekannte Vertreter sind u. a. R. Rauschenberg, J. Johns, A. Warhol, R. Lichtenstein, C. Oldenburg, G. Segal, R. Indiana und Edward Kienholz (*1927, †1994).

Pop-art. Andy Warhol. »Marilyn Monroe«; Siebdruck (1967; Hamburg, Kunsthalle)

Popcorn [engl. ˈpɔpkɔːn], geröstete Maiskörner (Puffmais).

Pope, Alexander [engl. pəʊp], *London 21. 5. 1688, †Twickenham (heute zu London) 30. 5. 1744, engl. Dichter. Als Vertreter der Aufklärung v. a. Satiriker, u. a. Zusammenarbeit mit J. Swift (»Miscellanies«, 1727). Bes. bekannt wurden seine Literatursatiren, die Versepen »Der Lockenraub« (1712) und »Die Dummkopfiade« (1728); auch Verfasser einer Poetik (»Versuch über die Critik«, 1711); Übersetzer Homers; Hg. einer Shakespeare-Ausgabe.

Pope [russ.], Bez. und Titel des orth. Weltgeistlichen; heute oft abwertend.

Popeline [frz.], ripsartiges, leinwandbindiges Gewebe mit feinen Querrippen; aus Baumwolle, Seide und Chemiefasern.

Popmusik, seit den 1960er Jahren Sammelbegriff für alle Erscheinungsformen der Unterhaltungsmusik, die sich an der angloamerikan. (Volks)musik, am Musical und am Jazz sowie v. a. an den jeweiligen Strömungen der ↑Rockmusik orientieren.

Popocatépetl [span. popokaˈtepetl], mit 5452 m zweithöchster Berg Mexikos, sö. der Stadt Mexiko.

Popp, Lucia, *Ungeraiden (bei Preßburg) 12. 11. 1939, †München 16. 11. 1993, österr. Sängerin. Internat. Erfolge, zunächst als Koloratursopran, dann als Vertreterin des lyr. Fachs; bes. Mozart- und Strauss-Interpretin.

Pöppelmann, Matthäus Daniel, *Herford 3. (?) 5. 1662, †Dresden 17. 1. 1736, dt. Baumeister des Barock. Von den Entwürfen für das Dresdner Schloß wurden der Zwinger (1709–28) und die Festplatzanlage ausgeführt; auch Taschenberg-Palais in Dresden (1707–11), in Dresden-Pillnitz Wasser- und Bergpalais (ab 1720), Gartenplan und Weinbergkirche (1723 bis 1727); Pläne für das Warschauer Schloß.

Popper, Sir (seit 1964) Karl [Raimund], *Wien 28. 7. 1902, †London 17. 9. 1994, brit. Philosoph und Wissenschaftslogiker österr. Herkunft. 1949 bis 1969 Prof. in London; entwarf in Auseinandersetzung mit dem Neopositivismus des Wiener Kreises als Theoretiker des *krit. Rationalismus* eine Theorie der Erfahrung, die das Problem der Induktion umgehen soll, und speziell eine Methodik der Nachprüfung gesetzesförmiger Aussagen: Danach soll ein allg. Satz als falsifiziert aus dem System vorläufig bestätigter wiss. Sätze gestrichen werden, wenn ihm ein Beobachtungssatz besonderer Art widerspricht. – *Werke:* Logik der Forschung (1935), Die offene Gesellschaft und ihre Feinde (2 Bde., 1945), Das Elend des Historizismus (1957), Objektive Erkenntnis (1972), Das Ich und sein Gehirn (1977, mit J. C. Eccles).

populär [lat.-frz.], beim Volk bekannt und beliebt, Beifall findend.

Population [lat.], **1)** svw. Bevölkerung. **2)** *Biologie:* die Gesamtheit der in einem bestimmten Gebiet vorkommenden Individuen einer *Tier-* oder *Pflanzenart* (bzw. auch verschiedener am gleichen Ort vorkommender Arten [*Mischpopulation*]).

Poquelin, Jean-Baptiste [frz. pɔ'klɛ̃], ↑Molière.

Pore [griech.-lat.], kleines Loch, feine Öffnung, z. B. in der tier. und menschl. Haut (v. a. als Ausmündung der Schweißdrüsen).

Porlinge (Löcherpilze, Porenschwämme, Porenpilze), systemat. uneinheitl. Sammelgruppe von saprophyt. und parasit. Pilzen; Fruchtkörper oft zäh, lederartig und konsolenförmig. Die sporenbildende Fruchtschicht auf der Unterseite überzieht runde oder vieleckige Röhrchen oder Waben.

Pornographie [griech.], urspr. die Beschreibung von Leben und Sitten der Prostituierten und ihrer Kunden, im Laufe der Jahrhunderte zum Begriff für die Darstellung sexueller Akte verallgemeinert.

Porphinfarbstoffe [griech.], Naturfarbstoffe, zu denen die Farbkomponenten des Hämoglobins und bestimmter Enzyme (z. B. Zytochrome, Peroxidasen), des Chlorophylls und Vitamins B_{12} sowie die als Stoffwechselprodukte des Blutfarbstoffs von Tieren vorkommenden *Porphyrine* gehören; enthalten durch Methingruppen miteinander verbundene Pyrrolringe.

Porphyr [griech.], Bez. für vulkan. Gesteine mit großen Einsprenglingen. Gebrauch des Namens nur noch in Wortzusammensetzungen.

Porphyrine [griech.] ↑Porphinfarbstoffe.

Porphyrios von Tyros, eigtl. Malkos oder Malchos, * Tyros (heute Sur, Libanon) um 234, † Rom um 304, griech. Philosoph. Schüler Plotins in Rom, dessen Werke er überlieferte; verschaffte dem Neuplatonismus Eingang ins Christentum.

Porree [lat.-frz.] (Breitlauch, Winterlauch, Küchenlauch), in Kultur meist einjährige Art des ↑Lauchs.

Porrentruy [frz. pɔrã'trɥi] (dt. Pruntrut), Bezirkshauptort im schweizer. Kt. Jura, 7000 E. Schloß (1529–1792) mit Bergfried (13. Jh.), got. Pfarrkirche Saint-Pierre (14. Jh.), Rathaus (1761 bis 1763), Schweizerbrunnen (1518).

Porsche AG, Dr. Ing. h. c. F., dt. Unternehmen der Kfz-Industrie, Sitz Stuttgart, gegr. 1931 durch Ferdinand Porsche (* 1875, † 1951).

Porsenna, etrusk. König von Clusium (heute Chiusi) um 500 v. Chr. Belagerte und eroberte Rom nach der Vertreibung der Tarquinier aus der Stadt.

Porst, Gatt. der Heidekrautgewächse mit fünf Arten in Eurasien und N-Amerika; immergrüne Sträucher mit stark aromat. Blättern.

Port [engl. pɔ:], Einrichtung zur Informationsein- und -ausgabe bei Datenverarbeitungsanlagen.

Porta, Giacomo Della ↑Della Porta, Giacomo.

Portable [engl. 'pɔ:təbl »tragbar«; lat.-engl.], **1)** tragbares Fernsehgerät. **2)** *Datenverarbeitung:* 1. nichtstationäre (tragbare) Geräte, z. B. mobile Datenerfassungsgeräte; 2. Programme, die mit geringen Änderungen auch auf anderen Systemen verwendet werden können.

Portal [lat.], monumental gestalteter Eingang eines Gebäudes. In der Antike gab es z. T. ganze Torbauten (Propyläen), auch als Ehren- und Triumphbögen. Das europ. Kirchen-P. erhielt in der Zeit des roman. Stils seine für Jahrhunderte verbindl. Form.

Porta Nigra [lat. »schwarzes Tor«], Name des Nordtores der röm. Trier, aus grauem Sandstein (Ende des 2. Jh. n. Chr.); 1803 und 1966–73 restauriert.

Port Arthur ↑Dalian.

Portativ [lat.-frz.], kleine tragbare Orgel, deren Klaviatur mit der rechten Hand gespielt wird, während die linke den Balg bedient, mit 6–28 Labialpfeifen; seit dem 12. Jh. nachweisbar, im 16./17. Jh. vom Positiv abgelöst.

Port-au-Prince [frz. pɔrto'prɛ̃:s], Hauptstadt von Haiti, am SO-Arm des Golfs von Gonaïves, 462000 E. Univ., Nationalmuseum; Wirtschaftszentrum des Landes; Hafen; internationaler ✈. – Seit 1770 Hauptstadt der französischen Kolonie.

Porta Westfalica, 1) (Westfälische Pforte) Durchbruchstal der Weser durch den N-Rand des Weserberglandes südlich von Minden.

Alexander Pope
(Kupferstich, um 1810)

Port-au-Prince
Stadtwappen

2689

Port Bell

2) Stadt und Luftkurort im Kreis Minden-Lübecke, NRW, an der Weser, 35 400 E. – 1973 durch Zusammenschluß von 15 Gemeinden entstanden.
Port Bell [engl. 'pɔːt 'bel] ↑Kampala.
Port Blair [engl. 'pɔːt 'bleə], Hauptstadt des ind. Unionsterritoriums Andaman and Nicobar Islands, 49 600 E. Hafen.
Portefeuille [pɔrt'fœːj; frz.], 1) veraltet für Brieftasche, Aktenmappe.
2) *Politik:* Geschäftsbereich eines Ministers.
Port Elizabeth [engl. 'pɔːt ɪ'lɪzəbəθ], Hafenstadt an der Alagoabucht, Republik Südafrika, 652 000 E. Univ., Museum, Oper. Wollbörse; Seebad.
Porter [engl. 'pɔːtə], 1) Cole, *Peru (Ind.) 9. 6. 1891, † Santa Monica (Calif.) 15. 10. 1964, amerikan. Komponist. Musicals, u. a. »Kiss me Kate« (1948) und Filmmusiken (»High society«, 1956).
2) Sir (ab 1972) George, *Stainforth (York) 6. 12. 1920, brit. Chemiker. Entwickelte mit R. Norrish spektroskopische Untersuchungsverfahren für schnellablaufende chem. und biochem. Reaktionen. Nobelpreis für Chemie 1967 (mit R. Norrish und M. Eigen).
3) Katherine Anne, *Indian Creek (Tex.) 15. 5. 1890, † Silver Spring (Md.) 18. 9. 1980, amerikan. Schriftstellerin. Schrieb v. a. Kurzgeschichten (u. a. »Blühender Judasbaum«, 1930; »Der schiefe Turm«, 1944; beides Sammlungen), außerdem den Roman »Das Narrenschiff« (1962).
4) Rodney Robert, *Newton-le-Willows (Cty. Lancashire) 8. 10. 1917, † Winchester 7. 9. 1985 (Verkehrsunfall), brit. Biochemiker. Wies unabhängig von G. M. Edelman, mit dem zus. er 1972 den Nobelpreis für Physiologie oder Medizin erhielt, nach, daß das Molekül eines Antikörpers aus zwei Kettenpaaren aufgebaut ist.
5) William Sydney, amerikan. Schriftsteller, ↑Henry, O.
Porter ['pɔrtər; engl.], dunkles, obergäriges Bier mit starkem Hopfenzusatz.
Port Harcourt [engl. 'pɔːt 'hɑːkət], nigerian. Hafenstadt im Nigerdelta, 296 200 E. ⌘.
Portikus [lat.], Säulenhalle als Vorbau an der Haupteingangsseite eines Gebäudes; ausgebildet in der antiken Baukunst; auch als selbständiger Bau.

Cole Porter

Rodney Robert Porter

Portiunkula (Santa Maria degli Angeli), bei Assisi gelegene Lieblingskirche des hl. Franz von Assisi.
Port Louis [frz. pɔr'lwi; engl. 'pɔːt 'luɪs], Hauptstadt von Mauritius, an der NW-Küste der Insel, 142 000 E. Hafen.
Port Moresby [engl. 'pɔːt 'mɔːzbɪ], Hauptstadt von Papua-Neuguinea, an der O-Küste des Papuagolfes, 152 000 E. Univ., Nationalmuseum; Hafen; internat. ⌘.
Porto ['pɔrto, portugies. 'portu], portugies. Stadt nahe der Mündung des Douro in den Atlantik, 350 000 E. Univ., Museen, Theater, Oper; wirtschaftl. Zentrum N-Portugals mit Fluß- und Vorhafen; internat. ⌘. Zahlr. Kirchen, u. a. Kathedrale (12./13. und 17./18. Jh.), São Martinho de Cedofeita (12. Jh.), Santa Clara (1416 und 16. Jh.), São Pedro dos Clérigos (18. Jh.) mit 75 m hohem Turm; Börse (19. Jh.). – 540 Eroberung des röm. *Portus Cale* durch die Westgoten, 716 durch die Araber (bis 997); im 11. Jh. Hauptstadt der Gft. Portugal.
Porto [lat.-italien.], Gebühr für die Beförderung von Postsendungen aller Art.
Pôrto Alegre [brasilian. 'portu a'legri], Hauptstadt (seit 1807) des brasilian. Gliedstaates Rio Grande do Sul, 1,37 Mio. E. Zwei Univ.; wichtigstes Ind.- und Handelszentrum S-Brasiliens; Hafen, ⌘.
Portoferraio, italien. Stadt auf der Insel Elba, 11 200 E. Wichtigster Erzausfuhr- und Passagierhafen von Elba; Seebad. – 1814/15 Aufenthaltsort Napoleons I.
Port of Spain [engl. 'pɔːt əv 'speɪn], Hauptstadt von Trinidad und Tobago, auf Trinidad, 58 400 E. Nationalarchiv, -museum, botan. Garten, Zoo. Handelszentrum; Hafen, internat. ⌘.
Portolankarten [italien./dt.], den *Portolanen* (bis ins 16. Jh. verwendeten mittelalterl. Navigationsanleitungen für Seefahrer) beigegebene Karten, auf denen zahlr. Windrosen eingetragen sind, deren sich netzartig überschneidende Windstrahlen die Navigation erleichterten.
Porto-Novo [frz. pɔrtɔ'vo], Hauptstadt von Benin, am O-Rand der Lagune Lac Nokoué, 208 300 E. Sitz des Präs. der Nationalversammlung und einiger Ministerien. – Seit 1894 Hauptstadt von Dahomey (seit 1975 Benin).

Portugal

Porträt [...'trɛː; lat.-frz.], Brustbild, Gesichtsbild eines Menschen (↑Bildnis).

Port-Royal [frz. pɔrrwa'jal], ehem. Zisterzienserinnenkloster bei Versailles, 1204 gegr.; ab 1635 wurde P.-R. ein Zentrum des frz. Jansenismus; 1709 aufgehoben.

Port Said ['pɔrt 'zaɪt], ägypt. Hafenstadt am N-Ende des Suezkanals, 382 000 E. Eisenbahnendpunkt. – 1859 gegründet.

Portsmouth [engl. 'pɔːtsməθ], 1) Stadt an der engl. Kanalküste, Gft. Hampshire, 179 400 E. Dickens-Museum; in einem Trockendock das Flaggschiff von Admiral Nelson, die »H. M. S. Victory«; Kriegshafen; u. a. Schiffbau.
2) Stadt im sö. New Hampshire, USA, 26 500 E. Schiffbau, Hafen am Atlantik. – 1623 gegr.; Hauptstadt der Kolonien bis zum Nordamerikan. Unabhängigkeitskrieg.

Port Sudan, Hafenstadt am Roten Meer, Republik Sudan, 207 000 E. Einziger Hochseehafen der Republik.

Portugal, Staat in Europa, grenzt im N und O an Spanien, im S und W an den Atlantik. Zu P. gehören die Azoren, Madeira und (bis 1999) Macau.

Staat und Recht: Republik mit parlamentar. und präsidialen Elementen; *Verfassung* von 1976 (zuletzt 1992 geändert). Staatsoberhaupt ist der für 5 Jahre direkt gewählte Staats-Präs.; er ernennt und entläßt den Min.-Präs., kann das Parlament auflösen und Neuwahlen anordnen. Die *Regierung* bildet der Min.-Rat unter Führung des Min.-Präs., der sowohl dem Staats-Präs. als auch dem Parlament verantwortlich ist. Die *Legislative* liegt beim Einkammerparlament, der Versammlung der Republik (230 Abg., für 4 Jahre gewählt); der Staatsrat (17 Mgl.) ist ein den Staats-Präs. beratendes Organ. *Parteien:* Sozialdemokrat. Partei, Sozialist. Partei, Kommunist. Partei, Demokratisch-Soziales Zentrum.

Landesnatur: P. liegt im W der Iber. Halbinsel und erstreckt sich über 550 km von N nach S. Das Portugies. Scheidegebirge (bis 1 991 m hoch) teilt das Land in N- und S-Portugal. Nord-P. setzt sich zusammen aus dem Küstentiefland, dem Portugies. Scheiderücken und dem Portugies. Scheidegebirge mit angrenzenden Hochplateaus. Süd-P. gliedert sich in den unter 400 m ü. M. gelegenen Alentejo und in die nach S anschließende Algarve. Die Azoren und Madeira sind vulkan. Ursprungs. Von N nach S gewinnt der mediterrane, von W nach O der kont. Klimabereich Einfluß.

Bevölkerung: Etwa 98 % der Bevölkerung sind Portugiesen, von denen rd. 95 % katholisch sind.

Wirtschaft, Verkehr: Etwa 40 % der landwirtschaftl. Nutzfläche sind mit Dauerkulturen (Wein, Fruchtbäume) oder mit Stein- und Korkeichen bestanden. Ein hoher Anteil an mehrjährigen Brachen dient den Rindern, Schweinen und Schafen als Weideland. Bed. ist daneben die Hochseefischerei. P. ist ein rohstoffarmes Land; an Bodenschätzen sind lediglich Wolfram- und Uranerze erwähnenswert. Wichtigste Ind.-Zweige sind Textil-, Nahrungsmittel- und Getränkeindustrie; Petrochem. und Stahl-Ind. werden ausgebaut. Das Eisenbahnnetz hat eine Länge von rd. 3 588 km, das Straßennetz von 54 700 km (einschließlich Azoren und Madeira). Wichtigster Hafen ist Lissabon. Internat. ✈ bei Lissabon, Porto, Faro, Funchal (auf Madeira) und auf Santa Maria (auf den Azoren).

Geschichte: *Die Anfänge bis zur Errichtung des Königtums:* 154–139 v. Chr. kämpften die Römer gegen die im S von P. siedelnden Lusitanier; unter Augustus wurde 26–19 v. Chr. die röm. Kolo-

Portugal
Fläche: 92 389 km²
Einwohner: 9,866 Mio.
Hauptstadt: Lissabon
Amtssprache: Portugiesisch
Nationalfeiertage: 10. 6. und 5. 10.
Währung: 1 Escudo (Esc) = 100 Centavos (c, ctvs)
Zeitzone: MEZ – 1 Std.

Staatsflagge

Staatswappen

1970 1992 1970 1992
Bevölkerung (in Mio.) Bruttosozialprodukt je E (in US-$)

Bevölkerungsverteilung 1992

Bruttoinlandsprodukt 1992

Portugal

Portugal.
Fischereihafen in Sines an der Atlantikküste

nisation abgeschlossen. Die röm. Herrschaft wurde im 5. Jh. n. Chr. durch german. Reiche abgelöst (Sweben, Westgoten). Nach dem Sieg muslim. Berbertruppen über die Westgoten (711) fiel P. an das arab. Emirat (später Kalifat) von Córdoba; nur im äußersten NW der Iber. Halbinsel blieben christl. Reiche (v. a. Asturien) bestehen. Die eigtl. Reconquista begann erst unter Ferdinand I., d. Gr., von Kastilien und León. Alfons VI., der Tapfere, belehnte seinen Schwiegersohn Heinrich von Burgund (* um 1069, † 1112) mit der Gft. P., der schließlich eine weitgehende Unabhängigkeit von Kastilien und León erreichte. Nach einem Sieg über die Mauren (1139) nahm dessen Sohn Alfons I., der Eroberer, den Königstitel an. 1147 konnte Lissabon mit Hilfe eines Kreuzfahrerheeres eingenommen werden.

Aufstieg zur Weltmacht: Alfons III. (⚭ 1245–79) vollendete die Befreiung von der maur. Herrschaft. Unter Dionysius (⚭ 1279–1325) erlebte P. eine erste Blütezeit. Alfons IV. (⚭ 1325–57) schlug 1340 den letzten maur. Invasionsversuch zurück. Gegen die Ansprüche Johanns I. von Kastilien wurde 1385 der illegitime Sohn Peters I., Johann I., von den Cortes zum König proklamiert (Begründer der Dynastie Avis) und setzte sich mit engl. Unterstützung durch (Sieg bei Aljubarrota 1385). Im 14./15. Jh. stieg P. zur führenden See- und Kolonialmacht W-Europas auf; Heinrich der Seefahrer veranlaßte seit 1418 regelmäßige Fahrten zur Erkundung der afrikan. Küste, zugleich wurden Madeira, die Azoren und die Kapverd. Inseln besiedelt. 1498 gelangte V. da Gama als erster auf dem Seeweg um Afrika herum nach O-Indien, wo Vizekönige rasch Handelsniederlassungen errichteten (Gewürze); nach der Eroberung Ceylons (1518) und der Molukken (1512/29) beherrschte P. den ganzen Handel im Ind. Ozean. Weitere Niederlassungen entstanden u. a. in China (Macau 1597) sowie in W- und O-Afrika (Luanda, Moçambique, Mombasa); 1500 entdeckte P. Á. Cabral Brasilien. In den Verträgen von Tordesillas (1494) und Zaragossa (1529) einigten sich P. und Kastilien auf eine Aufteilung der Welt in eine portugies. und eine kastil. Interessensphäre. Als 1580 das portugies. Königshaus ausstarb, besetzte Philipp II. von Spanien ganz P.; 1581 riefen die Cortes ihn als Philipp I. zum König von P. aus.

Span. Interregnum und Zeit des Absolutismus: Zwar behielt P. während der Personalunion mit Spanien seine Eigenständigkeit, wurde jedoch in die span. Kriege hineingezogen und verlor seine wertvollsten ostind. Kolonien. Nach der erfolgreichen portugies. Revolte gegen Spanien (Dez. 1640) wurde deren Führer als Johann IV. König (Gründer der Dynastie Bragança). Die Regierungszeit Johanns V. (⚭ 1706–50) gilt wegen

Portugal

Portugal. Kulturen im Hinterland der Algarveküste

der großen Menge eingeführten brasilian. Goldes als eine der glänzendsten in der portugies. Geschichte (aufwendige Unabhängigkeits- und Neutralitätspolitik, Förderung von Kunst, Literatur und Wissenschaft). Unter Joseph I. (⚭ 1750–77) regierte Min. Pombal im Geist des aufgeklärten Absolutismus. 1807 besetzte ein frz. Heer den brit. Bündnispartner P. (1811 von einem brit. Heer befreit); der portugies. Hof flüchtete nach Brasilien (bis 1820).

Konstitutionelle Monarchie (1822–1910) und parlamentar. Republik (1910–26): Am 1. 10. 1822 beschwor Johann VI. die von den außerordentl. Cortes ausgearbeitete Verfassung (bürgerl. Freiheiten, weitgehende Rechte der Cortes gegenüber dem König). Sein ältester Sohn Peter (seit 1822 als Peter I. Kaiser von Brasilien) erließ 1826 eine neue, weniger demokrat. Verfassung (weitgehende königl. Rechte gegenüber dem Zweikammerparlament); er verzichtete auf den Thron zugunsten seiner Tochter Maria II. da Glória unter der Regentschaft seines Bruders Dom Miguel; dieser ließ sich 1828 als Michael I. zum König ausrufen, wurde 1834 jedoch von Peter mit brit. Unterstützung besiegt. Trotz Ausdehnung des Kolonialbesitzes in Afrika blieb P. ein rückständiges Agrarland (1892 Staatsbankrott). Am 1. 2. 1908 wurde ein Attentat auf König und Thronfolger verübt, die Monarchie geriet in eine Krise. Am 5. 10. 1910 erfolgte die Ausrufung der Republik: Rivalitäten der Parteien, soziale Auseinandersetzungen, permanente Agitation auf den Straßen und die Beteiligung am 1. Weltkrieg (ab 1916) ließen keine Stabilität der neuen Regierungsform zu (44 parlamentar. Regierungen zw. 1911 und 1926).

Der autoritäre Staat (1926–74): Nach dem Staatsstreich von 1926 wurde das Parlament aufgelöst und die Verfassung aufgehoben. Staats-Präs. General A. O. de Fragoso Carmona (1928–51) berief A. de Oliveira Salazar 1928 zum Finanz-Min., 1932 zum Min.-Präs.; dieser verankerte in der Verfassung von 1933 den ständisch-autoritären »Neuen Staat«. Jede Opposition zu der einzigen offiziellen Partei, der Nat. Union (União Nacional), wurde von der Geheimpolizei PIDE unterdrückt. Außenpolitisch blieb P. im 2. Weltkrieg neutral; es trat der NATO (1949) und den UN (1955) bei. Gegebenenfalls auch mit militär. Einsatz bemühte sich P., seine Kolonien zu halten.

Die Republik: Am 25. 4. 1974 stürzte die Oppositionsgruppe »Bewegung der Streitkräfte« in einer unblutigen Revolution die Regierung M. J. das Neves Alves Caetano (seit 1968). Der ehem. stellv. Generalstabschef A. S. R. de Spínola trat an die Spitze der revolutionären Junta (30. 9. 1974 Rücktritt); nach einem Putschversuch im März 1975 floh er ins Ausland. In den Wahlen zur Verfassunggebenden Versammlung vom April 1975 (neue Verfassung am 2. 4. 1976) wurden die Sozialisten stärkste Partei. Seit April 1974 verfolgte P. einen sozialist. Kurs (Verstaatlichung von Banken und Großbetrieben, Agrarreform). Die Übersee-Prov. wurden 1974 und 1976 in die Unabhängigkeit entlassen. Mit der Wahl von General A. Eanes zum Staats-Präs. (1976) setzten sich gemäßigtere Kräfte durch (u. a. 1976–78 sozialist. Minderheitsregierung unter Min.-Präs. M. Soares). Der Großgrundbesitz wurde zurückgegeben, eine Verfassungsreform schaffte 1982 den Revolutionsrat ab, die Staatsbetriebe wurden reprivatisiert. Nach den Wahlen von 1983 bildete Min.-Präs. Soares eine sozialist.-sozialdemokrat. Regierungskoalition, nach deren Scheitern und Neuwahlen Min.-Präs. A. Cavaco Silva ein sozialdemokrat. Minderheitenkabinett bildete. Zum 1.1. 1986 trat P. der EG bei. Soares wurde 1986 zum Staats-Präs. gewählt (1991 bestätigt). Nachdem aus den Wahlen von 1987 und 1991 die Sozialdemokraten unter Min.-Präs. Cavaco Silva als Sieger hervorgegangen waren, verfehlten bei den Wahlen von 1995 die Sozialisten unter A. Guterres die absolute Mehrheit nur knapp; neuer Min.-Präs. wurde Guterres. Die Präsidentschaftswahl von 1996 gewann J. Sampaio.

Portugalstrom, ↑Golfstrom.

Portugieser ↑Rebsorten (Übersicht).

Portugiesisch, zu den roman. Sprachen gehörende Sprache in Portugal (einschließlich der Madeiragruppe und der Azoren) sowie in Brasilien; hervorgegangen aus dem nördl., in der röm. Prov. Lusitania, in Galicien, gesprochenen Latein. Das Galicische hat sich zu einem Sonderdialekt entwickelt. Die portugies. Sprache hat in der Verbflexion und im Wortschatz viele Elemente des Latein bewahrt, auch zahlr. Wörter aus dem Arabischen. Die Sprache *Brasiliens* steht dem Altportugies. des 16. Jh. (und damit dem Span.) näher als das moderne Portugiesisch.

portugiesische Kolonien, die ehem. überseeischen Besitzungen Portugals. Die Kolonisation afrikan. Plätze und Madeiras, der Azoren sowie der Kapverd. Inseln ab Anfang des 15. Jh. trat mit der Entdeckung des Seeweges nach Indien Ende des 15. Jh. in den Hintergrund. Binnen 30 Jahren brachten die Portugiesen in O-Indien die wichtigsten Hafenplätze und damit den Gewürzhandel in ihre Hand. 1500–1822 besaßen sie Brasilien, 1535 gewannen sie von den Spaniern noch das Molukken hinzu. Nach dem Verlust zahlr. Plätze v. a. in Asien an die Niederlande bzw. an England seit Anfang des 17. Jh. besaß Portugal von seinem riesigen Kolonialreich schließlich nur noch Goa in Vorderindien, Macau und einen Teil der Insel Timor in O-Asien, Portugies.-Guinea, Angola, Moçambique und einzelne Inseln Afrikas sowie die Azoren und Madeira. In den 1870er Jahren Beginn einer neuen aktiven Kolonialpolitik in Afrika mit der Unterwerfung noch selbständiger Eingeborenenstämme in Angola und Moçambique; die Gründung eines geschlossenen Afrikareiches scheiterte am brit. Widerstand. 1951 machte Portugal seine Kolonien als Übersee-Prov. zu integralen Bestandteilen des Mutterlandes (Guerillakämpfe in Moçambique, Angola und Guinea), die es erst 1974 in die Unabhängigkeit entließ.

portugiesische Kunst, das Kunstschaffen in Portugal.

Baukunst: Wichtigste Fundorte der Römerzeit sind Conimbriga und der Tempel von Évora. Aus westgot. Zeit stammt die Kirche São Frutuoso bei Braga (7. Jh.), maur. Einflüsse zeigt die Kapelle von Lourosa (7. Jh.). Die roman. Baukunst ist v. a. von der Auvergne geprägt, Kirchen mit Chorumgang und Kapellenkranz (Alte Kathedrale von Coimbra, 1160–70, Kathedrale von Lissabon), burgund. Einfluß zeigen die Kathedrale von Braga (Ende des 11. Jh.) und die Zisterzienserbaukunst. Burgen bezeugen die Sicherung des Landes (Guimarães, Bragança, Almourol, Óbidos). Got. Elemente zeigten zuerst die Zisterzienserbauten (Alcobaça, 1178 ff.). Beim Bau des Klosters von ↑Batalha Entwicklung des *Emanuelstils* (manuelin. Stil), ein v. a. von Motiven der Seefahrerwelt geprägter Dekorationsstil (Portal der »Unvollendeten Kapellen« von M. Fernandes, 1509). Weitere Höhepunkte bilden die Christusritterkirche in Tomar, das Hieronymitenkloster von M. Boytac und J. de Castilho sowie der Torre de Belém von F. de Arruda (↑Lissabon). Reine Renaissancewerke sind u. a. der große Kreuzgang des Klosters von Tomar sowie die Kirche São Vicente de Fora in Lissabon. Kloster Mafra (1717 ff. von J. F. Ludwig), Schloß Queluz bei Lissabon (1747–55) und die Univ.bibliothek von Coimbra (1717 bis 1728) sind Barockbauten; zahlr. barocke Innenausstattungen mit vergoldetem

portugiesische Literatur

portugiesische Kunst. Links: Ecco homo; Tempera auf Holz, Gemälde eines unbekannten Meisters (Ende des 15. Jh.; Lissabon, Museu Nacional de Arte Antiga) ◆ Rechts: Grabmal Pedros I. († 1367) in der Klosterkirche in Alcobaça (um 1370)

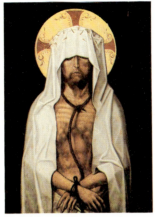

Schnitzwerk (»talha dourada«, z. B. Santa Clara in Porto) oder mit ↑Azulejos (z. B. Königl. Palast von Sintra). Wichtigste städtebaul. Leistung ist der Wiederaufbau von Lissabon nach dem Erdbeben von 1755 durch den Marquês de Pombal. Das 19. und 20. Jh. zeigen techn. Leistungen wie die doppelstöckige Brücke (1881–85) in Porto über den Douro oder die Lissaboner Hängebrücke über den Tejo (1966).
Skulptur: Bed. Grabmalkunst der Gotik (Alcobaça; Sarkophage für Pedro I. und Inês de Castro, um 1370; Braga, Sarkophag des Erzbischofs G. Pereira). Der manuelin. Schmuckstil griff von der Architektur auch auf Mobiliar und Goldschmiedekunst (G. Vicente) über; Höhepunkte der Renaissanceplastik in Santa Cruz in Coimbra. Im Barock wurde Figuralplastik für die großen vergoldeten Holzaltäre, Krippen und Standbilder (J. Machado de Castro) geschaffen.
Malerei: Die got. Tafelmalerei des 15. Jh. zeigt eigenwillige Anlehnung an die fläm. Kunst (N. Gonçalves, Vincenz-Altar, 1465 bis 1467, Lissabon, Museum alter Kunst), ebenso im 16. Jh. (Carlos, tätig bei Évora). In der Barockmalerei trat das Porträt hinzu, das auch im 18. und 19. Jh. gepflegt wurde. Im 20. Jh. wurde v. a. Maria Elena Vieira da Silva (* 1908, † 1992) bekannt.
portugiesische Literatur, die Literatur in portugies. Sprache. Ihre erste Blüte erlebte die p. L. mit der galic.-portugies. Minnelyrik (erhalten in drei Liederhandschriften). Stolz auf die kriegerische Leistungen führte um die Mitte des 14. Jh. zur Historiographie in Prosa (Chroniken, Annalen der Adelsgeschlechter, Königschroniken). Die galic.-portugies. Troubadourlyrik wurde um 1450 durch höfische Gelegenheitsdichtung nach spanischen Vorbild abgelöst.
Renaissance (16. Jh.): Die Zeit größter polit. Machtentfaltung und die Personalunion mit Spanien (1580–1640) war zugleich die Epoche höchster literar. Blüte. Strenggläubigkeit hemmte zunächst die Wirkung von Humanismus und Renaissance, was sich v. a. im Drama (G. Vicente) niederschlug. Die entscheidende Hinwendung zum Humanismus und zu italien. Vorbildern erfolgte um die Mitte des 16. Jh. durch F. de Sá de Miranda, den Verfasser der ersten klass. Komödie, der als Lyriker v. a. Sonett und Kanzone in der Art F. Petrarcas bekannt machte, sowie durch António Ferreira (* 1528, † 1569), der die erste klass. Tragödie schrieb. Neben Schäferromanen (Jorge de Montemayor; * um 1520, † 1561) und Ritterromanen entstanden Reisebeschreibungen der Entdeckungsfahrten (Fernão Mendes Pinto [* 1510 (?), † 1583]). Das bedeutendste Epos, »Die Lusiaden« (1572), schrieb L. de Camões.

portugiesische Musik

Barock, Aufklärung und Klassizismus (1580–1825): Durch die engen Beziehungen zu Spanien gefördert, setzte sich in allen Gattungen der Barockstil eines L. de Góngora y Argote (und G. Marino) durch. Eine Blüte erlebte die religiöse didakt. Prosa. 1756 wurde die »Arcádia Lusitana« (oder »Arcádia Ulisiponense«) als Sammelpunkt neoklassizist. Strömungen gegründet. Mit seiner Lyrik kündigte Manuel Maria Barbosa du Bocage (*1765, †1805) bereits die Romantik an.

19. Jh.: Bedeutendster portugies. Romantiker war J. B. da Silva Leitão de Almeida ↑Garrett (»Manuel de Sonsa«, histor. Roman, 1844); als portugies. Balzac gilt C. Castelo Branco, António Feliciano de Castilho (*1800, †1875) ist als Vertreter der Lyrik zu nennen. Die sog. »Generation von Coimbra« vertritt neben engagierter Lyrik (A. T. de Quental) v. a. den realist. Roman (J. M. Eça de Queirós).

Nach 1900: Die Dekadenzdichtung der Jh.wende wurde von António Nobre (*1867, †1900), der *Symbolismus* bes. von Eugénio de Castro (*1869, †1944) und Raul Brandão (*1867, †1930) vertreten. Die Ausrufung der Republik (1910) und Portugals Eintritt in den 1. Weltkrieg begünstigten den neoromant. *Saudosismo,* einen auf die nat. Werte sich besinnenden messian. Symbolismus, v. a. in der pantheist. Lyrik von Teixeira de Pascoaes (*1877, †1952). Aus dem Saudosismo hervorgegangen sind der herausragende Lyriker F. A. Nogueira de Seabra Pessoa und der Romancier José Régio (*1901, †1969), die zum *Modernismo* überleiteten. Als der bedeutendste portugies. Erzähler des 20. Jh. gilt A. Ribeiro. Der sozialkrit. *Neorealismus* nach 1945 setzte sich (bes. in Opposition zur faschist. Diktatur) nur im Roman durch, u. a. bei António Alves Redol (*1911, †1969) und Fernando Namora (*1919, †1989). Nach der Revolution von 1974 manifestierte sich die Avantgarde zunächst v. a. in der Lyrik (u. a. Miguel Torga [*1907, †1995], David Mourão-Ferreira [*1927], Herberto Helder [*1930]), für den Roman und das Drama stehen neben Mourão-Ferreira u. a. José Cardoso Pires (*1925), Agustina Bessa Luís (*1922), José Saramago (*1922), Mário Cláudio (*1941) und Lídia Jorge (*1946).

portugiesische Musik. Im 6. Jh. begann die Übernahme des christl. Kirchengesangs; im 12. Jh. traten neben der Musikübung am Hof und beim Volk v. a. die Klöster (u. a. Braga, Coimbra) als musikal. Zentren hervor. Von der bes. unter König Dionysius (*1279, †1325) blühenden Troubadourkunst sind keine Melodien bekannt. Die Polyphonie des 15./16. Jh. stand unter niederl. Einfluß. In den theatral. Werken seit Gil Vicente (*um 1465, †um 1536) war der Musik breiter Raum gewährt. Einen Höhepunkt erreichte die p. M. an der Kathedrale von Évora mit deren Kapellmeister Manuel Mendes (*um 1547, †1605). Bedeutsam war daneben die Schule von Vila Viçosa; wichtigste Vertreter: König Johann IV. (*1604, †1656) und João Lourenco Rebello (*1610, †1661). Mit seinen »Flores de música« (1620) veröffentlichte der Hoforganist Manuel Rodrigues Coelho (*um 1555, † nach 1633) die erste gedruckte portugies. Instrumentalmusik. Seit Beginn des 18. Jh. stand die italien. Oper im Vordergrund (u. a. Francisco António de Almeida, †1755?). Mit Musik für Tasteninstrumente trat der Kathedralorganist von Lissabon, José António Carlos de Seixas (*1704, †1742) hervor. Nat. Tendenzen wurden wirksam bei dem Lisztschüler José Viana da Mota (*1868, †1948). Im 20. Jh. folgten der allgemeinen europäischen Entwicklung u. a. Luis de Freitas Branco (*1890, †1955), Ruy Coelho (*1891, †1986), Ivo Cruz (*1901) und Fernando Lopes Graça (*1906). Neueste Techniken bis zur elektronischen Musik vertreten Alvaro Leon Cassuto (*1938) und Jorge Rosando Peixinho (*1940).

Portugiesisches Scheidegebirge, Fortsetzung des Kastil. Scheidegebirges in Portugal, erstreckt sich von der span. Grenze südl. des Douro bis südlich von Coimbra, durch das Tal des Zêzere in zwei parallele Gebirgszüge geteilt. Die höchste Erhebung liegt im NO in der *Serra da Estrêla* (1991 m ü. M.). Nach SW setzt sich das P. S. im *Portugies. Scheiderücken* bis zum Kap Roca fort.

Portulak [lat.] (Bürzelkraut), Gatt. der *Portulakgewächse* (Portulacaceae) mit über 100 Arten in den trop. und sub-

Porzellan.
Johann Joachim Kändler. Uhr; Meißen (Ansbach, Schloß)

Portulak.
Portulakröschen

Porzellan

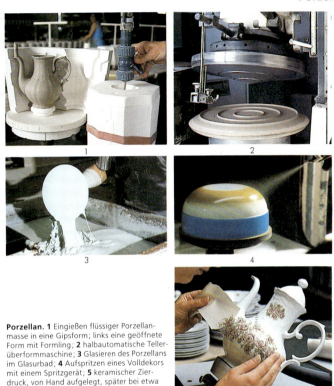

Porzellan. 1 Eingießen flüssiger Porzellanmasse in eine Gipsform; links eine geöffnete Form mit Formling; **2** halbautomatische Tellerüberformmaschine; **3** Glasieren des Porzellans im Glasurbad; **4** Aufspritzen eines Volldekors mit einem Spritzgerät; **5** keramischer Zierdruck, von Hand aufgelegt, später bei etwa 830°C eingebrannt

trop. Gebieten der ganzen Erde; eine Gartenpflanze ist das *Portulakröschen*.
Portweine [nach der portugies. Stadt Porto], Misch- und Dessertweine aus 21 Rebsorten aus dem Dourotal.
Porzellan [italien.], aus Gemischen von Kaolin, Feldspat und Quarz durch Brennen hergestellter feinkeram. Erzeugnis mit weißem, dichtem, in dünnen Schichten transparentem Scherben; glasiert oder unglasiert zur Herstellung von Gebrauchsgegenständen (z. B. Geschirr), techn. Erzeugnissen (z. B. Laborgeräte, Hochspannungsisolatoren) und für künstler. Zwecke verwendet. Man unterscheidet das hochschmelzende *Hart-P.* aus 50% Kaolin, 25% Feldspat und 25% Quarz und das leichter schmelzbare, gegen Temperaturschwankungen empfindlichere *Weich-P.* aus 25% Kaolin, 45% Quarz und 30% Feldspat. Die Brennvorgänge unterscheiden sich nach der Art des P.: Weich-P. wird nur einmal auf 1 200–1 300 °C erhitzt. Hart-P. wird (im sog. *Glüh-* oder *Biskuitbrand*) auf 1 000°C erhitzt, danach wird die aus Quarz, Marmor, Feldspat und Kaolin zusammengesetzte, fein gemahlene Glasur aufgetragen und im sog. *Gar-* oder *Glattbrand* (1 380 bis 1 450°C) 24 Stunden lang gebrannt. Das für künstler. Zwecke verwendete unglasierte *Biskuit-P.* (*Statuen-P.* oder *Parian*) wird 24 Stunden bei 1 410–1 480 °C gebrannt.
Geschichte: In China wurde Kaolin (ben. nach dem chin. Fundort Kao-ling) in der Tang- und Sungzeit für porzel-

Porzellan.
Kaffeekanne; (um 1725/30; Wien Österreichisches Museum für angewandte Kunst)

Porzellanmarken

lanartige Keramik verwendet; echtes Porzellan wurde seit dem späten 13. Jh. hergestellt, Blütezeit unter Kaiser Sheng Tsu (⚰ 1662–1723). Erst seit 1707 gelang Ehrenfried Walter Graf von Tschirnhaus (* 1651, † 1708) und in seiner Nachfolge J. F. Böttger in Dresden die Herstellung des europäischen Porzellans; die erste europäische Manufaktur wurde 1710 auf der Albrechtsburg in Meißen eingerichtet. 1720 wurde die blaue Unterglasurfarbe erfunden; J. G. Höroldt entwickelte leuchtende Emailfarben und Dekore der Porzellanmalerei, J. G. Kirchner und J. J. Kändler lösten sich von dem Vorbild der Goldschmiedekunst. Das Herstellungsgeheimnis ließ sich nicht hüten, und es entstanden zuerst in Wien (1717) und Venedig (1720), v. a. aber seit Ende der 1730er Jahre weitere P.manufakturen. J.J. Kändler (Meißen), F.A. Bustelli und J.P. Melchior (beide Nymphenburg) sowie É.-M. Falconet (Sèvres) bilden den Höhepunkt der P.plastik des Rokoko im 18.Jh.; auch im Klassizismus, im Jugendstil und seit Mitte des 20. Jh. sind ausgezeichnete P. entstanden.

Porzellanmarken, meist in Unterglasurblau ausgeführte Wappen oder Initialen der Besitzer der Manufakturen, die fast ausschließlich in der Hand der Landesherren waren; zuerst in Meißen (1722).

Porzellanschnecken (Cypraeidae), Fam. der Schnecken mit zahlr. Arten in allen Meeren; Schale eiförmig, porzellanartig, nicht selten stark gemustert.

Posaune [lat.] (italien., frz., engl. Trombone), **1)** Blechblasinstrument mit Kesselmundstück und zwei U-förmig gebogenen, ineinander verschiebbaren, zylindr. Röhren (Innenzug und Außenzug), die eine kontinuierl. Verlängerung und damit eine gleitende Veränderung der Tonhöhe ermöglichen. Heute sind v. a. folgende P. in Gebrauch: *Tenor-P.* in B; *Tenorbaß-P.*, eine Tenor-P., deren Stimmung durch ein Quartventil auf F gesenkt werden kann; *Kontrabaß-P.* (Kurzbez. *Baß-P.*) in F, bei der die Stimmung durch Ventile auf Es, C und As gesenkt werden kann; *Ventil-P.* mit 3–4 Spielventilen anstelle des Zuges in B und F. – Die P. wurde im 15. Jh. wahrscheinlich aus der Zugtrompete entwickelt.

2) in der Orgel ein Zungenregister im Pedal, meist im 16- oder 32-Fuß.

Poschiavo [italien. pos'kia:vo], Bezirkshauptort im schweizer. Kt. Graubünden, im Puschlav, 3300 E. Spätgot. Stiftskirche San Vittore (1497–1503) mit roman. Glockenturm, Barockkirche Santa Maria Assunta (1708–11); Palazzo Mengotti (1665), Spaniolenviertel (19. Jh.).

Pose [frz.], auf Wirkung bedachte, gewollt wirkende Haltung.

Poseidon, griech. Gott des Meeres, dem bei den Römern *Neptun* entspricht. Sohn des Kronos und der Rhea, Bruder von Zeus, der nach dem Sturz des Kronos durch Zeus das Meer erhält.

Poseidonios (latin. Posidonius), * Apameia (Syrien) 135 v. Chr., † Rom 51 v.Chr., griech. Philosoph. Hauptvertreter der Stoa, Lehrer Ciceros.

Posen (poln. Poznań), **1)** Hauptstadt des gleichnamigen poln. Verw.-Geb., an der mittleren Warthe, 590 000 E. Univ., Hochschulen, Museen, Theater; Zoo, botan. Garten. Nach 1945 wurden die histor. Baudenkmäler wiederhergestellt, u. a. der Dom (14. Jh.), die barocke Franziskanerkirche (1668–1730), das Renaissancerathaus. – Im 10. Jh. entstanden; 1253 Magdeburger Stadtrecht; 1793 an Preußen; seit 1815 Hauptstadt des »Groß-Hzgt.« (Prov.) P., Sitz des Erzbistums Posen-Gnesen.

2) ehem. preuß. Prov. mit dem Namen *Großherzogtum Posen,* die die durch den Wiener Kongreß 1815 Preußen zugesprochenen Kerngebiete des histor. Großpolen (rd. 30000 km² mit rd. 800000 E) umfaßte. Nach der poln. Novemberrevolution 1830 dt. Zentralverwaltung; 1919 größtenteils an Polen; die westl. Restgebiete von P. und Westpreußen hießen 1922–38 *Grenzmark Posen-Westpreußen.*

Porzellanmarken.
1 Meißen (Schwertermarke); **2** Fürstenberg; **3** Berlin (Königliche Porzellan-Manufaktur); **4** Rosenthal; **5** Porzellanfabrik Angarten in Wien; **6** Kopenhagen (Königliche Manufaktur)

Porzellanschnecken. Pantherschnecke (Länge 5–8 cm); Dorsalseite (oben), Ventralseite (unten)

Posen 1).
Marktplatz mit Rathaus (ursprünglich 13./14. Jh., 1550–60 im Renaissancestil umgebaut)

Posen 1)
Stadtwappen

positiv [lat.], **1)** *allg.*: bejahend, zustimmend (Ggs. negativ); ein Ergebnis bringend; wirklich vorhanden, vorteilhaft, günstig.
2) *Mathematik:* Zahlen, die größer als Null sind (Zeichen: +). Eine Drehung heißt p., wenn sie der Drehung des Uhrzeigers entgegengesetzt ist.
Positiv [lat.], **1)** *Grammatik:* ↑Komparation.
2) *Musik:* kleine Orgel mit nur einem Manual (kein Pedal) und nur wenigen Registern (i. d. R. nur ↑Labialpfeifen).
3) ↑Photographie.
positives Recht, Bez. für das vom Menschen gesetzte Recht im Unterschied zum Naturrecht.
Positivismus [lat.], i. e. S. eine Richtung der Philosophie. Kennzeichnend ist die grundsätzl. Beschränkung der Gültigkeit menschl. Erkenntnis auf das durch Erfahrung Gegebene (das Positive); von A. Comte zum Wiss.-Ideal erhoben. Daneben gibt es positivist. Tendenzen in einzelnen Wiss., v. a. in den Sozial-Wiss. und der Rechts-Wiss. (↑Rechtspositivismus).
Positron [Kurzwort aus **posi**tiv und Elek**tron**] (positives Elektron), physikal. Symbol e⁺, positiv geladenes, stabiles ↑Elementarteilchen aus der Gruppe der Leptonen; Antiteilchen des Elektrons. Der gebundene Zustand eines P. und eines Elektrons wird als *Positronium* bezeichnet.

Posse [frz.], die in der Tradition des Mimus, des Fastnachtsspiels und der Commedia dell'arte stehenden verschiedenen Formen des kom. Theaters in der neuzeitl. Literatur. Im volkstüml. Rahmen entwickelte sich seit der 2. Hälfte des 18. Jh. die *Wiener Lokal-P.* mit »Hans Wurst«, »Kasperl«, »Thaddädl« und »Staberl« als lustigen Personen; Höhepunkt sind die P. von J. Nestroy, der auch *Zauberpossen* schrieb.
Possessiv [lat.] (Possessivum, Possessivpronomen, besitzanzeigendes Fürwort) ↑Pronomen.
Post [lat.-italien.] ↑Post- und Fernmeldewesen.
post..., Post... [lat.], Vorsilbe mit der Bedeutung »nach, hinter«.
Postament [lat.-italien.], Unterbau, Sockel [einer Säule oder Statue].
post Christum [natum] [lat.], Abk. **p. Chr. [n.]**, veraltet für: nach Christi [Geburt], nach Christus.
Poster [engl.] ↑Plakat.
post festum [lat. »nach dem Fest«], hinterher; zu spät.
Postgeheimnis, Grundrecht aus Artikel 10 GG, das neben dem Briefgeheimnis und Fernmeldegeheimnis den gesamten Postverkehr gegen unbefugte Einblicke seitens der Post sowie postfremder staatl. Stellen schützt; durch StPO, Zoll- und Abhörgesetz eingeschränkt.
Posthorn, Blechblasinstrument mit weiter Stürze; Wahrzeichen der Post.

posthum

posthum ↑postum.

Postille [lat.], Auslegung eines Bibeltextes in Form eines Kommentars; auch auslegender Teil einer Predigt.

Postleitzahlen, postal. Leitangaben nach einem numer. Code zur eindeutigen Bez. von Gemeinden und zur rascheren (auch mechan.) Abwicklung der Postverteilung. Die 1961 als vierstellige Abfolge von der Dt. Bundespost eingeführten P. wurden zur Vereinheitlichung des seit 1990 gesamtdt. Zustellungsbereichs zum 1. 7. 1993 durch fünfstellige Kombinationen ersetzt. Aufgeteilt in 83 Regionen, wurden insgesamt 26 400 neue P. für Hausadressen, Postfachkunden und Großkunden (täglich durchschnittlich mehr als 2 000 Zusendungen) vergeben. Seither entfallen die zusätzl. Kennzeichnung durch Vorausbuchstaben (O [Ost], W [West]) und die Angaben zum Zustellpostamt.

Postludium [mittellat. »Nachspiel«], Orgelstück zum Abschluß des ev. Gottesdienstes; auch Nachspiel einer mehrsätz. Komposition. ↑Präludium.

post meridiem [- ...di-ɛm; lat.] ↑ante meridiem.

Postmodernismus. Robert Venturi und John Rauch. Haus Venturi in Chestnut Hill, Pa. (1960–62)

Postmodernismus, zentraler Begriff der Kulturtheorie, der eine Bewegung umschreibt, die Ausdruck eines kulturellen Wandels von der Phase des die erste Hälfte des 20. Jh. bestimmenden Modernismus zu der Zeit danach ist. In diesem Sinne gebrauchte der engl. Historiker A. Toynbee seit 1947 den Begriff; in den 1950er und 1960er Jahren setzte sich P. als literaturkrit. Begriff v. a. in den USA durch, zunächst in negativer Sicht als Bruch mit den avantgardist. Errungenschaften des Modernismus (Irving Howe [* 1920], Harry Levin [* 1912]), dann in positiver Sicht als eine Fortsetzung der im Modernismus erreichten Positionen mit einer Öffnung der Kunst zur Pop-art (Ihab Hassan [* 1925], William Spanos [* 1925], David Antin [* 1932], S. Sontag). Kennzeichen aller postmodernen Erscheinungen, die seit den 1960er Jahren alle Bereiche der Kunst, Wissenschaft, Kultur und des Lebens erfaßt haben, ist die Zuwendung zu offenen Formen einer Kunst, die den momentanen Charakter situativen Kunstgeschehens betont. Am deutlichsten zeigen sich die postmodernen Erscheinungsformen neben der Architektur im Theater (R. Wilson), im Tanz (Merce Cunningham [* 1919]), in der Musik (J. Cage) und in der Philosophie (Dekonstruktivion; u. a. Jacques Derrida [* 1930], Jean François Lyotard [* 1924]).

Kennzeichnend für postmoderne Strömungen in der Architektur seit den 1970er Jahren ist das Ziel, das auf bloße Zweckmäßigkeit reduzierte Bauen (Formalismus) durch eine neue Verbindung von Funktionalem und Ästhetischem zu verändern, wobei oft ein spieler. und z. T. iron. Umgang mit Elementen traditioneller oder trivialer Baustile und der Bezug zur jeweiligen Umgebung erkennbar ist. Seit den 1980er Jahren prägen v. a. Rückgriffe auf Art déco und Klassizismus den postmodernen Baustil. Wichtige Vertreter sind u. a. die Amerikaner Charles W. Moore (* 1925 ; Piazza d'Italia in New Orleans, 1975–79) und Robert Venturi (* 1925), der Österreicher H. Hollein, der Amerikaner Philip C. Johnson (* 1906). Seit Mitte der 1970er Jahre haben sich viele vom Rationalismus um den Italiener A. Rossi ausgehende Architekten wie auch dieser selbst mit ihren oder einigen ihrer Werke dem P. zugewandt, u. a. der Amerikaner Michael Graves (* 1934), die Luxemburger Rob (* 1938) und Léon Krier (* 1946), der Italiener Paolo Portoghesi (* 1931), der Schweizer Mario Botta (* 1943), der Spanier Ricardo Bofill (* 1939) mit seinem Team, der Gruppe »Taller de Arquitectura«, der Brite J. Stirling. Andere markante zeitgenöss. Architekten werden zwar in ei-

Post- und Fernmeldewesen

nem allg. Sinn zum P. gerechnet, vertreten aber eigentlich andere Entwicklungslinien, nämlich der Spätmoderne oder der Neomoderne, letzeres etwa der Amerikaner Richard A. Meier (* 1934; Kunstgewerbemuseum in Frankfurt am Main, 1979–84), die beiden dt. Rationalisten Oswald Matthias Ungers (* 1926, Messehalle, 1979–82, und Messehochhaus in Frankfurt am Main, 1983–85) und Joseph Paul Kleihues (* 1933), ebenso z. B. die Dekonstruktivisten mit ihrem Protagonisten, dem Amerikaner Frank O. Gehry (* 1929).

Postojna [slowen. pɔsˈtoːjna] (dt. Adelsberg), slowen. Stadt sw. von Ljubljana, 19 000 E. Inst. für Höhlenforsch.; Adelsberger Grotte (↑Höhlen, Übersicht).

Postskript (Postskriptum) [lat.], Abk. **PS**, Nachschrift, Zusatz.

Postulat [lat.], allg. svw. (sittl.) Forderung; unbeweisbare, aber unentbehrl. Annahme; *postulieren*, fordern; voraussetzen.

postum [lat.] (posthum), nach jemandes Tod erfolgt, nach jemandes Tod erschienen.

Post- und Fernmeldewesen, Zweig des Sektors Dienstleistungen, der Nachrichten-, Personen-, Güter- und Zahlungsverkehr sowie andere Verkehrsbereiche ganz oder teilweise umfassen kann; Kernbereiche des *Postwesens* sind der Brief- und der Paketdienst, Kernbereich des *Fernmeldewesens* ist der Fernsprechdienst. In vielen Ländern ist »die Post« ein staatl. Dienstleistungsunternehmen mit Monopolstellung, Annahmezwang, Tarif- und Betriebspflicht. Im Zuge der Liberalisierung steht die Aufhebung der Monopole und die Privatisierung des P. u. F. an.

Geschichte: In Mitteleuropa entwickelte sich seit dem 12. Jh. ein ausgedehntes Botenwesen. Die Familie Taxis, später das Haus Thurn und Taxis, übernahm in der Folgezeit die Trägerschaft des Nachrichtenwesens in weiten Teilen Deutschlands und Mitteleuropas. Kaiser Rudolf II. erklärte 1597 die Posten zu einem kaiserl. Regal. In Österreich hatte der Staat die Post seit 1722 in Besitz. In der Schweiz spielte die von der Familie Fischer als Pachtunternehmen betriebene Berner Post die wichtigste Rolle und umfaßte eine große Zahl der Kantone. Mit der Abdankung von Kaiser Franz II. 1806 verlor die Thurn- und Taxissche Post ihren Charakter als kaiserl. Reichspost. Nach dem Dt. Krieg von 1866 übernahm Preußen am 1. 7. 1867 gegen eine Entschädigung von 3 Mio. Talern die Thurn- und Taxissche Postverwaltung. – Die Möglichkeit der Nachrichtenübermittlung durch Telegrafie wurde in größerem Maße seit dem 19. Jh. genutzt. Erste Zusammenschlüsse in großem Rahmen waren der Dt.-Österr. Postverein (1850–66) und der Dt.-Österr. Telegraphenverein (1850–65). Der Norddt. Bund unterhielt als Verkehrsanstalt den Norddt. Bundespost, die bis zur Reichsgründung 1871 und zur Gründung der Dt. Reichspost wirkte. Nach dem 2. Weltkrieg wurden in den Besatzungszonen zunächst eigene Post- und Fernmeldeverwaltungen gebildet; 1950 wurden die neugebildeten Verwaltungen der BR Deutschland dem Bundesministe-

Post- und Fernmeldewesen. Ein Postreiter trägt die Kunde vom Westfälischen Frieden 1648 durch Europa; zeitgenössischer Holzschnitt

Postwertzeichen

rium für das P.- u. F. unterstellt und die ↑Deutsche Bundespost geschaffen.
Postwertzeichen, svw. ↑Briefmarken.
Postzwang ↑Beförderungsvorbehalt.
Potemkinsche Dörfer ↑Potjomkin, Grigori Alexandrowitsch Fürst.
Potentat [lat.], Machthaber, Herrscher.
Potential [lat.], *allgemein* die Gesamtheit aller verfügbaren Mittel, Energien; Leistungsfähigkeit. In der *Physik* eine skalare, ortsabhängige Größe zur Beschreibung eines Feldes. Im Falle eines Kraftfeldes ist die P.differenz zw. zwei Punkten P_1 und P_2 ein Maß für die Arbeit, um einen Probekörper von P_1 nach P_2 zu bringen. – Derartige P. werden mathemat. durch die *P.funktionen* beschrieben. Ein Beispiel ist das elektr. P., dessen Differenz zw. zwei Raumpunkten die zw. diesen herrschende elektr. Spannung ist.
Potentialis [lat.], Modus (Aussageweise) des Verbs, der die Möglichkeit der Verwirklichung des Verbalgeschehens ausdrückt und damit das Gegenstück zum ↑Irrealis darstellt.
potentiell [lat.-frz.], möglich (im Unterschied zu wirklich), denkbar.
potentielle Energie (Lageenergie), Formelzeichen E_{pot}, diejenige Energie, die ein Körper, Teilchen u. a. aufgrund seiner Lage in einem Kraftfeld oder aufgrund seiner Lage zu mit ihm in Wechselwirkung befindl. Körpern oder Teilchen seiner Umgebung besitzt. P. E. haben z. B. ein hochgehobener Körper oder eine gespannte Feder.
Potentiometer [lat./griech.] (Spannungsteiler), ein elektr. Widerstand, zw. dessen beiden Anschlüssen sich ein verschiebbarer Anschluß (Schleifer) befindet. Bei Stromdurchfluß läßt sich zw. Schleifer und einem der beiden Hauptanschlüsse jede Teilspannung (von Null bis zur Gesamtspannung an den Hauptanschlüssen) abgreifen. In der Elektronik (z. B. zur Lautstärkeregelung) werden v. a. über einen Drehkopf *(Dreh-P.)* oder einen Schieber (sog. *Flachbahnregler)* zu bedienende *Schicht-P.* (mit schichtförmigem Widerstandmaterial) oder *Draht-P.* (mit spulen- oder wendelförmigem gewickeltem Widerstandsdraht) verwendet.
Potentiometrie [lat./griech.], Verfahren der Maßanalyse; der Endpunkt einer Titration wird aus der Änderung des elektr. Potentials zw. zwei in die Elektrolytlösung eintauchenden Elektroden bestimmt.

Potenz [lat.], 1) *Biologie:* die Fähigkeit einer Zelle, eines Keimes oder eines Gewebes zu Entwicklungsleistungen.
2) *Mathematik:* das Produkt einer Anzahl n gleicher Faktoren a, geschrieben a^n (gesprochen a hoch n oder a in der n-ten P.); a heißt *Basis* (Grundzahl), n *Exponent* (Hochzahl); z. B. $a \cdot a = a^2$ (zweite P. oder Quadrat von a); $a \cdot a \cdot a = a^3$ (dritte P. oder Kubus von : a).
3) *Pharmazie:* bei homöopath. Mitteln der Verdünnungsgrad; *Dezimal-P.* (D1 = 1 : 10, D2 = 1 : 100).
4) *Philosophie:* Möglichkeit, Vermögen, innewohnende Kraft.
5) *Sexualwissenschaft:* Zeugungsfähigkeit oder das Vermögen des Mannes zum Geschlechtsverkehr.
Potenza, italien. Regions- und Prov.-Hauptstadt östl. von Salerno, 67 400 E. Archäolog. Museum, Theater. Dom (12. und v. a. 18. Jh.), roman. Kirche San Michele (11. und 12. Jh.). – Das röm. *Potentia* kam im 6. Jh. an das langobard. Hzgt. Benevent; Bischofssitz seit dem 5. Jahrhundert.
Potestas [lat. »Macht, Gewalt«], im antiken Rom die staatsrechtl. Amtsgewalt aller Beamten; in der mittelalterl. Staatsrechtslehre Herrschaftsbefugnisse der Obrigkeit.
Pothiphar (Vulgata Putiphar), im AT ägypt. Kämmerer, an den Joseph verkauft wurde und dessen Frau vergeblich versuchte, Joseph zu verführen.
Potjomkin, Grigori Alexandrowitsch Fürst, Reichsfürst (1776), Fürst Tawritscheski (1783) [russ. pa'tjɔmkin], * Tschischowo (Gebiet Smolensk) 24. 9. 1739, † bei Iași 16. 10. 1791, russ. Politiker und Feldmarschall (seit 1784). Seit 1774 Günstling Katharinas II., d. Gr.; annektierte 1783 die Krim und leitete den Aufbau der Schwarzmeerflotte. – P. soll Katharina II. auf ihrer Krimreise 1787 mit Dorfattrappen Wohlstand vorgetäuscht haben; danach *Potemkinsche Dörfer* sprichwörtlich für Trugbilder, Vorspiegelungen.
Potocki, Jan Graf [poln. pɔ'tɔtski], * Pików (Ukraine) 8. 3. 1761, † Uładówka (Podolien) 2. 12. 1815 (Selbstmord), poln. Schriftsteller, Geschichts- und Altertumsforscher. Schrieb literar. Reise-

Grigori Alexandrowitsch Potjomkin

2702

Potsdamer Abkommen

Potsdam.
Nikolaikirche (1830–37) von Karl Friedrich Schinkel und Rathaus (1753–55)

berichte sowie die phantast.-romant. Erzählung »Die Handschrift von Saragossa« (entstanden 1803–15).

Potosí [span. poto'si], bolivian. Dep.-Hauptstadt in der Ostkordillere, 117 000 E. Univ.; Handels- und Bergbauzentrum. – 1545 Entdeckung der Silbervorkommen des *Cerro Rico de P.* (4829 m) durch die Spanier und Gründung der Stadt; Mitte des 17. Jh. größte Stadt Amerikas (v. a. Indianer).

Potpourri ['pɔtpʊri; frz., eigtl. »Eintopf«] (Medley), Zusammenstellung einer Folge von beliebten Melodien z. T. mit modulator. Überleitungspassage.

Potsdam, Hauptstadt von Brandenburg, an der Havel, 139 500 E. Univ.; Hochschule für Film und Fernsehen, Sternwarte Babelsberg; Filmstudios in P.-Babelsberg; Abteilungen des Bundesarchivs, Museen, Theater. – Rege Bautätigkeit unter Friedrich II., d. Gr.: Umbau des Schlosses, Neues Palais (1763–69), Schloß und Park Sanssouci (1745–47; von G. W. von Knobelsdorff nach einer Ideenskizze Friedrichs II., d. Gr., erbaut), Marmorpalais (1787–90; jetzt Dt. Armeemuseum), die Schlösser Glienicke (1826 ff.), Charlottenhof (1826–28), Babelsberg (1834 ff.), Villen, Kirchen und Parkanlagen. Dem Wiederaufbau nach 1945 fielen viele histor. Gebäude zum Opfer, u. a. das Stadtschloß von 1661 ff. und die Garnisonkirche. – 993 erstmals urkundlich erwähnt; seit 1317 als Stadt genannt; seit 1660 (neben Berlin) Residenz der Kurfürsten, seit 1701 der Könige von Brandenburg(-Preußen). – Im *Edikt von Potsdam* (8. 11. 1685) gewährte der Große Kurfürst Friedrich Wilhelm von Brandenburg den vertriebenen frz. Hugenotten v. a. Glaubensfreiheit und wirtschaftl. Hilfe. Der preuß. König Friedrich Wilhelm I. entwickelte P. zur zweiten Residenz und wichtigsten Garnisonstadt Preußens. Mit dem Festakt vom 21. 3. 1933 *(Tag von Potsdam)* in der Garnisonkirche, mit dem der am 5. 3. 1933 gewählte Dt. Reichstag konstituiert wurde, suchte A. Hitler das Anknüpfen des nat.-soz. Regimes an preuß. Traditionen zu dokumentieren.

Potsdamer Abkommen, die am 2. 8. 1945 auf der Potsdamer Konferenz (17. 7.–2. 8. 1945) von den Regierungschefs der USA (Truman), der Sowjetunion (Stalin) und Großbrit. (Churchill bzw. Attlee) gefaßten Grundsätze über die polit. und wirtschaftl. Behandlung des besiegten Dt. Reiches, denen Frankreich am 7. 8. 1945 mit Vorbehalten zustimmte. Das P. A. regelte die militär. Besetzung Deutschlands, die Reparationszahlungen, die Entmilitarisierung, die Entnazifizierung, die Verfolgung der Kriegsverbrecher, die Ausweisung Deutscher aus Polen, der

Potsdam Stadtwappen

Pottasche

Cecil Frank Powell

Ezra Pound

Tschechoslowakei und Ungarn sowie die alliierte Kontrolle der dt. Wirtschaft, wobei Deutschland als wirtschaftl. Einheit behandelt werden sollte; das dt. Auslandsvermögen wurde durch den Alliierten Kontrollrat übernommen, die dt. Kriegs- und Handelsflotte unter den Siegermächten aufgeteilt; vorbehaltl. einer endgültigen friedensvertragl. Regelung wurde Königsberg unter die Verwaltung der Sowjetunion gestellt und die W- und N-Grenze Polens festgelegt (↑Oder-Neiße-Linie); außerdem wurde ein Rat der Außen-Min. vereinbart.

Pottasche, ältere Bez. für Kaliumcarbonat, K_2CO_3.

Pottenstein, Stadt in der Fränk. Schweiz, Bayern, 4900 E. Nahebei die Teufelshöhle (↑Höhlen, Übersicht).

Potter, Paulus, ≈Enkhuizen 20. 11. 1625, □ Amsterdam 17. 1. 1654, niederl. Maler. Stellte in meist kleinformatigen Bildern Weiden mit Vieh in sonniger Beleuchtung dar.

Potteries, The [engl. ðə 'pɔtərɪz], Töpfereigebiet im N der engl. Gft. Stafford.

Pottwale. Spermwal (Länge bis 20 m)

Pottwale (Physeteridae), außer in den Polarmeeren weltweit verbreitete Fam. der Zahnwale; vorwiegend Tintenfischfresser, funktionsfähige Zähne nur im schmalen Unterkiefer. Man unterscheidet drei Arten: *Zwergpottwal,* etwa 3 m lang, Körper schwarz mit hellerer Unterseite; *Kleinpottwal,* 2,7 m lang; *Pottwal* (Spermwal), etwa 11 (♀) bis knapp 20 m (♂) lang, schwärzlich, mit riesigem, fast vierkantigem Kopf; Unterkiefer sehr schmal und lang; taucht bis in 1000 m Tiefe; liefert neben Walrat auch Amber.

Poularde [pu'lardə; lat.-frz.], junges, nicht geschlechtsreifes Masthuhn oder -hähnchen.

Poulenc, Francis [frz. pu'lɛ̃:k], * Paris 7. 1. 1899, † ebd. 30. 1. 1963, frz. Komponist und Pianist. Mgl. der Gruppe der »Six« in Paris; komponierte vorwiegend vokal bestimmte Werke, u. a. Opern, Ballette, Chorwerke, Orchester- und Kammermusik.

Pound, Ezra [engl. paʊnd], * Hailey (Id.) 30. 10. 1885, † Venedig 1. 11. 1972, amerikan. Dichter. Lebte ab 1908 in Europa, 1922–45 in Rapallo; wegen Eintretens für den Faschismus 1945 in amerikan. Haft, dann bis 1958 in einer Nervenklinik; stand literarisch in enger Beziehung zu W. B. Yeats, T. S. Eliot und J. Joyce und war Begründer und zeitweilig führender Vertreter des ↑Imagismus. Sein Hauptwerk ist die 1915–59 entstandene Reihe der »Cantos« (insgesamt 120), ein an der Struktur von Dantes »Göttl. Komödie« orientiertes Epos, das, ebenso wie seine Gedichtsammlungen (u. a. »Masken«, 1909), von nachhaltiger Wirkung auf die zeitgenöss. angloamerikan. Dichtung ist.

Pound [engl. paʊnd; lat.], Einheitenzeichen lb (von »libra«), in Großbrit. und den USA verwendete Masseneinheit: 1 lb = 0,4536 kg.

Pour le mérite [frz. purləme'rit »für das Verdienst«], 1740 von Friedrich II., d. Gr. gestifteter Orden 1810–1918 ausschließlich an Offiziere verliehen. – 1842 stiftete Friedrich Wilhelm IV. von Preußen als Friedensklasse den *Pour le mérite für Wissenschaften und Künste* (1952 wiederbelebt).

Pousseur, Henri [frz. pu'sœ:r], * Malmédy 23. 6. 1929, belg. Komponist. International bekannter Vertreter der seriellen und elektron. Musik.

Poussin, Nicolas [frz. pu'sɛ̃], * Villers-en-Vexin bei Rouen 15. 6. 1594, † Rom 19. 11. 1665, frz. Maler. P. lebte ab 1624 in Rom. An Raffael und Tizian geschult, malte er Themen der antiken Geschichte und Mythologie, religiöse Darstellungen und südl. Landschaften mit mytholog. und bibl. Figuren. P. gilt als Schöpfer der ins Ideale und Erhabene gesteigerten »heroischen Landschaft«. In der durchdachten Ordnung seiner Bildkompositionen fanden Maß und Klarheit der frz. Klassik ihre Vollendung.

Powell [engl. 'paʊəl], **1)** Bud, gen. Earl P., * New York 27. 9. 1924, † ebd. 1. 8. 1966, amerikan. Jazzmusiker (Pianist, Komponist). War Anfang der 1940er Jahre maßgeblich an der Ausprägung des Bebop beteiligt.

Francis Poulenc

2) Cecil Frank, *Tonbridge 5.12.1903, † bei Bellano (Comer See) 9.8.1969, brit. Physiker. Entdeckte 1947 zus. mit G. P. S. Occhialini u. a. auf Kernspurplatten, die der Höhenstrahlung ausgesetzt waren, Spuren der 1935 von H. Yukawa vorausgesagten Pionen und klärte ihren Zerfall auf. Nobelpreis für Physik 1950.

Powerplay ['pauəpleɪ; engl.-amerikan. »Kraftspiel«], im Eishockey gemeinsames, anhaltendes Anstürmen aller Feldspieler auf das gegner. Tor.

Powerslide ['pauəslaɪd; engl., eigtl. »Kraftrutschen«], im Autorennsport die Technik, den Wagen mit hoher Geschwindigkeit seitlich in die Kurve rutschen zu lassen, um ihn geradeaus aus der Kurve fahren zu können.

Požarevac [serbokroat. 'pɔʒarɛvats] (früher dt. Passarowitz), serb. Stadt sö. von Belgrad, 33 000 E. – Im *Frieden von Passarowitz* am 21.7.1718 überließ das Osman. Reich Österreich das Banat, N-Bosnien, N-Serbien mit Belgrad und die Kleine Walachei, Venedig überließ dem Osman. Reich die Peloponnes.

Pozzo, Andrea, *Trient 30.11.1642, † Wien 31.8.1709, italien. Maler. Schuf Fresken, Entwürfe für Altäre, Stuckarbeiten von Sant' Ignazio in Rom (1684–94).

Pozzuoli, italien. Stadt am Golf von Neapel, Kampanien, 71 100 E. Kurort (Thermen); Hafen. Reste des Serapeions (röm. Markthalle), Amphitheater (1. Jh. n. Chr.) mit vollständig erhaltenen unterird. Räumen, roman. Dom (11. Jh.). – 531 oder 529/528 v. Chr. von Samiern gegr.; 194 v. Chr. als *Puteoli* röm. Bürgerkolonie.

pp, Abk. für pianissimo (↑piano).
pp., 1) Abk. für ↑per procura.
2) ↑et cetera.
ppa., Abk. für ↑per procura.
ppm, Abk. für ↑parts per million.
Pr, chem. Symbol für ↑Praseodym.
PR, Abk. für **P**ublic **R**elations (↑Öffentlichkeitsarbeit).
prä..., Prä..., prae..., Prae..., pre..., Pre... [lat.], Vorsilbe mit der Bedeutung »vor, voran, voraus«.
Präambel [lat.], (feierl.) Erklärung als Einleitung (von Urkunden, Verfassungen, Staatsverträgen).
Präbende [lat.], svw. Pfründe (↑Benefizium).

Präbichl ↑Alpenpässe (Übersicht).
Prachtbarsche, Gattung etwa 7–10 cm langer, prächtig bunt gefärbter Buntbarsche in stehenden und fließenden Süßgewässern des trop. W-Afrika, z. T. Warmwasseraquarienfische.
Prachtfinken (Astrilde, Estrildidae), Fam. bis meisengroßer Singvögel in Afrika, Südostasien und Australien, u. a. Amadinen, Zebrafink.

Prachtfinken. Zebrafink

Prachtkäfer (Buprestidae), mit fast 15 000 Arten weltweit verbreitete Fam. 0,3–8 cm langer, meist auffallend metallisch schimmernder Käfer.

Prachtkäfer. Buchenprachtkäfer

Prädestination [lat.], in der *Religionsgeschichte* die Vorherbestimmung des Menschen zur ewigen Seligkeit oder Verdammnis durch Gott. Im Christentum zuerst vertreten von Augustinus, wurde die P. zum primären theolog. Problem in der Reformation unter Berufung auf Röm. 8–11; Luther bestritt, daß das Heil des Menschen von dessen persönl. Willensentscheidung abhängen könne, und hob die unverdiente Gnade des Auserwähltseins hervor. Noch stärker betonte Calvin die Unmöglichkeit, auf sein eigenes Heil oder Unheil einwirken zu können. – Die P. wird unter den nichtchristl. Religionen am konsequentesten vom Islam vertreten (Kismet).

Prädikat [lat.] (Satzaussage), **1)** *Grammatik:* Satzteil (meist ein Verb), der eine Aussage über das Subjekt enthält. Das *Prädikativ* (Prädikativum) kann entweder *Prädikatsnomen* sein (»Petra wird Ärz-

Prädikatenlogik

tin«) oder *Prädikativsatz* (»Nicht immer ist Wahrheit, *was in der Zeitung steht*«).
2) Zensur, Note, Bewertung.
Prädikatenlogik, Bez. für die formale Logik der mit Junktoren und mit Quantoren zusammengesetzten Aussagen. ↑Logik.
Prädikatsnomen ↑Prädikat.
Prädikatswein, svw. Qualitätswein mit Prädikat (Kabinett, Spätlese, Auslese), ohne Zusatz von Süßreserve.
prädisponiert [lat.], vorausbestimmt; empfänglich, anfällig (für Krankheiten).
Prado, span. Nationalmuseum in Madrid, ben. nach dem Park P. de San Jerónimo, in dem der Bau 1785 begonnen wurde; 1819 als königl. Museum eröffnet, seit 1868 Staatsmuseum.
prae..., Prae... ↑prä..., Prä...
Praetorius, Michael [prɛ:...], eigtl. M. Schultheiß, * Creuzburg bei Eisenach 15. 2. 1571 oder 1572, † Wolfenbüttel 15. 2. 1621, dt. Komponist und Musiktheoretiker. Tätig in Braunschweig und Dresden; mit Choralbearbeitungen, Motetten, Psalmvertonungen einer der führenden Vertreter der ev. Kirchenmusik seiner Zeit. Sein »Syntagma musicum« (1615–19) unterrichtet über die damaligen Instrumente, musikal. Formen und die Aufführungspraxis.
Präfation [lat.], in den christl. Liturgien der Eingangsteil des eucharist. Hochgebetes bzw. des Abendmahlgottesdienstes und Hauptgebet zu bed. Weihungen der kath. Kirche.
Präfekt [lat.], **1)** *Antike:* röm. Amtstitel, u. a. der Prätorianer-P. und der Stadt-P. Roms mit polizeil. und gerichtl. Befugnissen. *Präfektur,* übergeordneter röm. Verwaltungsbezirk in der Spätantike.
2) *Staat:* oberster Verwaltungsbeamter eines frz. Dep. und einer italien. Provinz.
Präferenz [lat.-frz.], Vorrang, Vorzug; bestimmte Vorliebe; (gegenseit.) Vorzugsbehandlung (im Außenhandel).
Präfix [lat.] (Vorsilbe), **1)** *Linguistik:* sprachl. Element, das vor ein Wort oder einen Wortstamm gesetzt wird, wodurch ein neues Wort entsteht, z. B. *be*fahren, *Miß*bildung, *un*fruchtbar.
2) *Datenverarbeitung:* Zeichen in *Programmiersprachen,* das Anweisungen vorangestellt wird, um diesen Steuerbefehlen eine vorrangige Abarbeitung (bei Unterbrechung gerade laufender Routinen) zu sichern.

Prag.
Blick über die Moldau auf Karlsbrücke, Hradschin und Sankt-Veits-Dom

Prager Fenstersturz

Prag (tschech. Praha), Hauptstadt der Tschech. Republik und Verwaltungssitz des Mittelböhm. Gebiets, am Zusammenfluß von Moldau und Beraun, 1,21 Mio. E. Zahlr. Hochschulen, u. a. Karls-Univ. (gegr. 1348), Bibliotheken und Museen, Nationalgalerie im Hradschin, zahlr. Theater, u. a. Nationaltheater, Laterna Magica, Schwarzes Theater; jährl. Musikfest (Prager Frühling); Zoo, botan. Garten. Wichtige Handels- und Ind.-Stadt; Hafen, U-Bahn, internat. ⚐.
Stadtbild: In beherrschender Lage der Hradschin (älteste Teile 9. und 10. Jh.). Zum alten Palast gehören der spätgot. Wladislawsaal (1502 vollendet), der Ludwigsbau (1503–10) und der Alte Landtagssaal (1560–63; beide Renaissance). Im Zentrum der Burganlage der got. Sankt-Veits-Dom (1344 begonnen und 1353–85 von P. Parler vollendet). Außerhalb des Burgkomplexes Loretokirche mit Barockfassade, Lustschloß Belvedere (1536–58), Palais Schwarzenberg (1545–63), Černínpalais (1669 ff.). Unterhalb der Burg auf der Kleinseite die barocke Nikolauskirche (ehem. Jesuitenkirche, 1703 ff.). Über die Moldau führt u. a. die Karlsbrücke (1357 ff.) mit got. Brückentürmen. In der Altstadt: got. Bethlehemskirche (1391 ff., wiederhergestellt), Sankt-Nikolaus-Kirche (1732–35); got. Teynkirche (14./15. Jh.), Altstädter Rathaus (1338 ff.), Palais Kinský (1755–65), Palais Clam-Gallas (1713), Karolinum (Sitz der ersten Univ.), der mittelalterl. Pulverturm und Befestigungen. In der Neustadt: Neustädter Rathaus (14.–16. Jh.), got. Kirche Maria Schnee (14. und 17. Jh.); Nationaltheater (1883). Im alten Judenviertel frühgot. Synagoge (1273, sog. Altneuschul) sowie jüd. Friedhof.
Geschichte: P. entwickelte sich zw. den beiden Burgen Vyschehrad und Hradschin. 973 wurde das Bistum P. gegründet. Erste Blütezeit unter Kaiser Karl IV. (1344 Erzbistum P., 1348 Gründung der Univ.). Von P. gingen die Bewegung des J. Hus (ab 1419) und der Böhm. Aufstand (1618) aus. Der *Friede von Prag* zw. Kursachsen und dem Kaiser im Dreißigjährigen Krieg (30. 5. 1635), dem sich viele prot. Reichsstände anschlossen, sah eine begrenzte Festschreibung des konfessionellen Status quo und den Verzicht auf Durchführung des Restitutionsedikts von 1629 vor. 1848 war P. das Zentrum der fehlgeschlagenen nationaltschech. Revolution. Im *Frieden von Prag* am 23. 8. 1866 wurde der Dt. Krieg 1866 beendet. 1918 wurde es Hauptstadt der Tschechoslowakei; von März 1939 bis Mai 1945 von dt. Truppen besetzt. Im Aug. 1968 wurde dem sog. *Prager Frühling* durch den Einmarsch von Truppen des Warschauer Pakts (mit Ausnahme Rumäniens) ein gewaltsames Ende gesetzt. 1969–92 war P. Hauptstadt der Tschech. Republik (innerhalb der tschech. Föderation), seit 1993 ist es Hauptstadt der unabhängigen Tschech. Republik.

Prag
Stadtwappen

Prager Fenstersturz am 23. Mai 1618; Holzschnitt auf einem Flugblatt (1618)

Prägedruck, 1) ↑Drucken (Hochdruck).
2) Verfahren zur Oberflächengestaltung von Geweben durch Hitze und Druck auf dem Präge- oder Gaufrierkalander.
Prägen, Verfahren der Kaltformung, bei dem metall. Werkstoffe unter Druck verformt werden. Beim *Voll-P. (Massiv-P.)* wird die Formung durch einander gegenüberliegende Prägewerkzeuge (Prägestempel) erzielt, die entsprechende Vertiefungen (Negativformen) aufweisen; z. B. beim P. von Münzen. Beim *Hohl-P.* verwendet man Prägestempel und zugehörige Matrizen; dabei entsteht auf der einen Seite ein erhabenes Gepräge, auf der anderen eine entsprechende Vertiefung.
Prager Fenstersturz, Beginn des Böhm. Aufstandes: Am 23. 5. 1618 warfen Teilnehmer eines Protestantentages zwei kaiserl. Statthalter aus Protest ge-

2707

Prager Frühling

gen das Verbot der Versammlung aus dem Hradschin in den Burggraben.
Prager Frühling, Bez. für die 1968 einsetzenden Bemühungen der tschech. KP unter A. Dubček, ein Liberalisierungs- und Demokratisierungsprogramm durchzusetzen (↑Tschechoslowakei, Geschichte).
Prager Kompaktaten ↑Basler Konzil.
Prager Manifest ↑Sozialdemokratie.
präglazial, voreiszeitlich.
Pragmatik [griech.], **1)** *allg.:* Sinn für prakt. Nutzen und Tatsachen.
2) in *Österreich:* Dienstordnung, Sachbezogenheit.
Pragmatische Sanktion, Edikt oder Grundgesetz zur Regelung einer wichtigen Staatsangelegenheit. Bed. v. a. das habsburg. Hausgesetz vom 19. 4. 1713, durch das Kaiser Karl VI. die habsburg. Länder für unteilbar erklärte und die weibl. Erbfolge für den Fall des Aussterbens des habsburg. Mannesstammes vorsah.
Pragmatismus [griech.], eine um 1870 von C. S. Peirce begründete und von W. James bekanntgemachte Lebensphilosophie, die den Menschen primär als handelndes Wesen sieht. Stark orientiert an naturwissenschaftl. Methoden und deren Verbindung mit mathemat. bzw. experimenteller Methodik, beurteilt der P. die Gültigkeit von Ideen und Theorien nach ihrem jeweiligen prakt. Erfolg für den Menschen.
prägnant [lat.-frz.], genau, treffend.
Prägung, in der Verhaltensforschung Bez. für eine sich sehr schnell vollziehende Fixierung eines Lebewesens bzw. einer seiner Erbkoordinationen auf einen Auslöser. Die P. ist an ein bestimmtes verhaltensphysiolog. Entwicklungsstadium *(sensible Phase)* gebunden; das dabei Gelernte kann nicht vergessen werden; auch ein Umlernen ist nicht möglich. Bekanntes Beispiel ist die *Nachfolge-P.* bei Gänsen: Die frischgeschlüpften Küken laufen dem ersten bewegten Gegenstand, der Töne von sich gibt, nach.
prähistorisch, svw. vorgeschichtlich.
Prahm [slaw.-niederdt.], flacher, offener, breitbordiger Lastkahn ohne eigenen Antrieb.
Praia [portugies. ˈpraiɐ], Hauptstadt von Kap Verde, an der SO-Küste der Insel São Tiago, 37 700 E.

Präjudiz [lat.], obergerichtl. [Vor]entscheidung einer Rechtsfrage, die sich in einem anderen Rechtsstreit erneut stellt; bed. v. a. im angloamerikan. Rechtskreis.
Präkambrium, svw. Erdfrühzeit. ↑Geologie (Übersicht Erdzeitalter).
Präklusion [lat.], Ausschluß von Rechtshandlungen oder Rechten, wenn sie innerhalb der gesetzl. Frist nicht vor- oder wahrgenommen werden.
präkolumbische Kulturen ↑altamerikanische Kulturen.
Prakrit, Sammel-Bez. für die ind. Dialekte der mittleren Epoche, die um 500 v. Chr. das ved. Sanskrit ablösten und ihrerseits etwa seit dem 2. Jh. n. Chr. u. a. vom wiedererstandenen klass. Sanskrit als Literatursprache abgelöst wurden. Zw. dem P. und den neuindoar. Sprachen steht das sog. Apabhramsha. ↑indische Sprachen.
Praktik [griech.], Ausübung einer Tätigkeit, Handhabung, (nicht korrekte) Methode.
Praktikum [griech.-mittellat.], vor oder während der theoret. Ausbildung abzuleistende prakt. Tätigkeit. Praktika sind üblich beim Medizinstudium sowie während des Studiums an techn. Hochschulen und Univ., Fachhochschulen u. ä., in der Lehrerbildung (Schul- oder Sozial-P.) und als sog. Schüler-P. (Berufs-P., Betriebs-P.), im 9. Hauptschuljahr.
praktische Philosophie, seit Aristoteles die philosoph. Disziplin, die im Unterschied zur theoret. Philosophie nicht Erkennen und Sein, sondern die menschl. Praxis, das Handeln, untersucht.
praktische Theologie, Teilbereich der Theologie, dessen Gegenstand das kirchl. Handeln in seiner Gesamtheit ist. Ziel der p. T. ist die Umsetzung theolog. Erkenntnisse in die Praxis der christl. Gemeinde.
Prälat [mittellat.], im *kath.* Kirchenrecht i. e. S. Inhaber von ordentl. Jurisdiktion für den äußeren Bereich (z. B. Diözesanbischof und die anderen Ordinarien); daneben meist Ehrentitel. – In einigen *ev.* Landeskirchen geistl. Mgl. des hauptkirchl. Verwaltungsorgans.
Prälatenhut, Standeszeichen geistl. Würdenträger; als herald. Rangzeichen über dem Wappenschild angebracht.

Präliminarfrieden, (Vorfrieden), im *Völkerrecht* bei Einstellung der Kampfhandlungen vorläufige Vereinbarungen, die die wesentl. Bedingungen des endgültigen Friedensvertrags bereits enthalten.

Präludium [lat. »Vorspiel«] (Praeludium), instrumentales, improvisator. Einleitungsstück als Vorbereitung auf andere Instrumental- (Fuge, Suite) oder Vokalkompositionen (Lied, Motette, Madrigal, Oper); im Gottesdienst bes. als *Choralvorspiel*; J. S. Bach verband als erster das freie P. mit der streng gebauten Fuge; im Rückgriff auf J. S. Bach seit dem 19. Jh. auch selbständige Instrumentalkomposition (F. Chopin, F. Liszt, C. Debussy).

Prämie [lat.], zusätzl. Vergütung für eine bestimmte Leistung; vertraglich vereinbartes Entgelt (Beiträge) des Versicherungsnehmers für die Gewährung von Versicherungsschutz durch ein Versicherungsunternehmen.

Prämienlohnsysteme, Verfahren zur Ermittlung der Höhe eines Leistungslohns, bei denen entweder für das Überschreiten einer für eine bestimmte Zeiteinheit festgelegten Norm eine feste Prämie oder für das Unterschreiten der Vorgabezeit ein mit dem Umfang der Zeitersparnis steigender Zuschlag gezahlt wird.

Prämisse [lat.], *allg.:* Voraussetzung, Annahme; in der *Logik* eine als wahr vorausgesetzte Aussage, aus der durch einen Schluß eine weitere Aussage (die Konklusion) gewonnen wird.

Prämonstratenser (offiziell lat. Candidus et Canonicus Ordo **Praem**onstratensis, Abk. OPraem), kath. Orden, zu den Regularkanonikern zählend, 1120 von Norbert von Xanten in Prémontré bei Laon gegründet: gemeinsames Leben, Armut und Verbindung von zurückgezogener Beschaulichkeit mit Wanderapostolat.

Prana [Sanskrit »Atem«], ind. Bez. für den Atem als Lebenskraft; in den »Upanishaden« Gegenstand philos. Spekulationen.

pränatal, in der Medizin: der Geburt vorausgehend (auf das Kind bezogen).

Prandtauer, Jakob, ≈ Stanz bei Landeck 16. 7. 1660, † Sankt Pölten 16. 9. 1726, österr. Baumeister. Sein Hauptwerk ist das barocke Benediktinerstift Melk (1702–36 erbaut).

Prandtl, Ludwig [...təl], * Freising 4. 2. 1875, † Göttingen 15. 8. 1953, dt. Physiker. P. gilt als Begründer der modernen Strömungslehre; baute 1908 den ersten Windkanal in Deutschland.

Prandtl-Rohr (Prandtlsches Staurohr) [...təl...; nach L. Prandtl], schlanke, zylindr. Strömungssonde zur Messung des Staudrucks; Geschwindigkeitsmesser für Flugzeuge und Schiffe.

Pranger, vom MA bis ins 19. Jh. öffentl. Ort, an dem der Verurteilte (mit einem Halseisen) am Schandpfahl der Demütigung ausgesetzt wurde.

Präparate [lat.], **1)** *Pharmazie und Chemie:* nach bestimmten Verfahren hergestellte Substanzen von definierter Zusammensetzung.

2) *Biologie und Medizin:* aus Lebewesen hergestellte Demonstrationsobjekte für Forschung und Lehre. Sie werden als *Frisch-P.* in frisch präpariertem, lebendem Zustand zur Untersuchung physiolog. Vorgänge und zur Beobachtung natürl. Strukturen verwendet. Vorbehandelte P. mit fixierten, eingebetteten, geschnittenen und gefärbten Objekten sind *Dauerpräparate*.

Präparieren, das Anfertigen anatom. Präparate für Lehrzwecke durch Zerlegen des toten menschl., tier. oder pflanzl. Körpers mit anschließendem Haltbarmachen (Konservieren) der Teile bzw. Organe.

Präposition [lat.] (Verhältniswort), unflektierbare Wortart, die als Bindeglied zur Herstellung der syntakt. Beziehungen der Wörter zueinander dient und dabei das räuml., zeitl. oder log. Verhältnis der einzelnen Glieder zueinander bezeichnet; die P. bestimmen den Kasus (sog. *Präpositionalkasus*) des abhängigen Substantivs, z. B. »*während* der Arbeitszeit«, »*mit* dem Auto«, »*wegen* des Geburtstags«.

Präraffaeliten [...fa-e...], engl. Künstlergruppe, die sich 1848 in Kritik am Akademiebetrieb mit dem Ziel zusammenschloß, die Kunst (in wechselseitiger Beziehung von Malerei und Literatur) in der Tradition der italien. Malerei vor Raffael zu erneuern; zum engeren Kreis gehörten u. a. D. G. Rossetti, W. H. Hunt, J. E. Millais, literar. Wortführer war J. Ruskin; ihnen nahe standen u. a. E. C. Burne-Jones, W. Morris, die Lyrikerin Christina Georgina Ros-

Ludwig Prandtl

Prärie

Präriehunde.
Schwarzschwanz-
Präriehund

setti (*1830, †1894; Schwester von D. G. Rossetti) und A. C. Swinburne.
Prärie [lat.-frz.], das natürl. Grasland in N-Amerika zw. der Laubwaldzone des Zentralen Tieflandes im O und SO, den Dornstrauchsavannen im SW, den Rocky Mountains im W und dem Nadelwald im N.
Präriehuhn ↑Rauhfußhühner.
Präriehunde, Gatt. der Erdhörnchen mit zwei Arten, v. a. in den Prärien des westl. N-Amerika; Körperlänge knapp 30–35 cm, fahlbraun; leben in großen Kolonien; Winterschläfer.
Präriewolf (Kojote, Coyote, Heulwolf), in Prärien und Wäldern N- und M-Amerikas weit verbreitetes Raubtier (Fam. Hundeartige); Körperlänge etwa 80–95 cm; Schwanz 30–40 cm lang; der höhlenbewohnende, überwiegend nachtaktive P. gibt kurze, hohe Heultöne von sich; ernährt sich überwiegend von Kleintieren.
Prärogative [lat.], im *Staatsrecht* die dem Monarchen zustehenden Vorrechte: in der konstitutionellen Monarchie z. B. Ernennung und Entlassung der Min., Einberufung und Auflösung der Kammern, Begnadigungen.

Präriewolf (Körperlänge bis 95 cm)

Prasem [griech.], lauchgrüner Quarz.
Präsens [lat. »gegenwärtig«] (Gegenwart), Zeitform des Verbs, die ein gegenwärtig ablaufendes Geschehen ohne Rücksicht auf Beginn und Ende ausdrückt; Gegenwart.
Präsentieren [lat.-frz.], militär. Ehrenbezeugung; das Gewehr wird senkrecht oder schräg vor dem Körper gehalten *(Präsentiergriff).*

Präsenz [lat.], Anwesenheit, bewußt wahrgenommene Gegenwärtigkeit.
Praseodym [griech.], chem. Element, Symbol Pr, aus der Reihe der Lanthanoide des Periodensystems; Ordnungszahl 59; relative Atommasse 140,908; Schmelztemperatur 931 °C; Siedetemperatur 3512 °C. Natürl. Vorkommen nur in Form seiner drei-, seltener vierwertigen Verbindungen; techn. Verwendung als Glas-, Keramik- und Emailfarbe.
Präservativ [lat.], svw. Kondom. ↑Empfängnisverhütung.
Präses [lat.], kirchlicher Würdenträger, oft Leiter eines Vereins. – In einigen evangelischen Landeskirchen der leitende Amtsträger.
Präsident [lat.-frz.], allg. Vorsitzender; Leiter von Parteien, Verbänden, Verwaltungsbehörden, Gerichten, parlamentar. Gremien u. a.; auch Titel des Staatsoberhaupts einer Republik.
Präsidialsystem (präsidentielles Regierungssystem), Erscheinungsform der repräsentativen Demokratie, bei der im Ggs. zum parlamentar. System (↑Parlamentarismus) die Spitze der Exekutive (Präsident) nicht vom Parlament bestimmt wird und von dessen Vertrauen unabhängig ist. Der Präs., der i. d. R. vom Volk direkt gewählt wird, fungiert gleichzeitig als Staatsoberhaupt und Regierungschef; er kann vom Parlament nicht abgewählt werden, ebenso ist er aber selbst nicht befugt, das Parlament aufzulösen. Dem Präs. steht keine Gesetzesinitiative zu, sondern nur ein suspensives Veto gegenüber Gesetzesvorlagen des Parlaments. Das Kabinett hat keine verfassungsrechtl. Kompetenzen; seine Mgl. sind allein dem Präs. gegenüber verantwortlich. Kein Mgl. der Exekutive darf zugleich der Legislative angehören. – Bes. ausgeprägt findet sich das P. in den USA.
Präsidium [lat.], leitendes Gremium einer Versammlung o. ä.; auch das Amtsgebäude eines Präsidenten. – Im *Rechtswesen* das bei allen Gerichten bestehende, aus dem Präsidenten des Gerichts und gewählten Richtern bestehende weisungsfreie Selbstverwaltungsorgan.
Präskription [lat.], 1) Vorschrift, Verordnung.
2) (juristisch) Verjährung.

prästabilierte Harmonie, von Leibniz geprägter philosoph. Begriff, der das Verhältnis von Leib und Seele bezeichnet. In dem sog. *Uhrengleichnis* vergleicht Leibniz dieses Verhältnis mit dem zweier perfekt konstruierter Uhren, die, mechanisch, vollständig unabhängig voneinander, auf das genaueste synchron laufen und auch keiner Korrektur bedürfen: die harmon. Übereinstimmung ist durch eine große Kunst (Gottes) vorherbestimmt (prästabiliert) worden.

Präsumption [lat.] (Präsumtion), Voraussetzung, Vermutung, Annahme.

Prätendent [lat.-frz.], jemand, der etwas beansprucht; v. a. Haupt einer ehemals herrschenden Dynastie, das Ansprüche auf einen Thron geltend macht.

Prater, Donauaue im II. Bezirk der Stadt Wien. Weitläufige Parkanlage; am W-Rand der Vergnügungspark *Wurstlprater.*

präter..., Präter... [lat.], Vorsilbe mit der Bedeutung »vorüber«.

Präteritum [lat.], Zeitform des Verbs, das, im Unterschied zum Perfekt, ein Geschehen oder Sein ohne Bezug zur Gegenwart als vergangen darstellt; Imperfekt.

Pratolini, Vasco, * Florenz 19. 10. 1913, † Rom 12. 1. 1991, italien. Schriftsteller. Zunächst Vertreter des †Neorealismus (»Chronik armer Liebesleute«, R., 1947); entwickelte in seiner Romantrilogie »Una storia italiana« (»Metello, der Maurer«, 1955; »Lo scialo«, 1960; »Allegoria e derisione«, 1966) einen sein weiteres Werk charakterisierenden lyr. Realismus; seit den 1970er Jahren v. a. Lyrik; auch Drehbuchautor für R. Rosselini und L. Visconti.

Prätor [lat.], im frühen Rom der Oberbefehlshaber des Königs, ein Amt, aus dem in der Zeit der Republik der Diktator hervorging. Seit 366 bzw. 362 v. Chr. waren die P. für die Rechtsprechung zuständig; seit 241 v. Chr. gab es zwei P.; seit 228/227 waren P. auch Provinzialstatthalter.

Prätorianergarde, die von Augustus zum eigenen Schutz aufgestellte Truppe aus neun (seit Trajan zehn) Kohorten (Infanterie und Kavallerie); wichtiger polit. Faktor (z. B. bei der Ausrufung der Kaiser); 312 aufgelöst. Die P. unterstand dem *Prätorianerpräfekten.*

Prättigau, Talschaft im schweizer. Kt. Graubünden, größte Gem. ist Klosters.

Praunheim, Rosa von, eigtl. Holger Mischwitzky, * Riga 25. 11. 1942, dt. Filmregisseur. Dreht Filme, die sich phantasievoll für diskriminierte Minderheiten engagieren, u. a. »Nicht der Homosexuelle ist pervers, sondern die Situation, in der er lebt« (1971), »Aidstrilogie« (»Schweigen = Tod«, 1989; »Positiv«, 1990; »Feuer unterm Arsch«, 1990).

Rosa von Praunheim

Prävention [lat.], in der *Medizin* vorbeugende Maßnahmen zur Verhütung oder Früherkennung von Krankheiten durch Ausschaltung schädl. Faktoren *(primäre P.)* oder durch die möglichst frühzeitige Behandlung einer Erkrankung *(sekundäre Prävention).*

Präventivkrieg, ein Krieg, der dem bevorstehenden oder vermuteten Angriff eines Gegners oder einer Verschiebung der Machtverhältnisse zuungunsten des eigenen Staates zuvorkommen soll.

Präventivmedizin, ärztl. und gesundheitspolit. Maßnahmen zur Früherkennung von chron. Krankheiten oder bösartigen Tumoren, zur Verhütung einer drohenden Erkrankung sowie zur Verhütung der Verschlimmerung einer bestehenden Erkrankung.

Prawda, russ. Tageszeitung, gegr. 1912 in Petersburg von Stalin, seit 1918 hg. in Moskau; bis 1991 Organ des ZK der KPdSU.

Praxis [griech.], 1) unmittelbare Anwendung von Gedanken, Theorien o. ä. in der Wirklichkeit; Erfahrung (im Gegensatz zur Theorie).
2) berufl. Tätigkeit, Berufserfahrung.
3) Handhabung, Verfahrensart.
4) Tätigkeitsbereich sowie Räumlichkeiten zur Ausübung des Berufs, z. B. eines niedergelassenen Arztes oder eines Rechtsanwalts.

Praxiteles, att. Bildhauer des 4. Jh. v. Chr. Tätig um 370–320; neben Lysipp Vollender der Spätklassik; Musenreliefs (um 325; Athen, Archäolog. Museum), Hermes mit Dionysosknaben (um 325; Olympia); als röm. Kopien erhalten: Satyr (370/360; Dresden, Staatl. Kunstsammlungen), Artemis Brauronia (Artemis von Gabii, 345/340; Paris, Louvre), Apollon Sauroktonos (»Eidechsentöter«; um 340; Vatikan. Sammlungen), Aphrodite von Knidos (um 330; ebd.).

Praxiteles. Aphrodite von Knidos; römische Kopie (um 330 v. Chr.; Vatikanische Sammlungen)

2711

Präzedenzfall

Präzedenzfall [lat./dt.], im *Recht* ein Fall, dessen Beurteilung oder Entscheidung für einen zukünftigen gleichartigen Fall richtungweisend ist.

Präzeptor [lat.], im MA Hauslehrer, Hofmeister; im 19. Jh. Lehrer an höheren Schulen.

Präzession [lat.], eine Form der Kreiselbewegung, bei der die Figurenachse des Kreisels eine durch äußere Kräfte aufgezwungene Drehbewegung ausführt; i. e. S. Bewegung der Erdachse in etwa 25 800 Jahren *(platon. Jahr)* um den Pol der Ekliptik, die durch die Gravitationskräfte des Mondes und der Sonne *(Lunisolar-P.)* und in geringerem Maße durch die Wirkung der Planeten *(Planeten-P.)* erzwungen wird. ↑Nutation.

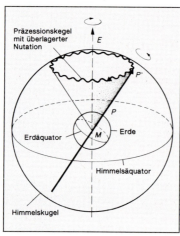

Präzession (mit überlagerter Nutation) der Erdachse P um die Achse E der Ekliptik (M Mittelpunkt, P Pol der Erde)

präzisieren [lat.-frz.], bis ins Einzelne gehend, exakt, genauer beschreiben; knapp zusammenfassen.

pre..., Pre... ↑prä..., Prä...

Predella [italien.], Unterbau eines Flügelaltars, mit Malerei oder Bildschnitzerei; diente z. T. als Reliquienbehälter.

Prediger (Kohelet, in der Septuaginta Ecclesiastes), Abk. Pred., Buch des AT, das auf einen unbekannten Weisheitslehrer zurückgeht (nach 250 v. Chr.).

Predigerorden, svw. ↑Dominikaner.

Predigerseminare, Ausbildungsstätten der ev. Kirchen für Theologen zur Vorbereitung auf den Dienst in der Gemeinde.

Predigt [lat.], in den christl. Kirchen die – überwiegend – an Bibeltexte gebundene Form der Verkündigung *(Homilie),* bes. die im Gottesdienst stattfindende Kanzelrede.

Predil ↑Alpenpässe (Übersicht).

Předmostí [tschech. 'prʃɛdmɔstji:] (Předmost, Pschedmost), paläolithische Freilandstation bei Přerov, Tschech. Rep.; u. a. Skelettreste von über 1 000 Mammuten; Grabgrube mit 20 Hockerskeletten.

Pregel, Fluß in Ostpreußen, Rußland, entsteht unmittelbar westlich von Insterburg aus dem Zusammenfluß von Angerapp und Inster, mündet westlich von Königsberg ins Frische Haff, 128 km lang.

Preis [lat.-frz.], 1) *allg.:* Betrag, der beim Kauf einer Ware bezahlt werden muß; Geldwert.
2) Auszeichnung (z. B. bei einem Wettbewerb).

Preisbindung der zweiten Hand, Vertragssystem, bei dem sich der Abnehmer gegenüber dem Hersteller verpflichtet, beim Weiterverkauf einer Ware den vom Hersteller festgesetzten Preis *(gebundener Preis)* einzuhalten und die weiteren Abnehmer ebenfalls zur Einhaltung bestimmter Preise zu verpflichten. Seit dem 1. 1. 1974 ist die Preisbindung nur noch für Verlagserzeugnisse zulässig. *Unverbindl. Preisempfehlungen* sind weiterhin gestattet.

Preis der Nationen (Nationenpreis), Mannschaftswettbewerb im Springreiten für Nationalmannschaften.

Preiselbeere (Grantl, Kronsbeere, Riffelbeere), Art der Gatt. Heidelbeere auf sauren Böden im nördl. Europa, in Sibirien und Japan sowie im arkt. N-Amerika; winterharter, immergrüner, kriechender, bis 10 cm hoher Strauch, Früchte erbsengroß, rot, eßbar.

Preisgleitklausel, vertragl. Vereinbarung, bei der die Fixierung des endgültig zu zahlenden Preises von der Preisentwicklung bestimmter Kostenelemente (z. B. Lohn) abhängig gemacht wird.

Preisindex, von der *amtl. Statistik* erstellte Indexzahlen zur Kennzeichnung

Preiselbeere
(Höhe bis 15 cm)

der Preisentwicklung in verschiedenen Marktbereichen (z. B. *P. der Lebenshaltung*).

Preistheorie, Teilgebiet der Wirtschaftstheorie, das die Analyse der Preisbildung bei verschiedenen ↑Marktformen zum Inhalt hat.

Preisüberhöhung (Preistreiberei), das Fordern, Annehmen oder Vereinbaren von unangemessen hohen Entgelten für Gegenstände oder Leistungen des lebenswichtigen Bedarfs.

prekär [lat.-frz.], äußerst schwierig.

Prellball, *Sport:* Rückschlagspiel zweier Mannschaften mit meist zu je vier Spielern, bei dem es gilt, einen Hohlball so über eine 35–40 cm hohe Leine in die gegner. Spielhälfte zu prellen (d. h. der Ball darf in der eigenen Spielhälfte den Boden nur einmal berühren), daß der Gegner den Ball nicht zurückschlagen kann.

Prellbock, am Ende eines Gleises angebrachter Gleisabschluß.

Prellung, durch heftigen Stoß, Schlag hervorgerufene Verletzung mit Bluterguß.

Prelog, Vladimir, *Sarajevo 23. 7. 1906, schweizer. Chemiker jugoslaw. Herkunft. Arbeiten v. a. über die Stereochemie organ. Verbindungen; entdeckte die sog. transanularen Reaktionen. Gemeinsam mit R. S. Cahn und C. K. Ingold entwickelte er eine stereochem. Nomenklatur. Für seine stereochem. Arbeiten erhielt P. 1975 den Nobelpreis für Chemie.

Prélude [frz. pre'lyd], frz. Bez. für ↑Präludium; in der Musik seit dem 19. Jh. (F. Chopin, C. Debussy, S. W. Rachmaninow) eine der ↑Fantasie vergleichbare Komposition.

Premiere, private, durch Gebühreneinnahmen finanzierte dt. Fernsehanstalt mit Sitz in Hamburg; Sendebeginn 1991.

Premiere [frz.], **1)** Uraufführung. **2)** erste Aufführung einer Neuinszenierung.

Premierminister [prəm'je...], erster Minister, Regierungschef (z. B. in Großbrit.).

Preminger, Otto, *Wien 5. 12. 1906, † New York 23. 4. 1986, amerikan. Regisseur und Filmproduzent österr. Herkunft. Emigrierte 1935 in die USA; drehte u. a. »Carmen Jones« (1954), »Bonjour Tristesse« (1957), »Porgy and Bess« (1959), »Exodus« (1960).

Prenzlau, Kreisstadt am N-Ufer des Unterueckersees, Brandenburg, 23 100 E. Got. Marienkirche (14. Jh.); Reste der mittelalterl. Stadtmauer mit Mauertürmen und acht Tortürmen.

Prés, Josquin des [frz. de'pre] ↑Josquin Desprez.

Presbyter [griech.], in der *Urkirche* Gemeinde- und Kultvorsteher. In der *kath. Kirche* Bez. für Priester. In einigen *dt. ev. Landeskirchen* Bez. für die Mgl. des Gemeindekirchenrates.

Presbyterialverfassung [griech./dt.], ref. Kirchenordnung, die die Verwaltung dem presbyterialen Kollegialorgan der Gemeinde übertrug.

Presbyterianer, i. w. S. Anhänger aller ref. Konfessionen, deren Organisation auf der Presbyterialverfassung beruht und nur ein Amt, das des demokrat. gewählten Laienpresbyters, vorsieht. Damit unterscheidet sich der *Presbyterianismus* vom Kongregationalismus und vom episkopalist. und anglikan. Typ der Kirchenverfassung. I. e. S. bilden die P. jene ref. kirchl. Gemeinschaften, die, von Schottland ausgehend, die kalvinist. Kirchenverfassung verwirklichten. 1647 wurde in England die *Westminster Confession* auf der Westminstersynode als dogmat. Grundlage für alle presbyterian. Gruppierungen geschaffen. Durch Einwanderung v. a. in brit. Herrschaftsgebiete und Missionsarbeit entstanden auf der ganzen Welt presbyterian. Gemeinschaften, die seit 1875 im Ref. Weltbund (↑reformierte Kirche) zusammengeschlossen sind.

Presbyterium [griech.], **1)** *ev. Kirche:* ↑Gemeindekirchenrat. **2)** *kath. Kirche:* die Gesamtheit der Priester einer Diözese. **3)** *Baukunst:* (Sanctuarium) in *kath. Kirchen* der Altarraum.

Prešeren, France [slowen. prɛ'ʃɛrən], *Vrba bei Bled 3. 12. 1800, † Kranj 8. 2. 1849, slowen. Dichter. Bed. Lyriker und Begründer der modernen slowen. Literatursprache; schrieb außer Liebes- und Naturlyrik das histor. Epos »Die Taufe an der Savica« (1836).

Presley, Elvis [engl. 'preslɪ], *Tupelo (Miss.) 8. 1. 1935, † Memphis (Tenn.) 16. 8. 1977, amerikan. Sänger und Gitarrist. Stilprägender Interpret des Rock

Vladimir Prelog

Elvis Presley

Preßburg

Preßburg.
Rechts die Domkirche Sankt Martin (1302–1452, später erweitert), links auf einem Hügel die Burg

Preßburg
Stadtwappen

'n' Roll (»Heartbreak hotel«, »Love me tender«, »In the ghetto«), mit dem die Entwicklung der Rockmusik begann; auch Filmschauspieler.

Preßburg (slowak. Bratislava), Hauptstadt der Slowak. Republik und Verwaltungssitz des Westslowak. Gebiets, 441 000 E. Univ., Slowak. Nationalmuseum, Nationaltheater; Philharmonie; Zoo. Petrochem. Ind., Maschinenbau; Flußhafen, ✈. Bis ins MA zurückreichendes Burgschloß (Hrad), got. Sankt Martinsdom (14./15. Jh.; 1563–1830 Krönungskirche der ungar. Könige), Michaelertor (14. Jh.), Altes Rathaus (14. und 15./16. Jh.); zahlr. Kirchen und Paläste aus Barock und Rokoko. – 1526–1784 Haupt- und Krönungsstadt des habsburg. Ungarn; 1825–48 Tagungsort des ungar. Landtages; kam 1919 an die Tschechoslowakei; 1939–45 Hauptstadt der selbständigen Slowakei, 1969–92 der Slowak. Republik (innerhalb der tschechoslowak. Föderation), seit 1993 der Unabhängigen Slowak. Republik. – Der frz.-österr. *Friede von Preßburg* vom 26. 12. 1805 beendete den 3. Koalitionskrieg (Gründung des 2. Rheinbunds, Auflösung des Hl. Röm. Reiches, umfangreiche österr. Gebietsabtretungen).

Presse, 1) *Publizistik:* i. w. S. alle Produkte der Drucker-P., die in Schrift und/oder Bild Mitteilungen an ein Publikum machen: Flugblatt, Flugschrift, Plakat, Buch, Zeitung, Zeitschrift. Das Zeitalter der P. begann für den europ. Kulturkreis mit der Erfindung des Buchdrucks mit bewegl. Metallettern durch J. Gutenberg in Mainz um 1450. Durch weitere Vervollkommnungen und Erfindungen bis ins 20.Jh. (Illustration, Mehrfarbendruck) wurde die P. zum universalen publizist. Mittel. I. e. S. ist P. Bez. für die Periodika Zeitung und Zeitschrift.
2) *Technik:* Werkzeugmaschine zur spanlosen Umformung von Werkstoffen. P. erzeugen die Druckkräfte durch Hebel, Spindel, Exzenter oder mechan. Getriebe *(mechan. P.)* oder auf hydraul. Wege durch Druckflüssigkeiten *(hydraul. P.).* Bei den mechan. P. unterscheidet man nach der Art des Stößelantriebs *Spindel-, Exzenter-, Kurbel-, Handhebel-* sowie *Kniehebelpresse.*
3) (Druck-P.) veraltete Bez. für eine meist nach dem Tiegelprinzip arbeitende Druckmaschine.

Presseagentur, andere Bez. für Nachrichtenagentur.

Pressedienste, von amtl. oder privaten Stellen und von Nachrichtenagenturen herausgegebene »Informationsdienste«, »Nachrichtendienste«, »Korrespondenzen« u. ä. insbes. für die Massenmedien.

Pressefreiheit, durch Artikel 5 GG gesichertes Grundrecht, das die freie Meinungsäußerung durch Presse, Rundfunk und Film sowie das Pressewesen selbst und bes. die Informationsbeschaffung schützt. Die – im GG selbst nicht definierte – P. umfaßt nach Auslegung durch die Rechtsprechung die *Freiheit* *der Berichterstattung,* das Recht auf das Äußern und Verbreiten von Nachrichten *(aktive P.),* das *Verbreitungsrecht,* durch das der Weg von Presseerzeugnissen vom Verlag bis zum Empfänger geschützt wird, und das *Informationsrecht,* nach dem der Presse nicht nur die Nutzung allg. zugängl. Quellen, sondern auch ein Anspruch auf Auskunfterteilung durch die Behörden zusteht. – Ihre *Schranken* findet die P. »in den Vorschriften der allg. Gesetze, den gesetzl. Bestimmungen zum Schutze der Jugend und in dem Recht der persönl. Ehre«. Mit dem Schutz der P. wird auch der in Presseverlagen geltende Tendenzschutz (↑Tendenzbetrieb) begründet. Strittig ist, ob Artikel 5 GG auch das Weisungsrecht von Besitzern oder Herausgebern gegenüber Redakteuren einschränkt.

Pressegeheimnis (Redaktionsgeheimnis), das Zeugnisverweigerungsrecht der Personen, die bei der Vorbereitung, Herstellung oder Verbreitung von period. Druckwerken oder Rundfunksendungen berufsmäßig mitwirken, über die Person des Verfassers, Einsenders oder Gewährsmanns von Beiträgen und Unterlagen sowie über die ihnen im Hinblick auf ihre Tätigkeiten gemachten Mitteilungen, soweit es sich um Beiträge, Mitteilungen und Unterlagen für den redaktionellen Teil handelt.

Presserecht, das die Verhältnisse der Presse regelnde Sonderrecht. Dabei umfaßt der Begriff »Presse« alle mittels eines zur Massenherstellung geeigneten Vervielfältigungsverfahrens hergestellten und zur Verbreitung bestimmten Schriften sowie besprochene Tonträger, bildl. Darstellungen und schließlich Musikalien mit Text oder Erläuterungen. Im Mittelpunkt des geltenden P. steht das Grundrecht der Pressefreiheit. Eine *Beschlagnahme* als bes. massiver Eingriff in das Grundrecht der Pressefreiheit steht nur dem Richter zu. Gesetzlich bes. geregelt ist das erweiterte *Zeugnisverweigerungsrecht* für Presseangehörige, dem zufolge die Presseangehörigen über die Person des Verfassers, Einsenders oder Gewährsmannes von Beiträgen für den redaktionellen Teil das Zeugnis verweigern dürfen.

Pressestelle (Presseamt, Informationsstelle), Einrichtung in Organisationen (Behörden, Firmen, Parteien, Verbände u. a.) zur Verarbeitung aller Meldungen in den Massenmedien über die Organisation und ihre Aufgaben und zur Unterrichtung der Massenmedien über alle wichtigen Vorgänge innerhalb der Organisation, z. B. auf *Pressekonferenzen* als organisierten Informationsveranstaltungen.

Presse- und Informationsamt der Bundesregierung ↑Bundesämter (Übersicht).

Preßglas, durch Einpressen flüssiger Glasschmelzmasse in Stahlformen hergestellte Glaserzeugnisse.

Preßguß, svw. Druckguß (↑Gießverfahren).

Preßharze ↑Preßmassen.

Preßholz, Sammel-Bez. für alle durch Druckeinwirkung bei erhöhten Temperaturen verdichteten Hölzer. Man unterscheidet u. a. Preßvollholz, Preßlagenholz und Kunstharz-P. (mit bis zu 50% Kunstharz).

Pression [lat.], Druck, Zwang, Nötigung.

Preßluft, svw. ↑Druckluft.

Preßmassen, füllstoffhaltige Kunststoffmassen, die sich durch Pressen zu Formteilen verarbeiten lassen; bestehen v. a. aus sog. *Preßharzen* (z. B. Polyester- und Epoxidharzen), Füllstoffen (u. a. Gesteins-, Holzmehl, Glasfasern).

Pressure-groups [engl. 'preʃə 'gru:ps, eigtl. »Druckgruppen«] ↑Interessenverbände.

Preßwehen (Austreibungswehen) ↑Geburt.

Prestige [prɛs'tiːʒə; frz.], Ansehen (Wertschätzung oder Geltung) aufgrund von Leistung, Rang bzw. sozialer Position oder Kompetenz.

presto [italien. »schnell«], musikal. Tempo-Bez. für ein schnelles Zeitmaß; **prestissimo,** äußerst schnell. **Presto** bezeichnet einen in diesem Zeitmaß zu spielenden musikal. Satz.

Preston [engl. 'prɛstən], Ind.- und Hafenstadt in NW-England, 143 700 E. Verwaltungssitz der Gft. Lancashire.

Pretiosen [...'ʦjo...; lat.] (Preziosen), Kostbarkeiten; Schmuck.

Pretoria, Regierungssitz der Rep. Südafrika, 443 000 E. Zwei Univ., Münze; Staatsarchiv; Museen, in Silverton kulturhistor. Freilichtmuseum; Zoo. Bed. Ind.-Standort (Eisen-, Stahl-, Kraftfahrzeug-Ind.); internat. ✈. – 1855

2715

Pretoria-Witwatersrand-Vereeniging

Pretoria. Die Union Buildings (1910–13), der Sitz der Regierung von Südafrika

Pretoria
Stadtwappen

gegr., benannt nach Andries Pretorius (*1798, †1853), einem der Anführer des Großen Trecks; ab 1860 Hauptstadt der ehem. Prov. Transvaal; ab 1910 Regierungssitz der Südafrikan. Union.
Pretoria-Witwatersrand-Vereeniging, Abk. **PWV,** April bis Dez. 1994 Name der südafrikan. Provinz ↑Gauteng.
Preuß, Hugo, *Berlin 28. 10. 1860, †ebd. 9. 10. 1925, dt. Politiker und Jurist. 1918 Mitbegründer der DDP; erarbeitete als Staatssekretär des Innern bzw. Reichsinnen-Min. (Nov. 1918 bis Juni 1919) die Grundlage für die Weimarer Reichsverfassung.
Preussag AG, Konzern mit den Geschäftsfeldern Metallerzeugung, Maschinenbau, Verkehr, Energie und Umwelt- und Informationstechnik, Sitz Berlin und Hannover; gegr. 1923 vom preuß. Staat als Preuß. Bergwerks- und Hütten-AG zur Übernahme der staatseigenen Ind.-Beteiligungen; seit 1959 privatisiert.
Preußen, im 10. Jh. erstmals als *Pruzzen* erwähnte Stämme, die zu den balt. Völkern gehörten (v. a. freie Bauern) und zw. Litauen sowie Weichsel und Nogat siedelten.
Preußen, 1) Hzgt. der Hohenzollern, entstanden durch die im Krakauer Vertrag (8. 4. 1525) vereinbarte Umwandlung des Ordensstaates in ein weltl. Herzogtum unter poln. Lehnshoheit. 1618 an die brandenburg. Linie der Hohenzollern gelangt, wurde P. bis 1660 (Frieden von Oliva) souverän. Mit der Krönung Friedrichs III. zum »König in P.« (1701) ging die Geschichte des Herzogtums in der des fortan Preußen genannten brandenburg. Gesamtstaats auf.
2) Kgr. und größtes Land des Dt. Reiches, 1939 mit einer Fläche von 294 159 km^2 und 41,8 Mio. E.
Geschichte: Zur Geschichte vor 1701 ↑Brandenburg, ↑Ostpreußen, ↑Preußen (Hzgt.).
Aufstieg zur Großmacht (1701–88): Am 18. 1. 1701 krönte sich Kurfürst Friedrich III. von Brandenburg mit Zustimmung Kaiser Leopolds I. als Friedrich I. zum »König in P.«. Dieser Titel galt zunächst nur für das Land P. (die spätere Prov. Ost-P.), das nicht zum Hl. Röm. Reich gehörte; seit Friedrich II., d. Gr., nannten sich die preuß. Herrscher »König von P.«. Die höf. Prunkentfaltung und die Pflege von Kunst (»preuß. Barock«) und Wiss. (Gründung der Univ. Halle und der Kurfürstl.-Brandenburg. Societät der Wiss. [1700], der späteren Preuß. Akademie der Wissenschaften) unter Friedrich I. führte P. an den Rand des finanziellen Ruins. Sparsamkeit und harte Pflichterfüllung kennzeichnen die Regierungszeit des »Soldatenkönigs« Friedrich Wilhelm I., der in Heerwesen und Verwaltung die Grundlagen des preuß. Militär- und Verwaltungsstaats legte. Das Heer wurde auf mehr als das Doppelte vergrößert, zur Heeresfinanzierung entstand eine umfassende Finanzverwaltung unter dem Generaldirektorium, das Bürgertum sollte gegen eine Befreiung von der Rekrutierung für den Unterhalt der Armee aufkommen; es stellte darüberhinaus das neue (v. a. untere und mittlere) Beamtentum in Zentral-, Provinzial- und Lokalbehörden. Die Vorherrschaft des Militäri-

Preußen

schen vor dem Zivilen und uneigennützige Pflichterfüllung und Treue des Beamten wurde für P. charakteristisch. 1720 erwarb Friedrich Wilhelm I. von Schweden Vorpommern bis zur Peene. Mit der in Europa relativ größten und schlagkräftigsten Armee führte Friedrich II., d. Gr., die drei Schles. Kriege (1740–42; 1744/45; 1756–63 [↑Siebenjähriger Krieg]), die P. zu einer europ. Großmacht machten und den österr.-preuß. Dualismus begründeten. Durch den Erbanfall Ostfrieslands (1744) und den Erwerb Westpreußens, des Ermlands und des Netzedistrikts in der 1. Poln. Teilung (1772) wuchs das preuß. Staatsgebiet um fast zwei Drittel. Im Innern verfolgte Friedrich II., d. Gr., den weiteren Ausbau des Heeres auf eine Friedensstärke von zuletzt 188 000 Mann und den Wiederaufbau des in den Kriegen verwüsteten Landes. Das merkantilist. Wirtschaftssystem wurde weiter ausgebaut und die Landwirtschaft gefördert (u. a. Einführung der Kartoffel als Massennahrungsmittel). Im Zeichen eines aufgeklärten Absolutismus wurde eine Justizreform vorangetrieben (1794 kodifiziert im Preuß. Allg. Landrecht) und die Glaubens- und Gewissensfreiheit gewährt.

Zusammenbruch, Reform und Wiederaufstieg (1789–1815): Friedrich Wilhelm II. leitete durch die Verständigung mit Österreich eine Umorientierung in der Außenpolitik ein. 1792 führte P. zus. mit Österreich den 1. Koalitionskrieg gegen das revolutionäre Frankreich, aus dem sich P. 1795 unter Überlassung des linken Rheinufers an die Franzosen im Basler Frieden (1795) vorzeitig zurückzog. Durch die 2. und 3. Poln. Teilung (1793, 1795) erhielt P. Danzig und Thorn sowie Süd-P. und Neuostpreußen. Im Reichsdeputationshauptschluß 1803 wurde der rhein.-westfäl. Besitz erweitert; nach der Niederlage im 4. Koalitionskrieg bei Jena und Auerstedt verlor P. jedoch unter Friedrich Wilhelm III. im Frieden von Tilsit (1807) etwa die Hälfte seines Territoriums und wurde frz. besetzt. Mit Frhr. vom und zum Stein, Hardenberg, Scharnhorst, Gneisenau und W. von Humboldt begannen im Geiste des erwachenden dt. Nationalgefühls, des brit. Wirtschaftsliberalismus und der Philosophie Kants die ↑preußischen Reformen, die den Übergang vom Absolutismus zum Verfassungsstaat des 19. Jh. brachten. P. beteiligte sich an den Befreiungskriegen gegen Frankreich 1813/14 und der endgültigen Niederwerfung Napoleons 1815. Auf dem Wiener Kongreß (1815) wurden P. Posen, Westfalen, das Rheinland, die Provinz Sachsen und das Saargebiet zugesprochen.

Restauration, Revolution und Reichsgründung (1815–1871): Die liberalen und nationalen Ideen der Befreiungskriege wurden mit der Restauration nach dem Wiener Kongreß bes. in P. zurückgedrängt. 1819 traten die letzten Reformminister zurück. Im gleichen Jahr setzten nach den Karlsbader Beschlüssen die sog. Demagogenverfolgungen und eine Pressezensur ein, die in P. bes. rigoros durchgeführt wurden. Die 1815 erworbenen Gebiete wurden zu Zentren der beginnenden Industrialisierung, die durch eine liberale Wirtschaftspolitik gefördert wurde (u. a. Aufhebung der Binnenzölle 1818). Durch die Gründung des Deutschen Zollvereins 1834 wurde auf wirtschaftl. Gebiet die dt. Einigung unter preuß. Führung und unter Ausschluß Österreichs vorbereitet. Die Verarmung breiter Bevölkerungsschichten führte zur verstärkten Auswanderung und entlud sich in ersten Aufständen (u. a. Schlesischer Weberaufstand 1844). Die Errichtung von Provinzialständen und Provinziallandtagen (1823) sowie eines ersten Vereinigten Landtags (1847) konnte die vom König versprochene Verfassung nicht ersetzen. Unter Friedrich Wilhelm IV. verschärfte sich der Ggs. zum bürgerl. Liberalismus. Auf die ↑Märzrevolution 1848 reagierte er mit der Aufhebung der Pressezensur und einer Proklamation zur Umgestaltung des Dt. Bundes, berief ein liberales Ministerium unter L. Camphausen (29. 3.) und ließ eine preuß. Nationalversammlung wählen, in der die demokrat. Linke dominierte. Bereits am 2. 11. 1848 berief der König jedoch ein konservatives Ministerium unter F. W. Graf von Brandenburg, löste die Nationalversammlung auf und oktroyierte eine Verfassung (konstitutionelle Monarchie, verantwortl. Min., Legislative bei König und Landtag, Budgetrecht allein beim Landtag). Die

preußische Reformen

»revidierte« oktroyierte Verfassung von 1850 führte das Dreiklassenwahlrecht ein, das bis 1918 die liberale und sozialdemokrat. Opposition stark benachteiligte. 1849 hatte König Friedrich Wilhelm IV. die ihm von der Frankfurter Nationalversammlung angetragene Kaiserkrone abgelehnt. Seinen Versuch, eine kleindt. Union unter preuß. Führung zu schaffen, scheiterte am russ. Widerstand (Olmützer Punktation 1850); danach herrschte unter E. von Manteuffel eine hochkonservative »Kamarilla«. Die »Neue Ära« unter Wilhelm I. führte im 'preuß. Verfassungskonflikt« um die Heeresverstärkung (1860–66) zum Machtkampf zw. Krone/Regierung und Parlament, den Bismarck (seit 1862 Min.-Präs. und Außen-Min.) mit aller Entschiedenheit führte. Ihm gelang es, nach dem Dt.-Dän. Krieg 1864 und dem Dt. Krieg 1866, Österreich aus der dt. Politik auszuschließen. Annexion Hannovers, Schleswig-Holsteins, Nassaus, Kurhessens und Frankfurts sowie der Bildung des Norddt. Bundes 1867 im Dt.-Frz. Krieg 1870/71 konnte er die dt. Frage im kleindt. Sinne unter preuß. Führung lösen.

Preußen im Dt. Reich (1871–1945/47): Mit der Reichsgründung und der Proklamation des preuß. Königs zum Dt. Kaiser 1871 ging die preuß. Geschichte in die ↑deutsche Geschichte über. In der Reichsverfassung war die preuß. Hegemonie abgesichert, gestützt auch die fast durchgehend bestehende Personalunion zw. preuß. Min.-Präs., preuß. Außen-Min. und Reichskanzler sowie durch die enge personelle Verzahnung der preuß. Ministerien mit den entsprechenden Reichsämtern. Nach Kaiser Friedrich III. trat unter Wilhelm II. das preuß. Königtum hinter dem Kaisertum zurück. Nach der Novemberrevolution 1918, in deren Verlauf Wilhelm II. auch als preuß. König abdankte, erhielt P. mit der Verfassung vom 30. 11. 1920 – wie die anderen Länder des Dt. Reichs – den Status eines Freistaats mit demokrat.-parlamentar. Verfassung. Im Unterschied zum Reich blieben die Regierungen in P. relativ stabil; ab 1919 wurde P. von der Weimarer Koalition (SPD, Zentrum, DDP; zeitweise auch DVP) regiert, bis der Staatsstreich Papens die nur noch geschäftsführende Regierung am 20. 7. 1932 beseitigte und P. unter Reichsverwaltung stellte (»Preußenschlag«). Unter dem nat.-soz. Min.-Präs. H. Göring wurde auch für P. die Gleichschaltung vollzogen. Das Gesetz Nr. 46 des Alliierten Kontrollrats vom 25. 2. 1947 besiegelte die Auflösung des 1945 auf die Besatzungszonen aufgeteilten P. als Staat.

preußische Reformen, polit.-gesellschaftl.-militär. Reformen, die unter der Leitung der Min. K. Reichs-Frhr. vom und zum Stein (Nassauer Denkschrift vom Juni 1807) und K. A. Fürst von Hardenberg nach dem Zusammenbruch von 1806/07 in Preußen die Voraussetzungen für den Übergang vom absolutistisch regierten Stände- und Agrarstaat zum bürgerl. Verfassungs-, Nat.- und Ind.-Staat des 19. Jh. schufen. – *Bauernbefreiung* (1807, 1811, abgeschlossen 1850): Beseitigung der bäuerl. Erbuntertänigkeit. – Steinsche *Städteordnung* (19. 11. 1808): Einführung des Prinzips der Selbstverwaltung auf kommunaler Ebene (Stadtverordnetenversammlung, Magistrat), wobei die Mitwirkung der städt. Bürger an der Selbstverwaltung aber an Besitz und Bildung gebunden blieb. – *Gewerbefreiheit* (1811): Aufhebung der Zunftordnungen. – *Judenemanzipation* (1812): bürgerl. Gleichstellung der Juden. – Schaffung der fünf klass. *Ministerien* (1808/10): für Inneres, Auswärtiges, Finanzen, Krieg und Justiz mit dem Staatskanzler als Vors. des Min.-Rates. – *Heeresreform* (ab 1807; Scharnhorst, Gneisenau und Boyen): Erneuerung des Offizierskorps, Wegfall des Adelsprivilegs, Bildung der Landwehr und des Landsturms, Einführung des ↑Krümpersystems bzw. der allg. Wehrpflicht (1814) zur Befreiung Preußens von der frz. Vorherrschaft. – *Erziehungs- und Bildungsreform* (ab 1809; W. von Humboldt): Reformen auf allen Stufen des Unterrichts, u. a. Gründung der Berliner Friedrich-Wilhelm-Univ., für eine Erziehung zu Selbständigkeit und Nationalbewußtsein im humanist. Sinne.

Preußischer Höhenrücken, west- und ostpreuß. Abschnitt des Balt. Höhenrückens, bis 313 m hoch.

Preußische Staatsbibliothek, 1661 gegr. kurfürstl., 1701–1918 königl. Bi-

Priester

bliothek, 1918–45 »P. S.« in Berlin. Die »Staatsbibliothek Preuß. Kulturbesitz« und die »Dt. Staatsbibliothek in Berlin« wurden 1992 zur »Staatsbibliothek zu Berlin – Preußischer Kulturbesitz« zusammengefaßt.

Preußler, Otfried, *Reichenberg 20.10. 1923, dt. Schriftsteller. Kinder- und Jugendbuchautor; schrieb u. a. »Der kleine Wassermann« (1956), »Die kleine Hexe« (1957), »Der Räuber Hotzenplotz« (1962), »Krabat« (1971).

Preventer [lat.-engl.], 1) (Blow-out-P.) svw. Bohrlochabsperrvorrichtung (↑Erdöl).
2) Stahlseil zur Absteifung eines Mastes oder Ladebaumes.

Prévert, Jacques [frz. pre'vɛːr], *Neuilly-sur-Seine 4. 2. 1900, † Omonville-la-Petite bei Cherbourg 11. 4. 1977, frz. Lyriker. Wurde mit satir. Chansons und Gedichten zu einem der populärsten zeitgenöss. frz. Lyriker; auch Drehbücher (u. a. »Kinder des Olymp«, 1943 bis 1945).

Previn, André [engl. 'previn], eigtl. Andreas Ludwig Prewin, *Berlin 6. 4. 1930, amerikan. Dirigent, Komponist und Pianist dt. Herkunft. Trat zunächst als Jazzpianist hervor; 1968–79 Chefdirigent des London Symphony Orchestra, 1979–84 des Pittsburgh Symphony Orchestra, 1985–87 Musikdirektor und 1987–91 Chefdirigent des Londoner Royal Philharmonic Orchestra, seit 1986 Musikdirektor des Los Angeles Philharmonic Orchestra.

Prévost [frz. pre'vo], 1) Abbé ↑Prévost d'Exiles, Antoine François.
2) Marcel, eigtl. Eugène Marcel, *Paris 1.5. 1862, † Vianne bei Agen 8. 4. 1941, frz. Schriftsteller. Schrieb psycholog. Sitten- und Gesellschaftsromane, u. a. »Halbe Unschuld« (1894).

Prévost d'Exiles, Antoine François [frz. prevodɛg'zil], gen. Abbé Prévost, *Hesdin bei Saint-Omer 1. 4. 1697, † Courteuil bei Chantilly 23. 11. 1763, frz. Schriftsteller. Weltberühmt ist sein Roman »Geschichte der Manon Lescaut und des Ritters Desgrieux« (1731); danach zahlr. Dramatisierungen (u. a. von C. Sternheim), Verfilmungen, Opern (u. a. von G. Puccini und H. W. Henze).

Prey, Hermann, *Berlin 11.7. 1929, dt. Sänger (Bariton). Internat. bed. Lieder- und Opernsänger.

preziös [lat.-frz.], geziert, gekünstelt.
Preziosen, svw. ↑Pretiosen.

Priamos (Priam, Priamus), Gestalt der griech. Mythologie. Sohn des Laomedon, Gemahl der Hekabe, Vater u. a. von Hektor, Paris und Kassandra, letzter König von Troja. Beim Untergang der Stadt von Neoptolemos ermordet.

Priapos [pri'apɔs, 'priːapɔs] (Priapus), kleinasiat.-griechischer Fruchtbarkeitsdämon, dessen Holzstatuen – mit übergroßem Phallus und rot bemalt – v. a. als Glücksbringer aufgestellt wurden.

Price [engl. praɪs], 1) Leontyne, *Laurel (Miss.) 10. 2. 1927, amerikan. Sängerin (Sopran). Internat. erfolgreich v. a. mit Rollen des italien. Fachs.
2) Dame (seit 1993) Margaret, *Tredegar (Wales), brit. Sängerin (Sopran). Internat. Erfolge als Opern-, Konzert- und Liedsängerin bes. mit Werken von Mozart.

Pricken [niederdt.], in flachen Küstengewässern in den Grund gesteckte Baumstämmchen zur Fahrrinnenmarkierung.

Priel [niederdt.], Wasserrinne im Watt.
Priem [niederl.], svw. ↑Kautabak.

Prien a. Chiemsee, Markt-Gem. am W-Ufer des Chiemsees, Bayern, 9100 E. Kneippkurort; Barockkirche.

Priene, antike ion. Stadt in Karien, am S-Hang des Gebirges Mykale, W-Anatolien; hellenist. Ruinen.

Prießnitz, Vinzenz, *Gräfenberg (heute zu Jeseník, Tschech. Republik) 4. 10. 1799, † ebd. 28. 11. 1851, dt. Naturheilkundiger. Die von ihm zw. 1815/35 entwickelte Naturheilmethode umfaßte innere und äußere Anwendungen kalten und warmen Wassers, körperl. Bewegung, Licht und Luft sowie eine einfache gemischte Ernährung.

Priester [griech.], in der *Religionsgeschichte* der Mittler zw. göttl. Mächten und den Menschen, Vollzieher des Kults; meist bes. ausgebildet, durch Salbung und Weihe legitimiert. Bes. *P.kasten* bildeten sich in den altoriental. und altamerikan. Hochkulturen sowie im alttestamentl.-jüd. Kult. – In der *kath. Kirche* ein Kleriker, der durch die vom Bischof empfangene P.weihe vom Laien unterschieden ist. – Die *ev. Kirchen* kennen kein zw. Gott und den Menschen stehendes bes., sondern nur ein allg. ↑Priestertum.

Otfried Preußler

Jaques Prévert

Hermann Prey

2719

Priesterschrift

Priesterschrift ↑Pentateuch.
Priestertum, der bes. Stand der ↑Priester *(Amts-P.).* Im Unterschied dazu wird vom *allg. P.* gesprochen, wenn jeder priesterl. Rechte und Funktionen übernehmen kann (z. B. in den ev. Kirchen).
Priesterweihe ↑Ordination.
Priestley, John Boynton [engl. ˈpriːstlɪ], * Bradford 13. 9. 1894, † Stratford-on-Avon 14. 8. 1984, engl. Schriftsteller. Schrieb Romane (»Engelgasse«, 1930) und Dramen (»Ein Inspektor kommt«, 1947).
Prigogine, Ilya [frz. prigɔˈʒin], * Moskau 25. 1. 1917, belg. Physiker und Chemiker. Befaßte sich mit der Thermodynamik und statist. Mechanik irreversibler Prozesse. 1977 Nobelpreis für Chemie.

John Boynton Priestley

Prim [lat.], **1)** *Liturgie:* ↑Stundengebet. **2)** *Fechtsport:* Klingenhaltung, bei der die nach vorn gerichtete Klinge abwärts zeigt.
Prima [lat.], früher die letzten beiden Klassen im Gymnasium (Unter- und Oberprima, d. h. 12. und 13. Klasse).
Primaballerina, erste Solotänzerin.
Primadonna [italien.], seit dem 17. Jh. die Sängerin der weibl. Hauptrollen in der Oper.
primär [lat.-frz.], zuerst vorhanden, ursprünglich; vorrangig.
Primäraffekt, das erste örtl. Anzeichen einer Infektionskrankheit.
Primärelemente ↑elektrochemische Elemente.
Primärenergie, Bez. für den Energieinhalt der natürl. Energieträger (v. a. Energie fossiler Brennstoffe; Wasserkraft; Kernenergie; Sonnenenergie).
primärer Sektor ↑Wirtschaftssektoren.
Primärliteratur, originale literar., philos. o. ä. Werke im Ggs. zur wiss. Sekundärliteratur.
Primarschulen [lat./dt.], früher allg. Bez. für die Volksschulen, heute nur noch in der Schweiz.
Primarstufe [lat./dt.], im internat. Sprachgebrauch (UNESCO) Bez. für die Grundschule.
Primärtumor, *Medizin:* (bösartige) Erstgeschwulst, von der ↑Metastasen ausgehen.
Primary [engl. ˈpraɪmərɪ; lat.] (Mrz. Primaries), in allen Staaten der USA gesetzlich vorgeschriebene Vorwahl, die der Kandidatenaufstellung für öffentl. Wahlen dient.
Primas [lat.], **1)** *kath. Kirchenrecht:* Ehrentitel des ranghöchsten Erzbischofs eines Landes.
2) *Musik:* Solist und Vorgeiger einer Zigeunerkapelle.
Primat [lat.], Vorrang.
Primat des Papstes, in der kath. Kirche die mit dem Papstamt verbundene oberste Leitungsvollmacht und (seit der dogmat. Umschreibung auf dem 1. Vatikan. Konzil 1870) unfehlbare Lehrautorität (↑Unfehlbarkeit).
Primaten [lat.], svw. ↑Herrentiere.
prima vista [italien.], vom Blatt spielen oder singen.
Prime [lat.] (Prim), Grundton einer Tonleiter oder eines Akkords. Die P. kann als reines (z. B. c–c), übermäßiges (z. B. c–cis) und doppelt übermäßiges (ces–cis) Intervall auftreten.

Primel. Frühlingsschlüsselblume

Primel [lat.] (Himmelsschlüssel, Schlüsselblume, Primula), Gatt. der Primelgewächse mit über 500 Arten in Europa und in den gemäßigten Zonen Asiens; u. a. *Aurikel,* in den Alpen, Blüten gelb, wohlriechend; *Frühlingsschlüsselblume* (Duftende Schlüsselblume, Frauenschlüssel), auf sonnigen Wiesen und an Waldrändern in Europa und Asien; medizinisch u. a. als Husten- und Abführmittel verwendet; *Gift-P.* (Becher-P.), asiat. P.art; Sekret der Drüsenhaare stark hautreizend; *Mehl-P.* (Mehlstaub-

Himmelsschlüssel), besiedelt sumpfige, kalkhaltige Alpenwiesen und Flachmoore Europas; geschützt.

Primelgewächse (Primulaceae), Pflanzen-Fam. mit rd. 800 Arten in 40 Gatt. in den gemäßigten und wärmeren Gebieten der Nordhalbkugel; v. a. Kräuter, z. T. Rosettenstauden, Polster-, Knollenpflanzen.

Prime rate [engl. 'praɪm 'reɪt], in den USA der Diskontsatz für Großbanken.

Primfaktor ↑Primzahlzerlegung.

Primgeige, die erste Geige in einem Kammermusikwerk.

primitiv [lat.-frz.], ursprünglich, urzuständlich; auf niederer Entwicklungsstufe; (abwertend) geistig wenig entwickelt; einfach, behelfsmäßig.

primitive Kunst, eine mißverständl. und deshalb heute vermiedene Bez. für außerhalb von Hochkulturen angesiedelte Kunstwerke, z. B. der Naturvölker oder naiver Kunst.

Primiz [lat.], die erste Gemeindemesse eines kath. Priesters nach seiner Weihe.

Primo de Rivera y Orbaneja, Miguel [span. 'primo ðe rri'βera i ɔrβa'nexa], Marqués de Estella (seit 1921), *Jerez de la Frontera 8. 1. 1870, †Paris 16. 3. 1930, span. General. Putschte im Einvernehmen mit Alfons XIII. 1923 gegen die parlamentar. Regierung und errichtete eine Militärdiktatur (ab 1925 als Kabinett); 1930 entlassen.

Primogenitur [lat.], in fürstl. Häusern das Anrecht des Erstgeborenen (meist des erstgeborenen Sohnes) auf die Erbfolge in das Hausgut und die Thronfolge. – Auch Bez. für die (männl.) Hauptlinie im Ggs. zur *Sekundogenitur,* der von einem nachgeborenen Sohn begründeten Nebenlinie.

Primus [lat.], [Klassen]erster; **Primus inter pares,** erster unter Ranggleichen.

Primzahl, Bez. für jede von 1 verschiedene natürl. Zahl, die nur durch 1 oder durch sich selbst teilbar ist (z. B. 7, 13, 19). Zwei P., deren Differenz gleich 2 ist, bezeichnet man als *P. zwillinge* (z. B. 3 und 5, 11 und 13, 59 und 61). Die größte (1994) bekannte P. ist $2^{859433}-1$.

Primzahlzerlegung (Primfaktorzerlegung), die Zerlegung einer natürlichen Zahl in Faktoren, die alle Primzahlen sind *(Primfaktoren);* z. B.:

$$24 = 2 \cdot 2 \cdot 2 \cdot 3 = 2^3 \cdot 3.$$

Prince [engl. 'prɪns], eigtl. P. Rogers Nelson, *Minneapolis (Minn.) 7. 6. 1959, amerikan. Rocksänger. Experimentierfreudige Songs mit provokativ-frivolen Texten (Album »Purple Rain«, 1984; auch mit P. in der Hauptrolle verfilmt), in denen P. die Verschmelzung weißer und schwarzer Musiktraditionen gelingt.

Prince [engl. prɪns, frz. prɛ̃ːs], Adelstitel; in Großbrit. seit 1917 beschränkt auf die Kinder des Monarchen und die Kinder seiner Söhne.

Prince Edward Island [engl. 'prɪns 'edwəd 'aɪlənd], kanad. Prov., Insel im Sankt-Lorenz-Golf, 5657 km², 126600 E, Hauptstadt Charlottetown.

Prince of Wales [engl. 'prɪns əv 'weɪlz], seit 1301 Titel der meisten engl./brit. Thronfolger.

Princeps ↑Prinzeps.

Princeton [engl. 'prɪnstən], Stadt im westl. New Jersey, 12000 E. Univ. (gegr. 1746). – Juli bis Nov. 1783 Hauptstadt der USA.

Príncipe [portugies. 'prisipə] ↑São Tomé und Príncipe.

Printen [niederl.], lebkuchenähnl. Weihnachtsgebäck, v. a. *Aachener Printen.*

Printer [engl.], svw. ↑Drucker.

Prinz [lat.-frz.] (weibl. Form Prinzessin), Titel der nichtregierenden Mgl. der regierenden Fürstenhäuser. Der Thronfolger wird Erbprinz bzw. Kronprinz gen., *Prinzgemahl* bezeichnet den Ehemann einer regierenden Fürstin, *Prinzregent* ist der zur Regentschaft berufene Verwandte des Monarchen.

Prinzeps (lat. Princeps), im Röm. Reich inoffizieller Titel des Augustus zur Kennzeichnung seiner Stellung in der von ihm geschaffenen Staatsform (↑Prinzipat).

Prinzip [lat.], Grundsatz, Grundnorm, Grundregel. In der *Physik* Aussage oder Gesetzmäßigkeit sehr allg. Art.

Prinzipal [lat.], **1)** *allg.:* früher Lehrherr, Geschäftsinhaber; auch Leiter einer Wanderbühne.
2) *Musik:* Hauptregister der Orgel, offene Labialpfeifen mittelweiter Mensur mit zylindr. Rohrverlauf und kräftiger Intonation; kommt in allen Fußlagen vor, vom 32- bis 1-Fuß.

Prinzipat [lat.], im antiken Rom die von Augustus geschaffene Staatsform der Herrschaft eines ersten Bürgers (Prin-

Prior

zeps), die auf der Häufung von Amtsgewalten basierte.

Prior [lat.], im *kath. Ordenswesen* Bez. für: 1. den Zweitobersten in einer Abtei; 2. den Oberen eines selbständigen Mönchsklosters, das nicht Abtei ist; 3. in verschiedenen Orden der Obere eines Klosters.

Priorität [lat.-frz.], 1) Vorrangigkeit; Rangfolge.
2) Vorrang eines älteren Rechts.

Prisenrecht, das Recht der kriegführenden Parteien im Seekrieg, feindl. Handelsschiffe und Waren *(Prise)* sowie u. U. auch neutrale Schiffe und Waren (z. B. bei Blockadebruch) zu beschlagnahmen und in ihr Eigentum zu überführen.

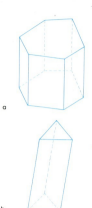

Prisma 2). a gerades sechsseitiges, **b** schiefes dreiseitiges Prisma

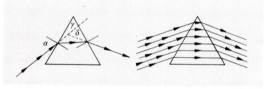

Prisma 1). Weg eines Lichtstrahls (links) und eines parallelen Strahlenbündels bei minimaler Ablenkung durch ein Prisma (α Einfallswinkel, δ Ablenkwinkel, γ brechender Winkel)

Prisma [griech.], 1) *Kristallographie:* (opt. P.) aus Glas oder anderen durchsichtigen Werkstoffen gefertigter opt. Bauteil mit mindestens zwei zueinander geneigten, meist ebenen, optisch wirksamen Flächen. Nach ihrer Grundfunktion unterscheidet man Reflexions-, Teiler-, Polarisations-, Ablenk- und Dispersionsprismen.
2) *Geometrie:* ein Körper, der von zwei parallelen kongruenten Vielecken und von Parallelogrammen (als Seitenflächen) begrenzt wird. Das Volumen V ergibt sich zu $V = G \cdot h$ (G Grundfläche, h Höhe).

Prismenglas ↑Fernrohr.

Prismeninstrumente, opt. Vermessungsgeräte (meist für geodät. Messungen) zum Ausrichten von Geraden und zum Abstecken von festen, meist 90°-Winkeln.

Priština [serbokroat. 'priːʃtina] (alban. Prishtinë, beides amtl.), Hauptstadt der Prov. Kosovo innerhalb Serbiens, am O-Rand des Amselfelds, 108 000 E.

Univ., Museen, Theater. Bauten aus türk. Zeit, u. a. Kaisermoschee (15. Jh.) und türk. Bad (15. Jh.).

Privatdozent, habilitierter Wissenschaftler mit Lehrberechtigung, aber ohne Planstelle für Hochschullehrer.

Privatier [...'tjeː; lat.], jemand, der vom Ertrag seines Vermögens lebt (ohne einen Beruf auszuüben).

Privatklage (Privatanklage), durch eine Privatperson ohne Mitwirkung der Staatsanwaltschaft (wegen geringen öffentl. Interesses) erhobene Anklage (z. B. bei Hausfriedensbruch, Beleidigung).

Privatrecht (Ius privatum), dasjenige Rechtsgebiet, das die Beziehungen der Bürger untereinander betrifft *(bürgerl. Recht).* Man stellt das P. herkömmlich dem öffentl. Recht gegenüber. Zum P. gehören insbes. das bürgerl. Recht i. e. S., Handels- und Gesellschaftsrecht, Wechsel- und Scheckrecht, Urheber- und Wettbewerbsrecht.

Privatschulen, im Ggs. zu öffentl. Schulen nicht vom Staat oder von den Gebietskörperschaften getragene Einrichtungen in der Trägerschaft von Kirchen, Stiftungen bzw. Vereinigungen oder Privatpersonen (meist mit öffentl. Zuschüssen). Es wird unterschieden zw. P., die den öffentl. Schulen vergleichbar und genehmigungspflichtig sind *(Ersatzschulen),* und solchen, die nicht als Ersatz für öffentl. Schulen gelten, folg-

Produktivität

lich nur anzeigepflichtig sind *(Ergänzungsschulen)*.
Privileg [lat.], jurist. Bez. für die einem einzelnen *(Individual-P.)*, einer Personenmehrheit *(General-P.)* oder Sachen und damit deren Besitzer gewährte rechtl. Sonderstellung sowie für die darüber ausgestellte Urkunde (Freibrief). Darüber hinaus steht P. für das nur bestimmten Personen einer Gesellschaft vorbehaltene Sonder- oder Ausnahmerecht.
Privilegium Paulinum [lat.], im *kath. Eherecht* das nach dem Apostel Paulus ben. Ausnahmerecht von dem Grundsatz der Unauflöslichkeit einer vollzogenen, nichtchristlich geschlossenen Ehe, wenn ein Ehepartner Christ geworden ist.
Prix Goncourt [frz. priɡõ'ku:r], frz. Literaturpreis, seit 1903 jährlich von der *Académie Goncourt* vergeben.
Prizren [serbokroat. 'prizrɛn], Stadt in der Prov. Kosovo innerhalb Serbiens, 41 000 E. Oriental. Stadtbild mit Moscheen. – Im 14. Jh. Hauptstadt der serb. Könige.
pro..., Pro... [griech.-lat.], Vorsilbe mit den Bedeutungen: 1. »vor, vorher, zuvor, vorwärts, hervor«, z. B. progressiv; 2. »für, zugunsten, zum Schutze von«, z. B. prorussisch; 3. »an Stelle von«, z. B. Prodekan; 4. »im Verhältnis zu«, z. B. proportional.
pro anno [lat.], svw. ↑per annum.
Proband [lat.], Person, mit der eine Testuntersuchung oder ein Experiment durchgeführt wird.
probat [lat.], erprobt, bewährt, wirksam.
Probe [lat.], 1) *allg.*: kleine Teilmenge eines Materials, das auf bestimmte Eigenschaften untersucht werden soll.
2) *Mathematik:* Bez. für ein Verfahren zur Prüfung der Richtigkeit einer durchgeführten Rechnung oder eines Beweises.
Probezeit, 1) Zeitraum der Eingewöhnung und Erprobung des Arbeitnehmers im Rahmen eines Probearbeitsverhältnisses.
2) die mindestens ein- und höchstens dreimonatige gesetzl. Eingewöhnungs- und Bewährungszeit zu Beginn eines Berufsausbildungsverhältnisses; dieses kann während der P. jederzeit fristlos gekündigt werden.

Probiose [griech.] (Nutznießung, Karpose), Form der Beziehung zw. Tieren einer Art und artfremden Lebewesen, wobei erstere einseitig die Nutznießer sind (im Unterschied zur ↑Symbiose), jedoch den Partner nicht erkennbar schädigen (wie bei ↑Parasiten).
Problematik [griech.], Schwierigkeit, Fragwürdigkeit; Gesamtheit der auf einen Sachverhalt bezügl. Probleme.
Procedere [lat.] (Prozedere), Verfahrensordnung, Prozedur.
Procházka, Jan [tschech. 'prɔxa:ska], *Ivančice (Südmähr. Gebiet) 4. 2. 1929, † Prag 20. 2. 1971, tschech. Schriftsteller. 1969 Ausschluß aus der KP; schrieb Erzählungen (»Das Ohr«, hg. 1977), Romane (»Es lebe die Republik«, 1965; »Lenka«, 1967) und Filmdrehbücher.
Prochorow, Alexandr Michailowitsch, *Atherton (Australien) 11. 7. 1916, sowjet. Physiker. Arbeiten zur Quantenelektronik, insbes. mit N. G. Bassow zum Prinzip des Masers und Lasers; Nobelpreis für Physik 1964 (zus. mit N. G. Bassow und C. H. Townes).
pro domo [lat.], in eigener Sache, zum eigenen Nutzen.
Produkt [lat.], Erzeugnis, Ertrag; Ergebnis. In der *Mathematik* Bez. für das Ergebnis einer ↑Multiplikation; auch Bez. für einen Ausdruck der Form $a \cdot b$.
Produktion [lat.-frz.], 1) Hervorbringung, Erzeugnis, [künstler.] Werk.
2) *Wirtschaft:* Herstellung (Fertigung) von Gütern i. w. S. durch die Kombination von P. faktoren.
Produktionsfaktoren, die ökonom. Leistungselemente, auf denen jeder Produktionsprozeß aufbaut. In der Volkswirtschaftslehre ist die Dreiteilung in Boden, Arbeit und Kapital (produzierte Produktionsmittel) am verbreitetsten.
Produktionsgenossenschaft, Genossenschaften, deren Mgl. sowohl die Leitungsfunktionen des Gemeinschaftsbetriebs erfüllen als auch die Arbeiten verrichten.
Produktivität [lat.-frz.], schöpferische Kraft; in der *Wirtschaft* die Ergiebigkeit des Wirtschaftsprozesses als Verhältnis des (mengen- bzw. wertmäßigen) Produktionsergebnisses zur Menge der eingesetzten Produktionsfaktoren bzw. zu den Herstellkosten. Alle P.messungen sind, z. B. wegen der fragl. Vergleich-

Alexandr Michailowitsch Prochorow

Produktmenge

barkeit der zur Berechnung verwendeten Einheiten, schwierig und problematisch. – Die gesamtwirtschaftl. P. wird v. a. durch Strukturänderungen, techn. Fortschritt und verschieden hohe Grade der Kapazitätsausnutzung beeinflußt, wobei dem techn. Fortschritt die größte Bedeutung zukommt.

Produktmenge ↑Mengenlehre.

Proenzym [pro-ɛn...], inaktive Vorstufe von Enzymen.

Pro Familia Deutsche Gesellschaft für Sexualberatung und Familienplanung e.V., 1952 gegr., konfessionell und politisch neutrale Organisation zur Sexual-, Partnerschafts- und Familienberatung sowie zur psycholog. und sozialen Beratung bei Schwangerschaft; Sitz Frankfurt am Main.

profan, urspr. ein kult. Begriff, der das vor (lat. pro) dem hl. Bezirk (lat. fanum), d. h. außerhalb geweihter Bereiche Liegende bezeichnet und dann den Ggs. zum Heiligen generell; heute svw. weltlich, alltäglich.

Profeß [lat.], das Ablegen der [klösterl.] Gelübde.

professionell [lat.-frz.], berufsmäßig.

Professor [lat.], 1) Abk. **Prof.,** Titel und Dienst-Bez. des ↑Hochschullehrers an wiss. und künstler. Hochschulen einschließlich Fachhochschulen und päd. Hochschulen.
2) Titel als Anerkennung v. a. für hervorragende wiss. oder künstler. Leistungen.
3) Gymnasialschullehrer, die fachdidakt. Unterricht für Referendare erteilen (Dienst-Bez. *Studienprofessor*); in Österreich Titel für Gymnasiallehrer überhaupt.

Profi, svw. ↑Berufssportler.

Profil [italien.-frz.], 1) *allg.:* Umrißgestalt, Kontur, Seitenansicht (z. B. eines Kopfes; Ggs. ↑en face), Längs- und Querschnitt eines Körpers oder Gegenstandes; stark ausgeprägtes Persönlichkeitsbild, Ausstrahlungskraft.
2) *Fahrzeugtechnik:* Bez. für die Struktur der Lauffläche von Reifen (Reifenprofil).
3) *Aerodynamik:* Querschnitt eines Auftrieb liefernden Bauteils (z. B. Tragflügel). In einer [Parallel]strömung wird der stat. Druck an der P.oberseite wegen der erhöhten Strömungsgeschwindigkeit vermindert *(Saugseite),* entlang der Unterseite erhöht *(Druckseite).* Aus dieser Druckdifferenz ergibt sich eine Kraft, die in eine Komponente parallel zur Anströmrichtung, den *P.widerstand,* und eine rechtwinklig dazu gerichtete Komponente, den *Auftrieb,* zerlegt werden kann.

Profit [lat.-frz.-niederl.], von den Klassikern der Nationalökonomie geprägte Bez. für Kapitalertrag; der P. umfaßte i. w. S. den Zins (als Entlohnung des Kapitals), i. e. S. einen Rest, den der Unternehmer für überdurchschnittl. Leistung erhält. In der modernen Verteilungstheorie wird unterschieden zw. dem normalen P., der die Verzinsung des Kapitals darstellt, dem Pioniergewinn (infolge techn. Neuerungen) sowie dem Marktlagengewinn (auch »windfall profit« genannt).

pro forma [lat.], der Form halber.

Profoß (Profos) [lat.-niederl.], im 16./17. Jh. im dt. Heerwesen Bez. für Regimentsscharfrichter und -stockmeister, kontrolliert vom *Generalprofoß* bzw. *Generalgewaltigen;* später Bez. für Unteroffiziere im Strafvollzug.

profund [lat.], tiefgründig, gründlich.

Progesteron [Kw.] (Corpus-luteum-Hormon, Gelbkörperhormon, 4-Pregnen-3,20-dion), vom Gelbkörper und in der Plazenta, auch im Hoden und in der Nebennierenrinde gebildetes Gestagen (↑Geschlechtshormone).

Prognose [griech.], wiss. fundierte Voraussage von Entwicklungen, Zuständen oder Ereignissen.

Programm [griech.], 1) Plan, Ziel; Darlegung von Grundsätzen.
2) festgelegte Folge, vorgesehener Ablauf z. B. bei einer Aufführung, Veranstaltung; Tagesordnung.
3) *Hörfunk und Fernsehen:* die in einer bestimmten Zeitspanne ausgestrahlten Sendungen.
4) *elektron. Datenverarbeitung:* Bez. für eine Arbeitsanweisung für die Datenverarbeitungsanlage. ↑Algorithmus.

programmatisch [griech.], einem Grundsatz entsprechend; zielsetzend.

Programmierer, Bez. für verschiedene Datenbearbeitungsberufe; unterschieden werden häufig der eigtl. Programmierer (Programmformulierung), der System-P. (Betriebssysteme) und der Systemanalytiker (Datenverarbeitungsorganisation).

Projektionsapparate

Programmiersprache, in der *Datenverarbeitung* verwendetes System von Symbolen und Festlegungen, die die Art und Reihenfolge angeben, in der die Symbole zu sinnvollen, für die EDV-Anlage verständliche Mitteilungen kombiniert werden können. P. sind unterschiedl. Anwendungen angepaßt, z. B. ALGOL, BASIC, FORTRAN, PASCAL.

programmierter Unterricht, Bez. für einen ohne direkte Beteiligung eines Lehrers verlaufenden Selbstunterricht, bei dem die Lehrfunktionen an ein techn. Objekt gebunden sind, z. B. an ein Buch, einen Computer oder andere techn. Medien mit Speichermöglichkeiten (Schallplatten, Kassetten, Tonbandgeräte, Videorecorder).

Programmierung, 1) *elektron. Datenverarbeitung:* das Aufstellen eines Programms für eine elektron. Datenverarbeitungsanlage.
2) *Mathematik:* svw. ↑Optimierung.

Programmusik, Instrumentalstücke, die durch Überschriften o. ä. den Bezug auf Gedichte, Bilder, Begebenheiten, Ideen oder Gestalten aus Dichtung, Sage oder Geschichte erkennen lassen.

Progression [lat.], Steigerung, Fortschreiten, Zunahme, Stufenfolge; z. B. die Zunahme des Steuersatzes bei wachsender Größe der Bemessungsgrundlage.

Prohibition [lat.-engl.], Bez. für das Verbot von Herstellung, Transport und Verkauf alkohol. Getränke (Alkoholverbot), in den USA durch Bundesgesetz 1920–33 in Kraft.

Prohibitiv [lat.], Modus des Verbs, der ein Verbot, eine Warnung oder Mahnung beinhaltet; verneinter ↑Imperativ.

Projektil [lat.-frz.], svw. ↑Geschoß.

Projektion [lat.], **1)** *Mathematik:* geometr. Abbildung des Raumes bzw. einer Ebene, bei der die P.strahlen, d. h. die Verbindungsgeraden der Punkte mit ihren Bildpunkten alle parallel sind *(Parallel-P.)* oder sich in einem Punkt *(Zentrum)* schneiden *(Zentralprojektion).*

2) *Optik:* vergrößernde Abbildung einer ebenen Vorlage (Diapositiv, Aufsichtsbild, Mikropräparat u. ä.) mittels eines opt. Systems auf einer Bildwand oder einem Bildschirm.

3) *Psychologie:* die »Hinausverlegung« von Empfindungen, Gefühlen, Wünschen, Interessen oder Erwartungen in die Außenwelt.

Projektionsapparate (Projektoren), opt. Geräte zur Projektion transparenter Vorlagen *(Diaskop),* von Aufsichtsbildern *(Episkop)* oder wahlweise von

Prohibition.
Schnapsbrenner, die ihre Alkoholvorräte vernichten müssen; Aufnahme aus Chicago, Ill., 1928

Projektionswand

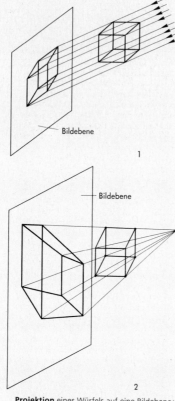

Projektion eines Würfels auf eine Bildebene:
1 Parallelprojektion; **2** Zentralprojektion

Sergei Sergejewitsch Prokofjew

der der Kamera. Um jedoch die wesentlich höhere Flimmerfrequenz des menschl. Auges zu erreichen, muß eine rotierende *Flügelblende* die Projektion des stehenden Bilds ein- bzw. zweimal unterbrechen, während ein Flügel den Transportvorgang abdeckt (↑Film). – *Arbeitsprojektoren (Overheadprojektoren, Tageslichtprojektoren)* sind P., mit denen großformatige transparente Vorlagen, die sich auf einer horizontalen, von unten beleuchteten Glasfläche befinden, über ein opt. System mit abgewinkeltem Strahlengang projiziert werden. – *Vergrößerungsapparate (Vergrößerer)* sind P. zur Vergrößerung von Negativen.

Projektionswand (Bildwand, Leinwand), Projektionsfläche für Diapositive oder [Schmal]filme; beschichtete Leinwand oder Bahn aus Kunststoff mit Oberflächenprägung bzw. Beschichtung aus Glasperlen *(Perlwand)*.

Projektoren [lat.], svw. ↑Projektionsapparate.

Prokaryonten [griech.], zusammenfassende Bez. für Lebewesen mit einfacher Zellorganisation ohne Zellorganelle; ihr genet. Material liegt frei im Zellplasma. Zu den Prokaryonten zählen die Archaebakterien, die Bakterien und die Blaualgen.

Proklamation [lat.-frz.], Erklärung, Bekanntmachung, Aufruf. – Im *Völkerrecht* ist die P. die förml. Erklärung eines oder mehrerer Staaten über eigene Auffassungen oder Absichten im zwischenstaatl. Bereich.

Proklos, * Konstantinopel 411 (410?), † Athen 485, griech. Philosoph. Bedeutendster Vertreter des athen. Neuplatonismus.

Prokofjew, Sergei Sergejewitsch [russ. praˈkɔfjɪf], * Gut Sonzowka (Gebiet Donezk) 23. 4. 1891, † Moskau 5. 3. 1953, russ. Komponist und Pianist. Lebte 1918–32 als gefeierter Komponist und Pianist v. a. in den USA und in Paris; nach seiner Rückkehr Kontroversen mit der offiziellen Kulturpolitik; schrieb u. a. acht Opern, darunter »Die Liebe zu den drei Orangen« (1921, nach C. Gozzi), sieben Ballette, u. a. »Romeo und Julia« (1938), »Cinderella« (1945), Orchesterwerke (u. a. sieben Sinfonien; sinfon. Märchen »Peter und der Wolf«, 1936), Klavier- und Kammermusik, Chorwerke und Lieder.

transparenten Vorlagen und Aufsichtsbildern *(Epidiaskop);* ihre wesentl. Bestandteile sind: Beleuchtungseinrichtung, Bildbühne und abbildendes opt. System. – Nach dem Verwendungszweck unterscheiden sich folgende Typen von P.: *Diaprojektoren,* zur Projektion magazinierter Serien gerahmter Diapositive (Dias) meist des Kleinbild- oder Mittelformats; z. T. mit automat. Scharfeinstellung *(Autofokuseinrichtung)* gesteuert. *Filmprojektoren:* Wesentliches Funktionsmerkmal ist die Einrichtung für den schrittweisen, d. h. *intermittierenden Filmtransport* am Bildfenster. Die Bildfrequenz des Projektors ist gleich

Proletarier aller Länder, vereinigt Euch!

Prokonsul, im Röm. Reich seit 81/80 Titel für die Konsuln, die nach Ablauf ihres Amtsjahres in Rom als Statthalter in die Prov. gingen.

Prokop, *Caesarea Palaestinae um 500, † nach 559, byzantin. Geschichtsschreiber. Schrieb eine allg. Geschichte der Regierungszeit Kaiser Justinians I. (»Bella«, um 550; acht Bücher).

Prokrustes (Damastes), in der griech. Mythologie ein riesenhafter Unhold, der Vorbeiziehende durch Abhacken bzw. Strecken ihrer Glieder in ein Bett einpaßt; wird von Theseus getötet; **Prokrustesbett,** vorgegebenes Schema, das schmerzhafte Anpassung erfordert.

Prokura [italien.], die dem *Prokuristen* vom Inhaber eines Handelsgeschäfts oder seinem gesetzl. Vertreter mittels ausdrückl. Erklärung erteilte handelsrechtl. Vollmacht, alle Arten von Geschäften und Rechtshandlungen vorzunehmen, die der Betrieb eines Handelsgewerbes mit sich bringt.

Prolaktin [lat.] (Laktationshormon, laktotropes Hormon, luteotropes Hormon, LTH), ein zu den Gonadotropinen (↑Geschlechtshormone) zählendes, die Milchsekretion auslösendes Hormon des Hypophysenvorderlappens.

Proletariat [lat.], **1)** *röm. Antike:* Bez. für die unterste vermögenslose Bevölkerungsschicht, die von Steuer und Heeresdienst befreit war und als einzigen Besitz ihre Nachkommenschaft (»proles«) hatte. **2)** (Arbeiterklasse) v. a. im *Marxismus* Bezeichnung für die mit dem Kapitalismus entstandene Klasse der Lohnarbeiter, die im Gegensatz zur sie ausbeutenden Klasse der Bourgeoisie über keine eigenen Produktionsmittel verfügt. Als *Proletarier* wird der vom Kapital abhängige Lohnarbeiter bezeichnet, der seine Arbeitskraft verkaufen muß, um leben zu können; die von ihm hergestellten Produkte werden Eigentum des Kapitaleigners, dem die Produktionsmittel gehören, und damit dem Proletarier entfremdet (↑Entfremdung). Da die Produktivität der Proletarier mit fortschreitender Industrialisierung anwuchs, die auf den einzelnen Arbeiter anfallenden Anteile des von ihm kollektiv erzeugten Produkts jedoch weit hinter dieser Steigerung zurückblieben, spricht der Marxismus von *relativer Verelendung* des P. (↑Verelendungstheorie). Nach marxist. Auffassung wird das P. soviel Klassenbewußtsein entwickeln, daß es zum Träger einer antikapitalist. Revolution wird (↑Diktatur des Proletariats).

Proletarier aller Länder, vereinigt Euch!, Schlußsatz des »Kommunist. Manifests« (1848) von K. Marx. Später u. a. Wahlspruch der 2. Internationale und seit 1920 der Kommunist. Internationale.

Prometheus. Darstellung des Atlas und des Prometheus auf der Innenseite einer Schale aus Lakonien (um 560–550 v. Chr.; Rom, Vatikanische Sammlungen)

proletarischer Internationalismus

proletarischer Internationalismus Maxime der ↑Internationale.

Proletkult, Abk. für **Prolet**arskaja **kul**tura [russ. »proletar. Kultur«], kulturrevolutionäre Tendenz der russ. Oktoberrevolution (1917–25), auch Agitprop (**Agit**ation und **Prop**aganda) genannt. Formen waren das ↑Agitproptheater, der russ. ↑Konstruktivismus, der ↑Futurismus.

Prolog [griech.], Einleitung eines dramatischen Werkes; dient der Begrüßung des Publikums, der Ankündigung des folgenden Schauspiels, der Information über die Handlung oder der Exposition. Das Gegenstück zum Prolog ist der Epilog.

Prolongation [lat.], Verlängerung der Laufzeit eines Vertragsverhältnisses.

PROM (Abk. für **P**rogrammable **R**ead **O**nly **M**emory »programmierbarer Nurlesespeicher«), programmierbarer Halbleiterfestwertspeicher.

Prometheus, Titan der griech. Mythologie, Wohltäter der Menschen und Kulturbringer. Weil er versucht, Zeus zu betrügen, und der Menschheit das Feuer bringt, läßt Zeus ihn an einen Felsen schmieden, wo ihm ein Adler täglich die Leber zerfleischt, die sich jeweils nachts erneuert, bis Herakles den Leidenden erlöst. – Abb. S. 2727.

Promethium [nach Prometheus], chem. Symbol **Pm**, radioaktives, metall. chem. Element aus der Reihe der Lanthanoide des Periodensystems der chem. Elemente; Ordnungszahl 61; Schmelztemperatur ungefähr 1080 °C. Das Isotop Pm 145 hat mit 17,7 Jahren die längste Halbwertszeit; Pm 147 wird zur Herstellung von Leuchtstoffen sowie in Isotopenbatterien verwendet.

Promille, Abk. **p. m.,** Zeichen ‰, Tausendstel; z. B. 3 ‰ von 35 kg = 0,105 kg.

Promiskuität [lat.], Bez. für Geschlechtsverkehr mit häufig wechselnden Partnern.

Promoter [proˈmoːtər; engl. prəˈməʊtə; lat.-engl.], Veranstalter von Berufssportwettkämpfen (v. a. Boxkämpfen).

Promotion, 1) [...tsioːn; lat.] ↑Doktor. **2)** [...ˈməʊʃn; lat.-engl.] (Sales-promotion), alle Maßnahmen der Verkaufsförderung mit dem Ziel, Konsumenten zum Kauf von Produkten (z. B. durch Preisausschreiben) bzw. Händler zum verstärkten Engagement für ein bestimmtes Produkt (z. B. durch Seminare) anzuregen.

promovieren [lat.], den akadem. Grad eines ↑Doktors erwerben.

Pronomen [lat.] (Fürwort; Mrz. Pronomina), Wortart, die für ein Nomen eintreten oder es begleiten kann: *Personalpronomen* (persönl. Fürwort; z. B. »*Sie* spricht zu *euch*«); *Reflexivpronomen* (rückbezügl. Fürwort; »Ich wasche *mich*«); *Possessivpronomen* (besitzanzeigendes Fürwort; »Das ist *unser* Hund«); *Demonstrativpronomen* (hinweisendes Fürwort; »*Dieses* Buch gefällt mir gut«); *Relativpronomen* (bezügl. Fürwort; »Der Mann, *der* dort steht, ...«); *Interrogativpronomen* (Fragepronomen, Fragefürwort; »*Wer* kommt morgen?«); *Indefinitpronomen* (unbestimmtes Fürwort; »*Irgendwer* wird schon lachen, wenn er das liest«).

Propädeutik [griech.], Einführung, Unterricht mit vorbereitendem Charakter.

Propaganda [lat.], systemat. Verbreitung ideolog., polit., religiöser o. ä. Ideen und Meinungen mit dem Ziel, das allg. Bewußtsein zu beeinflussen.

Propagandakongregation ↑Kurienkongregationen.

Propan, zu den Alkanen gehörender, gasförmiger Kohlenwasserstoff; Brennund Heizgas, zur Herstellung von Äthylen und Propylen verwendet.

Propeller [lat.-engl.], svw. ↑Luftschraube, svw. Schiffsschraube (↑Schiff).

Propen, svw. ↑Propylen.

Propensäure [Kw.], svw. ↑Acrylsäure.

Properz (Sextus Propertius), * Asisium (heute Assisi) um 50 v. Chr., † nach 16 v. Chr., röm. Dichter. Schrieb v. a. erot. Elegien (an Cynthia; vier Bücher).

Prophet [griech.], Verkünder oder Deuter eines göttl. Willens; die Vorhersage zukünftigen Geschehens, die der moderne Sprachgebrauch in den Vordergrund stellt, ist nur ein Teilaspekt. Die prophet. Rede *(Prophetie)* geschieht stellvertretend und ist auftragsgebunden. – Die P. des AT werden nach dem Umfang der mit ihrem Namen bezeichneten Bücher in Große und ↑Kleine Propheten unterteilt.

Prophylaxe [griech.], alle medizin. und sozialhygien. Maßnahmen, die der Verhütung von Krankheiten dienen.

Propionsäure [griech./dt.] (Propansäure), farblose, stechend riechende,

2728

Propyläen der Akropolis von Athen

ölige Flüssigkeit zur Herstellung von Kunststoffen, Herbiziden u. a.; ihre Salze und Ester sind die *Propionate;* Natrium- und Calciumpropionat wurden als Schimmelverhütungsmittel für Lebensmittel verwendet.

Propionsäuregärung ↑Gärung.

Proportion [lat. ›das entsprechende Verhältnis‹], **1)** *allg.*: Größenverhältnis verschiedener Teile eines Ganzen zueinander.

2) *Kunst*: die Maßverhältnisse von Bauteilen untereinander und zum Ganzen; Grundlage für Bildhauerei und Architektur *(Proportionslehre)* wurden u. a. die Verhältnisse des menschl. Körpers (↑Kanon).

3) *Mathematik*: (Verhältnisgleichung) eine Gleichung der Form $a:b = c:d$, z. B. $7:21 = 1:3$. Die Größen a, b, c, d bezeichnet man als *Glieder* der P. oder *Proportionalen.* In jeder P. ist das Produkt der Innenglieder gleich dem Produkt der Außenglieder *(Produktsatz der P.):* aus $a:b = c:d$ folgt $a \cdot d = b \cdot c$.

Proportionalität [lat.], **1)** *allg.*: Verhältnismäßigkeit, richtiges Verhältnis. ↑Proporz.

2) die einfachste Form einer funktionalen Abhängigkeit zweier veränderlicher Größen, deren Quotient einen bestimmten festen Wert *(Proportionalitätsfaktor)* hat.

Proportionalwahl, svw. Verhältniswahl (↑Wahlen).

Proporz, 1) Bez. für die Verteilung von Sitzen und Ämtern nach dem Stärkeverhältnis von Parteien, Konfessionen, Volksgruppen, Regionen oder Interessenorganisationen.

2) svw. Verhältniswahl.

Propst [lat.], in der *kath.* Kirche Titel für den ersten Würdenträger eines Domkapitels *(Dom-P.)* oder Kollegiatkapitels *(Stifts-P.).* – In einigen *ev.* Kirchen svw. Superintendent oder Träger eines bes. geistl. Amtes.

Propyläen [griech.], Eingang zu einem Heiligtum bzw. hl. Bezirk; Durchgangshalle mit Säulenfronten und innenliegender Türwand; berühmt sind die P. der Akropolis von Athen (438 bis 432 erbaut). Die Säulenfronten der Athener P. wurden Vorbild zahlr. profaner Anlagen aus hellenist. und röm. Zeit.

Propylen (Propen) [griech.], C_3H_6, gasförmiger Kohlenwasserstoff aus der Reihe der Alkene; Siedetemperatur $-47,7\,°C$; wicht. Primärprodukt der Petrochemie Ausgangsmaterial für die Kunststoffsynthese.

```
        H
        |
      H-C-H
        |
      H-C-H
        |
      O=C-OH
```

Propionsäure (C_2H_5COOH)

Prorektor, Stellvertreter des Rektors an Hochschulen; auch stellvertretender Rektor an Grund-, Haupt- und Sonderschulen.

Prorogation [lat.], 1) Aufschub, Vertagung; Amtsverlängerung.
2) *Recht:* Zuständigwerden eines an sich unzuständigen ordentl. Gerichts erster Instanz durch Vereinbarung der Parteien eines Zivilprozesses.

Prosa [lat.], alle sprachl., literar. Darstellungsformen, die nicht an den ↑Vers gebunden sind.

Proselyt [griech.], urspr. ein zum Judentum übergetretener Heide; heute jemand, der sein Bekenntnis gewechselt hat.

Proserpina ↑Persephone.

Pro Sieben, private dt. Fernsehanstalt mit Sitz in München; Sendebeginn 1989 (bis 1994 unter dem Namen Pro 7).

Proskynese [griech.], Fußfall, bei dem der Boden mit der Stirn berührt wird. – In der kath. Liturgie ist die P. *(Prostration)* bei feierl. Mönchsprofeß, bei Weihen und bei der Segnung des Abtes üblich.

Prosodie [griech.], in der Antike die Lehre vom Akzent und den Silbenquantitäten; heute als Hilfsdisziplin der Metrik die Lehre von den für die Versstruktur grundlegenden Elementen einer Sprache.

Prospekt [lat.], 1) *Malerei und Graphik:* Stadt-, Landschaftsansicht als Gemälde, Stich o. ä.
2) *Orgelbau:* Schauseite der Orgel, bestehend aus den entsprechenden Teilen des Gehäuses und den P.pfeifen.
3) *Werbung:* eine Druckschrift, die eine Information mit Werbeinhalt über das angebotene Produkt enthält.
4) *Theater:* (perspektivisch) gemalter Hintergrund einer Bühne (bes. 17./18. Jh.).
5) *Bank- und Börsenverkehr:* die gemäß §38 des Börsengesetzes vorgeschriebene Offenlegung über Vermögensverhältnisse, Ertragsgrundlagen und Inanspruchnahme des Kapitalmarktes bei der Einführung von Wertpapieren.

Prospektion [lat.], das Aufsuchen nutzbarer Bodenschätze.

prosperieren [lat.-frz.], gedeihen, gut vorankommen.

Pross, Helge, *Düsseldorf 14. 7. 1927, † Gießen 2. 10. 1984, dt. Soziologin. Verfaßte v. a. krit. Arbeiten über die soziale Diskriminierung der Frau.

Prostaglandine [griech./lat.], aus ungesättigten Fettsäuren in zahlr. Organen gebildete hormonähnl. Substanzen mit u. a. gefäßerweiternder (d. h. blutdrucksenkender), wehenauslösender und Erschlaffung der Bronchialmuskulatur hervorrufender Wirkung.

Prostata [griech.] (Vorsteherdrüse), häufig in paarige Drüsenkomplexe mit getrennten Ausführgängen gegliederte Geschlechtsdrüse der ♂ Säugetiere. Die P. ist beim Mann etwa kastaniengroß und umfaßt die Harnröhre; sie sondert ein alkalisches Sekret ab, das den Hauptanteil des Samenergusses ausmacht und die Beweglichkeit der Samenzellen fördert.

Prostatahypertrophie, Alterserkrankung des Mannes in Form einer gutartigen Wucherung (Adenom) der Vorsteherdrüse (bes. der periurethralen Drüsen) mit nachfolgender Harnentleerungsstörung.

prosthetische Gruppe [griech./dt.] ↑Enzyme, ↑Proteine.

prostituieren, der Prostitution nachgehen; übertragen: seine eigene Überzeugung gegen Geld oder Gewährung anderer Vorteile aufgeben.

Prostitution [lat.], die Ausübung von Sexualität als gewerbsmäßig betriebene Dienstleistung. Nach dem Recht der BR Deutschland ist die Prostitution nicht strafbar, jedoch ihre Vermittlung. ↑Zuhälterei.

Prostration [lat.] ↑Proskynese.

Proszenium [griech.-lat.], vorderer Teil der Bühne zw. Vorhang und Orchestergraben.

prot..., Prot... ↑proto..., Proto...

Protactinium, chem. Symbol **Pa**, radioaktives chem. Element aus der Reihe der Actinoide des Periodensystems der chem. Elemente; Ordnungszahl 91; Schmelztemperatur <1600°C; Dichte 15,37 g/cm³; silberweißes Metall, entsteht beim natürl. radioaktiven Zerfall des Uranisotops U 235.

Protagonist [griech.], 1) Hauptdarsteller im altgriech. Theater.
2) Vorkämpfer.

Protagoras, *Abdera um 480, † um 411, griech. Philosoph. Entwarf 443 für Perikles die Verfassung für eine griech. Kolonie in Unteritalien. Bed. Vertreter der ↑Sophisten; Maxime: »Der Mensch ist das Maß aller Dinge«.

Proteasen [griech.], die hydrolyt. Spaltung der Peptidbindungen von Proteinen und Peptiden katalysierende Enzyme; z. B. die ↑Peptidasen und die substratunspezif. Proteinasen.

protegieren [proteˈʒiːrən; lat.-frz.], begünstigen, bevorzugen.

Proteide [griech.], ↑Proteine.

Proteinasen [...te-i...; griech.] ↑Proteasen.

Proteinbiosynthese (Proteinsynthese, Eiweißsynthese), der Vorgang, bei dem die Reihenfolge der Basen (Basensequenz) der DNS in eine bestimmte Aminosäuresequenz (Reihenfolge der Aminosäuren im Proteinmolekül) übersetzt wird *(Translation)*. Bildungsort der Proteine sind die ↑Ribosomen. Die genet. Information für den Proteinaufbau befindet sich in der DNS des Zellkerns. Folglich muß ein »Vermittler« die genet. Information aufnehmen und sie zu den Ribosomen im Zellplasma bringen. Diese Aufgabe hat die m-RNS (Boten-RNS), die eine Art Arbeitskopie der DNS ist, an der sie durch *Transkription* gebildet wird. Jeweils drei aufeinanderfolgende Basen der einen RNS, die ein Codon bilden, kodieren für eine Aminosäure. Die im Plasma gebildeten Aminosäuren müssen mit einer weiteren RNS, der t-RNS (Transport-RNS) zu den Ribosomen gebracht werden. – Im einzelnen werden zunächst die 20 verschiedenen Aminosäuren, die die Bausteine der Proteine darstellen, mit Hilfe von ATP (↑Adenosinphosphate) aktiviert und an das eine Ende einer t-RNS geknüpft. Für jede Aminosäure gibt es eine bis mehrere spezif. t-RNS. Die beladenen t-RNS lagern sich nacheinander an den Ribosomen mit ihrem an einer bestimmten Stelle des Moleküls gelegenen Anticodon (das ebenfalls aus drei Basen besteht und zu dem entsprechenden Codon der m-RNS komplementär ist) an das jeweilige Codon der m-RNS an. Hierbei wird eine Peptidbindung zw. der neu hinzukommenden Aminosäure und der vorangegangenen geknüpft und gleichzeitig die t-RNS der vorangegangenen Aminosäure freigesetzt. Die Synthese beginnt an einem Startcodon der m-RNS *(Initiator)* und läuft weiter *(Elongation)*, bis auf der m-RNS ein Stoppcodon erscheint *(Termination)*. Nach Beendigung der Aminosäurekette, d. h. nach Fertigstellung des Proteins, zerfällt das Ribosom in seine beiden Untereinheiten; es kann anschließend mit einer anderen m-RNS zu einer neuen Synthese zusammentreten.

Proteine

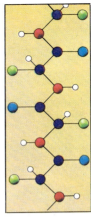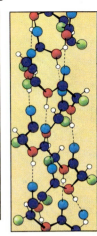

Proteine. Oben: Schematischer Aufbau eines Proteinmoleküls (Polypeptidkette) ◆ Unten: Räumlicher Aufbau eines Proteinmoleküls in Form einer Wendel (α-Helix); die gestrichelten Bindungen sind Wasserstoffbrückenbindungen; die Farben bedeuten: violett C (Kohlenstoff), rot N (Stickstoff), blau O (Sauerstoff), grün R (Aminosäurerest), weiß H (Wasserstoff)

Proteine [griech.] (Eiweiße, Eiweißstoffe), aus bis zu 2 000 Aminosäuren zusammengesetzte Makromoleküle mit charakterist. Peptidbindung (↑Peptide). P. sind lebenswichtige Bestandteile der Zellen aller Organismen, u. a. als Gerüst- und Stützsubstanzen, als Enzyme und zahlr. Hormone (↑Keratine, ↑Kollagene, ↑Albumine, ↑Globuline). *Aufbau:* Als *Primärstruktur* wird die Aufeinanderfolge der Aminosäuren bezeichnet; die *Sekundärstruktur* ist durch Ausbildung von Wasserstoffbrücken zw. CO- und NH-Gruppen der Peptidketten gekennzeichnet (schraubenartig gewundene α-Helixstruktur bzw. aufgefaltete Faltblattstruktur). Durch kovalente Bindungen kommt es zur *Tertiärstruktur*, durch Aggregation mehrerer

Polypeptidketten entsteht eine *Quartärstruktur*. Neben einfachen P. gibt es zusammengesetzte P. *(Proteide)*, die z. B. Metalle, Farbstoffe (als *prosthetische Gruppe*), Phosphorsäure und Kohlenhydrate enthalten. Durch Einwirken von Temperaturen über 60 °C, durch starke pH-Wert-Änderungen und bestimmte organ. Lösungsmittel wird die P.struktur irreversibel zerstört (Proteindenaturierung). P. bestehen zu einem beträchtl. Teil aus essentiellen ↑Aminosäuren, die nur von Bakterien und Pflanzen aufgebaut werden können. Um die essentiellen Aminosäuren zu erhalten, müssen Mensch und Tier P. über die Nahrung (Pflanzen, Fleisch, Eier, Milch) aufnehmen.

Protektionismus [lat.-frz.], eine [Außen]wirtschaftspolitik, die dem Schutz der Binnenwirtschaft vor ausländ. Konkurrenten dient. Maßnahmen sind Zölle, Kontingentierung, Devisenbewirtschaftung, Einfuhrbeschränkungen und -verbote.

Protektorat [lat.], völkerrechtliche Staatenverbindung auf der Basis der Ungleichheit. Der unter dem Schutz eines anderen Staates oder einer Staatengemeinschaft stehende Staat (ebenfalls Protektorat gen.) behält seine Völkerrechtsfähigkeit, er überträgt nur einzelne Kompetenzen – etwa auswärtige Beziehungen, Verteidigung – auf den Protektorstaat.

Protektorat Böhmen und Mähren, nat.-soz. Bez. für die von Hitler im März 1939 dem Dt. Reich eingegliederten tschech. Gebiete, die dem sog. Reichsprotektor unterstanden.

Proteolyse [griech.], (enzymat.) Aufspaltung von Proteinen in Aminosäuren.

Proterozoikum [griech.], der jüngere Zeitabschnitt der Erdfrühzeit. ↑Geologie (Übersicht Erdzeitalter).

Protest [italien.], **1)** Mißfallensbekundung.
2) *Wechsel- und Scheckrecht:* ↑Scheckprotest, ↑Wechselprotest.

Protestantismus [lat.], Gesamtheit der maßgeblich von der ↑Reformation bestimmten christl. Kirchen und Bewegungen. Die Bez. geht zurück auf die ↑Protestation von Speyer (1529). Der P. umfaßt alle theol. Richtungen und konfessionellen Gruppen auf ev. Seite im 16. Jh. sowie die in der Folgezeit aus ihnen hervorgegangenen Kirchen und Gemeinschaften. – Als *Lehre* des P. gelten die zentralen theol. Aussagen der Reformatoren: Der Mensch ist Sünder. Seine Rechtfertigung geschieht allein durch Christus, allein aus Gnade und allein durch den Glauben. Die Bibel ist einzige Offenbarungsquelle. – Die Zugehörigkeit zum P. ist nicht leicht zu begrenzen. Eine *Einheit* des P. ist deshalb weder in einer kirchl. Institution zu erkennen noch durch kirchl. Bekenntnisse zu sichern. Dennoch bemüht sich der P. in der ökumen. Bewegung auch um institutionelle Einigung.

Protestation von Speyer, Einspruch der ev. Reichsstände gegen den Beschluß der altkirchl. Mehrheit auf dem Reichstag von Speyer 1529, am Wormser Edikt von 1521 festzuhalten. Der Reichstagsabschied setzte sich über die P. v. S. hinweg.

Protestsong, Gattung politisch engagierter Lieder.

Prothallium [griech.] (Vorkeim), thallöser Gametophyt der Farnpflanzen, an dem die Fortpflanzungsorgane entstehen.

Prothetik [griech.], medizinisch-techn. Wissenschaftszweig, der sich mit der Konstruktion von Prothesen und Orthesen befaßt. Als *Prothesen* werden alle [mechan.] Vorrichtungen bezeichnet, die zum Funktions- und/oder kosmet. Ersatz nicht oder nur unvollständig vorhandener Körper- oder Organteile im und am Körper dienen. – *Orthesen* sind techn. Hilfen, denen zum Ausgleich von Funktionsausfällen der Extremitäten oder der Wirbelsäule Stützfunktionen zukommen.

Prothrombin, Vorstufe des für die Blutgerinnung wichtigen Thrombins.

Protium [griech.] ↑Wasserstoff.

proto..., Proto..., prot..., Prot... [griech.], Bestimmungswort von Zusammensetzungen mit der Bedeutung »erster, wichtigster; Ur...«.

Protokoll [griech.-mittellat.], **1)** förml. Niederschrift; schriftl. Zusammenfassung der wesentl. Punkte einer Besprechung; Tagungsbericht.
2) die Gesamtheit der im *diplomat.* und *völkerrechtl. Verkehr* der Staaten gebräuchlichen und eingehaltenen Formen.

Protokolle der Weisen von Zion, angebl. Niederschriften einer jüd. Geheimtagung, die Pläne für die Errichtung einer jüd. Weltherrschaft enthalten; antisemit. Fälschung unbekannter Herkunft; erstmals 1905 in Rußland veröffentlicht; 1921 in der Londoner »Times« als Fälschung entlarvt; spielten in der antisemit. Propaganda des Nat.-Soz. eine wichtige Rolle.

Protolyse (Säuredissoziation), chem. Reaktion, bei der von einem Protonendonator (Säure) Protonen an einen Protonenakzeptor (Base) abgegeben werden. ↑auch Säure-Base-Theorie.

Proton [griech.], physikal. Symbol **p** oder **H⁺**, schweres, positiv geladenes, stabiles ↑Elementarteilchen aus der Gruppe der Baryonen, das den Kern des leichten Wasserstoffatoms bildet und zus. mit dem Neutron Baustein aller Atomkerne ist. Das P. ist Träger einer positiven Elementarladung und besitzt ein magnet. Moment. Im Gegensatz zu freien Neutronen sind freie P. leicht durch Ionisierung von Wasserstoffatomen zu erhalten; sie entstehen ferner bei einer Reihe von Kernprozessen, bei Kernspaltungen und Kernzertrümmerungen sowie beim Betazerfall des freien Neutrons.

Protonenzahl ↑Atom.

Protostomier [griech.] (Urmundtiere), Stammgruppe des Tierreichs, bei der der Urmund zur Mundöffnung wird und der After sekundär durchbricht. Die P. umfassen knapp eine Mio. Arten, u. a. Platt- und Schlauchwürmer, Gliedertiere, Weichtiere, Tentakelträger. – Ggs. ↑Deuterostomier.

Prototyp, Urbild, Muster, Inbegriff; in der *Technik* Probemodell (z. B. eines Autos).

Protozoen [griech.] (Urtierchen, Protozoa), Unterreich der Tiere (tier. ↑Einzeller) mit rd. 20 000 bekannten etwa 1 µm bis 2 mm großen rezenten Arten; fossile Formen bis 10 cm groß; ein- oder mehrkernig, Zelloberfläche meist nackt und weitgehend formveränderlich (z. B. bei Amöben). Die Fortpflanzung erfolgt ungeschlechtlich durch Zweiteilung, Vielfachteilung oder Knospung, bei vielen P. auch geschlechtlich durch Kopulation oder Konjugation. Zahlr. P. können ungünstige Lebensbedingungen als Dauerstadien (Zysten) überstehen. P. bewegen sich mit Hilfe von Scheinfüßchen, Geißeln oder Wimpern fort; sie leben einzeln oder bilden Kolonien (im Meer und Süßwasser); einige sind gefährl. Krankheitserreger.

Protuberanzen [lat.], über die Chromosphäre der Sonne hinausragende glühende Gasmassen; auf der Sonnenscheibe vorkommende P. werden wegen

Provence. Blühende Lavendelfelder

ihrer fadenförmigen Struktur auch als *Filamente* bezeichnet.

Protzner, Bernd, *Kulmbach 23. 8. 1952, dt. Politiker (CSU). Lehrer; seit 1990 MdB; seit 1995 Generalsekretär der CSU.

Proudhon, Pierre Joseph [frz. pru'dõ], *Besançon 15. 1. 1809, † Paris 19. 1. 1865, frz. Frühsozialist und Schriftsteller. In seiner Schrift »Was ist Eigentum?« (1840) forderte P. die gleichmäßige Verteilung des Produktionseigentums zugunsten einer Vielzahl von Kleinproduzenten.

Proust, Marcel [frz. prust], *Paris 10. 7. 1871, † ebd. 18. 11. 1922, frz. Schriftsteller. Schuf eine durch die Technik des inneren Monologs und der assoziativen Verknüpfung aktueller mit früheren Bewußtseinsinhalten gekennzeichnete psycholog. Methode zur Wiedergewinnung der »verlorenen Zeit«, der Vergangenheit, durch die Erinnerung. Sein Hauptwerk, der siebenteilige Romanzyklus »Auf der Suche nach der verlorenen Zeit« (1913–27) ist eine monumentale Darstellung der Pariser Aristokratie und des Großbürgertums in der Zeit vor dem 1. Weltkrieg.

Provence [frz. prɔ'vãːs], histor. Gebiet in SO-Frankreich, zw. Dauphiné im N, unterem Rhonetal im W, Mittelmeer im S und der italien. Grenze im O.
Geschichte: 121 v. Chr. röm. Prov. Gallia transalpina (später nach der Hauptstadt *Narbonensis* gen.); um 536 fränk.; 855–863 und 879–933 selbständiges Kgr. (Niederburgund). Die nach 950 gebildete Gft. P. kam ab 1246 an verschiedene Linien des Hauses Anjou, 1481 an die frz. Krondomäne. – Abb. S. 2733.

Provence-Alpes-Côte d'Azur [frz. prɔvãsalpkotda'zyːr], Region in SO-Frankreich, 31 400 km², 4,26 Mio. E, Hauptstadt Marseille.

Provenzalisch, zu den roman. Sprachen gehörende Sprache, die im südl. Drittel des frz. Staatsgebiets in drei Dialektgruppen gesprochen wird und sich aus dem südlich der Loire gesprochenen Volkslatein entwickelt hat; heute vielfach auch als †Okzitanisch bezeichnet. Die altprovenzal. Literatursprache (10. bis 13. Jh.) wurde als Sprache der Troubadours auch von den Minnedichtern in Italien und auf der Iber. Halbinsel verwendet. Im 19. Jh. wurden, ohne Anknüpfung an das Altprovenzal., moderne Mundarten in der Dichtung verwendet.

provenzalische Literatur, südfrz. Literatur in verschiedenen Mundarten. Im Zentrum stand die *Lyrik* der Troubadours. Um 1120 entstand in provenzal.-frz. Mischsprache der »Alexanderroman« des Albéric de Besançon, um 1240 der kulturhistor. bed. Liebesroman »Flamenca«. Eine Erneuerung der Troubadourdichtung und Betonung des Eigenwertes der provenzal. Sprache wurde im 19. Jh. durch die *neuprovenzal. Literatur* des Dichterbundes der »Félibres« unter der Leitung von F. Mistral betrieben.

Proverb (Proverbium), svw. †Sprichwort.

Providence [engl. 'prɔvɪdəns], Hauptstadt des Staates Rhode Island, USA, an der weit ins Landesinnere reichenden Narragansett Bay, 157 200 E. Univ. (gegr. 1764); Hafen.

Provinz [lat.], **1)** im antiken Rom ab 228/227 Verwaltungsbezirke außerhalb Italiens.
2) staatl. Verwaltungsbezirke mit Selbstverwaltungsrechten, aber ohne Autonomie.

Provinzial [mittellat.], im kath. Ordensrecht der Obere einer Ordensprovinz.

Provision [italien.], erfolgsabhängige Vergütung insbes. der Handelsvertreter bzw. Gebühr für bestimmte Bankgeschäfte.

provisorisch [lat.-frz.], vorläufig, behelfsmäßig; probeweise.

Provokation [lat.], Herausforderung; Aufwiegelung.

proximal [lat.], in der *Anatomie* und *Medizin* näher zur Körpermitte bzw. zu charakterist. Bezugspunkten hin liegend als andere Körper- oder Organteile.

Prozedur [lat.], **1)** *allg.:* svw. (zeitaufwendiges, umständl.) Verfahren.
2) *Datenverarbeitung:* in einer problemorientierten Programmiersprache geschriebenes Programm oder ein Programmteil *(Unterprogramm),* der über eine bestimmte P. anweisung aufgerufen werden kann.

Prozent [italien.], Zeichen %, Abk. **p. c.,** Hundertstel; z. B. 4 % von 17 kg =

0,68 kg; **prozentual,** im Verhältnis zum vollen Hundert bzw. zum Ganzen, in Prozenten ausgedrückt.

Prozeß [lat.], allg. svw. Verlauf, Ablauf, Hergang, Entwicklung. Im *Recht* ein gerichtl. bzw. gerichtsförmiges Verfahren mit dem Ziel einer richterl. Entscheidung. Der P. beginnt im allg. mit der Erhebung einer Klage, die das P.rechtsverhältnis (Verhältnis zw. den P.beteiligten zueinander und zum Gericht) begründet. Über den geltend gemachten Anspruch darf das Gericht nur entscheiden, wenn der P. zulässig ist. Ist das nicht der Fall, so wird die Klage ohne jegl. Sachprüfung als unzulässig durch ein sog. *P.urteil* abgewiesen, anderenfalls tritt das Gericht in die Sachprüfung ein, indem es das Vorbringen der P.beteiligten und das Ergebnis der Beweisaufnahme in tatsächl. und rechtl. Hinsicht würdigt, und erläßt sodann das Urteil. Dieses wird rechtskräftig, wenn keine Rechtsmittel eingelegt werden, womit der P. beendet ist. Die *P. kosten,* d. h. Kosten, die ein P.beteiligter unmittelbar aufwenden muß, um den Rechtsstreit zu führen, sind i. d. R. von der unterliegenden Partei zu tragen. Sie setzen sich aus den Gerichtskosten und den außergerichtl. Kosten (z. B. Anwaltsgebühren) zusammen.

Prozession [lat.], in den *christl. Liturgien* seit dem 4. Jh. ein feierl. Geleiten oder gemeinsames Gehen in oder außerhalb der Kirche.

Prozessionsspinner (Thaumetopoeidae), v. a. in Europa, N-Afrika und W-Asien verbreitete Fam. der Nachtfalter mit rd. 100 z. T. als gefährliche Forstschädlinge gefürchteten Arten (in Deutschland z. B. der *Eichen-P.* und der *Kiefern-P.*); Raupen wandern oft in geschlossenen Reihen zur Fraßstelle und wieder zurück.

Prozeßkostenhilfe, in verschiedenen Prozeßordnungen vorgesehenes Recht auf einstweilige oder dauernde Befreiung einer minderbemittelten Partei von den Prozeßkosten, sofern der Prozeß für die Partei hinreichende Aussicht auf Erfolg bietet.

Prozeßkunst, Richtung der zeitgenöss. Kunst, die in einem noch nicht durch konventionelle Handhabung festgelegten Geschehensablauf die Aufmerksamkeit für Dinge, die i. d. R. nicht bewußt wahrgenommen werden, zu wecken sucht; wird meist auf Film und Videoband aufgezeichnet.

Prozeßmaximen (Prozeßgrundsätze), allg., der Durchführung eines rechtsstaatl. Verfahrens dienende Grundsätze. Die wichtigsten P. sind: Öffentlichkeit, Mündlichkeit und Unmittelbarkeit der Verhandlung, der Grundsatz des rechtl. Gehörs sowie der Verhandlungsgrundsatz, Verfügungs- und Untersuchungs-

Providence. Das Stadtzentrum mit dem State Capitol (1896–1904) in der Bildmitte

Prozessionsspinner. Wandernde Raupen des Eichenprozessionsspinners

Prozessor

grundsatz; ferner im Strafprozeß das Offizialprinzip.
Prozessor [lat.], zentraler Teil einer elektron. Datenverarbeitungsanlage; enthält das Rechenwerk und Steuerwerk (↑Datenverarbeitung). ↑Mikroprozessor.

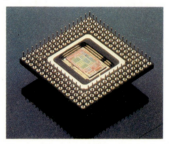

Prozessor. Prozessor i 486 der Firma Intel auf Trägermaterial mit Kontaktstiften; der eigentliche Prozessor (in der Mitte) besteht aus einem einzigen Chip (Mikroprozessor)

Prozeßrechner, Datenverarbeitungsanlage, die zur Verarbeitung von Prozeßdaten und zur Steuerung von Prozessen eingesetzt wird (↑Datenverarbeitung).
Prschewalskigebirge ↑Kunlun.
Prschewalskipferd [nach dem russ. General und Asienforscher Nikolai Michailowitsch Prschewalski, *1839, †1888] (Przewalskipferd, Wildpferd, Urwildpferd), urspr. mit mehreren Unterarten in weiten Teilen Europas und Asiens verbreitete Pferdeart, Stammform der Hauspferde. Das P. ist heute bis auf wenige Tiere der Unterart Östl. Steppenwildpferd (Mongol. Wildpferd) ausgerottet. Diese haben einen stämmigen, etwa 2,2–2,8 m langen Körper, einen dicken Hals, massigen Kopf und eine Schulterhöhe von rd. 1,2–1,45 m.
Prud'hon (Prudhon), Pierre-Paul [frz. pry'dõ], *Cluny 4. 4. 1758, † Paris 16. 2. 1823, frz. Maler. Mythologisch-allegor. Bilder und Porträts; meisterhafte Zeichnungen.
Prüfbit, in modernen Rechnern ein oder mehrere ↑Bits im Byteformat, die eine Kontrolle (und eine Korrektur von Verfälschungen) einzelner ↑Bytes ermöglichen. Die einfachste Form des P., das *Paritätsbit,* erlaubt nur die Erkennung eines einzigen Fehlers.
Pruntrut ↑Porrentruy.

Prunus [lat.], Gatt. der Rosengewächse mit rd. 200 Arten, v. a. in den gemäßigten Zonen; meist sommergrüne Bäume und Sträucher. In Deutschland sind v. a. Traubenkirsche, Schlehdorn und Vogelkirsche heimisch. Wichtige Kulturpflanzen sind Sauerkirsche, Süßkirsche, Mandelbaum, Pflaumenbaum, Pfirsichbaum und Zierpflanzen wie Japan. Kirschen und Kirschlorbeer.
Prus, Bolesław, eigtl. Aleksander Głowacki, *Hrubieszów (Woiwodschaft Zamość) 20. 8. 1847, † Warschau 19. 5. 1912, poln. Schriftsteller. Bed. Vertreter des poln. Realismus; als sein Hauptwerk gilt der histor. Roman »Der Pharao« (1897).
Pruth, linker Nebenfluß der Donau, Grenzfluß zw. Rumänien, der Ukraine und (hauptsächlich) Moldawien, entspringt in den Waldkarpaten, mündet östlich von Galați, 950 km lang.
Przemyśl [poln. 'pʃɛmɨɕl], poln. Stadt am mittleren San, 64 900 E. Bed. Ind.-Standort. Spätgot. Kathedrale (1460 bis 1571; barockisiert), daneben der 71 m hohe barocke Uhrturm; Schloß (1343; wiederaufgebaut).
Przemysliden [pʃɛ...] (Přemysliden), böhm. Herrschergeschlecht, seit dem 9. Jh. als Herzöge belegt. Unter König Ottokar II. (⚭ 1253–78) erlangte Böhmen eine Großmachtstellung. 1306 starben die P. im Mannesstamm aus.
Przewalskipferd [pʃɛ...] ↑Prschewalskipferd.
Przybyszewski, Stanisław [poln. pʃɨbɨ'ʃɛfski], *Łojewo bei Kruszwica (Woiwodschaft Bydgoszcz) 7. 5. 1868, † Ja-

Prschewalskipferd

ronty 23.11.1927, poln. Schriftsteller. Bed. Vertreter des ↑Jungen Polen; schrieb in dt. und poln. Sprache, u.a. »Satans Kinder« (R., 1897, poln. 1899).

PS, 1) Einheitenzeichen für Pferdestärke.
2) Abk. für ↑Postskript.

Psalmen [griech.], alttestamentarische Lieder; die Sammlung der P. (Abk. **Ps.**) enthält 150 Lieder, die in fünf Bücher unterteilt sind. Die in den P.überschriften genannten Namen Mose, David und Salomo sind in der Mehrzahl keine Verfassernamen. – In der kath. Liturgie sind die P. ein wichtiger Bestandteil der im Sprechgesang vorgetragenen Gesangstexte (↑Psalmtöne; ↑Psalmodie); daneben gibt es auch andere musikal. Formen, z.B. mehrstimmige P.vertonungen.

Psalmodie [griech.], Psalmenvortrag im gehobenen Sprechgesang der ↑Psalmtöne, auch die aus ihm hervorgegangenen Formen des Gregorian. Gesangs.

Psalmtöne, die dem System der Kirchentonarten untergeordneten Melodiemodelle, die im Vortrag den jeweiligen Psalmtexten angepaßt werden. Für die P. ist ein Gerüst melod. Formeln charakteristisch.

Psalter (Psalterium) [griech.], 1) Buch der Psalmen im AT.
2) mittelalterl. liturg. Textbuch der Psalmen zur feierl. Rezitation im Stundengebet.

Psalterium [griech.], 1) *Musik:* etwa vom 8. bis zum 17. Jh. in Europa gebräuchl. Saiteninstrument vom Typ der Zither, dessen 30 und mehr Saiten mit den Fingern oder einem Plektron gezupft werden. Seit dem 9.Jh. dreieckige und trapezförmige Psalterien, seit dem 14.Jh. in »Schweinskopfform«.
2) svw. ↑Psalter.

Psammetich I., † 610 v. Chr., ägypt. König (seit 664). Begründer der 26. Dynastie, befreite Ägypten um 650 von der assyr. Oberhoheit.

pseud..., Pseud... ↑pseudo..., Pseudo...

Pseudepigraphen, 1) antike Schriften, die fälschlich unter dem Namen eines bed. Autors umlaufen.
2) in der prot. Terminologie Bez. für die jüd. Apokryphen.

pseudo..., Pseudo..., pseud..., Pseud... [zu griech. pseûdos »Lüge«], Bestimmungswort von Zusammensetzungen mit der Bedeutung »fälschlich, falsch, unecht, vorgetäuscht«.

Pseudo-Dionysios Areopagita ↑Dionysios Areopagita.

Pseudoisidorische Dekretalen [...o-i... -], Sammelname für die um die Mitte des 9. Jh. entstandene, einflußreiche kirchenrechtl. Fälschung des MA, mit der die Stellung der Bischöfe gegenüber den Metropoliten und Synoden gestärkt und die Macht des Papstes gefestigt werden sollte. – 1628 als Fälschung bewiesen.

Pseudokrupp, entzündl. Schwellung v.a. der Schleimhäute des Kehlkopfs v.a. bei Kleinkindern, meist verursacht durch Viren. Symptome: Heiserkeit, bellender Husten, [lebensbedrohende] Erstickungsanfälle; tritt oft als Folge von Infektionskrankheiten auf.

Pseudomonaden, Bakterien der Gatt. *Pseudomonas* mit rd. 30 Arten; gewinnen ihre Energie nur durch Atmung; in Boden und Gewässern weit verbreitet; z.T. gefährl. Krankheitserreger (Brand, Rotz).

Pseudonym [griech.], fingierter Name, Deckname, Künstlername; P. sind heute namensrechtlich geschützt.

Pseudosäuren, Bez. für organ. Verbindungen, die auf Grund von ↑Tautomerie in zur Salzbildung befähigte saure Form *(aci-Form)* übergehen.

Psi [griech.], 1) vorletzter (23.) Buchstabe des klass. griech. Alphabets mit dem Lautwert [ps]: Ψ, ψ.
2) *Parapsychologie:* Symbol für Übersinnliches.

Psifunktion, 1) (ψ-Funktion, Schrödinger-Funktion, quantenmechan. Wellenfunktion) eine den quantenmechan. Zustand eines mikrophysikal. Systems beschreibende Funktion der Systemkoordinaten und der Zeit.
2) Bez. für eine psych. Funktion, die für die Erklärung psych. oder psychophys. Wechselwirkungen zw. Subjekt und Objekt angenommen wird, wenn keine sensor. bzw. sensomotor. Vermittlung festzustellen ist.

Psilomelan [griech.] (Hartmanganerz, schwarzer Glaskopf), schwarzes, metall. glänzendes Mineral, chem. MnO_2. Mohshärte 4–6; Dichte 4,4–4,7 g/cm^3; wichtiges Manganerz.

Psittakose [griech.], svw. ↑Papageienkrankheit.

Psoriasis

Psyche. Römische Skulpturengrupp »Amor und Psyche« in Ostia Antica im »Haus des Amor und der Psyche«

Psoriasis [griech.], svw. ↑Schuppenflechte.
psych..., Psych... ↑psycho..., Psycho...
Psychagogik [griech.], Bez. für eine Vielzahl von pädagog.-therapeut. Verfahren bei Verhaltensstörungen (Beratungsgespräche, Gruppengespräche, Entspannungsübungen, Atemgymnastik, Logotherapie, autogenes Training, Meditationen).
Psyche [griech.], die Gesamtheit bewußter und unbewußter seel. Vorgänge und geistiger Funktionen; Seele. In der Antike als geflügeltes Wesen dargestellt, Geliebte des Amor.
psychedelisch [griech.-amerikan.] (psychodelisch), das Bewußtsein verändernd bzw. die Wahrnehmungs- und Erlebnisfähigkeit steigernd (bezogen auf die Wirkung von Halluzinogenen).
Psychiater [griech.], Facharzt für Psychiatrie.
Psychiatrie [griech.], Teilgebiet der Medizin, das sich mit medikamentöser Behandlung seel. Krankheiten befaßt.
psycho..., Psycho..., psych..., Psych... [zu griech. psychē »Seele«], Bestimmungswort zu Zusammensetzungen mit der Bedeutung »Seele, Gemüt«.
Psychoanalyse, Verfahren zur Analyse und Heilung von Neurosen und Hysterien, das um 1900 von S. Freud entwikkelt wurde. Der Patient überläßt sich seinen Einfällen und Assoziationen, erzählt seine Konflikte, Erinnerungen und Träume. Der Therapeut (Psychoanalytiker) sucht die ins Unbewußte verdrängten Erlebnisse, die sich in Symptomen wie Fehlhandlungen, Ängsten und nervösen Störungen ausdrücken, analytisch zu rekonstruieren. Die zugrunde liegenden Erlebnisse sind nach S. Freud im wesentlichen triebhafter und bes. sexueller Natur *(Libido).*
psychodelisch, svw. ↑psychedelisch.
psychogen, seelisch bedingt (v. a. bezogen auf körperl. Symptome und Erkrankungen).
Psychogramm, graph. Darstellung von Eigenschaften und Fähigkeiten einer Persönlichkeit (z. B. in einem Koordinatensystem).
Psychokinese, in der Parapsychologie Bez. für einen physikal. nicht erklärbaren Einfluß eines Menschen auf materielles Geschehen.
Psycholeptika [griech.], svw. ↑Neuroleptika.
Psycholinguistik, interdisziplinäre Forschungsrichtung, die sich u. a. mit den psycholog. Grundlagen der Sprache und mit der Rolle psycholog. Faktoren beim Spracherwerb beschäftigt.
Psychologe [griech.], Beruf mit Hochschulstudium *(Diplom-P.);* der P. ist u. a. beratend tätig, z. B. an Krankenhäusern, Arbeitsämtern, Gefängnissen, Schulen.
Psychologie, Wiss., die sich mit den Formen und Gesetzmäßigkeiten des menschl. Verhaltens und Erlebens befaßt sowie deren Bedingungen untersucht *(Human-P.).* – Das Verhalten von Tieren ist Gegenstand der *Tier-P.* (↑Verhaltensforschung).
Die beiden Hauptbereiche sind die empir. und die theoret. Psychologie. Zur *empir. P.* zählen neben der *allgemeinen P.* (Untersuchung des psych. Grundgeschehens in Wahrnehmen, Denken, Gedächtnis, Fühlen, Wollen) v. a. die Teilgebiete *Entwicklungs-P.* (Beschreibung und Erforschung der ontogenet. Entwicklung des Verhaltens von Individuen und Gruppen), *Ausdrucks-P.* (Analyse menschl. Ausdrucksverhaltens), *experimentelle P.* (Experiment als Erkenntnismethode), *Persönlichkeits-P.* (Analyse persönlichkeitsbildender Faktoren durch Fragebogen, Test, Experiment), *differen-*

ielle P. (Untersuchung von Erleben und Verhalten des Individuums v. a. unter dem Aspekt der individuellen Unterschiede), *Sozial-P.* (befaßt sich mit den sozialen Einflüssen auf Entwicklung und Verhalten eines Individuums). – Bes. enge Beziehungen bestehen zur Medizin. Sie sind v. a. darauf zurückzuführen, daß die Bindungen zw. psych. Gegebenheiten und somat. Erkrankungen untrennbar sind. Im Vordergrund der *medizin. P. (klin. P.)* steht damit die Betrachtung eines kranken Organismus in seiner Gesamtheit und infolgedessen die Behandlung jeweils nicht einer bestimmten organ. Krankheit, sondern eines Individuums ingesamt. – Die *theoret. P.* stellt auf Grund empir. Befunde allgemein Gesetzmäßigkeiten des Psychischen auf.
Als *angewandte P. (prakt. P.)* werden diejenigen Teilgebiete der P. bezeichnet, die psycholog. Erkenntnisse für die verschiedenen Bereiche des wirtschaftl., sozialen und kulturellen Lebens nutzbar machen; sie umfaßt in ihren Teilgebieten weitgehend diejenigen der empir. P. (z. B. Berufs-P., Arbeits-P., Werbe-P., klin. Psychologie).

psychologische Tests, Verfahren zur Untersuchung von Persönlichkeitsmerkmalen (Begabungen, Fähigkeiten, Intelligenz, Fertigkeiten, Einstellungen oder des Entwicklungsstandes) mit standardisiertem Testmaterial. Man unterscheidet Leistungs- und Persönlichkeitstests. – *Leistungstests* haben der Prüfung *grundlegender Fähigkeiten* und *Eigenschaften* der Sinnesorgane und ihrer Reizverarbeitung zum Gegenstand. Um die *Eignung* für die verschiedensten Berufe zu untersuchen, wurden die verschiedensten Eignungstests entwickelt (z. B. Reaktionstest für Kraftfahrer). Für *Intelligenztests* werden stets aus mehreren Einzeltests Testbatterien zusammengestellt. Man untersucht also einzelne geistige Leistungen, von denen man annimmt, daß sie die Intelligenz ausmachen, und setzt daraus ein Gesamtbild (z. B. den Intelligenzquotienten) zusammen oder stellt die Einzelergebnisse als Kurvenzug (Intelligenzprofil) graphisch dar. – *Persönlichkeitstests* versuchen (z. B. mittels Fragebögen) den Ausprägungsgrad bestimmter charakterl. Merkmale wie Aggressivität, Antriebsstärke, Interessen, Affekte, Einstellung zu den verschiedensten Problemen u. ä. zu bestimmen.

Psychometrie [griech.], Sammel-Bez. für psycholog. Forschungen oder Erhebungen, die sich quantitativer (messender) Methoden bedienen (v. a. im Experiment, beim Test).

Psychomotorik, Bez. für alle willkürlich gesteuerten Bewegungsabläufe (wie Gehen, Sprechen).

Psychopathie [griech.], svw. seel. Leiden, das sich u. a. in Affekt- und Verhaltensstörungen äußert.

Psychopathologie, Wiss., die Entstehung, Symptome und Verlauf von Persönlichkeits- und Verhaltensstörungen erforscht.

Psychopharmaka [griech.], Stoffe, die das zentrale und das vegetative Nervensystem beeinflussen. Nach ihrer Wirkung unterscheidet man Neuroleptika und Antidepressiva, i. w. S. auch Stimulanzien und Tranquilizer.

Psychophysik, Teilgebiet der experimentellen Psychologie, das sich speziell mit den Beziehungen zw. Reizintensität und -qualität einerseits und Reizwahrnehmung und -empfindung bzw. -beurteilung andererseits befaßt.

Psychose [griech.], Sammelbegriff für verschiedenartige Krankheitszustände, die mit erhebl. Störungen psych. Funktionen einhergehen, wobei meist offenkundige Fehleinschätzungen der Realität (z. B. durch Wahn, Halluzinationen, schwere Gedächtnis- oder Affektstörungen bedingt) sowie unmotiviert erscheinende Verhaltensänderungen auftreten. Häufig erleben die Betroffenen nicht selbst, sondern ihre Umgebung als verändert und haben im akuten Stadium meist keine Einsicht in die Krankhaftigkeit ihres Zustands. – *Exogene Psychosen* (körperlich begründbare, symptomat. oder organ. P.) heißen solche mit bekannter organ. Ursache (z. B. Infektionskrankheiten, Kopfverletzungen, Tumore, Stoffwechselstörungen, Vergiftungen, Drogen- und Alkoholmißbrauch usw.). Als *endogene Psychosen* (funktionelle oder körperlich nicht begründbare P.) werden einige häufig vorkommende Krankheiten bezeichnet, denen weder organ. noch psychogene Ursachen eindeutig zugeordnet werden können. Es handelt sich v. a. um die *af-*

Psychosomatik

fektiven P. (manisch-depressive P. [»Irresein«]; z. B. die *Affekt-P.* mit krankhaft verändertem Gefühlsleben) und die Gruppe der ↑Schizophrenien.

Psychosomatik [griech.] (psychosomat. Medizin), Richtung der Medizin, die zw. psych. Vorgängen und körperl. (somat.) Erscheinungen einen engen Zusammenhang annimmt. Unbewältigte psych. Konflikte können danach zu Krankheiten führen, z. B. Magen- und Darmgeschwüre, Asthma u. a.

Psychotherapeut, Facharzt für Psychotherapie.

Psychotherapie, die Behandlung von psych. Anomalien und seel. Leiden (insbes. Neurosen). I. d. R. setzt die P. eine Übereinkunft über die Therapieziele zw. Klient und Therapeuten voraus. Neben der Psychoanalyse und psychosomat. Behandlung sind wichtige, allg. anerkannte Behandlungstechniken der P.: *Gesprächstherapie* (der Therapeut versucht, seinen Klienten weder zu kritisieren, zu interpretieren noch suggestiv zu beeinflussen, sondern ihn zu veranlassen, im Gespräch seine Probleme selbst zu analysieren); *Gestalttherapie* (der Klient wird durch Verstärkung der sinnl. Wahrnehmung und der Körpergefühle an die Ganzheit seines leibseel. Erlebens herangeführt), ↑Gruppentherapie und ↑Verhaltenstherapie.

Psychrometer [psyçro...; griech.], im wesentlichen aus zwei Thermometern bestehendes Gerät zur Bestimmung der Luftfeuchtigkeit.

pt, Einheitenzeichen für ↑Pint.

Pt, chem. Symbol für ↑Platin.

Ptah, ägypt. Gott (der Handwerkerkunst).

PTH, Abk. für ↑Parathormon.

Ptolemäer (Lagiden), hellenist. Herrscherdynastie in Ägypten 323–30 v. Chr.; auf eine maßvolle Expansion bis Mitte des 3. Jh. (Kyrene, Zypern, Palästina, südkleinasiat. und thrak. Küste) folgte eine Periode der Schwäche, die zur Anlehnung an Rom und mit dem Tod Kleopatras VII., d. Gr., zur Eingliederung Ägyptens ins Röm. Reich führte.

Ptolemaios, Name von 15 Herrschern des hellenist. Ägypten. Bed. v. a.:
1) Ptolemaios I. Soter (»der Retter«), *in Makedonien um 366, † 283, Satrap (seit 323), König (seit 305). Jugendfreund und Feldherr Alexanders d. Gr. wesentl. an der Aufteilung des Alexanderreiches und den Diadochenkriege beteiligt (301 Gewinn Kyrenes und Palästinas, um 294 Zyperns).
2) Ptolemaios II. Philadelphos (»der Schwesterliebende«), *auf Kos um 308 † 246, Mitregent (seit 285), König (seit 283). ∞ mit Arsinoe I. und Arsinoe II (erste hellenist. Geschwisterehe). Begründete den ptolemäischen Herrscherkult, baute kulturelle Institutionen au (Alexandrin. Bibliothek).

Ptolemais, Name mehrerer nach Ptolemäern ben. antiker Städte; am bedeutendsten: 1. P. in Oberägypten (heute Manschah sö. von Sauhag); 2. das hellenist. Akko.

Ptolemäus, Claudius (Ptolemaeus), *Ptolemais um 100, † Canopus (?) bei Alexandria nach 160, Astronom, Mathematiker und Geograph in Alexandria. Mit seinem das ↑geozentrische System vermittelnden Hauptwerk (in lat. Übersetzung »Almagest« gen.) legte er die erste systemat. Ausarbeitung der mathemat. Astronomie vor. Die zweite große Schrift des P. vermittelt die mathemat. Kenntnisse für die Längen- und Breitenbestimmung von Orten.

Ptyalin [griech.] ↑Amylasen.

Pu, chem. Symbol für ↑Plutonium.

Pub [engl. pʌb], engl. Bez. für Wirtshaus.

Pubertät [lat.], die Entwicklungsphase des Menschen zw. Kindheit und Erwachsensein. Beginn und Ende der P. liegen in M-Europa bei Mädchen etwa zw. dem 11. (erste Menstruation) und 15./16., bei Knaben etwa zw. dem 12. (erste Ejakulation bzw. Pollution) und 16./17. Lebensjahr. Außer durch die Ausbildung der sekundären Geschlechtsmerkmale ist die P. bes. durch Veränderungen hinsichtl. des Körperwachstums gekennzeichnet *(puberaler Wachstumsschub).* Die körperl. Entwicklung in der P. ist mit der geistigen Entwicklung zur sozial selbständigen Individualität verbunden. Bedingt durch das Spannungsverhältnis physiologisch (v. a. hormonal) bedingter Körperveränderungen und noch nicht »geordneten« Geschlechtslebens, ist die P. auch eine Phase sozialer und psych. Unausgeglichenheit. Im Verhalten zeigen sich leicht hervorrufbare, starke Erregtheit,

Puerto Rico

Gefühlsambivalenz und -übersteigerung (»Zerrissenheit«), Protesthaltung (v. a. gegen die Erwachsenenwelt) und soziale Orientierungsschwierigkeiten.

Pubertätsmagersucht (Anorexia mentalis, Anorexia nervosa), v. a. bei jungen Mädchen als psych. Reifungskrise vorkommende extreme Abmagerung durch Nahrungsverweigerung, auch durch (künstlich herbeigeführtes) Erbrechen.

Pubes [lat.], 1) Scham; Bereich der äußeren Geschlechtsorgane. 2) svw. Schambehaarung.

Publicity [engl. pʌˈblɪsɪtɪ; lat.], Bekanntsein in der Öffentlichkeit.

Public Relations [engl. ˈpʌblɪk rɪˈleɪʃənz »öffentl. Beziehungen«] ↑Öffentlichkeitsarbeit.

Public Schools [engl. ˈpʌblɪk ˈskuːlz »öffentl. Schulen«], Privatschulen (Gymnasien) in Großbrit., mit Internat (11–18 Jahre); die bekanntesten P. S. sind Eton College, Rugby School und Winchester College.

Publizist [lat.], Journalist, Schriftsteller, der mit Analysen und Kommentaren zum aktuellen (polit.) Geschehen aktiv an der öffentl. Meinungsbildung teilnimmt.

Publizistik [lat.] (öffentl. Kommunikation), Gesamtheit der am öffentl. Informations- und Meinungsbildungsprozeß beteiligten Massenmedien (v. a. Zeitungen, Film, Hörfunk, Fernsehen), die in diesem Prozeß verbreiteten Aussagen sowie die an ihm beteiligten Personen. Davon abzuheben ist die P.*wissenschaft*.

Puccini, Giacomo [italien. putˈtʃiːni], *Lucca 22. 12. 1858, † Brüssel 29. 11. 1924, italien. Komponist. Gilt als der bedeutendste Vertreter der italien. Oper nach Verdi; u. a. »Manon Lescaut« (1893), »La Bohème« (1896), »Tosca« (1900), »Madame Butterfly« (1900, erweitert 1904), »Turandot« (beendet von F. Alfano, 1926).

Puck [engl.] ↑Eishockey.

Pückler-Muskau, Hermann Fürst von (seit 1822), *Muskau (heute Bad Muskau) 30. 10. 1785, † Schloß Branitz bei Cottbus 4. 2. 1871, dt. Schriftsteller. Erregte literar. Aufsehen durch die teils anonymen, teils pseudonymen Schilderungen seiner Reisen in Europa, N-Afrika und Kleinasien, u. a. in »Briefe eines Verstorbenen« (1830 bis 1832), »Tutti Frutti« (1834).

Pudel. Zwergpudel (Widerristhöhe 28–35 cm)

Pudel, Rasse lebhafter Luxushunde mit wolliger und gekräuselter Behaarung. Man unterscheidet *Groß*-P. (bis 55 cm), *Klein*-P. (bis 45 cm) und *Zwerg*-P. (unter 35 cm schulterhoch).

Pudowkin, Wsewolod Illarionowitsch, *Pensa 28. 2. 1893, † Moskau 30. 6. 1953, sowjet. Filmregisseur. Seine Filme »Die Mutter« (1926), »Das Ende von Sankt Petersburg« (1927) und »Sturm über Asien« (1928) zählen zu den Klassikern des Stummfilms.

Puebla [span. ˈpu̯eβla] (P. de Zaragoza), 1) Hauptstadt des mex. Staates Puebla, am Río Atoyac, 1,22 Mio. E. Zwei Univ.; Museen, Theater; Industriezentrum. Kathedrale (16./17. Jh.), Kirche Santo Domingo (17. Jh.), Kirchen- und Hausfassaden des 16.–18. Jh. mit bunten Fliesen verkleidet. – 1531 gegr., 1862/63 Mittelpunkt des mex. Widerstandes gegen Napoleon III.

2) Staat in Z-Mexiko, 33 902 km², 4,12 Mio. E, Hauptstadt Puebla.

Pueblo [puˈeːblo; span. ˈpu̯eβlɔ »Dorf«], Siedlung der Puebloindianer und ihrer Vorfahren ab etwa 700 n. Chr. im SW der USA; die oberirdisch angelegten mehrstöckigen Wohnbauten aus Lehmziegeln oder behauenen Steinen haben über- und nebeneinandergebaute rechteckige Wohn- und Arbeitsräume.

Puebloindianer, Indianerstämme im sw. Nordamerika. Die Nachkommen der prähistor. Pueblokultur haben zahlr. Gebräuche, v. a. auf dem Gebiet der Sozialordnung und der Religion, bis heute bewahrt.

Puerto Rico, mit den USA assoziierter Staat im Bereich der Westind. Inseln,

Wsewolod Illarionowitsch Pudowkin

Giacomo Puccini

Puerto-Rico-Graben

Puerto Rico. Landschaft im nördlichen Teil der Cordillera Central

Puerto Rico

Wappen

Flagge

umfaßt die gleichnamige Insel sowie die Isla Mona, die Isla Vieques und die Isla Culebra, 8897 km², 3,59 Mio. E, Hauptstadt San Juan.

Staat und Recht: *Verfassung* von 1952. Die *Legislative* liegt beim Zweikammerparlament (Abgeordneten-Haus, 51 Mgl.; Senat 27 Mgl.), das alle 4 Jahre gewählt wird, die *Exekutive* hat der auf 4 Jahre direkt gewählte Gouverneur inne, dem ein Rat von acht Staatssekretären zur Seite steht.

Geschichte: Kolumbus entdeckte die Insel P. R. 1493. Die Spanier importierten ab dem 16. Jh. Sklaven aus Afrika, die überwiegend in Bergwerken und Zuckerrohrpflanzungen arbeiten mußten. Im Span.-Amerikan. Krieg (1898) fiel P. R. an die USA und wurde 1900 als nicht-organisiertes Territorium der Union eingegliedert. 1917 erhielten die Inselbewohner die beschränkte Staatsbürgerschaft der USA; 1952 erhielt P. R. die volle innere Autonomie (Status eines mit den USA assoziierten Territoriums mit dem Recht, über sein zukünftiges polit. Schicksal selbst zu entscheiden). 1967, 1991 und 1993 sprach sich die Bevölkerung für die vorläufige Beibehaltung des gegenwärtigen Zustandes aus.

Puerto-Rico-Graben, Tiefseegraben im westl. Atlantik, nördl. von Puerto Rico, bis 9219 m u. M. (tiefste Stelle des Atlantiks).

Pufendorf, Samuel Freiherr von (seit 1694), *Dorfchemnitz bei Sayda 8. 1. 1632, † Berlin 26. 10. 1694, dt. Staats-, Natur- und Völkerrechtstheoretiker. 1677 Reichshistoriograph und Staatssekretär Karls XII. von Schweden; 1688 Historiograph in Berlin. P. wird die Systematisierung des Naturrechts und des Völkerrechts (»De jure naturae et gentium«, 1672) zugeschrieben; er begründete das individualist. Naturrecht. Mit seiner unter dem Pseud. Severinus de Monzambano veröffentlichten Schrift »De statu imperii germanici, ...« (1667) übte P. Kritik an den Verfassungszuständen im Hl. Röm. Reich.

Puff, Würfelbrettspiel (↑Backgammon). Aus Wendungen wie »mit jemandem P. spielen«, »in den P. (dort, wo P. gespielt wird) gehen« entwickelte sich seit dem Ende des 18. Jh. die Verwendung von P. im Sinn von »Bordell«.

Puffer, 1) *Eisenbahntechnik:* an den Stirnseiten von Schienenfahrzeugen angebrachte federnde Stoßeinrichtung.
2) *elektron. Datenverarbeitung:* (Pufferspeicher, Buffer) zw. der schnellen

Zentraleinheit einer Datenverarbeitungsanlage und einem relativ langsam arbeitenden Gerät (z. B. Printer, Kartenstanzer) eingeführter Datenspeicher zur Zwischenspeicherung von Informationen.
3) *Chemie:* Bez. für eine Lösung, die ihren pH-Wert bei geringem Zusatz starker Säuren oder Basen nur wenig ändert. P.lösungen bestehen meist aus einer schwachen Säure (z. B. Essigsäure) und einem ihrer Salze (z. B. Natriumacetat).

Puffotter, bis 1,5 m lange, über ganz Afrika verbreitete giftige Viper.

Pugatschow, Jemeljan Iwanowitsch, *im Dongebiet um 1742, † Moskau 21. 1. 1775 (hingerichtet), Donkosak. Als angebl. Zar Peter III. Führer eines gegen den russ. Absolutismus gerichteten Volksaufstands (1773–75) im Ural- und Wolgagebiet.

Puget, Pierre [frz. py'ʒɛ], *Marseille 16. 10. 1620, † ebd. 2. 12. 1694, frz. Bildhauer des Barock. Am italien. Barock (Bernini) orientiert; auch Maler; »Karyatiden am Rathausportal in Toulon« (1656/57); »Milon von Kroton« (1682), »Perseus befreit Andromeda« (1684; beide Paris, Louvre).

Puffotter. Gewöhnliche Puffotter (Länge bis 1,5 m)

Pugwash-Bewegung [ˈpʌgwɔʃ...], 1957 in Pugwash (Prov. Nova Scotia, Kanada) von A. Einstein und B. Russell gegr. Vereinigung, die globale Probleme (z. B. Weltentwicklung, Abrüstung) auf internat. Ebene (Pugwash-Konferenzen) zu behandeln und die Auswirkungen von Wiss. und Technik auf Natur und Mensch zu erforschen sucht. Die Vereinigung Dt. Wissenschaftler (VDW) stellt die dt. Sektion der P.-B. dar. Die P.-B. und deren Vors. J. Rotblat erhielten 1995 für ihren Einsatz zur weltweiten Abschaffung von Kernwaffen den Friedensnobelpreis.

Pula (italien. Pola), Hafenstadt an der kroat. Adriaküste, nahe der S-Spitze Istriens, 56 000 E. Archäolog. Museum, Theater; Spielkasino; Seebad. Aus röm ischer Zeit stammen das Amphitheater, der Tempel des Augustus und der Roma, die Porta Aurea. Dom (15. Jh.; mit Resten einer frühchristl. Basilika aus dem 5. Jh.).

Pulcinella [pultʃiˈnɛla; italien.], Figur der Commedia dell'arte: listiger Diener mit Vogelnase, kegelförmigem hohen Hut und weißer Kleidung.

Pulheim, nw. an Köln anschließende Gem., NRW, 49 400 E. U. a. Rohr- und Walzwerk. Im Ortsteil *Brauweiler* Max-Planck-Institut für Züchtungsforschung; größte Schalt- und Umspannanlage Europas. Ehem. Abteikirche (12. Jh.).

Pulitzer, Joseph [engl. ˈpulɪtsə], *Makó bei Szeged 10. 4. 1847, † Charleston (S. C.) 29. 10. 1911, amerikan. Journalist und Verleger ungar. Herkunft. Begründer eines der größten Pressekonzerne der USA; stiftete einen hohen Geldbetrag zur Gründung der School of Journalism an der Columbia University in New York und für die von ihr seit 1917 jährlich vergebenen *Pulitzerpreise* für hervorragende journalist., literar. und musikal. Leistungen.

Pulk (Polk) [slaw.], **1)** *allg.:* Anhäufung [von Fahrzeugen]; Haufen, Schar; Schwarm.
2) *Militärwesen:* [loser] Verband von Kampfflugzeugen oder militär. Kraftfahrzeugen.

Pullach i. Isartal, Gem. am S-Rand von München, 7 700 E. Zentrale des Bundesnachrichtendienstes.

Pulpa [lat.] ↑Zähne.

Pulque [ˈpulkə; indian.-span.], süßes, stark berauschendes mex. Getränk aus vergorenem Agavensaft, urspr. Kultgetränk der Azteken.

Puls [lat.], **1)** i. w. S. jede an den Herzzyklus gekoppelte Strom-, Druck- oder Volumenschwankung innerhalb des Kreislaufsystems; i. e. S. der *arterielle P. (P. schlag),* der als Anstoß der vom Herzschlag durch das Arteriensystem getriebenen Blutwelle an den Gefäßwänden, bes. gut über der Schlagader am Handgelenk zu fühlen ist. Die *Pulsfrequenz* ist die normalerweise mit der Herzfrequenz übereinstimmende Zahl der

Joseph Pulitzer

Samuel von Pufendorf (Ausschnitt aus einem Kupferstich von Joachim von Sandrart)

Pulsadern

P.schläge pro Minute (beim Erwachsenen 60–80 pro Minute).
2) eine Folge regelmäßig wiederkehrender, gleichartiger Impulse.

Pulsadern, svw. ↑Arterien.

Pulsar [lat.], Bez. für eine Quelle kosm. Radiofrequenzstrahlung, die mit großer Regelmäßigkeit Strahlungspulse von einigen Millisekunden Dauer abstrahlt; nach neueren astrophysikal. Ergebnissen handelt es sich um schnell rotierende Neutronensterne; gegenwärtig sind rd. 500 P. bekannt.

Pulver, Liselotte, *Bern 11. 10. 1929, schweizer. Schauspielerin. Erfolge in komödiant. Filmrollen wie »Ich denke oft an Piroschka« (1955), »Das Wirtshaus im Spessart« (1957), »Eins, zwei, drei« (1961), »Kohlhiesels Töchter« (1962).

Pulvermetallurgie, die Herstellung von Werkstoffen und Werkstücken aus pulverförmigem Metall durch Pressen und Sintern; Anwendung bes. bei hochschmelzenden Metallen (z. B. Wolfram), hochwarmfesten Legierungen metallkeram. Werkstoffe (sog. Cermets).

Pulververschwörung (engl. Gunpowder Plot), Verschwörung von kath. Engländern (u. a. Guy ↑Fawkes), die auf Jakob I. am 5. 11. 1605 bei der Parlamentseröffnung ein Sprengstoffattentat verüben wollten, um für die Katholiken größere Freiheiten durchzusetzen; am Tag zuvor aufgedeckt.

Puma [indian.] (Silberlöwe, Berglöwe, Kuguar), früher über N- und S-Amerika verbreitete, heute im Bestand bedrohte, vorwiegend dämmerungs- und nachtaktive, 1–1,8 m körperlange, gut kletternde Katzenart; Einzelgänger. Der P. erbeutet v. a. Säugetiere bis zu Hirschgröße; greift den Menschen nicht an.

Pumpen [niederdt.], Vorrichtungen zum Fördern von Flüssigkeiten, schlammartigen Stoffen oder Gasen bzw. Dämpfen. *Verdränger-P.* arbeiten mit sogenannten Verdrängerkörpern (z. B. *Kolben-P.* mit Kolben, *Membran-P.* mit Membranen, die in einem abgegrenzten Raum bewegt werden und dadurch eine jeweils abgetrennte Flüssigkeitsmenge in periodischer Folge von der Saug- zur Druckseite fördern. P. mit rotierenden Verdrängerkörpern werden als *Umlauf-, Rotations-* oder *Drehkolben-P.* bezeichnet. Zu diesen gehören auch die *Zahnrad-P.*, bei der zwei miteinander kämmende Zahnräder an der sie umschließenden Gehäusewand in den Zahnlücken die Flüssigkeit fördern (häufig Öl-P. an Kfz-Motoren), und die *Roots-Pumpen*, bei sich zwei im Querschnitt achtförmige Drehkolben gegenläufig in einem Gehäuse drehen.

Zur verbreitetsten P.art zählen die zu den Strömungsmaschinen gehörenden *Kreisel-P.*, bei denen die Flüssigkeitsförderung über ein rotierendes (angetriebenes) Laufrad erfolgt. Sonderbauarten von P. sind z. B. die *Strahl-P.*, bei denen ein aus einer Düse mit hoher Geschwindigkeit ausströmendes Treibmittel (z. B. Wasser bei *Wasserstrahl-P.*, Dampf bei der *Dampfstrahl-P.*) die zu fördernde Flüssigkeit (oder auch Gas) aus einer Ansaugkammer mitreißt, *Gasmischheber* oder *Mammut-P.*, deren Funktion auf der Auftriebswirkung eines Flüssigkeits-Gas-Gemisches beruht, sowie *elektromagnet. P.*, die zur Förderung flüssiger Metalle benutzt werden und die dort bei Stromfluß wirksam werdenden elektromagnet. Kräfte ausnutzen.

Puma (Körperlänge bis 1,8 m; Schwanzlänge 60–90 cm)

Zum Fördern von Gasen und Dämpfen werden heute meist als ↑Verdichter bezeichnete Vorrichtungen verwendet. Ein typ. Verdichter ist z. B. die zum Füllen von Fahrzeugreifen verwendete *Luft-P.*, im einfachsten Falle (Fahrrad-P.) ein nach dem Prinzip der Kolben-P. arbeitender Kolbenverdichter. ↑Vakuumtechnik.

Pumpermette (Rumpelmette) ↑Karwoche.

Pumpernickel, ein Brot aus Roggenschrot, das bei niedrigen Backtemperaturen (100–180 °C) in Dampfbacköfen 16 bis 36 Stunden gebacken wird.

Puna, Hochland in den zentralen Anden in S-Peru, Bolivien, N-Chile und N-Argentinien, 3000–4000 m hoch.

Punch [engl. pʌntʃ »Schlag«], **1)** 1841 bis 1992 erschienene brit. satir. Wochenschrift.
2) engl. Name für die Figur des ↑Pulcinella.
3) *Boxsport:* Schlag von großer Wirkung, auch Schlagkraft eines Boxers.

Punchingball [engl. 'pʌntʃɪŋbɔ:l], birnenförmiges, mit Leder überzogenes Trainingsgerät des Boxers.

Pune (Poona), Stadt im ind. Gliedstaat Maharashtra, sö. von Bombay, 1,2 Mio. E. Univ.; Konsumgüterindustrie. 1974–81 und 1985–90 Sitz der Bhagvan-Bewegung.

Punische Kriege, drei Kriege Roms gegen die Karthager *(Punier).* Der *1. Pun. Krieg* (264–241) entwickelte sich zu einem Kampf um Sizilien, das 241 (außer Syrakus) an Rom fiel. – Der *2. Pun. Krieg* (218–201), ausgelöst durch die vertragswidrige Überschreitung des Ebro durch Hannibal, begann mit karthag. Siegen am Ticinus (Tessin) und an der Trebia (Trebbia), 217 am Trasimen. See, 216 bei Cannae. Doch auch nach dem Abfall ital. Bundesgenossen von Rom, dem Abschluß eines Bündnisses Hannibals mit Philipp V. von Makedonien und der röm. Niederlage in Spanien (211) war die Herrschaft Roms über Italien ernsthaft gefährdet; Rom gelang die Unterwerfung von Syrakus (212), Capua (211) und Spanien (211 bis 206). Hannibal wurde 202 bei Zama (Zama Regia) von Scipio Africanus d. Ä. geschlagen, Karthago 201 entmachtet und den Angriffen des numid. Königs Masinissa ausgesetzt, woraus 149 der *3. Pun. Krieg* entstand, der mit der Zerstörung Karthagos durch Scipio Africanus d. J. (146) endete.

Punjab [pʌn'dʒa:b], **1)** Gliedstaat in NW-Indien, 50362 km², 20,282 Mio. E, Hauptstadt Chandigarh. – 1966 als Gliedstaat für die Sikhs geschaffen.
2) Prov. in Pakistan, 205345 km², 53,84 Mio. E, Hauptstadt Lahore.

Punk [engl. pʌŋk; »miserabel, nichts wert«], Jugendlicher, der durch sein Äußeres (Antifrisur und grellfarbige Haare, Kleidung mit Rissen und Löchern u. ä.) bürgerl. Wohlanständigkeit konterkariert. Als *Punkrock* wird seit 1977 eine aggressive, musikalisch einfache Rockmusik bezeichnet, deren meist zynischresignative Texte als Reaktion auf wirtschaftl. und soziale Mißstände entstanden.

Punkt [lat.], **1)** *geometr.* Grundgebilde ohne Ausdehnung, z. B. erzeugt durch den Schnitt von zwei Geraden.
2) *Interpunktion:* als Satzzeichen kennzeichnet der P. das Ende eines Satzes; als Schlußzeichen fungiert er bei abgekürzten Wörtern.
3) *Sport:* Wertungseinheit bei Wettbewerben (↑Punktwertung).

Punktation [lat.], svw. ↑Punktion.

Punktaugen (Ozellen, Einzelaugen, Nebenaugen), bei Gliederfüßern (Tausendfüßern, Spinnentieren, Insekten, vielen Larven) neben Facettenaugen vorkommender, noch kein Bildsehen ermöglichender Augentyp: kleine, punktförmige Augen mit jeweils einer Linse und mehreren, eine Netzhaut bildenden Lichtsinneszellen.

Punktion [lat.] (Punktur, Punktation), Einführen einer Hohlnadel in eine Körperhöhle, ein Gefäß oder ein Organ mit dem Ziel, Körperflüssigkeit oder Gewebeteilchen zu Untersuchungszwecken zu entnehmen und/oder Medikamente einzuführen.

Punktladung, als punktförmig idealisierte elektr. Ladung.

Punktwertung, zahlenmäßige Bewertung in allen Sportdisziplinen; erfolgt nach standardisierten Wertungstabellen; in Wettbewerben, die nicht durch Stoppuhr, Bandmaß oder Trefferzählung entschieden werden können, bewerten *Punktrichter* die Leistungen nach Kriterien wie Schwierigkeit, Ausführungen usw.

Punsch

Punsch [Sanskrit-engl.], heiß getrunkenes Getränk aus (urspr.) fünf Bestandteilen: Rum oder Arrak, Tee, Wasser, Zitrone und Zucker.

Punt, in ägypt. Inschriften häufig gen. Land in Afrika, wohl an der Küste der Somalihalbinsel.

Punta Arenas, chilen. Stadt im Großen Süden, 111 700 E. Hafen an der Magalhãesstraße, internat. ✈.

Punze [lat.-italien.], 1) Stahlgriffel oder Stempel mit mehreren Spitzen (für Treib- und Ziselierarbeiten).
2) in Metalle eingestanzter Garantiestempel.

Pupille [lat.], die schwarz erscheinende Lichteintrittsöffnung (Sehöffnung) des ↑Auges des Menschen und der Wirbeltiere.

Pupillenreaktion, 1) (Pupillenreflex, Lichtreaktion, Irisreflex) ein Fremdreflex, der bei Belichtung des Auges eine Verengung der Pupille bewirkt.
2) (Lidschlußreaktion, Lidschlußreflex) reflexhafte Pupillenverengung bei kräftigem Lidschluß.

Puppe [lat.], 1) Nachbildung der menschl. Gestalt für kult. oder mag. Zwecke, als Figurine für das Puppenspiel, als Spielzeug und als Kleider- und Schaufensterpuppe. – Aus dem Altertum sind P. v. a. als Grabbeigaben überliefert (Ägypten, Griechenland, Rom). In Europa werden P. z. T. bis heute als Votivgaben, Prozessionsfiguren und für Fruchtbarkeits-, Abwehr- oder Schadenzauber (Rachepuppen) verwendet. Bes. P.kultur in Japan. Die *Spielzeugpuppen* kennen fast alle Völker. P. stellten urspr. Erwachsene dar, erst Mitte des 19. Jh. kam die Baby-P. auf. Anfang des 20. Jh. begann die Serie der Charakter- und Künstler-P. u. a. von K. Kruse, E. Konig di Scavini (Firma Lenci Soc.) und S. Morgenthaler.
2) Zoologie: abschließendes, aus dem letzten Larvenstadium hervorgehendes Entwicklungsstadium der Insekten mit vollkommener Verwandlung. Noch unter der Larvenkutikula werden die Anlagen für die Körperanhänge des Vollinsekts (Fühler, Flügel, Beine) ausgestülpt. Zum Schutz der P. kann die verpuppungsreife Larve im Erdboden oder Holz Höhlungen (*P. wiegen*) anlegen oder sich in einen Puppenkokon einspinnen.

Puppe 1). Japanische Gliederpuppe mit Porzellankopf und Echthaar; (um 1860; Stuttgart, Lindenmuseum)

Puppe 2). Oben: freie Raupe ♦ Unten: Tönnchenpuppe

Puppenräuber (Kletterlaufkäfer), in Europa verbreitete Gatt. nützl. Laufkäfer; Imagines und Larven ernähren sich von Schmetterlingsraupen u. a. Insekten.

Puppenspiel (Puppentheater, Figurentheater), Schauspiel mit mechan. bewegten Figuren auf fiktiver Bühne. Man unterscheidet P. mit plast. Figuren (Marionetten, Handpuppen, Stock- oder Stabpuppen) und P. mit bewegl. oder starren Flachfiguren: Schattenspiel, Modell- oder Papiertheater. Das P. bevorzugt volkstüml. Stoffe. Es hat in seiner Entwicklung eine Fülle feststehender Figuren ausgebildet, z. B. Kasperl.

Puranas [Sanskrit], religiöse Texte des Hinduismus in Versen, entstanden etwa Mitte des 1. Jt. n. Chr. (z. T. bis in die Gegenwart fortgeführt); Inhalt: Schöpfung und Neuschöpfung der Welt, Genealogie der Götter und Könige.

Purcell [engl. pə:sl], 1) Edward Mills, *Taylorville (Ill.) 30.8.1912, amerikan. Physiker. Entwickelte unabhängig von F. Bloch die Methode der magnet. Kernresonanzabsorption u. a. zur Untersuchung molekularer Strukturen und chem. Bindungen; Nobelpreis für Physik 1952 (zus. mit F. Bloch).
2) Henry, *London (?) im Sommer oder Herbst 1659, †Westminster (heute zu London) 21.11.1695, engl. Komponist. Bedeutendster engl. Vertreter der Barockmusik; komponierte Opern und »Semioperas« (d. h. mit gesprochenem Dialog), u. a. »Dido and Aeneas« (1689), »The fairy queen« (1692), »The tempest« (1695), Schauspielmusiken, Kantaten, Oden, Lieder, ↑Anthems, Kammer- und Klaviermusik.

Purexprozeß [Kw. aus engl. **P**lutoni**um**-**U**ranium **r**efining by **ex**traction], Verfahren zur Wiederaufbereitung von Kernbrennstoffen.

Purgatorium [lat.], svw. ↑Fegefeuer.

Puri, hinduist. Wallfahrtsort im ind. Gliedstaat Orissa, am Golf von Bengalen, 111 100 E. Kultzentrum des Gottes Vishnu.

Purim [hebr. »Lose, Losfest«], jüd. Fest, das am 14. Adar (Febr./März) gefeiert wird; urspr. zum Gedenken an die Errettung der pers. Juden (Buch ↑Esther); heute ein Volks- und Freudenfest.

Purinbasen [lat./griech.], aus einem Pyrimidin- und einem Imidazolring aufgebaute Verbindungen; z. B. die Nukleinsäurebasen Adenin und Guanin, die Harnsäure sowie die Alkaloide Koffein, Theobromin und Theophyllin.

Purismus [lat.], übertriebene Bestrebungen, eine Nationalsprache bes. von Fremdwörtern rein zu halten; auch allg. für Bestrebungen, eine Sache »rein« zu halten.

Puritaner [lat.-engl.], Vertreter einer Reformbewegung *(Puritanismus)* in England seit etwa 1570, die die Reinigung der Kirche von England von katholisierenden Elementen betrieben; strenger Biblizismus, eth. Rigorismus und konsequente Sonntagsheiligung; reiche Erbauungs- und Predigtliteratur. Mit dem Sieg O. Cromwells beseitigte die P. u. a. das »Common Prayer Book« und vertrieben anglikan. Pfarrer. Nach der Restauration der Stuarts wurden die P. ihrerseits aus dem öffentl. Leben zurückgedrängt (bis zur Toleranzakte von 1689). Viele P. emigrierten in die USA.

Puritanische Revolution, Bez. für den 1642 ausgebrochenen engl. Bürgerkrieg (↑Großbritannien und Nordirland, Geschichte).

Purpur [griech.-lat.], 1) aus Purpurschnecken gewonnenes, violettes Farbstoffgemisch; wurde im Altertum zum Färben von Stoffen verwendet.
2) *Farblehre:* (P.farbe) Bez. für jede Farbe mit einem blauroten bzw. rotblauen Farbton. Ein als *Magenta* bezeichnetes P. ist eine der drei Grundfarben für den Dreifarbendruck.

Purpurschnecken (Leistenschnecken, Stachelschnecken, Muricidae), Fam. meerbewohnender Schnecken mit oft auffällig skulpturierten und bestachel-ten Gehäusen. Eine im Mantelraum liegende Drüse bildet ein farbloses Sekret, das sich im Sonnenlicht leuchtend rot bis purpurviolett verfärbt (↑Purpur).

Pusan, Stadt in Süd-Korea, an der Koreastraße, 3,86 Mio. E. Zwei Univ.; führender Hafen des Landes; wichtiger Ind.-Standort, Fährverkehr mit Schimonoseki (Japan); ✈.

Puschkin, Alexandr Sergejewitsch, * Moskau 6. 6. 1799, † Petersburg 10. 2. 1837, russ. Dichter. Sein umfangreiches lyr., erzähler. und dramat. Werk setzte Maßstäbe für die moderne russ. Literatur(sprache); bes. bekannt sind der Versroman »Eugen Onegin« (1833; Oper von P. Tschaikowski, 1879), der Prosaroman »Die Hauptmannstochter« (1836), die Novelle »Pique Dame« (1834; Oper von Tschaikowski, 1890; auch zahlr. Verfilmungen) sowie die Tragödie »Boris Godunow« (1831; Oper von M. P. Mussorgski, UA 1874).

Alexandr Sergejewitsch Puschkin (Gemälde von Wassili Andrejewitsch Tropinin, 1827; Moskau, Tretjakow-Galerie)

Puschkin, russ. Stadt ssw. von Sankt Petersburg, 89 000 E. Puschkin-Museum; u. a. Elektrogeräte-, Spielwarenfabrik. Ehem. Sommerresidenz der Zaren (bis 1917 Zarskoje Sélo).

Pushball [engl. 'pʊʃbɔːl], Ballspiel zweier Mannschaften (zu je 10–25 Spielern), bei dem ein großer Ball (Durchmesser 1,83 m) über die gegner. Mallinie gebracht werden muß.

Puβta (ungar. Puszta) [eigtl. »kahl, verlassen«], Bez. für die ehem. weiten, baumlosen, durch Weidewirtschaft genutzten Gebiete im Großen und Kleinen Ungar. Tiefland. Nach 1945 bis auf geringe Reste in Kultur genommen.

Pustel [lat.] (Eiterblase), etwa linsengroße Erhebung der Oberhaut, die Eiter enthält.

Pustertal ↑Drau.

Puteoli ↑Pozzuoli.

Putrescin [lat.] (1,4-Diaminobutan), bei der bakteriellen Zersetzung von Proteinen entstehendes, biogenes Amin. P. und das verwandte *Cadaverin* sind die Ursache des Verwesungsgeruchs von Leichen.

Putsch [schweizer. »Stoß«], ein von meist kleineren Gruppen durchgeführter Umsturz bzw. Umsturzversuch zur Übernahme der Staatsgewalt.

Putten [lat.-italien.], (bes. im Barock und Rokoko) Figuren in Gestalt eines kleinen, nackten Knaben (mit Flügeln).

Purpurschnecken. Murex trunculus (Höhe bis 8 cm)

Puttgarden

Puttgarden, Fährhafen an der Vogelfluglinie auf Fehmarn.
Puttkamer, Robert von, *Frankfurt (Oder) 5.5. 1828, † Karzin (bei Stolp) 15.3. 1900, preuß. konservativer Politiker. 1879–81 preuß. Kultus-Min., 1881–88 Innen-Min. und Vize-Präs. des preuß. Staatsministeriums.
Putz, aus Sand, Wasser und Bindemitteln bestehende Mörtelschicht, z. T. mit Kunststoffzusätzen, die auf Innenwänden als Unterlage für Tapeten bzw. Anstriche dient oder Außenwände gegen Witterungseinflüsse schützt. *Innen-P.* ist meist ein sehr feinkörniger Gipsputz. Beim *Außen-P.* wird durch verschiedene Oberflächenbehandlung bzw. Verarbeitung unterschiedl. Aussehen bewirkt. Beim sog. *Sgraffito,* einem mehrfarbigen Kratz-P., wird durch Entfernen der Deckschicht eine darunterliegende andersfarbige Schicht sichtbar gemacht.
Putzerfische (Putzer), Bezeichnung für kleine Fische, die Haut, Kiemen und Mundhöhle v. a. größerer Raubfische von Parasiten und Fremdkörpern säubern.
Puvis de Chavannes, Pierre [frz. pyvisdəʃaˈvan], *Lyon 14. 12. 1824, † Paris 24.10. 1898, frz. Maler. Genoveva-Zyklus im Pariser Panthéon (1876/77, 1897/98).
Puy de Dôme [frz. pɥidˈdoːm], Trachytstock im frz. Zentralmassiv, 1464 m hoch; Reste eines galloröm. Tempels.
Puzo, Mario [engl. ˈpuːzʊ], *New York 15. 10. 1920, amerikan. Schriftsteller italien. Abstammung. Schrieb spannende Unterhaltungsromane: »Mamma Lucia« (1964), »Der Pate« (1969, verfilmt von F. F. Coppola), »Der Sizilianer« (1984, verfilmt von Michael Cimino [*1943]).
Puzzle [ˈpazəl, engl.], Geduldsspiel, v. a. das Zusammensetzen eines Bildes aus vielen kleinen Einzelteilen.
PVC, Abk. für ↑Polyvinylchlorid.
Pydna, antike Stadt in Makedonien, an der W-Küste des Thermaischen Golfs. – Bei P. wurde 168 v. Chr. König Perseus durch Rom im 3. Makedon. Krieg besiegt.
Pygmäen [griech.], kleinwüchsige (mittlere Größe der Männer 1,50 m) Bevölkerungsgruppen in den Regenwäldern Äquatorialafrikas; Wildbeuter ohne Dauersiedlungen.

Pygmalion, Gestalt der griech. Mythologie. Ein Bildhauer, der sich Ehelosigkeit geschworen hat, jedoch in Liebe zu einer von ihm gefertigten Frauenstatue entbrennt. Auf sein Flehen hin haucht Aphrodite der Statue Leben ein, worauf sich P. mit ihr vermählt.
Pygmide [griech.], Bez. für Angehörige zwergwüchsiger Menschenrassen.
Pyhrn [pɪrn, pyrn], Paß in den Nördl. Kalkalpen, Österreich, 945 m ü. M., zw. Ennstal (Steiermark) und oberem Steyrtal (Oberösterreich).
pyknischer Typ [griech.] ↑Körperbautypen.
Pyknometer [griech.], geeichtes Glasgefäß zur Dichtebestimmung von Flüssigkeit.
Pylades, Freund des ↑Orestes.
Pylon [griech.], **1)** *Baukunst:* paarweise am Eingang ägypt. Tempel aufgestellte Türme.
2) *Architektur:* Stütze bei Hänge- und Schrägseilbrücken.
Pylorus [griech.] (Pförtner, Magenpförtner), mit einem Ringmuskel als *Magenschließmuskel* versehene Verengung des Darmlumens am Übergang des Magens in den (Zwölffingerdarm) bei Wirbeltieren und beim Menschen zur Regulation des Speisebreidurchgangs.
Pylos, bed. myken. Herrschersitz (Palast des Nestor); vermutlich die 1952 bis 1965 freigelegte Palastanlage auf der Höhe Epano Englianos bei Kiparissia (an der W-Küste der Peloponnes).
pyr..., Pyr... ↑pyro..., Pyro...
Pyramide [ägypt.-griech.], **1)** *Geometrie:* Körper, der von einem ebenen Vieleck (n-Eck) als Grundfläche und von n in einem Punkt (der Spitze S der P.) und an den Kanten zusammenstoßenden Dreiecken (den Seitenflächen der P.) begrenzt wird; P.volumen = $\frac{1}{3}$ Grundfläche mal Höhe. Ein zur Grundfläche paralleler Schnitt durch die P. ergibt als oberen Teil eine P. *(Ergänzungs-P.),* als unteren Teil einen *P. stumpf.*
2) *Baukunst:* Grab- und Tempelformen verschiedener Kulturen. In *Ägypten* Königsgrab (im Neuen Reich auch nichtkönigl. Grabbau) in der geometr. Form einer P.; die P. des Djoser bei Sakkara hat rechteckigen, alle späteren P. haben quadrat. Grundriß. Die P. sind im alten Reich (2620–2100) aus Stein, im Mittleren Reich (2040–1650) aus Ziegeln

Pyrazol

Pyrazolidin

2-Pyrazolin

Pyrazol

erbaut. Die größte ägypt. P. ist die Cheops-P. in Gise. Beim Bau wurden lange Rampen aus Steinschutt mit Holzgerüst verwendet. Zunächst wurde der außen gestufte Kern errichtet, danach wurden von oben nach unten Verkleidungsblöcke aufgelegt. Die Grabkammern im Inneren wurden ausgemalt oder mit Reliefs versehen und reich mit Gerät ausgestattet.

Tempel-P. finden sich v.a. im präkolumb. Amerika, bes. in *Mittelamerika*. Die meist gestuften P. aus Erde und Bruchstein waren mit Steinplatten, Lehmmörtel, Stuckschichten u. a. verkleidet. Die größte P. der Erde steht in †Cholula de Rivadabia. Die P. in *Südamerika* liegen im Küstenbereich Perus und sind aus luftgetrockneten Lehmziegeln erbaut.

Pyramidenbahn, wichtigste motor. Nervenbahn, deren erstes (zentrales) Neuron von der Großhirnrinde jeder Hemisphäre bis zur Brücke und der Pyramide bzw. zum verlängerten Mark verläuft. Dort kreuzt der größte Teil der Neuriten zur Gegenseite *(Pyramiden[bahn]kreuzung)* und läuft weiter im seitl. Rückenmark abwärts als paarige *Pyramidenseitenstrangbahn*. Ein kleiner Teil bleibt im Vorderstrang des Rückenmarks und kreuzt erst kurz vor der Synapse zur motor. Vorderhornzelle, der Umschaltstelle für beide Teile der Pyramidenbahn.

Pyramus und Thisbe, ein babylon. Liebespaar in Ovids »Metamorphosen«. Da die Eltern eine Verbindung der beiden ablehnen, fliehen sie und finden den Tod.

Pyrane [griech.], sechsgliedrige heterocycl. Verbindungen mit einem Sauerstoffatom im Ring. Die Ketoderivate *(Pyrone)* sind Grundkörper zahlr. Naturstoffe (Flavone, Kumarin).

Pyrargyrit [griech.] (Antimonsilberblende, Rotgüldig[erz]), glänzendes bis mattes, dunkelrotes bis schwarzes Mineral, chem. Ag_3SbS_3; Mohshärte 2,5 bis 3,0, Dichte 5,85 g/cm^3; wichtiges Silbererz.

Pyrazin [griech.] (1,4-Diazin), sechsgliedrige heterocycl. Verbindung mit zwei Stickstoffatomen im Ring.

Pyrazol [griech.] (1,2-Diazol), fünfgliedrige heterocycl. Verbindung mit zwei Stickstoffatomen in 1,2-Stellung im Ring. Hydrierungsprodukte sind das *Pyrazolidin (Tetrahydro-P.)* und *Pyrazolin (Dihydro-P.)*, von dem sich die *Pyrazolone* ableiten, die als Ausgangssubstanzen für Analgetika und Kupplungskomponenten für Azofarbstoffe verwendet werden.

Pyrenäen, Gebirge in SW-Europa (Frankreich, Spanien, Andorra), erstreckt sich über 430 km lang vom Golf von Biskaya im W bis zum Golfe du Lion im O, im Pico de Aneto 3 404 m hoch. Die Hauptdurchgangspforten liegen an den niedrigen Enden des Gebirgszuges, im W bei Hendaye/Irún, im O bei Cerbère/Port-Bou sowie im Col du Perthus (271 m ü. M.). In den West-P. leben auf beiden Seiten Basken, in den Ost-P. Katalanen. Fremdenverkehr (Thermalbäder, Wintersport, Nationalparks). Kleiner Bestand an Braunbären.

Pyramide 2). Luftaufnahme der Chephrenpyramide bei Giseh

Pyrenäenfriede, der zwischen Frankreich und Spanien am 7. 11. 1659 geschlossene Friede, der den seit 1635 geführten Krieg und die spanisch-habsburgische Vormachtstellung in Europa beendete.

Pyrenäenhalbinsel †Iberische Halbinsel.

Pyrethrum

Pyrethrum [griech.], durch Extraktion oder Pulverisieren der getrockneten Blüten verschiedener Wucherblumenarten gewonnenes Insektizid, das als Fraß- und Berührungsgift wirkt; für den Menschen u. a. Warmblüter kaum schädlich.

Pyrexie [griech.], svw. ↑Fieber.

Pyridin [griech.], sechsgliedrige heterocyclische Verbindung mit einem Stickstoffatom im Ring. Farblose, giftige, unangenehm riechende, basisch reagierende Flüssigkeit. Ausgangssubstanz für Lösungs-, Arznei- und Schädlingsbekämpfungsmittel. Bestandteil vieler Naturstoffe, u. a. Alkaloide, NAD, NADP und den Vitaminen B_2 und B_6.

Pyridoxin [griech.] (Pyridoxol), svw. Vitamin B_6.

Pyrimidin [griech.] (1,3-Diazin), sechsgliedrige heterocycl. Verbindung mit zwei Stickstoffatomen in 1,3-Stellung im Ring. Physiologisch wichtig sind das Thiamin als Teil des Vitamin B_1 und die P.derivate Cytosin, Uracil und Thymin als Nukleinsäurebasen.

Pyrit [griech.] (Eisenkies, Schwefelkies), metall. glänzendes, meist hellgelbes bis messingfarbenes, oft gelblichbraun oder bunt angelaufenes Mineral. Mohshärte 6,0–6,5, Dichte 5,0–5,2 g/cm³. P. dient v. a. als Ausgangsmaterial zur Gewinnung von Schwefel und Schwefelverbindungen.

pyro..., Pyro..., pyr..., Pyr... [griech.], Bestimmungswort von Zusammensetzungen mit der Bedeutung »Feuer, Hitze, Fieber«.

Pyrochlor, oktaedr., gelblichgrünes oder rötlich- bis dunkelbraunes, durchscheinendes bis durchsichtiges, glänzendes Mineral; Mohshärte 5–5,5, Dichte 4,03–4,36 g/cm³; technisch wichtig zur Gewinnung von Niob, Tantal und Uran.

Pyrolusit [griech.] (Graumanganerz, Weichmanganerz), schwarzes, metallisch glänzendes Mineral, chem. MnO_2; Mohshärte etwa 2, z. T. bei Kristallen 5–6; Dichte 4,7–5 g/cm³; wichtiges Manganerz.

Pyrolyse [griech.], therm. Zersetzung chem. Verbindungen (auch von *Biomasse*).

Pyromanie (Pyropathie), krankhafter Trieb, Brände zu legen.

Pyrometallurgie (Schmelzflußmetallurgie), Teilgebiet der Metallurgie; Metallgewinnung und -raffination durch Sintern, Rösten, Schmelzen, carbo- oder metallotherm. Reduktion.

Pyrometer (Strahlungsthermometer), Gerät zur Messung der Temperatur glühender Körper, entweder mit Hilfe der ausgesandten Strahlung durch Helligkeitsvergleich mit einer Vergleichsstrahlungsquelle oder durch Ausnutzung thermoelektr. Erscheinungen.

Pyrone ↑Pyrane.

Pyrotechnik (Feuerwerkstechnik), Sammel-Bez. für die Herstellung und prakt. Anwendung von sprengstoffhal. Erzeugnissen, die als Feuerwerkskörper oder als Leucht-, Nebel-, Rauch- oder Signalmunition verwendet werden.

Pyrrhon von Elis, *in Elis um 360, †um 270, griech. Philosoph. Begründete um 300 in Athen die Schule der sog. pyrrhon. (oder älteren) Skepsis.

Pyrrhus, *319, ✗ in Argos 272, König der Molosser und Hegemon von Epirus (306–302, 297–272). Schlug die Römer 280 bei Herakleia (Lukanien) und 279 bei Ausculum (heute Ascoli Satriano) unter hohen eigenen Verlusten (*Pyrrhus*-

Pyrit

Pyrolusit. Kristallaggregate auf weißem Schwerspat

Pyrrhus (Marmorbüste, römische Kopie nach einem Original, frühes 3. Jh. v. Chr.; Neapel, Museo Archeologico Nazionale)

sieg); 275 von den Römern bei Benevent geschlagen. Eroberte 274 Makedonien.

Pyrrol [griech./lat.], fünfgliedrige heterocycl. Verbindung, die ein Stickstoffatom im Ring enthält; Bestandteil vieler Naturstoffe (Hämoglobin, Gallenfarbstoffe, Chlorophyll, Phycobiline und einige Alkaloide).

Pyruvate [griech.], die Salze und Ester der Brenztraubensäure.

Pythagoras von Samos, *Samos um 570, †Metapont (?) 497/496, griech. Philosoph. Gründete die religiös-polit. Lebensgemeinschaft der ↑Pythagoreer. Der ihm zugeschriebene sog. *Satz des P.* (↑pythagoreischer Lehrsatz) beruht auf Erkenntnissen der vorgriech. Mathematik.

Pythagoreer, Anhänger der von ↑Pythagoras gegr. religiös-polit. Gemeinschaft in Kroton (Unteritalien). Die strengen Vorschriften des P.bundes beruhen auf der Annahme, daß das Ziel des Menschen im Nachvollzug der göttl. [Welt]ordnung bestehe, daß diese mathemat. Natur sei und daß man sie nur erkennen könne, wenn man der Trägheit des Körpers durch asket. Übungen entgegenwirke und die Seele durch Reinigungsübungen zur Aufnahme der Weisheit befähige. – Die Lehre, daß Harmonien auf Zahlenverhältnissen u. ä. beruhen, führte zu der Annahme, daß das Wesen aller Dinge in der Zahl bestehe, und somit zu Spekulationen über die »Wesenszahl« der Lebewesen *(Pythagoreismus).* – Die P. wurden ab Mitte des 5. Jh. v. Chr. aus Unteritalien vertrieben.

pythagoreischer Lehrsatz (Satz des Pythagoras) [nach Pythagoras von Samos], grundlegender Lehrsatz der Geometrie: Im rechtwinkligen Dreieck ist die Summe der Quadrate über den Katheten *(Kathetenquadrate)* gleich dem Quadrat über der Hypotenuse *(Hypotenusenquadrat).* Sind *a* und *b* die Längen der beiden Katheten, und ist *c* die Länge der Hypotenuse, so gilt: $a^2 + b^2 = c^2$.

Pytheas, griech. Seefahrer und Geograph der 2. Hälfte des 4. Jh. v. Chr. aus Massalia (heute Marseille). Forschungsreise (um 325 v. Ch.). von Gadir (heute Cádiz) nach Britannien, vielleicht zu Inseln nördlich davon und zur Elbmündung. Fragmentarisch erhaltener Bericht.

Python, in der griech. Mythologie ein Drache, der das Orakel seiner Mutter Gäa in Delphi bewacht und von Apollon getötet wird. Nach ihm führt der Gott den Beinamen »Pythios« und werden die zu seinen Ehren veranstalteten Spiele in Delphi *Pythische Spiele* genannt.

pythagoreischer Lehrsatz

Pythonsschlangen. Netzpython (Länge bis 9 m)

Pythonschlangen (Pythoninae), altweltl., bis etwa 10 m lange Riesenschlangen in Afrika und S-Asien bis N-Australien; überwiegend dämmerungs- und nachtaktive Tiere, die sich v. a. von Säugetieren und Vögeln ernähren, die sie durch Umschlingen erdrosseln. Zu den P. gehören u. a. *Rauten-P.* (Rautenschlange), bis etwa 3,75 m lang, in Australien und Neuguinea, und die *Pythons,* u. a. mit: *Felsen-P.* (Felsenschlange, Hieroglyphenschlange), bis etwa 6,5 m lang, in trop. Afrika; *Netzschlange (Netz-P.,* Gitterschlange), mit maximal etwa 10 m Länge eine der größten Riesenschlangen, v. a. in Regenwäldern SO-Asiens; *Tiger-P.* (Tigerschlange), bis 7 m lang, in Vorder- und Hinterindien. Die P. sind stark gefährdet, vereinzelt (Tigerpython) fast ausgerottet.

Pyxis [griech.], svw. ↑Ziborium (vor dem 16. Jh.).

Pythagoras von Samos (römische Kopie, Ende des 4. Jh.)

Q q

Q, der 17. Buchstabe des dt. Alphabets (im lat. der 16.). In vielen europ. Sprachen steht *qu* für die Lautwerte [kv, kw, kṷ].

Qantas [engl. ˈkwɔntæs], Kurzwort für die australische Luftverkehrsgesellschaft »The Queensland and Northern Territory Aerial Services Ltd.«; fusionierte 1992 mit der Luftverkehrsgesellschaft »Australian Airlines«.

Q. b. A., Abk. für **Q**ualitätsweine **b**estimmter **A**nbaugebiete (↑Wein).

Q-Fieber (Queenslandfieber, Balkangrippe, Siebentagefieber), fieberhafte Infektionskrankheit mit grippeähnl. Verlauf; Lungen- und Bauchfellentzündungen; Behandlung durch Antibiotika.

Qiao Shi [chin. tʃao ʃi], eigtl. Jang Zhaomin, *im Kreis Dinghai (Prov. Zhejiang) 1924, chin. Politiker. Seit 1982 Mgl. des ZK und seit 1985 des Politbüros der KPCh (seit 1987 in dessen Ständigem Ausschuß); seit 1993 Parlamentspräsident.

Qingdao, amtl. chin. Schreibung in lat. Buchstaben für ↑Tsingtau.

Qinghai, chin. Prov. im nö. Hochland von Tibet, 721 000 km², 4,43 Mio. E, Hauptstadt Xining.

Qinling Shan, rd. 550 km langer Gebirgszug in Z-China, östl. Ausläufer des Kunlun Shan, bis 4 107 m hoch; Klimascheide zw. dem subtrop.-feuchten Monsunklima im S und den winterkalten, trockeneren Gebieten im N Chinas.

Qiryat Shemona [hebr. kirˈjat ʃəˈmɔna], Stadt im äußersten N von Israel, 15 500 E. Zentraler Ort der Hulaebene.

Will Quadflieg

Quaddel [niederdt.] (Urtika, Urtica), kleinere juckende Hauterhebung.

Quaden, elbgerman. Volksstamm; zuerst 21 n. Chr. an der March bezeugt. Die Q. begründeten in Mähren das Q.reich des Vannius (19–50 n. Chr.), das um 25 n. Chr. mit dem Markomannenreich in Böhmen verschmolz; 374/375 von den Römern besiegt.

Quader [lat.] (Rechtflach, Rechtkant), vierseitiges gerades ↑Prisma, dessen sechs Begrenzungsflächen paarweise kongruente Rechtecke sind.

Quadflieg, Will, *Oberhausen 15. 9. 1914, dt. Schauspieler. Vielseitiger Charakterdarsteller; Ensemblemitglied am Hamburger Schauspielhaus und am Zürcher Schauspielhaus, auch Gastspiele und Tourneen; zahlr. Filmrollen, bes. bekannt geworden als Faust in der Theaterverfilmung »Faust« (1960; Regie: G. Gründgens).

Quadragesima [lat. »vierzigster (Tag)«], in der lat. Liturgie die am Aschermittwoch beginnende 40tägige Vorbereitungszeit vor Ostern (Fastenzeit, österl. Bußzeit).

Quadragesimo anno [lat. »im 40. Jahr« (d. h. nach der Enzyklika »Rerum novarum«)] ↑Sozialenzykliken.

Quadrant [lat.], **1)** *Geometrie:* der vierte Teil des Kreisumfangs; auch der zw. zwei Halbachsen eines kartes. Koordinatensystems liegende Teil der Ebene. **2)** *Astronomie:* histor. astronom. Instrument zur Messung des Höhenwinkels von Sternen.

Quadrat [lat.], **1)** *Geometrie:* ein ebenes Viereck mit gleich langen Seiten und gleich großen Winkeln (jeweils 90°). Ist *a* die Seitenlänge, so beträgt der Flächeninhalt $A = a^2$, der Umfang $U = 4a$. **2)** svw. zweite Potenz, ↑Quadratzahl.

ϕϕ	Semitisch	𝔔q	Textur	Entwicklung des Buchstabens **Q**
Q	Römische Kapitalschrift	Qq	Renaissance-Antiqua	
q	Unziale	𝔔q	Fraktur	
q	Karolingische Minuskel	Qq	Klassizistische Antiqua	

Qualifikation

Quadrat... [lat.], Bestimmungswort von Zusammensetzungen mit der Bedeutung »zweite Potenz«; Schreibweise: km², m² usw. (früher qkm, qm usw.).

quadratische Gleichung, eine Gleichung zweiten Grades, d. h. eine Gleichung, in der die Unbekannte in zweiter Potenz enthalten ist. Die Normalform einer q. G. lautet $x^2+px+q=0$; dabei nennt man x^2 das quadrat. Glied. Ist $p=0$, so spricht man von einer *rein q. G.*, ist $p \neq 0$, von einer *gemischt q. Gleichung.* Jede q. G. hat zwei Lösungen:

$$x_{1,2} = -\frac{p}{2} \pm \sqrt{\frac{p^2}{4} - q}\ .$$

Quadratmeter (Meterquadrat), SI-Einheit der Fläche, Einheitenzeichen m². 1 m² ist gleich der Fläche eines Quadrats von der Seitenlänge 1 m.
1 m² = 100 dm² = 10 000 cm²,
1 000 000 m² = 1 km² (Quadratkilometer).

Quadratur [lat.], **1)** *Astronomie:* (Geviertschein) eine Konstellation, in der, von der Erde aus gesehen, der Längenunterschied (die Elongation) zw. Sonne und Gestirn 90° beträgt.
2) *Geometrie:* 1. die Bestimmung des Flächeninhalts einer von gegebenen Kurven[stücken] begrenzten ebenen Figur [durch Berechnung eines Integrals]. – 2. (Q. des Kreises, Kreis-Q.) die (wegen der Transzendenz von π [Pi] nicht lösbare) Aufgabe, zu einem gegebenen Kreis mit Zirkel und Lineal ein flächengleiches Quadrat zu konstruieren; übertragen für: eine unlösbare Aufgabe.

Quadratwurzel ↑Wurzel.

Quadratzahl, die zweite Potenz einer [natürl.] Zahl, z. B. 1 ($=1^2$), 4 ($=2^2$), 9 ($=3^2$).

Quadriga [lat.], Streit-, Renn- oder Triumphwagen der Antike mit vier nebeneinandergespannten Pferden. – Künstler. Darstellungen in der Antike und seit der Renaissance (u. a. Q. auf dem Brandenburger Tor, 1794).

Quadrille [ka'drɪljə, frz.], v. a. während der Napoleon. Ära beliebte Abart des Contredanse. Die Q. wird von je vier Paaren im Karree getanzt.

Quadrophonie [lat./griech.] (Vierkanalstereophonie), Verfahren der Stereophonie, das neben den übl. beiden Kanälen zur Wiedergabe der Rechts-Links-Information zwei weitere für die Rauminformation aufweist, deren Lautsprecher hinter dem Hörer plaziert sind.

Quadrupelallianz [lat.], Bündnis von vier Mächten. Bed. v. a. die anti-frz. Q. *von Chaumont* (1. 3. 1814) zw. Österreich, Rußland, Preußen und Großbrit. sowie die Q. *von London* (15. 7. 1840) zw. Großbrit., Rußland, Preußen und Österreich zum Schutz des Osman. Reiches.

Quai d'Orsay [frz. kedɔr'sɛ], Straße am südl. Seineufer in Paris; auch Bez. für das hier gelegene frz. Außenministerium.

Quadriga. Detail vom Triumphbogen des Titus in Rom (nach 81 n. Chr.)

Quäker [engl., eigtl. »Zitterer«] (Quakers), religiöse Gemeinschaft, die sich selbst meist »Society of friends« (Gesellschaft der Freunde) nennt, v. a. in Großbrit. und den USA. Sie lehren eine über jeden Menschen kommende Erleuchtung als Quelle der Gotteserkenntnis, wobei sie v. a. das organisierte Kirchentum, die Sakramente, den Eid und den Kriegsdienst ablehnen. Die Q. wurden Mitte des 17. Jh. von G. Fox in England gegründet, W. Penn war ihr Hauptvertreter in den USA; bed. Aktivitäten im Kampf gegen Sklaverei, zur Förderung des Weltfriedens, der Schulbildung sowie der Frauenrechte. 1947 Friedensnobelpreis.

Qualifikation (Qualifizierung), Befähigung, Eignung; Befähigungsnachweis.

Qualität

Qualität [lat.], Beschaffenheit, Güte, Wertstufe, u. a. im Unterschied zur Quantität.
qualitative Analyse [lat./griech.] ↑chemische Analyse.
Qualitätsmanagement [...mænɪdʒmənt], Gesamtheit der sozialen und techn. Maßnahmen, die zum Zweck der Absicherung einer genormten Qualität von Ergebnissen betriebl. Leistungsprozesse angewendet werden (z. B. Qualitätszirkel, Qualitätskontrolle, Prozeßregelung, Endkontrolle).
Quallen [niederdt.] (Medusen), glocken- bis schirmförmige, freischwimmende Geschlechtstiere fast aller Hydrozoen und Scyphozoa; meist in Generationswechsel mit einer ungeschlechtl. Polypengeneration, die die Q. hervorbringt. – Die Berührung einiger Q. mit einem Nesselapparat erzeugt Hautjukken und -brennen.
Qualtinger, Helmut, *Wien 8. 10. 1928, † ebd. 29. 9. 1986, österr. Schriftsteller, Kabarettist und Schauspieler. Darsteller und Autor (mit Carl Merz, *1906, †1979) des »Herrn Karl«, einer Satire auf den typ. Durchschnittsösterreicher; Bühnenrollen in Horvath- und Nestroy-Stücken und in seinem eigenen Stück (Mitautor C. Merz) »Die Hinrichtung« (1965) sowie Rollen in Filmen.

Helmut Qualtinger

Quandt-Gruppe, Familiengemeinschaft zur Verwaltung von Industriebeteiligungen; gegr. durch den dt. Industriellen Günter Quandt (*1881, †1954). Beteiligungen an mehreren Großunternehmen (z. B. Bayer. Motorenwerke AG).
Quant [lat.], allg. Bez. für den kleinsten Wert einer physikal. Größe, wenn diese Größe nur als ganz- oder halbzahliges Vielfaches dieser kleinsten Einheit auftreten kann. So beträgt z. B. in einer elektromagnet. Welle der Frequenz ν die kleinste Energiemenge $E = h \cdot \nu$ (h Plancksches Wirkungsquantum). Die gesamte Energie einer solchen Welle kann nur ein ganzzahliges Vielfaches dieses sog. *Energiequants* $h \cdot \nu$ sein und sich bei Emission oder Absorption auch nur um ganzzahlige Vielfache dieses Energiequants ändern. Durch den Begriff des Q. wird v. a. der Teilchencharakter einer elektromagnet. Welle zum Ausdruck gebracht.

Quantenelektronik, Teilgebiet der [angewandten] Physik, das sich mit den physikal. Grundlagen und den techn. Anwendungen des Lasers und Masers befaßt.
Quantenmechanik, die durch Quantisierung der klass., nichtrelativist. Punktmechanik entstehende Theorie der mikrophysikal. Erscheinungen; sie ermöglicht v. a. die Beschreibung des Verhaltens und der beobachtbaren Eigenschaften mikrophysikal. Teilchensysteme mit konstanter Teilchenzahl sowie der in diesen nichtrelativistisch ablaufenden Vorgänge *(nichtrelativist. Q.)*, wobei sie sowohl die Teilchen- als auch die Welleneigenschaften mikrophysikal. Teilchen erfaßt und ein erster Schritt zu einer widerspruchsfreien Vereinigung von Wellen- und Teilchenbild ist. Die Q. liefert u. a. eine Erklärung des Schalenaufbaus der Elektronenhülle der Atome, der Molekülstruktur und der chem. Bindung sowie der physikal. Eigenschaften der Festkörper. Dabei ergeben sich alle physikal. wichtigen Größen *(Observablen)* im Rahmen von Wahrscheinlichkeitsaussagen als sog. quantenmechan. *Erwartungs-* oder *Mittelwerte.* Die nichtrelativist. Q. ist heute ein ebenso abgerundetes, widerspruchsfreies und in sich geschlossenes Gebiet wie die klass. Newtonsche Mechanik, in die sie im Grenzfall großer Quantenzahlen oder Massen übergeht. Die Ausdehnung der Q. auf relativistisch ablaufende Vorgänge *(relativist. Q.)* gelingt nur für einzelne Teilchen.
Quantenoptik, Teil der Optik, der sich im Ggs. zur Wellenoptik mit opt. Erscheinungen befaßt, zu deren Verständnis und Deutung die Annahme von Photonen als Quanten des elektromagnet. Strahlungsfeldes erforderlich ist. Hierzu gehören die hierbei der Emission und Absorption von elektromagnet. Strahlung in Form von Photonen durch mikrophysikal. Systeme v. a. alle in Lasern stattfindenden Vorgänge.
Quantentheorie, die allg. Theorie der mikrophysikal. Erscheinungen und Objekte. Sie berücksichtigt und erklärt im Unterschied zur klass. Physik die diskrete, quantenhafte Natur mikrophysikal. Größen und den infolge Bestehens von Unschärferelationen prinzipiell nicht mehr zu vernachlässigenden Ein-

fluß der Meßgeräte auf den Ausgang einer Messung an einem mikrophysikal. System sowie den experimentell gesicherten Welle-Teilchen-Dualismus. Die Q. bedient sich zur Beschreibung physikal. Größen besonderer mathemat. Hilfsmittel, der sog. *Operatoren*.

Quantenzahlen, ganze oder halbganze Zahlen, durch die sich die stationären Zustände (Quantenzustände) mikrophysikal. Systeme bzw. diese selbst charakterisieren lassen. Die *Haupt-Q. n* gibt im Schalenmodell die Nummer der Elektronenschale an (vom Kern aus gezählt). Die Schale mit der Hauptquantenzahl $n = 1$ heißt *K-Schale,* die mit $n = 2$ *L-Schale* usw. Die *Neben-Q. l* hängt zusammen mit dem Bahndrehimpuls der in der n-ten Schale umlaufenden Elektronen; sie kann insgesamt n verschiedene Werte annehmen: $l = 0, 1, ..., (n-1)$. Man hat folgende Bez. eingeführt: eine Elektronenbahn bzw. ein Elektron heißt *s-, p-, d-, f-Zustand* bzw. Elektron, wenn $l = 0, 1, 2, 3$ ist. Die *magnet. Q. m* hängt mit dem magnet. Moment des umlaufenden Elektrons zusammen. Sie kann insgesamt $2l + 1$ verschiedene Werte annehmen: $m = -l, ..., 0, ..., +l$. Die *Spin-Q. s* hängt mit dem Eigendrehimpuls der Elektronen zusammen; sie kann nur die Werte $s = +1/2$ oder $s = -1/2$ annehmen.

Quantität [lat.], **1)** *allg:* Menge, Masse, Anzahl, Umfang, Größe, u. a. im Unterschied zur Qualität.
2) *Metrik:* die Unterscheidung von langen bzw. betonten und kurzen bzw. unbetonten Silben.

quantitative Analyse [lat./griech.] ↑chemische Analyse.

quantitierendes Versprinzip [lat.], eine Versstruktur, die durch unterschiedliche Silbenquantität (lang-kurz) konstituiert wird; grundlegend für die klassische griechische und römische (lat.) Metrik.

Quantum [lat., »wie viel, so groß wie«], Menge, Anzahl, Anteil, [bestimmtes] Maß.

Quantz, Johann Joachim, * Scheden bei Münden 30. 1. 1697, † Potsdam 12. 7. 1773, dt. Komponist. Flötenlehrer, ab 1741 Kammermusiker und Hofkomponist König Friedrichs II.; schrieb etwa 300 Flötenkonzerte und 200 Kammermusikwerke.

Quarantäne [ka...; lat.-frz., eigtl. »Zeitraum von vierzig Tagen«], befristete Isolierung von Personen (auch von Haustieren), die verdächtig sind, an bestimmten Infektionskrankheiten erkrankt oder Überträger dieser Krankheiten zu sein.

Quark [slaw.], aus Milch durch Säuerung *(Sauermilch-Q.)* oder Labfällung *(Lab-Q.)* und Abtrennen der Molke gewonnenes Produkt, das v. a. aus geronnenem, weiß ausgeflocktem [noch stark wasserhaltigem] ↑Kasein (Parakasein) besteht.

Quarks [engl. kwɔːks; nach dem Namen schemenhafter Wesen in dem Roman »Finnegans Wake« von J. Joyce] (Quarkteilchen), in der Physik der ↑Elementarteilchen Sammel-Bez. für insgesamt sechs als Bausteine der Hadronen nachgewiesene, aber in freier Form nicht auftretende Teilchen mit drittelzahliger Ladung (in Einheiten der Elementarladung) sowie ihre Antiteilchen (Antiquarks). Das Quarkmodell der Hadronen besagt, daß Mesonen jeweils aus einem Quark und einem Antiquark bestehen, Baryonen aus drei Q. und Antibaryonen aus drei Antiquarks.

Quarta [lat.], früher die dritte Klasse eines Gymnasiums (heute 7. Klasse).

Quartal [mittellat.], Vierteljahr.

Quartär [lat.], jüngster Abschnitt der Erdneuzeit. ↑Geologie (Übersicht Erdzeitalter).

Quarte (Quart) [lat.], der vierte Ton der diaton. Tonleiter, Intervall im Abstand von vier diaton. Stufen. Die Q. kann als reines (z. B. c-f), vermindertes (c-fes) oder übermäßiges Intervall (c-fis, der ↑Tritonus) auftreten. *Quartenakkord* heißt ein aus Q. anstelle von Terzen aufgebauter Akkord (z. B. d-g-c¹-f¹).

Quarter [engl. ˈkwɔːtə; lat.], Volumeneinheit in Großbrit.: 1 qu. = 64 gallons = 290,95 dm³.

Quartett [lat.-italien.], **1)** *Musik:* Komposition für vier Instrumental- oder Vokalstimmen; auch das ausführende Ensemble.
2) *Spiel:* Unterhaltungsspiel mit Karten, bei dem vier Karten in der Hand eines Spielers sind.

Quartier [lat.-frz., [Truppen]unterkunft, Nachtlager, Wohnung; v. a. schweizer. und österr. für Stadtviertel (Wohnquartier).

Quartier Latin

Quarz.
Oben: Rauchquarz ◆
Unten: Morion

Salvatore Quasimodo

Quartier Latin [frz. kar'tjela'tɛ̃ »latein. Viertel«], Univ.-Viertel von Paris, am linken Ufer der Seine.

Quarton, Enguerrand [frz. kar'tõ] (Charonton), * in der Diözese Laon um 1410 oder um 1415, † wohl Avignon 1466 (?), frz. Maler. Schuf in Avignon die Hauptwerke spätgot. frz. Malerei: »Marienkrönung« (1453; Villeneuve-lès-Avignon, Musée Municipal); sog. »Pietà von Avignon« (zw. 1454 und 1456; Paris, Louvre) sowie den sog. Requin-Altar (um 1447–50, Avignon, Musée Calvet).

Quartsextakkord, Akkord, der außer dem tiefsten Ton dessen Quarte und Sexte enthält; wird in der Harmonielehre als zweite ↑Umkehrung des Dreiklangs erklärt.

Quartz, in der modernen Uhrentechnik verwendete Schreibweise für ↑Quarz.

Quarz [Herkunft unbekannt], die unterhalb 870 °C kristallisierte Form des kristallisierten Siliciumdioxids, SiO_2 (wasserfreie Kieselsäure); Dichte $2,65 g/cm^3$, Mohshärte 7. Man unterscheidet zwei Modifikationen: α-Q. (*Nieder-* oder *Tief-Q.*), der bis 573 °C beständig ist (häufig einfach als Q. bezeichnet), und den oberhalb 573 °C stabilen β-Q. (*Hoch-Q.*). Oberhalb von 870 °C geht Q. in *Tridymit* ($2,32 g/cm^3$), bei 1470 °C in *Cristobalit* ($2,2 g/cm^3$) über; Schmelztemperatur bei 1710 °C.

Q. ist nach den Feldspäten das am weitesten verbreitete gesteinsbildende Mineral. – Q. wird in der Technik sehr vielseitig verwendet; insbes. *Q.sand* als Rohstoff in der Glasindustrie. Q.kristalle dienen wegen ihrer optischen und elektr. Eigenschaften als Bauelemente in der Optik, Elektronik und Nachrichtentechnik. – Viele Varietäten des Quarz werden als Schmucksteine verwendet: *Bergkristall, Amethyst, Aventurin, Prasem, Milch-, Rosen-, Rauchquarz* und *Morion*.

Quarzfasern, aus Quarz hergestellte Mineralfasern mit hoher therm., chem. und physikal. Beständigkeit; u. a. Isoliermaterial.

Quarzglas (Kieselglas), Spezialglas aus geschmolzenem Quarz für opt. Geräte und Laboratoriumsglaswaren. Qu. ist unempfindlich gegen plötzl. Temperaturänderungen und durchlässig für UV-Strahlen.

Quarzgut (Kieselgut), milchig durchscheinendes bis weißes, keram. Material aus gesintertem Quarzsand.

Quarzit, dichtes, feinkörniges Gestein hoher Härte mit kieseligem Bindemittel, entstanden aus Sandstein durch Verkieselung oder Metamorphose.

Quarzlampe, Quecksilberdampflampe mit Glaskolben aus Quarzglas, das die Ultraviolettstrahlung durchläßt; UV-Bestrahlungslampe für medizinische Zwecke.

Quarzporphyr, dem Granit entsprechendes jungpaläozoisches Ergußgestein.

Quarzuhr, Präzisionsuhr, deren Genauigkeit durch die elast. Schwingungen eines piezoelektrisch erregten Quarzkristalls (*Schwingquarz*) gewährleistet wird. Die Frequenz der Quarzschwingungen wird stufenweise herabgesetzt und zur Steuerung eines mit einem Uhrzeiger verbundenen Synchronmotors bzw. zur Digitalanzeige benutzt.

Quasar [Kw.] (**quas**istell**ar**e Radioquelle), kosm. Objekt, das extrem starke Radiofrequenzstrahlung aussendet. Die Qu. zeigen eine starke Rotverschiebung der in ihren Spektren feststellbaren Spektrallinien und weisen nach neueren Forschungen eine starke Ähnlichkeit mit hellen Kernen von selbst nicht beobachtbaren Galaxien auf.

Quasimodo, Salvatore, * Syrakus 20. 8. 1901, † Neapel 14. 6. 1968, italien. Lyriker. Zus. mit G. Ungaretti und E. Montale bed. Vertreter des symbolist. italien. Lyrik; u. a. »Das Leben ist kein Traum« (dt. Ausw. 1960); Nobelpreis für Literatur 1959.

Quasimodogeniti [lat. »wie neugeborene Kinder«] ↑Weißer Sonntag.

Quassia, Gatt. der Bittereschengewächse mit rd. 35 Arten in S-Amerika und W-Afrika; Sträucher oder Bäume. Der *Amerikan. Q.holzbaum* liefert ein bitter schmeckendes Holz (*Surinam-Bitterholz*) für Magenmittel und Insektizide (*Fliegenholz*), auch zur Herstellung von Wermutwein und Spirituosen.

Quastenflosser (Krossopterygier, Crossopterygii), seit dem Devon bekannte, bis auf eine Art (*Latimeria Chalumnae*; im Ind. Ozean, v. a. bei den Komoren; 1938 entdeckt) ausgestorbene Ordnung bis 1,8 m langer Knochenfische; stimmen im Zahnbau und

Quecksilber

in der Anordnung der Schädelknochen mit den ersten Amphibien, die sich aus ihnen entwickelten, überein.

Quästor (lat. quaestor), röm. Magistrat; zunächst Untersuchungsrichter mit Strafgerichtsbarkeit in Mordfällen, dann von den Konsuln als Gehilfen für Verwaltungsaufgaben ernannte, ab 447 v. Chr. gewählte Jahresbeamte. Anfänglich gab es zwei, ab 421 vier, ab 81/80 v. Chr. 20 Q.; die Quästur war in der Republik das niedrigste Amt.

Quatember [lat.], in der kath. Kirche liturg. Bußwochen; 1969 neu geordnet (Zahl und Termin der Q.zeiten sind variabel).

Quattrocento [italien. kvatro'tʃento »400« (Abk. für 1400)], Bez. für das 15. Jh., die Zeit der Frührenaissance in Italien.

Quauhtemoc (Cuauthémoc) [span. kuau'tɛmɔk; aztek. »herabstoßender Adler«], * Tenochtitlán 1495, † bei Izancanac (Campeche) 28. 2. 1525, letzter (11.) Herrscher der Azteken (seit 1520). Mußte am 13. 8. 1521 in Tenochtitlán vor den Spaniern kapitulieren; von H. Cortés erhängt; mex. Nationalheld.

Quebec [kve'bɛk, engl. kwɪ'bɛk] (frz. Québec [frz. ke'bɛk]), 1) Hauptstadt der kanad. Prov. Quebec, an der Mündung des Saint Charles River in den Sankt-Lorenz-Strom, 165000 E. Univ., Museen. U. a. Papier-Ind., Schlachthöfe; Hafen mit großen Getreidesilos, ⚓. Q. ist im Stil der frz. Städte des 18. Jh. erbaut. In der Oberstadt u. a. Zitadelle und Hotel Château Frontenac (beide 19. Jh.), in der Unterstadt die Kirche Notre-Dame-des-Victoires (1688 und 1765). – 1608 frz. Gründung; bis 1759 polit., wirtschaftl. und kulturelles Zentrum Neufrankreichs; seit 1867 Hauptstadt der Prov. Quebec.

2) ostkanad. Prov., 1541701 km², 6,896 Mio. E, Hauptstadt Quebec.

Geschichte: Kam 1763 mit Neufrankreich an Großbrit., das mit der Quebec Act (1774) den Frankokanadiern Mitspracherechte bei der Regierung und die offizielle Anerkennung des röm.-kath. Bekenntnisses gewährte. 1791 wurde Q. in die Prov. Ober- und Unterkanada aufgeteilt, die 1837 zur Prov. Kanada zusammengelegt wurden. 1867 wurde die Prov. Q. des Dominions Kanada neu geschaffen.

Quebracho [ke'bratʃo; span., eigtl. »Axtbrecher«], das Holz des *Quebrachobaums* (in Z- und S-Amerika); dauerhaft, sehr hart, schwer bearbeitbar; das dunkelrote Kernholz liefert Tannin, die Rinde Gerbstoffe.

Quechua [span. 'ketʃua] (Ketschua), indian. Volk in den Anden, bildete die staatstragende Bevölkerung des Inkareiches. Heute stellen die Q. noch den überwiegenden Teil der indian. Bevölkerung Perus.

Quechua [span. 'ketʃua] (Ketschua), einstige Verwaltungssprache des Inkareichs. Heute sprechen etwa 3 Mio. Indianer in Peru sowie in Teilen von Bolivien, NW-Argentinien, Ecuador, S-Kolumbien neben Spanisch Dialekte des Q.; seit 1975 in Peru Amtssprache neben dem Spanischen.

Quecke, Gatt. der Süßgräser mit rd. 100 Arten auf der nördl. Halbkugel und im südl. S-Amerika; einheim. Arten sind u. a. *Binsen-Q.*, ein 30–60 cm hohes Dünengras, sowie die *Gemeine Q.*, ein 20–150 cm hohes Ackerkraut mit oft meterlangen unterird. Ausläufern.

Quecksilber, chem. Symbol **Hg** (von lat. Hydrargyrum), metall. chem. Element aus der II. Nebengruppe des Periodensystems der chem. Elemente, Ordnungszahl 80; relative Atommasse 200,59; Dichte 13,546 g/cm³ (bei 20 °C); Schmelztemperatur $-38,87\,°C$; Siedetemperatur $356,58\,°C$; bei Zimmertemperatur flüssig; wird von oxidierenden Säuren leicht, von trockener Luft nicht angegriffen; seine Legierungen heißen *Amalgame;* in seinen Verbin-

Quecke. Gemeine Quecke (Höhe 20–150 cm)

Quebec Stadtwappen

Quastenflosser. Latimeria chalumnae (Länge rd. 1,5 m)

Quecksilberchloride

dungen tritt es meist zweiwertig auf. Q. gehört zu den seltenen Elementen und kommt in der Natur gediegen sowie v. a. im Q.mineral Zinnober (HgS) vor. Q. dient als Thermometerfüllung, wegen seiner großen Legierungsfähigkeit als Extraktionsmittel für Edelmetalle, als Sperrflüssigkeit in Manometern sowie als Katalysator. Einige organ. Q.verbindungen, die wasserlösl. Salze sowie Q.dämpfe sind außerordentlich giftig.

Quelle 1).
Die Fontaine-de-Vaucluse, die Quelle der Sorgue, 30 km östlich von Avignon

Quecksilberchloride, die Chlorverbindungen des Quecksilbers. Quecksilber(I)-chlorid *(Kalomel)*, Hg_2Cl_2, wird v. a. zur Herstellung von Kalomelelektroden verwendet; Quecksilber(II)-chlorid *(Sublimat)*, $HgCl_2$, wurde früher als Desinfektions- und Saatbeizmittel verwendet.
Quecksilberdampflampe (Quecksilberlampe) ↑Metalldampflampen.
Quecksilberoxide, Sauerstoffverbindungen des Quecksilbers; das gelbe oder rote Quecksilber(II)-oxid, HgO, dient v. a. zur Herstellung von Quecksilbersalzen bzw. als algizider Wirkstoff z. B. in Schiffsanstrichen.
Quecksilbervergiftung (Merkurialismus), durch die Aufnahme von metall. Quecksilber oder von Quecksilberverbindungen in den Körper hervorgerufene Krankheitserscheinungen. Symptome der *akuten* Q. sind: Verätzungen, Übelkeit, Erbrechen, Leibschmerzen, Durchfälle, akutes Nierenversagen. Bei der *chron.* Q. stehen die Vergiftungserscheinungen des Nervensystems im Vordergrund: u. a. Unruhe, nervöse Reizbarkeit, Konzentrationsstörungen und Schlaflosigkeit.
Quedlinburg [...dlın...], Kreisstadt an der Bode, Sa.-Anh., 27 700 E. Mittelalterl. Stadtbild mit bed. Kirchen, u. a. Sankt Servatius (11./12. Jh.; in der Schatzkammer seit 1993 der Quedlinburger Domschatz, der einzig vollständig erhaltene dt. Kirchenschatz), Sankt Benedikti (15. Jh.); Rathaus (17. Jh.) mit Roland (1427). – Die Mutter Ottos I., Mathilde (*890, †968), gründete 936/937 hier ein bed. Kanonissenstift. 1539 wurde Q. ein ev. »freies weltl. Stift«.
Queen [engl. kwi:n], brit. Rockmusikgruppe, 1970 gegr. u. a. von den Sänger, Pianisten und Bandleader Freddie Mercury (eigtl. Frederick Bulsara, *1946, †1991).
Queen Charlotte Islands [engl. kwi:n ˈʃɑːlət ˈaıləndz], kanad. Inselgruppe im Pazifik, mit einer Gesamtfläche von 9 596 km², besteht aus zwei großen *(Graham Island, Moresby Island* im S) und etwa 150 kleinen Inseln.
Queensland [engl. ˈkwi:nzlənd], Gliedstaat des Austral. Bundes, umfaßt den NO des Kontinents einschließlich der Inseln im Carpentariagolf und in der Torresstraße, 1 727 000 km², 3 Mio. E, Hauptstadt Brisbane. – Die Küste wurde 1770 von J. Cook entdeckt; 1824–59 brit. Strafkolonie; erhielt 1859 Selbstverwaltung; ab 1901 Teil des Austral. Bundes.
Queenslandfieber [engl. ˈkwi:nzlənd...], svw. ↑Q-Fieber.
Queirós, José Maria Eça de [portugies. kɐiˈrɔʃ] ↑Eça de Queirós, José Maria.
Quelle, 1) *Geowissenschaften:* i. w. S. Stelle, an der flüssige oder gasförmige Stoffe an die Erdoberfläche treten, i. e. S. der natürl. Austritt von Grundwasser. Je nach der Dauer des Wasseraustritts unterscheidet man perennierende (permanente) Q., die ständig, period. Q., die jahreszeitl., und episod. Q., die nur gelegentlich fließen. Intermittierende

Q. haben Ruhepausen zw. springbrunnenartigen Wasserausstößen. Karst-Q. können Seen bilden.
2) *Geschichtswissenschaft*: »histor. Material«, das Aufschluß über die Vergangenheit ermöglicht, v. a. Texte (schriftl. Q., bes. Chroniken, Annalen, Urkunden, Gerichtsakten o. ä.) und Gegenstände (Bauwerke, Gräber, Münzen o. ä.).

Quellensteuer, spezielle Erhebungsform der Einkommensteuer für bestimmte Einkünfte. Die Q. wird am Ort und zum Zeitpunkt des Entstehens steuerpflichtiger Vergütungen von der auszahlenden Stelle einbehalten und an das Finanzamt abgeführt. In Deutschland übl. Q. sind u. a. Lohn-, Kirchen-, Kapitalertrag- sowie Zinsabschlagsteuer.

Queller (Glasschmalz), Gatt. der Gänsefußgewächse mit rd. 30 weltweit verbreiteten, oft bestandbildenden Arten an Meeresküsten und auf Salzböden im Binnenland. Die Pflanzenasche des *Gemeinen Quellers* ist reich an Soda (früher in der Glasbläserei und zur Seifenherstellung verwendet).

Quellerwiesen (Quellerrasen, Quellerwatt), aus Reinbeständen salztoleranter Quellerarten gebildete Vegetationszone im Ebbe-Flut-Wechselbereich geschützter Sandküsten außertrop. Gebiete; Qu. fördern die Schlickablagerung und damit die Landneubildung.

Quellinus, Artus, d. Ä. [niederl. kwe'li:nys], ≈ Antwerpen 30. 8. 1609, † ebd. 23. 8. 1668, fläm. Bildhauer. Hauptmeister des fläm. Barock; schuf u. a. 1650–64 die Skulpturen für das ehem. Amsterdamer Rathaus (heute königl. Schloß).

Quemoy [engl. kɪ'mɔɪ], zu Taiwan gehörende Insel in der Formosastraße, dem chin. Festland vorgelagert, 138 km².

Quempas (Quempassingen), Wechselgesang, der nach alter Tradition in der Christmette gesungen wird; ben. nach dem Beginn des lat. Weihnachtshymnus: »Quem pastores laudavere« (»Den die Hirten lobeten sehre«).

Quenchen [engl. 'kvɛntʃən], das Abstoppen einer chem. Reaktion durch rasches Abkühlen.

Queneau, Raymond [frz. kə'no], * Le Havre 21. 2. 1903, † Paris 25. 10. 1976, frz. Schriftsteller. Schrieb v. a. groteske Romane (u. a. »Zazie in der Metro«, 1959, verfilmt von L. Malle, 1960; »Die blauen Blumen«, 1965; »Der Flug des Ikarus«, 1968), die, wie auch seine »Stilübungen« (1947) über 99 Versionen einer alltägl. Begebenheit oder seine Gedichte (»Hunderttausend Milliarden Gedichte«, 1961), vom Spiel mit den Mehrdeutigkeiten der Sprache leben.

Quental, Antero Tarquínio de [portugies. ken'tal], * Ponta Delgada (Azoren) 18. 4. 1842, † ebd. 11. 9. 1891 (Selbstmord), portugies. Schriftsteller. Schrieb philosoph. Lyrik (u. a. »Odes modernas«, 1865); gilt als ein Hauptvertreter der »Generation von Coimbra«.

Quercia, Iacopo della [italien. 'kuɛrtʃa], italien. Bildhauer, ↑Iacopo della Quercia.

Querele [lat.], kleinerer Streit.

Querétaro [span. ke'retaro], 1) Hauptstadt des mex. Staates Querétaro im zentralen Hochland, 293 600 E. Univ., Museum. Zentrum eines Bergbau- und Agrargebiets. Bed. Bauten der Kolonialzeit (18. Jh.). – Mexikos Verfassung wurde 1917 in Q. ausgearbeitet.
2) Staat in Z-Mexiko, 11 449 km², 1,04 Mio. E, Hauptstadt Querétaro.

Querfeldeinrennen (Cyclo-Cross) ↑Radsport.

Raymond Queneau

Querflöte (italien. flauto traverso; frz. flûte traversière), i. w. S. jede quer zur Körperachse gehaltene ↑Flöte, im Unterschied zur Lang- oder Längsflöte; i. e. S. die im 17. Jh. entwickelte Flöte des Orchesters mit dreiteiliger, zylindr. Röhre und Klappen; meistgespielt ist die Q. in C (auch *große Flöte*). Die kleinste Q. ist die ↑Pikkoloflöte. Ferner gibt es die *Altflöte* in G und die *Baßflöte* in C.

Querlenkerachse ↑Fahrwerk.

Querpfeife, kleine, eng und konisch gebohrte Form der Querflöte mit sechs Grifflöchern; wird in der Militärmusik und bei Spielmannszügen gespielt.

Querschiff, der Raum einer Kirche, der quer vor dem Langhaus liegt.

Querflöte

Querschnitt

Querschnitt, ein ebener Schnitt senkrecht zur Längs- oder Drehachse eines Körpers; auch Bez. für die zeichner. Darstellung der Schnittfläche.

Querschnittslähmung (Querschnittssyndrom), durch umschriebene Schädigung des Rückenmarksquerschnitts *(Querschnittsläsion)* verursachte Krankheitserscheinungen in Form sensibler, motor. und vegetativer Lähmungen. Je nach dem Ausmaß der Schädigung unterscheidet man: 1. die *totale* Q. mit vollständiger Leitungsunterbrechung und vollständiger motor. und sensibler Lähmung in den unterhalb der Schädigungsstelle gelegenen Körperpartien sowie mit vegetativen Störungen im Bereich von Blase, Enddarm und Genitalien; 2. die *subtotale* oder *partielle* Q. mit nur teilweiser Leitungsunterbrechung und unvollständigen Ausfallerscheinungen; 3. halbseitige Querschnittsunterbrechungen des Rückenmarks *(Halbseitenläsion)*.

Quersumme, die aus den einzelnen Ziffern einer natürlichen Zahl gebildete Summe; die Q. von 375 604 ist $3+7+5+6+0+4 = 25$.

Querulant [lat.], Kleingeist, der an allem herumkritisiert; Nörgler.

Quesenbandwurm, etwa 60–100 cm langer Bandwurm, der im erwachsenen Zustand im Darm verschiedener Raubtiere (bes. Hund) schmarotzt (↑Drehkrankheit, ↑Drehwurm).

Quesnay, François [frz. kɛ'nɛ], * Méré bei Versailles 4. 6. 1694, † Versailles 16. 12. 1774, frz. Arzt und Nationalökonom. Gilt als Begründer der sog. physiokrat. Schule (↑Physiokraten). Sein bedeutendstes Werk ist der »Tableau économique« (1758), das die erste Gesamtdarstellung eines volkswirtschaftl. Kreislaufs enthält.

Quetschung (Kontusion, Contusio), Verletzung durch Gewalteinwirkung mit einem stumpfen Gegenstand.

Quetzal [kɛ...; aztek.] (Quesal), etwa taubengroßer Vogel in feuchten Bergwäldern S-Mexikos bis Panamas. Das ♂ hat eine lange (fast 1 m) Federschleppe, es ist am Bauch leuchtend rot, sonst überwiegend metallisch glänzend grün gefärbt.

Quetzalcoatl [span. kɛtsal'koatl; aztek. »(grüne) Federschlange«], religiös bedeutendste Gestalt des vorkolumb. Mexiko, ein in aztek. Zeit vergöttlichter Herrscher des Toltekenreiches, der im 10. Jh. in Tollan (heute Tula de Allende) residierte (↑Azteken).

Queue [kø:; lat.-frz., eigtl. »Schwanz«], Billardstock (↑Billard).

Quevedo y Villegas, Francisco Gómez de [span. ke'βeðo i βi'ʎeɣas], ≈ Madrid 26. 9. 1580, † Villanueva de los Infantes 8. 9. 1645, span. Dichter. Vertreter des span. Barocks *(Conceptismo);* befreundet mit L. F. de Vega Carpio und M. de Cervantes Saavedra; sein bes. vom Satirischen lebendes Werk (Lyrik und Prosa in außerordentl. Vielfalt der Formen und Themen) zeichnet sich durch eine Sprache der Neuprägungen und des Umgangs mit dem Jargon aus; bes. bekannt sind seine Moralsatiren, dt. u. d. T. »Quevedos wunderl. Träume« (1627) sowie der Schelmenroman »Der abenteuerl. Buscon« (1626).

Quezon City [span.-engl. ke'θɔn 'sɪtɪ], Stadt auf Luzon, Philippinen, im nö. Vorortbereich von Manila, 1,66 Mio. E. Univ.; Konsumgüterindustrie. – 1948 bis 1975 nominelle Hauptstadt der Philippinen.

Quiche [frz. kiʃ], Speckkuchen aus Mürbe- oder Blätterteig.

Quickborn, 1909 bzw. 1913 in Schlesien gegr. kath. Jugendbund; wurde ein Zentrum der liturg. Bewegung; 1939 bis 1946 aufgelöst, 1966 Aufspaltung in den *Bund christl. Jugendgruppen* und den *Q.-Arbeitskreis.*

Quickstep ['kvɪkstɛp; engl.], internat. Standardtanz; schnelle Art des ↑Foxtrotts.

Quidde, Ludwig, * Bremen 23. 3. 1858, † Genf 5. 3. 1941, dt. Historiker und

François Quesnay

Ludwig Quidde

Quetzalcoatl

Quetzal. Männchen (Größe bis 140 cm einschließlich Schwanzfedern)

Politiker. Die Veröffentlichung der Schrift »Caligula« (1894), einer historisch verkleideten Kritik an Kaiser Wilhelm II., beendete seine Karriere als Historiker; 1914–29 Präs. der Dt. Friedensgesellschaft, 1921–29 Vors. des Dt. Friedenskartells; erhielt 1927 zus. mit F. Buisson den Friedensnobelpreis; emigrierte 1933 in die Schweiz.

Quietismus [kvi-e...; lat.], eine philosoph. oder religiös begründete Haltung des Nichthandelns bzw. der größtmöglichen Seelenruhe, die für myst. Religiosität charakteristisch ist; steht im Ggs. zum Aktivismus prophet. Religionen.

Quillajarinde [indian./dt.] (Panamarinde, Seifenrinde), Bez. für die Rinde einer im westl. S-Amerika verbreiteten Seifenbaumart, die etwa 5% Saponine enthält; die Extrakte werden als milde Waschmittel, Bestandteile von Fleckenwasser und als schaumbildende Zusätze in Haarwässern und Zahnpasten verwendet.

Quimper [frz. kɛ̃'pɛːr], frz. Hafenstadt in der Bretagne, 56 900 E. Verwaltungssitz des Dép. Finistère; Museen, Handelshafen. Got. Kathedrale (13.–15. Jh.), roman. Kirche Notre-Dame-de-Locmaria (11. Jh.).

Quincey, Thomas De [engl. dəˈkwɪnsɪ] ↑De Quincey, Thomas.

Quinn, Anthony [engl. kwɪn], * Chihuahua (Mexiko) 21. 4. 1915, amerikan. Schauspieler. Bed. Charakterdarsteller, Welterfolge u. a. mit den Filmen »Viva Zapata« (1952), »La Strada« (1954), »Der Glöckner von Notre Dame« (1956), »Alexis Sorbas« (1964), »Der große Grieche« (1977), »Der alte Mann und das Meer« (1989).

Quinquagesima [lat. »der fünfzigste (Tag)«] ↑Estomihi.

Quint [lat.], Fechthieb, der von der rechten Hüfte zur linken Schulter führt.

Quinta [lat.], früher die 2. Klasse im Gymnasium (entspricht heute der 6. Klasse).

Quinte [lat.] (Quint), der fünfte Ton der diaton. Tonleiter, das Intervall im Abstand von fünf diaton. Stufen. Die Q. kann als reines (z. B. c-g), vermindertes (c-ges, der ↑Tritonus) oder übermäßiges Intervall (c-gis) auftreten.

Quintenzirkel, die Anordnung der Dur- und Molltonarten nach Art und Zahl der Vorzeichen in einem Kreis (Zirkel). Der Abstand der Grundtöne beträgt jeweils eine Quinte. In aufsteigender Richtung (rechtsherum) befinden sich die ♯-Tonarten, in absteigender (linksherum) die ♭-Tonarten. Dabei treffen sich in Dur die Quintenfolgen C-G-D-A-E-H und C-F-B-Es-As-Des in Fis = Ges (»enharmon. Verwechslung«), die entsprechenden Reihen in Moll bei dis = es.

Quintessenz [mittellat.], das im Ergebnis Wichtigste, Wesentliche einer Sache.

Quintett [lat.-italien.], Komposition für fünf Instrumental- oder Vokalstimmen; auch das ausführende Ensemble.

Quintilian (Marcus Fabius Quintilianus), * Calagurris (heute Calahorra, Spanien) um 35, † Rom um 100, römischer Rhetoriker. Die »Institutio oratoria« (Lehrgang der Beredsamkeit, 12 Bücher), diente vom 16. bis zum 18. Jh. als Grundlage des Rhetorikunterrichts.

Quintsextakkord, die erste Umkehrung des ↑Septimenakkords.

Quipu [ˈkɪpu; indian.] ↑Knotenschrift.

Quiriguá [span. kiriˈɣu̯a], Ruinenstadt der Maya in O-Guatemala; u. a. Skulpturen (zw. 475 und 810 datiert). – Abb. S. 2762.

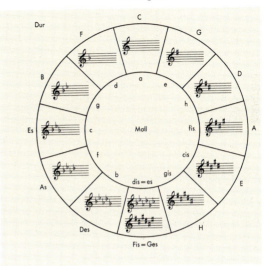

Quintenzirkel

Anthony Quinn

Quirinal

Quirinal (lat. Collis Quirinalis), einer der sieben Hügel Roms mit dem Tempel des altröm. Gottes Quirinus, den Thermen Diokletians und Konstantins I., des Großen. Der *Palazzo del Quirinale* (1574 ff.), urspr. Sommerresidenz der Päpste, ist heute Sitz des italien. Staatspräsidenten.

Quirinus, röm. Kriegsgott. Bildete mit Jupiter und Mars eine altröm. Götterdreiheit, die später durch die kapitolin. Trias Jupiter–Juno–Minerva verdrängt wurde.

Quiriguá. Zoomorphe Sandsteinskulptur

Quiriten, im antiken Rom Bez. für die röm. Bürger, bes. in der Volksversammlung.

Quirl, *Botanik:* bei Pflanzen Bez. für eine Gruppe von mehr als zwei seitl. Gliedern, die auf gleicher Höhe der Sproßachse oder eines Seitensprosses entspringen.

Quisling (Qvisling), Vidkun Abraham Lauritz, *Fyresdal (Telemark) 18. 7. 1887, † Oslo 24. 10. 1945 (hingerichtet), norweg. Politiker. 1931/32 Verteidigungs-Min.; gründete 1933 die faschist. Partei »Nasjonal Samling«; schlug Hitler Ende 1940 die Besetzung Norwegens vor, nach deren Durchführung 1940 für wenige Tage Min.-Präs.; 1942–45 Chef einer »nat. Regierung« in Abhängigkeit vom dt. Reichskommissar J. Terboven; 1945 zum Tod verurteilt.

Quito [ˈkiːto, span. ˈkito], Hauptstadt Ecuadors und der Prov. Pichincha, am Fuß des Vulkans Pichincha, 2850 m ü. M., 1,1 Mio. E. Univ., kath. Univ., Museen, Nationalarchiv, Nationalbibliothek, Theater, Industriezentrum des Landes, internat. ✈. Kathedrale (16. Jh.; wiederaufgebaut) mit Pieta des indian. Bildhauers Manuel Chili (um 1770), San Francisco (auf der Ruine eines Inkapalastes); Kloster San Francisco (Kreuzgang 1573–81) und San Agustín (zweigeschossiger Kreuzgang um 1640). – Urspr. Hauptstadt des Indianervolks der Cara, dann Teil des Inkareiches; 1534 von Spaniern erobert.

Quitte [griech.-lat.] (Echte Q.), Rosengewächs aus Vorderasien; bis 8 m hoher Baum. In S- und M-Europa werden die Varietäten *Birnenquitte* und *Apfelquitte,* mit birnen- bzw. apfelförmigen Früchten, kultiviert. Das Fruchtfleisch der Q. ist roh nicht genießbar.

Quittung [lat.], schriftl. Empfangsbestätigung, die der Gläubiger dem Schuldner ausstellt; sie ist Beweismittel dafür, daß geleistet worden ist.

Quixote, Don [dɔn kiˈxoːte, span. dɔŋ kiˈxote] ↑Don Quijote.

Qumran [k...] (Kumran, arab. Khirbet Q.), Ruinenstätte einer klosterähnl. Anlage mit Nekropole am NW-Ufer des Toten Meeres im z. Z. von Israel be-

Vidkun Abraham Lauritz Quisling

Quitte. Apfelquitte (Zweig mit Früchten)

Quitte. Blühender Zweig und Frucht der Birnenquitte

Qwaqwa

Quito.
Plaza de la Independencia in der Altstadt; im Hintergrund der Turm der Kathedrale

setzten West-Jordanland. Die seit um 180 v. Chr. bewohnten Gebäude dienten bis zur endgültigen Auflösung 68 n. Chr. einem religiösen Männerkonvent als Domizil. – Berühmt ist Q. v. a. wegen der dort seit 1947 in Höhlen gefundenen Handschriften (meist auf Leder und Papyrus): *bibl. Bücher* des hebr. Kanons; *Auslegungen bibl. Bücher; liturg.* und *gesetzl. Texte.* – Die Interpretation der Texte läßt vermuten, daß Q. von ↑Essenern bewohnt war.

quod erat demonstrandum [lat. »was zu beweisen war«], Abk. **q. e. d.** oder **qu. e. d.**, auf Euklid zurückgehender Schlußsatz bei Beweisen.

Quodlibet [lat. »was beliebt«], scherzhafte musikal. Form, die zwei oder mehr textierte [Lied]melodien oder Melodieteile kontrapunktisch verknüpft oder in der Reihung solcher Melodien urspr. nicht zusammengehörenden Texte verbindet.

Quorum [lat. »deren« (nach dem Anfangswort von Entscheidungen des röm. Rechts)], die zur Beschlußfähigkeit von Gremien nach Statut, Satzung oder Gesetz erforderl. Anzahl anwesender Mitglieder.

Quote [mittellat.], Anteil, der bei Aufteilung eines Ganzen auf den einzelnen oder eine Einheit entfällt. In der Statistik eine Beziehungszahl

Quotenregelung, Verfahren, mit dessen Hilfe eine bestimmte Zusammensetzung von Gremien eines Vereins, einer Partei usw. erreicht werden soll. Die SPD führte 1988 zugunsten der Frauen die Q. für Parteigremien und Mandatsträger der Partei in den Parlamenten ein; die angestrebte Quote beträgt dabei mindestens 40%.

Quotient [lat.], das Ergebnis einer Division, auch Bez. für einen Ausdruck der Form $a:b$ bzw. a/b.

Quotientenregel, Regel für das Differenzieren von Quotienten zweier Funktionen $u(x)$ und $v(x)$:

$$\left(\frac{u(x)}{v(x)}\right)' = \frac{v(x) \cdot u'(x) - u(x) \cdot v'(x)}{[v(x)]^2}.$$

Qvisling [norweg. ˈkvisliŋ], ↑Quisling.
Qwaqwa, ehem. Homeland der Süd-Sotho im äußersten SO des Oranjefreistaats, Rep. Südafrika, 482 km², 180 900 E, Verwaltungssitz Phuthaditjhaba bei Witsieshoek.

Quito
Stadtwappen

R r

R, 1) der 18. Buchstabe des dt. Alphabets (im Lat. der 17.), im Griech. ρ (Rho).
2) *Chemie:* Formelzeichen für einen (meist organ.) Rest.
3) *Geometrie:* Kurzzeichen für einen rechten Winkel.
4) *Wirtschaft:* Abk. für **R**egistered **a**s **t**rademark; amerikan. und weitgehend internat. Bez. für »eingetragenes Warenzeichen«.
r, Formelzeichen für ↑Radius (Halbmesser).
Ra, ägypt. Sonnengott, ↑Re.
Ra, chem. Symbol für ↑Radium.
Raab, Julius, *Sankt Pölten 29. 11. 1891, † Wien 8. 1. 1964, österr. Politiker (ÖVP); 1945–61 Mgl. des Nationalrats; 1953–61 Bundeskanzler einer Regierung der großen Koalition; erreichte 1955 die sowjet. Zustimmung zum Österr. Staatsvertrag.
Raab, 1) ungar. Stadt, ↑Győr.
2) rechter Nebenfluß der Donau, mündet bei Győr in die Kleine Donau, etwa 300 km lang.
Raabe, Wilhelm, Pseudonym Jakob Corvinus, *Eschershausen 8. 9. 1831, † Braunschweig 15. 11. 1910, dt. Schriftsteller. Zählt neben T. Fontane zu den bed. dt. Vertretern des Realismus. Seine kulturkrit. Erzählungen (u. a. »Das Odfeld«, 1889; »Hastenbeck«, 1899) und Romane (u. a. »Die Chronik der Sperlingsgasse«, 1857; »Der Hungerpastor«, 1864; »Abu Telfan ...«, 1868; »Der Schüdderrump«, 1870; »Pfisters Mühle«, 1884; »Die Akten des Vogelsangs«, 1895) leben von Sprachkomik und Satire, wobei der Angriff auf das inhumane und aggressive zeitgenöss. Spießertum mit virtuosem Einsatz der verschiedensten Erzählperspektiven geführt wird, was v. a. dem Roman »Stopfkuchen« (1891) zu einem Meisterwerk der Groteske macht.
Rab, kroat. Insel in N-Dalmatien, 93,6 km², bis 408 m hoch, Hauptort Rab.
Rabab [pers.-arab.] (Rebab), Bez. für verschiedene im islam. Bereich verbreitete Streichinstrumente mit birnen-, kreis- oder trapezförmigem Schallkörper aus Holz, Pergamentdecke und Stachel sowie einer oder zwei Saiten (auch doppelchörig).
Rabanus Maurus ↑Hrabanus Maurus.
Rabat, Hauptstadt Marokkos, an der Mündung des Bou-Regreg in den Atlantik, gegenüber der am rechten Flußufer gelegenen Stadt Salé, 625 000 E. Univ., Akademie für arabische Sprache, Museen, botan. Garten; Textil-, Leder- und Nahrungsmittel-Ind.; internat. ✈. Die Altstadt wird im S von der sog. Andalusiermauer (17. Jh.) begrenzt, im W von einem Teil der Almohadenmauer (12. Jh.); bed. das Minarett (12. Jh.; quadrat. Grundriß) der unvollendeten Hassanmoschee (heute verfallen). – Im 17. Jh. mit Salé selbständige Korsarenrepublik; seit 1912 Hauptstadt Marokkos.
Rabatt [italien.], Preisnachlaß, der meist in Prozenten des Preises ausgedrückt wird.
Rabatte [niederl.], ein meist langes und schmales Zierpflanzenbeet längs von Wegen und Rasenflächen.
Rabbi [hebr.], im Judentum Anrede für verehrte Lehrer und Gelehrte.
Rabbiner [hebr.], Titel der jüd. [Schrift]gelehrten und religiösen Funktionsträger. – Vom 1./2. Jh. an war der R. der Gelehrte, der die jüd. Lehre vertrat und weiterführte. Die Gelehrten dieser frühen Epoche wurden *Rabbinen* genannt. Seit der Aufklärung trat neben die Überwachung des Religionsgesetzes verstärkt die Seelsorge.
Rabe, svw. ↑Kolkrabe.
Rabelais, François [frz. ra'blɛ], *La Devinière bei Chinon um 1494 (1483?, 1490?), † Paris 9. 4. 1553, frz. Dichter. Sein Ruhm beruht auf dem phantast., grotesk-kom. Romanzyklus »Gargantua und Pantagruel«. Das erste Buch (1532) entwickelt mit der Geschichte des Rie-

Wilhelm Raabe

Entwicklung des Buchstabens **R**

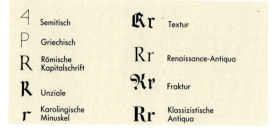

sen Pantagruel eine umfassende Zeitsatire, in die das gesamte Gedankengut der frz. Frührenaissance einfließt; das zweite Buch (1534) enthält zugleich eine Verspottung der klösterl. Erziehung und der Sorbonne; im dritten und vierten Buch (1546 bzw. 1552) werden zeitgenöss. Vorstellungen von Astrologie, Medizin, Philosophie u. a. satirisch angegriffen. Die Autorschaft des fünften Buches (hg. 1562, endgültige Ausgabe 1564) ist umstritten.

Raben, große, kräftige, meist schwarze, klotzschnäbelige Rabenvögel mit nur wenigen Arten; in Europa kommt nur der ↑Kolkrabe vor.

Rabenkrähe, etwa 45 cm lange schwarze Aaskrähe in W- und M-Europa und O-Asien; Schnabel schwarz und stets befiedert; ernährt sich vorwiegend von Kleintieren, Jungvögeln, Eiern, Abfall und Aas.

Rabenvögel (Krähenvögel, Corvidae), mit Ausnahme der Polargebiete und Neuseelands weltweit verbreitete Fam. drossel- bis kolkrabengroßer Singvögel mit rd. 100 allesfressenden Arten. Zu den R. gehören u. a. Häher, Elster, Dohle, Krähen, Raben, Alpendohle, Alpenkrähe.

Rabi, Isidor Isaac [engl. 'reɪbɪ], * Rymanów bei Sanok 29. 7. 1898, † New York 11. 1. 1988, amerikan. Physiker poln. Herkunft. Entwickelte die Atomstrahlresonanzmethode *(R.-Methode)* zur Messung elektr. und magnet. Momente von Atomkernen und erhielt dafür 1944 den Nobelpreis für Physik.

Rabin, Yitzhak, * Jerusalem 1. 3. 1922, † Tel Aviv-Jafta 4. 11. 1995 (ermordet), israel. General und Politiker. 1964–68 Generalstabschef; 1968–73 Botschafter in den USA; 1974 Arbeits-Min.; 1974–77 Min.-Präs.; 1984–90 Verteidigungs-Min.; seit 1992 Vors. der Israel. Arbeiterpartei und Min.-Präs.; erhielt 1994 für seine Bemühungen zur Beilegung des Nahostkonflikts zus. mit S. Peres und J. Arafat den Friedensnobelpreis, fiel einem Attentat eines extremist. jüd. Gegners seiner Verständigungspolitik zum Opfer.

Rabinal Achí [span. rraβi'nal a'tʃi], einzige erhaltene dramat. Dichtung der Maya aus vorspan. Zeit.

Rabindranath Tagore ↑Tagore, Rabindranath.

Rachitis

Rabat. Minarett und Ruinen der um 1191 begonnenen, unvollendeten Hasanmoschee

Racemate [lat.] (Razemate), äquimolare Gemische opt. Antipoden (Stereoisomeren) einer chem. Verbindung; opt. inaktiv, da sich die Drehwinkel der opt. Antipoden aufheben.

Rachel, Gestalt des AT, ↑Rahel.

Rachel [frz. ra'ʃel], eigtl. Elisabeth R. Félix, * Mumpf bei Basel 28. 2. 1821, † Le Cannet bei Cannes 3. 1. 1858, frz. Schauspielerin. Mgl. und Teilhaberin der Comédie-Française; gilt als größte frz. Tragödin des 19. Jahrhunderts.

Rachen, 1) *Medizin:* svw. ↑Pharynx.
2) *Zoologie:* v. a. bei größeren Raubtieren Bez. für die gesamte bezahnte Mundhöhle.

Rachenblütler (Braunwurzgewächse, Scrophulariaceae), Fam. zweikeimblättriger Pflanzen mit rd. 3 000 weltweit verbreiteten Arten in etwa 200 Gatt.; meist Kräuter oder Stauden, auch Sträucher und Lianen. Bekannte Gatt. sind Ehrenpreis, Fingerhut, Königskerze und Löwenmaul.

Rachenmandel (Rachentonsille), am Dach des Nasenrachenraums gelegenes unpaares Organ mit zerklüfteter Oberfläche; enthält zahlr. Lymphozyten; Abwehrorgan für Infektionskeime.

Rachitis [griech.] (engl. Krankheit), durch Vitamin-D-Mangel bedingte Störung des Calcium- und Phosphatstoffwechsels mit typ. Skelettverände-

Yitzhak Rabin

Rachmaninow

Sergei Wassiljewitsch Rachmaninow

Jean Racine
(Ausschnitt aus einem Kupferstich von Gerard Edelinck)

rungen (Knochenerweichung, Wirbelsäulenverkrümmung, Verbiegung der Beinknochen, Beckenverformung), bes. beim Säugling und Kleinkind.
Rachmaninow, Sergei Wassiljewitsch, * Gut Onega bei Nowgorod 1. 4. 1873, † Beverly Hills bei Los Angeles 28. 3. 1943, russ.-amerikan. Komponist, Pianist und Dirigent. Lebte ab 1917 in Paris, ab 1935 in den USA, als Pianist gefeiert; von seinen Kompositionen wurden von den vier Klavierkonzerten v. a. sein 2. Klavierkonzert c-Moll op. 18 (1901) und das Klavier-Prélude cis-Moll op. 3,2 (1892) populär; auch Opern, drei Sinfonien, Chorwerke und Lieder.
Racine, Jean [frz. ra'sin], ≈ La Ferté-Milon bei Soissons 22. 12. 1639, † Paris 21. 4. 1699, frz. Dramatiker. Mit P. Corneille herausragender Vertreter der klass. frz. Tragödie. In seinen Dramen stehen Frauen im Mittelpunkt, v. a. in »Andromache« (1668), »Esther« (1669), »Berenice« (1671), »Iphigenie« (1675), »Phädra« (1677). R. schrieb u. a. auch geistl. Lyrik und eine Geschichte von Port-Royal (hg. 1742–54). – *Weitere Werke:* Alexander der Große (Dr., 1666), Britannicus (Dr., 1669), Athalie (Dr., 1690/91).
Rackelhuhn, Bastard zw. Auer- und Birkhuhn.
Rackelkrähe, fruchtbarer Mischling aus Nebelkrähe und Rabenkrähe.

Racken. Blauracke (Größe etwa 30 cm)

Racken (Raken, Coraciidae), Fam. etwa taubengroßer, bunt gefärbter Singvögel mit rd. 15 Arten in Afrika und Eurasien; u. a. *Blau-R.,* etwa 30 cm groß, und *Kurol,* fast krähengroß, auf Madagaskar.
Rackenvögel (Coraciiformes), mit fast 2 000 Arten v. a. in den Tropen und Subtropen verbreitete Ordnung (mit Schwanz) etwa 10–100 cm langer, meist leuchtend bunt gefärbter Singvögel; Höhlenbrüter. Zu den R. gehören u. a. Racken, Eisvögel, Bienenfresser, Hopfe.
Racket ['rεkət, ra'kεt; arab.-frz.-engl.], svw. Tennisschläger.
rad, 1) Einheitenzeichen für die Winkeleinheit ↑Radiant.
2) Einheitenzeichen für die Einheit der Strahlungsdosis ↑Rad.
Rad, 1) *Meßwesen:* Abk. für engl. **r**adiation **a**bsorbed **d**ose [engl. reɪdɪ'eɪʃən əb'sɔ:bd 'dəʊsɪs], gesetzl. nicht mehr zulässige Einheit der absorbierten Strahlungsdosis, Einheitenzeichen **rd** oder **rad;** 100 rad = 1 Gy (↑Gray).
2) *Technik:* Maschinenelement zur Kraft- bzw. Drehmomentübertragung, insbes. zur rollenden Fortbewegung, ferner zur Richtungsänderung von Seilen, Ketten u. a.; besteht gewöhnlich aus der *Nabe* (die die Verbindung zur Achse, Welle oder einem Zapfen herstellt), dem kreisförmigen *R.kranz* und der beide Teile verbindenden *R.scheibe* bzw. Speichen. **Geschichte:** Das R. wurde im 4. Jt. v. Chr. als hölzernes *Scheibenrad* erfunden (Mesopotamien, Schwarzmeergebiet); die älteste Darstellung findet sich auf der sog. »Standarte von Ur« (Schmuckfriese, zusammengesetzt aus Muschelplättchen, Kalkstein und Lapislazuli, etwa 2600 v. Chr.); in Europa ist das R. durch jungsteinzeitl. Funde belegt. *Speichenräder* finden sich erstmals an Tonmodellen aus Mesopotamien um 2000 v. Chr., ab 1600 auch an ägypt. Streitwagen; im Verlauf der Bronzezeit Verbreitung gegossener Speichen-R. über ganz Europa.
3) *Turnen:* (Radschlagen) Bez. für einen Überschlag seitwärts auf dem Boden oder Schwebebalken.
RAD, Abk. für **R**eichs**a**rbeits**d**ienst (↑Arbeitsdienst).
Radar [ra'da:r, 'ra:dar; Abk. für engl. **ra**dio **d**etecting **a**nd **r**anging, eigtl. »Funkermittlung und -entfernungsmessung«], mit elektromagnet. Wellen arbeitendes Verfahren zur Ortung von Flugzeugen, Schiffen u. a.; wird jedoch ebenso als Navigationshilfe, als Hilfsmittel der Meteorologie (z. B. zur Ortung weit entfernter Gewitter), der Astronomie (z. B. zur Oberflächenforschung von Planeten), zur Geschwindigkeitsmessung (Verkehrs-R.) u. a. angewandt. –

Rädertiere

Prinzip: Von einer Antenne mit parabol. Reflektor (R.antenne) werden scharf gebündelte elektromagnet. Wellen in Form kurzer Impulse abgestrahlt. Treffen diese Impulse auf ein Hindernis, so werden sie – je nach Art des Materials – mehr oder weniger stark reflektiert und in den Impulspausen von derselben Antenne wieder empfangen. Die Echoimpulse werden auf einem Bildschirm *(R.schirm)* sichtbar gemacht. Nach entsprechender Eichung ist neben der Erkennung des Objekts auch die Bestimmung seines Abstands von der Antenne möglich. Zur Geschwindigkeitsmessung, z. B. beim *Verkehrs-R.*, werden v. a. Verfahren angewandt, die den ↑Doppler-Effekt ausnutzen *(Doppler-R.).* – In der Luftfahrt läßt sich mit Hilfe des sog. *Sekundär-R.* durch einen von der R.antenne ausgestrahlten [Frage]impuls ein codierter Antwortimpuls u. a. mit Angabe der Flughöhe auslösen, der neben dem Echobild des Flugzeugs auf dem R.schirm für den Fluglotsen sichtbar gemacht werden kann.

Radball ↑Radsport.

Radbruch, Gustav, *Lübeck 21. 11. 1878, † Heidelberg 23. 11. 1949, dt. Jurist und Politiker (SPD). 1920–24 MdR; 1921/22 und 1923 Reichsjustiz-Min.; 1933 als erster dt. Professor amtsenthoben; vertrat in seiner Rechtsphilosophie als oberste Rechtswerte: Rechtssicherheit, Gerechtigkeit, soziale Zweckmäßigkeit.

Radcliffe, Ann [engl. 'rædklıf], geb. Ward, *London 9. 7. 1764, † ebd. 7. 2. 1823, engl. Schriftstellerin. Bed. Vertreterin der engl. ↑Gothic novel, u. a. »Udolpho's Geheimnisse« (1794) und »Die Italienerin« (1797).

Raddampfer ↑Dampfschiff.

Radebeul, Stadt in der Lößnitz, Sa., 30 800 E. Indianermuseum (ehem. Karl-May-Museum, im Wohnhaus K. Mays); Weinbau; u. a. Pharma-Ind., Sektkellereien.

radebrechen [mhd. »auf dem Hinrichtungsrad die Glieder brechen«], [eine Fremdsprache] stümperhaft sprechen.

Radecki, Sigismund von [ra'detski], Pseud. Homunculus, *Riga 19. 11. 1891, † Gladbeck 13. 3. 1970, dt. Schriftsteller. Von K. Kraus beeinflußter Meister der literar. Kleinform; auch Übersetzungen (v. a. aus dem Russischen).

Radek, Karl, eigtl. K. Sobelsohn, *Lemberg 1885, † in einem sowjet. Gefängnis 1939, sowjet. Politiker. Vertreter der russ. KP auf dem Gründungsparteitag der KPD 1918/19; im Febr. 1919 in Berlin verhaftet, im März zum Mgl. des ZK der russ. KP gewählt, kehrte im Jan. 1920 nach Rußland zurück; im Präsidium des Exekutivkomitees der Komintern, bis 1923 für die Anleitung der KPD verantwortlich; als Trotzkist 1924 seiner Positionen enthoben; 1936 verhaftet.

Rädelsführer, Anführer einer Verschwörung, eines Aufruhrs oder Unfugs; im StGB strafverschärfendes Tatbestandsmerkmal.

Rädern, Vollstreckungsart der Todesstrafe, v. a. bei Mord und Raub (im 19. Jh. aufgegeben); die Glieder wurden mit einem Rad zerschlagen, der Körper in die Speichen des Rades »geflochten«.

Rädertiere (Rotatoria), Klasse der Schlauchwürmer mit rd. 1500 etwa 0,05–3 mm (meist 0,1–1 mm) langen, v. a. im Süßwasser lebenden Arten; ihre Nahrung wird dem Kaumagen meist strudelnd mit Hilfe eines *Räderorgans* (mit bandförmig in einem Bogen angeordneten Wimpern; dient auch zur Fortbewegung) im Bereich der Mundöffnung zugeführt.

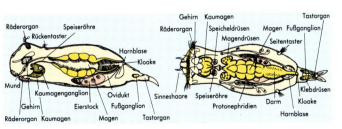

Rädertiere. Bauplan: Links: Sagittalschnitt ♦ Rechts: Dorsalansicht

Radetzky

Sarvepalli Radhakrishnan

Radetzky, Joseph Wenzel Graf [...ki], eigtl. J. W. Graf R. von Radetz, *Trebnitz (heute Třebenice, Nordböhm. Gebiet) 2. 11. 1766, † Mailand 5. 1. 1858, österr. Feldmarschall (seit 1836). Hatte durch den von ihm entworfenen Feldzugsplan von 1813 maßgebl. Anteil am Sieg in der Völkerschlacht bei Leipzig; sicherte als Kommandeur (ab 1831) der österr. Truppen in Lombardo-Venetien die österr. Herrschaft in Oberitalien; 1850–57 Generalgouverneur von Lombardo-Venetien.

Radhakrishnan, Sir (1931–47, Titel abgelegt) Sarvepalli, *Tiruttani (Tamil Nadu) 5. 9. 1888, † Madras 17. 4. 1975, ind. Philosoph und Politiker. Prof. für Philosophie in Kalkutta und 1936–52 für östl. Religion und Ethik in Oxford; 1962–67 Staats-Präs. Indiens. In zahlr. Arbeiten zur indischen Philosophie und Religion vermittelte er das religiöse und intellektuelle Erbe Indiens mit den westl. Anschauungen. 1961 Friedenspreis des Börsenvereins des Deutschen Buchhandels.

Radierung. Augustin Hirschvogel. »Flußlandschaft« (1546)

radial [lat.], den Radius betreffend, in Radiusrichtung verlaufend; strahlenförmig, von einem Mittelpunkt ausgehend, auf ihn hinzielend; auf den Radiusvektor bezogen.

Radiallager ↑Wälzlager.

Radiant [lat.], Einheitenzeichen **rad**, SI-Einheit des ebenen Winkels. 1 rad ist gleich dem ebenen Winkel, der als Zentriwinkel eines Kreises vom Radius 1 m aus dem Kreis einen Bogen der Länge 1 m ausschneidet.

Radiator [lat.] ↑Heizkörper.

Radicchio [ra'dıkio; italien.] ↑Wegwarte.

Radierung [lat.], graph. Technik. Eine Kupferplatte wird mit einem säurebeständigen Ätzgrund (Wachs, Harz, Asphalt) überzogen und eingerußt. In den Ätzgrund wird mit der Radiernadel die Zeichnung eingeritzt. Im Säurebad (verdünnte Salpetersäure, Eisenchlorid) frißt sich die Säure an den freigelegten Stellen in das Metall ein. Nach Entfernung des Ätzgrundes werden Abzüge nach dem Tiefdruckverfahren hergestellt (ebenfalls »R.« gen.), wobei nur die eingeätzten Linien drucken. Die Radierung erlaubt, anders als der ↑Kupferstich, »malerische« Effekte. ↑Kaltnadelarbeit.

Radieschen [lat.-roman.] ↑Rettich.

Radiguet, Raymond [frz. radi'gɛ], *Saint-Maur-des-Fossés bei Paris 18. 6. 1903, † Paris 12. 12. 1923, frz. Schriftsteller. Autobiographisch beeinflußte psychol. Romane, u. a. »Den Teufel im Leib« (1923), »Der Ball des Comte d'Orgel« (hg. 1924).

Radikal [lat.-frz.], *Chemie:* Bez. für ein elektrisch geladenes (R.ion) oder neutrales Atom bzw. eine organ. oder anorgan. Atomgruppe, die mindestens ein ungepaartes, zu kovalenter Bindung fähiges Elektron besitzt. R. sind auf Grund ihrer Reaktionsfähigkeit meist sehr kurzlebig.

Radikalenerlaß, gebräuchl. Bez. für den ↑Extremistenbeschluß.

Radikalismus [lat.], Bez. für Theorien oder polit.-soziale Bewegungen, die bestehende Verhältnisse grundsätzlich verändern wollen; sowohl auf Bewegungen angewandt, die radikal nur in ihren Zielen sind (theoret. R.), als auch auf solche, die radikale Mittel zur Erreichung ihrer Ziele einsetzen (prakt. R.); häufig zur Diffamierung polit. Gegner benutzt. – Problematisch ist die Abgrenzung zw. den beiden Begriffen R. und *Extremismus,* da sie in der polit. Alltagssprache oft synonym gebraucht werden. Während »radikal« v. a. auf Intensität und Konsequenz einer polit. Position bezogen wird, ist als Bezugsgröße von »extrem« eine vorgegebene polit. Bandbreite (von links über Mitte bis rechts) gemeint, wobei der Extremismus eine über die Bandbreitengrenzen hinausgehende Position vertritt.

Radikalsozialismus, frz. polit. Bewegung, die auf die Jakobiner und die »Radikalen« (Republikaner) des Julikönigtums zurückgeht. Programmatik seit Ende des 19. Jh.: u. a. Trennung von Staat und Kirche, weltl. Schule, Verteidigung des Privateigentums, Ablehnung des Klassenkampfes. In der 1901 gegr. Parti Républicain Radical et Radical-Socialiste (heute meist: *Parti Radical-Socialiste*) gingen mehrere Gruppen auf.

Radikand [lat.], die Zahl, deren ↑Wurzel berechnet werden soll, d. h., die unter dem Wurzelzeichen steht.

Radikation [lat.] (Bewurzelung), die Entwicklung und Ausbildung der Pflanzenwurzeln.

Radio [Kw. aus engl.-amerikan. **radiotelegraphy** »Übermittlung von Nachrichten durch elektromagnet. Wellen«], Bez. für Rundfunk- bzw. Hörfunkgerät bzw. für Rundfunk bzw. Hörfunk.

radio..., Radio... [zu lat. radius »Strahl«], Bestimmungswort von Zusammensetzungen mit den Bedeutungen »Strahl, Strahlung, Funk, Rundfunk«.

radioaktiver Abfall (Atommüll), bei der Uranerzaufbereitung, der Brennelementherstellung, beim Betrieb von Kernreaktoren, Wiederaufarbeitungsanlagen für Kernbrennstoffe, in nuklearmedizin. Abteilungen sowie in Forschungslabors anfallende Rückstände, die auf Grund ihrer Radioaktivität bes. Probleme bezüglich ihrer Beseitigung bzw. sicheren Lagerung aufwerfen. Schwach- bzw. mittelaktive Abfallstoffe, die meist in Form radioaktiver Abwässer anfallen, werden gewöhnlich durch Eindampfen konzentriert und in Form von Schlamm, mit Bitumen oder Zement versetzt, in Fässer eingegossen. Die hoch radioaktiven Abfälle (z. T. mit Halbwertszeiten von über 1 000 Jahren) müssen so gelagert werden, daß sie über Jahrhunderte von der Biosphäre ferngehalten und künftige Generationen vor Schädigung bewahrt werden. Als Lösung hierfür wird die »Endlagerung« in Steinsalzschichten des tiefen geolog. Untergrundes, sog. Salzstöcken, angesehen, die einige Millionen Jahre lang keinen Kontakt mit dem Grundwasser hatten. Für die Lagerung werden die aufbereiteten Abfallkonzentrate in eine Glasmasse eingegossen, die wiederum von einer Hülle aus rostfreiem Stahl umschlossen wird.

radioaktiver Niederschlag, svw. ↑Fallout.

Radioaktivität, der spontane Zerfall *(Kernzerfall, radioaktiver Zerfall)* instabiler Atomkerne gewisser Nuklide *(Radionuklide).* Bei dieser Art von Kernreaktionen wandeln sich die Kerne eines radioaktiven Nuklids A (Mutternuklid) in die Kerne eines anderen Nuklids B (Tochternuklid) um, indem sie einen Teil ihrer Kernmasse in Form energiereicher Alpha- bzw. Betateilchen emittieren; das Tochternuklid gehört einem anderen chem. Element an. Da sich die Tochternuklide in den meisten Fällen in einem angeregten Zustand befinden, kommt es nach dem Kernzerfall auch zu einer Energieabgabe in Form von Gammastrahlung. Je nachdem, ob die Radionuklide in der Natur vorkommen oder künstl. durch Kernreaktionen erzeugt werden, unterscheidet man *natürl.* und *künstl. Radioaktivität.* Die natürl. R. tritt bei allen Elementen mit Ordnungszahlen größer als 83 auf. Die Radionuklide *(Radioisotope)* dieser Elemente haben größtenteils kurze Halbwertszeiten und würden heute – etwa 6 Mrd. Jahre nach der Entstehung der Nuklide – nicht mehr nachweisbar sein, wenn sie nicht immer wieder neu aus dem Zerfall der langlebigen Uranisotope ^{238}U und ^{235}U sowie des Thoriumisotops ^{232}Th als Zwischenglied einer Zerfallsreihe entstehen würden. Bei kernspektroskop. Untersuchungen an Atomen mit sehr großem Protonenüberschuß (z. B. Thulium 147, Lutetium 151) wurde 1981 die *Protonen-R.* entdeckt, bei der sich Atomkerne unter Abstrahlung von Protonen umwandeln. – Außer den Elementen der Zerfallsreihen sind auch einige leichtere Elemente natürl. radioaktiv, von denen einige neben dem Uran zur radioaktiven Altersbestimmung von Gesteinen und Mineralen herangezogen werden. Durch Bestrahlung mit Neutronen lassen sich prakt. von jedem chem. Element künstl. Radioisotope herstellen *(induzierte R.).* Sie werden u. a. zur Strahlungstherapie verwendet.

Die Wirkung radioaktiver Strahlung auf biolog. Objekte zeigt sich z. B. in einer Herabsetzung der Keimungsfähigkeit von Samen und in Entwicklungshem-

Radierung. Ausschnitt in Originalgröße aus Rembrandts Radierung »Die große Löwenjagd« (1641)

Radioaktivität. Gefahrensymbol

Radiocarbonmethode

mungen und Mißbildungen bei Mensch und Tier, sobald die Strahlungsdosis einen gewissen Wert überschreitet. Gewebe sind um so empfindlicher, je jünger ihre Zellen und je größer deren Teilungsgeschwindigkeit ist, z. B. Keimdrüsen, blutbildende Organe, aber auch schnellwachsende Geschwulstbildungen.

Radiocarbonmethode, svw. C-14-Methode, ↑Altersbestimmung.

Radioelemente, chem. Elemente, die nur aus radioaktiven Isotopen bestehen.

Radiofrequenzstrahlung, Bez. für die in der Radioastronomie untersuchte elektromagnet. Kurz-, Ultrakurz- und Mikrowellenstrahlung kosm. Objekte.

Radiographie, das Durchstrahlen und Photographieren von Organismen und Werkstoffen mit Hilfe von Röntgenstrahlung (sog. *Röntgenographie*) oder Gammastrahlung (sog. *Gammagraphie*) sowie – bei der sog. *Auto-R.* – der Nachweis radioaktiver Indikatoren in lebenden Organismen und anorgan. Materialproben.

Radiojodtest, Prüfung der Schilddrüsenfunktion durch Untersuchung des zeitl. Durchsatzes und des Grades der Anreicherung von *Radiojod* (meist das radioaktive Jodisotop J 131, das in die Schilddrüsenhormone eingebaut wird) nach oraler Einnahme.

Radiolarienschlamm, rote, tonige Tiefseeablagerung, reich an Kieselskeletten der Strahlentierchen (Radiolarien), zu Stein verfestigter R. heißt *Radiolarit*.

Radiologie, die Wiss. bzw. Lehre von der ionisierenden Strahlung.

Radio Luxemburg, Hörfunk- und Fernsehprogramme (Auslandsdienst) der privaten, durch Werbeeinnahmen finanzierten luxemburg. Rundfunkgesellschaft Compagnie Luxembourgeoise de Télédiffusion (CLT; Radio-Télé-Luxembourg [RTL], gegr. 1930; Sitz Luxemburg).

Radiometer, Gerät zur Strahlungsmessung (z. B. Wärmestrahlung).

Radiometrie [lat./griech.], **1)** svw. [Wärme]strahlungsmessung.
2) Messung der radioaktiven Strahlung mit Zählrohren, Szintillationszählern u. a.

Radionuklid ↑Radioaktivität.

Radionuklidbatterie ↑Isotopenbatterie.

Radiosonde (Aerosonde, Funksonde), Meßgerät der Aerologie, das an einem Ballon in die höheren Luftschichten (z. T. über 45 km hoch) aufgelassen wird und Meßergebnisse auf dem Funkwege übermittelt.

Radioteleskop, Teleskop zum Empfang von Radiofrequenzstrahlung. *Einzelteleskope* arbeiten mit einem meist frei schwenkbaren Parabolspiegel aus Blech oder Metallstäben, in dessen Brennpunkt die Strahlung von einem Dipol oder einer Hornantenne aufgenommen wird. Das z. Z. größte frei schwenkbare R. steht sö. von Bad Münstereifel (Reflektordurchmesser 100 m). – *Arrays* oder *Synthesisteleskope* sind Anlagen, die aus kreuz-, T- oder Y-förmig angeord-

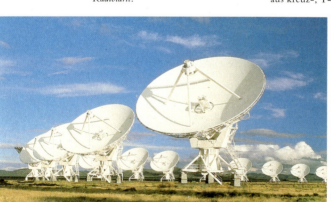

Radioteleskop.
Very Large Array (VLA), Antennenanlage bei Socorro (N. Mex., USA) mit 27 Y-förmig angeordneten Radioteleskopen (Durchmesser jeweils 25 m)

Radnetzspinnen. Oben: Kreuzspinne ♦ Unten: Wespenspinne

neten mittelgroßen Einzelteleskopen bestehen (↑Apertursynthese). *Langstreckeninterferometer* bestehen aus zwei großen, Tausende von Kilometern voneinander entfernten Einzelteleskopen.

Radiotelevisione Italiana, Abk. **RAI,** italien. staatl. Rundfunkgesellschaft, die Hörfunk- und Fernsehprogramme ausstrahlt.

Radischtschew, Alexander Nikolajewitsch, *Moskau 31. 8. 1749, † Petersburg 24. 9. 1802 (Selbstmord), russ. Schriftsteller. Exponent der russ. Aufklärung; sein kulturkrit. Hauptwerk »Reise von Petersburg nach Moskau« (1790), das den russ. Absolutismus in Frage stellte, führte zu Verhaftung und Todesurteil, das in Deportation nach Sibirien (bis 1797) umgewandelt wurde.

Radium [lat.], chem. Symbol **Ra,** radioaktives metall. chem. Element aus der II. Hauptgruppe des Periodensystems der chem. Elemente; Ordnungszahl 88; relative Atommasse 226,0254; Dichte etwa 5 g/cm^3; Schmelztemperatur 700 °C; Siedetemperatur 1140 °C. Von den durchweg radioaktiven Isotopen sind Ra 206 bis Ra 230 bekannt; Ra 226 hat mit 1 600 Jahren die längste Halbwertszeit. Das weiß glänzende Metall tritt in seinen Verbindungen zweiwertig auf; sie zeigen auf Grund der Radioaktivität ein schon bei Tageslicht sichtbares Leuchten. In der Natur kommt R. als Zerfallsprodukt des Urans in Uranmineralen sowie in bestimmten Quellwässern vor. R. gehört zu den seltensten Elementen.

Radiumemanation ↑Radon.

Radius [lat.] (Halbmesser), 1) *Geometrie:* Verbindungsstrecke irgendeines Punktes einer ebenen Mittelpunktskurve (z. B. Kreis, Ellipse, Hyperbel) oder einer gekrümmten Mittelpunktsfläche (z. B. Kugel, Ellipsoid) mit dem Mittelpunkt der Kurve oder Fläche. 2) *Anatomie:* svw. ↑Speiche.

Radiusvektor, svw. ↑Ortsvektor.

Radix [lat.], *Anatomie, Morphologie, Botanik* und *Pharmazie:* Ursprungsstelle, Wurzel eines Nervs, Organs, Körperteils, einer Pflanze.

radizieren [lat.], die ↑Wurzel einer Zahl ermitteln.

Radleier, svw. ↑Drehleier.

Radnetzspinnen (Kreuzspinnen, Araneidae), nahezu weltweit verbreitete Fam. der Spinnen mit über 2500 Arten, die meist sehr regelmäßig gebaute radförmige Netze anlegen. Einheimisch u. a.: *Kreuzspinne* (Gartenspinne), bis 17 (♀) bzw. 11 (♂) mm lang; gefangene Insekten werden erst eingesponnen, dann getötet; Biß für den Menschen ungefährlich; *Wespenspinne* (Zebraspinne, Tigerspinne), bis etwa 20 mm lang, mit auffallender gelbschwarzer, wespenartiger Querbänderung auf der Oberseite.

Radolfzell am Bodensee, Stadt am NW-Ufer des Untersees, Bad.-Württ., 26 800 E. Vogelwarte im Schloß Möggingen; Kneippkurort. Spätgot. kath. Stadtpfarrkirche (15. Jh.), Reste der Stadtbefestigung. – 1415–55 Reichsstadt.

Radom, poln. Stadt im nördl. Vorland des Kielcer Berglandes, 214 000 E. TH; Theater. – Die auf dem *Reichstag von R.* (1505) festgeschriebene Ausschließlichkeit staatspolit. Rechte für den Adel blieb bis 1791 erhalten.

Radom [Kw. aus engl. **ra**dar **dom**e »Radarkuppel«], für elektromagnet. Wellen durchlässige Kunststoffverkleidung einer [Radar]antennenanlage, z. B. am Bug von Flugzeugen (*Radarbug, Radarnase*).

Radon ['ra:dɔn, ra'do:n; lat.], chem. Symbol **Rn,** gasförmiges, radioaktives

Radowitz chem. Element aus der VIII. Hauptgruppe des Periodensystems der chem. Elemente; Ordnungszahl 86; Dichte 9,7 g/l (bei 0 °C); Schmelztemperatur −71 °C; Siedetemperatur −61,8 °C. An Isotopen, die alle radioaktiv sind, sind heute Rn 199 bis Rn 226 bekannt; das Isotop Rn 222 hat mit 3,825 Tagen die längste Halbwertszeit. Die Isotope Rn 219 *(Actiniumemanation, Actinon)*, Rn 220 *(Thoriumemanation, Thoron)* und Rn 222 *(Radiumemanation)* sind Produkte des radioaktiven Zerfalls von Actinium, Thorium und Uran. R. gehört zu den seltensten Elementen.

Radowitz, Joseph Maria von, *Blankenburg/Harz 6. 2. 1797, † Berlin 25. 12. 1853, preuß. General (seit 1845) und Politiker. Betrieb 1850 eine kleindt. Union unter preuß. Führung, scheiterte aber, seit Sept. 1850 preuß. Außen-Min., am Widerstand Österreichs und Rußlands.

Radrennen ↑Radsport.

Radscha [Sanskrit] (Raja), bis zur Unabhängigkeit Indiens Titel ind. Fürsten, in erhöhter Form ↑Maharadscha; ferner Titel von Fürsten im Malaiischen Archipel.

Radsport, zusammenfassende Bez. für die sportl. Disziplinen, die wettkampfmäßig auf Fahrrädern im Freien, in der Halle oder im Saal ausgetragen werden. **Straßenrennsport:** *Einerfahren:* Rennen auf offener Straße über meist 120–150 km. *Etappenfahrten* führen über verschiedene Einzelabschnitte und über mehrere Tage. *Zeitfahren:* Straßenrennen mit Einzelstart gegen die Uhr. *Kriterium:* Rundstreckenrennen über eine vorher festgelegte Rundenzahl. *Mannschaftsrennen:* Zeitfahren über meist 100 km. Von einer aus vier Fahrern bestehenden Mannschaft müssen drei Fahrer geschlossen das Ziel erreichen, wobei die Zeit des dritten Fahrers gewertet wird.

Querfeldeinrennen (Cyclo-Cross): Meist in unwegsamem Gelände und in den Wintermonaten muß ein mindestens 2 km langer Rundkurs mehrmals durchfahren bzw. durchlaufen werden. **Bahnrennsport** findet in überdachten Hallen (Winterbahnen) und im Freien statt: *Sprint (Fliegerrennen),* wobei zwei Fahrer gemeinsam an der Startlinie über die Distanz von 1 000 m starten; die Geschwindigkeit der letzten 200 m wird gestoppt; *Verfolgungsrennen:* Einzel- oder Vierer-Mannschaftswettbewerb (bei Amateuren über 4 000 m, bei Berufsfahrern über 5 000 m). *Zeitfahren:* Wettbewerb über eine Distanz von meistens 1 000 m für Einzelfahrer gegen die Uhr. *Tandemrennen:* Wettbewerb auf einem zweisitzigen Rad. *Stehenrennen:* Einzelwettbewerb über 50 km oder eine Stunde hinter Schrittmachermaschinen. **Hallen- oder Saalradsport** umfaßt turner.-akrobat. *Kunstfahren* auf Spezialrädern in folgenden Disziplinen: Einer-, Zweier-, Vierer- und Sechserkunstfahren sowie Vierer- und Sechsergruppenfahren.

Beim *Radball* unterscheidet man: *Hallenradball* (Mannschaften zu je zwei Spielern), das auf einem 11 × 14 m großen Spielfeld gespielt wird. Der Ball (18 cm Durchmesser) darf nur mit dem Vorder- oder Hinterrad gespielt werden. Spieldauer: 2 × 7 Minuten; beim *Rasenradball* (Mannschaften zu sechs Spielern) ist das Spielfeld bis zu 40 × 60 m groß; gespielt wird mit einem Lederball (Durchmesser etwa 20 cm); Spieldauer 2 × 20 Minuten.

Radstädter Tauern ↑Alpenpässe (Übersicht).

Radstand (Achsstand), bei einem Fahrzeug (oder Radgestell) der Abstand zw. den (äußersten) Achsen.

Radula [lat.], mit (bis rd. 75 000) Zähnchen in Längs- und Querreihen besetzte Chitinmembran auf einem beweglichen Längswulst des Bodens der Mundhöhle bei vielen Weichtieren (bes. den Schnecken) zum Abreißen oder Abschaben der Nahrung.

Radziwiłł [poln. ra'dziviu] (eingedeutscht Radziwill ['ratsivɪl]), poln. Magnatengeschlecht (seit dem 14./15. Jh.) urspr. litauischer Herkunft; seit 1547 Reichsfürsten.

Raeder, Erich ['rɛːdər], *Wandsbek (heute zu Hamburg) 24. 4. 1876, † Kiel 6. 11. 1960, deutscher Großadmiral (seit 1939). 1935–43 Oberbefehlshaber der Kriegsmarine; 1946 in Nürnberg zu lebenslänglicher Haft verurteilt, 1955 entlassen.

RAF, 1) Abk. für R**ote** A**rmee-**F**raktion** (↑Terrorismus).

2) [engl. 'ɑːreɪ'ɛf], Abk. für ↑Royal Air Force.

Raffael (Raphael), eigtl. Raffaello Santi (Sanzio), *Urbino vermutlich 6. 4. 1483, † Rom 6. 4. 1520, italien. Maler und Baumeister. Nach Studienjahren in Perugia (bei P. Perugino) ab 1504 vorwiegend in Florenz; 1508 durch Papst Julius II. nach Rom berufen; Leo X. ernannte ihn 1515 zum Bauleiter der Peterskirche und zum Konservator der antiken Denkmäler. Dem Einfluß Peruginos sind die empfindsam beseelten Figuren (»Madonna Conestabile«, Sankt Petersburg, Eremitage), Donatello Körperlichkeit (»Madonna Terranuova«, um 1505; Berlin, Gemäldegalerie), Leonardo die weichen Halbschatten (»Madonna del Granduca«, um 1505; Florenz, Palazzo Pitti) und Fra Bartolomeo die großzügig-übersichtl. Figurenanordnung (Dreifaltigkeitsfresko, 1505; Perugia, San Severo) zuzuschreiben. Den Endpunkt dieser Auseinandersetzung mit der Florentiner Frührenaissance bezeichnet die »Madonna Colonna« (um 1508; Berlin, Gemäldegalerie) und die Grablegung von 1507 (Rom, Galleria Borghese). – Im vatikan. Palast malte R. die Stanza della Segnatura 1509–11 mit der »Disputa« und der »Schule von Athen« und die Stanza d'Eliodoro 1512–14 weitgehend eigenhändig aus, entwarf 1515 ff. eine Teppichserie für die Sixtin. Kapelle und schuf Fresken in der Villa Farnesina (1512, 1518) sowie Madonnenbilder (»Madonna Alba«, um 1511, Washington, National Gallery of Art; »Madonna di Foligno«, um 1512, Rom, Vatikan. Sammlungen; »Sixtin. Madonna«, um 1513/14, Dresden, Gemäldegalerie, und »Madonna della Sedia«, um 1513/14, Florenz, Palazzo Pitti) und psycholog. Porträts (»Papst Julius II.«, 1511, Florenz, Uffizien; »Baldassare Castiglione«, um 1515, Paris, Louvre; »Papst Leo X. mit den Kardinälen Luigi Rosso und Giulio Medici«, 1517/18, Florenz, Uffizien). Die Vorstellung der Hochrenaissance von menschl. Würde und monumentaler Form hat kein anderer Künstler in seinen Werken zu derart vollendeter Klassizität geführt wie R., zuletzt noch einmal in der »Verklärung Christi« (Rom, Vatikan. Sammlungen; 1523 vollendete Giulio Romano die untere Bildhälfte), während in anderen Werken, deren Ausführung er seiner glänzenden Werkstatt überließ, Beunruhigung eindringt, die klass. Ordnung zerfällt, die Komposition kompliziert wird (Stanza dell' Incendio im Vatikan, 1514–17; Loggien des Vatikans, 1518 bis 1519). – Als Architekt war R. v. a. entwerfend tätig, ausgeführt wurden in Rom die Chigi-Kapelle in Santa Maria del Popolo (1512–16) und die Villa Madama (1516 ff., abgeändert).

Raffination [frz.], allg. die Veredelung von Rohstoffen, z. B. das Entfernen von Verunreinigungen und störenden Begleitstoffen aus Metallen oder Nahrungsmitteln. In der Lebensmitteltechnik spielt v. a. das Reinigen von Speisefetten und Zucker eine Rolle. Auch Bez. für die fraktionierte Destillation von Erdöl.

Raffinerie [frz.], Bez. für meist größere chem.-techn. Anlagen, in denen Rohstoffe gereinigt oder veredelt werden.

Raffael. Sixtinische Madonna (um 1513/14; Dresden, Gemäldegalerie)

Rafflesiengewächse

Rafflesiengewächse [nach dem brit. Kolonialbeamten Sir Thomas Stamford Raffles, *1781, †1826] (Schmarotzerblumen, Rafflesiaceae), trop. bis subtrop. zweikeimblättrige Pflanzenfam.; fleischige Parasiten auf Holzpflanzen mit bis zu 50 cm großen Blüten.

Rafflesiengewächse.
Riesenrafflesie

Hodjatoleslam Ali Akbar Rafsandjani

Rafsandjani [rafsan'dʒa:ni], Hodjatoleslam Ali Akbar, *Rafsandjan (Prov. Kerman) 25. 8. 1934, iran. Politiker. 1980–89 Parlaments-Präs.; in der letzten Phase des Golfkriegs 1988 Oberbefehlshaber der iran. Armee; seit 1989 Staatspräsident.

Ragaz, Leonhard, *Tamins bei Chur 28. 7. 1868, †Zürich 6. 12. 1945, schweizer. ev. Theologe. Mitbegründer der religiös-sozialist. Bewegung in der Schweiz.

Raglan ['raglan, 'rɛglɛn; engl., nach dem (einarmigen) brit. Feldmarschall Fitzroy James Henry Somerset, Baron Raglan, *1788, †1855], Mantel mit Ärmeln und Schulterteil in einem Stück; auch Bez. für die Schnittform, z. B. von Pullovern.

Ragnarök [altnord. »Götterschicksal«], im german. Mythos das Weltende; auch als »Götterdämmerung« aufgefaßt.

Ragout [ra'gu:; frz.], warmes Gericht aus gewürfeltem und geschmortem Fleisch, Geflügel, Fisch oder Wild. *Ragoût fin* besteht aus kleinen Kalb- oder Geflügelfleischwürfeln, meist Füllung für Pasteten.

Ragtime ['rægtaɪm; engl.-amerikan. »zerrissener Takt«], afroamerikan. Klaviermusikstil seit dem späten 19.Jh., der seinen Namen seiner bes. Synkopierungs- und Phrasierungsweise verdankt; gilt als einer der Vorläufer des Jazz.

Ragwurz (Ophrys), Orchideengatt. mit rd. 20 Arten in M-Europa und in Vorderasien; bes. auf Kalkböden wachsende Erdorchideen; einheim. Arten sind *Fliegen-R.* (Fliegenorchis), bis 30 cm hoch und *Hummel-R.,* bis 50 cm hoch, Blüten hummelähnlich.

Ragwurz.
Hummelragwurz
(Höhe bis 50 cm)

Rah (Raa), querschiffs waagerecht am Mast eines Schiffes beweglich angebrachtes Rundholz oder Stahlrohr zum Tragen der *Rahsegel.*

Rahel (Rachel), Gestalt des AT, Frau Jakobs.

Rahman, Scheich Mujibur [rax'man] ↑Mujibur Rahman, Scheich.

Rahmenerzählung, Erzählform, bei der eine umschließende ep. Einheit eine fiktive Erzählsituation darstellt, die zum Anlaß einer oder mehrerer in diesen Rahmen eingebetteter Binnenerzählungen wird, z. B. »Tausendundeine Nacht«.

Rahner, Karl, *Freiburg im Breisgau 5. 3. 1904, †Innsbruck 30. 3. 1984, dt. kath. Theologe. Jesuit; Prof. in Innsbruck, München und Münster. Rezipierte als Vertreter der kath. Erneuerung die kath. Dogmatik auf anthropolog. Grundlage. – *Werke:* Schriften zur Theologie (16 Bde., 1954–84), Praxis des Glaubens (1982).

Rai ↑Raj.

RAI [italien. 'ra:i], Abk. für ↑**R**adiotelevisione **I**taliana.

Raiffeisen, Friedrich Wilhelm, *Hamm (Sieg) 30. 3. 1818, †Neuwied 11. 3. 1888, dt. Sozialreformer. Gründete 1847 ländl. Hilfsvereine zunächst rein karitativen Charakters, die sich zu Kassenvereinen mit Selbsthilfecharakter entwickelten (Raiffeisengenossenschaften).

Raiffeisengenossenschaften, landwirtschaftl. Kreditgenossenschaften; Spitzenverband ist der Dt. Genossenschafts-Raiffeisenverband.

Raimund, Ferdinand, eigtl. F. Raimann, *Wien 1. 6. 1790, †Pottenstein bei Baden 5. 9. 1836 (Selbstmord), österr. Dramatiker. Zus. mit J. N. Nestroy Protagonist des Wiener Volkstheaters; bes. bekannt sind »Das Mädchen aus der Feenwelt oder der Bauer als Millionär« (1826) und »Der Alpenkönig und der Menschenfeind« (1828).

Raimund von Peñafort [- - peɲa...], hl., *Schloß Peñafort bei Barcelona zw. 1175 und 1180, †Barcelona 6. 1. 1275, span. Dominikaner. Einflußreicher Kanonist; Mitbegründer der ↑Mercedarier; Organisator der Juden- und Islammission. – Fest: 7. Januar.

Rainald (Reinald) **von Dassel,** *um 1120, †vor Rom 14. 8. 1167, Erzbischof von Köln (seit 1159). 1156–59 Reichskanzler Kaiser Friedrichs I.; befürwortete die Unterwerfung Reichsitaliens und später Papst Alexanders III.; initiierte die Heiligsprechung Karls des Großen.

Rainfarn (Wurmkraut), bis über 1 m hoher einheim. Korbblütler in Auwäldern, Hecken und an Wegrändern; mit farnähnl. Blättern; die goldgelben Blüten enthalten äther. Öl.

Rainfarn

Rainier III. [frz. rɛˈnje], * Monaco 31. 5. 1923, Fürst von Monaco (seit 1949). Bestieg offiziell 1950 den Thron; ab 1956 ∞ mit ↑Gracia Patricia.

Rainwater, James [engl. ˈreɪnwɔːtə], * Council (Id.) 9. 12. 1917, † Yonkers (N. Y.) 31. 5. 1986, amerikan. Physiker. Arbeitete über die Struktur deformierter Atomkerne; 1975 Nobelpreis für Physik mit A. Bohr und B. Mottelson.

Raipur [ˈraɪpʊə], Stadt im ind. Unionsstaat Madhya Pradesh, auf dem nö. Dekhan, 175 000 E. Univ., archäolog. Museum; Zentrum im oberen Mahanadibecken. Verarbeitung von Reis, Öl, Weizen; Fabriken für Schellack und Seife.

Raison [rɛˈzõː; frz.], svw. ↑Räson.

Raj (Rai, Ray, Rey), südl. Nachbarstadt von Teheran, Iran, 103 000 E. Ziegeleien, Teppichwäscherei; schiit. Wallfahrtsort. – Vorgängersiedlung von Teheran *(Rhagai, Ragas);* eine der Residenzen der parth. Könige.

Raja [...dʒa] ↑Radscha.

Rajasthan [ˈradʒəstaːn], Gliedstaat in NW-Indien, 342 239 km², 44 Mio. E., Hauptstadt Jaipur. – 1948 als Staatenunion aus zehn Fürstenstaaten gegr., 1949 kamen weitere vier hinzu.

Rakel [frz.], meist messerartig *(R. messer)* ausgebildete Vorrichtung zum Abstreifen einer Flüssigkeit oder zum Glattstreichen pastenartiger Schichten, z. B. am Druckzylinder von Tiefdruckmaschinen.

Raken, svw. ↑Racken.

Raketen [italien.], Bez. für Flugkörper (auch Antriebsvorrichtungen, z. B. für Hochgeschwindigkeitsflugzeuge), die ihren Vortrieb durch den Rückstoß (Schub) eines Antriebsstrahls erhalten; sie führen alle zur Erzeugung der Vortriebsenergie bzw. des Schubs erforderl. Mittel mit sich, können sich daher unabhängig von der Atmosphäre bewegen und sind so bes. für Zwecke der Raumfahrt geeignet. R. bestehen im wesentl. aus der *R. struktur (R. zelle, R. körper)* als der eigtl. Tragekonstruktion, dem aus Brennkammer und Strahlaustrittsdüse bestehenden *R. triebwerk,* den meist in die R. struktur integrierten Treibstoffbehältern und dem Treibstoffördersystem sowie aus der Instrumentenausrüstung mit elektron. Geräten z. B. für die Regelung.

Raketentriebwerke: Nach der Funktionsweise des Triebwerks werden die R. im allg. in solche mit chemotherm., elektr. und nuklearem Antrieb bzw. Triebwerk eingeteilt. In den *chemotherm. R. triebwerken* wird die bei der chem. Umsetzung der Raketentreibstoffe freiwerdende Energie mit Hilfe einer an die Brennkammer des Triebwerks anschließenden Düse in gerichtete Strömungsenergie der Reaktionsprodukte umgewandelt, wodurch ein zur Strömungsrichtung der entweichenden Gase entgegengesetzter Vortrieb der Rakete entsteht.

Man unterscheidet *Feststofftriebwerke* mit meist in der Brennkammer enthaltenen festen oder pastösen Treibstoffen (z. B. Nitrozellulose und Nitroglycerin), *Hybridtriebwerke* mit festen Brennstoffen (z. B. Aktivkohle, Kunststoffe) und flüssigen Oxidatoren (z. B. Sauerstoff, Fluor) sowie *Flüssigkeitstriebwerke* mit getrennten Tanks in der Raketenzelle gelagerten Brennstoffen (z. B. Wasserstoff, Kerosin) und Oxidatoren (z. B. Sauerstoff, Salpetersäure). Je nach Art

James Rainwater

Raketen

Raketen in der Startphase. Von links: Ariane 1 (Europa), Titan 4 (USA), Sojus-Wostok A–2 (UdSSR)

des Triebwerks spricht man von *Feststoff-, Hybrid-* oder *Flüssigkeits-R.* Die *Verbrennung* der Treibstoffe ergibt Temperaturen von 2000 bis 4000 K und Drücke bis $2 \cdot 10^7$ Pa (200 bar); es werden Schübe bis zu mehreren 10000 kN erreicht.

Zur Schubsteigerung werden R.triebwerke parallel oder gebündelt angeordnet und gleichzeitig gezündet *(Lateral-* bzw. *Bündelrakete).* Zur Erhöhung der Endgeschwindigkeit werden anstelle von *Einstufen-R.,* die aus nur einem R.system bestehen, *Mehrstufen-R.* eingesetzt, bei denen jede Stufe eine selbständige Einheit darstellt. Als *Starthilfstriebwerke* kommen neben Feststofftriebwerken auch *Heißwasser-R.* in Betracht. Bei diesem Antriebssystem wird Wasser überhitzt (500–600 K) und ein Dampfdruck von mehr als 10^7 Pa (100 bar) erzeugt, der zur Schuberzeugung durch eine Expansionsdüse abströmt. Bei den noch in Entwicklung befindl. *elektr. R.triebwerken* unterscheidet man drei Grundarten: den elektrotherm. Antrieb, den elektrostat. oder Ionenantrieb und den magnetohydrodynam. oder Plasmaantrieb. Die ↑Nuklearantriebe und der *Photonenantrieb,* mit dem theoretisch Lichtgeschwindigkeit erreicht werden könnte, kamen bisher über Versuchsstadium bzw. theoret. Phase nicht hinaus.

Anwendungen: R. werden heute v. a. im militär. Bereich, als Träger-R. für die Raumfahrt sowie als Forschungs-R. eingesetzt. *Militär-R.* werden in unterschiedlichster Größe mit Gefechtsköpfen aller Art (sowohl konventionell als auch atomar) sowie als Aufklärungsgeräte u. a. verwendet. Nach Abschuß- und Zielort unterscheidet man u. a. Luft-Luft-R. (von Flugzeugen gegen Flugzeuge eingesetzt), Boden-Luft-R. (vom Erdboden aus gegen Flugzeuge), Luft-Boden-R. usw., nach dem Einsatzzweck Panzerabwehr-R., Flugabwehr-R. usw., nach der Reichweite Kurzstrecken-R. (Abk.: SRBM; für engl. short range ballistic missiles; Reichweite bis etwa 100 km) und takt.-operative R. (T[B]M; tactical [ballistic] missiles; Reichweite rd. 250 km bis rd. 1000 km), Mittelstrecken-R. (MRBM; medium range ballistic missiles; über 2000 km bzw. IRBM; intermediate range ballistic missiles; über 4000 km), Transkontinental-R. (TCBM; transcontinental ballistic missiles; über 8000 km) und Interkontinental-R. (ICBM; intercontinental ballistic missiles; 9000 km und mehr). Während Groß-R. im wesentlichen ballist. R. sind, d. h. nach der Ausrichtung beim Start ihr Ziel auf einer ballist. Flugbahn erreichen, sind die für Panzer-, Flugabwehr und unmittelbaren Einsatz auf dem Gefechtsfeld bestimmten R. vielfach mit hochleistungsfähigen Lenk- oder automat. Zielsucheinrichtungen ausgerüstet (Radar, Laser, Infrarotgeräte u. a.). *Träger-R.* der Raumfahrt sind (wie die militär. R. großer Reichweite) Mehrstufen-R.; die 48,70 m hohe amerikan. »Titan IIIE/Centaur« (Startmasse über 620 t) ist z. B. eine Vierstufen-R., die 85,70 m hohe amerikan. »Saturn V« (Startmasse mit Nutzlast 2890 t) und die 47,39 m hohe europ. »Ariane« (Startmasse über 200 t) sind Dreistufenraketen. *Forschungs-R.* mit Startmassen von 50 kg bis zu mehreren Tonnen werden u. a. zur Erforschung der hohen Atmosphärenschichten eingesetzt.

Geschichte: R. wurden wahrscheinlich erstmals im 12. Jh. von den Chinesen als Feuerwerkskörper, im 13. Jh. auch zu militär. Zwecken (Verschießen von Brandsätzen) verwendet. Nach militär. Verwendung (in Europa bis um 1870) blieb der Einsatz von R. in der Feuerwerkerei, in Seenotfällen (Rettungsraketen ab 1816) und im Walfang (ab 1821) von Bedeutung. Zu den Pionieren der mit Beginn des 20. Jh. einsetzenden R.forschung gehören besonders K. E. Ziolkowski, H. Oberth und E. Sänger. Nach Vorversuchen zu Beginn der 1930er Jahre wurde unter Leitung von W. von Braun die Flüssigkeitsrakete A 4 entwickelt, die ab September 1944 als V 2 mit einer Sprengladung von 980 kg gegen Ziele in Großbritannien eingesetzt wurde. Nach dem 2. Weltkrieg wurde die R.entwicklung für militärische Zwecke und für die Raumfahrt v. a. in den USA und in der UdSSR vorangetrieben.

Rak͟etenflugzeug, von einem oder mehreren Raketentriebwerken angetriebenes Flugzeug.

Raki [arab.-türk.], Anisbranntwein (bes. Türkei; in Griechenland *Ouzo* genannt).

Rákosi, Mátyás [ungar. 'ra:koʃi], * Ada 9. 3. 1892, † Gorki 5. 2. 1971, ungar. Politiker. 1945–56 Generalsekretär der ungar. KP; vertrat 1952/53 als Min.-Präs. den radikalen stalinist. Kurs; 1962 aus der Partei ausgeschlossen.

Raleigh (Ralegh), Sir (seit 1585) Walter [engl. 'rɔlɪ, 'rɑ:lɪ, 'rælɪ], * Hayes Barton bei Exeter 1554, † London 29. 10. 1618, engl. Seefahrer, Entdecker und Schriftsteller. Günstling Elisabeths I.; durch seine zahlr. Raub- und Entdeckungsfahrten nach Übersee (1584–89 in das heutige North Carolina, 1595 nach Guayana) ein Vorkämpfer der engl. Seeherrschaft gegen Spanien; im Interesse der prospan. Politik Jakobs I. hingerichtet.

Raleigh [engl. 'rɔ:lɪ], Hauptstadt des Staates North Carolina, USA (seit 1792), auf dem Piedmont Plateau, 149 800 E. Univ., Museen; u. a. Papier- und Stahlindustrie.

rall., Abk. für ↑**rallentando**.

Rallen [frz.] (Rallidae), mit Ausnahme der Polargebiete weltweit verbreitete Fam. sperlings- bis hühnergroßer Vögel, deren mehr als 100 Arten vorwiegend Sümpfe und pflanzenreiche Süßgewässer besiedeln; vielfach nächtl. lebende, ungern auffliegende Tiere. Zu den R. gehören u. a. Bläßhuhn, Teichhuhn, Wasserralle und Sumpfhühner.

rallentando [italien.] (allentando), Abk. **rall., rallent.,** musikal. Vortragsbez.: langsamer werdend.

Rallye ['rali, 'ræli; engl.-frz.], früher als *Sternfahrt* mit Kfz bezeichnet; besteht v. a. aus Sonderprüfungsabschnitten mit

Rallen.
Oben: Tüpfelralle ◆
Unten: Wasserralle

RAM

William Ramsay

Chandrasekhara Venkata Raman

Santiago Ramón y Cajal

sog. Verbindungsstrecken im öffentl. Straßenverkehr. Der R.sport wird ausschließlich mit serienmäßigen Pkws betrieben.

RAM, Abk. für engl. **R**andom **A**ccess **M**emory, Schreib-Lese-Speicher, bei dem jede Speicherzelle einzeln adressierbar und inhaltlich veränderbar ist.

Rama IX. (Bhumibol Adulyadej), *Cambridge (Mass.) 5. 12. 1927, König von Thailand (seit 1946). Seit 1950 ⚭ mit Prinzessin Sirikit (*1932), im gleichen Jahr offiziell gekrönt.

Rama (Ramacandra), Held des altind. Epos Ramayana, später vergöttlicht und heute eine der Hauptgottheiten der Hindus. R. gilt als siebte Inkarnation des Gottes ↑Vishnu.

Ramadan [arab.], der neunte Monat des islam. Mondjahres, der Fastenmonat, in dem den muslimischen Gläubigen vom Morgengrauen bis zum Sonnenuntergang jeder leibl. Genuß, wie Essen, Trinken, Rauchen, untersagt ist.

Ramakrishna [...'krɪʃna], eigtl. Gadadhar Chatterji, *Kamarpukur (Bengalen) 20. 2. 1836, † Kalkutta 16. 8. 1886, hinduist. Reformer. Priester der Kali (↑Durga); Gründer einer vom ↑Vedanta ausgehenden Lehre, die in allen Religionen gleichberechtigte Wege zum Göttlichen sieht.

Raman, Sir (seit 1929) Chandrasekhara Venkata, *Trichinopoli (heute Tiruchirapalli) 7. 11. 1888, † Bangalore 21. 11. 1970, ind. Physiker. Arbeiten zur Streuung von Licht und Röntgenstrahlung und zur Schwingungstheorie von Saiten und Saiteninstrumenten; Nobelpreis für Physik 1930.

Ramayana, altind. Epos. Neben dem »Mahabharata« ist das R. das zweite große Epos der Inder (abgeschlossen wohl im 2. Jh. n. Chr.); erzählt Leben und Taten des ↑Rama.

Rambla [arab.-span.], span. Bez. für ausgetrocknete Flußbetten, übertragen auch für breite Straßen in span. Städten.

Rambouillet [frz. rãbu'jɛ], frz. Stadt sw. von Paris, Dép. Yvelines, 21 400 E. Das 1375 erbaute Schloß (1783 von Ludwig XVI. gekauft) ist heute Sommersitz des frz. Staatspräsidenten.

Rameau, Jean-Philippe [frz. ra'mo:], *Dijon 24. oder 25. 9. 1683, † Paris 12. 9. 1764, frz. Komponist und Musiktheoretiker. Bekannt v. a. durch seine Cembalomusik; auch bed. Vertreter der klass. frz. Oper und des Balletts, u. a. »Hippolyte et Aricie« (1733), »Castor et Pollux« sowie »Les Indes galantes« (1735), »Les fêtes d'Hébé« (1739); auch Kantaten und Motetten.

Ramek, Rudolf, *Teschen 12. 4. 1881, † Salzburg 24. 6. 1941, österreichischer Politiker (Christlichsoziale Partei). 1921 und 1924–26 Innen-Min., 1924–26 gleichzeitig Bundeskanzler, 1926 auch Außen-Min.; sanktionierte als Präsident des Rumpfparlaments 1934 formell das Ende von Demokratie und Parlamentarismus der ersten österr. Republik.

Ramin, Günther, *Karlsruhe 15. 10. 1898, † Leipzig 27. 2. 1956, dt. Organist und Chorleiter. Ab 1918 Organist an der Leipziger Thomaskirche, ab 1940 Thomaskantor; 1933–38 und 1945–51 Leiter des Gewandhauschores.

Ramme, Vorrichtung zum Einschlagen von Pfählen, Spund[wand]bohlen u. ä., auch zum Feststampfen von Pflastersteinen u. a.; ein Schlaggewicht (Rammbär) wird von Hand *(Hand-R.),* durch Dampfdruck *(Dampf-R.)* oder Druckluft *(Druckluft-R.)* angehoben und fällt z. B. auf den einzutreibenden Pfahl. Bei der *Vibrations-R.* erzeugt ein hydraul. betriebener Vibrator mechan. Schwingungen, die auf den Rammbär übertragen werden.

Rammelsberg, Berg am nw. Harzrand, südlich von Goslar, 636 m hoch, Erzbergbau seit 968 urkundlich belegt (1988 eingestellt).

Rammler, das männl. Tier bei Kaninchen und Hasen.

Ramón y Cajal, Santiago [span. rra'mon i ka'xal], *Petilla de Aragón 1. 5. 1852, † Madrid 17. 10. 1934, span. Histologe. 1889 gelang ihm die erste präzise Darstellung der nervalen Bahnen in der grauen Substanz des Gehirns und Rückenmarks. Als Ergebnis seiner morpholog. Arbeiten entwickelte R. y C. die Neuronenlehre. 1906 erhielt er (zus. mit C. Golgi) den Nobelpreis für Physiologie oder Medizin.

Rampe [frz.], 1) *allg.:* schiefe Ebene; Auffahrt; Verladebühne.

2) *Theater:* vordere Begrenzung des Bühnenbodens.

Ramsau ['ramzaʊ, ram'zaʊ], Hochfläche am S-Fuß des Dachsteins, Österreich. Roman. Pfarrkirche im Ort Ramsau.

Ramsay, Sir (seit 1902) William [engl. 'ræmzɪ], *Glasgow 2. 10. 1852, † High Wycombe bei London 23. 7. 1916, brit. Chemiker. Entdeckte 1894 (mit Lord Rayleigh) Argon, 1898 (mit W. M. Travers) Krypton, Neon und Xenon sowie 1895 Helium; 1904 Nobelpreis für Chemie.

Ramses (ägypt. Ramesses), Name von elf ägypt. Königen der 19. und 20. Dynastie (↑Ägypten, Geschichte); bed. v. a.: **1) Ramses II.,** König (1290–1224 v. Chr., nach anderer Chronologie 1279–1213 v. Chr.). Sohn Sethos' I.; einer der bedeutendsten Pharaonen, versuchte vergeblich, die Hethiter aus N-Syrien zu verdrängen (im 5. Regierungsjahr Niederlage bei Kadesch, im 21. Regierungsjahr Friedensvertrag); bed. Bauten u. a. in ↑Abu Simbel. **2) Ramses III.,** † etwa 1155 v. Chr. (ermordet), König (seit etwa 1186). Zweiter König der 20. Dynastie; besiegte die Libyer und die Seevölker in Land- und Seeschlachten. Die Verschlechterung der wirtschaftl. und sozialen Lage führte zum ersten nachgewiesenen Streik der Geschichte.

Ramsey, 1) Arthur Michael [engl. 'ræmzɪ], *Cambridge 14. 11. 1904, † Oxford 23. 4. 1988, engl. anglikan. Theologe. 1961–74 Erzbischof von Canterbury; wirkte v. a. für die Wiedervereinigung der christl. Kirchen. **2) Norman Foster,** *Washington (D.C.) 27. 8. 1915, amerikan. Physiker. Seine Arbeiten über Hochfrequenzverfahren in der Atom- und Molekülspektroskopie führten zur Entwicklung des Wasserstoffmasers und einer präzisen Cäsium-Atomuhr, die als Zeitnormal dient. 1989 Nobelpreis für Physik (zus. mit H. G. Dehmelt und W. Paul).

Ramsgate [engl. 'ræmzgɪt], engl. Stadt nö. von Dover, Gft. Kent, 39 600 E. Seebad; zw. R. und Calais Luftkissenfahrzeugfähre.

Ramtil [Hindi], im trop. Afrika und in Indien angebaute Korbblütlerart, deren Samen Öl liefern.

Ramuz, Charles Ferdinand [frz. ra'my, ra'my:z], *Lausanne 24. 9. 1878, † Pully bei Lausanne 23. 5. 1947, schweizer. Schriftsteller. Schrieb v. a. großangelegte Romane über den Lebenskampf der Bauern, u. a. »Das große Grauen in den Bergen« (1926) und »Der Bergsturz« (1934). Befreundet mit I. Strawinski, der das Schauspiel »Die Geschichte vom Soldaten« (UA 1918) vertonte.

Ran, nordgerm. Meeresgöttin.

Rancé, Armand-Jean le Bouthillier de [frz. rã'se], *Paris 9. 1. 1626, † Soligny-la-Trappe bei Alençon 27. 10. 1700, frz. Ordensstifter. Begründete 1664 im Zisterzienserkloster La Trappe (Normandie) die Kongregation der ↑Trappisten.

Ranch [engl. rɛntʃ; span.], in den USA und in Kanada Bez. für einen landwirtsch. Großbetrieb, der überwiegend auf Viehzucht ausgerichtet ist.

Rand Corporation [engl. 'rænd kɔ:pə'reɪʃən], Forschungsgesellschaft (für Beratungs-, Planungs- und Prognoseaufgaben) in den USA, Sitz Santa Monica (Calif.); gegr. 1948.

Rändelung, Muster aus parallelen Kerben z. B. auf Bedienungsknöpfen, Einstellschrauben o. ä., auch auf dem Rand von Münzen.

Randmeer, Bez. für ein den Kontinenten randl. angelagertes Nebenmeer, z. B. Nordsee.

Randomspeicher [engl. 'rændəm...], svw. ↑RAM.

Randstad Holland, aus 94 niederl. Städten und Gem. bestehende, ringförmige, nach O offene Agglomeration in den Prov. Nordholland, Südholland und Utrecht; wirtschaftl. Ballungsgebiet.

Rang [frz.], **1)** *allg.:* 1. die Position einer Person oder einer Gruppe innerhalb der Hierarchie eines sozialen Systems; 2. Stellenwert in bezug auf Bedeutung, Qualität.

2) *Militär:* ↑Dienstgrad.

3) *Theater:* von oberen Stockwerken aus erreichbare Sitzplatzgruppen, die den Zuschauerraum umgeben.

4) *Zivilrecht:* Position in einer Reihenfolge von Rechten, bes. von Grundstücksrechten.

Ranger [engl. 'reɪndʒə], in den USA 1. bes. ausgebildete Soldaten; 2. Angehörige der Polizeitruppe in einigen Gliedstaaten (z. B. Texas-R.); 3. die uniformierten Wächter in den Nationalparks.

Rangliste, die Einstufung von Sportlern nach ihren Leistungen.

Rangordnung, die soziale Hierarchie bei Menschen und Tieren durch Regelung der auf die einzelnen Angehörigen

Norman Foster Ramsey

Ramses II., ägyptischer König (Sitzfigur aus schwarzem Granit; Höhe 1,94 m, 19. Dynastie; Turin, Museo d'Arte Antica)

2779

Rangström

Leopold von Ranke

einer Gruppe entfallenden Rechte und Pflichten. – Die *biogene R.* (bei niederen Tieren) beruht auf einer Vorprogrammierung im Instinkt, die *soziogene R.* auf einem individuellen Kennen der Gruppenmitglieder. Das ranghöchste Tier (sog. Alphatier) genießt gewisse Vorrechte (z. B. beim Paarungsverhalten oder an der Futterstelle), hat aber auch bestimmte Pflichten inne (z. B. Anführerrolle, Wächterfunktion). Bei der *Hackordnung* (z. B. bei Haushühnern) zeigt sich die festgelegte R. im Weghakken des Rangniederen durch den Ranghöheren vom Futterplatz. – R.verhältnisse kommen bes. bei sozial lebenden Tieren vor und tragen v. a. zur Stabilisierung der sozialen Beziehungen bei.

Rangström, Ture, * Stockholm 30. 11. 1884, † ebd. 11. 5. 1947, schwed. Komponist. Schrieb im nationalromant. Stil; bed. durch seine Lieder.

Rangun (seit 1989 offiziell Yangon), Hauptstadt von Birma, am O-Rand des Irawadideltas, 2,51 Mio. E. Univ. u. a. Hochschulen; Nationalbibliothek; Museen; Zoo. Im Raum von R. ist der größte Teil der birman. Ind. konzentriert; Hafen; internat. ✈. Wallfahrtsziel ist die mit Gold überzogene 112 m hohe Shwe-Dagon-Pagode (jetziger Bau von 1564; nach Erdbeben [1930] wiederhergestellt). – 1753 als Yangon (»Ende des Krieges«) gegr.; im 1. brit.-birman. Krieg (1824–26) von den Briten erobert und wieder freigegeben; Hauptstadt des von Briten besetzten Birma; 1942–45 jap. besetzt.

Rankenfüßer. Gemeine Entenmuschel (Länge des Stiels bis 80 cm)

Rank [engl. ræŋk] ↑Rankine-Skala.

Ranke, Leopold von (seit 1865), * Wiehe bei Querfurt 21. 12. 1795, † Berlin 23. 5. 1886, dt. Historiker. 1825–71 Prof. in Berlin, ab 1841 Historiograph des preuß. Staates; schrieb u. a.: »Weltgeschichte« (9 Teile in 16 Bden., 1881–88), »Die röm. Päpste ...« (3 Bde., 1834–36), »Dt. Geschichte im Zeitalter der Reformation« (6 Bde., 1839–47), »Neun Bücher preuß. Geschichte« (3 Bde., 1847/48, Neuauflage u. d. T. »Zwölf Bücher preuß. Geschichte«, 5 Bde., 1874). – R. brachte die method. Grundsätze der Quellenforschung und -kritik im akadem. Lehrbetrieb zu allg. Geltung. Bestimmend für sein Geschichtsdenken sind das Individualitätsprinzip (Eigenwert jeder Epoche: »Jede Epoche ist unmittelbar zu Gott«) und v. a. der Objektivitätsanspruch.

Ranke Graves, Robert von [engl. 'ræŋk 'greɪvz] ↑Graves, Robert.

Ranken, fadenförmige, meist verlängerte, verzweigte oder unverzweigte Klammerorgane verschiedener höherer Pflanzen.

Rankenfüßer (Cirripedia), Unterklasse der Krebstiere mit über 800 bis 80 cm langen, fast ausnahmslos meerewohnenden, meist zwittrigen Arten; festsitzend oder parasit., Brustbeine zu rankenartigen Fangarmen umgestaltet.

Rankine, William John Macquorn [engl. 'ræŋkɪn], * Edinburgh 5. 7. 1820, † Glasgow 24. 12. 1872, brit. Ingenieur und Physiker. Einer der Begründer der Thermodynamik.

Rankine-Skala [engl. 'ræŋkɪn...; nach W. J. M. Rankine], in Großbrit. und den

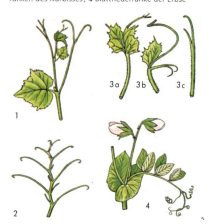

Ranken. 1 Sproßranken der Weinrebe; **2** Sproßranken des Wilden Weins; **3a, 3b, 3c** Blattranken des Kürbisses; **4** Blattfiederranke der Erbse

Rarität

USA verwendete Temperaturskala; Abstand zw. Gefrierpunkt (Eispunkt) und Siedetemperatur (Dampfpunkt) des Wassers ist in 180 Teile unterteilt. $0\,°C = 491{,}47\,°R$ (Grad Rank[ine]), $100\,°C = 671{,}67\,°R$.

Ransmayr, Christoph, *Wels 20. 3. 1954, österr. Schriftsteller. Schreibt Romane (»Die Schrecken des Eises und der Finsternis«, 1984; »Die letzte Welt«, 1988; »Morbus Kitahara«, 1995).

Ranunkel [lat.] ↑Hahnenfuß.

Ranzigkeit, durch enzymat. oder chem. Reaktionen in Speisefetten und -ölen auftretende Geschmacks- und Qualitätsverschlechterung, v. a. durch Oxidation der Fette zu Aldehyden und Carbonsäuren hervorgerufen.

Rao, Pamulaparti Venkata Narasimha, *im Kreis Karimnagar (Andhra Pradesh) 18. 6. 1921, ind. Politiker (Indian National Congress). Rechtsanwalt; 1980–84 Außen-Min.; seit 1991 Premierminister.

Rap [engl. ræp, abgeleitet aus: to rap »quatschen«], eine Ende der 1970er Jahre von New Yorker Diskjockeys kreierte Ansagetechnik, bei der in Kombination mit Wortfetzen durch Hin- und Herrücken der Schallplatte auf dem Plattenteller rhythm. Geräusche erzeugt werden. Die hieraus entwickelte *Rap-music* (u. a. als Begleitung zum Breakdance) basiert auf rhythm. Sprechgesang zu abgebrochenen Melodiephrasen.

Rapacki, Adam [poln. ra'patski], *Lemberg 24. 12. 1909, †Warschau 10. 10. 1970, poln. Politiker (Sozialist). 1949 bis 1968 mehrfach Min.; legte als Außen-Min. (1956–68) 1957 der UN-Vollversammlung den von westl. Seite abgelehnten *R.-Plan* über eine atomwaffenfreie Zone vor.

Rapallo, italien. Hafenstadt und Seebad an der Riviera di Levante, Prov. Genua, 29 400 E. – In vorröm. Zeit besiedelt; 641 durch die Langobarden zerstört. – Der hier am 12. 11. 1920 abgeschlossene italien.-jugoslaw. Vertrag regelte Grenzfragen, u. a. Bildung des Stadt-Freistaates Fiume (↑Rijeka). – Der während der Weltwirtschaftskonferenz in Genua abgeschlossene dt.-sowjet. *Rapallovertrag* vom 16. 4. 1922 normalisierte die beiderseitigen diplomat. und konsular. Beziehungen, legte den Verzicht beider Mächte auf Ersatz ihrer Kriegskosten und -schäden fest und sicherte für die künftigen Wirtschaftsbeziehungen sowie für die Rechtsstellung der Staatsangehörigen die Meistbegünstigung.

Rapfen (Schied, Oderlachs, Rappe, Mülpe), bis etwa 80 cm langer, schlanker, räuberisch lebender Karpfenfisch in M- und O-Europa; Speisefisch.

Rapfen (Länge bis 60 cm)

Raphael [...faɛl], einer der ↑Erzengel.

Raphiabast [madagass./dt.] (Raffiabast), Bez. für die aus den Fiederblättern der trop. Raphiapalme erhaltenen Bastfaserbündel, die v. a. als Bindematerial im Garten- und Weinbau sowie als Flechtmaterial verwendet werden.

Rappe, Pferd mit schwarzem Haarkleid (auch mit weißen Abzeichen).

Rappen, 1) *Botanik:* Stengelanteil des Fruchtstands der Weinrebe.
2) *Münzwesen:* bestimmte Pfennige (seit dem 14. Jh.) im Oberelsaß, in S-Baden; in der Schweiz bis heute gebräuchlich.

Rapperswil, schweizer. Bezirkshauptort am SO-Ufer des Zürichsees, Kt. Sankt Gallen, 8 000 E. Museum des Schweizer. Burgenvereins, Seeaquarium; u. a. Maschinenbau. Schloß (v. a. 14. Jh.), spätgot. Pfarrkiche (1491–96; umgestaltet). – 1415 Reichsstadt; schloß sich 1460 der Eidgenossenschaft an.

Raps [niederdt.] (Colza, Reps, Kohlsaat), 60–120 cm hoher Kreuzblütler mit gelben Blüten und blaugrünen Blättern; in Kultur einjährig als *Sommerraps* oder als *Winterraps* ausgesät; wichtige Ölpflanze. Die Samen des R. enthalten etwa 40 % Öl (*Rapsöl, Rüböl*); Verwendung als Speiseöl sowie zu techn. Zwecken); der als Rückstand anfallende *Rapskuchen* ist ein eiweißreiches Futtermittel.

Raptus [lat.], plötzlich einsetzende, heftige psych. Störung, unvermittelt eintretender Erregungszustand.

Rapunzel [mittellat.], **1)** ↑Feldsalat.
2) svw. ↑Teufelskralle.

Rarität [lat.], Seltenheit, Kostbarkeit; seltenes Sammler-, Liebhaberstück.

Adam Rapacki

Raps

Ras

Ras, arab. svw. Kap.

Ras al-Khaima [- al'xaıma] ↑Vereinigte Arabische Emirate.

Rasanz [lat.-frz.], **1)** *Waffentechnik:* der flache Verlauf der Flugbahn eines Geschosses.
2) *umgangssprachlich:* verblüffende Schnelligkeit; schnittiges, elegantes Aussehen.

Raschi, eigtl. Salomo ben Isaak, *Troyes 1040, † ebd. 30. 7. 1105, jüd. Gelehrter. Sein Kommentar zum babylon. Talmud wurde zum Kommentar schlechthin. Die Kommentare des R. werden meist in den rabbin. Bibelausgaben und in den Ausgaben des Talmuds mitabgedruckt.

Raschig-Verfahren [nach dem dt. Chemiker Friedrich Raschig, *1863, † 1928], mehrere chem.-techn. Verfahren u. a. zur Herstellung von Phenol aus Benzol.

Raseneisenerz (Sumpferz, Wiesenerz), bei der Mischung von eisenhaltigem Grundwasser mit sauerstoffreichem Oberflächenwasser ausgeschiedenes, amorphes, schwarzes Eisenerz.

Rasenkraftsport, Dreikampf; besteht aus Hammer- und Gewichtwerfen sowie Steinstoßen.

Rasenmäher, von Hand oder durch einen Elektro-, Zwei- oder Viertaktmotor angetriebenes Gerät zum Mähen des Rasens.

Rasensport, zusammenfassende Bez. für alle Sportarten, die auf Rasenplätzen betrieben werden (u. a. Fußball, Rugby, Hockey, Golf, Kricket).

Rasin, Stepan Timofejewitsch, gen. Stenka R., *um 1630, † Moskau 16. 6. 1671 (hingerichtet), Donkosak. Organisierte 1667 den Aufstand der Kosaken an der Wolga und am Kasp. Meer; im Oktober 1670 mit seinem Heer bei Simbirsk geschlagen.

Raskolniki [russ.] (Altgläubige, Altritualisten), Bez. der Anhänger des bis heute fortbestehenden »raskol« (russ. »Spaltung«) in der russ.-orth. Kirche im 17. Jh.; vom Landeskonzil 1666/67 als Ketzer verurteilt, aus der Kirche ausgeschlossen (1971 aufgehoben) und mit aller Schärfe verfolgt. Die R. verteidigen die alte russ. Frömmigkeit und Lebensart.

Rasmussen, 1) Knud, *Jakobshavn (Grönland) 7. 6. 1879, † Kopenhagen 21. 12. 1933, dän. Forschungsreisender. Erforschte ab 1902 auf zahlr. Expeditionen die Arktis von Grönland bis zur Beringstraße; ethnograph. Studien über die Eskimo.
2) Poul Nyrup, *Esbjerg 15. 6. 1943, dän. Politiker. Gewerkschaftsfunktionär; seit 1992 Vors. der Sozialdemokrat. Partei; seit 1993 Ministerpräsident.

Räson [rɛ'zõː; lat.-frz.] (Raison), Vernunft, Einsicht; *räsonieren,* sich (wortreich) über etwas auslassen; nörgeln.

Raspel, einer Feile ähnl., jedoch mit einzeln stehenden Zähnen versehenes Handwerkszeug zur Holzbearbeitung.

Rasputin, Grigori Jefimowitsch, eigtl. G. J. Nowych, *Pokrowskoje bei Tjumen 1864 oder 1865, † Petrograd 30. 12. 1916, russ. Mönch. Gewann auf Grund seiner angebl. Fähigkeit, die Bluterkrankheit des Thronfolgers heilen zu können, übermächtigen Einfluß auf das Zarenpaar; wurde als Ursache des drohenden russ. Zusammenbruchs angesehen und ermordet.

Ras Schamra, Ruinenstätte der altorientental. Stadt ↑Ugarit, am gleichnamigen Kap.

Rasse [italien.-frz.], **1)** *Anthropologie:* Menschenformengruppen (↑Menschenrassen).
2) *Biologie:* svw. Unterart.
3) *Züchtungsforschung:* Bez. für Formengruppen mit kennzeichnenden, gleichen Merkmalen.

Rassel, einfaches, durch Schütteln zu rasselnden Geräuschen gebrachtes Musikinstrument in verschiedenen Formen (z. B. Schellenbaum).

Rassemblement du Peuple Français [frz. rasɑ̃blə'mɑ̃ dy'pœplə frã'sɛ »Sammlungsbewegung des frz. Volkes«], Abk. **RPF,** 1947 von de Gaulle gegr. antikommunist. Sammlungsbewegung; 1951 stärkste Fraktion; 1952 Spaltung; 1953 löste de Gaulle den RPF auf.

Rassemblement pour la République [frz. rasɑ̃blə'mɑ̃ pur la repy'blik »Sammlungsbewegung für die Republik«], Abk. **RPR,** 1976 gegr. gaullist. Nachfolgeorganisation der Union des Démocrates pour la République; Vors. ist seit 1976 J. Chirac.

Rassismus, Gesamtheit der Theorien und polit. Lehren, die Zusammenhänge zw. anthropolog. Merkmalen von Menschenrassen und Kulturentwicklungen behaupten und dabei kulturelle Fähig-

Raster.
Von oben: Kreuzraster (Rastertonwert 10%), Kreuzraster (Rastertonwert 50%, sogenannte Kreuzlage), verlaufender Linienraster

keiten und histor. Entwicklungslinien nicht auf polit. und soziale, sondern auf biolog. Ursachen zurückführen; i. e. S. alle Lehren, die aus solchen Zusammenhängen eine Über- bzw. Unterlegenheit einer menschl. Rasse gegenüber einer anderen behaupten. Der R. liefert daher *innenpolitisch* die Begründung für Diskriminierung, Unterprivilegierung oder Unterdrückung ethn. Gruppen (oft Minderheiten), die als Vertreter anderer Rassen bezeichnet werden. *Außenpolitisch* wird der R. zur Rechtfertigung von Imperialismus und Kolonialismus herangezogen.

Wichtigste Ursachen für die weltweit zu beobachtenden *Rassenkonflikte* waren der Kolonialismus und die mit ihm verbundene Unterwerfung unterentwickelter Völker; sie traten v. a. dort auf, wo die Überlegenheit einer Kolonialmacht rechtlich verankert *(Rassengesetze)* und ideologisch durch den R. gerechtfertigt wurde (z. B. bei der Politik der ↑Apartheid) und wo im Entkolonisationsprozeß die Forderung bisher benachteiligter Gruppen nach Gleichberechtigung auf Widerstand traf. Rassenkonflikte entzündeten sich jedoch auch an der dauerhaften Diskriminierung zugewanderter ethn. Gruppen (etwa der Afroamerikaner in den USA), gegen die sich eine Politik der juristisch abgesicherten *Rassentrennung* richtete. Nach der Entlassung der ehemals kolonialisierten Völker in Afrika und Asien in die Unabhängigkeit traten dort verschiedentlich Konflikte zw. nichteuropiden Rassengruppen auf, in Schwarzafrika etwa gestützt auf den ↑Tribalismus.

Ras Tanura, Stadt auf einer Halbinsel im Pers. Golf, Saudi-Arabien. Größter Erdölhafen der Erde; Erdölraffinerie.

Rastatt, Kreisstadt an der Murg, Bad.-Württ., 42 400 E. Wehrgeschichtl. Museum, Museum für die Freiheitsbewegung in der dt. Geschichte. Barockes ehem. markgräfl. Schloß (1697–1707; Innendekoration Rokoko um 1740–50) mit Schloßkirche; Stadtkirche Sankt Alexander (18. Jh.). Im Stadtteil Niederbühl das Lustschloß Favorite (1710 bis 1712). – 1705–71 Residenz der Markgrafen von Baden; im 18./19. Jh. Festung. – Der *Friede von Rastatt* vom 6. 3. 1714 beendete auf der Grundlage des Utrechter Friedens den Span. Erbfolgekrieg zw. Frankreich und dem Kaiser. Auf dem *Friedenskongreß von Rastatt* (9. 12. 1797 bis 23. 4. 1799) bewilligte das Hl. Röm. Reich der Abtretung des linken Rheinufers an Frankreich.

Raster [lat.], allg. ein System von sich kreuzenden Linien bzw. das dadurch gebildete System schmaler Streifen oder kleiner Flächen (Rasterpunkte). In der *graph. Technik* Bez. für ein Linien-, Streifen- oder Punktsystem auf einer Glasplatte oder Folie zur Zerlegung von Halbtonbildern (z. B. Photographien) in einzelne R.punkte.

Rasterfahndung ↑Fahndung.

Rastral [lat.], Gerät zum Ziehen von [Noten]linien.

Rastatt. Lustschloß Favorite im Stadtteil Niederbühl (1710–12)

Rastrelli, Bartolomeo Francesco Graf, *Paris 1700, † Petersburg 1771, russ. Baumeister italien. Abkunft. Baute großräumige Barockanlagen, u. a. das Smolny-Kloster mit Kathedrale (1748 bis 1754) und den sog. Vierten Winterpalast (1754–63) in Petersburg sowie das Schloß in Zarskoje Selo (heute Puschkin; 1752–57).

Rat, 1) Amtstitel von Beamten des höheren Dienstes (z. B. Regierungs-R.) oder Ehrentitel (z. B. Hof-R.).
2) Bez. für ein Gesetzgebungs- oder Verwaltungsgremium (z. B. Bundes-R.), für ein Fachgremium (z. B. Bildungs-R.) und für ein Gremium zur Vertretung bestimmter Interessen (z. B. Betriebs-R.) wie auch für ein Mgl. dieser Gremien.
3) Leitungs- und Verwaltungsorgan der EKD, das die EKD auch nach außen vertritt.

Ratan [malai.], svw. ↑Peddigrohr.

Rat der Volksbeauftragten, provisor. dt. Regierung mit sechs Mgl., amtierte vom 9./10. 11. 1918 bis 10. 2. 1919 als Koalition aus SPD und USPD unter Vorsitz von F. Ebert und Hugo Haase (*1863, † 1919); die USPD-Mgl. schieden am 29.12. 1918 aus.

Rat der Volkskommissare, 1917–46 Name des höchsten Exekutivorgans Sowjetrußlands bzw. der Sowjetunion; seit 1946 Ministerrat.

Rate [italien.], relativer Anteil, Teilbetrag, z. B. der regelmäßig wiederkehrende Teilzahlungsbetrag im Abzahlungsgeschäft.

Rätedemokratie ↑Rätesystem.

Ratenzahlung ↑Abzahlungsgeschäft.

Rätesystem (Rätedemokratie), radikale Form der direkten Demokratie (Herrschaftsausübung »von unten nach oben«): Urwähler auf der Ebene von Wohn- und Betriebseinheiten wählen örtl. Räte, die in einem System indirekter Delegierung über Bezirks- und Regionalräte einen Zentralrat auf staatl. Ebene wählen. Die Räte besitzen auf allen Ebenen die uneingeschränkte gesetzgebende, ausführende und rechtsprechende Gewalt und wählen zur Ausführung ihrer Beschlüsse sog. Vollzugsräte. Diese sind wie alle Räte an die Aufträge ihrer Wähler gebunden (imperatives Mandat) und können jederzeit durch den entsendenden Wahlkörper abberufen werden. Das R., erstmals in der Pariser Kommune 1870/71 verwirklicht, wurde 1917 in der russ. Oktoberrevolution Organisationsprinzip der revolutionären Selbstverwaltung. Während der Novemberrevolution entstanden 1918 auch in Deutschland ↑Arbeiter- und Soldatenräte.

Rat für gegenseitige Wirtschaftshilfe, Abk. **RGW** (engl.: **C**ouncil for **M**utual **Econ**omic Assistance, Abk. COMECON), 1949 in Moskau gegr. Organisation zur wirtschaftl. Integration Ost- und Ostmitteleuropas auf der Basis der Koordination der nat. Volkswirtschaftspläne und der Spezialisierung und Kooperation der industriellen Produktion innerhalb der internat. sozialist. Arbeitsteilung. Gründungs-Mgl. waren die UdSSR, Polen, Tschechoslowakei, Ungarn, Rumänien, Bulgarien; Mgl. wurden die DDR (1950), Mongol. VR (1962), Kuba (1972), Vietnam (1978); Albanien, formell seit 1949 Mgl., blieb seit 1962 den Tagungen fern. Assoziierungsvertrag mit Jugoslawien (seit 1964); mit Finnland, Irak und Mexiko bestanden Rahmenabkommen zur Zusammenarbeit. Der RGW wurde unter dem Eindruck der ersten Erfolge des Marshallplans als Gegenstück zur OEEC gegr. mit dem Ziel, den zwischenstaatl. Austausch von Investitionsgütern, Nahrungsmitteln, Rohstoffen sowie von techn. und wirtschaftl. Erfahrungen zu fördern. Soweit Zahlungsverkehr zw. den RGW-Ländern nötig war, wurde er über die *Internat. Bank für wirtschaftl. Zusammenarbeic* (*COMECON-Bank;* gegr. 1963, Sitz Moskau) mit Hilfe eines nicht frei konvertierbaren Verrechnungsrubels abgewickelt. Nach den Veränderungen in O-Europa 1990 löste sich der RGW im Juni 1991 auf.

Ratgeb, Jörg, *Schwäbisch Gmünd um 1480, † Pforzheim 1526, dt. Maler. Tätig in Stuttgart, Frankfurt am Main (Wandgemälde im Karmeliterkloster, 1514–17) und Herrenberg (Herrenberger Altar, 1518/19; Stuttgart, Staatsgalerie); 1525 Mgl. des Rats von Stuttgart, kämpfte 1526 im Bauernkrieg auf seiten der Bauern; hingerichtet.

Rathaus, Gemeindehaus, traditionell ein repräsentatives Gebäude am Marktplatz, urspr. Sitz des Bürgermeisters, des

Rationalisierung

Stadtrats und des Stadtgerichts, meist mit Festsaal. – Der zweigeschossige R.bau mit offener Erdgeschoßhalle (Markt- oder Gerichtshalle) und Saal im Obergeschoß, häufig mit Turm, entstand in Italien, z. B. Siena (1288 ff.), Florenz (1298 ff.). Zu den bedeutendsten dt. R.bauten zählen das R. von Münster (um 1335 ff.), von Lübeck (1298 ff., letzter Anbau 1570/71), Regensburg (um 1360), Amberg (14. und 16. Jh.), Bremen (15. und 17. Jh.), Stralsund (15. Jh.), Lemgo (Baugruppe, 15.–17. Jh.); auch zahlr. Fachwerkbauten: Michelstadt (1448), Alsfeld (1512 bis 1516), Schwalenberg (um 1600). Bes. repräsentativ, oft dreigeschossig und mit Turm, wurde in den Niederlanden gebaut (Löwen, 1448 ff.). Renaissance- und Barockzeit orientierten sich am Palast (R. in Augsburg von E. Holl, 1615–20; Schwäbisch Hall, 1732–35). In der 2. Hälfte des 19. Jh. entstanden historisierende große Bauten, meist um Innenhöfe (Berlin, Wien, München), im 20. Jh. neue architekton. Lösungen, z. B. in Stockholm (R. Östberg, 1909–23), Hilversum (W. M. Dudok, 1928–31), Säynätsalo/Finnland (A. Aalto, 1949–52), Tokio (K. Tange, 1952–57) oder Bensberg (G. Böhm, 1965–67).

Rathenau, Walther, *Berlin 29. 9. 1867, † ebd. 24. 6. 1922 (ermordet), dt. Industrieller und Politiker. Trat 1899 in den Vorstand der AEG ein, wurde 1915 deren Aufsichtsrats-Vors.; trat nach 1918 der DDP bei; als wirtschaftspolit. Sachverständiger von der Reichsregierung u. a. bei der Versailler Friedenskonferenz herangezogen; Wiederaufbau-Min. Mai–Oktober 1921; ab 1. 2. 1922 Außen-Min., schloß den Rapallovertrag (↑Rapallo); durch zwei antisemit. rechtsradikale ehem. Offiziere der Organisation Consul ermordet. – Als sozial- und kulturphilosoph. Schriftsteller einer der meistgelesenen Autoren seiner Zeit.

Rathenow, Lutz [...no], *Jena 22. 9. 1952, dt. Schriftsteller. 1980 wegen der in der BR Deutschland erfolgten Veröffentlichung des krit. Prosabandes »Mit dem Schlimmsten wurde schon gerechnet« verhaftet; konnte bis 1989 in der DDR nur vereinzelt publizieren; schreibt auch Gedichte (»Zangengeburt«, 1982; »Zärtlich kreist die Faust«, 1989), Essays, Theaterstücke und Kinderbücher.

Rathenow [...no], Kreisstadt am O-Rand der unteren Havelniederung, Brandenburg, 29 500 E. Opt. Werke. Stadtkirche (13. und 15. Jh.).

Ratibor (poln. Racibórz), Stadt an der oberen Oder, Polen, 56 000 E. U. a. Elektro-Ind. und Metallverarbeitung. Dominikanerkirche Sankt Jacobi (1258 erbaut, wiederaufgebaut), Renaissancehäuser am Marktplatz. – 1288–1532 Hauptstadt des 1281 gebildeten schles. Teil-Hzgt. Ratibor, kam 1532 mit diesem an die Habsburger, 1742 an Preußen.

Rätien, im Altertum das von den *Rätern* bewohnte Gebiet: vom Alpennordrand bis zu den oberitalien. Seen und etwa vom Sankt Gotthard im W bis zum Brenner im O; wurde 15. v. Chr. röm.; durch Einbeziehung der kelt. Vindeliker bis zur Donau ausgedehnt (prokurator. Prov. *Raetia et Vindelicia,* Hauptstadt Augusta Vindelicum [heute Augsburg]). Die Grenzverschiebung in das nördl. Donauvorland führte etwa 83 n. Chr. zum Bau des rät. Limes; im 5. Jh. im W von den Alemannen, im O von den Baiern besetzt.

Ratifikation [lat.], die bei völkerrechtl. Verträgen zu ihrer Wirksamkeit notwendige Bestätigung durch das Staatsoberhaupt nach vorheriger Zustimmung der gesetzgebenden Körperschaften.

Ratingen, Stadt nö. an Düsseldorf anschließend, NRW, 90 900 E. Metallverarbeitende Industrie.

Ratio [lat.], ↑Vernunft, log. ↑Verstand.

Ration [lat.-frz.], zugeteiltes Maß, Anteil; [tägl.] Verpflegungssatz.

rational [lat.], verstandesmäßig erfaßbar.

rationale Operationen, Bez. für die vier Grundrechenarten Addition, Subtraktion, Multiplikation und Division.

rationale Zahl, eine Zahl, die sich als Quotient zweier ganzer Zahlen m und n darstellen läßt, d. h. in der Form m/n mit $n \neq 0$. Die r. Z. bilden einen Körper.

Rationalisierung [lat.-frz.], **1)** *Betriebswirtschaft:* Maßnahmen zur Verbesserung des wirtschaftl. Erfolgs durch zweckmäßige (»rationale«) Gestaltung von Arbeitsabläufen. Stetige R. zur Erhaltung der Konkurrenzfähigkeit sowie

Ratibor
Stadtwappen

Walther Rathenau

Rationalismus

zur Verbesserung der Lebens- und Arbeitsbedingungen ist weitgehend unbestritten; R.schübe jedoch, meist ausgelöst durch große techn. Neuerungen (z. B. die mechan. Webstühle zu Beginn des 19. Jh. oder in jüngster Zeit die mit Hilfe von Mikroprozessoren gesteuerten Industrieroboter), tragen in sich die Gefahr wirtschaftl. Ungleichgewichts und von Massenarbeitslosigkeit.
2) *Psychologie:* im tiefenpsycholog. Sprachgebrauch der verstandesmäßige (moral., religiöse, ideolog. usw.) Erklärung bzw. Rechtfertigung einer Tätigkeit, eines Gefühls oder Gedankens, deren tatsächl. Motive nicht bewußt sind oder nicht eingestanden werden.

Rationalismus [lat.], *Philosophie:* erkenntnistheoret. Position, die von der logisch-gesetzmäßigen Beschaffenheit der Welt und von der Existenz allg., von der Erfahrung unabhängiger Vernunftwahrheiten ausgeht; als philos. System wurde der R. im 17./18. Jh. von R. Descartes, Spinoza, G. W. Leibniz und C. Wolff entwickelt.

Rationalität [lat.], die Vernunftmäßigkeit einer Sache (z. B. eines Programms).

Ratke, Wolfgang, latinisiert Ratich[ius], *Wilster bei Itzehoe 18. 10. 1571, † Erfurt 27. 4. 1635, dt. Pädagoge. Legte 1612 den dt. Reichsständen ein »Memorial« über die Errichtung einer einheitl. deutschsprachigen Schule vor, in der mit einer »natürl. Methode« unterrichtet werden sollte.

Rätoromanen, ↑Rätoromanisch sprechende Bevölkerungsgruppe im Alpenraum.

Rätoromanisch ↑Bündnerromanisch.

Ratsche (Knarre), Zahnkranz mit ein- und ausklinkbarer Sperrvorrichtung, z. B. als Werkzeug für Steckschlüsseleinsätze.

Rätsel, Denkaufgabe, meist Umschreibung eines Gegenstands, eines Vorgangs, einer Person u. a., die es zu erraten gilt. R.formen sind u. a. *Rechen-R.* und *Zahlen-R.* oder auf Logik abzielende *Denksportaufgaben,* ferner *Silben-* oder *Kreuzwort-R.,* heute häufig in Unterhaltungszeitschriften angeboten. Mit opt. Mitteln arbeitet das *Bilder-R.,* in Kombination mit Buchstaben der *Rebus.* Hörfunk und Fernsehen organisieren öffentl. Fragespiele in Form des *Quiz.*

Joseph Ratzinger

Johannes Rau

Rattan [malai.], svw. ↑Peddigrohr.
Ratten (Rattus), Gatt. der Echtmäuse mit zahlr. urspr. ost- und südostasiat. Arten; Körperlänge etwa 10–30 cm, Schwanz meist länger. Viele R.arten sind äußerst anpassungsfähig und extrem wenig spezialisiert, daher sind einige Arten heute weltweit verbreitet. R. besiedeln Lebensräume jegl. Art. Verschiedene R.arten sind gefürchtete Vorratsschädlinge und Überträger von Krankheiten (z. B. Pest). Die meisten R. sind ausgeprägte Allesfresser. Einheim. Arten: *Hausratte* (Dachratte); Körperlänge 16–23 cm, Schwanz stets über körperlang. Die fast rein dämmerungs- und nachtaktive Hausratte lebt gesellig. Sie gräbt kaum, andererseits klettert und springt sie sehr gut; *Wanderratte,* Körperlänge 22–30 cm, Schwanz 18–22 cm; an und in menschl. Siedlungen (auch in Gebäuden), aber auch völlig freilebend (v. a. an Gewässern, Gräben, Mülldeponien u. ä.); gesellig, vorwiegend dämmerungs- und nachtaktiv, kann sehr gut schwimmen und springen.

Ratten. Hausratte

Rattenbißkrankheit (Rattenfieber, Sodoku), akute, fieberhafte Infektionskrankheit (Erreger: Spirillum minus), die v. a. in Ostasien vorkommt und durch Rattenbiß auf den Menschen übertragen wird.

Rattenfänger von Hameln, mittelalterl. Sagengestalt. Nach der Überlieferung (erstmals um 1430–50) soll der R. v. H., ein Pfeifer, Hameln von der Rattenplage befreit haben. Um den vereinbarten Lohn betrogen, rächte er sich, indem er 130 Kinder aus der Stadt lockte und entführte.

Rattenflöhe, Bezeichnung für verschiedene (besonders trop. verbreitete) blutsaugende Floharten, die als Überträger der Pest und des Fleckfiebers bekannt sind.

Rattigan, Sir (seit 1971) Terence [engl. 'rætɪgən], *London 10. 6. 1911, † Hamilton (Bermudainseln) 30. 11. 1977, engl. Dramatiker. Schrieb Komödien sowie Zeitstücke, u. a. »Der Fall Winslow« (1946); auch Filmdrehbücher.

Rattle, Sir (seit 1994) Simon [engl. rætl], *Liverpool 19. 1. 1955, engl. Dirigent. Seit 1980 Chefdirigent des City of Birmingham Orchestra; v. a. Interpret von Werken des 19. und 20. Jh.

Ratzeburg, Kreisstadt am und im *Ratzeburger See* (14 km²), Schlesw.-Holst., 12 700 E. Ruderakademie des Dt. Ruderverbandes, Barlach-Gedenkstätte. Roman. Dom (bis um 1220); Bauten des Domhofes sind das Steintor (um 1250) und das barocke Herrenhaus (18. Jh.). – Um 1060–1066 und ab 1154 Bischofssitz; fiel 1648, säkularisiert, als Ft. R. an Mecklenburg.

Ratzinger, Joseph, *Marktl bei Altötting 16. 4. 1927, dt. kath. Theologe und Kardinal (seit 1977). Prof. für Dogmatik; 1977–82 Erzbischof von München und Freising; seit 1981 Präfekt der röm. Glaubenskongregation; seit 1992 Mgl. der Académie française. – *Werke:* Einführung in das Christentum (1968), Das neue Volk Gottes (1969), Dogma und Verkündigung (1973), Theolog. Prinzipienlehre (1982).

Rau, Johannes, *Wuppertal 16. 1. 1931, dt. Politiker (SPD). Verlagsbuchhändler; 1969/70 Oberbürgermeister von Wuppertal; 1970–78 Min. für Wiss. und Forschung in NRW; seit 1977 Landes-Vors. der SPD; seit 1978 Min.-Präs. in NRW; seit 1982 stellv. Partei-Vors. der SPD; 1987 Kanzlerkandidat für die Bundestagswahl; 1994 Kandidat für das Amt des Bundespräsidenten.

Raub, ein Diebstahl, bei dem die Entwendung unter Anwendung von Gewalt gegen eine Person oder unter Drohung mit einer gegenwärtigen Gefahr für Leib oder Leben erfolgt; wird mit Freiheitsstrafe nicht unter einem Jahr bestraft. *Schwerer R.* (R. mit Waffen, Banden-R., R. mit der Gefahr des Todes oder einer schweren Körperverletzung) wird i. d. R. mit Freiheitsstrafe nicht unter fünf Jahren, bei leichtfertig verursachter Todesfolge mit lebenslanger oder Freiheitsstrafe nicht unter zehn Jahren geahndet.

Raubspinnen

Raubdruck, widerrechtl. Nachdruck.

Raubfische, Bez. für Fische, die Jagd auf andere Fische machen und sich v. a. von diesen ernähren; z. B. Hecht, Kabeljau.

Raubfliegen. Oben: Laphria flava (Länge 16–25 mm) ♦ Unten: Dasypogon diadema (Länge 13–16 mm)

Raubfliegen (Habichtsfliegen, Jagdfliegen, Asilidae), weltweit verbreitete, rd. 5000 (6 bis 30 mm lange) oft stark behaarte Arten umfassende Fliegenfam.; machen Jagd auf vorbeifliegende kleinere Insekten.

Raubmöwen (Stercorariidae), Fam. bis etwa 60 cm langer, kräftiger, braun gefärbter Möwenvögel mit sechs Arten in hohen Breiten der N- und S-Halbkugel; jagen fischfangenden Vögeln die Beute ab.

Raubmöwen. Schmarotzerraubmöwe (Größe 46 cm)

Raubspinnen (Jagdspinnen, Pisauridae), Fam. der Spinnen mit rd. 400 Arten, davon zwei einheimisch; weben z. T. keine Netze; die Weibchen tragen ihren Eikokon zw. den Mundwerkzeu-

Raubtiere

Raubspinnen. Listspinne (Körperlänge 20 mm)

gen mit umher; bekannt v. a. die *Listspinne,* rotbraun, 12–18 mm Körperlänge.

Raubtiere (Karnivoren, Carnivora), seit dem Paläozän bekannte, heute mit rund 250 Arten fast weltweit verbreitete Ordnung etwa 0,2–6,5 m langer Säugetiere; in allen Lebensräumen lebende, tag- und nachtaktive Tiere, deren Gebiß durch stark entwickelte Eckzähne und meist scharfe Reißzähne (Backenzähne) gekennzeichnet ist und bei der Mehrzahl der R. (vorwiegend Fleischfresser) dem Töten und Aufreißen größerer Säugetiere dient. Die Sinnesorgane der R. sind hoch entwickelt, bes. der Geruchs- und Gehörsinn.

Christian Daniel Rauch. Sarkophag der Königin Luise (1811–15; Berlin, Mausoleum im Park von Schloß Charlottenburg)

Raubvögel (Raptatores), zusammenfassende Bez. für Greifvögel und Eulen.
Raubwanzen (Schreitwanzen, Reduviidae), mit über 3000 Arten weit verbreitete Fam. bis 3 cm großer Landwanzen; leben räuberisch von Insekten, z. T. auch blutsaugend an Säugetieren und am Menschen; einheim. u. a. die *Staubwanze* (Kotwanze), bis 18 mm lang; kann sehr schmerzhaft stechen; lebt in Gebäuden.
Raubwild, alle jagdbaren Raubtiere und Greifvögel.
Rauch, Christian Daniel, * Arolsen 2. 1. 1777, † Dresden 3. 12. 1857, dt. Bildhauer. Vertreter des Klassizismus; schuf in Marmor und Bronze Porträtbüsten, Denkmäler (Reiterdenkmal Friedrichs d. Gr., 1839–51, Berlin, Unter den Linden) und Grabmäler (Sarkophag der Königin Luise, 1811–15, Berlin, Mausoleum im Park von Schloß Charlottenburg).
Rauch, ein bei der Verbrennung von festen, flüssigen und gasförmigen Brennstoffen entstehendes Gemisch (Aerosol) aus gasförmigen Substanzen (*Rauchgasen,* z. B. Kohlendioxid, Wasserdampf, Schwefeldioxid und Schwefeltrioxid, bei unvollständiger Verbrennung auch Kohlenmonoxid, Methan und Wasserstoff) sowie feinst verteilten festen Substanzen (z. B. Ruß und Ascheteilchen).
Rauchen, das aktive und passive (»Mitrauchen«) Aufnehmen von Tabakrauch in die Atmungsorgane (einschließlich Mundhöhle). Die gesundheitsschädigenden Folgen des R. beruhen nur z. T. auf Wirkungen des Alkaloids Nikotin über das vegetative Nervensystem; vielmehr werden beim Abbrennvorgang des Tabaks mehrere tausend unterschiedliche Substanzen freigesetzt. Von Bedeutung sind Kohlenmonoxid und Stickoxide. Kanzerogen wirksam sind Benz(a)pyren, polycyclische Kohlenwasserstoffe, Nitrosamine und die Schwermetalle Chrom, Arsen, Cadmium und Vanadium.
Nikotinwirkungen: Nikotin erweitert die Herzkranzgefäße, steigert die Herzfrequenz, erhöht den Blutdruck und führt zu einer Erhöhung des Cholesterinspiegels im Blut, was als Risikofaktor für arteriosklerot. Gefäßerkrankungen und Herzinfarkt angesehen wird. Kinder von rauchenden Schwangeren sind bei der Geburt im Durchschnitt 250 g leichter und dadurch auch krankheitsanfälliger. Außerdem kommt es bei Raucherinnen etwa doppelt so häufig wie bei Nichtraucherinnen zu Frühgeburten durch Steigerung der Kontraktionsbereitschaft der Gebärmutter.
Nikotinunabhängige Wirkungen: Der eingesogene Tabakrauch streicht durch

Mundhöhle, Nasen-Rachen-Raum, Kehlkopf und die Bronchien mit ihren feinsten Verzweigungen bis zu den Lungenalveolen. Dabei kondensieren die im Rauch enthaltenen Abbrandprodukte und schlagen sich größtenteils als Teer auf der Schleimhaut der Luftwege nieder. Die Folgen sind häufig wiederkehrende, schließlich chronisch werdende Entzündungen im Bereich von Rachen, Kehlkopf, Bronchien (Raucherbronchitis, ↑Bronchitis). Inhalierende Raucher erkranken etwa elfmal so häufig an Lungenkrebs wie Nichtraucher.

Räuchern ↑Konservierung.

Rauchfaß, ein an Ketten hängendes Metallgefäß für liturg. Räucherungen.

Rauchgasentschwefelung, die Entfernung von Schwefelverbindungen, insbes. des Schwefeldioxids (SO_2), einer der wichtigsten luftverunreinigenden Substanzen, aus den beim Verbrennen von Kohle, Erdgas oder Heizöl entstehenden Abgasen (Rauchgasen). Das Schwefeldioxid wird hierbei in Form von Ammoniumsulfat, Gips, Schwefel oder Schwefelsäure gebunden und aus dem Rauchgas abgeschieden.

Rauchgasentstickung, die Entfernung von Stick[stoff]oxiden (insbes. Stickstoffmonoxid und -dioxid, NO bzw. NO_2) aus den beim Verbrennen von Kohle anfallenden Abgasen (Rauchgasen). Die R. erfolgt entweder durch katalyt. Umsetzung der Stickoxide mit Ammoniak zu Stickstoff und Wasser, die an die Luft abgegeben werden, oder durch Auswaschen der (zunächst oxidierten) Stickoxide mit Kalkwasser oder Ammoniak, wobei sich Kalk- bzw. Ammonsalpeter (Düngemittel) bilden. Da Stickoxide u. a. die Schadstoffwirkung des Schwefeldioxids verstärken, kommt der R. heute steigende Bedeutung zu.

Rauchmiller (Rauchmüller), Matthias, *Radolfzell 11. 1. 1645, † Wien 15. 2. 1686, dt. Bildhauer, Maler und Baumeister des Barock. – *Werke:* Grab des Domherrn Karl von Metternich (Trier, Liebfrauenkirche, um 1675), Piastengruft in Liegnitz (1677/78, Johanneskirche), Modell der Nepomukstatue der Karlsbrücke in Prag (1681).

Rauchtopas, falsche Bez. für Rauchquarz (↑Quarz).

Rauchvergiftung, durch die Einatmung von Rauchgasen bedingte Vergiftung. Die Erscheinungen der R. sind im wesentl. die der ↑Kohlenmonoxidvergiftung.

Rauchware, svw. Rauchwerk (↑Pelz).

Räude, durch viele Arten hautschmarotzender Krätzmilben hervorgerufene, mit heftigem Juckreiz verbundene Hauterkrankung bes. der Haustiere: Knötchen- und Bläschenbildung, Schorfkrusten und stellenweiser Haarausfall. Die R. der Schafe und die R. der Pferde sind meldepflichtig. Wichtigste Bekämpfungsmittel gegen R. sind Kontaktinsektizide. Die oft eitrig verlaufende *Ohr-R.* (v. a. bei Hunden, Katzen und Kaninchen) wird durch Ohrmilben hervorgerufen.

Rauhbank, svw. Langhobel (↑Hobel).

Rauhblattgewächse (Borretschgewächse, Boraginaceae), weltweit verbreitete Fam. zweikeimblättriger Pflanzen mit rd. 2 000 Arten in rd. 100 Gatt.; Bäume, Sträucher oder Kräuter; bekannte Gatt. sind Beinwell, Lungenkraut, Natternkopf.

Rauhes Haus, Name der von J. H. Wichern 1833 in Hamburg-Horn gegr. Anstalt zur Betreuung gefährdeter männl. Jugendlicher in familienähnl. Gruppen, heute als Internat in Verbindung mit einer integrierten Gesamtschule; angeschlossen sind u. a. die *Diakonenanstalt des Rauhen Hauses,* der 1844 gegr. Verlag *Agentur des Rauhen Hauses* sowie ein Altersheim.

Rauhfußhühner. Auerhuhn (Hahn in Balzstellung; Größe 62 – 86 cm)

Rauhfußhühner (Tetraoninae), Unter-Fam. bis fast 90 cm langer Hühnervögel (Fam. Fasanenartige) mit 17 Arten in Wäldern und Steppen N-Amerikas sowie des nördl. und gemäßigten Eura-

Rauhfußkauz

sien; meist schlecht fliegende Bodenvögel mit kräftigem, kurzem Schnabel und vollbefiederten Läufen. – Zu den R. gehören u. a.: *Auerhuhn,* bis 90 cm lang (einschließl. Schwanz), in M-Europa fast ausgerottet; *Birkhuhn,* bis 50 cm lang, in Europa und Asien; *Präriehuhn,* etwa 50 cm lang, in N-Amerika; *Haselhuhn,* rd. 35 cm lang, in N-Asien und Europa und ↑Schneehühner.

Rauhfußkauz ↑Eulenvögel.

Rauhhai (Walhai), bis über 15 m langer, in großen Rudeln lebender Haifisch in allen (überwiegend trop.) Meeren; harmloser Planktonfresser.

Rauhnächte (Rauchnächte), in Süddeutschland und Österreich Bez. für die in Volksglauben und -brauch bes. bedeutsame Zeit zw. Thomastag (21. Dez.) und Dreikönigstag (6. Jan.).

Rauhreif (Anraum), aus unterkühltem Nebel bzw. Wasserdampf bei Windstille oder geringen Windgeschwindigkeiten entstehende lockere, kristalline, weiße Eisablagerung, u. a. an Bäumen und Sträuchern.

Rauke. Wegerauke (Höhe 30 – 60 cm)

Rauke [lat.], Gatt. der Kreuzblütler mit rd. 80 Arten auf der Nordhalbkugel und in S-Amerika; einheim. ist u. a. die *Besenrauke* (Sophienkraut, bis 70 cm hoch, an Wegrändern und auf Schutt).

Raum, 1) *allg.:* ein zum Wohnen, als Nutz-R. u. a. verwendeter, von Wänden, Boden und Decke umschlossener Teil eines Gebäudes.

2) *Mathematik:* i. w. S. ein ohne feste Grenzen sich nach Länge, Breite und Höhe ausdehnendes Gebiet *(Anschauungsraum);* i. e. S. eine Menge von Punkten, Vektoren, Funktionen u. a., zw. denen bestimmte Relationen bestehen bzw. eine Menge, in der eine Struktur erklärt ist. Dem Anschauungs-R. am nächsten kommt der *dreidimensionale euklid. Raum R^3:* Er ist definiert als die Menge der Tripel *(x, y, z)* reeller Zahlen (↑Koordinaten), die den »Punkten« des Anschauungs-R. zugeordnet sind. Ausgehend vom R^3 gelangt man zum *n-dimensionalen euklid. Raum R^n,* wenn man als Menge X die Menge aller *n*-tupel $(x_1, x_2, ..., x_n)$ reeller Zahlen zugrunde legt. Im R^n kann man nun eine weitere Struktur einführen, indem man durch

$$(x_1, x_2, ..., x_n) + (y_1, y_2, ..., y_n) = (x_1 + y_1, x_2 + y_2, ..., x_n + y_n)$$

im R^n eine Addition bzw. durch

$$\lambda \cdot (x_1, x_2, ..., x_n) = (\lambda x_1, \lambda x_2, ..., \lambda x_n)$$

eine Multiplikation mit reellen Zahlen λ erklärt. Diesen R. bezeichnet man als *[n-dimensionalen] Vektor-R. (linearen R.) V^n* über dem Körper R der reellen Zahlen.

3) *Physik:* R. bezeichnet die Vorstellungen von der erfahrbaren Welt, die insbes. auf der Wahrnehmung von Objekten, deren Lage und Anordnung beruhen. Der reale physikal. R. unserer Anschauung ist dreidimensional. In der Relativitätstheorie werden R. und Zeit vereinigt zu einem vierdimensionalen R., der sog. *Raum-Zeit-Welt.* – In der *Kosmologie* geht man davon aus, daß die Struktur des R. (Weltraums) durch eine nichteuklid. Geometrie beschrieben werden kann *(gekrümmter R.),* d. h., daß der Welt-R. trotz seiner »Unbegrenztheit« von endl. Volumen ist.

Raumakustik, Teilgebiet der Akustik, das sich mit der Ausbreitung des Schalls in geschlossenen Räumen befaßt; untersucht werden die Bedingungen für gute Hörbarkeit und Verständlichkeit von Musik und Sprache, die im wesentl. von Stärke und Dauer des Nachhalls abhängen.

Raumanzug, hermetisch abgeschlossener Astronautenanzug; weitgehend strahlungs- und temperaturisoliert, gegen mechan. Beschädigungen relativ unempfindlich und mit einem Lebenserhaltungssystem ausgerüstet.

Raumer, Friedrich von, *Wörlitz (bei Dessau) 14. 5. 1781, † Berlin 14. 6. 1873, dt. Historiker. Prof. der Staatswiss. (und

Geschichte) in Breslau und Berlin. – *Hauptwerk: Geschichte der Hohenstaufen und ihrer Zeit* (sechs Bde., 1824).
Raumfähre ↑Raumtransporter.
Raumfahrt (Weltraumfahrt, Astronautik, Kosmonautik), Bez. für den Gesamtkomplex wiss. und techn. Bestrebungen zur Ausweitung des menschl. Tätigkeitsbereiches in den Weltraum. Nach Einsatzreichweiten werden unterschieden: erdnahe, lunare, [inter]planetare und die hypothet. [inter]galakt. und [inter]stellare Raumfahrt. Die Unterscheidung nach unbemannter und bemannter R. kennzeichnet die unmittelbare menschl. Beteiligung (Astronauten, Kosmonauten) an Raumflügen und die damit verbundene konstruktive Auslegung der Raumflugsysteme (z. B. mit Lebenserhaltungssystemen in Raumkabinen bzw. Raumstationen). Eine weitere Unterteilung ist die in eine zivile und eine militär. Raumfahrt (Killer-Satelliten, Antisatelliten, militär. Aufklärungssatelliten).
Geschichte: Die Entwicklung der Raketentechnik wurde vor und während des 2. Weltkriegs v. a. in Deutschland vorangetrieben (R. Nebel, W. von Braun, H. Oberth, Johannes Winkler [*1897, †1947], Walter Dornberger [*1895, †1980] u. a.). Sie verlagerte sich nach dem Krieg im wesentl. auf die USA und die Sowjetunion. Nachdem bis 1957 Raketen v. a. zur Erforschung der oberen Schichten der Atmosphäre eingesetzt worden waren, wurde mit dem Start des sowjet. Satelliten »Sputnik 1« am 4. 10. 1957 der erste Schritt in den Weltraum vollzogen. Der erste amerikan. Erdsatellit »Explorer 1« folgte am 1. 2. 1958. Mit dem Start vom Raumsonden begann bald darauf die Erforschung der weiteren Erdumgebung. Am 12. 4. 1961 gelang mit dem sowjet. Raumflugkörper »Wostok 1« der erste bemannte Raumflug. Nachdem durch Mondsonden die Oberflächenbeschaffenheit des Mondes erkundet war, landete am 20. 7. 1969 im Rahmen des amerikan. ↑Apollo-Programms das erste bemannte Raumfahrzeug auf dem Mond.
Raumflugbahnen, für interplanetare Raumflugunternehmen geeignete Flugbahnen von Raumflugkörpern. Für die Startphase wird die sog. *Synergiekurve*

Raumfahrt. Ein Astronaut bei Außenarbeiten am Manipulatorarm eines Spaceshuttles

gewählt: ein vertikal verlaufender Anfangsteil, ein im allg. aus Ellipsenteilen zusammengesetzter Übergangsteil und ein horizontaler Endteil in der vorgesehenen Höhe. Hat dort ein Raumflugkörper eine bestimmte Geschwindigkeit V_B *(Brennschlußgeschwindigkeit),* so werden bei relativ kleinen V_B-Werten Ellipsenstücke beschrieben, die zur Erdoberfläche zurückführen *(ballist. Flugbahn);* wenn V_B so groß ist, daß zw. der durch V_B bewirkten Zentrifugalkraft und der Erdanziehung Gleichgewicht herrscht *(erste kosm. Geschwindigkeit, Orbitalgeschwindigkeit),* befindet sich der Körper auf einer kreisförmigen *Erdumlaufbahn.* Bei weiterer Steigerung von V_B ergeben sich Ellipsenbahnen zunehmender Streckung, bis schließl. die *Entweichgeschwindigkeit (zweite kosm. Geschwindigkeit, Fluchtgeschwindigkeit)* erreicht wird und der Raumflugkörper auf einer parabol. Bahn das Schwerefeld der Erde verläßt. – Den Übergang von einer inneren

Rauminhalt

Kreisbahn (Orbit) in eine konzentr. äußere Kreisbahn erreicht man auf einer sog. *Hohmann-Bahn (Hohmann-Transfer)*, einer ellipt. Bahn, die zur Ausgangs- und Endbahn tangential verläuft. – Einen Sondertyp der R. erhält man durch die sog. *Fly-by-* oder *Swing-by-Technik*: Ein Raumflugkörper erhält bei einem Vorbeiflug an einem Planeten je nach Masse, nach der Stärke des Schwerefeldes und der Eigenbewegung des Planeten eine zusätzliche Beschleunigung. Dieses Verfahren wurde erstmals bei der im November 1973 gestarteten Raumsonde »Mariner 10« erprobt.

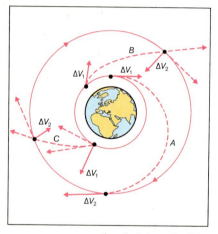

Raumflugbahnen. Eine Hohmann-Bahn zwischen zwei konzentrischen Kreisbahnen um die Erde mit den drei wichtigsten Doppelpulsmanövern (A, B und C)

Rauminhalt, svw. ↑Volumen.
Raumkurve, eine nicht in einer Ebene liegende Kurve.
Raummeter (Ster), Zeichen **rm** oder **Rm,** Volumeneinheit für Holz; 1 rm entspricht 1 m³ gestapeltes Holz.
Raumordnung (Raumplanung), die zusammenfassende, übergeordnete, ordnende Planung, die über das Gebiet der kleinsten Verwaltungseinheit hinausgeht. Die R. vollzieht sich in Deutschland im örtl. Bereich als gemeindl. Bauleitplanung, im überörtl. Bereich auf den Ebenen der Regionalplanung, der Landesplanung und der Bundesplanung.

Raumschutzanlagen ↑Alarmanlagen.
Raumsonden, unbemannte Raumflugkörper für wiss. Messungen im Weltraum, insbes. zur Erforschung des Mondes *(Mondsonde)* und der Planeten *(Planetensonde),* z. B. ↑Voyager, Galileo und ↑Viking.
Raumstation (Weltraumstation, Orbitalstation), mit mehreren Astronauten bemanntes Raumflugsystem. R. bieten den Besatzungen langfristige Raumaufenthaltsmöglichkeiten, können als *Raumbasen* und *-werften* der Einsatzvorbereitung weiterer Raumfahrtunternehmen dienen sowie neuartige medizin.-therapeut. Methoden, industrielle Fertigungsverfahren u. a. ermöglichen. – Die ersten R. waren *Saljut 1* (Sowjetunion) und *Skylab* (NASA). 1983 entwickelte die ESA in Zusammenarbeit mit der NASA die R. *Spacelab* (wiederverwendbares Weltraumlabor) zur Durchführung von Experimenten unter Bedingungen der Mikrogravitation. Nachfolger der sowjet. Saljut-Serie (Saljut 1 bis 7) ist seit 1986 die R. *Mir*.
Raumtransporter, Trägersystem für den Transport einer Nutzlast von der Erdoberfläche auf eine Satellitenbahn, das wiederverwendbar zur Erde zurückgeführt werden kann. Der erste von der NASA entwickelte R. *(Raumfähre, Spaceshuttle)* besteht aus der einem Flugzeug ähnelnden, rückkehrfähigen Umlaufeinheit (»Orbiter«, R. im engeren Sinne), einem großen Außentank für Flüssigwasserstoff und -sauerstoff sowie zwei zusätzl., bergungsfähigen Feststoffraketen. Der erste Start des Spaceshuttle »Columbia« erfolgte am 12. 4. 1981, der mit stärkeren Triebwerken ausgerüstete, etwas leichtere R. »Challenger« wurde erstmals am 4. 4. 1983 gestartet; am 30. 8. 1984 folgte »Discovery«, am 3. 10. 1985 »Atlantis«. Nach der Explosion von »Challenger« am 28. 1. 1986 wurde das R.programm der NASA unterbrochen. Der erste Start eines R. nach der Challenger-Katastrophe war der des R. »Discovery« am 29. 9. 1988. Am 7. 5. 1992 startete erstmals der R. »Endeavour«. – Nach dem Prototyp »Kosmos 1374« (1982) wurde der erste sowjet. R. (»Buran«) am 15. 11. 1988 gestartet.
Räumungsklage, vom Vermieter von Wohnraum zu erhebende Klage gegen

den Mieter, wenn der Mieter einer Kündigung nach der Sozialklausel widersprochen hat.

Räumungsverkauf, Verkauf von Warenvorräten oder einzelnen Warengattungen zu verbilligten Preisen auf Grund bes. Umstände.

Raumwelle, die von einem Funksender ausgestrahlte und sich (im Ggs. zur Bodenwelle) im Raum ausbreitende elektromagnet. Welle; sie wird an der Ionosphäre reflektiert bzw. entlanggeleitet und besitzt im allg. eine größere Reichweite als die Bodenwellen.

Raupen (Erucae), die oft (z. B. bei den Bärenspinnern) mit Haaren (↑Brennhaare) oder Borsten versehenen, z. T. bes. bunten Larven der Schmetterlinge; besitzen kauende Mundwerkzeuge, zu Spinndrüsen umgewandelte Labialdrüsen und gewöhnlich drei kurze, unvollständig gegliederte, einklauige Beinpaare an den Brustsegmenten, je ein Stummelbeinpaar am 3.–6. Hinterleibssegment und ein Paar Nachschieber am 10. Segment; ernähren sich meist von pflanzl. Substanz.

Raupenfahrzeug, svw. ↑Gleiskettenfahrzeug.

Raupenfliegen (Tachinidae), weltweit verbreitete Fliegen-Fam. mit über 5000 (einheimisch rd. 500) meist mittelgroßen Arten. Die Larven leben endoparasitisch in Raupen.

Rausch, leichte Trunkenheit; ein aufs höchste gesteigerter, meist als beglückend erlebter emotionaler Zustand, der durch erregende Erlebnisse oder durch Rauschmittel (Drogen, Alkohol) hervorgerufen wird. Der *pathol. R.* (Dämmerzustände mit psychot. Erscheinungen, motor. Erregung und Erinnerungslücken) tritt v. a. bei chron. ↑Alkoholismus auf. ↑Rauschgifte.

Rauschabstand (Signalrauschabstand), der dekad. Logarithmus des Verhältnisses von Ausgangs- oder Nutzspannung eines Geräts bzw. Signals zur Rauschspannung.

Rauschbeere (Moorbeere, Trunkelbeere), Heidekrautgewächs in N-Europa, in Asien und N-Amerika; sommergrüner, bis 1 m hoher Strauch mit schwarzblauen, süßl. schmeckenden Beeren, die, in größeren Mengen genossen, Schwindelgefühl und Lähmungserscheinungen hervorrufen können.

Rauschenberg

Raumtransporter. Zeichnung des amerikanischen Spaceshuttle bei geöffneten Ladeluken mit dem europäischen Raumlabor Spacelab als Nutzlast

Rauschen, urspr. der durch statist. Schwankungen des Luftdrucks hervorgerufene Schalleindruck mit breitem Frequenzspektrum; heute Bez. für statist. Störungen der Signale in informationsverarbeitenden elektron. Anlagen, die durch Bauelemente bzw. Übertragungsgeräte hervorgerufen werden. Das sog. *thermische R. (Temperatur-R.)* in Leitern beruht auf der unregelmäßigen therm. Bewegung der Elektronen im Leitermaterial; dadurch entstehen kurzdauernde Spannungsspitzen, die mit der absoluten Temperatur anwachsen.

Rauschenberg, Robert [engl. ˈraʊʃənbɔːɡ], * Port Arthur (Tex.) 22. 10. 1925, amerikan. Maler. Wegbereiter der Popart; Thematik: die großstädt. amerikan. Zivilisation, v. a. ihre Idole (von John F. Kennedy über Rugbyspieler zum Auto); schuf zahlr. »combine paintings« mit Siebdrucktechnik und Fundstücken sowie Objektkunst und Graphik (Litho-

Rauschbeere (blühender Zweig; Früchte)

2793

Rauschfilter

graphien, u. a. Serie »Stoned Moon«, 1969/70).

Rauschfilter, Tiefpaß (↑Filter), der das Rauschen bei der Wiedergabe alter Schallplatten vermindert, allerdings auf Kosten der Brillanz.

Rauschgenerator (Geräuschgenerator), elektron. Gerät, das in einem mehr oder weniger breiten Frequenzband gleichverteilte und zeitlich konstante Leistung abgibt. R. werden v. a. zu Meßzwecken, aber auch in der elektron. Musik verwendet.

Rauschgifte (Rauschmittel, Rauschdrogen), natürlich (z. B. Haschisch, Kokain, Opium), halbsynthet. (z. B. Alkohol, Heroin) oder künstlich hergestellte (z. B. Weckamine, Barbiturate) Drogen, die durch eine jeweils typ. Kombination von erregenden und dämpfenden Wirkungen auf das Zentralnervensystem zu einer Veränderung des Bewußtseinszustands führen. Teilaspekte der Rauschgiftwirkung sind Enthemmung, Verschiebung der affektiven Gleichgewichtslage, Unterdrückung von Schmerzen und Unlustgefühlen, Erzeugung einer Euphorie (bes. bei Opiaten), Halluzinationen (bes. bei Halluzinogenen wie LSD). Alle R. können zur *Drogenabhängigkeit* führen, in deren Folge das R. zum unentbehrl. »Nährstoff« wird. – In Deutschland unterliegen die meisten R. dem *Betäubungsmittelgesetz* vom 28. 7. 1981; internationale Bekämpfung des illegalen *R.handels* durch Interpol.

Rauschning, Hermann, *Thorn 7. 8. 1887, † Portland (Oregon) 8. 2. 1982, dt. Politiker. 1933/34 nat.-soz. Senats-Präs. in Danzig; emigrierte 1936 in die Schweiz; krit. Bücher über den Nat.-Soz. (u. a. »Die Revolution des Nihilismus«, 1938).

Rauschzeit ↑Brunst.

Raute, 1) *allg.:* svw. ↑Rhombus.
2) [lat.] *Botanik:* Gatt. der Rautengewächse mit rd. 60 Arten, v. a. im Mittelmeergebiet; Kräuter oder Halbsträucher; einheimisch u. a. die *Weinraute* (Gartenraute), bis 50 cm hoch, aromat. duftend, Heil- und Gewürzpflanze.

Rautengewächse (Weinrautengewächse, Rutaceae), Fam. zweikeimblättriger Pflanzen mit rd. 1 600 Arten in 150 Gatt. in allen wärmeren Gebieten der Erde, v. a. jedoch in S-Afrika und Australien; Bäume, Sträucher oder Kräuter mit durch Öldrüsen durchscheinend punktiert erscheinenden Blättern; bekannte Gatt. sind die ↑Zitruspflanzen.

Rauvolfia (Rauwolfia) [nach dem dt. Botaniker Leonhard Rauwolf, *1540 (?), †1596], weltweit verbreitete Gatt. der Hundsgiftgewächse mit rd. 90 Arten; die Wurzeln enthalten Alkaloide.

Rauvolfia

Ravel, Maurice [frz. ra'vɛl], *Ciboure (Dép. Pyrénées-Atlantiques) 7. 3. 1875, † Paris 28. 12. 1937, frz. Komponist. Bedeutendster frz. Komponist der Generation nach C. Debussy. Zu seinen Werken, deren vielfach impressionist. Klangbilder von der Spannung zw. Emotion und Klanghärte leben, zählen das musikal. Lustspiel »L'heure espagnole« (1911), die Ballettoper »L'enfant et les sortilèges« (1925), die Ballette »Daphnis und Chloe« (1912) und »Boléro« (1929), Orchesterwerke, u. a. »Rhapsodie espagnole« (1908), Klaviermusik, u. a. »Gaspard de la nuit« (1908), »Ma mère l'oye« (1910), »Valses nobles et sentimentales« (1911) sowie Kammermusik, u. a. »Tzigane« für Violine und Klavier (1924).

Ravenna, italien. Prov.-Hauptstadt in der östl. Emilia-Romagna, 136 300 E. Museen; u. a. petrochem. Ind., Hafen. An der Küste das Seebad Marina di Ravenna. – Byzantinisch beeinflußte Kirche San Vitale (geweiht 547) mit Mosaiken. Zum Dom (1734 ff.) gehört das achteckige Baptisterium der Orthodoxen (451–460; Kuppelinneres mit Mosaiken), Kirche Sant' Apollinare Nuovo (um 500) mit Mosaiken. Nahebei die Kirche Sant' Apollinare in Classe (549 geweiht). Das sog. Mausoleum der Galla Placidia (um 450) hat die vermutlich äl-

Maurice Ravel

Ravenna.
Kirche Sant'Apollinare in Classe (geweiht 549) mit Campanile (Ende 10. Jh.)

testen Mosaiken Ravennas; Grabmale Theoderichs d. Gr. (zu seinen Lebzeiten erbaut) und Dantes (1780). – Wohl 49 v. Chr. röm. Munizipium; unter Augustus Anlage eines Kriegshafens *(Classis);* eines der ältesten Bistümer Italiens (um 200?); wurde 402 Hauptstadt des Weström. Reichs, 476 Residenz Odoakers, später der Ostgoten, seit 540 des byzantin. Exarchen; 751 von den Langobarden erobert; fiel 754, endgültig 1509 an den Papst (bis 1860; mit Ausnahme der frz. Zeit 1797–1815).

Ravensberg, ehemalige Grafschaft in Westfalen; 1346 an Jülich, 1614 an Brandenburg.

Ravensbrück, Ortsteil von Fürstenberg/Havel, Brandenburg, 1939–45 nat.-soz. KZ für Frauen; von rd. 132 000 Frauen und Kindern fanden etwa 96 000 den Tod.

Ravensburg, Kreisstadt im südl. Oberschwaben, Bad.-Württ., 45 900 E. U. a. Maschinenbau, Verlage. Kath. spätgot. Liebfrauenkirche (14. Jh.), kath. spätgot. Pfarrkirche Sankt Jodok (14. Jh.), ev. spätgot. Stadtpfarrkirche (14./ 15. Jh.), ehem. Spital mit spätgot. Kapelle (geweiht 1498). Spätgot. Rathaus (1876 neugot. umgestaltet), bed. Patrizierhäuser. Im Ortsteil *Weißenau* ehem. Prämonstratenserabtei mit barocker Stiftskirche (1717–24); heute Psychiatrisches Landeskrankenhaus. – 1122 erstmals genannt; 1276 Reichsstadt; 1380–1530 Sitz der *Großen Ravensburger Handelsgesellschaft,* der bedeutendsten oberdeutschen Handelsgesellschaft vor den Fuggern.

Ravi, einer der fünf Flüsse des Pandschab, entspringt im Himalaya (Indien), bildet z. T. die ind.-pakistan. Grenze, mündet oberhalb von Multan (Pakistan) in den Chenab, rd. 770 km lang.

Rawalpindi, pakistan. Stadt, an Islamabad angrenzend, 795 000 E. Archäologisches Museum, Heeresmuseum; u. a. Lokomotivbau, Erdölraffinerie. – 30 km nö. von R. die Ruinenstätte *Taxila* mit Siedlungsresten aus der Mauryazeit und der Zeit davor (5.–2. Jh. v. Chr.) sowie Ruinen aus der Zeit des baktr. Reiches (↑Baktrien) und der Kushana (2. Jh. v. Chr.–5. Jh. n. Chr). 1849 von den Briten annektiert, wichtigster Militärstützpunkt an der NW-Grenze Britisch-Indiens; 1959/60 Hauptstadt Pakistans.

Rawinsonde [Kw. aus **Ra**dar-**Wind**-Sonde] (Rawindsonde), ballongetragene Radiosonde; zur Messung und Fernübertragung von Druck, Temperatur und Feuchte der Luft sowie durch Anwendung der Radartechnik auch zur Bestimmung des Höhenwindes.

Ray, Man [engl. reɪ], * Philadelphia 27. 8. 1890, † Paris 18. 11. 1976, amerikan. Objektkünstler, Photograph und Maler. Mitbegründer der New Yorker Dadaistengruppe; 1921–40 und ab 1951 in Paris, wo er sich 1925 den Surrealisten anschloß; u. a. Bügeleisen mit Reißnägeln (1921); früher Vertreter der experimentellen Photographie (»Rayogramme«); avantgardist. Filme (»Le retour à la raison«, 1923, »L'étoile de mer«, 1928). – Abb. S. 2796.

Ravenna
Stadtwappen

Rayleigh

Man Ray. Geschenk (1921–23; Privatbesitz)

John William Strutt Rayleigh

Rayleigh, John William Strutt, Baron (seit 1873) [eng. 'reɪlɪ], * Langford bei Chelmsford 12. 11. 1842, † Terling Place bei Chelmsford 30. 6. 1919, britischer Physiker. Arbeiten über Schwingungs- und Wellenlehre, Akustik, Wärmestrahlung sowie Lichtstreuung. 1894 entdeckte Rayleigh mit W. Ramsey das Edelgas Argon; Nobelpreis für Physik 1904.
Rayleigh-Streuung [engl. 'reɪlɪ...; nach J. W. Strutt, Baron Rayleigh] (Luftstreuung), Streuung von Licht insbes. an Luftmolekülen. Die R.-S. bewirkt die Blaufärbung des Himmels und die Rotfärbung bei Sonnenauf- und Sonnenuntergängen.
Raymond, Fred ['raɪmɔnt], eigtl. Raimund Friedrich Vesely, * Wien 20. 4. 1900, † Überlingen 10. 1. 1954, österr. Operettenkomponist (u. a. »Maske in Blau«, 1937).
Raynaud-Krankheit [frz. rɛ'no:...; nach dem frz. Mediziner Maurice Raynaud, * 1834, † 1881], Krankheit mit anfallsweisen Gefäßkrämpfen der Fingerarterien, bes. bei Kältereiz.
Rayon 1) [rɛ'jõː; frz.] allg.: österr. und schweizer., sonst veraltet für: Bezirk, [Dienst]bereich.
2) [engl. 'reɪən] Textilwesen: svw. Reyon, ↑Viskose.
Razzia [arab.-frz.], großangelegte [überraschende] Fahndung der Polizei.
Rb, chem. Symbol für ↑Rubidium.
RB, Abk. für **R**egional-**B**ahn, Zuggattung der Dt. Bahn AG im Nahverkehrsbereich.
RCDS, Abk. für ↑**R**ing **C**hristlich-**D**emokratischer **S**tudenten.
re..., Re... [lat.], Vorsilbe mit der Bedeutung »zurück, wieder«.
Re (Ra), altägypt. Name für die Sonne und ihren Gott. Darstellung v. a. als Mann mit der Sonnenscheibe auf dem Haupt; wichtigster Verehrungsort war Heliopolis; sein Kultsymbol ist der Obelisk; spätestens seit der 5. Dynastie als Schöpfer und Erhalter allen Lebens verehrt.
Re, 1) chem. Symbol für ↑Rhenium.
2) mathemat. Zeichen für den Realteil einer ↑komplexen Zahl.
RE, Abk. für **R**egional-**E**xpress, Zuggattung der Dt. Bahn AG im Nahverkehrsbereich.
Ré [frz. re], Insel vor der frz. W-Küste, 85 km², Hauptort Saint-Martin-de-Ré.
Reader's Digest [engl. 'riːdəz 'daɪdʒɛst], 1922 gegr. amerikan. Monatszeitschrift zunächst mit nachgedruckten Aufsätzen, seit den 1930er Jahren auch mit Originalbeiträgen; seit 1948 dt. Ausgabe (»Das Beste aus Reader's Digest«).

Re

Reading [engl. 'rɛdɪŋ], engl. Stadt an der Themse, 123 700 E. Verwaltungssitz der Gft. Berkshire; Univ. (gegr. 1926), europ. Zentrum für mittelfristige Wettervorhersage, Institut für Landwirtschaftsgeschichte, Museen; Handels- und Ind.-Stadt.

Ready-made [engl. 'rɛdɪmeɪd »gebrauchsfertig«], Alltagsobjekt, das als solches (erstmals 1913 durch M. Duchamp) im Kunst- und Ausstellungskontext präsentiert wird.

Reafferenzprinzip, in der Sinnesphysiologie ein Regelprinzip zur Kontrolle und Rückmeldung eines Reizerfolges an das Zentralnervensystem.

Reagan, Ronald Wilson [engl. 'reɪgən], *Tampico (Ill.) 6. 2. 1911, 40. Präs. der USA (1981–88). Film- und Fernsehschauspieler. Erst Demokrat, dann Republikaner (rechter Flügel); 1967–75 Gouverneur von Kalifornien; nach erfolgloser Präsidentschaftskandidatur 1976 im Nov. 1980 zum Präs. gewählt (Wiederwahl 1984); am 30. 3. 1981 bei einem Attentat verletzt. Seine Politik verstärkter Aufrüstung (u. a. SDI) bei gleichzeitigem Abbau der Sozialhaushalte zog hohe Haushaltsdefizite nach sich. Außenpolitisch betonte R. zunächst den Ost-West-Gegensatz, suchte in seiner zweiten Amtszeit jedoch den Ausgleich mit der Sowjetunion.

Reagenz (Reagens) [lat.], ein Stoff, der chem. Reaktionen bewirkt und zum Nachweis von Elementen oder Verbindungen dient.

Reagenzglas (Probierglas), einseitig geschlossenes Glasröhrchen für chem. Untersuchungen.

Reaktion [lat.], 1) *Chemie:* (chem. R.) die Umwandlung von. Verbindungen oder Elemente *(Ausgangsstoffe)* in andere Verbindungen oder Elemente *(R.produkte);* erfolgt meist erst nach Einwirkung einer bestimmten Energiemenge (Aktivierungsenergie) unter Wärmeverbrauch *(endotherme R.)* oder Freiwerden von Wärme *(exotherme R.).* Diese Wärmemenge wird (bezogen auf ein Mol) als *Reaktionswärme* oder *Reaktionsenthalpie* (Formelzeichen ΔH) bezeichnet.
2) *Physik:* (R.kraft) die nach dem 3. Newtonschen Axiom (actio = reactio) bei jeder Kraft, die ein Körper auf einen anderen ausübt, auftretende gleich große, entgegengesetzt gerichtete »Gegenkraft« (Gegenwirkung).
3) *Physiologie und Psychologie:* eine Änderung des Organismuszustands (z. B. des Muskeltonus, Kreislaufs) oder des (individuellen oder kollektiven) Verhaltens, jeweils in Abhängigkeit bzw. als Funktion äußerer und/oder innerer Reize.
4) im *politisch-sozialen Bereich* Bez. für fortschrittsfeindl. Verhalten; auch für die Gesamtheit der Anhänger solchen Verhaltens.

Reaktionskinetik, Teilgebiet der physikal. Chemie, das den Einfluß von Druck, Temperatur, Konzentration der Reaktionsteilnehmer, Milieubedingungen (Lösungsmittel, pH-Wert) und Katalysatoren auf den zeitl. Ablauf *(Reaktionsgeschwindigkeit)* einer chem. Reaktion hin untersucht.

Reaktionsmechanismen, Bez. für alle molekularen Vorgänge im Verlauf einer chem. Reaktion.

Reaktionswärme ↑Reaktion.

Reaktionsweg ↑Anhalteweg.

Reaktionszeit, die zw. Reiz und Reaktion verstreichende Zeitspanne *(Latenz)*. Einfache Reaktionen (z. B. Tastendruck auf Lichtreiz) haben eine R. von 0,15 bis 0,3 Sekunden.

Reaktivität [lat.], in der *Reaktorphysik* ein Maß für die Abweichung des Kernreaktors vom krit. Zustand. ↑kritisch.

Reaktor [lat.-engl.-amerikan.], 1) (Reaktionsapparat) ein Gefäß, in dem eine chem. Reaktion abläuft.
2) svw. ↑Kernreaktor.

Ronald Reagan

Re. Die Barkenfahrt des falkenköpfigen Sonnengottes Re-Harachte, der die Sonnenscheibe auf dem Kopf trägt; Wandmalerei im Grab des Sennodjem in Deir el-Medina; 19. Dynastie

Real

Realismus. Otto Dix. »Die Eltern des Künstlers« (1924; Hannover, Niedersächsische Landesgalerie)

Real (Mrz. Reales [span.] bzw. Reis [portugies.]; für den span. R. auch dt. Mrz. Realen), seit dem 14. Jh. span. und portugies. Groschen aus Silber bzw. Kupfer, später auch in den Kolonialgebieten beider Länder.
Realenzyklopädie, ↑Enzyklopädie in lexikal. Form.
Realgar [arab.-frz.] (Rauschrot, Rotglas], rotes oder orangefarbenes, glänzendes, durchscheinendes Mineral, chem. As_4S_4. Mohshärte 1,5; Dichte 3,5–3,6 g/cm³; Abbau z. T. zur Arsengewinnung.
Realgymnasium, bis 1955 Bez. für das neusprachl. Gymnasium.
Realien [lat.], wirkl. Dinge, Tatsachen.
Realienstreit ↑Universalienstreit.
realisieren, 1) verwirklichen.
2) klar erkennen, einsehen.
3) in Geld umsetzen, umwandeln.
Realismus, 1) *allg.:* wirklichkeitsnahe prakt. Lebenseinstellung.
2) *bildende Kunst:* allg. Bez. für die Abbildlichkeit dargestellter Wirklichkeit, häufig gleichbedeutend mit Naturalismus gebraucht. R. wird präzisiert als prinzipieller Gegenentwurf sowohl zur normativen Ästhetik wie zur hierarchisch nach »höheren« und »niederen« Gegenständen geordneten idealist. Kunstauffassung. Realist. Züge im Ggs. zu stilisierenden und idealisierenden wies die Kunst schon vor G. Courbets programmat. Ausstellung »Le réalisme« (1855) seit der Antike auf (röm. Porträtplastic, Giotto, J. van Eyck, A. Dürer, J. Callot, D. Velazquez, W. Hogarth, F. de Goya). Im 19. Jh. trat R. als materialist. Antithese zu Romantik und Idealismus auf und diente u. a. unmittelbar sozialen Intentionen (H. Daumier, G. Courbet, A. Menzel, W. Leibl), im 20. Jh. fortgesetzt als soziale Anklage (H. Zille, K. Kollwitz, O. Dix, G. Grosz) oder direkt polit. und gesellschaftskrit. Aussagen (Picasso, R. Guttuso, J. Heartfield, K. Staeck sowie die Vertreter des ↑Neuen Realismus). Mit revolutionären Zielen verband sich der ↑sozialistische Realismus, als Reaktion auf den Expressionismus entstand der »mag. R.« der ↑Neuen Sachlichkeit. – Während dem R. eine kreative Auseinandersetzung mit der Wirklichkeit zugrunde liegt, wird unter *Naturalismus* eher eine detailgetreue Widergabe des Sichtbaren ohne Interpretation verstanden. Unter Naturalismus als Stilrichtung versteht man positivist., von der Milieutheorie beeinflußte Tendenzen v. a. in der Malerei zw. 1870 und 1900, die mit dem literar. Naturalismus korrespondieren.
3) *Literatur:* Der Begriff des literar. R. entzieht sich in seiner Vielschichtigkeit einer eindeutigen Definition: Werke, die sich (in unterschiedl. Weise) auf die kritische Darstellung der jeweils zeitgenöss. gesellschaftl. Wirklichkeit konzentrieren, sind eine überzeitl., epochenüberschreitende Erscheinung. Eine als realistisch bezeichnete literar. Darstellungsweise beschränkt sich nicht auf die einfache Abbildung wirkl. Verhältnisse, sondern ist Ausdruck des Konflikts mit den bestehenden Verhältnissen; in diesem Sinn kann ein realist. Literaturwerk als Fiktion bezeichnet werden, die alle Merkmale der (gesellschaftl.) Wirklichkeit aufweist, als Fiktion, die als Wirklichkeit gedacht werden kann. – Als *Epochenbegriff* bezeichnet R. die europ. Literatur des 19. Jh. (etwa 1830–80), wobei sich viele Modifikationen und Übergangsstufen zw. Realismus und Naturalismus einerseits und dem Symbolismus andererseits herausgebildet haben. Träger der europ. R. ist der Zeit- und Gesellschaftsroman bzw. die Erzählliteratur; in der deutschsprachigen Literatur v. a. auch die Novelle. – Die Werke der großen Realisten – in Frankreich H. de Balzac, Stendhal, G. Flaubert; in England C. Dickens; in Rußland F. M. Dostojewski, L. N. Tol-

stoi, I. A. Gontscharow; in der deutschsprachigen Literatur T. Fontane, G. Keller, T. Storm, W. Raabe – wirken als Klassiker des R. bis heute auf das Romanschaffen des 20. Jahrhunderts.
4) *Philosophie:* die Lehre, daß das begriffl. Allgemeine (die Universalien) unabhängig vom menschl. Erkennen entweder getrennt von den konkreten Einzeldingen (Platonismus) oder in diesen existiere und als solches durch Abstraktion erkannt werden könne. Im MA war der R. anläßlich des ↑Universalienstreits die Gegenposition zum ↑Nominalismus. Nach Auffassung des *kritischen Realismus* ist über die genaue Entsprechung von Gegenständen und Vorstellungen nichts auszumachen, da die Gegenstände immer nur über ihre vorstellungsmäßigen Abbilder gegeben sind. In der Gegenwart wird der R. v. a. vom (dialekt.) Materialismus und vom Neuthomismus vertreten.

Realität [mittellat.-frz.], Wirklichkeit, tatsächl. Gegebenheit, Tatsache.

Realkreditinstitute ↑Banken.

Reallast, Belastung eines Grundstückes in der Weise, daß an den Berechtigten wiederkehrende Leistungen aus dem Grundstück zu entrichten sind.

Reallexikon (Sachwörterbuch), Lexikon, das die Sachbegriffe einer Wiss. oder eines Wiss.-Gebietes enthält.

Realpolitik, in der konservativen Gegenströmung der 1850er Jahre geprägte Bez. für eine Politik, die vom Möglichen ausgeht, auf abstrakte Programme verzichtet.

Realpräsenz, in der *christl. Theologie* die wirkl. Gegenwart Christi beim ↑Abendmahl.

Realschule, in der BR Deutschland seit 1964 (Hamburger Abkommen) einheitl. Bez. für eine weiterführende allgemeinbildende Schule, die mit der 10. Klasse abschließt. Der Abschluß der R. (mittlerer Bildungsabschluß) ist Befähigungsnachweis für den Besuch der Fachoberschule (die Versetzung von Klasse 10 nach Klasse 11 des Gymnasiums wird als gleichwertig anerkannt). Die Vorläuferschule der heutigen R. hieß 1872–1964 Mittelschule.

Realteil ↑komplexe Zahl.

Realteilung, gleichmäßige (zur Zersplitterung führende) Aufteilung des bäuerl. Grundbesitzes unter den Erben.

Realunion, im Ggs. zur ↑Personalunion die verfassungsrechtl. Verbindung staatsrechtlich selbständiger Staaten durch das gemeinsame monarch. Staatsoberhaupt und gemeinsame staatl. Institutionen (z. B. Schweden/Norwegen 1814–1905).

Realwert, der wirkl. Wert einer Münze, gemessen am Marktwert der in ihr enthaltenen Menge Edelmetall.

Realzeitbetrieb, svw. ↑Echtzeitbetrieb.

Reaumur-Skala ['rɛ:omy:r...], von dem frz. Naturforscher René Antoine Ferchault de Réaumur (* 1683, † 1757) eingeführte Temperaturskala, bei der der Abstand zw. der Schmelztemperatur (0 °R [0 Grad Reaumur]) und der Siedetemperatur (80 °R) des Wassers in 80 Teile unterteilt ist.

Rebe. Echte Weinrebe

Rebe (Weinrebe, Vitis), Gatt. der Rebengewächse mit rd. 60 Arten in der nördl. gemäßigten Zone, v. a. in N-Amerika und O-Asien; meist sommergrüne, mit Ranken kletternde Sträucher mit streifig abfasernder Borke; Blüten fünfzählig, in Rispen stehend; die Früchte sind saftige Beeren. Die wirtschaftlich bedeutendste, sehr formenreiche Art ist die *Echte Weinrebe* (Weinstock), aus deren beiden wild vorkommenden Unterarten die zahlr. Sorten der *Kulturrebe* (Edelrebe), z. B. durch Einkreuzung von in N-Amerika heim. Rebenarten (*Amerikanerrebe*, bes. widerstandsfähig gegen Reblausbefall), entstanden sind. Die Sprosse der Kultur-R.

Rebe

Rebe. Rebsorten (Auswahl)

Rebsorte	Hauptanbaugebiete	Weincharakter
Cabernet Sauvignon	Australien; Bordelais; Chile; Dalmatien; Kalifornien; Südafrika	Rotwein; vornehm, kräftig, rassig, trocken, feinblumig; lange haltbar
Chardonnay (Morillon)	Burgund, Champagne; Italien; Kalifornien; Steiermark	Weißwein; duftig, fruchtig, rassig, mit guter Säure
Gamay	Beaujolais; Waadt, Wallis	Rotwein; mittelschwer, gerbstoffarm, säurebetont; als Primeur frisch, süffig
Grauburgunder (Grauer Burgunder, Pinot gris, Ruländer, Malvoisie)	Baden, Pfalz, Rheinhessen; Burgenland; Elsaß; Friaul, Venetien	Weißwein; extraktreich, säurearm, elegant; als Ruländer mild, alkoholreich
Grüner Veltliner (Weißgipfler, Manhardsrebe)	Burgenland, Niederösterreich (v.a. Weinviertel)	Weißwein; fruchtig-trocken, mittlerer Säuregehalt
Gutedel (Weißer G.; Chasselas)	Baden (Markgräflerland); Westschweiz (Wallis: Fendant)	Weißwein; leicht, geringe Säure, mäßiger Alkoholgehalt
Kerner (= Trollinger×Riesling)	Mosel, Pfalz, Rheinhessen, Württemberg	Weißwein; frisch, rassig, kräftig, gehaltvoll
Lemberger (Blauer Limberger; Blaufränkisch)	Burgenland; Württemberg	Rotwein; charaktervoll, fruchtig, kernig, mit guter Säure
Merlot	Bordelais; Italien; Tessin	Rotwein; fein, mild
Müller-Thurgau (Riesling-Sylvaner; Rivaner)	Deutschland; England; Neuseeland; Ostschweiz; Ungarn	Weißwein; abgerundet, mild, duftig, mittlerer Alkoholgehalt
Müllerrebe (Pinot meunier; Schwarzriesling)	Champagne, Loiretal; Württemberg	Rotwein; körperreich, fruchtig; als Weißwein Sektgrundwein
Portugieser (Blauer P.; Vöslauer)	Ahr, Pfalz, Rheinhessen; Niederösterreich	Rotwein; mild, bukettarm, fast neutral
Riesling (Weißer R.; Rheinriesling, Klingelberger)	Deutschland (v.a. Mosel-Saar-Ruwer, Pfalz, Rheingau, Württemberg); Elsaß; Neuseeland; Wachau	Weißwein; elegant, edel, rassig, fruchtig, feines Bukett, harmonische Säure
Sauvignon (S. blanc; Muskat-Sylvaner)	Australien; Bordelais, Burgund, Loiretal; Kalifornien; Norditalien; Südafrika	Weißwein; fruchtig, aromatisch, mittlerer Alkoholgehalt; edelsüße Sauternes
Scheurebe (= Silvaner×Riesling; Sämling 88)	Burgenland; Franken, Nahe, Pfalz, Rheinhessen	Weißwein; kräftig, harmonisch, feine Säure, mit ausgeprägtem Sortenbukett
Silvaner (Grüner S.; Sylvaner; Johannisberg)	Elsaß; Rheinhessen, Pfalz, Franken; Wallis	Weißwein; mild, feinfruchtig bis neutral, mit leichter Säure
Spätburgunder (Blauer Burgunder, Blauburgunder; Clevner; Pinot noir)	Ahr, Baden; Burgund, Champagne; Elsaß; Chile; Kalifornien; Schweiz; Südtirol	Rotwein; fein, fruchtig-erdig, weiches, volles Bukett, mild, samtig
Traminer (Roter T.; Clevner; Gewürztraminer)	Baden; Burgenland; Elsaß; Kalifornien; Neuseeland; Slowenien; Südtirol	Weißwein; hoher Alkoholgehalt; intensives Bukett, milde Süße, sehr würzig
Trollinger (Blauer T.; Groß-Vernatsch)	Württemberg; Südtirol	Rotwein; frisch, leicht, herzhaft
Weißburgunder (Weißer Burgunder; Pinot blanc; Clevner, Klevner)	Baden; Burgenland, Weinviertel, Steiermark; Elsaß; Norditalien	Weißwein; ansprechend, extraktreich, mit mäßiger Säure
Welschriesling (Grasevina)	Balkanhalbinsel; Nordostitalien; Österreich	Weißwein; leicht; frisch, spritzig, feinwürziges Aroma, resch
Zinfandel (Zin)	Kalifornien	trockene bis süße, säurearme Rot-, Rosé-, Weiß- und Schaumweine

sind ein aus Lotten (Langtrieben) und Geiztrieben (Kurztrieben) bestehendes Sympodium (Scheinachse). Die zwittrigen, duftenden Blüten haben an den Spitzen mützenförmig zusammenhängende, gelblich-grüne Kronblätter. Die Kultur-R. wird vegetativ durch Ableger vermehrt. – Die Früchte *(Weinbeeren)* sind je nach Sorte blau, rot, grün oder gelb. Die Fruchtstände werden als Trauben *(Weintrauben)* bezeichnet.

Rebec [rə'bɛk; arab.-frz.] (Rubeba), kleines Streichinstrument mit Schallkörper in Form eines Bootes und zwei im Quintabstand gestimmten Saiten; kam etwa im 11. Jh. nach Europa (↑Rabab).

Rebekka, Gestalt des AT, Gattin Isaaks, Mutter Esaus und Jakobs.

Rebell [lat.-frz.], Aufrührer.

Rebengewächse (Vitaceae, Weinrebengewächse), Fam. der Zweikeimblättrigen mit rd. 700 v. a. in den Tropen verbreiteten Arten in zwölf Gatt.; meist Lianen.

Rebenmehltau, 1) (Echter R., Äscher) ↑Mehltau.
2) (Falscher R.) Krankheit der Weinrebe: Die Blätter zeigen oberseits gelbgrünliche Flecke (»Ölflecke«) und unterseits einen weißen Pilzrasen. Die Beeren bräunen und schrumpfen lederartig ein.

Rebenstecher (Zigarrenwickler), in Europa verbreiteter, etwa 8 mm langer Afterrüsselkäfer; frißt an Knospen und Blättern von Weinreben.

Rebhuhn ↑Feldhühner.

Reblaus, bis etwa 1,4 mm große, gelbe bis bräunl., sehr schädl. werdende Blattlaus (Fam. Zwergläuse), die, aus N-Amerika kommend, heute in allen Weinbaugebieten der Erde verbreitet ist. In wärmeren Gebieten zeigt die R. Generationswechsel zw. oberird. und unterird. lebenden Generationen: Die sog. *Wurzelläuse* erzeugen im Spätherbst durch Jungfernzeugung geflügelte ♀♀. Aus deren befruchteten, am oberird. Holz abgelegten, überwinternden Eiern schlüpft im Frühjahr die *Fundatrixgeneration (Maigallenlaus)*. Durch Saugen an den Blättern verursacht sie erbsengroße Gallen. Nach Abwandern im Herbst an die Wurzeln entstehen dort (durch die Wurzelläuse) die *Wurzelgallen*. Die befallenen Pflanzen gehen dadurch zugrunde. In Deutschland sind (mit Ausnahme der wärmeren südwestl. Gebiete) nur Wurzelläuse verbreitet. – R.befall ist meldepflichtig.

Rebreanu, Liviu, * Tîrlișua bei Bistrița 27. 11. 1885, † Valea Mare bei Pitești 1. 9. 1944, rumän. Schriftsteller. Bed. Vertreter des realist. rumän. Romans, u. a. »Der Aufstand« (1932), »Die Waage der Gerechtigkeit« (Nov., dt. Auswahl 1963); beging Selbstmord beim Einzug der Roten Armee.

Rebus [lat.-frz.] ↑Rätsel.

Récamier, Jeanne Françoise Julie Adélaïde [frz. reka'mje], geb. Bernard, * Lyon 4. 12. 1777, † Paris 11. 5. 1849, frz. Schriftstellerin. Ihr literar.-polit. Salon war zeitweise Treffpunkt der Gegner Bonapartes, nach 1814 der Anhänger der Restauration; befreundet u. a. mit Madame de Staël.

Receiver [engl. rɪ'siːvə; lat.-engl.] (Steuergerät), Funkempfänger, bei dem Empfangsteil (Tuner) und Verstärker in einem Gehäuse untergebracht sind.

Rechaud [rə'ʃoː; frz.], Bez. für eine beheizbare Vorrichtung, auf der Getränke oder Speisen warmgehalten werden.

Rebec

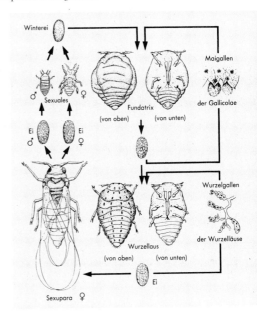

Reblaus. Entwicklungszyklus (maßstabgerecht)

Rechenanlage

Rechenanlage, svw. Computer (↑Datenverarbeitung).

Rechenbrett ↑Abakus.

Rechenmaschinen, mechan. oder elektr. Rechengeräte zur Durchführung der Grundrechenarten.

Rechenwerk, Teil der Zentraleinheit eines Computers (↑Datenverarbeitung).

Rechenzentrum, mit großen Datenverarbeitungsanlagen ausgerüstete Einrichtung zur Verarbeitung umfangreicher Datenmengen und zur Durchführung komplizierter Berechnungen, die im kaufmänn., techn. und wiss. Bereich anfallen.

Recherche [re'ʃɛrʃə, rə...; ...'ʃɛrʃ; frz.], Nachforschung, Ermittlung.

Rechnungsabgrenzung, zeitl. Abgrenzung von Einnahmen und Ausgaben, die einen über den Bilanzstichtag hinausgehenden Zeitraum betreffen; werden in der Bilanz gesondert ausgewiesen.

Rechnungshof, unabhängige, mit der Rechnungsprüfung hinsichtlich Wirtschaftlichkeit und Ordnungsmäßigkeit der Haushalts- und Wirtschaftsführung der gesamten Verwaltung betraute Behörde.

Rechnungsprüfung, die Überwachung der Haushalts- und Wirtschaftsführung einer mittelverwaltenden Stelle durch ein Kontrollorgan bzw. der Regierungen durch die gesetzgebenden Körperschaften.

Recht, Bez. für eine Ordnung menschl. Zusammenlebens, die dieses so regelt, daß Konflikte weitgehend vermieden werden *(objektives R.),* aber auch für aus diesem objektiven R. resultierende Ansprüche von einzelnen *(subjektives Recht).* Das R. besteht zwar heute durchweg als Gesamtheit von (schriftlich niedergelegten) Gesetzen und Verordnungen sowie aus der sich darauf beziehenden R.sprechung *(positives Recht),* ist aber zunächst an das Bestehen von Gesetzen usw. in diesem Sinne nicht gebunden. Auch historisch begegnet R. zuerst in seiner allgemeinen Bedeutung als ein System von Verhaltensnormen für das Leben in einer sozialen Gemeinschaft. Als kennzeichnend für die das R. begründenden Verhaltensnormen wird in erster Linie das Bestehen eines organisierten und institutionalisierten Verfahrens, ihre Einhaltung zu erzwingen bzw. ihre Nichteinhaltung mit bestimmten Sanktionen zu belegen, angesehen. Damit R. seiner Bestimmung gemäß wirken kann, bedarf es der Eindeutigkeit der rechtl. Regelungen. Übersichtlichkeit, Klarheit und Verläßlichkeit der Verhaltensrichtlinien sind Voraussetzungen für *R.sicherheit.*
Mit dem Grund und den Erscheinungsformen des R. befaßt sich die *Rechtswissenschaft.* Das Schwergewicht rechtswiss. Arbeit liegt bei der Rechtsdogmatik (Lehre vom geltenden Recht), die die Normen des geltenden Rechts, insbes. des öffentl. Rechts, Privatrechts, Kirchenrechts und Völkerrechts fortlaufend zu interpretieren, in ihren Grundsätzen und systemat. Zusammenhängen darzustellen und auf ihre jurist. Konsequenzen zu untersuchen hat. Zur R.-Wiss. gehören als Grundlagenwissenschaften die R.geschichte, die R.vergleichung, die R.soziologie und die R.philosophie.

Rechte, (die Rechte), aus der nach 1814 übl. Sitzordnung (in Blickrichtung des Präs.) der frz. Deputiertenkammer übernommene Bez. für die antirevolutionären »Ordnungsparteien«, die im wesentl. auf die Bewahrung der polit.-sozialen Verhältnisse hinwirken.

Rechteck (Orthogon), ein rechtwinkliges ↑Parallelogramm. Der Umfang eines R. mit den Seiten[längen] a und b ist $U = 2(a+b)$, der Flächeninhalt $F = a \cdot b$.

rechter Winkel (Rechter), Formelzeichen R, ∟ oder ⌐; ein Winkel von $90° = 100$ gon $= (\pi/2)$ rad. Seine Schenkel stehen senkrecht aufeinander.

Rechtfertigung, in der *christl. Theologie* die Wiederherstellung des durch die Erbsünde und die persönl. Sünde gestörten Verhältnisses zw. Mensch und Gott. – Der in den *ev. Kirchen* zentrale Begriff R. geht wesentlich auf Luthers Neuinterpretation von Röm. 1, 17 zurück: Die wahre Gerechtigkeit des Menschen besteht allein darin, daß der Mensch der »Gerechtigkeit« Gottes über sich im Glauben recht gibt. Nicht der Mensch kommt durch Frömmigkeit und gute Werke (d. h. durch Erfüllung des Gesetzes) zu Gott, sondern Gott ist in Christus ein für allemal zum Menschen gekommen (Evangelium), um ihn in seiner Sündhaftigkeit anzunehmen und aus freier Gnade zu rechtfertigen. Die Gerechterklärung (Imputation) ist die Gerechtmachung, die zu »guten Werken« erst befähigt. – In der kath. *Theologie* wird der R.stand durch die Taufe begründet, die die (verlierbare) heiligmachende [R.]gnade schenkt und zu den ebenfalls heilsnotwendigen guten Werken befähigt.

rechtliches Gehör, in Artikel 103 GG garantierter Anspruch eines jeden, der von dem Verfahren eines Gerichts unmittelbar betroffen wird, mit seinen tatsächl. und rechtl. Ausführungen und Beweisanträgen vor einer Entscheidung angehört zu werden.

Rechtlosigkeit, die Unfähigkeit, Träger von Rechten zu sein. Im röm. und alten dt. Recht galten Unfreie als absolut rechtlos; seit fränk. Zeit Bez. für teilweisen Mangel an Rechten (z. B. Eidesunfähigkeit).

Rechtsanwalt, ein Jurist, der aufgrund seiner Zulassung durch die jeweilige Landesjustizverwaltung zur Wahrnehmung fremder Interessen als unabhängiges und freiberufl. (nicht gewerbl. tätiges) Organ der Rechtspflege berufen ist. Im allg. wird der R. aufgrund eines mit dem Mandanten abgeschlossenen Dienstvertrages *(Mandat)* tätig, jedoch kann eine Verpflichtung zur rechtl. Interessenvertretung auch durch gerichtl. Beiordnung entstehen (z. B. Pflichtverteidigung).

Rechtsanwaltskammer (Anwaltskammer), Standesvertretung der Rechtsanwälte, die ehrengerichtl. Maßnahmen verhängen kann.

Rechtsbehelfe, alle Mittel, die es ermöglichen, eine Entscheidung der Verwaltungsbehörden oder Gerichte anzufechten.

Rechtsbeistand, Berufs-Bezeichnung für eine Person, der vom zuständigen Amts- oder Landgerichtspräsidenten die Erlaubnis erteilt wurde, ohne Rechtsanwalt zu sein, fremde Rechtsangelegenheiten geschäftsmäßig zu besorgen.

Rechtsbeschwerde, Rechtsmittel gegen verfahrensbeendende Beschlüsse.

Rechtsbeugung, die vorsätzlich falsche Anwendung des Rechts zugunsten oder zum Nachteil einer Partei in einer Rechtssache.

Rechtsbücher, im dt. MA private Sammlungen des geltenden Rechts, die später das Ansehen von Gesetzen erlangten (z. B. »Frankenspiegel«, »Schwabenspiegel«, »Sachsenspiegel«).

Rechtschreibung (Orthographie), die Normierung, die Festlegung der Schreibung einer Sprache nach verbindl. Regeln.

Der entscheidende Anstoß, die Orthographie der dt. Sprache einheitlich und verbindlich zu regeln, ging 1871 von der Reichsgründung aus. Die Beschlüsse der 1875 einberufenen Konferenz zur »Herstellung größerer Einigung in der dt. R.« wurden jedoch von den Regierungen der Länder als zu weitgehend abgelehnt. Nach diesem Mißerfolg ging K. Duden daran, sein »Orthograph. Wörterbuch« zu schreiben; er beschränkte sich im wesentlichen darauf, die Regeln für die preuß. Schulorthographie auf den Wortschatz anzuwenden. Innerhalb eines Jahrzehnts führte Dudens »Vollständiges orthograph. Wörterbuch der dt. Sprache« (1880) die Einheitsrechtschreibung in Deutschland herbei, die 1902 in Deutschland als verbindlich erklärt wurde (gilt aufgrund des Beschlusses der Kultusminister der Länder von 1955 bis heute). 1994/95 standen Regeln für eine reformierte R. zur Diskussion.

Rechtseindeutigkeit ↑Eindeutigkeit.

Rechtsfähigkeit, die einer (natürl. oder jurist.) Person von der Rechtsordnung zuerkannte Fähigkeit, Träger von Rechten und Pflichten zu sein. Im geltenden Recht beginnt die R. des Menschen mit der Vollendung der Geburt und endet mit dem Tod. Jurist. Personen des Privatrechts erlangen die R. durch staatl. Verleihung bzw. Genehmigung.

Rechtsgeschäft, die nach außen gerichtete Willensbetätigung, die einen angestrebten Rechtserfolg herbeiführen soll. Wesentlicher Bestandteil des R. ist die Willenserklärung. Weitere Voraussetzungen für das Zustandekommen eines R. können z. B. die Schriftform oder die Zustimmung des gesetzl. Vertreters sein. Man unterscheidet *einseitige R.* (z. B. Mahnung) von den *zweiseitigen* (z. B. Vertrag) und den *mehraktigen R.* (z. B. Vereinsgründung). Es gibt *empfangsbedürftige R.* (z. B. Kündigung) und *nichtempfangsbedürftige R.* (z. B. Ausschlagung einer Erbschaft).

Rechtshilfe, Art der Amtshilfe, richterl. Hilfeleistung durch ein bis dahin unbe-

Rechtskraft

teiligtes Gericht zur Unterstützung des Prozeßgerichts.

Rechtskraft, die grundsätzl. Endgültigkeit gerichtl. Entscheidungen. Die *formelle R.* äußert sich in der Unanfechtbarkeit einer gerichtl. Entscheidung, d. h., daß gegen eine Entscheidung Rechtsmittel nicht möglich bzw. nicht mehr möglich sind. Sie ist Voraussetzung für die *materielle R.*, die das Gericht und die Prozeßbeteiligten (Parteien) an die Entscheidung bindet. In bestimmten Fällen kann die R.wirkung durchbrochen werden (z. B. durch Wiederaufnahme des Verfahrens).

Rechtsmißbrauch, die Ausübung eines an sich bestehenden Rechts, die nur den Zweck haben kann, einen anderen zu schädigen, und deshalb unberechtigt ist.

Rechtsmittel, den Prozeßbeteiligten zustehende Möglichkeit, eine ihnen nachteilige und noch nicht rechtskräftige gerichtl. Entscheidung anzufechten und durch ein höheres Gericht nachprüfen zu lassen (Berufung, Revision, Beschwerde).

Rechtsnachfolge, Eintritt einer Person in ein bestehendes Rechtsverhältnis anstelle des Rechtsvorgängers. Erfolgt der Eintritt in ein bestimmtes einzelnes Rechtsverhältnis, spricht man von *Einzel-R.*, bei einer Gesamtheit von Rechtsverhältnissen von *Gesamt-Rechtsnachfolge.*

Rechtspflege, Bez. für die Gesamtheit der der rechtsprechenden Gewalt zugewiesenen Tätigkeiten, die unmittelbar der Verwirklichung des Rechts dienen.

Rechtspfleger, Beamter des gehobenen Dienstes; i. d. R. zuständig für die Aufgaben der freiwilligen Gerichtsbarkeit (z. B. Nachlaßsachen, Vormundschaftssachen) sowie in Grundbuch-, Register- und in Vollstreckungssachen. Der R. hat die gleichen Prüfungs- und Entscheidungsbefugnisse wie der Richter. Gegen seine Entscheidungen ist grundsätzlich das Rechtsmittel der Erinnerung an den zuständigen Richter zulässig; die Sache bleibt dennoch in der gleichen Instanz.

Rechtsphilosophie, Teilbereich der allg. Philosophie, der allgemeinste Grundlagen[sätze] des Rechts und der Rechtswiss. erforscht, d. h. sich unter Zugrundelegung der Fragestellung nach der Richtigkeit bzw. der Gerechtigkeit des Rechts mit Sinn und Zweck sowie Herkunft, Wesen und Geltung des Rechts befaßt.

Rechtspositivismus, rechtswiss. Richtung, die den Standpunkt vertritt, das vom Staat gesetzte positive Recht sei jenseits des Nachweises verfassungsmäßigen Zustandekommens einer Begründung weder fähig noch bedürftig.

Rechtsprechung (Judikative, Jurisdiktion, rechtsprechende Gewalt), die Anwendung der Gesetze auf den Einzelfall durch die Gerichte (Artikel 92 GG).

Rechtsschulen, 1) Stätten, an denen geistl. oder weltl. Recht unterrichtet wurde. Im Altertum v. a. Berytos (heute Beirut) und Konstantinopel, im MA zunächst Pavia und Bologna.
2) Richtungen der Rechtswiss., z. B. im MA die Glossatoren (12./13. Jh.; ↑Glosse); in Deutschland z. B. die ↑historische Schule.

Rechtsschutzversicherung, Versicherung gegen die Kosten eines Rechtsstreits.

Rechtsstaat, ein Staat, dessen Staatstätigkeit auf die Verwirklichung von Recht ausgerichtet sowie durch die Rechtsordnung begrenzt ist und in dem die Rechtsstellung des einzelnen durch garantierte Rechte (z. B. Grundrechte) gesichert ist. *Formell* bedeutet R. die Bindung der Staatsgewalt an Recht und Gesetz sowie die Überprüfbarkeit staatl. Maßnahmen durch unabhängige Gerichte. *Materiell* bedeutet R. die Verpflichtung der Staatsgewalt auf die Rechtsidee der Gerechtigkeit, was als Prinzip im sozialen R. (Sozialstaat) seine bes. Ausprägung findet. – Die wichtigsten *Rechtsstaatsprinzipien* sind: 1. die Gewaltentrennung; 2. der Vorrang der Verfassung, über deren Einhaltung die Verfassungsgerichtsbarkeit gegenüber Verwaltung und Gesetzgebung wacht; 3. der Vorrang und Vorbehalt des Gesetzes; 4. die Rechtssicherheit, damit staatl. Handeln für den einzelnen berechenbar wird; 5. der gerichtl. Rechtsschutz.

Rechtssymbole, Gegenstände oder Handlungen, die abstrakte Rechtsvorgänge veranschaulichen oder durch mag. Kräfte sichern sollen.

Rechtsträger, Bez. für alle rechtsfähigen jurist. und natürl. Personen als Träger von Rechten und Pflichten.

Recife
Stadtwappen

Rechtsverordnung, Abk. **RVO,** jede Anordnung an eine unbestimmte Zahl von Personen zur Regelung einer unbestimmten Zahl von Fällen, die aufgrund gesetzl. Ermächtigung von der Bundes- oder einer Landesregierung, einem Minister oder einer Verwaltungsbehörde getroffen wird und zu deren Ausführung auf Bundes- oder Landesebene *Durchführungsvorschriften* erlassen werden.

Rechtsweg, im jurist. Sprachgebrauch die Möglichkeit, bei einem Gericht Rechtsschutz zu erlangen.

Rechtswidrigkeit, jede gegen eine Rechtsnorm verstoßende Handlung oder Unterlassung.

Rechtswissenschaft ↑Recht.

Rechtszug ↑Instanz.

Recife [brasilian. re'sifi], Hauptstadt des brasilian. Gliedstaates Pernambuco, an der Mündung des Rio Capiberibe in den Atlantik, 1,33 Mio. E. Zwei Univ., Museen, Theater; wichtigste Handels- und Ind.-Stadt in NO-Brasilien; Hafen. Barockkirchen (18. Jh.). – 1629–54 (portugies. Rückeroberung) Mittelpunkt der niederländischen Kolonien in NO-Brasilien.

recipe [lat. »nimm!«], Abk. **Rp., Rec.,** Hinweis auf ärztl., zahnärztl. oder tierärztl. Rezepten (als Anweisung an den Apotheker).

Reck [niederdt.], Turngerät; eine auf zwei Ständersäulen gelagerte, 2,40 m lange, federnde [verstellbare] Stange aus poliertem Stahl (28 mm Durchmesser).

Recklinghausen, Kreisstadt im nördl. Ruhrgebiet, NRW, 125 500 E. Veranstaltungsort der Ruhrfestspiele der Stadt R. und des DGB; Museen, Kunsthalle, Tiergarten. Steinkohlenbergbau, Metall-, Textil- u. a. Industrie; Hafen am Rhein-Herne-Kanal. Spätroman. kath. Propsteikirche mit spätgot. Ostbau (nach 1247 und 1519–23; wiederhergestellt); Festspielhaus (1965).

Reck-Malleczewen, Friedrich [...malə'tʃɛːvən], *Gut Malleczewen (Ostpreußen) 11. 8. 1884, † KZ Dachau 17. 2. 1945, dt. Schriftsteller. »Bockelson« (1937) ist eine als histor. Studie über die Täufer getarnte massenpsychol. Analyse des Nationalsozialismus.

Reclam, Anton Philipp, *Leipzig 28. 6. 1807, † ebd. 5. 1. 1895, dt. Verleger. Gründete 1828 in Leipzig den Verlag

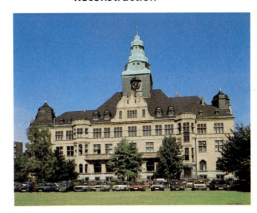

Recklinghausen. Rathaus

Philipp R. jun. (Name seit 1837); *R. Universal-Bibliothek* (seit 1867) umfaßt Einzelausgaben von Werken der Weltliteratur, wiss. Werken, Handbüchern, Gesetzesausgaben, Operntexten. Der Leipziger Betrieb stand 1950–90 unter staatl. Treuhandverwaltung und vereinbarte 1991 mit dem 1947 neu gegr. westdt. Verlagsunternehmen (Sitz: Ditzingen bei Stuttgart) eine gemeinsame Geschäftsführung; 1992 erfolgte die Rückgabe des Leipziger Verlages an die R. GmbH & Co. KG.

Reconquista [rekɔŋ'kɪsta; span.], Rückeroberung der ab 711 von den Mauren fast vollständig besetzten Iber. Halbinsel durch christl. Heere. Die R. begann schon im 8. Jh., ausgehend von Asturien, erreichte ihre eigtl. Dynamik aber erst im 11. Jh.; mit der Eroberung des andalus. Granada durch das Kath. Königspaar Isabella I. von Kastilien und Ferdinand II. von Aragonien war die R. 1492 abgeschlossen.

Reconstruction [engl. riːkən'strʌkʃn; »Wiederaufbau«], in den USA die Periode (1865–77) der Wiedereingliederung der ab Südstaaten in die Union nach dem Sezessionskrieg. Der Wiederaufbau der verwüsteten Südstaaten sowie die Rivalität zw. Präs. A. Johnson und dem Kongreß um die Aufnahme von Emanzipationsartikeln in die Verfassung prägten die ersten Jahre. Die eingesetzten Reg. in den Südstaaten wurden von der weißen Bev. abgelehnt

Reconstructionism

(u. a. Gründung des ↑Ku-Klux-Klan). Mit der Wahl konservativer Reg. in den Südstaaten und dem Abzug der letzten Bundestruppen 1877 war die liberale Politik der Nordstaaten gescheitert.
Reconstructionism [engl. riːkənˈstrʌkʃənɪzəm; lat.] (Rekonstruktionismus), Glaubensrichtung innerhalb des amerikan. Judentums, begründet durch M. M. Kaplan. Im Mittelpunkt steht u. a. die Vorstellung vom Judentum als Zivilisation, in der sich jüd. Geschichte und Religion vereinigt haben.
Recorder [reˈkɔrdər, engl. rɪˈkɔːdə; lat.], Registrier-, Aufzeichnungsgerät, insbes. zur magnet. Daten-, Musik- oder Bildaufzeichnung.
Recycling [engl. riːˈsaɪklɪŋ] (Rezyklierung), in der *Technik* die Wiederverwendung von Abfällen, Nebenprodukten oder verbrauchten Endprodukten der Konsumgüter-Ind. als Rohstoffe für die Herstellung neuer Produkte. Das R. ist auf manchen Gebieten als Methode der Rohstoffbeschaffung (u. a. bei der Wiedergewinnung von Edelmetallen aus Münzlegierungen) sehr alt, gewinnt aber im Zuge der Verknappung von Rohstoffen und unter den Aspekten des Umweltschutzes und der Energieverknappung auf zahlr. weiteren Gebieten der chem.-techn. Produktion und der Energiegewinnung zunehmend an Bedeutung.
Redakteur [...tøːɐ̯], jemand, der für eine Zeitung, Zeitschrift, ein (wiss.) Sammelwerk, für Rundfunk oder Fernsehen Beiträge auswählt, bearbeitet oder selbst verfaßt.
Redaktion [lat.-frz.], **1)** *Publizistik:* 1. die Gesamtheit der Redakteure eines Betriebes, meist gegliedert in mehrere Ressorts (oft selbst als R. bezeichnet); 2. die Tätigkeit eines Redakteurs. **2)** Begriff der ↑Textkritik.
Redaktionsgeheimnis ↑Pressegeheimnis.
Redefreiheit, zur Meinungsfreiheit gehörender Bestandteil der Grundrechte.
Redekunst ↑Rhetorik.
Redemptoristen (lat. Congregatio Sanctissimi Redemptoris [Abk. **CSSR**]), kath. Priestergemeinschaft, 1732 von Alfons Maria von Liguori gegr.; Zielsetzung: Seelsorge, Volks- und Heidenmission. – Der ebenfalls von Alfons Maria von Liguori 1731 gegr. Orden der *Redemptoristinnen* hat eine rein beschaul. Zielsetzung.
Rederijkers [frz.-niederl. ˈreːdərɛikərs], v. a. im 15./16. Jh. in städt. Vereinen *(Rederijkerskamers)* organisierte Dichter und Literaturliebhaber im niederl. Sprachraum.
Redford, Robert [ˈrɛdfəd], * Santa Monica (Calif.) 18. 8. 1937, amerikan. Schauspieler. Spielte u. a. in den Filmen »Zwei Banditen« (1969), »Der Clou« (1973), »Der große Gatsby« (1974), »Jenseits von Afrika« (1985), »Havanna« (1990), »Sneakers«. – Die Lautlosen« (1992); auch Regie (»Aus der Mitte entspringt ein Fluß«, 1993).

Robert Redford

Redgrave [ˈrɛdgreɪv], **1)** Sir (seit 1959) Michael, * Bristol 20. 3. 1908, † Denham (Buckinghamshire) 21. 3. 1985, brit. Schauspieler. Einer der führenden Shakespearedarsteller; auch zahlr. Filmrollen.
2) Vanessa, * London 30. 1. 1937, brit. Schauspielerin. Tochter von Michael R. Wandlungsfähigkeit und sensibler Spielstil zeigen sich bes. in Stücken von Shakespeare und in den Filmen »Protest« (1966), »Blow up« (1967), »Die Möwe« (1969), »Maria Stuart, Königin von Schottland« (1973), »Spiel um Zeit – Das Mädchenorchester in Auschwitz« (Fernsehfilm, 1980), »Wiedersehen in Howards End« (1992).
Rediskont, Weiterverkauf von diskontierten Wechseln durch eine Geschäftsbank an die Notenbank.
Rediskontkontingente, von der Zentralbank für jede einzelne Geschäftsbank festgelegte Höchstbeträge, bis zu denen Wechsel zum Rediskont angenommen werden. Die Veränderung der R. ist ein Mittel der ↑Geldpolitik.
Rednitz, Fluß in Oberfranken, 168 km lang, entsteht aus *Fränkischer* und *Schwäbischer Rezat* auf der Frankenhöhe, vereinigt sich in Fürth mit der Pegnitz zur *Regnitz,* die bei Bamberg in den Main mündet.
Redon, Odilon [frz. rəˈdõ], eigtl. Bertrand-Jean R., * Bordeaux 22. 4. 1840, † Paris 6. 7. 1916, frz. Maler und Graphiker des Symbolismus. Visionäres Werk mit traumhaft-symbol. Themen in fast stumpfem Kolorit, teilweise von jap. Vorbildern angeregt.
Redonda [engl. rɪˈdɒndə] ↑Antigua und Barbuda.

Redoute [reˈduːtə; lat.-italien.-frz.], **1)** Befestigung, allseitig geschlossene Schanze.
2) (österr.) Maskenball.
3) Saal für festl. Veranstaltungen.
Redoxprozeß [Kw. aus **Red**uktion und **Ox**idation], Verfahren zur Wiederaufbereitung von Kernbrennstoffen.
Redoxreaktion (Reduktions-Oxidations-Reaktion), die stets gekoppelt auftretenden Vorgänge von Oxidation und Reduktion durch Elektronenabgabe (Oxidation) des sog. Reduktionsmittels und Elektronenaufnahme (Reduktion) des sog. Oxidationsmittels gemäß:

$$\text{Red} \underset{\text{Reduktion}}{\overset{\text{Oxidation}}{\rightleftarrows}} \text{Ox} + ne^-.$$

Da bei chem. Reaktionen keine freien Elektronen auftreten, ist die Oxidation eines Redoxsystems stets von der Reduktion eines anderen Redoxsystems begleitet. Die Atmungskette und die Lichtreaktion der Photosynthese bestehen aus einer Folge von Redoxreaktionen.
Red River [- ˈrɪvə], rechter Nebenfluß des Mississippi, mündet nördl. von Baton Rouge mit einem Arm in den Mississippi, ein zweiter fließt direkt dem Golf von Mexiko zu, 1 966 km lang.
Reduktion [lat.], **1)** *allg.:* das Zurückführen auf ein geringeres Maß; Vereinfachung.
2) *Chemie:* der der ↑Oxidation entgegengerichtete Vorgang, bei dem ein chem. Element oder eine Verbindung Elektronen aufnimmt, die von einer anderen Substanz (dem *Reduktionsmittel*, das damit oxidiert wird) abgegeben werden.
Reduktions-Oxidations-Reaktion, svw. ↑Redoxreaktion.
Redundanz [rɛd-ʊn...; lat.], **1)** *Kommunikationswissenschaften:* überflüssige Elemente in einer Nachricht, die keine zusätzl. Information liefern, sondern nur die beabsichtigte Grundinformation stützen.
2) *Zuverlässigkeitstheorie:* Teil des Material- oder Betriebsaufwands für ein techn. System, der primär für ein ordnungsmäßiges Funktionieren nicht erforderl. ist. Erhöht er die Zuverlässigkeit, so spricht man von *nützl. R.* (z. B. Zweikreisbremssystem in Kfz).

Reduplikation [lat.], Bez. für die vollständige (Iteration) oder teilweise Doppelung einer Wurzel, eines Wortes oder Wortteiles als Mittel der Wort- oder Formenbildung.
Ree! (Rhe!) [niederdt.], Kommando zum Wenden oder Halsen eines Segelschiffes.
Reed, Sir (seit 1952) Carol [engl. riːd], *London 30. 12. 1906, † ebd. 26. 4. 1976, brit. Filmregisseur. Erlangte internat. Anerkennung v. a. mit Filmen wie »Ausgestoßen« (1947) und »Der dritte Mann« (1949).
Reede [niederdt.], Ankerplatz vor einem Hafen.
Reederei, Gesellschaftsform des Seerechts: Vereinigung mehrerer Personen (Mitreeder), die ein ihnen nach Bruchteilen gehörendes Schiff auf gemeinschaftl. Rechnung verwendet.
reeller Bildpunkt ↑Abbildung.
reelle Zahlen, Sammel-Bez. für alle Zahlen, die man durch ganze Zahlen oder durch Dezimalzahlen mit endlich oder unendlich vielen Stellen (period. oder nichtperiod.) darstellen kann.
Reep [niederdt.], Schiffstau.

Odilon Redon. Der Zyklop (um 1898; Otterlo, Rijksmuseum Kröller-Müller)

Reeperbahn

Reeperbahn, (seemänn.) Seilerbahn; Vergnügungsstraße in Sankt Pauli, Hamburg.
Reet, niederdt. Bez. für als Dachbedeckung verwendete Riedgräser.
REFA [Kw. aus **R**eichsausschuß für **A**rbeitszeitermittlung], Kurz-Bez. für den Verband für Arbeitsstudien – REFA – e. V., gemeinnützige Vereinigung von Rationalisierungsfachleuten und Unternehmen, Sitz Darmstadt; gegr. 1924 mit dem Ziel, Daten und Verfahren für leistungsbezogene Lohnbemessung auf der Grundlage von Zeitstudien zu ermitteln.
Refektorium [lat.], Speisesaal in Klöstern.
Referat [lat.], **1)** Abhandlung über ein bestimmtes Thema.
2) Abteilung einer Behörde.
Referendar [lat.], Dienst-Bez. für Beamtenanwärter der Laufbahnen des höheren Dienstes während der prakt. Ausbildung im Vorbereitungsdienst.
Referendum [lat.] ↑Volksabstimmung.
Referent [lat.], Berichterstatter; Sachbearbeiter.
Referenz [lat.-frz.], Empfehlung; Beziehung.
reffen [niederl.], die Segelfläche verkleinern.
reflektieren [lat.], **1)** zurückstrahlen, spiegeln.
2) nachdenken, bedenken.
3) an etwas interessiert sein.
Reflektor [lat.], eine Vorrichtung zur unstetigen Richtungsänderung, meist auch zur Bündelung von Strahlen (insbes. von Lichtstrahlen, Radiowellen) im gleichen Medium. Die häufigste R.form ist die eines Paraboloids (sog. *Parabol-R.,* z. B. ein Parabolspiegel für Lichtstrahlen (↑Spiegelteleskop), eine Parabolantenne für elektromagnet. Wellen).
2) *Kerntechnik:* eine neutronenreflektierende Umhüllung des Kernreaktors aus Beryllium oder Graphit zur Reduzierung der Neutronenverluste.
Reflex [lat.-frz.], **1)** *Optik:* der von einem spiegelnden Körper zurückgeworfene Widerschein.
2) *Physiologie:* die über das Zentralnervensystem ablaufende, unwillkürl.-automat. Antwort des Organismus auf einen äußeren oder inneren Reiz. Der Weg, den die Erregung beim Ablauf eines R. von der Einwirkungsstelle eines Reizes (dem Rezeptor) bis zum Erfolgsorgan (Effektor) unter vorgegebenen Bahnen im Zentralnervensystem zurücklegt, ist der *R. bogen.* Die R. befähigen den Organismus zur raschen und sicheren Einstellung auf Veränderungen der Umweltbedingungen sowie zum wohlkoordinierten Zusammenspiel aller Körperteile. Bei *Eigen-R.* (z. B. Patellarsehnen-R., Achillessehnen-R.) liegen Rezeptoren und Effektoren im gleichen, bei *Fremd-R.* (z. B. Bauchdecken-R., Hornhaut-R.) in verschiedenen Erfolgsorganen. – Neben den *angeborenen R.* (Automatismen, unbedingte R.) gibt es *erworbene R.,* die entweder erst mit zunehmender Reifung des Zentralnervensystems auftreten oder erlernt werden müssen (z. B. durch Dressur, Gewöhnung; *bedingter* oder *konditionierter R.*).
Reflexion [lat.-frz.], **1)** *Physik:* unstetige Änderung der Ausbreitungsrichtung einer Welle (elektromagnet. Welle, Schallwelle) an der Grenzfläche zw. zwei Medien in der Art, daß die Welle in das urspr. Medium zurückläuft; auch die entsprechende Änderung der Bewegungsrichtung von Teilchen und starren bzw. elast. Körpern beim Aufprall auf eine Wand wird als R. bezeichnet. Sind die Rauhigkeiten der Grenzfläche von der Größenordnung der Wellenlänge, so wird eine gerichtet auffallende Strahlung in viele Richtungen zerstreut zurückgestrahlt *(diffuse R.* oder *Remission).* Sind die Rauhigkeiten klein gegen die Wellenlänge, so erfolgt eine *regelmäßige, gerichtete R. (Spiegelung),* die das sog. *R.-Gesetz* befolgt: *Einfallswinkel* und *R.-Winkel* sind gleich groß; einfallender Strahl, reflektierter Strahl und Einfallslot liegen in einer Ebene.
2) *allg.:* krit. Nachdenken, bes. über grundsätzl. Fragen.
Reflexionsvermögen, das Verhältnis der an einer Fläche reflektierten zur einfallenden Strahlung.
reflexiv [lat.], sich (auf das Subjekt) zurückbeziehend.
Reflexivpronomen (Reflexivum, rückbezügliches Fürwort) ↑Pronomen.
Reflexzonenmassage, svw. ↑Bindegewebsmassage.
Reformation [lat.], i. e. S. die im 16. Jh. von Luther ausgelöste christliche Er-

Reformation

Reformation. Lutherus triumphans; anonymes Flugblatt, Holzschnitt (1568)

neuerungsbewegung, die die abendländ. Kircheneinheit sprengte, neue kirchl. Gemeinschaften und eine neue religiöse Haltung (Protestantismus) entstehen ließ. Seit dem Spät-MA aufkommende Kritik an kirchl. Mißständen (abendländ. ↑Schisma, päpstl. Streben nach polit. Weltherrschaft, Ablaßhandel u. a.) mündete in die Forderung nach einer »Reform der Kirche an Haupt und Gliedern«. Luthers lat. abgefaßte 95 Thesen (Thesenanschlag vom 31. 10. 1517 an der Wittenberger Schloßkirche), die u. a. den Ablaßhandel verurteilten, fanden, ins Deutsche übersetzt, rasche Verbreitung. Seine Schrift »An den christl. Adel dt. Nation von des christl. Standes Besserung« (1520) begründet die Vorwürfe an die Papstkirche theologisch: Ausgehend vom Priestertum aller Gläubigen (kein Ggs. Laie–Klerus), bestritt er die Unfehlbarkeit des Papstes und der Konzilien. Die größte Wirkung ging jedoch von Luthers *Rechtfertigungslehre* aus: Gott belohnt nicht die guten Werke, sondern erlöst den sündigen Menschen, sofern dieser glaubt, aus Gnade. In der *Zweireichelehre* erklärt Luther die göttl. Weltregierung. Im geistl. Reich regiert Gott durch Evangelium, Wort und Sakrament; sein weltl. Regiment, das die Welt zur Erlösung bewahren soll, zeigt sich durch Mittel der äußeren Ordnung (Gesetz). Der Christ, der beiden Reichen angehört, untersteht Evangelium und Gesetz und ist daher Gerechter und Sünder (simul iustus et peccator) zugleich.

Die R. breitete sich, unterstützt von den Landesherren, deren Eigenständigkeit sie stärkte, rasch in Deutschland aus. Kaiser Karl V. stellte auf dem Reichstag in Speyer 1526 den Landesherren ihr konfessionelles Verhalten frei. In den ↑Bauernkriegen (1. Hälfte des 16. Jh.) entluden sich polit., soziale und religiöse Spannungen. Beim *Marburger Religionsgespräch* (1529) kam es zu keiner Einigung im Abendmahlstreit (↑Abendmahl) zwischen Luthertum und ↑Kalvinismus. 1529 protestierten die luther. Stände gegen das Verbot der Ausbreitung der R. (Protestanten) und verlasen 1530 das ↑Augsburger Bekenntnis. Die prot. Stände schlossen 1531 den ↑Schmalkaldischen Bund, der im *Schmalkaldischen Krieg* 1546/47 unterlag. Im ↑Augsburger Religionsfrieden (1555) wurde die Trennung der Protestanten von der kath. Kirche reichsrechtlich anerkannt. Die Untertanen mußten die Konfession des Landesherren übernehmen, der auch die geistliche Aufsicht ausübte. Beide Konfessionen bemühten sich in der Folgezeit darum, ihren Einfluß zu vergrößern (↑Gegenreformation). Auch in der katholischen Kirche bewirkte die Reformation seit dem ↑Tridentinum (1545 bis 63) eine innere Neugestaltung.

Reformationsfest

Reformationsfest, ev. Fest zum Gedächtnis der Reformation; seit 1667 setzte sich der 31. Okt. (Veröffentlichung der Thesen Luthers) durch.
Reformator [lat. »Umgestalter«], Erneuerer; i. e. S. die Urheber der ↑Reformation im 16. Jahrhundert.
Reform Bill [engl. rɪˈfɔːm ˈbɪl], mehrere brit. Wahlrechtsreformgesetze des 19. Jahrhunderts. 1. *»Bürgerl. Reform« 1832:* polit. Mitwirkungsrecht für die städt. bürgerl. Mittelschichten entsprechend ihrer wirtschaftl. Bedeutung, Einschränkung des traditionellen Übergewichts der grundbesitzenden Aristokratie; 2. *Reform 1867:* Wahlrecht für städt. Arbeiter und Handwerker; 3. *Reform 1884:* Wahlrecht für Landarbeiter und Bergleute; 4. *Reform 1885:* Neueinteilung der Wahlbezirke zugunsten der bevölkerungsstarken Ind.-Bezirke.
Reformieren [lat.] ↑Erdöl.
reformierte Kirche, Konfessionsgemeinschaften, deren Entstehung v. a. auf Zwingli und Calvin zurückzuführen ist und die sich v. a. in W- (Niederlande, Schottland) und O-Europa (Ungarn, Böhmen-Mähren) und später in den USA durchsetzten. Für Lehre und Gemeindeordnung sind v. a. die ab etwa 1530 entstandenen Bekenntnisschriften maßgeblich. – Zum Wesen der Kirche gehört notwendig die Kirchenordnung; ihre Verfassung ist presbyterial. – Die heute über 140 r. K. sind im *Reformierten Weltbund* (»World Alliance of Reformed Churches«; 1875 in London gegr.; Sitz [seit 1949] Genf) zusammengeschlossen.
Reformismus [lat.], Richtung in der Arbeiterbewegung, die den Sozialismus ausschließlich mittels Reformen (Sozialdemokratie), nicht durch Revolutionen erstrebt; vom Marxismus-Leninismus abwertend als »kleinbürgerl. opportunist. Strömung« bezeichnet. ↑Revisionismus.
Reformjudentum, durch die Reformbewegung bestimmte religiöse Gruppierung des Judentums (v. a. in den USA), die den eigtl. Offenbarungsgehalt in den religiös-eth. Aussagen der Bibel sieht.
Reformkommunismus, nach dem 2. Weltkrieg Opposition gegen den Stalinismus innerhalb des Kommunismus; lehnte den diktator.-bürokrat. Kommunismus sowjet. Prägung ab und forderte die Berücksichtigung nat. Besonderheiten.
Refrain [rəˈfrɛ̃ː; lat.-frz.] ↑Kehrreim.
Refraktärzeit [lat./dt.] (Erholungsphase), in der *Physiologie* diejenige Zeitspanne nach einem gesetzten Reiz, in der eine erneute Reizung ohne Reizerfolg (Reaktion) bleibt.
Refraktion [lat.], allg. svw. ↑Brechung. I. e. S. die Krümmung (Brechung) der Lichtstrahlen in der Atmosphäre *(atmosphär. R.* oder *Strahlenbrechung),* deren Ursache die in vertikaler Richtung sich ändernde Luftdichte ist. Ihre Änderung hat eine entsprechende Änderung des Brechungsindex der Luft zur Folge.
Refraktometer [lat./griech.] (Brechzahlmesser), opt. Instrument zur Bestimmung des Brechungsindex fester oder flüssiger Stoffe.
Refraktor [lat.], Bez. für alle in der Astronomie verwendeten [Keplerschen] Fernrohre, bei denen das Objektiv aus einer oder mehreren Sammellinsen besteht *(Linsenfernrohr).*
Refugialgebiete [lat./dt.] (Rückzugsgebiete), größere oder kleinere geograph. Gebiete, die durch begünstigte Lage z. B. während der Eiszeit zu einer natürl. Überlebensregion für Tier- und Pflanzenarten wurden.
Refugium [lat.], Zufluchtsort.
reg., Abk. für ↑registered.
Regal, mit Fächern versehenes Gestell für Bücher oder Waren.
2) *Musik:* bis ins 18. Jh. verbreitete kleine Orgel von hellem, durchdringendem Klang, bestehend aus einem schmalen, mit einer Klaviatur versehenen Kasten, der die Windlade und die Pfeifen sowie zwei Keilbälge enthält.
Regalien [lat.], im ausgehenden 11. Jh. geprägte Bez. für die vom König stammenden Rechte (Hoheitsrechte). Die R.definition des Ronkal. Reichstags (1158) umfaßte die Verfügung über die hohen Ämter, über das Reichsgut, Herrschaftsrechte und finanziell nutzbare Rechte (z. B. Zölle, Steuern). Die R. konnten vom König zur Nutzung vergeben werden (v. a. die »niederen« R. im späteren MA zur wirtschaftl. Nutzung verliehen wurden). Der Inhaber der R. hatte aber auch die mit ihrer Verleihung sich ergebenden Pflichten wahrzunehmen (z. B. bezog das Münz-

Regenbogen

recht die Sorge um vollwertige Münze ein).

Regatta [italien.], im *Wassersport* Bootswettfahrt, die auf einer speziell markierten Strecke ausgetragen wird.

Regel [lat.], 1) *allg.*: Norm, Vorschrift. 2) *Kirche*: die Grundordnung, der sich die Mgl. von Ordensgemeinschaften verpflichtet fühlen.

Regelblutung, svw. ↑Menstruation.

Regeldetri [lat.], ↑Dreisatzrechnung.

Regelkreis ↑Regelung.

regelmäßige Körper, svw. ↑platonische Körper.

Regelstäbe, Stäbe aus einem neutronenabsorbierenden Material (z. B. Cadmium, Bor, Hafnium), die zur Steuerung *(Steuerstäbe)* und Sicherung *(Sicherheitsstäbe)* des Kernreaktors mehr oder weniger weit in sein Core (Reaktorkern) hineingeschoben werden.

Regelung [lat.], Vorgang in einem abgegrenzten System, bei dem eine oder mehrere physikal., techn. oder andere Größen *(Regelgrößen)* fortlaufend von einer Meßeinrichtung erfaßt und durch Vergleich ihrer jeweiligen Istwerte mit Sollwerten bestimmter vorgegebener *Führungsgrößen* diesen Werten angeglichen werden. Der hierzu nötige Wirkungsablauf vollzieht sich im Ggs. zur ↑Steuerung in einem geschlossenen, als *Regelkreis* bezeichneten Wirkungskreis.

Regen, 1) Kreisstadt im Bayer. Wald, Bayern, 11 000 E. Opt. Industrie. Roman.-spätgot. Pfarrkirche; Burgruine Weißenstein (13. Jh.).
2) linker Nebenfluß der Donau, mit Quellfluß Schwarzer Regen 165 km lang.

Regen, Niederschlag in flüssiger Form, der dadurch entsteht, daß kleine, schwebende Wolkentröpfchen zu größeren Tropfen anwachsen, die von der Luftströmung nicht mehr getragen werden, ausfallen und den Erdboden erreichen. Beim gewöhnl. großtropfigen *Land-R.* haben die Tropfen einen Durchmesser von mindestens 0,5 mm und fallen mit einer Geschwindigkeit von mehr als 3 m/s zu Boden. Beim *Sprüh-R. (Staub-R., Nieseln)* beträgt der Tropfendurchmesser weniger als 0,5 mm; er fällt meist als Nebel oder Hochnebel aus. *R.schauer* bestehen aus großen R.tropfen; sie fallen aus hochreichenden Quellwolken. Beim *Wolkenbruch*, einem kurzen, starken R.schauer, treten Tropfengrößen von über 8 mm auf. Als *Schwefel-R.* und *Blut-R.* werden durch Staub, Pollen (Blütenstaub) und Kleinlebewesen verfärbte Niederschläge bezeichnet. *Eis-R.* besteht aus Eiskörnchen, die entstehen, wenn R.tropfen aus einer warmen Luftschicht in eine kältere fallen und dabei gefrieren. *Unterkühlter R.* besteht aus kleinen Wassertröpfchen, die bei Berührung des Bodens gefrieren (Glatteisbildung)..

Regenanlage (Regneranlage), Feuerlöschanlage mit offenen Sprühdüsen (im Ggs. zu Sprinkleranlagen), die bei Feuerausbruch alle zugleich betätigt werden.

Regenbogen, an schwebenden Wassertröpfchen (Regenwolken, Regenstreifen) in der Atmosphäre auftretende Lichterscheinung in Form eines in den Farben des Spektrums leuchtenden Kreisbogens. R. entstehen durch die

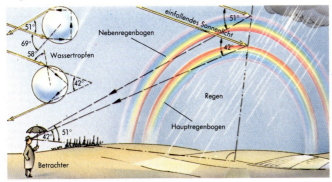

Regenbogen. Entstehung des Haupt- und Nebenregenbogens; oben links Brechung und Reflexion des Lichts in einzelnen Wassertropfen

Regenbogenhaut

Regensburg 1).
Blick über die Donau auf die Steinerne Brücke (1146 vollendet) und das Brückentor (14. Jh.); im Hintergrund die Türme des Doms Sankt Peter

Regensburg 1)
Stadtwappen

Brechung des Sonnenlichts an der Grenzfläche zw. Luft und den in der Luft schwebenden Wassertröpfchen, Reflexion an der Innenfläche der Tropfen und Interferenz der gebrochenen und der reflektierten Lichtstrahlen. Der Regenbogen erscheint für den Betrachter stets auf der der Sonne abgewandten Seite des Himmelsgewölbes. Der Mittelpunkt des Kreises, von dem der Regenbogen ein Teil ist, liegt auf der durch die Sonne und das Auge des Beobachters bestimmten Geraden. Er ist der sogenannte *Gegenpunkt der Sonne* bezüglich dem Beobachterauge. Der *Haupt.-R.* hat einen Abstand von 42° und der *Neben-R.* einen von 51° vom Sonnengegenpunkt. Die Farbenfolge beim Haupt-R. ist von außen nach innen: Rot, Orange, Gelb, Grün, Blau, Indigo, Violett *(Regenbogenfarben),* beim Neben-R. umgekehrt.

Regenbogenhaut (Iris) ↑Auge.

Regenbogenpresse, Bez. (nach der bunten Aufmachung) für den Zeitschriftentyp der unterhaltenden Wochenblätter.

Régence [re'ʒã:s; frz.], Stilphase der frz. Kunst während der Regentschaft Philipps II. (1715–23), Herzog von Orléans, in Frankreich; unprätentiöse Formenwelt, die um Übergänge bemüht war (flache Pilaster, Rundungen, Ineinandergreifen von Decken und Wanddekoration).

Regeneration [lat.], **1)** *allg.:* svw. Wiederauffrischung, Erneuerung.
2) *Medizin:* svw. Heilung.
3) *Biologie:* Ersatz verlorengegangener oder beschädigter Organe oder Organteile; bes. häufig bei Pflanzen.
4) *Technik:* die Aufbereitung verbrauchter Produkte, um die Rohstoffe wiederzugewinnen.

Regenmesser, svw. Niederschlagsmesser (↑Niederschlag).

Regenpfeifer (Charadriidae), nahezu weltweit verbreitete Fam. lerchen- bis taubengroßer Watvögel mit fast 70 Arten an sumpfigen Wiesen, Hochmooren und an sandigen Ufern. Zu den R. gehören u.a.: *Kiebitz,* etwa 32 cm groß, in Eurasien; *Fluß-R.,* etwa 15 cm groß; *Gold-R.,* etwa 28 cm groß; *Mornell-R.,*

Regenzeiten

etwa drosselgroß; *Steinwälzer,* bis 25 cm groß, an Meeresküsten.

Regens [lat.], Vorsteher, Leiter [bes. eines Priesterseminars].

Regensburg, 1) Stadt an der Mündung von Regen und Naab in die Donau, Bayern, 122 300 E. Verwaltungssitz des Reg.-Bez. Oberpfalz und des Landkreises Regensburg; Univ.; Museen; Stadttheater. Metall-Ind., Zementwerk; Hafen. – Neben dem got. Petersdom (1250 ff., 14. und 15. Jh.) mit roman. Eselsturm und Allerheiligenkapelle (um 1150) im Kreuzgarten bed. die roman. ehem. Klosterkirche Sankt Emmeram (z. T. 8., v. a. 12. Jh.) mit barocker Innenausstattung und Grabplastik, die roman. Kirche Sankt Jakob (um 1150 bis 1200) mit dem »Schottenportal« (um 1180), die ehem. karoling. Pfalzkapelle (9., 11. und 12. Jh.) mit Rokokoausstattung, die Donaubrücke (1135–46), das got. Alte Rathaus (14. und 15. Jh.) mit Reichssaal, Patrizierhäuser mit Geschlechtertürmen (13. und 14. Jh.). – Keltensiedlung; im 1. Jh. n. Chr. röm. Kohortenkastell; 179 Vollendung des Legionskastells *Castra Regina;* unter Diokletian Festung; 788 Königspfalz; 1245 Reichsstadt; ab 1663 Tagungsort des Immerwährenden Reichstages; 1804 Vereinigung von Reichsstadt, Hochstift sowie Klöstern und Reichsstiften zum Ft. Regensburg; kam 1810 an Bayern.

2) Bistum, vermutlich schon in der Römerzeit Bischofssitz; von Bonifatius 739 neu organisiert; 1805 Erzbistum, seit 1821 Suffragan von München und Freising.

Regent [lat.], **1)** fürstl. Staatsoberhaupt. **2)** verfassungsmäßiger Vertreter des Monarchen.

Regentschaft, stellvertretende Herrschaftsausübung für einen Monarchen, falls dieser minderjährig, regierungsunfähig oder außer Landes ist.

Regenwald, immergrüner Wald in ganzjährig feuchten Gebieten der Tropen (trop. R.), der Subtropen (subtrop. R.) und der frostfreien Außertropen (temperierter R.). Der *trop. Tiefland-R.* ist sehr artenreich, meist mit drei (selten fünf) Baumstockwerken: das oberste besteht aus 50–60 m hohen Baumriesen, das mittlere aus 30–40 m hohen Bäumen, deren Kronen ein geschlossenes Kronendach bilden, das untere erreicht 15 m Höhe (z. T. Jungwuchs); eine Krautschicht fehlt weitgehend. Der *trop. Gebirgs-R.* in 1 200–2 000 m Höhe ist etwas artenärmer, mit nur zwei Stockwerken und hohem Anteil (über 50 % der Blütenpflanzen) an Sträuchern und Kräutern sowie vielen Epiphyten (v. a. Orchideen). Der *subtrop. R.* ähnelt physiognom. dem trop. Tiefland-R., Baumfarne sind häufiger. Der *temperierte R.* wird nur von wenigen Arten gebildet (Baumfarne als Strauchstockwerk).

Regenwürmer, Bez. für einige Fam. bodenbewohnender, zwittriger Ringelwürmer (Ordnung Wenigborster); Länge der einheim. Arten etwa 2–30 cm; vorwiegend in feuchten Böden, unter Laub oder im Moder. R. graben bis 2 m tiefe Gänge in den Boden. Die Begattung der R. erfolgt wechselseitig. R. ernähren sich von sich zersetzendem organ. Material, wozu sie abgestorbene Blätter in ihre Gänge ziehen; unverdaubare Erde wird in Kottürmchen an der Röhrenmündung abgesetzt. – R. sind als Humusbildner sowie für die Durchmischung, Lockerung und Lüftung des Bodens von großer Bedeutung. In Deutschland kommt neben dem *Mistwurm* (6–13 cm lang, mit purpurfarbener, roter oder brauner Querbinde auf jedem Segment) bes. der bis 30 cm lange *Gemeine R.wurm* (Tauwurm) vor: schmutzig rot, unterseits heller; bevorzugt lehmige Böden.

Regenzeiten, für trop. und subtrop. Gebiete charakterist. Jahreszeiten mit hohen Niederschlägen; in den inneren

Regenpfeifer. Oben: Kiebitz ◆ Unten: Mornellregenpfeifer

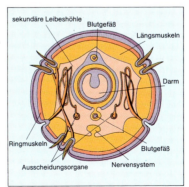

Regenwürmer. Querschnitt eines Regenwurms

Reger

Tropen jährlich zwei R., die gegen die Wendekreise hin zu einer verschmelzen; in Monsungebieten durch den Monsun bestimmt.

Reger, 1) Erik, eigtl. Hermann Dannenberger, *Bendorf 8.9. 1893, † Wien 10.5. 1954, dt. Schriftsteller und Journalist. Ging 1933 in die Schweiz, 1936 wieder nach Deutschland; schrieb krit. Romane über die dt. Großindustrie, u.a. »Union der festen Hand« (1931, dafür 1931 Kleist-Preis; 1933 verboten).
2) Max, *Brand bei Kemnath 19.3. 1873, † Leipzig 11.5. 1916, dt. Komponist. Verband die kontrapunkt. Harmonie J.S. Bachs mit einer chromatisch erweiterten Harmonik; Wegbereiter der Musik des 20. Jh. – *Werke:* Orchesterwerke: u.a. Variationen und Fuge über ein Thema von Hiller op. 100 (1907), Konzert im alten Stil op. 123 (1912), Romant. Suite op. 125 (1912), Vier Tondichtungen nach A. Böcklin op. 128 (1913), Variationen und Fuge über ein Thema von Mozart op. 132 (1914), Violinkonzert op. 101 (1908), Klavierkonzert op. 114 (1910). – Kammermusik, Klaviermusik: u.a. Variationen und Fuge über ein Thema von J.S. Bach op. 81 (1904), von Beethoven op. 86 (1904); Träume am Kamin op. 143 (1915). – Orgelmusik: u.a. Choralfantasien über »Ein' feste Burg ist unser Gott« und »Wie schön leucht't uns der Morgenstern«, Fantasie und Fuge über B-A-C-H op. 46 (1900). Mehr als 250 Klavierlieder.

Regesten [lat.], verkürzte Zusammenfassungen des Rechtsinhalts und Verzeichnisse von Urkunden.

Reggae [engl. 'rεgeɪ], urspr. volkstüml. Musik in Jamaika, seit etwa 1973 Strömung in der Rockmusik. Prägend waren v.a. Rhythm and Blues und Soul; charakteristisch sind die Hervorhebung unbetonter Taktteile sowie Texte mit sozialem Engagement. Bedeutendster Vertreter des R. war Bob Marley.

Reggio di Calabria [italien. 'reddʒo di ka'la:brja], italien. Prov.-Hauptstadt in Kalabrien, an der Straße von Messina, 178 700 E. Archäolog. Museum (Krieger von Riace). Wichtigstes Handelszentrum Kalabriens; Hafen, Eisenbahnfähre nach Messina. Reste der griech. Stadtmauer (5. Jh. v. Chr.) und röm. Thermen; Dom (nach 1908 auf barocken Fundamenten wiederaufgebaut). – Um 720 v. Chr. als griech. Kolonie *(Rhegion)* gegr.; 270 v. Chr. von Rom erobert *(Regium),* seit dem 11. Jh. Erzbischofssitz.

Reggio nell'Emilia [italien. 'reddʒo -], italien. Prov.-Hauptstadt in der Emilia-Romagna, 130 100 E. Bed. Kirchen, u.a. Dom (9., 13. und 14. Jh.) und Paläste (15.–18. Jh.). – Anfang des 2. Jh. v. Chr. von den Römern gegr. *(Regium Lepidi).*

Regie [re'ʒi:; lat.-frz.], die Leitung einer Inszenierung in Schauspiel, Oper, Film, Fernsehen und Hörspiel. Zur Aufgabe eines *Regisseurs* gehören neben der inszenator. Werkrealisierung die Rollenarbeit mit den Schauspielern (Sängern), die Festlegung des Bühnenbildes, der Kostüme und Requisiten (gemeinsam mit dem Bühnenbildner), der Einsatz der Technik, Zusammenarbeit mit Dirigent und Chorleiter im Musiktheater, Szenen-R. und Ensemblespiel über sämtl. Probenstufen bis zur Premiere.

Regierung [lat.], Staatsorgan, das die richtunggebenden und leitenden Funktionen in einem polit. System ausübt.

Regierungsbezirk, staatl., von einem *Regierungspräsidenten* geleiteter Verwaltungsbezirk der Mittelstufe in dt. Bundesländern, bestehend aus Stadt- und Landkreisen.

Regierungsrat, 1) in der *BR Deutschland* Amtsbez. für Verwaltungsbeamte des höheren Dienstes.
2) in den meisten *Schweizer Kantonen* Bez. des i. d. R. auf vier Jahre unmittelbar vom Volk gewählten obersten kollegialen Regierungsorgans.

Regime [re'ʒi:m(ə); lat.-frz.], Herrschaft, [totalitäre] Regierung[sform].

Regiment [lat.], **1)** *allg.:* Herrschaft, Regierung; Leitung.
2) *Militärwesen:* in der Bundeswehr ein Verband, in dem mehrere Bataillone einer Truppengattung unter der Führung eines Obersten zusammengefaßt sind.

Regina [engl. rɪ'dʒaɪnə], Hauptstadt der kanad. Prov. Saskatchewan, am Wascana Creek, 175 100 E. Univ., Museum; u.a. Kfz-Montage, Erdölraffinerien.

Regiomontanus, eigtl. Johannes Müller, *Königsberg i. Bay. 6.6. 1436, † Rom 8.7. 1476, dt. Astronom und Mathematiker. Schuf mit seiner auf

Max Reger

arab. Quellen beruhenden Dreieckslehre den Ausgangspunkt für die moderne Trigonometrie. Die von R. berechneten Ephemeriden ermöglichten die Ortsbestimmung auf See.

Region [lat.], Gegend, Bereich. – In *Deutschland* im Sinne der Raumordnung und Landesplanung Teilraum eines Bundeslandes.

Regionalförderung, von der EU-Kommission zu genehmigende Subventionen für »strukturell rückständige Gebiete«. Die R. soll dazu beitragen, wirtschaftlich schwache Mitgliedsstaaten bzw. Regionen in der EU zu fördern und damit das wirtschaftl. und soziale Gefälle im Rahmen des europ. Binnenmarkts zu kompensieren. Zentrales Instrument der R. ist der seit 1975 existierende *EU-Regionalfond*, der durch einen *Kohäsionsfonds* (gegr. 1993) sowie den Sozial- und Agrarstrukturfonds unterstützt wird. Schwerpunktregionen für die R. sind Griechenland, Irland, Portugal, Spanien sowie die ostdt. Bundesländer; letztere erhalten 1994–99 Fördermittel in Höhe von rd. 27 Mrd. DM.

Regionalismus [lat.], 1) *allg.:* das Bewußtsein der besonderen sprachlichen und kulturellen Eigenarten der Bewohner einer bestimmten Region in Verbindung mit den Bestrebungen, diese Eigenarten zu wahren.
2) *Literatur:* (Regionalliteratur) frz. literar. Bewegung seit der Mitte des 19. Jh., deren Vertreter die Eigenständigkeit der Provinzen betonten und v. a. das Bauerntum hervorhoben. Vertreter des *provenzal. R.* sind v. a. F. Mistral, T. Monnier, J. Giono. Ähnl. Bestrebungen finden sich nach 1870 auch in *Italien* (bes. bei G. Verga und G. Deledda), in *Spanien* in Galicien, im Baskenland und in Katalonien.

Regionalpolitik, staatl. Handeln im Rahmen der Wirtschaftspolitik mit dem Ziel, regionale Unterschiede in der wirtschaftl. Leistungsfähigkeit zu verringern und zur Wahrung der Einheitlichkeit der Lebensverhältnisse beizutragen. In Deutschland ist die R. Gemeinschaftsaufgabe von Bund und Ländern; Rechtsgrundlage bietet v. a. das Ges. über die Gemeinschaftsaufgabe »Verbesserung der regionalen Wirtschaftsstruktur« von 1969. Fördergebiete und -zeitraum sowie Art, Intensi-

Registertonne

tät und Ziele regionaler Förderprogramme werden in einem von Bund und Ländern gemeinsam aufgestellten Rahmenplan festgeschrieben, dessen Durchführung bei den Ländern liegt. Von Bedeutung für die nat. R. ist die ↑Regionalförderung im Rahmen der EU.

Regionalverband, Zusammenschluß von Gem., Landkreisen und weiteren Institutionen aus einer Region mit der Aufgabe, über deren Entwicklung zu beschließen.

Register [lat.], 1) amtl. geführtes Verzeichnis rechtserhebl. Umstände von öffentl. Interesse.
2) alphabet. Zusammenstellung von Personennamen, Ortsnamen, Sachbegriffen bei Sachliteratur, meist als Anhang.
3) *Musik:* die durch Brust- oder Kopfresonanz beim Singen der tieferen bzw. höheren Töne entstehende Färbung der menschl. Singstimme (Kopf-, Brust-, Pfeif-R.); bei Tasteninstrumenten die Gruppen *(Chöre)* von Klangerzeugern gleicher oder ähnl. Klangfarbe und unterschiedl. Tonhöhe. Bei der ↑Orgel wird nach der Klangerzeugung zw. Labial- und Lingual-R. unterschieden.
4) *Datenverarbeitung:* eine Baueinheit, die Daten vorübergehend speichert und mit kurzer Zugriffszeit abzugeben vermag.

registered [engl. 'redʒɪstəd], Abk. reg., in ein Register eingetragen, patentiert, gesetzlich geschützt.

Registertonne, Abk. **RT,** ein in der Handelsschiffahrt gebrauchtes Raummaß zur Bestimmung der Schiffsgröße. 1 RT = 100 Kubikfuß = $2,8316 m^3$. In *Bruttoregistertonnen (BRT)* wird der gesamte seefest abgeschlossene Schiffsraum, in *Nettoregistertonnen (NRT)* der Raum für Ladung und Passagiere angegeben, jeweils unter Berücksichtigung der Rauminnenmaße. Zur Berechnung der seit 1982 gültigen Vermessungszahlen *(Bruttoraumzahl,* Abk. *BRZ,* bzw. *Nettoraumzahl,* Abk. *NRZ)* werden die Schiffsaußenmaße berücksichtigt. Das neue System soll für neue Schiffe (ab 24 m Länge) gelten, die in der Auslandsfahrt eingesetzt sind. Alte Schiffe erhalten eine Übergangsfrist von zwölf Jahren. Kriegsschiffe werden auch weiterhin nach ihrer Wasserverdrängung gemessen.

Registrierkasse

Rehe.
Weibliches Reh
(»Ricke«; Kopf-Rumpf-
Länge 1,0 – 1,4 m)

Registrierkasse, Kasse zur Datenerfassung (im Handel); mit Tastatur, Zählwerk, Druckeinrichtungen (für Kassenbons und Kontrollstreifen), Anzeigevorrichtung. Die *Buchungs-R.* enthält eine Buchungsmaschine. Moderne R. sind (programmierbare) elektron. *Kassen-Terminals* mit automat. Lesevorrichtungen und Anschluß an EDV-Anlagen.
Reglement [reglə'mã:, lat.-frz.], [Dienst-]Vorschrift, Geschäftsordnung.
Regler [lat.], Steuerteil eines Regelungssystems. Nach Ermittlung der Regelabweichung wird im R. ein Signal (Stellgröße) gebildet, das die Regelgröße an die Führungsgröße angleicht.
Régnier, Henri de [frz. re'ɲe], Pseud. Hugues Vignix, *Honfleur bei Le Havre 28. 12. 1864, † Paris 23. 5. 1936, frz. Dichter. Einer der bedeutendsten Vertreter des frz. Symbolismus.
Regnitz ↑Rednitz.
Regnum [lat.], Regierung[szeit], Herrschaft; Reich; auch svw. Tierreich.
Regreß [lat.] (Rückgriff), Inanspruchnahme eines Dritten durch einen Schadenersatzpflichtigen, wenn dieser geleistet hat.
regressiv [lat.], rückschrittlich, rückläufig.
Regula falsi [lat. »Regel des Falschen«], Methode zur näherungsweisen Berechnung der Nullstelle einer Funktion $f(x)$. Sind x_1 und x_2 zwei Näherungswerte für die Nullstelle und gilt $f(x_1) \cdot f(x_2) < 0$, so ist

$$x_3 = x_1 - \frac{x_2 - x_1}{f(x_2) - f(x_1)} f(x_1)$$

ein verbesserter Wert.

Regulation [lat.], in der *Biologie* die Fähigkeit eines Organismus, sein Fließgleichgewicht auch gegen Störungen von außen aufrechtzuerhalten. Die R. eines Organismus umfaßt mehrere Regelkreise, z. B. die des Blutdrucks, des Wärmehaushalts und des Hormonhaushalts.
Regulator [lat.], Pendeluhr mit verstellbarem Pendelgewicht.
Regulus [lat.], Name für den hellsten Stern (α) im Sternbild Leo (Löwe).
Rehabilitation (Rehabilitierung) [lat.], **1)** *Strafrecht:* die Wiederherstellung des sozialen Ansehens einer Person, die Wiedereinsetzung einer Person in frühere [Ehren]rechte.
2) *Sozialmedizin und -hilfe:* (Wiedereingliederung) Bez. für alle Maßnahmen (des [Sozial]staates oder privater Institutionen), mit denen Menschen, die infolge abweichenden Verhaltens oder von Krankheit aus dem gesellschaftl. Leben abgesondert wurden (z. B. Straffällige, Unfallgeschädigte, Kranke, körperlich oder geistig Behinderte, Drogenabhängige), zur sinnvollen Teilnahme am gesellschaftl. Leben befähigt werden.
Rehburg-Loccum, Stadt westl. des Steinhuder Meeres, Ndsachs., 9 700 E. Ev. Akademie Loccum mit Pastoralkolleg und katechet. Amt in der ehem. Zisterzienserabtei, ab 1592 luth., seitdem ev. Kloster. Spätroman.-frühgot. Klosterkirche (1240–80), Klostergebäude (im 19. Jh. verändert).
Rehe, Gatt. der Trughirsche mit der einzigen Art *Reh* in Europa und Asien; etwa 100–140 cm körperlange, 60–90 cm schulterhohe Tiere; ♂♂ mit bis dreiendigem Geweih; Brunst der heim. R. im Hochsommer; Tragzeit (wegen Keimruhe des Embryos) bis neun Monate; meist zwei Jungtiere. – R. sind nacht- und tagaktive, oft wenig scheue Tiere. Sie leben in kleinen Gruppen (»Sprüngen«), zeitweise auch einzeln, im Winter in größeren Rudeln. In der Jägersprache heißt das ♂ *Rehbock,* das ♀ *Ricke* oder *Geiß,* das Junge *Kitz.*
Rehfisch, Hans José, Pseud. Georg Turner, René Kestner, *Berlin 10. 4. 1891, † Schuls 9. 6. 1960, dt. Dramatiker. Ab 1936 in der Emigration (Wien, London, USA), ab 1950 wieder in der BR Deutschland; schrieb u. a. »Wer weint um Juckenack« (Dr., 1924) und »Die Af-

färe Dreyfus« (Dr., 1929; mit Wilhelm Herzog [*1884, † 1960]).

Reibelaut (Frikativ[um], Konstriktiv; Spirans, Spirant), Laut, bei dessen Artikulation an den Lippen, im Mundraum, im Rachen oder an der Stimmritze eine Enge gebildet wird, an der die vorbeiströmende Luft ein Reibungsgeräusch erzeugt, z. B. [f, s, ç, h].

Reibräder (Friktionsräder), Räder mit glatten Oberflächen, die (im Ggs. zu Zahnrädern) ihre Drehbewegung bzw. ihr Drehmoment nur durch Reibung übertragen.

Reibtrommel (Brummtopf, Rummelpott), primitives Geräuschinstrument aus einem Hohlgefäß, das oben mit einer Membran verschlossen ist; diese ist mit einem Stäbchen durchbohrt, das mit nassen Fingern gestrichen wird.

Reibung (Reib[ungs]kraft), Widerstand, der in der Berührungsfläche zweier aufliegender Körper (äußere R.) oder einzelner Teile eines Körpers (innere R.) bei ihrem relativen Bewegen gegeneinander auftritt. Bei der auf Molekularkräften beruhenden *inneren* R. bewegen sich die Moleküle einer Substanz gegeneinander, v. a. in Flüssigkeiten und Gasen. Bei der v. a. aus Adhäsionskräften und Unebenheiten der Oberflächen resultierenden *äußeren* R. ist der R.widerstand gemäß dem *Coulombschen R.gesetz* nur von der Normalkraft, mit der die sich berührenden Flächen aufeinanderdrücken, und dem *R.koeffizienten (Reib[ungs]zahl)* abhängig. Der R.koeffizient ist abhängig vom Werkstoff, vom Oberflächenzustand (Rauhigkeit, Schmierung) und von der Gleitgeschwindigkeit der aufeinander reibenden Körper; die *Haft-R.* oder *Ruhe-R.* ist dabei größer als die sog. *Gleitreibung*. Die beim Rollen auftretende R. wird als *Rollreibung* bezeichnet; sie ist bei sonst gleichen Verhältnissen sehr viel kleiner als die Gleitreibung. Bei R.vorgängen wird stets mechan. Energie in Wärme *(R.wärme)* umgesetzt.

Reibungselektrizität, Bez. für die beim gegenseitigen Reiben auftretende entgegengesetzte elektr. Aufladung zweier verschiedener Isolatoren.

Reich, 1) Jens, *Göttingen 26. 3. 1939, dt. Wissenschaftler und Publizist. 1989 in der DDR Mitbegründer der Bürgerbewegung Neues Forum; seit 1990 am Zentralinstitut für Molekularbiologie in Berlin; 1994 von linksliberalen Gruppen als Kandidat für das Amt des Bundespräsidenten vorgeschlagen.
2) Steve [engl. raɪk], *New York 3. 10. 1936, amerikan. Komponist. Komponiert sog. Minimal music, die auf der Grundlage unaufhörl. Wiederholung bei minimaler Variation einfachster Klänge und Rhythmen arbeitet.
3) Wilhelm, *Dobrzcynica (Galizien) 24. 3. 1897, † Lewisburg (Pa.) 3. 11. 1957, österr. Psychoanalytiker. Arzt in Wien und Berlin, 1939 Prof. für medizin. Psychologie an der New Yorker New School for Social Research. R. wurde v. a. bekannt durch den Versuch, die Theorien von S. Freud und K. Marx miteinander zu verbinden. In der theoret. Verbindung von Psychoanalyse und Sozialismus propagierte er die Aufhebung der (insbes. sexuellen) Unterdrückung des Menschen. – *Werke:* Die Funktion des Orgasmus (1927), Charakteranalyse (1933), Die sexuelle Revolution (1945).

Reich (Regnum, Imperium), **1)** Herrschaftsbereich, i. d. R. mit der Tendenz zu Vorherrschaft und Gebietsausdehnung.
2) oberste systemat. Kategorie der Lebewesen: *Pflanzenreich* und *Tierreich*.

Reichardt, Johann Friedrich, *Königsberg 25. 11. 1752, † Giebichenstein (heute zu Halle/Saale) 27. 6. 1814, dt. Komponist und Musikschriftsteller. Bedeutung erlangte er v. a. mit etwa 1 000 Solo- und Chorliedern (meist nach Goethe und Schiller), mit Sing- bzw. Liederspielen; daneben Opern, Orchesterwerke und Kammermusik; schrieb u. a. »Briefe eines aufmerksamen Reisenden, die Musik betreffend« (1774 bis 1776; Nachdr. 1977).

Reichenau, Insel im Bodensee, Bad.-Württ., 4 km², 4 900 E. Frühroman. Stiftskirche Sankt Georg in Oberzell (9.–11. Jh.; Wandmalereien um 1 000), Münster in Mittelzell (988–1048); Stiftskirche Sankt Peter und Paul in Niederzell (11./12. Jh.). – Das 724 gegr. Benediktinerkloster R. wurde im 8. Jh. zur ersten Kulturstätte des Fränk. Reiches (berühmte Bibliothek und Schule); 1535 dem Bistum Konstanz einverleibt; 1757 aufgelöst; 1803 säkularisiert. – Abb. S. 2818.

Hans José Rehfisch

Reichenbach/Vogtl.

Reichenau. Münster in Mittelzell; im wesentlichen 9.–11. Jh.

Hans Reichle. Kopf des Luzifer vom Zeughaus in Augsburg (1603–06)

Marcel Reich-Ranicki

Reichenbach/Vogtl., Kreisstadt am N-Rand des Vogtlandes, Sa., 24 600 E. Barocke Pfarrkirche (Silbermann-Orgel).

Reichenberg (tschech. Liberec), Stadt an der Lausitzer Neiße, Tschech. Rep., 101 000 E. Hochschule für Maschinenbau und Textil-Ind.; Freilichttheater, Nordböhm. Museum; botan. Garten, Zoo. U. a. Textil-Ind., Fahrzeugbau. Barocke Heilig-Kreuz-Kirche (17. Jh.); Renaissanceschloß (16./17. Jh.); Rathaus im fläm. Renaissancestil (19. Jh.).

Reich Gottes, Vorstellung der jüd. und christl. Eschatologie von der endzeitl., universalen Herrschaft Gottes.

Reichle, Hans, * Schongau um 1570, † Brixen 1642, deutscher Bildhauer. Gab wichtige Anstöße durch Übermittlung des florentinischen Manierismus (Giovanni da Bologna), u. a. Michaelsgruppe am Augsburger Zeughaus (1603–06).

Reich-Ranicki, Marcel [- ra'nɪtski], * Włocławek 2. 6. 1920, dt. Literaturkritiker poln. Herkunft. Lebte ab 1929 in Berlin, 1938 nach Polen, 1940 nach Warschau deportiert (1943 Flucht); 1958 Übersiedelung in die BR Deutschland; 1973–88 Leiter der Literaturredaktion der »Frankfurter Allg. Zeitung«; schrieb u. a. »Dt. Literatur in Ost und West« (1963, erweitert 1983), »Lauter Verrisse« (1970, erweitert 1984), »Thomas Mann und die Seinen« (1987); gibt seit 1976 die »Frankfurter Anthologie« (mit jeweils 60 Gedichten und Interpretationen) heraus; moderiert seit 1988 Fernsehrezensionen (»Literarisches Quartett«).

Reichsabschied ↑Abschied.

Reichsacht, im dt. MA vom dt. König verhängte und verkündete, für das ganze Hl. Röm. Reich geltende ↑Acht.

Reichsadel, der reichsunmittelbare Adel.

Reichsadler ↑Adler.

Reichsämter, oberste, von Staatssekretären geleitete Verwaltungsbehörden des Dt. Reichs 1871–1918, Vorläufer der Reichsministerien der Weimarer Republik.

Reichsannalen (Fränk. R., lat. Annales regni Francorum), Hauptwerk der karoling. Annalistik, von 741 bis 829 geführt.

Reichsanwaltschaft ↑Reichsgericht.

Reichsapfel ↑Reichsinsignien.

Reichsarbeitsdienst ↑Arbeitsdienst.

Reichsarchiv, 1919 gegr. zentrales Archiv des Dt. Reiches in Potsdam für die Archivalien der Reichsbehörden sowie (bis 1936/37) für die des Heeres; erlitt im 2. Weltkrieg erhebl. Verluste; Restbestände im Bundesarchiv (Koblenz) und im Zentralen Staatsarchiv (Potsdam); 1991 Beschluß zur Zusammenfassung des Aktenmaterials unter dem institutionellen Dach des Bundesarchivs.

Reichskammergericht

Reichsarmee, von Fall zu Fall aufgebotenes Heer des Hl. Röm. Reiches.
Reichsbahn ↑Deutsche Bahn AG.
Reichsbank (Deutsche R.), 1876–1945 Zentralnotenbank des Dt. Reiches.
Reichsbanner Schwarz-Rot-Gold (Kurzname Reichsbanner), 1924–33 polit. Kampfverband zur Verteidigung der Weimarer Republik; Mitbegründer der ↑Eisernen Front 1931.
Reichsbehörden, Bez. für die Behörden, die die Geschäfte des Dt. Reiches 1871–1945 führten.
Reichsbischof, im Nat.-Soz. leitender Amtsträger der »Reichskirche luth. Prägung«.
Reichsbruderrat ↑Bekennende Kirche.
Reichsdeputationshauptschluß, Beschluß der letzten außerordentl. Reichsdeputation vom 25. 2. 1803 über die Entschädigung der durch die Abtretung des linken Rheinufers an Frankreich betroffenen weltl. Fürsten. 112 Reichsstände verschwanden, darunter fast alle geistl. Ft. (↑Säkularisation) und Reichsstädte. Preußen, Bayern, Baden und Württemberg erfuhren starke Gebietsvergrößerungen.
Reichserbämter (Erbämter), die seit dem 13. Jh. erbl. Hofämter im Hl. Röm. Reich *(Erbmarschall, Erbschenk, Erbkämmerer* oder *Erbschatzmeister, Erbtruchseß* oder *Erbseneschall),* deren Inhaber anstelle der Inhaber der ↑Erzämter den tatsächl. Dienst am Hofe versahen.
Reichsexekution, 1) im Hl. Röm. Reich die Durchführung von Urteilen des Reichskammergerichts.
2) nach der Reichsverfassung von 1871 Bez. für Zwangsmaßnahmen gegen Bundes-Mgl., die ihre Bundespflichten verletzten.
Reichsfürst, seit fränk. Zeit Angehöriger der Spitzengruppe des Adels. Nach 1180 Aufstieg in einen *Reichsfürstenstand.*
Reichsfürstenrat (Fürstenrat, Fürstenbank), in Auseinandersetzung mit dem Kurfürstenkollegium im 15. Jh. entstandene Kurie des Reichstags, in der sich Reichsfürsten, Reichsgrafen, die reichsständ. Herren und die nicht gefürsteten Prälaten zusammenschlossen. Der R. handelte die Reichsabschiede mit dem Kurfürstenkollegium aus.
Reichsgaue, reichsunmittelbare Verwaltungsbezirke in den ab 1938 dem Dt. Reich angeschlossenen Gebieten.

Reichsgericht, Bez. für das 1879 in Leipzig geschaffene Gericht, das als Revisionsinstanz in Straf- und Zivilsachen zur Gewährleistung der Einheitlichkeit der Rechtsprechung im gesamten Dt. Reich, außerdem als Erst- und Letztinstanz für Hoch- und Landesverrat und ähnl. Delikte fungierte. Anklagebehörde war die *Reichsanwaltschaft.* An der Spitze stand der R.-Präs., der im Falle einer Verhinderung den Reichs-Präs. zu vertreten hatte. 1934 wurde die Zuständigkeit für Hoch- und Landesverrat und ähnl. Delikte auf den ↑Volksgerichtshof übertragen.
Reichsgut, im Hl. Röm. Reich Grundbesitz des Reiches, der dem König zum Unterhalt des Hofes und für seine Regierungstätigkeit zur Verfügung stand.
Reichshofrat, 1498/1527 als Gegengewicht zum Reichskammergericht errichtetes oberstes kaiserl. Gericht für die habsburg. Erblande und das Hl. Röm. Reich.
Reichsinsignien, Herrschaftszeichen der mittelalterl. dt. Könige und der Röm. Kaiser: Krone, Reichsapfel (den Erdkreis symbolisierend), Zepter, Schwert und die durch Heinrich I. erworbene Hl. Lanze (diese wurde nicht bei der Krönung überreicht); ferner die ↑Reichskleinodien.
Reichskammergericht, 1495 von den Reichsständen unter Führung des Mainzer Kurfürsten Berthold von Henneberg durchgesetztes oberstes Gericht

Reichsinsignien. Reichsapfel; 21 cm hoch, staufisch (Wien, Hofburg, Weltliche Schatzkammer)

Reichsinsignien. Kaiserkrone des Heiligen Römischen Reiches (10. Jh.; Wien, zur Zeit Kunsthistorisches Museum)

Reichskanzlei

des Hl. Röm. Reiches unter Leitung eines vom Kaiser ernannten Kammerrichters. Die erste Entscheidung hatte der Reichstag. Zuständig u. a. für Landfriedensbruch, Mißachtung der Reichsacht, Zivilklagen gegen Reichsunmittelbare; oberste Berufungsinstanz für alle Gerichte aus den Territorien ohne Appellationsprivileg. Das R. hatte seinen Sitz urspr. in Frankfurt am Main, nach mehrfachem Wechsel 1527–1689 in Speyer, 1693–1806 in Wetzlar.

Reichskanzlei, Reichsbehörde, 1878/1879 aus dem Reichskanzleramt des Dt. Reiches entstanden; bestand bis 1945.

Reichskanzler, 1) im Hl. Röm. Reich der Erzbischof von Mainz als Erzkanzler.
2) im Dt. Reich 1871–1918 höchster, vom Kaiser ernannter Reichsbeamter, der durch Gegenzeichnung der kaiserl. Regierungsakte verantwortl. Allein-Min. des Reiches.
3) in der Weimarer Republik der dem Reichstag gegenüber verantwortl. Leiter der Reichsregierung, der durch den Reichspräsidenten ernannt und entlassen wurde. Mit der Ernennung Hitlers zum R. ging das sog. Präsidialsystem in die Diktatur über.

Reichskirchensystem (otton.-sal. R.), die Gesamtheit der reichsunmittelbaren kirchl. Anstalten *(Reichskirche)* und ihre Stellung im Hl. Röm. Reich. Ottonen und Salier bauten die Reichskirche zu einem Gegengewicht gegen die Hzg. aus. Der König übte die Kirchenhoheit aus (entscheidende Mitsprache bei Bischofswahl und Investitur).

Reichskleinodien, die ↑Reichsinsignien i. w. S.: Krönungsornat, Handschuhe und Reliquien; Aufbewahrungsort der R. waren Trifels, Prag (Karlstein), seit 1805 Wien.

Reichskommissar, im Dt. Reich 1871–1945 Beauftragter der Reichsregierung (in der Weimarer Republik auch des Reichs-Präs.) für die Erfüllung von bes. Verwaltungsaufgaben, die z. T. ausgeprägt polit. Charakter hatten.

Reichskonkordat, das Konkordat zw. dem Hl. Stuhl und dem Dt. Reich, am 20. 7. 1933 im Vatikanstadt unterzeichnet, am 10. 9. 1933 ratifiziert und in Kraft getreten. Das R. sollte die Rechte der kath. Kirche absichern; es verschaffte dem Hitlerregime einen Prestigegewinn und drängte den dt. Katholizismus gegenüber dem Totalitätsanspruch des Nat.-Soz. in die Defensive.

Reichskreise, die 1512 unter Kaiser Maximilian I. geschaffenen zehn Reichsbezirke. Aufgaben u. a.: Wahrung des Landfriedens und Ausführung der Urteile des Reichskammergerichts, Aufbringung von Reichssteuern, Aufstellung der *Kreistruppen.*

Reichskristallnacht ↑Reichspogromnacht.

Reichskulturkammer, 1933–45 die Zwangsorganisation der »Kulturschaffenden«; überwacht vom Reichspropagandaminister (J. Goebbels), der zugleich Präs. der R. war.

Reichsland, 1) bis 1806 jedes zum Hl. Röm. Reich gehörende Gebiet.
2) 1871–1918 Bez. für das R. Elsaß-Lothringen.

Reichsmarine, die Kriegsmarine der Reichswehr.

Reichsmark, Abk. **RM,** die Währungseinheit Deutschlands (1924–48), eingeteilt in 100 Reichspfennige.

Reichsministerialen ↑Ministerialen.

Reichsministerien, 1) Bez. für die von der Frankfurter Nationalversammlung 1848/49 eingesetzten kurzlebigen Ministerien und für die Fachministerien als oberste Reichsbehörden 1919–45.
2) Bez. für die Ministerien in Österreich-Ungarn nach dem Ausgleich (1867) bis 1918, die ein für beide Reichshälften gemeinsames Ressort verwalteten: Äußeres, Krieg, Finanzen.

Reichspogromnacht (Kristallnacht, Reichskristallnacht), auf Initiative von J. Goebbels zurückgehender und von Angehörigen der NSDAP und der SA veranstalteter Pogrom in der Nacht vom 9. zum 10. 11. 1938, in dessen Verlauf 91 Juden ermordet und fast alle Synagogen sowie mehr als 7000 in jüd. Besitz befindl. Geschäfte im Gebiet des Dt. Reichs zerstört oder schwer beschädigt wurden. Anlaß war das Attentat auf den Sekretär der dt. Botschaft in Paris, Ernst Eduard vom Rath (*1909, †1938), durch Herschel Grynszpan (*1911, †[verschollen] 1942) am 7. 11. 1938. Die nat.-soz. Führung nahm dies zum Anlaß, mit massiver Gewalt, zeitweiliger Einweisung von rd. 30000 Juden in Konzentrationslager und Auferlegung

einer Sondersteuer in Höhe von 1 Mrd. Reichsmark, ihre jüd. Mitbürger zur Emigration zu zwingen.
Reichspräsident, das Staatsoberhaupt des Dt. Reichs 1919–34. Der vom Volk direkt für sieben Jahre gewählte R. war neben dem Reichstag ein zweites demokratisch legitimiertes Staatsorgan mit dem Recht zur Auflösung des Reichstags, zur Ernennung und Entlassung des Reichskanzlers und zur Verhängung des Ausnahmezustands sowie mit dem Oberbefehl über die Reichswehr. Zum ersten R. wählte die Weimarer Nationalversammlung F. Ebert (1919–25). Unter P. von Hindenburg (1925–34) diente dem Machtfülle des R. 1930 bis 1932/33 der Errichtung der autoritären Präsidialkabinette und der nat.-soz. Machtergreifung. 1934 vereinigte A. Hitler die Ämter des R. und des Reichskanzlers auf sich und nannte sich *Führer und Reichskanzler.*
Reichsrat, im *Dt. Reich* 1919 geschaffene Vertretung der Länder bei der Gesetzgebung und Verwaltung des Reiches mit lediglich suspensivem Veto gegenüber vom Reichstag beschlossenen Gesetzen. Im Zuge der Gleichschaltungspolitik Hitlers wurde der R. 1934 beseitigt. – In *Österreich* bzw. *Österreich-Ungarn* 1860–65 konstitutionelles Vertretungsorgan mit Herren- und Abg.-Haus; 1867–1918 nur für Zisleithanien.
Reichsreform, 1) im *Hl. Röm. Reich* zunächst auf den Reichstagen von 1434–38 unternommene Bemühungen um ein Mitregierungsrecht der Reichsstände in Reichsangelegenheiten *(Reichsregiment)*. Kaiser Maximilian I. machte auf den Reichstagen von Worms (1495), Augsburg (1500) und Köln (1512) folgende Zugeständnisse: u. a. Verkündigung eines Ewigen Landfriedens, Schaffung des Reichskammergerichtes und der Reichskreise. Im ganzen scheiterte die zunächst mit der Wahlkapitulation Karls V. fortgesetzte Reichsreform.
2) die territoriale Reorganisation des *Dt. Reiches* nach 1919 sowie die Neuordnung des Verhältnisses zw. Reich und Ländern.
Reichsritterschaft, der niedere Adel in Schwaben, Franken und am Rhein, der sich den Territorien entziehen, eine reichsunmittelbare Stellung erreichen bzw. behaupten konnte und sich im 14./15. Jh. zu Ritterbünden zusammengeschlossen hatte. 1803/06 wurde die R. mediatisiert.

Reichssicherheitshauptamt, Abk. **RSHA,** 1939 in Deutschland geschaffene Behörde, Zusammenfassung der Sicherheitspolizei und des Sicherheitsdienstes des Reichsführers SS; ab Mitte 1941 auch für die techn. Durchführung der Massenmorde an Juden zuständig.

Reichsstädte, im MA reichsunmittelbare, dem König unterstehende und ihm zu Diensten und Abgaben verpflichtete Städte. Von diesen R. sind zu unterscheiden die von verschiedenen Reichspflichten befreiten Freistädte *(freie Städte);* freie und R. wurden später vielfach als »freie R.« bezeichnet. Kennzeichen der R. war die Reichsstandschaft. 1803–10 wurden alle R. mediatisiert.

Reichsstände, im Hl. Röm. Reich die Reichsfürsten, Reichsgrafen, Reichsprälaten und Reichsstädte, die im Reichstag vertreten waren.

Reichsstatthalter, 1933 geschaffenes Amt. Die für die dt. Länder ernannten Gauleiter der NSDAP bildeten als ständige Vertreter des Reichskanzlers in ihrem Amtsbezirk Aufsichtsorgane über die Landesregierungen.

Reichstadt, Napoléon Hzg. von (ab 1818; als Kaiser der Franzosen Napoleon II.), eigtl. Napoléon François Bonaparte, *Paris 20. 3. 1811, † Schloß Schönbrunn in Wien 22. 7. 1832. Einziger Sohn Napoleons I. aus dessen Ehe mit Marie Louise.

Reichstag, 1) im Hl. Röm. Reich die Vertretung der dt. Reichsstände gegenüber dem Kaiser (lat. Comitia imperii, Curia imperialis); entstand aus den Hoftagen, wurde im Zusammenhang mit den Bemühungen um die Reichsreform zur festen Institution; gliederte sich ab 1489 in: Kurfürstenkollegium, Reichsfürstenrat (mit Grafenbänken bzw. Grafenkurien), Reichsstädtekollegium; hatte seit dem Spät-MA gewohnheitsrechtl. Kompetenzen betreffend Rechtspflege, Abschluß von Verträgen, Erhebung von Steuern, Veränderung der Reichsverfassung, Entscheidungen über Krieg und Frieden. Ab 1663 tagte der R. als Gesandtenkongreß permanent (»Immerwährender R.«), i. d. R. in Regensburg; löste sich 1806 auf.

Reichstagsbrand

Reichstagsbrand in Berlin am 27. Februar 1933

beherrschten Einparteienparlament, das A. Hitler als Akklamations- und Demonstrationsorgan diente (letzte Sitzung: 26. 4. 1942).
Reichstagsbrand, Brand des Reichstagsgebäudes in Berlin am 27. 2. 1933. Die nat.-soz. These eines Komplotts der KPD wurde mit dem Freispruch G. M. Dimitrows und E. Torglers im R.prozeß durch das Reichsgericht Leipzig (Dez. 1933) praktisch widerlegt. Brandstiftung durch die SA mit Wissen Görings ist nicht bewiesen. Die Alleintäterschaft des zum Tode verurteilten Niederländers Marinus van der Lubbe gilt heute – angesichts der Quellenlage – als weitgehend gesichert. Anlaß für die Notverordnung des Reichs-Präs. vom 28. 2. 1933 (Aufhebung der wichtigsten Grundrechte).
Reichstein, Tadeusz, * Włocławek 20. 7. 1897, schweizer. Chemiker poln. Herkunft. Entdeckte unabhängig von E. C. Kendall und P. S. Hench die therapeut. Wirksamkeit des Kortisons und erhielt mit diesen 1950 den Nobelpreis für Physiologie oder Medizin.
Reichsunmittelbarkeit, im Hl. Röm. Reich allen natürl. und jurist. Personen zukommend, die nicht der Landeshoheit eines Fürsten (Landesherrn), sondern nur dem König unterstanden (z. B. Reichsstände, Reichsritterschaft).
Reichsverfassung, 1) im Hl. Röm. Reich die staatsrechtl. Ordnung des Reichs, die in den Reichsgrundgesetzen niedergelegt war.
2) die von der ↑Frankfurter Nationalversammlung ausgearbeitete R. vom 28. 3. 1849, die zwar nicht in Kraft trat, aber wesentlich auf die Verfassung von 1871 eingewirkt hat.
3) im Dt. Reich (1871–1918) die R. vom 16. 4. 1871, die in vielen Teilen mit der Verfassung Norddeutschen Bundes übereinstimmte.
4) die Verfassung der Weimarer Rep. (Weimarer R.), die am 11. 8. 1919 von der Nationalversammlung verabschiedet wurde und am 14. 8. 1919 in Kraft trat. Reichsoberhaupt war der ↑Reichspräsident, die ausführende Gewalt stand der Reichsregierung, die gesetzgebende Gewalt dem ↑Reichstag zu. Der ↑Reichsrat stand an Bedeutung weit hinter dem früheren Bundesrat zurück. In der Weimarer R. wurden detailliert

2) im Dt. Reich (1871–1918) die Vertretung des Volkes (schon im Norddt. Bund so genannt); verkörperte neben dem Kaiser die Einheit des Reichs. Gemeinsam mit dem Bundesrat übte der R. die Rechsgesetzgebung aus und besaß die Mitentscheidung über das jährl. Haushaltsgesetz; der Reichskanzler hatte sich dem R. zu verantworten. Der R. ging aus allg., gleichen und unmittelbaren Wahlen mit geheimer Abstimmung hervor und zählte (seit 1874) 397 in Einerwahlkreisen gewählte Mitglieder. Die Wahlperiode betrug drei, seit 1888 fünf Jahre.
3) im Dt. Reich (1919–33) als Vertretung des souveränen Volkes oberster Träger der Reichsgewalt; wurde in allg., gleicher, geheimer, unmittelbarer Wahl nach dem Verhältniswahlsystem gewählt (1 Abg. auf 60000 Stimmen). Er beschloß die Reichsgesetze und war u. a. zuständig für den Haushaltsplan; er konnte durch den Reichs-Präs. aufgelöst werden. Reichskanzler und Reichsminister mußten zurücktreten, wenn ihnen der R. durch Beschluß das Vertrauen entzog. Mit der Zustimmung zum ↑Ermächtigungsgesetz gab der R. den Weg zur Errichtung einer Diktatur frei. Er wurde zum von der NSDAP

Grundrechte festgelegt, die jedoch nicht direkt, sondern als Auftrag an den Gesetzgeber galten. Das nat.-soz. Regime hob die Weimarer R. zwar nicht formell, aber doch praktisch in wesentl. Teilen auf, bes. die rechtsstaatl. Garantien.

Reichsversicherungsordnung, Abk. RVO, grundlegendes dt. Sozialversicherungsgesetz vom 19.7.1911. Nach zahlr. Änderungen gilt sie seit dem 1.1.1976 als ein bes. Teil des Sozialgesetzbuchs.

Reichsverweser, 1) (Reichsvikar) im Hl. Röm. Reich die Stellvertretung des Röm. Königs bei Thronvakanz bzw. während seiner Abwesenheit.
2) der von der Frankfurter Nationalversammlung 1848 bis zur vorgesehenen Kaiserwahl bestellte Inhaber der Zentralgewalt.

Reichswehr, amtl. Bez. für die Streitkräfte des Deutschen Reichs 1921–35 (1918–21: Vorläufige R.). Den Oberbefehl über die R. hatte der Reichs-Präs., die Befehlsgewalt übte der R.-Min. aus. Die durch den Versailler Vertrag nach Art und Umfang begrenzte Bewaffnung (115 500 Mann einschließlich Marine) und Ausrüstung versuchte die R.führung durch geheime Aufrüstung *(Schwarze R.)* zu verbessern.

Reichtum, wirtschaftl. Situation einer Person oder Gruppe, in der die Summe verfügbarer Güter und Werte den zur Befriedigung ihrer Bedürfnisse notwendigen Bedarf wesentlich übersteigt.

Reichwein, Adolf, *Bad Ems 3.10.1898, † Berlin-Plötzensee 20.10.1944 (hingerichtet), dt. Pädagoge und Kulturpolitiker (SPD). Prof. in Halle/Saale 1930–33; danach Volksschullehrer; als Mgl. des Kreisauer Kreises 1944 verhaftet und zum Tode verurteilt.

Reichweite, 1) *Luftfahrt:* bei Luftfahrzeugen die Strecke, die ohne Nachtanken zurückgelegt werden kann.
2) *Nachrichtentechnik:* die Entfernung, bei der noch ein ausreichend gutes Empfangssignal vorhanden ist.
3) *Physik:* Wegstrecke geladener Teilchen in Materie bis zur völligen Abbremsung infolge Ionisation. So haben z. B. Elektronen bei kinet. Energie von 1 MeV in Aluminium eine R. von 1,5 mm, Protonen von 0,013 mm. Für Gammastrahlung und Neutronen, deren Intensität exponentiell mit der durchquerten Schichtdicke abnimmt, kann keine R. bestimmt werden; häufig wird in diesen Fällen die Distanz angegeben, über die die Intensität um die Hälfte abnimmt (Halbwertsdicke).

Reif, Eisablagerung in Form von schuppen-, feder- oder nadelförmigen Eiskristallen; entsteht durch Kondensation von Wasserdampf – ähnlich wie Tau – bei Temperaturen unter 0 °C.

Reifen, die Felge umgebender Teil eines Fahrzeugrades, zum Schutz gegen Abnutzung (z. B. Stahl-R. von Eisenbahnrädern) bzw. zur Verringerung von Erschütterungen (Vollgummi-R., Luftreifen). Der herkömml. *Luft-R.* (Pneu) besitzt einen Schlauch aus Gummi, der durch ein Ventil mit Luft gefüllt wird und von dem eigentl. R. *(Decke)* umgeben ist. Sein Unterbau, die *Karkasse,* besteht aus mehreren Kordlagen, die im R.wulst um einen Stahlseilkern geschlungen sind; der Wulst wird vom Luftdruck des Schlauchs gegen die Felge gedrückt. Der Unterbau trägt die mit Profilen versehene *Lauffläche (Protektor)* aus Natur- und Synthesekautschuk. Feine Profile mit scharfen Lamellen sind für glatte Straßen günstiger, da sie Wasser- oder Schmutzschichten besser durchstoßen und so die Rutschsicherheit erhöhen. Grobstollige Profile sind besser für Matsch und Schnee geeignet *(M- und S-Reifen).* Bei *Haftreifen* ist die Lauffläche aus bes. griffigem Gummi. Nach der Art des R.unterbaus unterscheidet man *Diagonal-* und *Radial-R.;* bei der Karkasse des *Diagonal-R.* sind gummierte Kordgewebelagen so übereinandergelegt, daß die Kordfäden sich kreuzen, bei *Radial-R. (Gürtel-R.)* verlaufen dagegen die Fäden unter einem Winkel von 90° zur Fahrtrichtung. Zwischen diesem Unterbau und der Lauffläche liegt in Form eines fast undehnbaren Gürtels ein Festigkeitsträger aus Textilgewebe *(Textilgürtel-R.),* aus Stahlgewebe *(Stahlgürtel-R.)* oder aus Kunststoffgewebe, der die Lauffläche stabilisiert. Bei *schlauchlosen R.* befindet sich an der Innenseite eine luftdichte Gummischicht, die sog. Innenseele. Die *Kennzeichnung der R.* gibt die wichtigsten Eigenschaften und Abmessungen an. So kennzeichnet z. B. bei der in die Seitenfläche eingeprägten Angabe

Reifeprüfung

5.60–15 4PR die Angabe 5.60 die Breite des R. (in Zoll); der Strich steht für die R.grenzgeschwindigkeit (hier 150 km/h); 15 ist der Durchmesser der Felge (R.größe in Zoll); 4 PR *(Plyrating-Zahl)* kennzeichnet die Karkassenfestigkeit und damit die Tragfähigkeit des Reifens. Die Größen-Bez. erfolgt auch in mm (Millimeter-R.), bes. bei Radial-R., oder gemischt in mm und Zoll; z. B.: 155 SR 15 oder 155–380, wobei 155 R.breite in mm, S die Geschwindigkeitsgrenze (hier 180 km/h), der Zusatz R (»Radial«) die Gürtelbauweise und 15 bzw. 380 der Felgendurchmesser bedeuten.

Reifeprüfung, Bez. für ↑Abitur.

Reifeteilung (Reifungsteilung), die beiden aufeinanderfolgenden Kernteilungen (erste und zweite R.); die R. führt zur Bildung von Geschlechtszellen oder Sporen (↑Meiose).

Reihe, 1) *Mathematik:* ein mathemat. Ausdruck der Form

$$\sum_{k=1}^{\infty} a_k = a_1 + a_2 + \ldots + a_n + \ldots$$

Die Theorie der R. läßt sich auf die Theorie der Folgen zurückführen, wenn man die einer R. zugehörigen *Partialsummen* $s_n = a_1 + a_2 + \ldots + a_n$ einführt und die R. als Folge ihrer Partialsummen betrachtet. Man bezeichnet dann eine R. als *konvergente R.*, wenn die Folge ihrer Partialsummen konvergiert, sonst als *divergente Reihe*.

Die *geometr.* R. $\sum_{k=1}^{\infty} q^k$, bei der der Quotient zweier aufeinanderfolgender Glieder konstant ist, ist für beliebige $|q| < 1$ konvergent mit dem Grenzwert $1/(1-q)$.

2) *Musik:* in der *Zwölftontechnik* die für jede Komposition neu gewählte und in ihr stets beibehaltene Reihenfolge aller zwölf Töne des temperierten Systems. Sie regelt die Tonqualitäten; Tonhöhe, Rhythmus und Klangfarbe sind dagegen frei wählbar und werden erst in der seriellen Musik in die vorher festgelegte Anordnung einbezogen. Jede R. hat vier Erscheinungsformen: die Original- oder Grundgestalt (G[R]), deren Umkehrung (U), deren Krebs (K) und dessen Umkehrung (KU). Da jede Erscheinungsform auf elf verschiedene Tonstufen transponiert werden kann, ergeben sich insgesamt 48 mögl. R.formen.

Reihenmotor, Mehrzylinderverbrennungsmotor, dessen Zylinder in einer Ebene mit der Kurbelwelle angeordnet sind *(Einreihenmotor)*. *Mehrreihenmotoren* sind Boxer- oder V-Motoren.

Reihensiedlung, Ort, bei dem die einzelnen Häuser entlang einer Leitlinie (u. a. Straße, Deich, Fluß) angelegt sind.

Reiher (Ardeidae), fast weltweit verbreitete Fam. etwa taubengroßer bis 1,4 m körperlanger Stelzvögel mit rd. 65 Arten an Süßgewässern (seltener Meeresküsten) und in Sümpfen; mit langem Hals, langem, spitzem Schnabel und langen Beinen. Viele Arten brüten in großen Kolonien, vorwiegend im Schilf, aber auch auf Bäumen. – *Fisch-R.* (Graureiher), etwa 90 cm groß, an Süßgewässern großer Teile Eurasiens; Teilzieher; *Seiden-R.*, etwa 55 cm lang, an Süß- und Brackgewässern Afrikas, S-Europas (bes. Donaudelta und S-Spanien), S-Asiens und Australiens; Teilzieher

Reiher.
Oben: Fischreiher ◆
Unten: Purpurreiher

Silber-R. (Edelreiher), etwa 90 cm lang, in schilfreichen Landschaften der wärmeren alt- und neuweltl. Regionen (nördlichste europ. Brutgebiete: Neusiedler See, Donaudelta); *Kahnschnabel* (Savaku), etwa 50 cm groß, in M- und S-Amerika; *Purpur-R.*, etwa 80 cm groß, in Sümpfen und an Süßgewässern Afrikas und S-Eurasiens (Neusiedler See, Donaudelta).

Reiherschnabel, Gatt. der Storchschnabelgewächse mit rd. 75 Arten in den gemäßigten Zonen Eurasiens und im Mittelmeergebiet; einheim. ist der *Schierlingsreiherschnabel.*

Reim, Gleichklang von Wörtern, meist vom letzten betonten Vokal an (z. B. *singen–klingen*). Die german. Dichtung kannte statt des später geläufig werdenden *Endreims* zunächst nur den *Stab-R.*, bei dem die Stammsilben einer Zeile mit dem gleichen Laut beginnen. Umstritten ist die Herkunft des ahd. Reims. In der dt. Dichtung war der R. nicht von Anfang an »rein«. Anfangs genügte der Gleichklang von Endungssilben oder eine nur teilweise Übereinstimmung der Laute *(Assonanz).* Mit Heinrich von Veldeke (Epik) und Friedrich von Hausen (Lyrik) wurde dann der *reine Reim* (lautl. Übereinstimmung vom letzten betonten Vokal an, z. B. *mein–dein*) zur Regelform. Die geläufige Form der mhd. Versdichtung ist der *R. paarvers* mit dem *Paar-R.* als Bindung (aa bb cc). Dieser durch Endreim bestimmte Vers *(R. vers)* blieb [im Knittelvers] bis heute erhalten. Die verskonstituierende Form des R. wurde erst im 18. Jh. in Frage gestellt, als antike Metren nachgebildet und der engl. Blankvers übernommen wurden. Für die volkstüml. Lyrik des 19. Jh. und für die meisten Volkslieder typ. ist der *Kreuz-R.* (abab). Der *umarmende R.* (abba) ist kennzeichnend für die Quartette in den Sonetten. Beim *Anfangs-R.* klingen in zwei Zeilen die ersten Wörter gleich. Der *Binnen-R.* bezeichnet einen R. innerhalb eines Verses sowie auch R.stellungen im Versinnern wie *Schlag-R.* (Reimung zweier aufeinanderfolgender Wörter). Der *Doppel-R.* wird aus zwei aufeinanderfolgenden, selbständig reimenden Wortpaaren gebildet; eine Sonderform ist der *Schüttel-R.*, bei dem die Anfangskonsonanten der am R. beteiligten Wörter [oder auch Silben] ausgetauscht werden, so daß eine neue sinnvolle Wortfolge entsteht.

Reimann, 1) Aribert, *Berlin 4. 3. 1936, dt. Komponist und Pianist. Zunächst an Webern, Berg und ind. Musik orientiert, gab um 1967 die serielle Kompositionsweise auf; u. a. Literaturopern (»Ein Traumspiel«, nach A. Strindberg, 1965; »Melusine«, nach Y. Goll, 1971; »Lear«, nach Shakespeare, 1978; »Die Gespenstersonate«, nach Strindberg, 1984), Ballette (»Die Vogelscheuchen«, Libretto G. Grass, 1970), Orchester-, Kammer-, Klavier- und Orgel- sowie Vokalwerke.

Aribert Reimann

2) Hans, *Leipzig 18. 11. 1889, † Großhansdorf bei Ahrensburg 13. 6. 1969, dt. Schriftsteller. Schrieb v. a. Grotesken, Satiren, Feuilletons; 1924–29 Hg. der satir. Zeitschrift »Das Stachelschwein«.

Reimarus, Hermann Samuel, *Hamburg 22. 12. 1694, † ebd. 1. 3. 1768, dt. Philosoph. Vertrat eine auf Vernunft gegr. natürl. Religion. Mit seiner »Apologie oder Schutzschrift für die vernünftigen Verehrer Gottes« (von G. E. Lessing teilweise u. d. T. »Fragmente eines Wolfenbüttelschen Ungenannten«, auch »Wolfenbütteler Fragmente«, veröffentlicht). Vorläufer der Bibelkritik und der histor.-krit. Leben-Jesu-Forschung.

Reims [raims, frz. rɛ:s], Hauptstadt der frz. Region Champagne-Ardenne, an der Vesle, 182 000 E. Univ.; Museen; Hauptort der Champagne; u. a. metallverarbeitende Werke, Champagnerkellereien. Galloröm. Triumphbogen (2./3. Jh.), Reste des röm. Amphitheaters; hochgot. Kathedrale (1211 ff., um 1300 vollendet); ehem. Abteikirche Saint-Remi (um 1165 ff. umgestaltet), barockes Rathaus (um 1630). – *Durocortorum,* Stadt der belg. Remer, war Hauptstadt der röm. Prov. Gallia Belgica; seit etwa 290 Bischofs-, später Erzbischofssitz; die Erzbischöfe von R. hatten ab 1179 das ausschließl. Recht, die frz. Könige zu krönen. – Am 7. 5. 1945 wurde im Hauptquartier General Eisenhowers in R. von Generaloberst Jodl die Gesamtkapitulation der dt. Wehrmacht unterzeichnet.

Reinbek [...be:k], Stadt am östl. Stadtrand von Hamburg, Schlesw.-Holst., 24 600 E. U. a. Maschinenbau, Verlag. – 1952 Stadtrecht.

Reiherschnabel.
Schierlingsreiherschnabel

Reims
Stadtwappen

Reineclaude

Reineclaude [rɛːnəˈkloːdə], svw. Reneklode (↑Pflaumenbaum).

Reineke Fuchs, Tierepos, das sich im MA aus antiken Tierfabeln und -epen sowie heim. Tradition entwickelte. Der altfrz. »Roman de Renart« (zw. 1175 und 1250) ist eine Parodie auf den höf. Lebensstil mit dem Fuchs als triumphierendem Helden; danach schuf Heinrich der Glichesaere den mhd. Versroman »Reinhart Fuchs«; in der niederl. Literatur als »Reinaert« vom 13.–15. Jh. mehrfach erweitert; bes. bekannt »Reinke de Vos« (gedruckt 1498) sowie Goethes Hexameterepos »Reineke Fuchs« (1794).

Reinerbigkeit, svw. ↑Homozygotie.

Reines, Frederick [engl. reɪnz], * Paterson (N. J.) 16. 3. 1918, amerikan. Physiker. Wies 1956 zus. mit Clyde Lorrain Cowan (*1919, †1974) durch die Entdeckung des Elektron-Antineutrinos erstmals experimentell die Existenz von Neutrinos nach, wofür er 1995 zus. mit M. L. Perl den Nobelpreis für Physik erhielt.

Reingewinn, Überschuß der Aktivposten über die Passivposten oder der Erträge über die Aufwendungen, nach Abschreibungen, Wertberichtigungen, Rückstellungen und Rücklagen.

Reinhardswald, zw. Münden und Bad Karlshafen gelegener Gebirgszug des Weserberglandes, bis 472 m hoch.

Reinhardt [ˈraɪnhart, frz. rɛjˈnart, **1)** Django, eigtl. Jean Baptiste R., *Liverchies (Belgien) 23. 1. 1910, † Fontainebleau 16. 5. 1953, frz. Jazzmusiker (Gitarrist). Roma; gründete 1934 das »Quintette du Hot Club de France«; spielte 1946 bei Duke Ellington; wirkte mit außerordentl. Virtuosität stilbildend für die Entwicklung des Gitarrenspiels. **2)** Max, eigtl. M. Goldmann, * Baden bei Wien 9. 9. 1873, † New York 30. 10. 1943, österr. Schauspieler und Regisseur. Wurde 1894 von O. Brahm als Schauspieler an das Dt. Theater in Berlin engagiert; 1905–20 und 1924–33 Direktor des Dt. Theaters (Aufführungen zeitgenöss. Dramatiker, Neugestaltung der Klassiker und des antiken

Reinecke Fuchs. Seite aus dem mittelniederdeutschen Versroman »Reynke de vos«, gedruckt 1498 in Lübeck (Wolfenbüttel, Herzog-August-Bibliothek)

Dramas, bed. Shakespeare-, auch Operninszenierungen) sowie ab 1924 der Komödie am Kurfürstendamm und des Theaters in der Josefstadt Wien; 1920 Mitbegründer der Salzburger Festspiele (u. a. Inszenierung des »Jedermann«); emigrierte 1933, lebte ab 1938 in den USA; gehört zu den Regisseuren, die das Theater des 20. Jh. entscheidend geprägt haben.

Reinheit, 1) *Chemie:* (chemische R.) Bez. für die *Beschaffenheit von chem. Substanzen* bezüglich des Gehaltes an Fremdsubstanzen, der ihre Verwendungsmöglichkeiten stark beeinflußt. Man unterscheidet zw. verschiedenen *R.graden:* u. a. roh, technisch rein, reinst, chemisch rein (analysenrein, pro analysi [Abk. p. a.]) und spektralrein. 2) *Religionsgeschichte:* urspr. kult. Bedingung für die Kontaktaufnahme mit dem Numinosen, für das Betreten des Tempels, insbes. des Allerheiligsten; sie wird erreicht durch das rituelle Bad oder durch Teilwaschungen.

Reinig, Christa, * Berlin 6. 8. 1926, dt. Schriftstellerin. Seit 1964 in der BR Deutschland; schreibt Lyrik, u. a. »Die Steine von Finisterre« (1960), »Schwabinger Marterln« (1968) und Prosa, u. a. »Die himmlische und die irdische Geometrie« (R., 1975), »Die Frau im Brunnen« (R., 1984).

Reinkarnation [re-ın...] ↑Seelenwanderung.

Reinken (Reincken), Johann Adam (Jan Adams), * Wildeshausen 26. 4. 1623, † Hamburg 24. 11. 1722, dt. Organist und Komponist; gründete 1678 mit J. Theile die Oper am Gänsemarkt.

Reinkultur, 1) *Landwirtschaft:* (Reinanbau) der Anbau einer einzigen Nutzpflanzenart auf einer bestimmten Anbaufläche im Rahmen einer Fruchtfolge oder der Monokultur. 2) *Mikrobiologie:* eine auf oder in einem Nährboden gezüchtete Bakterienkultur oder Kultur von Pilzen, einzelligen Algen und Protozoen, die auf ein Individuum oder sehr wenige Individuen einer Art oder eines Stamms zurückgeht.

Reinmar (Reimar) **der Alte** (R. von Hagenau), mhd. Minnesänger der 2. Hälfte des 12. Jh.; Meister der hohen Minnelyrik.

Reinshagen, Gerlind, * Königsberg 4. 5. 1926, dt. Schriftstellerin. Bekannt v. a. als Dramatikerin (u. a. »Himmel und Erde«, UA 1974; »Sonntagskinder«, UA 1976; »Eisenherz«, UA 1982), auch Hörspiele und Prosa (u. a. »Rovinato oder Die Seele des Geschäfts«, R., 1981; »Zwölf Nächte«, Prosa, 1989; »Jäger am Rande der Nacht«, R., 1993).

Reinvestition [re-ın...] (Ersatzinvestition), Summe aller im Laufe einer Periode in einer Volkswirtschaft durchgeführten Investitionen, die der Instandhaltung und Erneuerung des im Produktionsprozeß eingesetzten Kapitals dienen.

Reinzucht, in der Tierzüchtung seit Mitte des 19. Jh. übliche Zuchtmethode der Auslesezüchtung. I. w. S. versteht man unter R. die Paarung ausgelesener Tiere gleicher Rasse, i. e. S. die Paarung ausgelesener, von den gleichen Elterntieren abstammender Tiere der gleichen Rasse mit dem Ziele größerer Erbgleichheit und Leistung.

Reis, Johann Philipp, * Gelnhausen 7. 1. 1834, † Friedrichsdorf 14. 1. 1874, dt. Physiker. Konstruierte das erste Gerät zur Tonübertragung (»Telephon«).

Reis [griech./lat.] (Oryza), Gatt. der Süßgräser mit rd. 20 Arten in allen wärmeren Ländern. Die wirtschaftlich bedeutendste Art ist eine bis 1,50 m hohe, einjährige Kurztagpflanze mit langen, breiten Blättern und 8 bis 30 cm langer Rispe mit einblütigen Ährchen, letztere mit großen, kahnförmigen, harten Deckspelzen (*R. schalen*). Die miteinander verwachsene Frucht- und Samenschale der Früchte bilden zusammen mit der Aleuronschicht das weiß- bis violettgefärbte *Silberhäutchen.* − Neben Mais und Sorghumhirse ist R. die wichtigste Getreidepflanze der Tropen und z. T. auch der Subtropen, für mehr als die Hälfte der Menschen ist er das Hauptnahrungsmittel. Die wirtschaftlich wichtigsten Formen des R. sind der mit künstl. Bewässerung im Terrassenfeldbau oder mit natürl. Überstauung (durch Ausnutzung des Monsunregens) in den Niederungen angepflanzte *Sumpf-R. (Wasser-R.)* sowie die anspruchslosen Sorten des *Berg-R. (Trocken-R.),* die bis in Höhen von 2000 m angebaut werden und nur das Regenwasser benötigen. − Vom Einsetzen der Gelbreife an wird der R. von Hand oder maschinell geerntet. Zur weiteren Ver-

Django Reinhardt

Max Reinhardt

Johann Philipp Reis

Reisbranntwein

Reis. Bergreissorte (erntereife Rispen)

arbeitung kommt der gedroschene R. in R.mühlen, wo er für den Handel entspelzt wird *(geschälter R.)*. In den Verbrauchsländern wird der R. in Spezialmühlen geschliffen (Entfernen des Silberhäutchens, dadurch Verlust von Eiweiß, Fett und wichtigen Vitaminen), poliert oder gebürstet (geglättet). Aus R.abfällen wird u. a. *R.stärke* gewonnen, die in der Lebensmittel-, Textil- und Kosmetik-Ind. verarbeitet wird. Weiterhin werden aus R. alkohol. Getränke wie Arrak und †Reiswein hergestellt. Das *R.stroh* wird in den Anbauländern v. a. als Viehfutter und Streu genutzt. – Die Welternte an R. betrug 1992 rd. 520 Mio. Tonnen. – Der vermutlich im tropischen Südasien heimische R. wurde schon im 4. Jt. v. Chr. in Thailand und im 3. Jt. v. Chr. in S-China in Monokultur angebaut. Im frühen 1. Jt. v. Chr. gelangten Kenntnisse des Reisanbaus von Indien über Persien zum Zweistromland, wo ihn die Griechen während des Alexanderzugs (4. Jh. v. Chr.) übernahmen.

Reisbranntwein †Arrak.

Reisegewerbe (ambulantes Gewerbe, Hausierhandel), genehmigungsbedürftiges Gewerbe, das außerhalb der Räume der gewerbl. Niederlassung eines Unternehmens oder ohne eine solche Niederlassung ausgeübt wird, wobei ohne vorherige Bestellung Waren oder gewerbl. Leistungen angeboten, Bestellungen hierauf aufgenommen, Waren angekauft oder Schaustellungen, Musikaufführungen u. ä. ohne höheres künstler. oder wiss. Interesse dargeboten werden.

Reisekrankheit †Bewegungskrankheit.

Reiskäfer

Reiseliteratur, ein literar. Genre: 1. *Reiseführer* mit sachl. Informationen (seit dem 3. Jh. v. Chr. verfaßte Fremdenführer, *Periegeten,* mit Beschreibungen von Städten, Ländern und Sehenswürdigkeiten als Vorläufer der modernen Reisehandbücher); 2. *wiss. Reisebeschreibungen* (z. B. A. von Humboldt, G. Forster, S. Hedin); 3. *literar. Reisebeschreibungen* bzw. *Reiseberichte* (u. a. Marco Polo; Goethe, »Italien. Reise«, 1829; H. Heine, »Harzreise«, 1826; T. Fontane, »Wanderungen durch die Mark Brandenburg«, 1862–82); 4. der (fiktionale) *Reiseroman* (u. a. L. Sterne, »Yoricks empfindsame Reise durch Frankreich und Italien«, 1768; J. von Eichendorff, »Aus dem Leben eines Taugenichts«, 1826; C. Sealsfield, R. Kipling, J. Conrad, H. Böll, J. Kerouac) umfaßt verschiedene Typen, u. a. den *abenteuerl. R.* (†Abenteuerroman), den *phantast.* oder *utopisch-satir. R.* (u. a. Grimmelshausen, »Der fliegende Wandersmann nach dem Mond«, 1650; J. Verne, J. Swift) sowie die *Lügendichtung* (K. F. H. von Münchhausen).

Reisescheck (Travellerscheck), scheckähnl. Zahlungsmittel im internat. und nat. Reiseverkehr.

Reisige, im MA schwerbewaffnete Krieger.

Reiskäfer, weltweit verschleppter, 2,5–3,5 mm langer flugfähiger Rüsselkäfer; Vorratsschädling.

Reismelde (Hirsenmelde, Reisspinat), in den Hochanden kultiviertes Gänsefußgewächs, dessen Samen zu Mehl verarbeitet werden.

Reißbrett, Zeichenbrett; für techn. Zeichnungen unter Zuhilfenahme der *Reißschiene,* eines gehobelten Lineals mit Queranschlag zum Verschieben entlang der R.kanten.

Reißen, Übung des †Gewichthebens.

Reißleine, Aufziehleine beim Fallschirm.

Reißmaschine (Reißwolf), Maschine zum Zerfasern von Textilabfällen, um aus ihnen verspinnbare Fasern *(Reißspinnstoffe)* oder kurze Fasern, die u. a. als Polstermaterial verwendet werden *(Reißfüllstoffe),* zu gewinnen.

Reißnadel, an der Spitze gehärtete Stahlnadel zum Einritzen («Anreißen») von Zeichen in Metall.

Reißwolf, svw. †Reißmaschine.

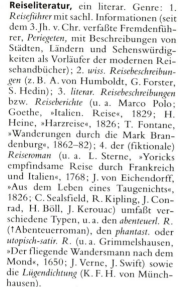

Reißzähne, zw. den Lückenzähnen und den Höckerzähnen des Gebisses der Raubtiere stehende Zähne; haben Scherenwirkung.

Reißzeug, Zeichengeräte; Satz von Reißfedern und Zirkeln.

Reiswein (Sake), aus geschälten Reiskörnern unter Verwendung einer aus Schimmelpilzen gewonnenen Substanz vergorenes (12–17 Vol.-% Alkohol), sherryähnlich schmeckendes Getränk.

Reisz, Karel [tschech. rɛjs], *Mährisch-Ostrau (heute Ostrava) 21. 7. 1926, engl. Filmregisseur tschech. Herkunft. Bes. bekannt sind seine Literaturverfilmungen »Samstagnacht bis Sonntagmorgen« (1960; Roman und Drehbuch von A. Sillitoe) und »Die Geliebte des frz. Leutnants« (1981; nach dem Roman von J. Fowles).

Reiter, Thomas, *Frankfurt am Main 23. 5. 1958, dt. Luft- und Raumfahrtingenieur und Astronaut. Nahm an der russ.-europ. Mission Euromir '95 teil (3. 9. 1995–16. 1. 1996) und verbrachte mit 135 Tagen an Bord der russ. Raumstation Mir den bisher längsten Aufenthalt eines westl. Astronauten im Weltraum.

Reit im Winkl, Luftkur- und Wintersportort in den Chiemgauer Alpen, Bayern, 2600 E.

Reitsch, Hanna, *Hirschberg i. Rsgb. (Riesengebirge) 29. 3. 1912, † Frankfurt am Main 24. 8. 1979, dt. Fliegerin. Wurde 1937 zum ersten weibl. Flugkapitän ernannt.

Reitsport, Teil des Pferdesports, umfaßt die Disziplinen Dressur-, Spring- (bzw. Jagd-) und Vielseitigkeitsreiten sowie Freizeitreiten, ergänzt durch Fahrsport; hinzu kommen als Teil des Pferdesports Galopp- und Trabrennsport sowie ↑Polo.

Dressurreiten bildet die Grundlage für alle Disziplinen und zeigt sich vollendet in der Hohen Schule. Der Dressurplatz ist ein rechteckiges Viereck, 20 × 40 m oder 20 × 60 m groß. Beim *Springreiten* haben die startenden Pferde auf einem vorgeschriebenen Kurs im Parcours je nach Schwierigkeitsklasse eine bestimmte Anzahl verschieden hoher und breiter Hindernisse innerhalb einer beschränkten Zeit zu überspringen. Das *Vielseitigkeitsreiten (Military)* umfaßt Dressurprüfung (mindestens 19 Lektionen auf einem Viereck von 20 × 60 m), Geländeritt (auf drei Weg- und einer Querfeldeinstrecke) und Jagdspringen (Parcourslänge 700–900 m, 10–12 Sprünge) an drei aufeinanderfolgenden Tagen. Beim *Galopprennen* laufen insbes. Vollblutpferde; es wird unterteilt in Flachrennen, die je nach Distanz über Flieger- (1000–1400 m), Mittel- (1600 bis 2000 m) oder Steherstrecken (bis 4800 m) und *Hindernisrennen,* die entweder als *Hürdenrennen* über versetzbare Hindernisse oder als *Jagdrennen* über feste Hindernisse (Hochsprünge und Gräben) ausgeschrieben sind. Neben Zuchtrennen veranstalten die Rennvereine u. a. *Altersgewichtsrennen,* in denen die Pferde entsprechend ihrem Alter mit unterschiedl. Gewicht laufen, *Ausgleichsrennen,* in denen Pferde aller Leistungs- und Altersstufen mit unterschiedl. festgelegter Masse laufen und *Verkaufsrennen,* bei denen das Gewicht, das ein Pferd trägt, außer vom Alter, Geschlecht und der Nationalität auch von der Höhe des vorher zu nennenden Verkaufspreises abhängt. *Trabrennen* werden mit speziell gezüchteten, im Trab laufenden Pferden veranstaltet, meist einspännig vor dem einachsigen, gummibereiften Sulky. Die Rennstrecke beträgt je nach Ausschreibung 1100–4200 m. *Fahrsport* (auch *Fahren*) umfaßt Gebrauchsprüfung für Ein-, Zwei- und Mehrspänner, Dressurprüfungen und Hindernisfahren für Zwei-, Vier- und Mehrspänner.

Reitstock, Teil der Drehbank.

Reitz, Edgar, *Morbach bei Bernkastel-Kues 1. 11. 1932, dt. Filmregisseur. Bedeutsam sind seine Filmchroniken »Heimat« (1984, 15 Stunden) und »Die zweite Heimat – Chronik einer Jugend« (1992, 26 Stunden); drehte u. a. mit zehn Mitregisseuren (u. a. A. Kluge, R. W. Fassbinder, V. Schlöndorff) »Deutschland im Herbst« (1978; Drehbuch H. Böll).

Reiz (Stimulus), jede Veränderung außerhalb *(Außen-R.)* oder innerhalb *(Organ-R.)* eines Organismus, die eine Erregung auslöst bzw. eine Empfindung verursacht oder eine Reaktion (z. B. einen Reflex) bewirkt. Die Fähigkeit, auf R. zu reagieren, ist eine Grundeigenschaft lebender Systeme. Die für ein Sinnesorgan gemäße Form des R. wird

Reizker

als *adäquater Reiz* bezeichnet. Von einem *unterschwelligen R.* spricht man, wenn die R.energie zur Auslösung einer Erregung nicht ausreicht. Überschreitet der R. eine bestimmte Intensität, wird er als Schmerz empfunden.

Reizker, svw. ↑Milchlinge.

Reizkörperbehandlung (Reizkörpertherapie), Hervorrufung einer unspezif. [Immun]reaktion durch Injektion von Reizstoffen (z. B. Eigenblut, körpereigenes oder körperfremdes Eiweiß) oder einer spezif. [Herd]reaktion durch Vakzine (Tuberkulin, Trichophytin) oder fieber- bzw. leukozytoseauslösenden Mitteln.

Reizleitungssystem (Erregungsleitungssystem), die aus umgewandelten, bes. glykogenhaltigen Muskelfasern bestehende, für die Überleitung und Ausbreitung der Erregung zuständige Verbindung zw. dem rechten Vorhof und den beiden Kammern des Herzens.

Reizschwelle, 1) (absolute R.) derjenige Wert auf einem Reizkontinuum, unterhalb dessen kein Reiz mehr wahrgenommen wird oder keine Reaktion mehr erfolgt.
2) (relative R., Unterschiedsschwelle) Wahrnehmungsschwelle, von der an zwei nur wenig verschieden starke Reize vom selben Sinnesorgan nicht mehr als gleich empfunden werden.

Reizstoffwaffen, Schußwaffen, aus denen Reizstoffe abgegeben werden können (Sprühgewehre wie z. B. die ↑chemische Keule sind keine R. im Sinne des Waffengesetzes), v. a. die *Gaspistole.*

Reklame [lat.-frz.], ↑Werbung.

Rekombination, 1) *Physik:* (Wiedervereinigung) die Vereinigung von elektr. entgegengesetzt geladenen Teilchen zu einem neutralen Gebilde, z. B. von Elektronen und Defektelektronen in Halbleitern.
2) *Chemie:* die Vereinigung von zuvor gebildeten Radikalen.
3) *Genetik:* die Neukombination der Gene, wodurch bei einem Nachkommen verschiedene einzelne Eigenschaften der Eltern in einer neuen Konstellation erscheinen. Der einfachste Vorgang einer R. ist die Zufallsverteilung ganzer Chromosomen bzw. Kopplungsgruppen von Genen während der Reduktionsteilung der Meiose. Die eigtl. genet. R. führt dagegen zu einem Genaustausch (Crossing-over, ↑Faktorenaustausch) zw. den Chromosomen.

Rekonstruktion, Wiederherstellung, Nachbildung, Nachvollzug [eines Ablaufs]; auch deren Ergebnis.

Rekonstruktionismus, svw. ↑Reconstructionism.

Rekonvaleszent [lat.], Genesender, im Stadium der *Rekonvaleszenz* (Genesung) Befindlicher.

Rekonziliation [lat.], im *kath. Kirchenrecht:* 1. Versöhnung eines mit einer Kirchenstrafe Belegten; 2. erneute Weihe einer entweihten Kirche o. ä.

Rekrut [frz.], Soldat in der ersten Phase der Ausbildung.

rektal [lat.], *Medizin:* zum Mastdarm gehörend, den Mastdarm betreffend; durch den Mastdarm, im Mastdarm erfolgend.

Rektaszension [rɛkt-as...; lat.] (gerade Aufsteigung), Abk. **AR** (lat. ascensio recta), eine der beiden Koordinaten im äquatorialen astronom. Koordinatensystem.

Rektifikation [lat.], die Bestimmung der Bogenlänge einer Kurve. Als *R. des Kreises* bezeichnet man speziell die Konstruktion einer geradlinigen Strecke, deren Länge gleich dem Umfang des gegebenen Kreises ist. Wegen der Transzendenz von π ist dies unter alleiniger Verwendung von Zirkel und Lineal nicht durchführbar.

Rektor [lat.], **1)** Leiter einer Grund-, Haupt-, Real- oder Sonderschule.
2) (Rector magnificus) traditionell der oberste Repräsentant einer wiss. Hochschule; Vors. des bei der *Rektoratsverfassung* die akadem. Selbstverwaltung der Hochschule leitenden Kollegiums (Senat).

Rektum [lat.] (Mastdarm) ↑Darm.

Rekuperator, Wärmetauscher aus zwei parallelen dünnwandigen Röhrensystemen. In einem System strömt das Wärme- oder Kühlmittel, im anderen das zu erwärmende oder zu kühlende Gut.

Rekursion [lat.], die Zurückführung einer zu definierenden Größe oder Funktion auf eine (oder mehrere) bereits definierte.

Relais [rəlɛː; frz.], Schaltorgan, das mit geringer Steuerleistung eine relativ hohe Arbeitsleistung schaltet; Schaltung *magnetisch* mittels Elektromagneten, *thermisch* mittels Bimetallstreifen, *elektrostatisch* mittels Aufladung durch hohe Steuerspannungen, *elektromechanisch* mittels eines Drehpulsystems od. *elektronisch* mittels Transistoren u. a. in geeigneter Schaltung. Zum fernbedienten Schalten hoher Ströme am Ort des Verbrauchers dienen sog. *Schütze (Schaltschütze)*.

Relaisstation [rəˈlɛː...], Sendestation, die eine (ihr z. B. über Richtfunk zugestrahlte) Sendung aufnimmt und nach Verstärkung wieder ausstrahlt.

Relation [lat.], **1)** *allg.*: wechselseitige Beziehung, Zuordnung.
2) *Mathematik*: jede Teilmenge eines kartes. Produkts von Mengen (↑Mengenlehre), i. w. S. jede Beziehung zw. mathemat. Größen.

relativ [lat.], auf etwas bezogen, bedingt, verhältnismäßig.

Relativadverb (bezügl. Umstandswort), Adverb, das einen ↑Relativsatz einleitet; im Dt. z. B. *wo, wann, wie, weswegen*.

Relativismus [lat.], philosoph. Denkhaltung, die die Berechtigung universalgültiger Aussagen grundsätzlich in Frage stellt.

Relativitätstheorie, die von A. Einstein begründete physikalische Theorie der Struktur von Raum und Zeit, die neben der Quantentheorie die bedeutendste der im 20. Jh. entwickelten physikal. Theorien ist.
Spezielle Relativitätstheorie: Bewegt sich ein kräftefreier Körper in einem Bezugssystem geradlinig und gleichförmig, so nennt man ein solches System ein *Inertialsystem*. Es gibt für jeden kräftefreien Körper ein Inertialsystem, in dem er als ruhend erscheint *(Ruhsystem)*. Die Grundannahmen der speziellen R. sind: 1. Es gibt kein ausgezeichnetes Inertialsystem. Alle Inertialsysteme sind gleichwertig. 2. In allen Inertialsystemen breitet sich das Licht geradlinig aus, die Lichtgeschwindigkeit im Vakuum hat in allen Systemen denselben Wert *(Konstanz der Lichtgeschwindigkeit)*. Als wichtigste Folgerung der speziellen R. ergaben sich: 1. Zwei in einem Inertialsystem gleichzeitige Ereignisse sind in einem anderen Inertialsystem nicht mehr gleichzeitig. 2. Ein Signal kann sich höchstens mit Lichtgeschwindigkeit c ausbreiten. 3. Ist τ die Periode einer Uhr im Ruhsystem, dann beobachtet ein mit der Geschwindigkeit v bewegter Beobachter die Periode dieser Uhr zu

$$\tau' = \tau / \sqrt{1 - v^2/c^2} \;,$$

d. h., er stellt eine Zeitdehnung *(Zeitdilatation)* fest. 4. Werden die Lagen zweier in einem bewegten System fester Punkte von einem Ruhsystem aus gleichzeitig gemessen, so verkürzt sich die Länge l ihres Abstandes im bewegten System auf

$$l' = l \cdot \sqrt{1 - v^2/c^2} \;,$$

gemessen im Ruhsystem *(Längenkontraktion)*. 5. Für die träge Masse m eines mit der Geschwindigkeit v bewegten Teilchens bzw. Körpers gilt

$$m = m_0 / \sqrt{1 - v^2/c^2} \;,$$

wobei m_0 die Ruhmasse des Teilchens ist. 6. Jeder Energie E entspricht eine Masse m und umgekehrt *(Energie-Masse-Äquivalenztheorem*; ↑Einstein-Gleichung).
Allgemeine Relativitätstheorie: An die Stelle von Inertialsystemen treten in der allg. R. beschleunigte Bezugssysteme. Dabei kann die Kraft, die infolge von Gravitation auf einen Körper einwirkt, als Trägheitskraft in einem beschleunigten Bezugssystem angesehen werden. Einstein stellte neben das Prinzip von der Gleichheit der schweren und trägen Masse das *lokale Äquivalenzprinzip*: In jedem genügend kleinen Raum-Zeit-Gebiet kann durch Einführung neuer Koordinaten ein sog. *lokal inertiales Bezugssystem* angegeben werden, in dem sich ein nur der Gravitation unterworfener Massenpunkt gleichförmig und geradlinig bewegt. Demnach sind Trägheitskräfte nicht von Gravitationskräften zu unterscheiden. Die allg. R. ist v. a. für die Vorstellung vom Aufbau des Universums von Bedeutung.

Relativpronomen (bezügliches Fürwort) ↑Pronomen.

Relativsatz, Nebensatz, der durch ein Relativpronomen oder Relativadverb eingeleitet wird.

Relaxation [lat.], **1)** *allg.*: Erschlaffung, Entspannung (insbesondere der Muskulatur).
2) *Chemie*: die Wiederherstellung eines chem. Gleichgewichts nach vorausgegangener Störung.

Releaserfaktoren

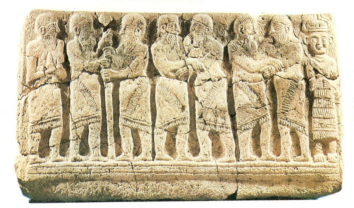

Relief. Ein um 1800 v. Chr. entstandenes reliefverziertes Kultbecken aus der in Nordsyrien gelegenen altorientalischen Stadt Ebla, deren Reste auf dem Hügel Tell Mardich seit 1964 ausgegraben werden (Aleppo, Nationalmuseum)

3) *Physik:* das zeitl. Zurückbleiben einer Wirkung hinter der Ursache, insbes. das sich infolge von Reibung verzögerte Einstellen eines Gleichgewichtszustandes.

Releaserfaktoren [rɪˈliːzər...; engl./lat.] (R-Faktoren, Releasingfaktoren, Freisetzungshormone), im Hypothalamus (↑Gehirn) gebildete Neurosekrete, die die Produktion und Freigabe der Hypophysenvorderlappenhormone steuern.

Relegation [lat.], Verweisung eines Studierenden von der Hochschule.

relevant [lat.-frz.], bedeutsam, wichtig; Ggs. ↑irrelevant.

Relief [lat.-frz.], Gatt. der Bildhauerkunst, die an eine Hintergrundfläche gebunden ist. Je nach Höhe unterscheidet man Flach- (auch Bas-R.), Halb- und Hochrelief. An altmesopotam. und ägypt. Bauten reihen sich R. in dichter Folge. Die griech. Tempelbaukunst bindet sie an die Metopen (dor. Tempel) und an den Fries (ion. Tempel). Phidias gilt als Schöpfer des klass. griech. R. mit virtuos angewandter Verkürzung, Schrägstellung und Staffelung (Parthenon, um 440 v. Chr.), weitergeführt in der hellenist. Plastik (Pergamonaltar). In der röm. Kunst wurden Triumphbögen, Sarkophage und Säulen (Trajanssäule) mit R. verziert, auch Elfenbeinarbeiten; fortgesetzt in der frühchristl. Kunst in zunehmend flachem und statuarischem Stil. Im frühen MA Goldschmiedearbeiten, Bronzetüren (bernwardin. Kunst) und Grabplatten (Anfänge im 11. Jh.), seit dem 12. Jh. an Tympanon (u. a. Vézelay, Chartres, Straßburg), Kapitell und Taufbecken, seit dem 13. Jh. auch an den Chorschranken (Naumburger Lettner) und Kanzeln (A. und N. Pisano). L. Ghiberti und Donatello entwickelten im 15. Jh. das maler. R., bei dem die Hintergrundfläche perspektiv. aufgelöst erscheint. Die maler. Tendenzen verstärken sich in der Barockzeit. In der Moderne haben zahlr. Bilder, Collagen und Objekte (Materialmontagen, Assemblagen) R.charakter.

Reliefumkehr, geomorpholog. Erscheinung, bei der tekton. Bau und Landschaftsbild nicht übereinstimmen, wenn z. B. geolog. Mulden und Gräben Erhebungen bilden.

Religion [lat.], Begriff, der eine Fülle histor. Erscheinungen bezeichnet, denen ein spezif. Bezug zw. dem »Transzendenten« einerseits und den Menschen andererseits in einer deren Verhalten normativ bestimmenden Weise zugrunde liegt. Je nach der Art, in der sich das Heilige (Gott, mehrere Gottheiten, eine unpersönl. Macht) objektiviert, unterscheidet man u. a. Offenbarungs-R., prophet. R. oder myst. Religionen. Religiöse Vorstellungen beziehen sich auf Gottesbild, Geschichtsschau, Jenseitsglauben und bes. auf den Aufweis eines neuen Heilsweges und die damit verbundenen eth. Forderungen und kult. Verpflichtungen (Gebet, Kult, Opfer u. a.). Jeder R. eignet eine die Gesellschaft strukturierende Kraft, die zur Organisation von Gemeinden, Kirchen oder Orden und bis zur Identifikation der R. mit dem Staat führen kann (Sakralkönigtum). Jede R. manifestiert sich in profanen Erscheinungsformen, die durch sie geheiligt werden, z. B. hl. Stätten, hl. Zeiten und Feste. Die Beziehung zw. R. und Kultur (bes. Kunst) ist vielfältig.

Religionsedikt, staatl. Erlaß bes. zur Regelung der eingeschränkten oder freien Religionsausübung, z. B. das Mailänder Edikt (313), das Edikt von Nantes (1598).

Religionsgeschichte, der histor. Ablauf einzelner bzw. aller Religionen sowie deren wiss. Erforschung.

Religionsgespräch, seit der ↑Reformation Gespräch über christl. Bekenntnisfragen.

Religionskriege (Glaubenskriege), aus religiösen Gründen geführte Kriege; z. B. die Konfessionskriege des 16. und 17. Jh. in Europa.

Religionskritik, die krit. Auseinandersetzung mit den Grundlagen und grundlegenden (dogmat.) Aussagen der Religionen, ihrem Wahrheitsanspruch und ihrer Funktion für den einzelnen, bes. bei der Rechtfertigung von Macht und Gewalt und der Normen der Ethik und des Rechts.

Religionsphilosophie, philosoph. Disziplin, deren Gegenstand die Begriffs- und Wesensbestimmung der Religion ist, auch die wiss. Reflexion der Bedingungen, Möglichkeiten und Grenzen von Aussagen der Religion[en] und über die Religion[en].

Religionsunterricht, in der BR Deutschland durch das Grundgesetz (Artikel 7) rechtlich abgesichertes, ordentl. Lehrfach an öffentl. Schulen (Ausnahme: bekenntnisfreie Schulen). Teilnahmepflicht besteht bis zur *Religionsmündigkeit* (14. Lebensjahr). Für Schüler, die keiner Religionsgemeinschaft oder einer solchen angehören, die keinen schulischen Religionsunterricht erteilt, wird möglichst Ethik- bzw. Philosophieunterricht oder das Fach Religionskunde eingerichtet.

Religionswissenschaft, wiss. Disziplin (mit vielen Teilbereichen), deren Aufgabe die empir. und/oder histor.-philolog. Erforschung sämtl. Religionen, ihrer Erscheinungsformen und ihrer Beziehungen zu anderen Lebensbereichen ist.

Religiosen [lat.], nach *kath. Kirchenrecht* die Angehörigen des Ordensstandes.

Relikt [lat.], Überbleibsel.

Reling, offenes Geländer am Rand eines Schiffsdecks.

Reliquiar [lat.], kostbarer Behälter für ↑Reliquien; neben Medaillons, Kästchen, Kreuzen, Figuren, Büsten oder Köpfen ist die wichtigste Form der *Reliquienschrein* (z. B. der ↑Dreikönigenschrein).

Reliquie [...i-ə; lat.], in der Religionsgeschichte Gegenstand einer bes. Form der Heiligenverehrung, meist Gebeine, Asche, Kleider oder Gebrauchsgegenstände von Heiligen. – Kunstgeschichtlich wurde die R. bedeutsam durch mittelalterl. R.hüllen aus kostbaren Stoffen sowie ↑Reliquiare.

Rem, Abk. für engl. **R**oentgen **e**quivalent **m**an, Einheit der Äquivalentdosis radioaktiver Strahlung, Einheitenzeichen **rem**; 1 rem hat die gleiche biolog. Wirkung wie 1 Röntgen; in der BR Deutschland seit 1978 amtlich durch 0,01 J/kg ersetzt.

Remagen, Stadt am Mittelrhein, Rheinl.-Pf., 14 300 E. Röm. Wallfahrtskirche Sankt Apollinaris (1839–43); im Ortsteil *Rolandswerth* spätbarocke Klosterbauten und Kirche. Ehem. Bahnhof Rolandseck (1855/56; heute Künstlerhaus). – Auf der einzigen damals noch intakten Rheinbrücke in R. überschritten amerikan. Truppen am 7. 3. 1945 den Rhein.

Remake [engl. 'ri:meɪk], Neuverfilmung eines erfolgreichen älteren Spielfilmstoffes.

Remanenz [lat.] (magnet. R., Restmagnetisierung), die nach dem Abschalten eines äußeren Magnetfeldes in einem Ferromagneten verbleibende permanente Magnetisierung.

Remarque, Erich Maria [rə'mark], eigtl. E. Paul Remark (nicht Kramer), *Osnabrück 22. 6. 1898, †Locarno 25. 9. 1970, dt. Schriftsteller. Hatte Welterfolg mit seinem Antikriegsroman »Im Westen nichts Neues« (1929); 1938 Aberkennung der dt. Staatsbürgerschaft, lebte ab 1931 in Ascona, ab 1939 in New York (ab 1947 amerikan. Staatsbürger). – *Weitere Werke:* Arc de Triomphe (R., 1946), Der schwarze Obelisk (R., 1956), Schatten im Paradies (R., hg. 1971).

Remboursgeschäft

Remboursgeschäft [rã'bu:r...; frz./dt.], Abwicklung und Finanzierung von Warengeschäften im Überseehandel durch eine Bank.

Rembrandt. Nachtwache (1642; Amsterdam, Rijksmuseum)

Rembrandt, eigtl. R. Harmensz. van Rijn [niederl. 'rɛmbrɑnt 'hɑrmǝns fɑn 'rɛin], *Leiden 15. 7. 1606, † Amsterdam 4. 10. 1669, niederl. Maler, Zeichner und Radierer. Seit 1624/25 Zusammenarbeit mit J. Lievens in Leiden, 1631 Übersiedlung nach Amsterdam. 1634 heiratete er Saskia van Uylenburgh († 1642). Hendrickje Stoffels († 1663), seit 1649 im Haus, betrieb ab 1658 zus. mit seinem Sohn Titus (* 1641, † 1668) einen Kunsthandel. Schlechte Geschäftsführung und seine Sammelleidenschaft führten 1656 zum wirtschaftl. Zusammenbruch. Trotz gelegentl. bed. Aufträge lebte R. in zunehmender gesellschaftl. und künstler. Vereinsamung. – Die *Leidener Frühwerke* (1625 bis 1631) sind bibl. Historienbilder (»Auferweckung des Lazarus«, um 1629; Los Angeles, County Museum of Art) und stehen in der von Pieter Lastman (* um 1583, □ 1633) vermittelten Elsheimer-Tradition (Dramatik des Lichts und Pathos der Gebärden). Neu ist die psycholog. Eindringlichkeit und die handlungsführende und -deutende Rolle des Lichts. Diese Linie führte R. weiter in der *frühen Amsterdamer Zeit* (mittlere Schaffensperiode; 1631–56), u.a. erhielt er den Auftrag für die Münchner Passionsbilder (1633–39, München, Alte Pinakothek). Bes. erfolgreich war R. in den 1630er Jahren als Porträtist; seine Gruppenporträts (»Die Anatomie des Dr. Tulp«, 1632; Den Haag, Mauritshuis) stellt er in einen Handlungszusammenhang. Mitte der 1630er Jahre entstanden auch Landschaftsbilder. Ein krasser Erzählstil durchbricht überkommene Schönheitsvorstellungen: »Der Triumph der Dalila« (1636; Frankfurt am Main, Städelsches Kunstinstitut), »Danae« (um 1636; Leningrad, Eremitage). Bilder großer Stille und Klarheit entstanden seit den 1640er Jahren (»Das Opfer des Manoah«, 1641; Dresden, Gemäldegalerie; »Die Kompagnie des Frans Banning Cocq« [»Die Nachtwache«], 1642; Amsterdam, Rijksmuseum; »Saskia«, 1643; Berlin-Dahlem), »Christus in Emmaus«, 1648; Paris, Louvre). Kraft und innere Sammlung strahlen die Werke der 1650er Jahre aus: »Bathseba« (1654; Paris, Louvre), »Der Segen Jakobs« (1656; Kassel, Staatl. Kunstsammlungen). In den Werken der *späten Amsterdamer Zeit* wird der visionäre Zug seiner Kunst unübersehbar; Mensch, Raum und Ding werden in einer »myst. Farbhülle«, bevorzugt in Braun- und Rottönen, zugleich verborgen und enthüllt. »Saul und David« (um 1658; Den Haag, Mauritshuis), »Christus und die Samariterin« (1659; Berlin, Gemäldegalerie), »Verleugnung Petri« (1660; Amsterdam, Rijksmuseum), »De Staalmeesters« (1662 [?]; ebd.), die »Judenbraut« (nach 1665; ebd.), »Die Rückkehr des verlorenen Sohnes« (1669; Sankt Petersburg, Eremitage). Über 100 Selbstbildnisse: als verlorener Sohn im »Doppelbildnis mit Saskia« (um 1636; Dresden, Gemäldegalerie), »fürstliches« Selbstbildnis (1640; London, National Gallery), als Apostel Paulus (1661; Amsterdam, Rijksmuseum), als Demokrit (der sog. »Lachende«, 1663; Köln, Wallraf-Richartz-Museum), »königliches« Selbstbildnis mit Barett (1669; Den Haag, Mauritshuis), loten Fragwürdigkeit und Anspruch menschl. Daseins aus. – Untersuchungen zum Umfang seines Werkes sind noch nicht abgeschlossen, die Trennung von Arbeiten seiner Schüler und Nachahmer ist schwierig; heute gelten zahlr.

Rembrandt (Selbstbildnis; Radierung, 1639)

Renaissance

Gemälde nicht mehr als eigenhändig, u. a. »Der Mann mit dem Goldhelm« (um 1650; Berlin-Dahlem). Das gemalte Œuvre begleiten etwa 1400 Zeichnungen und rd. 300 Radierungen, u. a. »Selbstbildnis mit Saskia« (1636), »Hundertguldenblatt« (etwa 1648–50), »Faust« (1651), »Das Landgut des Goldwägers« (1651), »Kleine Predigt Christi« (um 1652), »Die drei Kreuze« (1653), »Ecce homo« (1655), »Christus am Ölberg« (um 1657).

Remigius von Reims [- - raɪms, frz. rɛ̃:s], hl., *bei Laon um 436, † Reims 13. 1. 533 (?), Bischof von Reims. Stand in enger Verbindung mit König Chlodwig I., den er wahrscheinlich 498 taufte; bed. Organisator der nordfrz. Kirche. – Fest: 1. Oktober.

Reminiszenz [lat.], Erinnerung, Anklang.

Remiremont [frz. rəmir'mõ], frz. Stadt im Moseltal, Dép. Vosges, 10000 E. Got. Pfarrkirche (14. Jh., barock verändert) mit roman. Krypta (11. Jh.).

Remis [rə'miː; lat.-frz.], unentschiedener Ausgang [beim Schach].

Remise [lat.-frz.], Abstellschuppen.

Remittenden [zu lat. remittenda »die Zurückzuschickenden«], an den Verlag zurückgeschickte unverkaufte Zeitungen bzw. Zeitschriften oder fehlerhafte Bücher.

Remittent [lat.] (Wechselnehmer, Begünstigter), Bez. für diejenige Person, an die die Wechselsumme zu zahlen ist.

Remonstranten [lat.], svw. ↑Arminianer.

REM-Phase [engl. rɛm...; Abk. für engl. rapid eye movement »schnelle Augenbewegung«] ↑Schlaf.

Rems, rechter Nebenfluß des Neckars, 81 km lang.

Remscheid, Stadt im Bergischen Land, NRW, 123400 E. Dt. Röntgen-Museum, Dt. Werkzeugmuseum, Theater; Mittelpunkt der dt. Werkzeugindustrie.

Remter, Speisesaal in den Ordensburgen der geistl. Ritterorden.

Remus, Zwillingsbruder des ↑Romulus.

Ren [rɛn, reːn; skandinav.] (Rentier), großer Trughirsch v. a. in den Tundren- und Waldgebieten N-Eurasiens und des nördl. N-Amerika (einschließlich Grönland); Körperlänge bis über 2m, Fell dicht und lang; ♂ und ♀ mit starkem, unregelmäßig verzweigtem Geweih, Enden oft schaufelförmig. Das R. tritt in großen Rudeln auf, die jahreszeitlich weite Wanderungen durchführen. Das *Nordeurop. Ren* ist heute großenteils halbzahm und wird in großen Herden gehalten. Es dient den nord. Nomaden als Zug- und Tragtier, als Fleisch-, Milch-, Fell- und Lederlieferant. Im sö. Kanada lebt das *Karibu.*

Renaissance [frz. rənɛˈsɑ̃:s »Wiedergeburt«], **1)** die Wiedererweckung einer vergangenen Zeit, Mode.
2) kulturgeschichtl. Begriff, bezeichnet zunächst die Zeit von etwa 1350 bis in

Ren.
Links: Karibu ♦
Rechts: Nordeuropäisches Ren

Renaissance

Renaissance. Donatello. »Johannes der Täufer als Knabe« (Bronze, vor 1443; Florenz, Museo Nazionale)

die Mitte des 16. Jh. als die Zeit der Wiedererweckung des klass. Altertums und des Wiederaufblühens der Künste, dann den kulturellen Zustand der Übergangszeit vom MA zur Neuzeit, bes. in Italien (ital. Rinascimento). Der Begriff steht in Beziehung zu ↑Humanismus, richtet sich sich aber auf die Gesamtkultur des Zeitraums. Seit dem 19. Jh. ist er auch gebräuchlich für geistige und kulturelle Bewegungen, die bewußt an ältere Traditionen anknüpfen (z. B. die karoling. R.). – R. als Epochenbegriff ist im 19. Jh. u. a. von J. Michelet und J. Burckhardt geprägt worden. Die damit verbundene Vorstellung der »Wiedergeburt« ist bereits im 14./15. Jh. in Italien belegt.

Bildende Kunst: Die charakterist. Züge der R. sind am deutlichsten in der bildenden Kunst verwirklicht, bes. in der Italiens. Hier löste der neue, an der Antike geschulte Stil um 1420 die Gotik ab (Früh-R.), erreichte um 1500 seinen Höhepunkt (Hoch-R.) und ging ab 1520 seinem Ende entgegen (Spät-R., meist dem ↑Manierismus gleichgesetzt). F. Brunelleschi entwickelte in *Florenz,* ausgehend von Euklids mathemat. Optik, die Gesetze der Zentralprojektion. Brunelleschi und L. B. Alberti schufen mit ihren theoretisch fundierten Bauten Hauptwerke der Florentiner Frührenaissance. L. Ghiberti und Donatello bzw. Masaccio eröffneten der Plastik und Malerei neue Möglichkeiten. Während Donatello nach dem Vergleich antiker Statuen freistehende Figuren schuf, übertrug Masaccio die von Brunelleschi entwickelten Regeln der Zentralprojektion auf die Malerei (Zentral-, Linearperspektive). Der junge Michelangelo erhielt Zugang zur Antikensammlung der Medici. Das Studium der Perspektive und der menschl. Anatomie nahm einen bes. breiten Raum ein. Die Florentiner Früh-R. in ihrer Verbindung von Humanismus und neuer Kunst hatte unmittelbare Auswirkungen auf weitere norditalien. Städte, wo Maler wie A. Mantegna oder Piero della Francesca im Auftrag fürstl. Mäzene wirkten. Am Hof in *Mantua* z. B. spielte die Gemahlin des Markgrafen Francesco II. Gonzaga (⚭1484–1519), Isabella d'Este, eine bed. Rolle als Mäzenatin. An diesem kunstliebenden Hof wirkte v. a. Mantegna, der den Auftrag zur Ausmalung der Camera degli Sposi erhielt (1471–74). Der Hof der Este von *Ferrara* war v. a. unter Hzg. Ercole I. (⚭1471–1505), Alfons I. (⚭1505–34) und seiner Gemahlin Lucrezia Borgia und Ercole II. (⚭1534–59) sowie seiner Gemahlin Renata (*1510, †1575) ein Glanzpunkt der R. In *Mailand,* das im 14. Jh. unter den Visconti ein Zentrum des Humanismus war (F. Petrarca), entstanden während der kurzen Regierungszeit von Herzog Ludwig aus dem Hause Sforza (⚭1494–99) und seiner Gemahlin Beatrice d'Este (*1475, †1497) bed. Werke der beginnenden Hoch-R.: Leonardo da Vincis »Abendmahl« (1495–97) in Santa Maria delle Grazie, deren Chor Bramante errichtete (1492–97). Im Kgr. *Neapel* sorgte Alfons V., der Weise, von Aragonien (⚭1416 bis 1458) für eine großzügige Förderung der humanist. Wiss. In *Venedig* kam es zu bed. Leistungen, sowohl auf dem Gebiet der Philologie als auch der Drucker- und Verlegertätigkeit (A. Manutius). In der venezian. Malerei setzte die R. mit dem Werk von Giovanni Bellini ein. In der Folge blieben dann in den Werken Giorgiones, Tizians, Tintorettos und Paolo Veroneses die ästhet. Vorstellungen der R. malerei länger wirksam als im übrigen Italien, was auch für die Baukunst (Sansovino, A. Palladio) gilt.

Renaissance. Filippo Brunelleschi. San Lorenzo in Florenz (begonnen 1421)

Voraussetzung für die Verlagerung des Schwerpunktes des humanist. und künstler. Wirkens von Florenz nach Rom war die polit. Festigung des röm. Papsttums nach dem Ende des Abendländ. Schismas (1417) und die Stabilisierung der päpstl. Finanzen. Bereits mit Papst Nikolaus V. (1447–55) hatte der Humanismus in Rom eine bed. Stellung erringen können (Gründung der Vatikan. Bibliothek). Pius II. (1458–64) trat selbst als Humanist hervor, bes. mit geograph.-histor. Werken. Der Auftrag Sixtus' IV. (1471–84) zum Bau der nach ihm ben. päpstl. Kapelle war der Beginn einer großzügigen Förderung der Künste durch das *Renaissancepapsttum,* die unter Julius II. (1503–13) ihren Höhepunkt fand; Großprojekte: Neubau der †Peterskirche (Entwurf Bramantes 1506), Auftrag für sein Grabmal (Michelangelo), die Fresken Raffaels in den Stanzen des Vatikans (1508–17) und das Deckenfresko Michelangelos in der Sixtin. Kapelle (1508–12). Die Einfachheit und Klarheit dieser Werke werden seit etwa 1520 sowohl im Spätstil Raffaels wie Michelangelos (das »Jüngste Gericht« auf der Altarwand der Sixtin. Kapelle, 1534–41) durch einen zunehmend schwierigeren Bildaufbau, eine kompliziertere Formensprache und Themendeutung abgelöst.
Literatur: Mit Petrarca begann die Rückbesinnung auf das klass. Latein und die Erneuerung der antiken Gatt. und Formen (u. a. Epistel, Biographie, Satire, Ode, Elegie). Gleichzeitig setzte eine Hinwendung zur Volkssprache ein, deren Ebenbürtigkeit mit den antiken Sprachen etwa seit dem 15. Jh. anerkannt wurde, und die Bildung moderner Nat.-Literaturen. Das antike Epos wurde wiederbelebt (Ariost, Tasso, Camões). In der Dramatik begann mit dem Rückgriff auf die antiken Tragödien und Komödien das moderne europ. Theater; Neuschöpfungen der R. waren das höf. Festspiel, die Oper und das Schäferspiel. Einen Höhepunkt erreichte die Literatur der R. mit dem elisabethan. Drama (Marlowe, Shakespeare). Auch der europ. Roman erlangte durch Cervantes und Rabelais eine neue Qualität; seit dem großen Erfolg von Boccaccios »Decamerone« verbreitete sich die neue Gattung der Novelle in England (Chaucer), Frankreich (Margarete von Navarra) und Spanien (Cervantes). In Deutschland ist die Literatur der R. fast ausschließlich von humanist. Gelehrsamkeit bestimmt (K. Celtis, U. von Hutten, N. Frischlin, Erasmus von Rotterdam). Erst die Bibelübertragung Luthers legte den Grund für eine Lit. in der Nat.-Sprache.
Musik: In der Musik der R. waren nicht italien., sondern frz. und niederländ. Künstler richtungweisend. Im Sinne der R. wird die Linienführung geglättet, der Klang wird ausgewogen, die Sprachdeklamation in der Vokalmusik ausdrucksreich. Hauptform ist das polyphone Gesangswerk, das der musikal. Andeutung des Textes dient (Messe, Motette, Chanson, Madrigal, Lied); Hauptmeister sind Josquin Desprez, A. Willaert und ihre Zeitgenossen. Bezeichnend für die R. ist ferner die sich von den vokalen Formen ablösende Instrumentalmusik (Ricercare, Kanzone und Tokkata, bes. für Tasteninstrumente). Aus der Fam. der Violen entwickelten sich im 16. Jh. die Violinen und die monod. Violinmusik. Eine besondere Ausprägung erfuhr die Orgelmusik (J. P. Sweelinck), daneben verselbständigten sich Lauten- und Klaviermusik (Clavichord, Cembalo). Im reformator. Deutschland entstand die ev. Kirchenmusik.

renal [lat.], *Medizin:* die Nieren betreffend.

Renan, Ernest [frz. rə'nã], * Tréguier bei Saint-Brieuc 27. 2. 1823, † Paris 2. 10. 1892, frz. Orientalist, Religionshistoriker und Schriftsteller. 1862 Prof. für semit. Sprachen am Collège de France, 1863 auf Druck des frz. Episkopats amtsenthoben; 1871 rehabilitiert; ab 1878 Mgl. der Académie française. Sein umstrittenes Werk »Das Leben Jesu« (1863; 1. Bd. seiner »Histoire des origines du christianisme«, 7 Bde., 1863–83) versucht in romanhafter Darstellung den Lebenslauf Jesu als einen Weg zum Anarchismus zu beschreiben.

Renaud, Madeleine [frz. rə'no], * Paris 21. 2. 1900, † Neuilly-sur-Seine 23. 9. 1994, frz. Schauspielerin. Herausragende Darstellerin der Comédie-Française (1921–46); ab 1946 ∞ mit J. L. Barrault, gründete 1947 mit ihm eine eigene Theatergruppe.

Ernest Renan

Renault

Renault, Louis [frz. rə'no], *Autun 21.5.1843, †Barbizon 8.2.1918, frz. Völkerrechtler. Erhielt für seinen Beitrag zur internat. Rechtsordnung 1907 den Friedensnobelpreis.

Renault S. A., Régie Nationale des Usines [frz. reˈʒi nasjɔ'nal dezyˈzin reˈno sɔsjeˈte anɔˈnim], frz. Unternehmen der Automobilindustrie, Sitz Boulogne-Billancourt; gegr. 1899 von Louis Renault (*1877, †1944); 1945 verstaatlicht.

Rendezvous [rãdeˈvu:; frz.], Verabredung.

Rendite [italien.], jährl. Ertrag einer Kapitalanlage; i. e. S. die Verzinsung eines Wertpapiers ohne Berücksichtigung eines Gewinns oder Verlusts bei Verkauf oder Rückzahlung.

Rendsburg, Kreisstadt zw. Eider und Nord-Ostsee-Kanal, Schlesw.-Holst., 31 200 E. Fernhochschule für Berufstätige, Schleswig-Holsteinisches Landestheater; u. a. Schiffswerften; Hafen. Got. Marienkirche (1287ff.), barocke Christkirche (1695–1700); Bürgerhäuser (16.–18. Jh.). In R.-Neuwerk, der 1691 angelegten Festungsstadt, sind erhalten: Arsenal, Proviantamt, Hauptwache und Bürgerhäuser.

Rendzina [poln.] ↑Bodentypen.

Renegat, svw. Abtrünniger, Abweichler.

Reneklode [frz., eigtl. Reine (»Königin«) Claude, nach der Gemahlin des frz. Königs Franz I.] ↑Pflaumenbaum.

Reni, Guido, *Calvenzano (heute zu Vergato bei Bologna) 4.11.1575, †Bologna 18.8.1642, italien. Maler. Anfänglich von den Carracci beeinflußt, später strenge, hellfarbige Bilder und Fresken, u. a. in Rom im Casino Rospigliosi (»Aurora«, 1613/1614); auch »Assunta« (1617; Genua, San Ambrogio); Radierungen; zahlr. Altarwerke und Bilder mytholog. und bibl. Inhalts.

renitent [lat.-frz.], voller Auflehnung, widerspenstig.

Renken, svw. ↑Felchen.

Renn, Ludwig, eigtl. Arnold Friedrich Vieth von Golßenau, *Dresden 22.4.1889, †Berlin (Ost) 21.7.1979, dt. Schriftsteller. Trat 1928 der KPD bei; emigrierte 1936 in die Schweiz, Offizier bei den internat. Brigaden im Span. Bürgerkrieg; lebte 1939–47 in Mexiko, ab 1952 in Berlin (Ost). Sein reportageartiger Roman »Krieg« (1928) wurde ein Welterfolg; in der Fortsetzung »Nachkrieg« (1930) schildert R. die innenpolit. Konflikte von 1919/20.

Renner, Karl, *Untertannowitz (heute Dolní Dunajovice, Südmähr. Gebiet) 14.12.1870, †Wien 31.12.1950, österr. Politiker. Okt. 1918–Juni 1920 Regierungschef; Juli 1919–Okt. 1920 Staatssekretär für Äußeres, dabei auch Leiter der österr. Friedensdelegation; 1931–33 1. Präs. des Nationalrats; sprach sich 1938 für den »Anschluß« an das Dt. Reich aus; proklamierte als

Rennes
Stadtwappen

Rennes.
Palais de Justice;
1618-55

Staatskanzler einer provisor. Regierung (April–Dez. 1945) die Wiederherstellung der Republik Österreich; ab Dez. 1945 Bundespräsident.

Rennert, Günther, *Essen 1. 4. 1911, † Salzburg 31. 1. 1978, dt. Regisseur. War 1946–56 Intendant der Hamburger Staatsoper, 1967–76 der Bayer. Staatsoper in München; auch vielgefragter Gastregisseur, bes. für das internationale zeitgenöss. Musiktheater.

Rennes [frz. rɛn], Hauptstadt der frz. Region Bretagne und des Dép. Ille-et-Villaine, in der östl. Bretagne, 194 700 E. Zwei Univ., Museen, Theater. Auto-Ind., Erdölraffinerie. Klassizist. Kathedrale (1787 bis 1844), ehem. Klosterkirche Notre-Dame (14. Jh.); Justizpalast (1618–55), Rathaus (um 1731).

Rennin [engl.], svw. ↑Labferment.

Rennmäuse (Wüstenmäuse), Unter-Fam. etwa maus- bis rattengroßer, langschwänziger Nagetiere (Fam. Wühler) mit über 100 Arten, v. a. in wüstenartigen Trockenlandschaften Afrikas, Vorder- und Zentralasiens; vorwiegend nachtaktive Tiere.

Rennsteig, alter Grenzweg zw. Thüringen und Franken auf dem Kamm des Thüringer Waldes (168 km lang).

Rennwagen ↑Motorsport.

Reno [engl. 'riːnəʊ], Stadt im westl. Nevada, USA, 101 000 E. Univ.; Spielsalons; »Heirats- und Scheidungsparadies«.

Renoir [frz. rə'nwaːr], 1) Auguste, *Limoges 25. 2. 1841, † Cagnes-sur-Mer 3. 12. 1919, frz. Maler. War zunächst Porzellanmaler. In den 1870er Jahren entwickelte er gleichzeitig mit C. Monet die für die impressionist. Malerei typ. kommaartige Pinselschrift; seine Aufmerksamkeit galt dem sinnl. Reiz der Farben und Stoffe und v. a. des Lichts und seinen Vibrationen; um 1883 wandte er sich unter dem Einfluß Raffaels (feste Konturen, Klarheit und Bewußtsein der Komposition) vom Impressionismus ab; in den 1890er Jahren verbanden sich klass. Komposition und neu aufblühende Farben in Wärme und Gelöstheit. – *Werke:* Das Ehepaar Sisley (1868; Köln, Wallraf-Richartz-Museum), Die Loge (1874; London, Courtauld Institute Galleries), Le Moulin de la Galette (1876; Paris, Louvre), Ba-

Rentenbanken

Auguste Renoir. Am Frühstückstisch (1879; Frankfurt am Main, Städelsches Kunstinstitut)

dende (1884–86; Philadelphia, Museum of Art, und 1918/19; Paris, Louvre); 1907 ff. auch Bronzeplastik.

2) Jean, *Paris 15. 9. 1894, † Beverly Hills (Calif.) 12. 2. 1979, frz. Regisseur und Drehbuchautor. Sohn von Auguste R.; gehört zu den Klassikern des internat. Films, v. a. Literaturverfilmungen, u. a. »Nana« (Stummfilm, 1926, nach E. Zola), »Madame Bovary« (1934; nach G. Flaubert), »Nachtasyl« (1936), »Tagebuch einer Kammerzofe« (1946; nach O. Mirbeau); sein Film »Frühstück im Grünen« (1959) ist eine Hommage für A. Renoir.

Renouveau catholique [frz. rənu'vo kato'lik], um 1900 von Frankreich ausgehende Bewegung zur Erneuerung der Literatur im Sinne eines essentiellen Katholizismus. Vertreter u. a. P. Claudel, J.-K. Huysmans, C. Péguy, G. Bernanos und M. Jouhandeau.

Rentabilität [lat.-frz.], Verhältnis von Gewinn zu eingesetztem Kapital.

Rente [lat.-frz.], allg. eine regelmäßig wiederkehrende Geldleistung, der keine Gegenleistung im gleichen Zeitraum gegenübersteht.

Rentenbanken, öffentl. Realkreditinstitute; im 19. Jh. (zuerst in Preußen)

Jean Renoir

Rentenmark

gegründet. Die R. gaben staatl. garantierte Schuldverschreibungen an den Grundherrn aus (Rentenbriefe), Zins und Tilgung trugen die Bauern zur Ablösung von Natural- und Dienstleistungen, die aus der Bauernbefreiung verblieben waren; 1928 aufgelöst.

Rentenmark, Abk. **RM,** Rechnungseinheit einer dt. Hilfs- oder Zwischenwährung zur Überwindung der Inflation; 1 RM = 100 Rentenpfennige, eingeführt am 13. 10. 1923 anstelle der völlig entwerteten Papiermark im Verhältnis 1:1 Billion; am 30. 8. 1924 durch die ↑Reichsmark abgelöst.

Rentenversicherung, Teil der Sozialversicherung; vom Staat getragene (gesetzl.) Pflichtversicherung für Arbeiter und Angestellte; ein bes. Zweig ist die Altershilfe für Landwirte. Träger der R. der Arbeiter sind die Landesversicherungsanstalten, für Angestellte die Bundesversicherungsanstalt für Angestellte und für die im Bergbau Beschäftigten die Bundesknappschaft. Selbständige und andere nicht versicherungspflichtige Personen können auf Antrag in die R. einbezogen werden; versicherungsfrei sind Beamte. Die Pflichtbeiträge, deren Höhe bis zur jährlich neu festgelegten ↑Beitragsbemessungsgrenze (1995: 7800 [in den neuen Bundesländern 6400] DM im Monat) als bestimmter Prozentsatz des Bruttoeinkommens (1995: 18,6%) festliegt, werden bei Pflichtversicherten je zur Hälfte vom Arbeitgeber und Arbeitnehmer getragen, bei freiwillig Versicherten von diesen allein. Versicherungsfälle sind Berufs- und Erwerbsunfähigkeit, Erreichen der Altersgrenze und Tod. In allen Fällen ist Anspruchsvoraussetzung, daß eine bestimmte Wartezeit zurückgelegt wurde, d. h. eine bestimmte Zeit lang Beiträge gezahlt wurden.
Bei *Berufsunfähigkeit* und *Erwerbsunfähigkeit* ist eine Versicherungszeit von 60 Kalendermonaten erforderlich. Zur Wiederherstellung der Arbeitskraft können Rehabilitationsmaßnahmen ergriffen werden. Von der *Altersgrenze* (Normalfall: Vollendung der 65. Lebensjahres) gibt es eine Reihe von Ausnahmen. Weibl. Versicherte über 60 Jahre erhalten bei erfüllter Wartezeit von 180 Kalendermonaten bei 121 Pflichtbeiträgen innerhalb der letzten 20 Jahre auf Antrag ein vorgezogenes Frauen-Altersruhegeld; bei gleicher Altersgrenze und Wartezeit erhalten Arbeitslose, die innerhalb der letzten 18 Monate mindestens 52 Wochen arbeitslos waren, ein vorgezogenes Arbeitslosen-Altersruhegeld; für alle Versicherten gilt die *flexible Altersgrenze* von 63 Jahren, bei deren Erreichen, wenn eine Wartezeit von 35 Jahren mit mindestens 15 Jahren Beitrags- und Ersatzzeiten erfüllt ist, auf Antrag Altersruhegeld gewährt wird; für Schwerbehinderte sowie Berufs- und Erwerbsunfähigkeit verringert sich die Altersgrenze auf 60 Jahre. Bei *Tod* des Versicherten wird eine Rente an die Hinterbliebenen gezahlt. Die Witwen-, Witwer- und Hinterbliebenenrenten betragen 60%, die Vollwaisenrente 20% und die Halbwaisenrente 10% der Versichertenrente. 1986 wurden sog. Erziehungszeiten eingeführt und Frauen pro Kind, das sie aufgezogen haben, ein Jahr bei der Wartezeit (»Babyjahr«) angerechnet. – Vorzeitiges Ausscheiden aus der Erwerbstätigkeit bewirkt unabhängig von der R. auch die Inanspruchnahme der ↑Vorruhestandsregelung.
Um die Entwertung einmal berechneter Renten durch Inflation und steigende Erwerbseinkommen zu verhindern, wurde durch die Rentenreform 1957 die *dynam. Rente* (Produktivitätsrente) eingeführt. Die Rentenanpassung orientierte sich urspr. an der Entwicklung der Bruttoarbeitsentgelte (Bruttolohnanpassung). Mit der Rentenreform 1992 wurde zur nettolohnbezogenen Rentenanpassung übergegangen; zugleich wurde das westdt. Rentenrecht auf die neuen Bundesländer übertragen.
Zur Geschichte der R. ↑Sozialversicherung.

Rentierflechte ↑Becherflechten.

Rentner, Bezieher von Altersruhegeld.

Reparationen [lat.], seit dem 1. Weltkrieg geläufige Bez. für die (Geld-, Sach- oder Arbeits-)Leistungen, die einem besiegten Staat zur Behebung der Kriegsschäden (und -kosten) vom Siegerstaat bzw. von den Siegerstaaten auferlegt werden. – Eine bes. Rolle spielten die R. in der dt. Politik nach dem 1. Weltkrieg v. a. wegen ihrer Verknüpfung mit dem sog. Kriegsschuldartikel 231 des Versailler Vertrags. Die Höhe der Gesamtforderung (Jan. 1921: 226 Mrd. Goldmark) wurde schrittweise reduziert (Youngplan 1929: 34,9 Mrd. Goldmark in 59 Jahresraten), die Endregelung 1932 (3 Mrd. RM) nicht mehr vollzogen. – Nach dem 2. Weltkrieg betrugen die dt. R. an die westl. Alliierten (aus den westl. Besatzungszonen) erheblich über 0,5 Mrd. Dollar (Geldwert von 1938), an die Sowjetunion (überwiegend aus der sowjet. Besatzungszone) nach westdt. Berechnungen ca. 13 Mrd. Dollar. Die westdt. Reparationszahlungen waren 1953 beendet (Londoner Schuldenabkommen), die ostdt. 1954.

Repatriierung [lat.], die Rückführung von Kriegs-, Zivilgefangenen oder Flüchtlingen in den Heimatstaat durch den Aufenthaltsstaat.

Repellent [engl. rɪˈpelənt], chem. Substanz, die auf Tiere abschreckend wirkt, ohne ihnen zu schaden. Verwendung u. a. zur Abwehr blutsaugender Insekten und zur Vorbeugung gegen Vogelfraß und Wildverbiß.

Repertoire [repɛrtˈwaːr; lat.-frz.], **1)** die Gesamtheit der Inszenierungen eines Theaters, der Stücke eines Orchesters usw., die aufs Programm gesetzt werden können.
2) alle einstudierten Rollen eines Schauspielers, Solisten oder Artisten.

Repertorium [lat.], **1)** Verzeichnis, ↑Register.
2) Nachschlagewerk, systematische Zusammenfassung von bestimmten Sachgebieten.

Repetition [lat.], Wiederholung.

Repetitor [lat.], Privatlehrer, der mit Studierenden v. a. jurist. Fachrichtung den Examensstoff einübt, oft nach selbst herausgegebenen Skripten *(Repetitorien)*.

Repin, Ilja Jefimowitsch [russ. ˈrjepin], *Tschugujew (Geb. Charkow) 5. 8. 1844, † Kuokkala (Finnland, heute Repino, Gebiet Leningrad) 29. 9. 1930, russ. Maler. Bed. russ. Naturalist; Volksszenen, Bildnisse, u. a. »Burlaken an der Wolga« (1870–73; Sankt Petersburg, Staatl. Russ. Museum), »Die Saporoger Kosaken schreiben an Sultan Mohammed IV. einen Brief« (1891–96; Charkow, Museum).

Replik [lat.-frz.], **1)** Gegenrede, Erwiderung.

2) *Kunst:* Wiederholung eines Kunstwerks durch seinen Schöpfer (im Unterschied zur Kopie von fremder Hand).

Reportage [repɔrˈtaːʒə, lat.-frz.], aktuelle Berichterstattung mit Interviews, Kommentaren, dokumentar. Bildern in Presse, Rundfunk, Fernsehen.

Reppe-Chemie (Acetylenchemie), von dem dt. Chemiker Walter Reppe (*1892, † 1969) und seinen Mitarbeitern entwickelte Umsetzungen mit Acetylen (Äthin): die *Äthinylierung* (Einführung der Äthinylgruppe, $HC \equiv C-$, in organ. Verbindungen), die *Vinylierung* (Einführung einer Vinylgruppe, $H_2C = CH-$, in organ. Verbindungen) und die *Carbonylierung* (Einlagerung von Kohlenmonoxid) durch Reaktion des Acetylens mit Kohlenmonoxid.

Repräsentantenhaus (engl. House of Representatives), dem britischen Unterhaus entsprechende Abg.-Kammern, z. B. in Australien, Neuseeland und v. a. in den USA, wo das R. mit dem Senat den Kongreß bildet.

Repräsentation [lat.-frz.], **1)** gesellschaftl. Aufwand für ein angemessenes Auftreten in der Öffentlichkeit.
2) *Verfassungsrecht:* Vertretung, z. B. von Wählern durch Abg. (↑Repräsentativsystem).

Repräsentativsystem, ein polit. System, in dem die Herrschaftsunterworfenen an allen wichtigen Entscheidungen durch eine Vertretungskörperschaft teilnehmen, deren Mgl. die Interessen der von ihnen Vertretenen wahrnehmen sollen; heute überwiegend in der Form des Parlamentarismus mit dem Anspruch, ein System indirekter Demokratie zu sein.

Repressalie [mittellat.], **1)** *allg.:* Druckmittel, Vergeltungsmaßnahme.
2) im *Völkerrecht* eine erlaubte Selbsthilfemaßnahme, die als Reaktion auf erlittenes Völkerunrecht angekündigt und ergriffen wird (z. B. Verhängung einer Blockade).

Repression [lat.], (gewaltsame) Unterdrückung von Kritik, Widerstand, individueller Entfaltung o. ä.; Gegenbegriff zur Emanzipation.

Reprint [riː...; engl.] ↑Nachdruck.

Reprise [lat.-frz.], in der *Musik* die Wiederkehr eines Satzteiles; speziell im Sonatensatz der an die ↑Durchführung

Reprivatisierung

anschließende und die ↑Exposition wiederaufnehmende Abschnitt mit den Themen in der Haupttonart.

Reprivatisierung, Rückführung von öffentl. Vermögen in private Hände.

Reproduktion, 1) Wiedergabe; bes. in der Kunst die Nachbildung eines Originals.
2) *Drucktechnik:* mittels eines ↑Reproduktionsverfahrens hergestellte Vervielfältigung einer Vorlage.
3) *Biologie:* die Erzeugung von Nachkommen gleicher Art durch geschlechtliche ↑Fortpflanzung.
4) *polit. Ökonomie:* die ständige Wiederherstellung der Produktionsfaktoren und -bedingungen auf gleichem Niveau *(einfache R.)* oder in wachsendem Umfang *(erweiterte Reproduktion).*

Reproduktionsmedizin, Spezialgebiet der Medizin, das sich mit der Erforschung der biolog. Grundlagen der menschl. Fortpflanzung befaßt. ↑Besamung, ↑Retortenbaby.

Reproduktionstechnik (Reprotechnik), das Gesamtgebiet der Verfahren zur Herstellung von Druckformen.

Reproduktionsverfahren (Reproverfahren), die Gesamtheit der Verfahren zur Wiedergabe von flächigen Vorlagen (Bilder, Zeichnungen, Schriften, Noten u. a.) im Druck; i. e. S. die Verfahren der Reproduktionstechnik zur Druckformenherstellung. Man unterscheidet *manuelle R.* (u. a. Holzstich, Kupfer- und Stahlstich, Lithographie, Radierung) und *photochemigraph.* oder *photochem. R.* (z. B. Autotypie, Strichätzung, Lichtdruck, Photolithographie, Tiefdruckätzung). Sie führen von der Vorlage über Retuschen bis zur Herstellung und Montage der Kopiervorlage mit anschließenden ätztechn. Arbeitsgängen (Herstellung der Druckform). Photograph. R. sind weitgehend durch die Scannertechnik (↑Scanner) ersetzt worden.

reproduktiv, *bildungssprachlich:* nachbildend.

Reprographie [lat./griech.], Sammel-Bez. für verschiedene Kopierverfahren (z. B. Photokopieren, Lichtpausen).

Reprokamera (Reproduktionskamera), in der *Reproduktionsphotographie* verwendete große, horizontal oder vertikal angeordnete photograph. Kamera (Aufnahmeformate bis 150 × 150 cm) zur Herstellung von *Reproaufnahmen,* d. h. von Halbton-, Raster- und Strichaufnahmen nach flächigen Vorlagen.

REPROM (**Re**programmable **R**ead **O**nly **M**emory), wiederholt programmierbarer Halbleiterspeicher (Festspeicher). Die Löschung erfolgt durch intensive UV-Bestrahlung des Schaltkreises, die erneute Programmierung durch kurzzeitiges Beaufschlagen der Datenausgänge mit höheren Spannungen.

Reptilien [lat.-frz.] (Kriechtiere, Reptilia), seit dem Oberkarbon bekannte, heute mit über 6000 Arten weltweit verbreitete Klasse 0,04–10 m langer Wirbeltiere; wechselwarme, lungenatmende Landbewohner, die (im Unterschied zu den Lurchen) durch stark verhornte Körperschuppen und -schilder vor Austrocknung geschützt und meist von Gewässern unabhängig sind. Hauptvorkommen in den Tropen und Subtropen; Gliedmaßen voll ausgebildet oder (wie bei Schlangen) völlig rückgebildet; Entwicklung ohne Metamorphose (keine Larven); legen meist Eier mit pergamentartiger oder verkalkter Schale; z. T. auch lebendgebärend (z. B. Kreuzotter); unter den Sinnesorganen sind Gesichts- und Geruchssinn hoch entwickelt. – Die R. ernähren sich meist von tier., z. T. auch von pflanzl. Kost (z. B. Schildkröten).

Reptilienfonds [...fɔ̃], ein der öffentl. Kontrolle entzogener polit. Geheimfonds; urspr. ein Fonds Bismarcks zur Bekämpfung geheimer Staatsfeinde, die Bismarck als »bösartige Reptilien« bezeichnete.

Republik [lat.-frz.], Staatsform, in der das Volk (Demokratie) oder ein Teil desselben (z. B. Aristokratie, Oligarchie) die souveräne Macht besitzt und deren oberstes Staatsorgan nur auf Zeit bestellt bzw. gewählt wird.

Republikanische Partei (Republican Party), 1854 gegr. amerikan. Partei; stellte seit A. Lincoln (1861–65) überwiegend der Präs. der USA. Die R. P. wurde ab den 1890er Jahren zum Inbegriff amerikan. konservativer Politik und war mit ihrem an wirtschaftl. Interessen orientierten expansionist. Programm bis 1932 die politisch dominierende Partei. Nach Vorherrschaft der Demokraten ab 1933 gelang der R. P. erst 1953 die Rückkehr ins Weiße Haus (D. Eisenhower, 1953–61; R. Nixon und G. Ford, 1969–77; R. Reagan, 1981–89; G. Bush, 1989–93).

Republikanischer Schutzbund, 1923 gegr. Wehrverband der SPÖ zur Verteidigung der Republik; bestand, von Dollfuß 1933 aufgelöst, illegal bis 1934.

Republikschutzgesetz, nach der Ermordung W. Rathenaus durch Rechtsextremisten erlassenes Gesetz (21. 7. 1922) zum Schutz der republikan.-demokrat. Staatsform (galt bis 1932).

Requiem ['re:kvi-ɛm; lat.], die kath. Messe für Verstorbene (Seelenamt) nach dem Anfang des Introitus »Requiem aeternam dona eis, Domine ...« (»gib ihnen die ewige Ruhe, Herr ...«). Das R. ist Bestandteil der ↑Exequien; seit dem 13. Jh. mit der Sequenz »Dies irae«. Erste mehrstimmige Kompositionen des R. datieren aus dem 15. Jh. (J. Ockeghem). Bed. R.vertonungen stammen u. a. von G. P. da Palestrina, O. di Lasso, W. A. Mozart (unvollendet), H. Berlioz, G. Verdi. Auf einer eigenen Zusammenstellung von Bibeltexten beruhen die »Musical. Exequien« von H. Schütz und das »Dt. Requiem« von J. Brahms.

requiescat in pace! [lat. »er (sie) möge in Frieden ruhen«], Abk. **R. I. P.,** Grabinschrift.

Requisiten [lat.], bei Theater, Film, Fernsehen jegl. Zubehör (Gebrauchsgegenstände und mobile Dekorationsstücke), das in einer Inszenierung verwendet wird.

Requisition [lat.], die (völkerrechtlich zulässige) Beschlagnahmung für Heereszwecke in besetztem Gebiet.

Rerum novarum [lat. »nach Neuerungen (begierig)«] ↑Sozialenzykliken.

Resaieh [pers. rezai'je] ↑Urmia.

Resa Pahlewi [pers. re'zɑ: pɑx..., pæh...] (Reza Pahlavi, R. Pehlewi), iran. Schahs: **1) Resa Pahlewi,** urspr. Resa Khan, *Alascht (Masenderan) 16. 3. 1878, † Johannesburg 26. 7. 1944, Schah von Persien bzw. Iran (1925–41). Stürzte als Kommandeur einer Kosakenbrigade 1921 die pers. Regierung; 1923–25 Min.-Präs.; 1925 zum Schah ausgerufen; 1941 Abdankung und Verbannung v. a. wegen seiner Sympathien für die Achsenmächte.

2) Resa Pahlewi, Mohammed, *Teheran 26. 10. 1919, † Kairo 27. 7. 1980, Schah von Iran (1941 bis 1979). Verließ im Konflikt mit Min.-Präs. M. Mossa-degh 1953 für kurze Zeit Iran, nach erfolgreicher Aktion von Militärs zurückgerufen; setzte seine Reform- und Industrialisierungspolitik in autoritärem Stil fort; in dritter Ehe seit 1959 ∞ mit Farah Diba (*1938); mußte im Febr. 1979 Iran verlassen.

Reschenpaß ↑Alpenpässe (Übersicht).

Reseda [lat.] (Resede, Wau), größte Gatt. der R.gewächse mit rd. 50 Arten in Europa, N- und O-Afrika bis Indien. Bekannte Arten sind: *Garten-R.,* bis 60 cm hoch, wohlriechend; *Färberwau* (Gelbkraut, Färberresede), bis 1 m hoch; aus ihm wurde früher der gelbe Farbstoff *Luteolin* gewonnen.

Reseda.
Gartenreseda

Resedagewächse (Resedengewächse, Resedaceae), Fam. der Zweikeimblättrigen in Afrika und im europ. Mittelmeergebiet; mit sechs Gatt. und rd. 70 Arten.

Resektion [lat.], operative Entfernung kranker oder defekter Teile eines Organs oder Körperteils.

Reservat [lat.] (Reservation), Gebiet, das Ureinwohnern (u. a. ↑Indianern) nach der Vertreibung aus ihrem Land zugewiesen wurde.

Reserve [lat.-frz.], **1)** Zurückhaltung. **2)** *Betriebswirtschaft:* Vorrat, Rücklage [für den Notfall].
3) *Militär:* Gesamtheit der *Reservisten,* d. h. der Wehrpflichtigen, die den Wehrdienst abgeleistet haben oder, ohne gedient zu haben, gleichfalls der Wehrüberwachung unterstehen (Ersatzreservisten).

Reservestoffe

Alain Resnais

Reservestoffe, im pflanzlichen und tierischen Organismus in Zellen bzw. in besonderen Speichergeweben oder -organen angereicherte, dem Stoffwechsel vorübergehend entzogene Substanzen, die vom Organismus bei Bedarf (steigender Energiebedarf, ungenügende Nährstoffzufuhr) wieder in den Stoffwechsel eingeschleust werden können; z. B. Öle und Fette, Stärke, Proteine.

Reservewährungen, Währungen, die in Ergänzung zu den Goldreserven als Währungsreserven von den Zentralnotenbanken gehalten werden.

Reservoir [rezɛrv'waːr; lat.-frz.], Sammelbecken, Wasserspeicher.

Residenz [mittellat.], Wohnsitz eines Staatsoberhaupts, Fürsten oder hohen Geistlichen.

Residenzpflicht, 1) die für Bundesbeamte und Richter im Bundesdienst festgelegte Pflicht, den Wohnsitz so zu legen, daß eine ordnungsgemäße Wahrnehmung der Dienstgeschäfte (am Amtssitz) nicht beeinträchtigt ist.
2) *kath. und ev. Kirchenrecht:* die Verpflichtung v. a. für Gemeindepfarrer, in ihrer Pfarrstelle zu wohnen.

Resist, photosensitiver Kopierlack, der in photolithograph. Verfahren der Halbleitertechnik eingesetzt wird. Es handelt sich um organ. Substanzen, die bei Bestrahlung löslich werden (Positivlack) oder durch Polymerisation verfestigen (Negativlack).

Résistance [frz. rezis'tãːs; lat.-frz.], frz. Widerstandsbewegung gegen die dt. Besatzungsmacht im 2. Weltkrieg – teils innerhalb Frankreichs, teils im Exil (C. de Gaulle) – sowie gegen die Zusammenarbeit (Kollaboration) des von P. Pétain geführten État Français mit Deutschland.

Resistenz [lat.], (im Unterschied zur erworbenen Immunität) die angeborene Widerstandsfähigkeit eines Organismus gegenüber schädl. äußeren Einwirkungen, wie z. B. extreme Witterungsverhältnisse oder Krankheitserreger bzw. Schädlinge und deren Gifte. Bei der *passiven R.* verhindern mechan., chem. oder therm. Sperren das Eindringen oder Wirksamwerden eines Schadfaktors. Bei der *aktiven R.* werden Abwehrmaßnahmen beim angegriffenen Organismus ausgelöst.

Resistenza [lat.-italien.], italien. Widerstandsbewegung gegen die dt. Truppen und die republikan. Faschisten.

Resistenzfaktoren (R-Faktoren), DNS-Partikel von Bakterien, die außerhalb des Bakterienchromosoms vorkommen können und ihren Trägern Resistenz gegen ein oder mehrere Antibiotika verleihen. Da die Entstehung von R. durch Gabe von Antibiotika gefördert wird, kann eine unkrit. Antibiotikatherapie, insbes. aber die Verfütterung von Antibiotika an Schlachttiere, schwerwiegende Folgen haben.

Resnais, Alain [frz. rɛ'nɛ], *Vannes 3. 6. 1922, frz. Filmregisseur. Sein Film »Hiroshima mon amour« (1959; Drehbuch M. Duras) erregte als typ. Film der »Neuen Welle« Aufsehen, da seine Filmdramaturgie den traditionellen Handlungsverlauf auflöste und die Reflexionen der Figuren in den Vordergrund stellte. – *Weitere Filme:* Letztes Jahr in Marienbad (1961; Drehbuch A. Robbe-Grillet), Muriel oder die Zeit der Wiederkehr (1963; Musik H. W. Henze), Der Krieg ist vorbei (1965; Drehbuch J. Semprun), Stavisky (1973; Drehbuch J. Semprun), Melo (1986), I want to go home (1989).

Resolution [lat.-frz.], schriftl., auf einem Beschluß beruhende Erklärung eines Parlaments, eines Verbandskongresses oder einer spontan, gebildeten Gruppe zu einer best. polit. Frage.

Resonanz [lat.], 1) *Elektrotechnik:* Mitschwingen eines schwingungsfähigen Systems (↑Resonator; z. B. ein Federpendel oder ein elektr. Schwingkreis) bei Einwirkung von periodisch veränderl. Kräften (Feldern), deren Frequenz gleich oder nahezu gleich einer Eigenfrequenz des Systems ist; diese Frequenz wird als *R. frequenz* bezeichnet. Die Amplitude der erzwungenen Schwingung hängt wesentl. von den Dämpfungseigenschaften (z. B. Reibung, elektr. Widerstand) des Resonators ab; im *R. fall* kann sie zur Zerstörung des Resonators führen (*R. katastrophe*).
2) *Hochenergiephysik:* (Elementarteilchen-R.) Bezeichnung für sehr kurzlebige R. zustände von schweren Elementarteilchen bei hochenerget. Stoßprozessen.

Resonanzboden, Bestandteil vieler Musikinstrumente, bes. von Saiteninstrumenten mit Tasten wie Klavier und

Restaurierung

Cembalo (Violine, Gitarre usw. haben einen ↑Resonanzkörper), der die Schwingungen der Saiten verstärkt.

Resonanzkörper, Bestandteil vieler Musik-, insbes. Saiteninstrumente ohne Tasten und Schlaginstrumente; ein Hohlkörper, in dem die Schwingungen des Tonerzeugers verstärkt werden.

Resonator [lat.], akust., mechan. oder elektr. schwingungsfähiges System, dessen einzelne Elemente auf eine gewünschte [Eigen]frequenz abgestimmt sind und das bei Anregung mit dieser Frequenz zu schwingen beginnt *(Resonanz). Akust. R. (Helmholtz-R.)* bestehen aus einem einseitig offenen kugelförmigen Hohlraum, *mechan. R.* aus Federn, Massen und Reibungsgliedern, *elektr. R.* aus Kondensatoren, Spulen und Widerständen.

Resorption [lat.], in der *Biologie* die Aufnahme flüssiger oder gelöster Substanzen in das Zellinnere.

Resozialisierung, Rückgliederung in das soziale Gefüge, insbes. die Wiedereingliederung von Haftentlassenen in das gesellschaftl. Leben.

respektive [lat.], Abk. **resp.,** beziehungsweise, oder.

Respighi, Ottorino [italien. rɛs'pi:gi], *Bologna 9.7. 1879, † Rom 18.4. 1936, italien. Komponist. In seinen glänzend orchestrierten Werken verschmolz er die vielfältigen Mittel der zeitgenöss. Musik zu einer persönl. Tonsprache; u.a. sinfon. Dichtungen »Fontane di Roma« (1917), »Pini di Roma« (1924), Opern »Re Enzo« (1905), »Semirama« (1910), »Belfagor« (1923), »La fiamma« (1934); daneben Konzerte, Kammermusik und Kantaten.

Respiration [lat.], svw. äußere ↑Atmung.

Responsorium [mittellat.], liturg. Wechselgesang mit Kehrvers, im Ggs. zur ↑Antiphon von einem die solist. Partien (Versus) ausführenden Sänger und dem respondierenden Chor vorgetragen; in der Messe z.B. Graduale und Alleluja (bzw. Tractus).

Responsum [lat.], *jüd. Recht:* auf schriftl. Anfrage erstelltes Rechtsgutachten einer religionsgesetzl. Autorität; seit dem Früh-MA üblich.

Res publica [lat. »öffentl. Sache«], in der röm. Staatsauffassung das gemeinsame Interesse des röm. Volkes, die Möglichkeiten der Interessenvertretung durch staatl. Institutionen, diese Institutionen selbst sowie die Staatsgewalt.

Ressentiment [rɛsãti'mã:; rǝ...; frz.], unterschwelliges Vorurteil [das auf verdrängten Minderwertigkeitsgefühlen beruht].

Ressort [rɛ'so:r; frz.], Geschäfts-, Amtsbereich; Arbeits-, Aufgabengebiet.

Ressourcen [rɛ'sʊrsǝn; frz.], Hilfsmittel, Reserve, Geldmittel; natürl. Produktionsmittel (Rohstoff) für die Wirtschaft.

Rest, 1) *Mathematik:* Zahl, die beim Dividieren übrigbleibt, wenn die zu teilende Zahl kein Vielfaches des Teilers ist, z. B. 20 : 6 = 3 Rest 2.
2) *organ. Chemie:* Bez. für eine beliebige einbindige Kohlenwasserstoffgruppe.

Restauration [lat.], 1) allg. Wiederherstellung vorrevolutionärer Verhältnisse.
2) Epochen-Bez. für die europ. Geschichte vom Wiener Kongreß 1814/15 bis zu den Revolutionen von 1830 und 1848, als in allen europ. Staaten versucht wurde, die plit. Verhältnisse der Zeit vor der Frz. Revolution wiederherzustellen. ↑Vormärz.
3) in der engl. Geschichte die Zeit der wiederhergestellten Stuartherrschaft (1660–88).

Restaurierung [lat.], Wiederherstellung von durch natürl. Alterungsprozesse sowie Abgase u. ä. geschädigten

Ottorino Respighi

Restaurierung. Wappentafel des Wilhelm von Effern (Anfang des 17. Jh.) am Treppenturm des ehemaligen Bischofshofs in Ladenburg; Zustand im Juli 1960 (links) und im Juli 1976 (rechts)

Werken der bildenden Kunst einschließlich der Architektur und von kulturhistorisch interessanten Gegenständen. Begrifflich ist R. von der *Konservierung* zu trennen, d. h. der rein materiellen Sicherung von Werken der Vergangenheit in einem bestimmten Zustand ihrer Existenz, während bei der R. die Wiederherstellung eines urspr. oder auch späteren – gewachsenen – Zustandes beabsichtigt ist. Heute ergibt sich vielfach eine Mischung von Konservierung und R., sowohl im Bereich der Denkmalpflege wie der Museen und Sammlungen.

Restif de La Bretonne (Rétif de La B.), Nicolas [frz. rɛsˈtifdəlabrəˈtɔn, reˈtif...], *Sacy bei Auxerre 23. 10. 1734, † Paris 3. 2. 1806, frz. Schriftsteller. Popularisierte die Lehren J.-J. Rousseaus in zahlreichen bekenntnishaften, sittengeschichtl. Romanen.

Restitution [lat.], Wiederherstellung, Wiedererrichtung, Wiedergutmachung.

Restitutionsedikt, Erlaß Kaiser Ferdinands II. vom 6. 3. 1629, der die Rückführung aller von Protestanten beanspruchten Bistümer und Stifte zum kath. Kultus anordnete; wurde durch die Festsetzung des ↑Normaljahres (1648) bedeutungslos.

Restriktion [lat.], Einschränkung.

Restseitenbandübertragung, trägerfrequentes Verfahren zur Übertragung von Fernseh- oder Datensignalen. Das frequenzmäßig niedrigere Seitenband des Senders wird bis auf einen Rest unterdrückt. Dieser Rest wird dann zusammen mit dem anderen Seitenband übertragen. Dadurch ist eine Verringerung der Gesamtbandbreite möglich.

Restsüße (Restzucker), die nach der Gärung im Wein zurückbleibende Zuckermenge (in Gramm pro Liter).

Restvolumen ↑Atmung.

Resultierende [lat.-frz.], Summe zweier oder mehrerer Vektoren.

Resümee [lat.-frz.], abschließende Zusammenfassung [einer Rede u. ä.]; Schlußfolgerung.

Resurrektion [lat.], Auferstehung.

Retabel [lat.-span.-frz.], Altaraufsatz; seit dem 11. Jh. nachweisbar; die Gotik entwickelte den bewegl. ↑Flügelaltar.

Retardation [lat.] (Retardierung), **1)** *allg.* svw. Verzögerung, Verlangsamung.

2) in der *Anthropologie* Bez. für die Hemmung oder Verlangsamung der körperl. und/oder geistigen Individualentwicklung; kann durch Gehirn-, Drüsen- oder Stoffwechselerkrankungen, Mangelernährung oder ungünstige Sozialverhältnisse bedingt sein.

Retention [lat.], **1)** *Medizin:* Zurückhaltung von auszuscheidenden Stoffen im Körper.

2) *Psychologie:* Leistung des Gedächtnisses in bezug auf Lernen, Reproduzieren, Wiedererkennen.

Rethel, Alfred, *Aachen 15. 5. 1816, † Düsseldorf 1. 12. 1859, dt. Maler und Zeichner. Neben Gemälden v. a. Holzschnitte, u. a. »Auch ein Totentanz« (1849); auch Fresken (Aachener Rathaus, 1847–51).

Reticulum [lat.], (Netz) ↑Sternbilder (Übersicht).

Rétif de La Bretonne, Nicolas [frz. retifdəlabrəˈtɔn] ↑Restif de La Bretonne, Nicolas.

retikuläres Bindegewebe [lat./dt.], das bindegewebige, innig mit Blut- und Lymphbahnen verbundene Grundgerüst lymphat. Organe (Milz, Lymphknoten, Thymus) und des Knochenmarks; es bildet auch die Bindegewebsschicht der Darmschleimhaut.

retikuloendotheliales System [lat./griech.] (retikulohistiozytäres System), Abk. RES, Bez. für eine Gruppe i. d. R. an bestimmten Stellen im menschl. und tier. Körper lokalisierter, funktionell zusammengehörender, mit Lymphe und zirkulierendem Blut in engem Kontakt stehender Zellen des Bindegewebes und des Endothels; auch innerhalb von Blutgefäßen. Diese Zellen haben die Fähigkeit zur Phagozytose und Speicherung von Substanzen (z. B. Pigmenten), zur Vernichtung von Fremdzellen (z. B. Bakterien) sowie zur Bildung von Immunkörpern.

Retikulumzellen [lat.], sternförmig durch Fortsätze miteinander verbundene Zellen des retikulären Bindegewebes; können Substanzen speichern.

Retina [lat.], svw. Netzhaut (↑Auge).

Retinitis [lat.], svw. ↑Netzhautentzündung.

Retinol [lat.], svw. Vitamin A_1 (↑Vitamine).

Retorte [lat.], rundl. Glas- oder Metallgefäß mit nach unten gebogenem, ver-

Réunion

jüngtem Hals; früher im chem. Laboratorium v. a. zur Destillation verwendet.
Retortenbaby [...be:bi], Bez. für ein Kind, das durch extrauterine ↑Besamung entstand. Dabei werden Eizellen und Sperma eines Ehepaars in einem künstl. Milieu (»Retorte«) zusammengebracht; nach der Befruchtung wird das Ei wieder in die Gebärmutter eingepflanzt.
Retraktoren [lat.] (Rückzieher), Muskeln, die vorgestreckte bzw. ausgestülpte Organe wieder zurückziehen.
Retrieval [engl. rɪˈtriːvəl], Bez. für die Rückgewinnung bestimmter Informationen aus einem Datenspeicher.
retro..., Retro... [lat.], Vorsilbe mit der Bedeutung »hinter, rückwärts«.
Retrospektive [lat.], Rückblick, Rückschau (auf das Werk eines Künstlers; z. B. Ausstellung, Filmserie).
Retsina [griech.] (Rezina, Resinatwein), geharzter griech. Weißwein.
Rettich [lat.], 1) (Hederich, Raphanus) Gatt. der Kreuzblütler mit rd. zehn Arten in Europa und im Mittelmeergebiet; bekannte Arten sind Acker-R. (↑Hederich) und Garten-R. (R. im engeren Sinne).
2) (Garten-R.) vermutlich aus Vorderasien stammende Kulturpflanze mit weißen oder rötl. Blüten und eßbarer Rübe. Häufig angebaute Unterarten sind: *Gewöhnl. Garten-R.* (Speise-R., Radi); *Öl-R.* mit ungenießbarer Wurzel, Samen liefern Öl; *Radieschen* (Monats-R.). Der scharfe Geschmack des R. ist auf die schwefelhaltigen äther. Öle zurückzuführen.
Rettungsboot ↑Seenotrettung.
Rettungsinsel ↑Seenotrettung.
Rettungsschwimmen ↑Schwimmen.
Rettungswesen, Gesamtheit der Maßnahmen und Einrichtungen zur Hilfeleistung bei Katastrophen, Krankheiten, Not- und Unglücksfällen durch öffentl. (Feuerwehren, Techn. Hilfswerk, Bergwacht) sowie private Hilfsorganisationen (z. B. Dt. Rotes Kreuz, Arbeiter-Samariter-Bund, Malteser-Hilfsdienst, Johanniter-Unfall-Hilfe, Dt. Lebens-Rettungs-Gesellschaft). Beide wirken im *Rettungsdienst* zusammen.
Über das *Notrufsystem* (Notrufsäulen v. a. an den Bundesautobahnen und an Bundesstraßen; kostenlose Notrufabfrageeinrichtungen in öffentl. Münzfernsprechern) werden die Feuerwehren und die Rettungsleitstellen als Einsatzzentralen des Rettungsdienstes und Koordinatoren der *Rettungswachen* (Stationen für Rettungs- und Krankentransportwagen sowie für Rettungssanitäter) verständigt. Kreisfreie Städte und Landkreise richten in Zusammenarbeit mit Gesundheitsämtern, Ärztekammern und Krankenhäusern (die für bes. schwere Unfälle teilweise auch Rettungshubschrauber bereithalten) einen *Notarztdienst* ein.
Besondere Zweige des Rettungswesens sind die *techn. Hilfe* (durch die Feuerwehr und das Techn. Hilfswerk geleistet zur Bergung verletzter Personen; den Feuerwehren obliegt darüber hinaus der Brandschutz), die *Bergrettung* (Bergung von in Bergnot geratenen Personen und Lawinenopfern) und die *Wasserrettung*.
↑Seenotrettung.
Return [engl. rɪˈtəːn], im Tennis der Rückschlag bzw. der zurückgeschlagene Ball.
Retusche [frz.], Sammel-Bez. für alle Methoden zur Ausbesserung und Überarbeitung des photograph. Negatives und Positivs, z. B. durch Ausflecken, Ausschaben, Lasieren, Abdecken.
Reuchlin, Johannes, gräzisiert Kapnion, lat. Capnio, * Pforzheim 22. 2. 1455, † Stuttgart 30. 6. 1522, dt. Humanist. Bed. Vertreter des Humanismus mit bes. Neigung zur Kabbala (»De arte cabbalistica«, 1517); mit »De rudimentis hebraicis libri tres« (1506), der ersten hebr. Grammatik, Begründer der hebr. Sprachforschung und alttestamentl. Bibelwissenschaft. Wegen seines Eintretens für die Rechte der Juden kam es zu einem jahrelangen Streit mit den Kölner Dominikanern, der mit einer kirchl. Verurteilung seiner Schrift »Augenspiegel« (1511) endete. Der Streit gipfelte in der Veröffentlichung der ↑Dunkelmännerbriefe.
Reue, wichtigster Akt der ↑Buße; Voraussetzung für die Erteilung der Absolution im Bußsakrament.
Réunion [frz. reyˈnjõ], Insel der Maskarenen, frz. Übersee-Dép. im Ind. Ozean, 780 km östl. von Madagaskar, 2 512 km², bis 3 069 m hoch, 574 800 E, Hauptstadt Saint-Denis.
Geschichte: 1513 entdeckt, 1638 von Frankreich in Besitz genommen; 1810

Rettich.
Von oben: Gewöhnlicher Gartenrettich (rot und weiß); Radieschen

Johannes Reuchlin

Reunionen

bis 1815 brit. besetzt; seit 1946 frz. Überseedépartement.

Reunionen [re-u...], Annexionen Frankreichs an seiner Nord- und Ostgrenze zw. 1679 und 1681 auf [umstrittener] rechtl. Grundlage (mittelalterl. Lehnsvorstellungen bezüglich der 1648, 1668 und 1679 erworbenen Territorien); im Frieden von Rijswijk 1697 gab Ludwig XIV. alle R. bis auf das Elsaß und Straßburg zurück.

Reuse (Fisch-R.), kasten- oder tonnenförmiges, nach hinten sich verengendes Fischfanggerät aus über Spreizringe gespanntem Netzwerk.

Reuß, Adelsgeschlecht, nach dem bis 1918 zwei Ft. in O-Thüringen benannt waren; Nachkommen der Herren von Plauen. Die jüngere Linie Plauen (seit Ende des 13. Jh.) nannte sich R.; sie teilte sich 1564 in drei Linien, von denen, 1673 in den Grafenstand erhoben, im 19. Jh. nur noch die ältere (R.-Greiz; 1778 gefürstet) und die jüngere (R.-Gera, 1806 gefürstet) bestanden. Beide Ft. erloschen 1918; ihre Territorien gingen 1920 im Lande Thüringen auf.

Reuß, rechter Nebenfluß der Aare, 158,5 km lang.

Reuter, 1) Christian, ⁼Kütten bei Halle/Saale 9. 10. 1665, † Berlin (?) nach 1712, dt. Dichter. Als Vertreter der literar. Satire von der Leipziger Univ. relegiert; neben angriffslustigen Lustspielen um die Figur der »Frau Schlampampe« ist v. a. sein Hauptwerk, der Roman »Schelmuffskys Warhafftig Curiöse und sehr gefährliche Reisebeschreibung zu Wasser und Lande« (1696/97; Schelmuffsky ist der Sohn von Schlampampe) zu nennen.

2) Edzard, *Berlin 16. 2. 1928, dt. Unternehmer. Jurist; Sohn von Ernst R.; 1987–95 Vorstands-Vors. der Daimler-Benz AG; hatte entscheidenden Anteil an der Umwandlung des Automobilkonzerns zu einem breitgefächerten Technologiekonzern.

3) Ernst, *Apenrade 29. 7. 1889, † Berlin 29. 9. 1953, dt. Politiker (SPD). 1931–33 Oberbürgermeister von Magdeburg. 1933–35 zweimal im KZ; 1935–46 in der Türkei im Exil; 1947 zum Oberbürgermeister von Berlin gewählt, bis 1948 durch sowjet. Veto am Amtsantritt gehindert; 1950–53 Regierender Bürgermeister von Berlin (West); führte den Widerstand gegen die Berlin-Blockade 1948/49.

4) Fritz, *Stavenhagen 7. 11. 1810, † Eisenach 12. 7. 1874, dt. Schriftsteller. 1836 wegen angebl. Majestätsbeleidigung und Hochverrat zum Tode verurteilt, zu 30 Jahren Festungshaft begnadigt, 1840 entlassen; schrieb zeitsatir. Mundartdichtung. – *Werke:* Kein Hüsung (Versdichtung, 1858), Ut de Franzosentid (E., 1860), Ut mine Festungstid (E., 1862), Ut mine Stromtid (R., 1862–64), Dörchläuchting (1866).

Reuters Ltd. [engl. ˈrɔɪtəz ˈlɪmɪtɪd], brit. Nachrichtenagentur und Informationsunternehmen; gegr. 1849 in Aachen von Paul Julius von Reuter (*1816, †1899), 1851 nach London verlegt; heutiger Name seit 1916.

Reutlingen, Kreisstadt am Austritt der Echaz aus der Schwäb. Alb, Bad.-

Reutlingen.
Tübinger Tor (13. Jh.; 1528 erhöht)

Revanchismus

Reval.
Die Altstadt mit den Türmen der Stadtbefestigung und dem Turm der Olaikirche im Hintergrund

Württ., 104300 E, Fachhochschulen, Museen, Friedrich-List-Archiv; Apparate- und Maschinenbau, Textilindustrie. Marienkirche (13./14. Jh.) mit Hl. Grab (16. Jh.); Reste der Stadtbefestigung. – 1090 erstmals erwähnt (stauf. Gründung); erhielt durch Friedrich I. und Otto IV. Stadtrechte; nach 1268 Reichsstadt; Mgl. des Schwäb. Städtebundes und des Schmalkald. Bundes; 1803 an Württemberg.

Reutte, österr. Bezirkshauptort in Tirol, am Lech, 5300 E. Häuser mit Fassadenmalereien (v. a. 18. Jh.), Annakirche (1490 und 1846).

Reutter, 1) *Hermann,* * Stuttgart 17. 6. 1900, † ebd. 1. 1. 1985, dt. Komponist. Schrieb von Hindemith beeinflußt Opern, u. a. »Doktor Johannes Faust« (1936), »Die Brücke von San Luis Rey« (1954) und »Hamlet« (1980), Ballette, Oratorien und zahlr. Lieder.
2) *Otto,* eigtl. O. Pfützenreuter, * Gardelegen 24. 4. 1870, † Düsseldorf 3. 3. 1931, dt. Kabarettist. Bekannt durch Auftritte im Berliner »Wintergarten« in den 1920er Jahren.

Rev., Abk. für ↑**Reverend.**

Reval (estn. *Tallinn,* russ. *Tallin*), Hauptstadt von Estland, am Finn. Meerbusen, 482000 E. Hochschulen, Museen, Theater, Philharmonie. Maschinenbau, Schiffsreparaturen, Papier-, Baumwollfabriken; Hafen, ⌧. – Der im 2. Weltkrieg stark zerstörte Stadtkern wurde wieder aufgebaut und steht unter Denkmalschutz. Bed. u. a. Pfarrkirche Sankt Nikolaus (um 1280), Heiliggeistkirche (14. Jh.), Olaikirche (13. bis 19. Jh.), Rathaus (wahrscheinlich 2. Hälfte des 13. Jh.; mit spitzbogigen Lauben), Haus der Großen Gilde (1410). Beherrschend über der Stadt der Domberg mit Befestigung (13. Jh.) und Dom (13. Jh., erneuert nach Bränden 1433 und 1684). – Als estn. Siedlung *Lindanise* 1219 von den Dänen erobert und befestigt; um 1300 Hansestadt; 1346 an den Dt. Orden verkauft; 1561 an Schweden, nach dem 2. Nord. Krieg (1700–21) an Rußland; ab 1918 und seit 1991 Hauptstadt der Republik Estland, ab 1940 Hauptstadt der Estn. SSR.

Revanche [re'vã:ʃ(ə); lat.-frz.], **1)** *allg.:* svw. Vergeltung, Rache.
2) *Sport:* Sieg nach vorausgegangener Niederlage gegen den gleichen Gegner, auch Bez. für Rückspiel.

Revanchismus [revã'ʃɪsmʊs; frz.], polit. Einstellung, deren Ziel die Vergeltung

Reval
Kleines Stadtwappen

Reventlow

für polit. oder militär. Niederlagen und/oder die Rückgewinnung verlorener Staatsgebiete bzw. die Annullierung aufgezwungener Verträge ist.

Reventlow, Franziska Gräfin zu [ˈreːvəntlo], eigtl. Fanny Gräfin zu R., *Husum 18. 5. 1871, † Muralto bei Locarno 27. 6. 1918, dt. Schriftstellerin. Galt als »femme fatale« der Münchner Bohème; schrieb Novellen und Romane, u. a. »Herrn Dames Aufzeichnungen« (1913); auch bed. Tagebücher.

Reverend [engl. ˈrɛvərənd; lat.-engl.], Abk. **Rev.**, Titel und Anrede der Geistlichen in englischsprachigen Ländern.

Reverenz [lat.], Hochachtung einer Respektsperson gegenüber; Verbeugung.

Revers [reˈvɛrs, reˈveːr; lat.-frz.], **1)** *Münzkunde:* Rück- oder Kehrseite einer Münze oder Medaille.
2) *Mode:* Aufschlag an Jacken und Mänteln (steigendes und fallendes Revers).
3) *Recht:* schriftl. Erklärung, Verpflichtungsschein.

reversibel [lat.], **1)** umkehrbar; Rückkehr zum Ausgangszustand ohne bleibende Veränderungen. – Ggs. ↑irreversibel.
2) *klin. Medizin:* svw. heilbar.

Revier [lat.-frz.-niederl.], **1)** Bezirk (z. B. Polizei-R., Dienststelle eines Stadtbezirks), Gegend; Bereich.
2) *Bergbau:* eine selbständige Abbauabteilung auf einer Bergwerksanlage; auch der Bereich eines Bergbaubezirks (z. B. Ruhrrevier).
3) *Biologie:* begrenztes Gebiet (innerhalb des natürl. Lebensraumes), das Tiere als eigenes Territorium betrachten und entsprechend markieren und verteidigen.
4) *Forstwesen:* (Forstrevier) ↑Forstamt.

Revirement [revirəˈmãː; frz.], Wechsel in der Besetzung von Ämtern.

Revision [lat.], **1)** *Recht:* ein auf Fehler in der Rechtsanwendung gestütztes Rechtsmittel. Die Einlegung der R. hemmt den Eintritt der Rechtskraft eines vorangegangenen Urteils und führt bei Zulässigkeit zu einer rein rechtl., nicht tatsächl. Nachprüfung desselben durch eine höhere (letzte) Instanz (*R. instanz, R. gericht*).
2) *Wirtschaft:* ↑Wirtschaftsprüfung.

Revisionismus, 1) *Staats- und Völkerrecht:* Bez. für eine auf Abänderung von Verfassungen oder völkerrechtl. Verträgen gerichtete Bestrebung. ↑Revanchismus.
2) Bez. v. a. für die Theorie E. Bernsteins (1899), der den Marxismus einer veränderten gesellschaftl. Wirklichkeit anpassen wollte und damit v. a. die theoret. Rechtfertigung für den ↑Reformismus lieferte. Bernstein behauptete, daß die Prognosen von Marx (Verelendung des Proletariats und Vernichtung des Mittelstands, Niedergang des Kapitalismus) sich als nicht zutreffend erwiesen hätten, während auch in der bestehenden Gesellschaftsordnung Verbesserungen erreichbar seien (Sozialreformen) und zudem die parlamentar. Demokratie die schrittweise Umwandlung der kapitalist. in eine sozialist. Gesellschaft ermögliche. ↑Sozialdemokratie.

Revisor [mittellat.], vereidigter Buchprüfer; Wirtschaftsprüfer.

Revival [engl. riˈvaɪvəl], Wiederbelebung, Erneuerung[sbewegung].

Revokation [lat.], svw. Widerruf.

Revolution [lat.-frz.], allg. Bez. für eine tiefgreifende Änderung (z. B. industrielle R., aber auch R. der Wiss., der Kunst, der Mode usw.); im *polit.-sozialen* Sinne Bez. für eine grundlegende Umgestaltung der gesellschaftl. Struktur, der polit. Organisation sowie der kulturellen Wertvorstellungen und damit eine bes. Form des histor. Wandels. Nach Inhalten unterscheidet man *polit. R., soziale R.* und ↑Kulturrevolution, nach Trägern *Bauern-R., bürgerl. R.* und *proletar. R.,* nach geograph. Ausbreitung *nat. R.* und *Welt-R.;* die Versuche, eine begonnene oder bereits erfolgreich beendete R. rückgängig zu machen, werden *Konter-R.* genannt; im Sprachgebrauch wird als R. sowohl der plötzl. Machtwechsel als auch die diesem Wechsel folgende langfristige Umwälzungs- und Umschichtungsphase bezeichnet. Träger der R. sind i. d. R. benachteiligte Schichten, unterdrückte Klassen usw., auch wenn als Wortführer häufig Angehörige der Oberschicht fungieren. Als *R. von oben* wird eine von einer Regierung »verordnete« totale Umwälzung der gesellschaftl. Verhältnisse bezeichnet. Obwohl fast alle Revolutionen bisher Elemente der Gewalt enthielten, ist widerrechtliche Gewalt nicht zwangsläufig Wesensmerkmal einer Revolution. Der Begriff R. wurde erstmals für die ↑Glorious Revolution (1688/89) angewandt.

Revolver [lat.-engl.], **1)** *Waffenwesen:* (Drehpistole) mehrschüssige Faustfeuerwaffe, bei der die Patronen in meist sechs Kammern einer hinter dem Lauf drehbar angeordneten Walze (Trommel) untergebracht sind *(Trommel-R.);* durch Spannen des Hahns bzw. Betätigen des Abzugs wird die Trommel selbsttätig weitergedreht.
2) *Technik:* drehbare Wechselvorrichtung z. B. für Werkzeuge, Objektive, Okulare, Filter u. a. an Drehmaschinen, Mikroskopen.

Revolvinggeschäfte [engl. rɪˈvɔlvɪŋ...], längerfristig erteilte Kredite, wobei die Kreditgeber ihre Mittel kurzfristig zurückrufen können, jedoch neue Kredite an die Stelle der zurückgezogenen treten.

Revue [rəˈvyː; frz.], Bühnenstück aus Sprech-, Gesangs- und Tanzszenen sowie artist. Einlagen, die nur lose durch eine Rahmenidee zusammengehalten werden. Die R. entstand in Frankreich nach 1830 als zeitkrit. Parodie.

Rex christianissimus [lat.] ↑Allerchristlichste Majestät.

Rexisten, Anhänger einer 1930 von L. Degrelle gegr. autoritär-antiparlamentar. Bewegung *(Rexismus)* in Wallonien (Belgien); kollaborierten 1940 mit der dt. Besatzungsmacht; 1944 verboten.

Rexrodt, Günter, *Berlin 12. 9. 1941, dt. Politiker (FDP). Diplomkaufmann; 1985–89 Finanzsenator in Berlin (West); 1991/92 Vorstands-Mgl. der Treuhandanstalt; seit 1993 Bundes-Min. für Wirtschaft; seit 1994 MdB.

Reyes Basoalto, Neftalí Ricardo [span. ˈrrejez βasoˈalto], chilen. Lyriker, ↑Neruda, Pablo.

Reykjavík [isländ. ˈrɛikjaviːk], Hauptstadt von Island, an der Faxabucht, 97 600 E. Verwaltungs-, Handels-, Wirtschafts- und Kulturzentrum des Landes; Univ.; Nationalmuseum, -bibliothek, -theater. Schiffbau, Kfz-Montage; Hafen, ⚓. – 877 von Normannen angelegt, erhielt 1786 das Privileg einer Handelsstadt; wurde 1903 Verwaltungssitz Islands.

Reymont, Władysław Stanisław [poln. ˈrejmɔnt], eigtl. W. S. Rejment, *Kobiele Wielkie (Woiwodschaft Piotrków)

Revolver 1) mit Kipplauf (oben) und mit ausschwenkbarer Walze (unten)

7. 5. 1867, † Warschau 5. 12. 1925, poln. Schriftsteller. Für seinen Roman »Die poln. Bauern« (1904–09) erhielt er 1924 den Nobelpreis für Literatur.

Reynaud, Paul [frz. rɛˈno], *Barcelonnette 15. 10. 1878, † Paris 21. 9. 1966, frz. Politiker. Ab 1930 verschiedentl. Min.; Min.-Präs. und Außen-Min. ab März 1940, ab Mai zugleich Verteidigungs-Min. (alle Ämter bis 16. 6. 1940); durch die Vichy-Regierung 1940 verhaftet und 1942 nach Deutschland ausgeliefert (dort im KZ); 1948 Finanz-Min.; 1953/54 stellv. Min.-Präs.; 1958 Vors. des beratenden Verfassungskomitees.

Reynolds, Sir (seit 1768) Joshua [engl. rɛnldz], *Plympton (bei Plymouth) 16. 7. 1723, † London 23. 2. 1792, engl. Maler. Versuchte in seinen Bildnissen die Tradition der italien. Renaissancemalerei fortzusetzen; u. a. »Nelly O'Brien« (1760–62; London, Wallace Collection). – Abb. S. 2852.

Reyon [rɛˈjõː; frz.] (Rayon) ↑Viskose.

Reza Pahlevi ↑Resa Pahlewi.

Rezension [lat.], krit. Betrachtung und Wertung von Literatur, Theater-, Film-, Fernsehaufführungen und Konzerten.

rezent [lat.] (recent), *Biologie:* gegenwärtig lebend, sich bildend, auftretend. – Ggs. ↑fossil.

Rezept [lat.], **1)** *Pharmazie:* schriftl. (mit Ort, Datum und Unterschrift versehene) ärztl., zahnärztl. oder tierärztl. Anweisung an eine Apotheke zur Abgabe (bzw. Herstellung und Abgabe) eines Arzneimittels.
2) *Kochkunst:* Angaben für die Zubereitung einer Speise oder eines Getränks.

Reykjavík Stadtwappen

Rezeption

Joshua Reynolds. Lady Cockburn und ihre drei Söhne (1774; London, National Gallery)

Rezeption [lat.], **1)** *Kulturgeschichte:* Auf-, Übernahme des spezif. Gedanken- oder Kulturguts anderer Völker; auch die bes. Aufnahme eines Werks durch den ↑Rezipienten.
2) *Hotelwesen:* Aufnahmeraum, Empfangsbüro (in einem Hotel).
Rezeptoren [lat.], die für den Empfang bestimmter Reize empfindl. Strukturen einer lebenden Zelle oder eines Organs. Nach Art der adäquaten Reize unterscheidet man u. a. Chemo-, Osmo-, Thermo-, Mechano-, Photo-, Phono-R., nach der Lage im Organismus *Extero-*R. (an der Körperperipherie; zur Aufnahme von Außenreizen) und *Entero-*R. (im Körperinnern).
Rezeptur [lat.], in der *Pharmazie* die Zubereitung von Arzneimitteln nach Rezept; auch der Arbeitsraum in einer Apotheke zur Herstellung der Arzneimittel.
Rezession [lat.], im Konjunkturzyklus die Abschwungphase nach dem oberen Wendepunkt mit stagnierendem bzw. rückläufigem Investitionsumfang und sinkender Produktion.

Gregor von Rezzori

Rezipient [lat.], **1)** *Kommunikationswissenschaft:*, Hörer, Leser, Betrachter, der sich mit einem Kunstwerk kritisch auseinandersetzt.
2) *Technik:* Gefäß, das vakuumdicht auf eine Unterlage gesetzt und luftleer gepumpt werden kann.
reziproker Wert, svw. ↑Kchrwert.
Rezitativ [italien.], in Oper, Oratorium, Kantate o. ä. der solist., instrumental begleitete Sprechgesang, der die gesprochene Rede möglichst genau in die Musik zu übertragen sucht. Das Rezitativ entstand um 1600 mit dem Aufkommen der Oper. Als ab etwa 1640 die betrachtenden Textpartien der Arie und die handlungstragenden dem R. zugeordnet wurden, entwickelte sich das metrisch, formal und harmonisch frei behandelte, nur vom Generalbaß begleitete *Recitativo secco*. Daneben gab es das *Recitativo accompagnato*, bei dem das Orchester seine klanglichen Mittel zur Darstellung der Affekte einsetzt. – Im 19. Jh. wurde das orchesterbegleitete Rezitativ besonders bei R. Wagner zum alleinigen Träger des Handlungsverlaufs.
Reznicek, Emil Nikolaus Frhr. von ['rɛsnitʃɛk], *Wien 4. 5. 1860, †Berlin 2. 8. 1945, österr. Komponist. Spätromant. geprägte Werke, u. a. Opern, Sinfonien, Kammermusik.
Rezzori, Gregor von, eigtl. G. von Rezzori d'Arezzo, *Czernowitz (heute Tschernowzy, Ukraine) 13. 5. 1914, Schriftsteller. Schreibt geistvoll-witzige, z. T. auch gesellschaftskrit., sprachlich-virtuose Prosa, u. a. »Maghrebinische Geschichten« (En., 1953), »Neue maghrebinische Geschichten« (En., 1977), »Der Tod meines Bruders Abel« (R., 1976), »Memoiren eines Antisemiten« (R., 1979).
Rf, chem. Symbol für ↑Rutherfordium.
rf. (rfz.), Abk. für ↑rinforzando.
R-Gespräch [R Abk. für **R**ückfrage], Ferngespräch, bei dem auf Wunsch des Anmelders die Gesprächs- und Zuschlagsgebühr vom verlangten Teilnehmer mit Zustimmung der sich meldenden Person erhoben wird.
RGW, Abk. für ↑**R**at für **g**egenseitige **W**irtschaftshilfe.
Rh, chem. Symbol für ↑Rhodium.
Rha [griech.], im Altertum Name der ↑Wolga.

2852

Rhabanus Maurus ↑Hrabanus Maurus.
Rhabarber [italien.], Gatt. der Knöterichgewächse mit rd. 40 Arten in den gemäß. Gebieten Asiens; ausdauernde Stauden mit dickem Rhizom und fleischigen Wurzeln; die Blattstiele einiger Arten werden zu Kompott und Marmelade verarbeitet und zur Obstweinherstellung verwendet. Die einen hohen Oxalsäuregehalt aufweisenden Blätter sollten nicht verzehrt werden.
Rhabdomer [griech.] ↑Facettenauge.
Rhabdoviren [griech./lat.], RNS-Viren mit lipidhaltiger Außenhülle und einsträngiger RNS. Zu den R. gehören rd. 30 Virenarten, u. a. das Tollwutvirus.
Rhapsoden [griech.], in der griech. Antike wandernde Rezitatoren von literar. Werken (bes. Homers und Hesiods), seit etwa 500 v. Chr. belegt, traten (in Gilden organisiert) bei feierl. Anlässen auf.
Rhapsodie [griech.], **1)** *Dichtung:* urspr. die von den altgriech. Rhapsoden vorgetragene Dichtung; später Bez. für freirhythm. Werke der ekstat. Lyrik.
2) *Musik:* instrumentales Musikstück von stark improvisator. Ausdruck (u. a. F. Liszt, J. Brahms, G. Gershwin).
Rhea, Titanin der griech. Mythologie. Tochter des Uranos und der Gäa, Schwester und Gemahlin des Kronos, Mutter von Hestia, Demeter, Hera, Hades, Poseidon und Zeus.
Rhea Silvia (Ilia), Gestalt der röm. Mythologie, Mutter von ↑Romulus und Remus.
Rheda-Wiedenbrück, Stadt an der Ems, NRW, 38 700 E. Fahrzeugbau, Verlage. In Rheda (seit 1355 Stadt): ehem. Wasserburg (13.–18. Jh.), Pfarrkirche (1611 ff. umgebaut). In Wiedenbrück (seit 952): got. Kirche Sankt Ägidius (13.–19. Jh.), spätgot. Wallfahrts- und Franziskanerkirche (15. Jh.).
Rhein, längster und wasserreichster Fluß in Deutschland, 1 320 km lang, Einzugsgebiet 252 000 km², über 883 km schiffbar. Der R. entsteht in der Schweiz durch Zusammenfluß von *Vorder-* und *Hinter-R.*, bildet als *Alpen-R.* z. T. die schweizer.-liechtenstein. bzw. schweizer.-österr. Grenze, durchfließt den Bodensee, den er als *Hoch-R.* verläßt, stürzt bei Schaffhausen rd. 21 m tief über eine Kalkstufe (*Rheinfall*), im weiteren O–W-Lauf die dt.-schweizer. Grenze bildend. Bei Basel biegt der nun

Rhabarber. Rheum palmatum, Blütenstand (Höhe 1,5–2,5 m)

Ober-R. gen. R. nach N um, bildet hier im südl. Teil des Oberrheingrabens die dt.-frz. Grenze. Unterhalb von Bingen durchbricht er als *Mittel-R.* das Rhein. Schiefergebirge, durchfließt als *Nieder-R.* das Niederrhein. Tiefland und mündet mit einem Delta, das er zus. mit der Maas aufbaut, in den Niederlanden in die Nordsee; Der R. ist die Hauptachse des Wasserstraßennetzes im westl. Mitteleuropa.
Geschichte: Als Handelsweg ist der R. seit vorröm. Zeit bezeugt. Von Andernach abwärts bildete er die röm. Reichsgrenze zum freien Germanien. Im MA wurde der R. zur wichtigsten dt. Verkehrsstraße.
Völkerrecht: Rechtsgrundlage der Schiffahrtsfreiheit auf dem R. ist die Mannheimer Rheinschiffahrtsakte von 1868; durch sie wurden alle Stapel- und Umschlagsrechte aufgehoben und jede Abgabenerhebung für die Benutzung des R. verboten.
Rheinberg, Stadt im Niederrhein. Tiefland, NRW, 28 000 E. Kunststoffverarbeitung, Elektrogerätebau; Rheinhäfen. Kath. Pfarrkirche (12.–17. Jh.).
Rheinberger, Joseph von (seit 1894), *Vaduz 17. 3. 1839, † München 25. 11. 1901, dt. Komponist, Organist und Dirigent. Bed. Kirchenmusik und Orgelwerke.
Rheinbund, 1) vor allem gegen Österreich gerichtetes Bündnis einzelner dt. Reichsstände mit Frankreich 1658–68; verstärkte den frz. Einfluß im Reich.

Rheine

Rheinfels. Blick auf die Burgruine, unterhalb davon die Stadt Sankt Goar

2) auf Veranlassung und unter dem Protektorat Napoleons I. am 12.7.1806 gegr. Konföderation von zunächst 16 dt. Fürsten, die sich für souverän erklärten und aus dem Reichsverband austraten; unmittelbare Folge war das Ende des Hl. Röm. Reiches (seit 962) am 6.8.1806. Der ehem. Reichserzkanzler und Mainzer Kurfürst Karl Theodor von Dalberg wurde Fürstprimas des Rheinbundes. Bis 1811 schlossen sich dem R. 20 weitere dt. Staaten an; außerhalb des R. blieben Österreich, Preußen, Braunschweig und Kurhessen. Mit Hilfe des Rheinbundes konsolidierte Napoleon I. den französischen Herrschaftsbereich in Mitteleuropa. Innenpolitisch bewirkte der Rheinbund eine regional unterschiedlich ausgeprägte Modernisierung der deutschen Staaten. Der R. löste sich im Okt. 1813 auf.

Rheine, Stadt an der Ems, NRW, 70 900 E. Waffen- und Kunstsammlung; Tierpark; Maschinenbau; Hafen. Spätgot. Stadt- und Pfarrkirche Sankt Dionysius (15. Jh.), Schloß Bentlage (15. und 17. Jh.). – 838 erstmals erwähnt; 1327 Stadt.

Rheinfelden, Bezirkshauptort im schweizer. Kt. Aargau, am linken Ufer des Hochrheins, 9600 E. Solbad. Mittelalterl. Stadtbild mit Mauern und Türmen; Martinskirche (1407, 1769–71 barockisiert), spätgot. Johanniterkapelle (1456/57); Rathaus (1530). – Im 12. Jh. Stadt, 1218 Reichsstadt; 1330–1801 überwiegend österr.; 1803 dem Kt. Aargau angeschlossen.

Rheinfelden (Baden), Stadt am rechten Ufer des Hochrheins, Bad.-Württ., 29 400 E. Hochrheinkraftwerk, Aluminiumhütte.

Rheinfels, Burgruine über dem linken Rheinufer oberhalb von Sankt Goar, Rheinld.-Pf., Ruinen der einst riesigen Anlage: Frauenbau (14. Jh.), Darmstädter Bau (spätes 16. Jh.) sowie die Minengänge.

Rheinfränkisch, ↑mitteldeutsche Mundart.

Rheingaugebirge, Bez. für den westl. Teil von Hoch- und Vordertaunus, bis 619 m hoch. Sein sw., bis 331 m hoher Teil wird Niederwald genannt.

Rheinhausen ↑Duisburg.

Rheinhessen, größtes (22 000 ha) dt. Weinbaugebiet in Rheinld.-Pf. mit den Bereichen Bingen, Nierstein und Wonnegau.

Rheinhessisches Hügelland, Landschaft zw. dem Nordpfälzer Bergland im W, dem Rhein im N und O sowie der Pfrimm im S.

Rheinischer Merkur, 1814 von J. von Görres gegr. und hg. Tageszeitung; 1816 endgültig verboten; Mitarbeiter u. a. die Brüder Grimm, A. von Arnim und Frhr. vom Stein.

Rheinisches Braunkohlenrevier, Teil der Niederrhein. Bucht im Raum Neuss, Jülich und Erftstadt. Der Abbau in riesigen Tagebauen erfordert bes. Maßnahmen der Siedlungsplanung und der Rekultivierung.

Rheinisches Schiefergebirge, westl. Teil der dt. Mittelgebirgsschwelle. Rechtsrhein. liegen Taunus, Westerwald, Siebengebirge, Bergisches Land, Sauerland und Rothaargebirge, linksrhein. Hunsrück, Eifel und Ardennen.

Rheinische Zeitung, dt. radikaldemokrat. Tageszeitung; 1842 in Köln gegr.; leitender Redakteur 1842/43 K. Marx; Mitarbeiter u. a. F. Engels, Julius Fröbel (*1805, †1893), G. Herwegh, K. Gutzkow, A. H. Hoffmann von Fallersleben, F. List; am 31. 3. 1843 verboten, neugegr. 1848 als Neue Rhein. Zeitung.

Rheinisch-Westfälisches Elektrizitätswerk AG, Abk. **RWE,** dt. Unternehmen der Energiewirtschaft, gegr. 1898, firmiert seit 1990 als RWE AG, Sitz Essen; größtes privatwirtschaftl. Elektrizitätsversorgungsunternehmen Europas.

Rheinisch-Westfälisches Industriegebiet, industriereiches Kerngebiet von NRW, erstreckt sich zw. der Lippe im N und der Sieg im S, reicht im W etwa bis Mönchengladbach, im O bis Hamm.

Rheinkiesel, Bez. für abgerollte Bergkristalle aus dem Rhein u. a. Flüssen, früher als Schmucksteine verwendet.

Rheinland, Bez. für die Gebiete Deutschlands zu beiden Seiten des Mittel- und Niederrheins.

Rheinland-Pfalz, Bundesland im mittleren W Deutschlands, 19 846 km², 3,82 Mio. E, Hauptstadt Mainz. Im N hat R.-P. Anteil am Rhein. Schiefergebirge, das durch Mittelrhein, Lahn und untere Mosel gegliedert wird. Südl. davon liegt das Saar-Nahe-Bergland, dem im O das Rheinhess. Hügelland vorgelagert ist. An die Westricher Niederung schließt sich nach S der Pfälzer Wald an. Rd. 55% der Bevölkerung sind kath., 37% evangelisch. R.-P. verfügt über vier Universitäten. Landwirtschaftl. Hauptanbaugebiete sind das Rheinhess. Hügelland, das Oberrhein. Tiefland, das Mittelrhein. Becken und die Westricher Höhe. In höheren Lagen dominiert Hackfruchtbau und Grünlandwirtschaft. R.-P. ist das größte dt. Weinbauland. An Bodenschätzen finden sich Rohstoffe für die Bau- und keram. Ind.; bei Landau wird Erdöl gefördert. Wichtigste Ind.-Standorte sind Ludwigshafen am Rhein und der Raum Mainz–Bingen; Schuh-Ind. findet sich um Pirmasens; traditionsreich ist die Edelstein-Ind. im Raum Idar-Oberstein. Anziehungspunkte für den Fremdenverkehr sind u. a. der Pfälzer Wald (größtes Waldgebiet Deutschlands) und zahlr. Heilbäder.

Geschichte: Durch Verordnung der frz. Militärregierung vom 30. 8. 1946 wurde R.-P. aus der früheren bayr. Pfalz, dem ehem. preuß. Reg.-Bez. Koblenz und Trier, vier Kreisen der ehem. preuß. Prov. Hessen-Nassau und dem linksrhein. Teil Hessens (Rheinhessen) gebildet; am 18. 5. 1947 Erlaß einer Verfassung. Die CDU, 1947–91 stärkste Partei im Landtag, regierte 1971–86 allein, 1986–91 mit der FDP; seit 1991 besteht eine Koalition aus SPD und FDP. Min.-Präs.: Peter Altmeier (*1899, †1977; 1947–69), H. Kohl (1969–76), B. Vogel (1976–88), Carl-Ludwig Wagner (*1930; 1988–91), R. Scharping (1991–94), K. Beck (seit 1994); bis 1950 war Koblenz Landeshauptstadt.

Rheinland-Pfalz
Landeswappen

Rhein-Maas-Delta, gemeinsames Mündungsgebiet von Rhein und Maas in den Niederlanden.

Rhein-Main-Donau-Großschiffahrtsweg, europ. Binnenwasserstraße, die die Nordsee mit dem Schwarzen Meer verbindet. Das Kernstück (Gesamtlänge 677 km) umfaßt den kanalisierten Main von Aschaffenburg bis zur Regnitzmündung bei Bamberg (297 km, 27 Staustufen), den Main-Donau-Kanal (171 km, 16 Schleusen) und die kanalisierte Donau zw. Kelheim und der dt.-österr. Grenze bei Passau (209 km, neun Staustufen). – Ein von Karl d. Gr. 793 angeordnetes Projekt einer Wasserverbindung zw. Rhein und Donau (Fossa Carolina) blieb unvollendet. Gegen den Nutzen der seit dem 19. Jh. wiederaufgenommen Ausführung wurden Bedenken gegen Wirtschaftlichkeit und die schwerwiegenden Eingriffe in Ökologie und Landschaftsbild vorgebracht.

Rheinmücke (Augustmücke), 9–15 mm lange, v. a. im Gebiet des Rheins und seiner Nebenflüsse häufige Eintagsfliege mit grauweiß getrübten Flügeln.

Rheinpfalz

Rheinpfalz ↑Pfalz (Geschichte).
Rheinpfälzisch ↑deutsche Mundarten.
Rhein-Rhone-Kanal, Kanal in O-Frankreich zw. dem Rheinseitenkanal bei Niffer und der Saône bei Saint-Symphorien-sur-Saône, 230 km lang.
Rheinsberg/Mark, Stadt am Grinericksee, Brandenburg, 5400 E. Nahebei Kernkraftwerk. Nach Brand (1740) angelegt nach Plänen von G. W. Knobelsdorff, von dem auch das barocke Schloß (1734–39; heute Sanatorium) stammt.
Rheinschnaken ↑Aedesmücken.
Rheinseitenkanal (frz. Grand Canal d'Alsace), Seitenkanal des Oberrheins im Elsaß zw. Kembs und Straßburg, rd. 112 km lang.
Rhenium [nach Rhenus, dem lat. Namen des Rheins], chem. Symbol **Re**, chem. Element der VII. Nebengruppe des Periodensystems der chem. Elemente, Ordnungszahl 75; relative Atommasse 186,207; Dichte 21,02 g/cm^3; Schmelztemperatur 3180 °C; Siedetemperatur etwa 5627 °C. R. ist ein weißglänzendes, sehr hartes, chem. sehr resistentes Schwermetall; kommt in kleinen Mengen in Molybdän-, Platin- und Kupfererzen vor; Bestandteil chem. bes. resistenter Legierungen.
Rhens, Gem. ssö. von Koblenz, Rheinl.-Pf., 2700 E. Spätgot. Kirche Sankt Dionysius mit spätroman. Westturm und barocker Ausstattung; weitgehend erhaltene Stadtbefestigung (um 1400). – Früher *Rhense (Rense);* ab 1308 Versammlungsort der Kurfürsten (1338 *Kurverein von Rhense*).
Rhesusaffe [lat./dt.] ↑Makaken.
Rhesusfaktor (Rh-Faktor) ↑Blutgruppen.
Rhetor [griech.], Redner, Lehrer der Rhetorik.
Rhetorik [griech.] (Redekunst), die Fähigkeit, durch öffentl. Rede einen Standpunkt überzeugend zu vertreten [und so Denken und Handeln anderer zu beeinflussen]; auch die Theorie dieser Kunst. In der Antike wurden drei Redesituationen unterschieden: die *Rede vor Gericht* (berühmter Vertreter: Lysias), die *Rede vor einem polit. Gremium* (Demosthenes) und die *Festrede auf eine Person* (Isokrates). Die röm. Kunstprosa erreichte ihre Vollendung durch Cicero, dessen Reden und theoret. Schriften zur R. neben Tacitus' »Dialogus de oratoribus« (»Dialog über die Redner«) und Quintilians rhetor. Lehrbuch die bedeutendsten Zeugnisse der röm. R. sind. Die R. stellt dem Redner ein Repertoire von Anweisungen und Regeln zur Verfügung, mit deren Hilfe er seinen Stoff formen kann. Stilmittel zur Verdeutlichung, Veranschaulichung oder auch Ausschmückung der sprachl. Aussage sind die *rhetorischen Figuren.* Unterschieden werden *Wortfiguren* (z. B. Anapher, Epanalepse), *Sinnfiguren* (z. B. Antithese, Chiasmus) sowie i. w. S. auch *grammat. Figuren* (z. B. Ellipse) und *Klangfiguren* (z. B. Alliteration). Die R. ist eine der eindrucksvollsten systemat. wiss. Leistungen der Antike; sie gehörte zur antiken Allgemeinbildung. Im MA wurde R. als eine der ↑Artes liberales gelehrt.
Rheuma [griech.], volkstümliche Kurz-Bez. für ↑Rheumatismus.
rheumatisches Fieber (akuter Gelenkrheumatismus, akute Polyarthritis, Polyarthritis rheumatica acuta), vorwiegend bei Kindern und jugendl. Erwachsenen vorkommende Folgekrankheit nach einem Streptokokkeninfekt, die sich als immunolog. Allgemeinerkrankung u. a. in Form einer Entzündung zahlr. Gelenke (Polyarthritis), einer Herzinnenhautentzündung (75 % aller Fälle), in Veitstanz (Chorea minor; 50 % aller Fälle), Erythemen und unter der Haut liegenden Rheumaknötchen äußert. Symptome: oft hohes Fieber, Schwellung, Rötung und Schmerzhaftigkeit bes. der mittleren und großen Gelenke.
Rheumatismus [griech.] (rheumat. Erkrankungen, rheumat. Formenkreis), Sammel-Bez. für eine Gruppe sehr unterschiedlich definierter und schwer abgrenzbarer, in den Krankheitsbildern, jedoch nicht in den Krankheitsursachen zusammengehöriger schmerzhafter Krankheitszustände des Muskel- (Weichteil-R.) und des Skelettsystems (↑Gelenkerkrankungen). – *Weichteil-R.* ist die zusammenfassende Bez. für mit Schmerzen einhergehende krankhafte Zustände der Weichteile (v. a. Muskeln, Bänder, Sehnen, Sehnenscheiden) des Bewegungsapparats. Am häufigsten ist der *Muskelrheumatismus* (Fibromyositis, intramuskuläre Fibrositis), der akut nach ungeschickten Bewegungen (bes.

im Zusammenhang mit einer kurzfristigen Abkühlung), chronisch bei ungünstigen Witterungsverhältnissen auftritt; Symptome: Verspanntheit, Druck- und Dehnungsschmerz, bes. frühmorgens auch Bewegungsschmerz, schmerzhafte Druckpunkte im Bereich der Muskelansätze; meist ist die stat. Hals-Rücken-Schulter-Muskulatur betroffen.

Rheydt ↑Mönchengladbach.

Rh-Faktor, svw. Rhesusfaktor (↑Blutgruppen).

Rhinitis [griech.], svw. ↑Schnupfen.

Rhinoceros [griech.], svw. Panzernashorn (↑Nashörner).

Rhizom [griech.] (Wurzelstock, Erdsproß), unterird. oder dicht unter der Bodenoberfläche waagerecht oder senkrecht wachsende, Nährstoffe speichernde, ausdauernde Sproßachse vieler Stauden.

Rhizophyten [griech.], svw. Wurzelpflanzen.

Rhizopoda [griech.], svw. ↑Wurzelfüßer.

Rho [griech.], 17. (urspr. 19.) Buchstabe des griech. Alphabets: P, ρ.

Rhodanide [griech.], svw. ↑Thiocyanate.

Rhodanus, lat. Name der Rhone.

Rhode Island [engl. rəʊˈdaɪlənd], Staat im NO der USA, mit 3 140 km² der kleinste Staat der USA, 1,05 Mio. E, Hauptstadt Providence.
Geschichte: Erste Siedlungen durch religiöse Flüchtlinge aus Massachusetts in den 1630er Jahren. Nach der Verfassung von 1663 (gültig bis 1843) erhielt R. I. eine eigene, unabhängige Selbstverwaltung. 1790 nahm R. I. als letzte der 13 Kolonien die Verfassung der USA an.

Rhodes, Cecil [engl. rəʊdz], *Bishop's Stortford bei Cambridge 5. 7. 1853, † Muizenberg (heute zu Kapstadt) 26. 3. 1902, brit.-südafrikan. Kolonialpolitiker. Erwarb sich seit 1878 in Südafrika im Diamantengeschäft ein großes Vermögen (1880 Gründung der ↑De Beers Consolidated Mines Ltd.); veranlaßte 1885 die brit. Besetzung von Betschuanaland; gründete 1889 die British South Africa Company, die die Gebiete des 1895 nach R. ben. Rhodesien (1889) erwarb; betrieb als Premier-Min. der Kapkolonie (ab 1890) die Einkreisung der Burenrepublik Transvaal (1896 Rücktritt nach dem Scheitern des von ihm unterstützten ↑Jameson Raid nach Transvaal).

Rhodesien ↑Simbabwe.

Rhodium [griech.], chem. Symbol **Rh**, chem. Element der VIII. Nebengruppe des Periodensystems der Elemente, Ordnungszahl 45; relative Atommasse 102,9055; Dichte 12,4 g/cm³; Schmelztemperatur 1 966 °C; Siedetemperatur etwa 3 727 °C. Sehr seltenes, silberweißes Platinmetall; wegen seines Glanzes und seiner Beständigkeit wird R. galvan. in dünner Schicht auf Silberschmuck, Spiegel und Reflektoren aufgebracht *(rhodinieren);* Verwendung auch in Platin-R.-Legierungen, bei Laborgeräten, Spinndüsen, Thermoelementen und als Katalysator.

Rhododendron [griech.] ↑Alpenrose.

Rhodonit [griech.] (Mangankiesel), rosenrotes bis rosagraues Mineral, chem. CaMn₄[Si₅O₁₅]. Mohshärte 5,5–6,5; Dichte 3,4–3,68 g/cm³; für kunstgewerbl. Gegenstände und Schmuckstücke.

Rhodopen, Gebirge in Bulgarien und Griechenland, bis 2 191 m hoch.

Rhodopsin [griech.] (Sehpurpur, Erythropsin), lichtempfindl. roter Sehfarbstoff in den Stäbchen der Augen von Wirbeltieren und beim Menschen; wichtig für das Dämmerungssehen. R. ist auch beim Halobacterium und in einigen Grünalgen als Pigment zu finden.

Rhodos, 1) Hauptort der Insel Rhodos und des Verw.-Geb. Dodekanes, 40 400 E. Museum, Hafen, ✈. Akropolis mit dor. Apollon- sowie Zeus-Athene-Tempel. Altstadt, von einem Mauerring mit Tortürmen und Basteien (15./16. Jh.) umschlossen, mit Ritterstraße (15./16. Jh.). Im Türkenviertel u. a. Ibrahim-Pascha-Moschee (1531). – 408 v. Chr. gegr. (↑Rhodos, Insel).

2) griech. Insel im Mittelländ. Meer, vor der SW-Küste der Türkei, 1 398 km², bis 1 215 m hoch, Hauptort Rhodos. *Kunsthistor.* Zentren sind außer der Stadt Rhodos an der W-Küste die myken. Ruinenstädte *Ialysos* und *Lindos* an der O-Küste mit Burganlage (alter Athenakult, restauriert der Tempel von 395 v. Chr.), ehem. Johanniterkastell.
Geschichte: Schon in myken. Zeit dicht besiedelt; um 1000 v. Chr. von Doriern besetzt. 408 v. Chr. Gründung der Stadt Rhodos. 334 durch Alexander d. Gr.

Rhode Island
Flagge

Rhomboeder

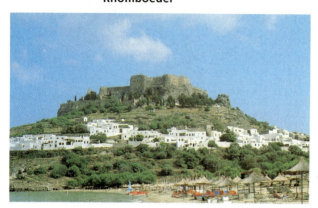

Rhodos 2). Akropolis und Unterstadt von Lindos

von der pers. Herrschaft (seit dem 4. Jh.) befreit, wurde R. Zentrum des Handels im östl. Mittelmeerraum (bis 168 v. Chr.). 305/304 vergebl. Belagerung der Stadt durch Demetrios I. Poliorketes (Siegeszeichen: »Koloß von Rhodos«; eines der Sieben Weltwunder). 1308 Hauptsitz des Johanniterordens; 1523 osman., 1912–47 italienisch.

Rhomboeder [griech.], von sechs kongruenten Rhomben begrenzter Körper.

Rhombus [griech.] (Raute), ein Parallelogramm mit vier gleich langen Seiten.

Rhön, Mittelgebirge in Deutschland, in der Wasserkuppe 950 m hoch.

Rhone (frz. Rhône [frz. ro:n]), Fluß in der Schweiz und in Frankreich, 812 km lang; entsteht aus dem Rhonegletscher, durchfließt das Wallis (bis Sitten *Rotten* genannt) und den Genfer See, tritt nach dem Juradurchbruch in die R.-Saône-Senke ein, biegt bei Lyon nach S um, mündet mit einem Delta in das Mittelmeer; wichtiger europ. Großschifffahrtsweg.

Rhône-Alpes [frz. ro'nalp], Region in Frankreich, erstreckt sich vom Zentralmassiv bis zur italien. und schweizer. Grenze, 43 698 km², 5,35 Mio. E, Hauptstadt Lyon.

Rhönrad [nach der Rhön], 1925 entwickeltes Sportgerät aus zwei Stahlrohrreifen (von 1,60 bis 2,20 m Durchmesser), die in einem Abstand von 41–47 cm durch Querstangen verbunden sind.

Rhythm and Blues [engl. 'rɪðəm ənd 'bluːz], in den 1940er Jahren entstandener Stil der afroamerikan. Populärmusik, gekennzeichnet durch einen stark akzentuierten Fundamentalrhythmus (Beat) und blueshafte Melodik.

Rhythmik [griech.], **1)** der rhythm. Charakter eines Musikstücks, Tanzes oder Gedichtes.
2) die Lehre vom ↑Rhythmus.

Rhythmus [griech.], **1)** period. Gliederung; von wesentl. Bed. für die meisten Lebensvorgänge und Arbeitsleistungen.
2) als Gliederung des Zeitmaßes wesentl. Element der Musik, des Tanzes und der Dichtung. In der *Musik* macht die Dauer der einzelnen Töne bzw. deren Verhältnis zueinander sowie das Zeitmaß, das das Tempo des Ablaufs der einzelnen Töne regelt, den R. aus (↑Takt). In der *Dichtung* bestimmt die Gliederung des Sprachablaufs den R.; in der Lyrik v. a. mit dem Mittel von langen und kurzen oder betonten und unbetonten Silben der einzelnen Wörter, in der Prosa hauptsächlich durch die akzentsetzende Komposition von Satzge-

Rhönrad

fügen; für das spezif. Tempo eines Werks sind sowohl in der Musik als auch in der Literatur die Pausen ein entscheidendes Element.

Rhythmusgerät (Rhythm-Box, elektron. Schlagzeug, Rhythmusautomat), elektron. Gerät, das in Verbindung mit einer Elektronenorgel gängige Rhythmen erzeugt.

Rhyton [griech.] (Mrz. Rhyta), trinkhornartiges kult. Spendegefäß; es hatte am schmalen, meist in Form eines Tierkopfes gebildeten unteren Ende eine zweite Öffnung (Fingerverschluß).

Ria [lat.-span.], langgestreckte Meeresbucht, die durch Eindringen des Meeres in ein Flußtal und dessen Nebentäler entstanden ist.

Riad (Er-R., Rijat), Hauptstadt von Saudi-Arabien, im Zentrum der Arab. Halbinsel, 1,3 Mio. E. Residenz des Königs; Univ., Islam. Univ., Hochschulen, Nationalbibliothek. Bed. Handelszentrum; Erdölraffinerie; ⌖. Neben der Altstadt mit engen Gassen moderne Vororte; Moscheen. – Seit 1902 Herrschersitz des Wahhabitenreiches.

Rial [arab.-pers.], Abk. **Rl.**, Währungseinheit in Iran; 1 Rl. = 100 Dinars (D.).

Ribalta, Francisco [span. rri'βalta], *Solsona bei Seo de Urgel 2. 6. 1565, † Valencia 13. 1. 1628, span. Maler. Schulebildender Maler v. a. in Valencia. Kontrastreiches Helldunkel und naturalist. Wiedergabe sind charakteristisch.

Ribbentrop, Joachim von, *Wesel 30. 4. 1893, † Nürnberg 16. 10. 1946 (hingerichtet), dt. Diplomat und Politiker (NSDAP). Schloß 1935 das Dt.-Brit. Flottenabkommen, 1936–38 Botschafter in London; schloß als Außen-Min. (1938–45) den Dt.-Sowjet. Nichtangriffspakt (1939); im Nürnberger Hauptkriegsverbrecherprozeß 1946 zum Tode verurteilt.

Ribe, Stadt in Dänemark, ↑Ripen.

Ribeiro, Aquilino [portugies. rri'βeiru], *Carregal da Tabosa bei Sernancelho 13. 9. 1885, † Lissabon 27. 5. 1963, portugies. Schriftsteller. Schildert in seinen Romanen und Novellen Land und Leute der heimatl. Beira Alta ebenso meisterhaft wie das Milieu der Großstadt; in dt. Sprache ist der Roman »Wenn die Wölfe heulen« (1954, dt. 1965) erschienen.

Ricardo

Riad. Innenministerium (1989/90 fertiggestellt)

Ribemont [frz. rib'mõ], frz. Ort sö. von Saint-Quentin, 2 000 E. – Im *Vertrag von Ribemont* (880) wurde die Abtretung des westfränk. Teils von Lothringen an das Ostfrankenreich festgesetzt. Damit war die Grenze zw. Deutschland und Frankreich vorgegeben.

Ribera, Jusepe (José) de [span. rri'βera], *Játiva bei Valencia 17. 2. 1591, † Neapel 2. 9. 1652, span. Maler. Schüler F. Ribaltas; in Rom v. a. von Caravaggio beeinflußt; lebte ab 1616 in Neapel; bed. religiöse Werke, u. a. »Verkündigung« (Salamanca, Augustinermuseum; 1635), »Zwölf Propheten« (1638–43; Neapel, Nationalmuseum San Martino), »Junge mit Klumpfuß« (1652; Paris, Louvre).

Riboflavin [Kw.] (Laktoflavin, Vitamin B_2), organ., von Pflanzen und Mikroorganismen gebildete Verbindung. Bestandteil der Wirkgruppen (prosthet. Gruppen) wasserstoffübertragender Enzyme in der Zellatmung; Vitamin.

Ribonukleasen [Kw.] ↑RNasen.

Ribonukleinsäure [Kw.] ↑RNS.

Ribose [Kw.] (D-Ribose), in der Natur weit verbreitet (z. B. in Nukleotiden, Nukleosiden und in der Nukleinsäure RNS) vorkommendes, zu den Pentosen gehörendes Monosaccharid.

Ribosomen [Kw.], aus Nukleinsäuren und Proteinen bestehende Organellen, die in allen Zellen vorkommen. An den R. läuft die ↑Proteinbiosynthese ab. Die R. kommen einzeln oder zu *Polysomen* zusammengefaßt entweder frei im Plasma oder an Membranen des ↑endoplasmatischen Retikulums gebunden vor.

Ricardo, David [engl. rɪ'kɑːdəʊ], *London 18. (19.?) 4. 1772, † Gatcombe Park bei Gloucester 11. 9. 1823, brit. Nationalökonom. Theoretiker der klass. Schule der engl. Volkswirtschaftslehre;

Joachim von Ribbentrop

Rice

Dickinson Woodruff Richards

Theodore William Richards

Owen Williams Richardson

Schwerpunkte seiner Arbeiten waren Einkommensverteilung, Wertlehre und Außenhandel.

Rice, Elmer Leopold [engl. raɪs, riːs], eigtl. E. L. Reizenstein, *New York 28.9.1892, † Southampton (Großbrit.) 8.5.1967, amerikan. Schriftsteller. Schrieb v. a. Dramen, u. a. »Die Rechenmaschine« (1923), »Der haarige Affe« (1924), »Straßenszenen« (1929), »Das träumende Mädchen« (1945); auch Romane, u. a. »Menschen am Broadway« (1937).

Ricercar [ritʃer'ka:r(e); italien.] (Ricercare), seit dem Beginn des 16. und bis ins 18. Jh. (J. S. Bach, »Musikal. Opfer«) verwendete Form der Instrumentalmusik; zunächst in der Lautenmusik ein Einleitungs- und Übungsstück; spätestens 1523 (M. A. Cavazzoni) in die Orgelmusik übernommen, näherte es sich im Aufbau der Motette (Übernahme der Imitation) und wurde eine Vorform der Fuge.

Richard, Name engl. Herrscher; bekannt v. a.: **1) Richard I. Löwenherz,** *Oxford 8.9.1157, † Châlus bei Limoges 6.4.1199, König (seit 1189). 3. Sohn Heinrichs II.; maßgeblich am 3. Kreuzzug beteiligt (Einnahme Akkos 1191); auf der Rückreise im Dez. 1192 von Hzg. Leopold V. von Österreich gefangengenommen und an Kaiser Heinrich VI. ausgeliefert (Burg Trifels); am 4.2.1194 gegen Lösegeld und Lehnseid freigelassen; mußte sein Königtum gegen seinen Bruder, Johann I. ohne Land, und den engl. Festlandsbesitz gegen den frz. König verteidigen.
2) Richard II., *Bordeaux 6.1.1367, † Pontefract Castle (Yorkshire) 14.2.1400, König (1377–99). Sohn Eduards, des »Schwarzen Prinzen«; bis 1386 unter Vormundschaft; infolge seiner Willkürherrschaft 1399 durch den späteren Heinrich IV. zur Abdankung gezwungen; als Gefangener vermutlich ermordet.
3) Richard III., *Fotheringhay Castle bei Peterborough 2.10.1452, ⚔ bei Bosworth 22.8.1485, König (seit 1483). Brachte seinen Neffen Eduard V. in seine Gewalt und ließ ihn und dessen Bruder Richard, Hzg. von York (*1473), 1483 im Tower ermorden; setzte am 26.6.1483 seine Erhebung zum König durch und versuchte, seine Stellung durch Kerkerhaft und v. a. Hinrichtung seiner Gegner zu behaupten.

Richard, Sir (seit 1995) Cliff [engl. 'rɪtʃəd], eigtl. Harry Roger Webb, *Lucknow (Indien) 14.10.1940, brit. Rocksänger und -gitarrist.

Richard von Sankt Viktor (R. de Saint-Victor), *in Schottland um 1110, † Paris 1173, schott. Theologe und Philosoph. Einer der Hauptvertreter der Schule von †Sankt Viktor.

Richards [engl. 'rɪtʃədz], **1)** Dickinson Woodruff, *Orange (N.J.) 30.10.1895, † Lakeville (Conn.) 23.2.1973, amerikan. Mediziner. Arbeiten über Herz-Lungen-Krankheiten und Herzkatheterismus; erhielt 1956 den Nobelpreis für Physiologie oder Medizin (zus. mit W. Forßmann und A. Cournand).
2) Theodore William, *Germantown (Pa.) 31.1.1868, † Cambridge (Mass.) 2.4.1928, amerikan. Chemiker. Erhielt für exakte Bestimmungen von Atomgewichten 1914 den Nobelpreis für Chemie.

Richardson [engl. 'rɪtʃədsn], **1)** Sir (seit 1939) Owen Williams, *Dewsbury bei Leeds 26.4.1879, † Alton bei Winchester 15.2.1959, brit. Physiker. Arbeiten zur Elektronenemission heißer Metalloberflächen (*Richardson-Effekt,* †glühelektrischer Effekt), zum äußeren Photoeffekt und zur UV-Spektroskopie. Nobelpreis für Physik 1928.
2) Sir (seit 1947) Ralph [David], *Cheltenham bei Gloucester 9.12.1902, † London 10.10.1983, engl. Schauspieler. Spielte u. a. am Old Vic Theatre in London, das er 1944–47 mit L. Olivier leitete; hatte bes. Erfolg in Shakespeare-Rollen, zeitgenöss. Dramen sowie in zahlr. internat. Filmen.
3) Samuel, ≈Mackworth bei Derby 19.8.1689, † London 4.7.1761, engl. Schriftsteller. Verlieh dem psychologisierenden Briefroman literar. Gewicht, u. a. »Geschichte der Pamela, oder die belohnte Tugend eines Frauenzimmers« (1740), »Clarissa Harlowe« (1748).

Richelieu, Armand Jean du Plessis, Hzg. von (seit 1631) [frz. riʃə'ljø], *Paris 9.9.1585, † ebd. 4.12.1642, frz. Staatsmann und Kardinal (seit 1622). Als Erster Min. (seit 1624) verfolgte R. die Festigung der königl. Autorität im Innern (Absolutismus) und die Etablierung der frz. Vorherrschaft in Europa. In der Innenpolitik nahm R. den Hugenotten ihre militär. und polit. Privilegien (»Gnadenedikt« von Alès, 1629), löste die wichtigsten Adelsämter auf und festigte die Institution der Intendanten als zentralist. Gegengewicht gegen die Parlamente. In der Außenpolitik suchte R. die Macht des Hauses Habsburg zu brechen. Im Bündnis mit den prot. Mächten stellte er die Staatsräson über konfessionelle Interessen. Er besetzte 1626 das Veltlin, beteiligte sich am Mantuan. Erbfolgekrieg (1628–31), griff ab 1630 indirekt in den Dreißigjährigen Krieg ein und erklärte am 19. 5. 1635 Spanien den Krieg. – Gründer der Académie française (1635).

Richet, Charles [frz. ri'ʃɛ], *Paris 26. 8. 1850, † ebd. 4. 12. 1935, frz. Physiologe. Arbeitete bes. über die Physiologie der Muskeln und Nerven; erhielt 1913 den Nobelpreis für Physiologie oder Medizin.

Richling, Mathias, *Stuttgart 24. 3. 1953, dt. Kabarettist. Wurde bekannt durch Fernsehauftritte als schwäb. TV-»Dauerglotzer«; zahlr. Soloprogramme (u. a. »Wieviel Demokratie ist es bitte«, 1987).

Richmond [engl. 'rɪtʃmənd], Hauptstadt des Staates Virginia, USA, 203 000 E. Drei Univ., histor. Kunstmuseum; Tabak-Ind., Verlage, Druckereien. – Seit 1779 Hauptstadt des Staates Virginia, 1861–65 der Konföderierten Staaten von Amerika.

Richtantenne, svw. Richtstrahler (↑Richtfunk).

Richtcharakteristik, Bez. für die räuml. Verteilung der Empfindlichkeit; bei Mikrophonen die Richtung bevorzugter Schallaufnahme (z. B. Kugel-, Nieren-, Keulencharakteristik), bei Antennen diejenige größter Empfangsempfindlichkeit.

Richter ['rɪçtə, engl. 'rɪktər, russ. rixtır]:
1) Burton, *New York 22. 3. 1931, amerikan. Physiker. Entdeckte unabhängig von S. C. C. Ting ein schweres, relativ langlebiges Elementarteilchen, das *Psiteilchen.* Nobelpreis für Physik 1976 (zus. mit Ting).
2) Charles Francis, *Hamilton (Ohio) 26. 4. 1900, amerikan. Seismologe. Arbeiten über Erdbeben und den Aufbau der Erde; stellte 1935 die ↑Richter-Skala auf.
3) Franz Xaver, *Holleschau (heute Holešov, Südmähr. Gebiet) (?) 1. 12. 1709, † Straßburg 12. 9. 1789, böhm. Komponist. Mitglied der ↑Mannheimer Schule.
4) Gerhard, *Dresden 19. 2. 1932, dt. Maler und Graphiker. Schuf ab 1964 nach photograph. Vorlagen Bilder in verwischten Grautönen, die das Prinzip »Abbildung« reflektieren.
5) Hans, *Raab (heute Győr) 4. 4. 1843, † Bayreuth 5. 12. 1916, dt. Dirigent. Kapellmeister der Hofoper und Dirigent der Philharmon. Konzerte in Wien. Leitete 1876 die Gesamtaufführung von R. Wagners »Ring des Nibelungen« in Bayreuth.
6) Hans Werner, *Bansin 12. 11. 1908, † München 23. 3. 1993, deutscher Schriftsteller. Initiator und Organisator der »Gruppe 47«; schrieb zunächst Antikriegsromane (»Die Geschlagenen«, 1949; »Sie fielen aus Gottes Hand«, 1951) sowie satirische Darstellungen der Nachkriegszeit (»Linus Fleck oder Der Verlust der Würde«, R., 1959); auch Hörspiele und Herausgeber von Anthologien. – *Weitere Werke:* Das war die Gruppe 47 (Erinnerungen, 1979), Die Flucht nach Abanon (E., 1980), Die Stunde der falschen Triumphe (R., 1981).

Charles Richet

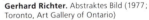

Hans Werner Richter

Gerhard Richter. Abstraktes Bild (1977; Toronto, Art Gallery of Ontario)

Richter

7) Horst-Eberhard, *Berlin 28. 4. 1923, dt. Psychoanalytiker und Sozialpsychologe. Trat bes. mit Arbeiten auf dem Gebiet der Psychotherapie hervor. – *Werke:* Eltern, Kind und Neurose (1963), Die Gruppe (1972), Zur Psychologie des Friedens (1982), Die hohe Kunst der Korruption (1989).
8) Johann Paul Friedrich, dt. Dichter, ↑Jean Paul.
9) Ludwig, *Dresden 28. 9. 1803, † ebd. 19. 6. 1884, dt. Maler und Zeichner. Neben romant. Landschaftsbildern v. a. volkstüml. Zeichnungen. Illustrierte mehrere Märchenausgaben.
10) Swjatoslaw Teofilowitsch, *Schitomir 20. 3. 1915, ukrain. Pianist. Einer der bedeutendsten Klaviervirtuosen des 20. Jahrhunderts.

Richter, 1) im AT zwölf charismat. Führer Israels. Von ihren Taten berichtet das *Richterbuch,* das im Rahmen des deuteronomist. Geschichtswerks redigiert wurde.
2) ein zur Entscheidung von Rechtsstreitigkeiten berufenes staatl. Organ der Rechtspflege, dem nach Artikel 92 GG die rechtsprechende Gewalt (Judikative), die durch die Gerichte ausgeübt wird, anvertraut ist. Für die Rechtsverhältnisse der Richter, die nicht Beamte sind, gilt das Dt. Richtergesetz. Nach ihm ist *Berufsrichter,* wer die Befähigung zum Richteramt hat und durch Ernennungsurkunde i. d. R. auf Lebenszeit in das R.verhältnis berufen worden ist. *Ehrenamtl.* R. ist, wer, ohne Berufs-R. zu sein, die rechtsprechende Gewalt ausübt (z. B. Schöffen). R. sind persönl. und sachl. unabhängig, d. h. sie sind grundsätzl. unabsetzbar und unversetzbar sowie nur an Gesetz und Recht gebunden.

richterliche Aufklärungspflicht, dem Gericht obliegende Amtspflicht, den einem Rechtsstreit zugrunde liegenden Sachverhalt vollständig und richtig zu ermitteln.

Richterrecht, Bez. für vom Richter gefundene bzw. geschaffene Rechtsnormen als Ergänzung bzw. Konkretisierung von gesetzl. Generalklauseln und unbestimmten Rechtsbegriffen.

Richter-Skala [nach C. F. Richter] (Magnitudenskala), eine nach oben unbegrenzte Erdbebenskala auf der Grundlage der ermittelten ↑Magnituden (↑Erdbeben).

Richtfunk, funktechn. Nachrichtenübermittlung mit Hilfe sog. *Richtantennen* bzw. *Richtstrahler,* die elektromagnet. Wellen bevorzugt in eine Richtung abstrahlen bzw. aus ihr empfangen. I. e. S. wird als R. nur die gerichtete Nachrichtenübermittlung mit Trägerfrequenzen zw. 30 MHz und 15 GHz bezeichnet (UKW-, Dezimeter- und Zentimeterwellen-R.). R.verbindungen dienen u. a. zur Übertragung von Ferngesprächen, Hörfunk- und Fernsehsendungen.

Richtgeschwindigkeit, Bez. für eine v. a. aus Gründen der Verkehrssicherheit empfohlene Geschwindigkeit (weiße Zahlen auf blauem, rechteckigem Grund).

Richthofen, 1) Ferdinand Frhr. von, *Carlsruhe (Oberschlesien) 5. 5. 1833, † Berlin 6. 10. 1905, dt. Geograph. Schrieb u. a. die Länderkunde »China, Ergebnisse eigener Reisen ...« (1877 bis 1912).
2) Manfred Frhr. von, *Breslau 2. 5. 1892, ⚔ Vaux-sur-Somme bei Amiens 21. 4. 1918, dt. Offizier. 1916–18 erfolgreichster dt. Jagdflieger.

Richtpreis, von Behörden oder Verbänden angesetzter angemessener Preis, der jedoch nicht eingehalten zu werden braucht; auch svw. empfohlener Preis.

Ricinus, svw. ↑Rizinus.

Ricke ↑Rehe.

Rickert, Heinrich, *Danzig 25. 5. 1863, † Heidelberg 30. 7. 1936, dt. Philosoph. Mitbegründer der südwestdt. (bad.) Schule des Neukantianismus.

Rickettsien [nach dem amerikan. Pathologen Howard Taylor Ricketts, *1871, † 1910], meist innerhalb der Zellen parasitierende Bakterien (Stäbchen und Kokken); können Infektionskrankheiten verursachen.

Rickettsiosen, von Rickettsien verursachte, durch Flöhe, Läuse, Milben oder Zecken übertragene Infektionskrankheiten, z. B. Fleckfieber, Fünftagefieber.

Ridderbusch, Karl, *Recklinghausen 29. 5. 1932, dt. Sänger (Baß). V. a. bed. Wagner-Interpret.

Ridinger (Riedinger), Georg, *Straßburg 24. (?) 7. 1568, † vermutlich nach 1628, dt. Baumeister. Erbaute u. a. das Renaissanceschloß in Aschaffenburg, 1605–14.

Riechepithel (Riechschleimhaut), flächige Anordnungen von Riechzellen sowie Stütz- und Drüsenzellen im Geruchsorgan der Wirbeltiere.
Riechhaare, dünnwandige, poröse Sinneshaare als Geruchsorgane der Gliederfüßer (bes. bei Insekten untersucht).
Riechlappen, Riechhirn des Vorderhirns (Endhirns) bei höheren Säugetieren und beim Menschen in Form eines (rudimentären) paarigen Hirnlappens.
Riechorgane, svw. ↑Geruchsorgane.
Riechplatte (Porenplatte, Sinnesplatte), neben Riechhaaren oder an deren Stelle bei Insekten (v. a. bei Haut- und Gleichflüglern und bei Käfern) vorkommendes Geruchsorgan; besteht aus einer Chitinplatte mit zahlr. Poren.
Riechstoffe, svw. ↑Geruchsstoffe.
Ried, Bez. für ein moorriges Gebiet.
Riedböcke (Wasserböcke), Unter-Fam. reh- bis hirschgroßer Antilopen mit acht Arten v. a. in Savannen und Wäldern Afrikas; nur die ♂ mit Hörnern. Hierher gehören u. a. *Grays Wasserbock* (Weißnacken-Moorantilope, Abok), Schulterhöhe etwa 80–100 cm, ♂ mit bis etwa 85 cm langen Hörnern; v. a. in sumpfigen Gebieten des nördl. O-Afrika; *Hirschantilope* (Wasserbock), bis 2,2 m körperlang und 1,3 m schulterhoch, v. a. in Savannen und Wäldern (bes. in Wassernähe) Afrikas südl. der Sahara; ♂ mit maximal 1 m langen Hörnern; *Litschiwasserbock,* etwa 1,3–1,8 m körperlang; v. a. in wasserreichen und sumpfigen Landschaften S-Afrikas; ♂ mit langen, leierförmig geschwungenen Hörnern; *Moorantilope* (Schwarzfuß-Moorantilope, Kobantilope), etwa 1,2–1,8 m körperlang; v. a. in Steppen und Savannen W- und Z-Afrikas (bes. in Gewässernähe); *Großer R.,* Körperlänge etwa 1,2–1,6 m, Schulterhöhe 65–105 cm; in S-Afrika; *Kleiner R.* (Riedbock, Isabellantilope), Körperlänge 115 bis 145 cm, Schulterhöhe 65–90 cm; im trop. Afrika.
Riedel, langgestreckter schmaler, zw. zwei Tälern liegender Geländerücken.
Riedgräser (Sauergräser, Rietgräser, Halbgräser, Cyperaceae), Fam. der Einkeimblättrigen mit rd. 3700 Arten in etwa 70 Gatt. auf der ganzen Erde; grasartige Kräuter mit dreikantigen Stengeln; einheim. Gatt. sind u. a. Wollgras und Segge.

Riedböcke. Großer Riedbock (Körperlänge bis 1,6 m)

Ried im Innkreis, oberösterr. Bez.-Hauptstadt bei Linz, 11 300 E.
Riedl, Josef Anton, Pseud. Józef Mann, * München 11. 6. 1927, dt. Komponist. Wandte sich ab etwa 1960 fast ausschließlich der elektron. Musik zu und kam, davon ausgehend, zu opt. und film. Medien.
Riefenstahl, Leni, eigtl. Helene R., * Berlin 22. 8. 1902, dt. Schauspielerin und Filmregisseurin. Drehte 1933 (»Sieg des Glaubens«) und 1934 (»Triumph des Willens«) im Auftrag Hitlers Propagandafilme über die Reichsparteitage in Nürnberg sowie den Film über die Olymp. Spiele 1936; nach 1945 Photographin.
Riegersburg, österr. Marktgemeinde östlich von Graz, Steiermark, 2500 E. Große Burganlage (bereits im 13. Jh. belegt).
Riehl, Wilhelm Heinrich von (seit 1883), * Biebrich (heute zu Wiesbaden) 6. 5. 1823, † München 16. 11. 1897, dt. Kulturhistoriker und Schriftsteller. Ab 1885 Direktor des Bayer. Nationalmuseums; einer der Begründer der wiss. Volkskunde und der Kultursoziologie (»Naturgeschichte des dt. Volkes als Grundlage einer dt. Sozialpolitik« [1851–69]); schrieb zahlr. Novellen.
Riemann, Bernhard, * Dannenberg (Elbe) 17. 9. 1826, † Selasca (heute zu Verbania, Italien) 20. 7. 1866, dt. Mathematiker. Entwickelte 1854 das begriffl. Fundament für das moderne mathemat. Verständnis der Struktur des

Bernhard Riemann

Riemannsche Geometrie

Riemenzunge.
Bocksriemenzunge
(Höhe 30–90 cm)

Raumes, das dann bes. in der allg. Relativitätstheorie Bedeutung erlangte. R. arbeitete außerdem über quadrat. Formen, algebraische Funktionen und ihre Integrale, über die analyt. Zahlentheorie und die Primzahlverteilung sowie über die Theorie der Differentialgleichungen.

Riemannsche Geometrie [nach B. Riemann], System geometr. Sätze für n-dimensionale Räume, das die nichteuklid. Geometrien als Sonderfälle enthält. Die R. G. beantwortet die Frage nach mögl. Gestaltverhältnissen des Raumes. In ihr wird der Begriff der Geraden, die zwei Punkte verbindet, ersetzt durch den Begriff der kürzesten Linie zw. diesen Punkten (geodät. Linie), der Raum selbst kann eine von Ort zu Ort veränderl. Krümmung haben. Die geometr. Eigenschaften dieses Raumes werden durch den Fundamentaltensor (metr. Tensor) beschrieben. Die R. G. ist das wichtigste mathemat. Hilfsmittel der allg. Relativitätstheorie.

Riemenscheibe, radförmiges Maschinenelement; beim Riementrieb zur Kraftübertragung zw. Riemen und Welle.

Riemenschneider, Tilman (Till, Dill), *Heiligenstadt (?) um 1460, † Würzburg 7. 7. 1531, dt. Bildhauer der Spätgotik. Seit 1483 in Würzburg (1504 Stadtrat, 1520/21 Bürgermeister); 1525 wegen Unterstützung der aufständ. Bauern gefoltert. Sein Werk ist geprägt durch schwingende Linienführung, Licht- und Schattenwirkungen (R. beließ seine Schnitzwerke seit den 1490er Jahren ohne farbige Bemalung). Bed. Schnitzaltäre: Creglinger Marienaltar (um 1502–05 oder um 1505–10, Herrgottskirche), Rothenburger Heiligblutaltar (1501 [1499?]–1505, Jakobskirche). Bed. Steinbildwerke: Adam und Eva (1491–93, Würzburg, Mainfränk. Museum); Grabmal Rudolfs von Scherenberg (1496–99, Würzburg, Dom); Grabmal für Kaiser Heinrich II. und Kunigunde (1499–1513, Bamberg, Dom).

Riementrieb ↑Getriebe.

Riemenzunge (Bocksorchis), Gatt. der Orchideen mit sechs Arten im Mittelmeergebiet und in M-Europa; in W- und SW-Deutschland nur die geschützte *Bockriemenzunge*.

Riemerschmid, Richard, *München 20. 6. 1868, † ebd. 15. 4. 1957, dt. Architekt und Kunstgewerbler. Jugendstil-Entwürfe für Möbel, Tapeten, Stoffe, Glas, u. a. für das Münchner Schauspielhaus (Kammerspiele, 1901); Leiter der Münchner Kunstgewerbeschule (1912 bis 1924), des Dt. Werkbunds (1920–26) und der Kölner Werkschulen (1926 bis 1931); plante die erste dt. Gartenstadt (↑Hellerau).

rien ne va plus [frz. rjɛ̃nva'ply »nichts geht mehr«], beim Roulettspiel die Ansage des Croupiers, daß nicht mehr gesetzt werden kann.

Rienzo (Rienzi), Cola di, auch Niccolò Lorenzo, latinisiert Nicolaus Laurentii, *Rom 1313, † ebd. 8. 10. 1354, italien. Staatsmann und Humanist. R. vertrieb am 20. 5. 1347 als »Volkstribun« die Häupter der Adelspartei aus Rom und verkündete die Wiedererrichtung der röm. Republik; er verfocht den Souveränitätsanspruch des röm. Volkes gegenüber Kaiser und Papst und forderte die nationalstaatl. Einigung Italiens, scheiterte aber am Widerstand und Bann Papst Klemens' VI. 1350 flüchtete er zu Karl IV. nach Prag und wurde 1352 nach Avignon ausgeliefert. 1354 von Papst Innonzenz VI. nach Rom entsandt, wurde er in einem Volksaufstand erschlagen.

Ries, Adam (fälschlich A. Riese), *Staffelstein 1492, † Annaberg (heute zu Annaberg-Buchholz) 30. 3. 1559, dt. Rechenmeister. Verfaßte mehrere Lehrbücher des prakt. Rechnens, u. a. »Rechenung auff der linihen vnd federn« (1522) und »Rechenung nach der lenge …« (1550), die lange Zeit erhebl. Einfluß auf den Unterricht an dt. Schulen hatten.

Ries, annähernd runde (Durchmesser 20–25 km) Beckenlandschaft zw. Schwäb. und Fränk. Alb, mittlere Höhe 430 m ü. M., mit einem bis über 600 m ü. M. aufragenden, waldbestandenen Wall. Durch Meteoriteneinschlag entstanden.

Riesa, Kreisstadt an der Elbe, Sa., 45 100 E. Stahl- und Walzwerk; Hafen. Spätgot. Stadtpfarrkirche (15. Jh.) mit barockem W-Turm, Schloß.

Riese, Adam ↑Ries, Adam.

Riesen, 1) *Mythologie:* übergroße Gestalten in den Mythen und Sagen der

Völker, Personifikationen von Naturgewalten bzw. dämon. Kräften; in den dt. Volkssagen auch *Hünen* genannt.
2) *Astronomie:* (Riesensterne) ↑Stern.
Riesenalk ↑Alken.
Riesenbovist, den Stäublingen zugeordneter Bovist mit dem größten bekannten Fruchtkörper: weißl., unregelmäßige Kugel (Durchmesser bis 50 cm, Gewicht bis 15 kg), auf stark stickstoffhaltigen, feuchten Böden vorkommend; jung eßbar.
Riesenbromelie, Charakterpflanze der Hochanden Perus; bis 4 m hohe Schopfbäume mit bis 5 m langen Blütenständen.
Riesenchromosomen, durch mehrfach wiederholte Chromosomenverdopplung ohne nachfolgende Trennung der Tochterchromosomen entstandene Bündel von bis zu 30 000 homogenen Chromatiden. Die nebeneinanderliegenden homologen Chromomeren bilden ein bes. während der Interphase sichtbares Banden- oder Querscheibenmuster; sind diese entspiralisiert und erscheinen wie aufgebläht, so werden sie als *Puffs* bezeichnet (Funktionsform der RNS-Synthese). Nicht selten sind die Schwesterchromosomen gepaart, so daß ein haploider Chromosomensatz zu erkennen ist. R. kommen in den Zellkernen von Speicheldrüsen und anderen Organen von Zweiflüglern (u. a. Taufliege), in den großen Kernen der Ziliaten, in den Samenanlagen vieler Blütenpflanzen und sogar bei der Maus vor.
Rieseneishöhle, eine der Dachsteinhöhlen (↑Höhlen, Übersicht).
Riesenflugbeutler (Riesengleitbeutler), großer Kletterbeutler im östl. Australien; Körperlänge knapp 50 cm, Schwanz etwa körperlang; kann über 100 m weit gleiten; Baumbewohner; ernährt sich ausschließlich von Eukalyptusblättern und -knospen.
Riesengebirge, Teil der Westsudeten, an der Grenze zw. Polen und der Tschech. Republik, in der Schneekoppe 1 602 m hoch.
Riesengürteltiere, 1) ↑Gürteltiere.
2) (Glyptodonten, Glyptodontoidea) ausgestorbene Überfamilie großer Säugetiere, die vom Eozän bis Pliozän in S- und N-Amerika lebten; Gesamtlänge bis über 4 m; Körper mit aus Knochenplatten bestehendem Panzer;

Riesenkraken

Pflanzenfresser; am bekanntesten ist der bis 2,5 m lange *Glyptodon*.
Riesenhai, bis 14 m langer und rd. 4 t schwerer Haifisch im nördl. Atlantik (einschließlich Nordsee) und westl. Mittelmeer; Körper schwarzgrau; wird dem Menschen nicht gefährlich.
Riesenkaktus (Riesensäulenkaktus), Gatt. der Kaktusgewächse mit der einzigen Art *Carnegiea gigantea* in Arizona, Kalifornien und Mexiko; Stämme bis 12 m hoch und bis 60 cm dick, kandelaberförmig verzweigt; Blüten langröhrig (10–12 cm), weiß, mit breitem Saum. Das getrocknete Fruchtfleisch wird von den Indianern als Nahrungsmittel verwendet.

Riesenkaktus.
Carnegiea gigantea

Riesenkänguruhs, Gatt. großer Känguruhs in Australien und Tasmanien; Sprungweite auf der Flucht bis über 10 m. Man unterscheidet: *Rotes R.*, Körperlänge bis 1,6 m, Schwanzlänge 65–100 cm; *Graues R.*, Körperlänge etwa 85 (♀) bis 140 cm (♂), Schwanzlänge 75–100 cm; *Bergkänguruh* (Wallaruh), Körperlänge etwa 75 (♀) bis 140 cm (♂), Schwanzlänge 60–90 cm.
Riesenkraken (Riesentintenfische, Riesenkalmare), Gattung der Kopffüßer mit mehreren sehr großen, in einigen hundert Metern Tiefe den Meeresboden bewohnenden Arten; größte nachgewiesene Körperlänge 6,6 m bei 1,2 m Rumpfdurchmesser und rd. 10 m Armlänge.

Riesenmuscheln

Riesenschildkröten. Galapagos-Riesenschildkröte (Panzerlänge bis 1,1 m)

Riesenmuscheln (Zackenmuscheln, Tridacnidae), Familie 10–135 cm langer Muscheln, v. a. in Flachwasserzonen des Ind. und Pazif. Ozeans, mit dicken, wellig gerippten Schalenklappen, die sich mit außerordentl. Kraft schließen können; z B. die im Sand eingegrabene, bis 500 kg schwere *Mördermuschel*.
Riesennager (Capybaras, Wasserschweine, Hydrochoeridae), Fam. der Nagetiere mit einer einzigen Art *Capybara* in großen Teilen S-Amerikas.
Riesenpanda ↑Pandas.
Riesensalamander (Cryptobranchidae), Fam. großer Schwanzlurche in N-Amerika und O-Asien mit drei Arten: *Jap. R.* (im westl. Japan; in klaren, schnellfließenden Bächen; bis über 1,5 m lang); *Chin. R.* (im westl. China); *Schlammteufel* (Hellbender; im östl. N-Amerika, bis 70 cm lang).
Riesensaurier, svw. ↑Dinosaurier.
Riesenschildkröten (Elefantenschildkröten), Bez. für zwei inselbewohnende Arten der Landschildkröten: *Galapagos-R.* mit etwa zehn Unterarten auf den Galapagosinseln; Panzerlänge bis 1,1 m; *Seychellen-R.,* heute nur noch in drei Unterarten auf Mahé (in Gefangenschaft) und auf den Aldabra Islands, Panzerlänge bis über 1,2 m.
Riesenschlangen (Boidae), in den Tropen und Subtropen weit verbreitete Fam. kleiner bis sehr großer (maximal rd. 10 m langer), ungiftiger Schlangen, die ihre Beutetiere (bis zur Größe eines Wildschweins oder Rehs) durch Umschlingen und Erdrücken töten (u. a. Boaschlangen und Pythonschlangen).

Riesenschnauzer, in Deutschland gezüchtete, dem Schnauzer ähnl. Hunderasse; bis 70 cm Schulterhöhe.
Riesenslalom ↑Skisport.
Riesling ↑Rebsorten (Übersicht).
Riesser, Gabriel, *Hamburg 2. 4. 1806, †ebd. 22. 4. 1863, dt. Publizist. 1848/49 Mgl. der Frankfurter Nationalversammlung; Wegbereiter der 1869/71 in Deutschland eingeführten Gleichstellung der Juden.
Rieti, italien. Provinz-Hauptstadt im nördlichen Latium, 44 400 E. Roman. Dom (1109–1229, im Innern barockisiert).
Rietschel, Ernst, *Pulsnitz 15. 12. 1804, †Dresden 21. 2. 1861, dt. Bildhauer. Schuf das Goethe-und-Schiller-denkmal (1852–57) in Weimar.
Rifatlas ↑Atlas.
Rifbjerg, Klaus [dän. 'rifbjɛr], *Kopenhagen 15. 12. 1931, dän. Schriftsteller. Einer der erfolgreichsten zeitgenöss. dän. Schriftsteller; Collagetechnik; u. a. »Reisende« (Prosa, 1969), »Adresse: Lena Jørgensen, Kopenhagen« (R., 1971); auch Lyrik, Dramen, Drehbücher.
Riff, 1) *Geographie:* Untiefe im Meer, an Flachküsten als Sandriff, sonst als Aufragung von Felsen vor der Küste; innerhalb der Tropen und Subtropen als Bauten riffbildender Meeresorganismen, bes. von Korallen.
2) [engl.-amerikan.] *Musik:* im Jazz Bez. für eine sich ständig wiederholende, rhythm. prägnante Phrase, die melod. so angelegt ist, daß sie über einen wechselnden harmon. Grund gelegt werden kann (als Hintergrund für improvisierende Solisten).

Riesenschnauzer (Widerristhöhe 60–70 cm)

Rifkabylen, Berberstämme im Rifatlas, Marokko.

Riga, Hauptstadt von Lettland, an der Düna, 910 000 E. Univ., Hochschulen, Museen, Theater, Philharmonie; Film- und Fernsehstudio, Planetarium, botan. Garten, Zoo. Bau von Rundfunkgeräten, Dieselmotoren; Schiffsreparaturen; Ostseehafen, zwei ✈. – Bed. u. a. Peterskirche (1209 ff.) mit 140 m hohem Turm (17. Jh.), Schwarzhäupterhaus (14. Jh.; im 17. Jh. barockisiert), Neues Gildenhaus (1854; mit dem Gildensaal aus dem 13. Jh.), Rathaus (18./19. Jh.), ehem. Dom (13. und 16. Jh.; jetzt Museum und Konzerthalle). Nach 1945 Wiederaufbau. Die Altstadt steht unter Denkmalschutz. – 1201 von Bischof Albert I. gegr.; 1255 wurde der Bischofssitz zum Erzbischofssitz erhoben; 1282 Mgl. der Hanse; 1581–1621 unter poln. Herrschaft; 1621–1709 zum schwed. Reich, dann zum Zarenreich; 1919–40 und seit 1991 Hauptstadt Lettlands, 1940–91 Hauptstadt der Lettischen SSR (Juli 1941–Okt. 1944 von dt. Truppen besetzt).

Rigaischer Meerbusen, Bucht der Ostsee im Bereich Estlands und Lettlands, umschlossen von den Inseln Ösel und Moon.

Rigaud (Rigault), Hyacinthe [frz. ri'go], eigtl. Hyacintho Rigau y Ros, ⁎ Perpignan 18. 7. 1659, † Paris 29. 12. 1743, frz. Maler katalan. Herkunft. Gilt als Hauptvertreter der Porträtmalerei des Louis-quatorze »Ludwig XIV.« (1701; Paris, Louvre).

Rigel [arab.], der hellste Stern im Sternbild Orion, der westliche der beiden Fußsterne.

Rigi, Gebirgsstock zw. dem Vierwaldstätter und dem Zuger See, Schweiz, im R.-Kulm 1798 m hoch. Von Vitznau aus führt die älteste, 1868–71 erbaute Zahnradbahn der Welt zum Hotel R.-Kulm.

rigid(e) [lat.], unnachgiebig, starr.

Rigorismus [lat.], das Handeln bzw. die Beurteilung von Handlungen ausschließlich nach vorgegebenen Grundsätzen oder Normen[systemen], wobei schon ein geringfügiges Abweichen als unzulässig gilt.

Rigorosum [lat.], mündl. Doktorprüfung (↑Doktor).

Rigveda [Sanskrit] ↑Veda.

Rihm, Wolfgang, ⁎ Karlsruhe 13. 3. 1952, dt. Komponist. Gehört zu den bed. Vertretern der zeitgenöss. Musik; sein umfangreiches Werk umfaßt zahlr. Orchesterwerke, u. a. drei Sinfonien, Streichquartette, Vokalwerke; bes. bekannt als Vertreter der Oper bzw. des musikal. Theaters, u. a. »Jakob Lenz« (1979), »Die Hamletmaschine« (1987, nach Heiner Müller), »Ödipus« (1987, nach Sophokles, Hölderlin, Nietzsche, Heiner Müller), »Die Eroberung von Mexiko« (1992; nach A. Artaud).

Riisager, Knudåge [dän. 'risa:'jɔr], ⁎ Kunda (Estland) 6. 3. 1897, † Kopenhagen 26. 12. 1974, dän. Komponist. V. a. Ballette, u. a. »Quarrtsiluni« (1942), »Månerenen« (1957), auch Kammer- und Klaviermusik.

Rijeka (italien. Fiume), Stadt an der Adria, Kroatien, 158 300 E. Univ., Nationalmuseum, naturwiss. Museum; Theater. Wichtigste Hafenstadt Kroatiens; Werften, Erdölraffinerie. Roman. Dom (12. Jh.; barockisiert), barocke Veitskirche (17./18. Jh.); Stadthaus aus dem 16. Jh.; röm. Triumphbogen (3. Jh. n. Chr.). – R. gehörte seit 1466 dem Haus Österreich; 1719 Freihafen. Nach dem 1. Weltkrieg zw. Italien und Jugoslawien umstritten (Fiume-Frage), wurde 1920 Freistaat, kam 1924 an Italien, 1947–92 zu Jugoslawien.

Rijksmuseum [niederl. 'rɛɪks...], bed. Museum in Amsterdam; enthält v. a. niederl. Kunst, Kunstgewerbe, asiat. Kunst. Seit 1885 befindet sich die aus dem Besitz der Oranier hervorgegangene Sammlung im heutigen Gebäude (erbaut 1876–85 von Petrus Cuypers [⁎1827, †1921]).

Rijswijk [niederl. 'rɛɪswɛɪk], niederl. Stadt, Vorort von Den Haag, 48 600 E. – Die *Friedensschlüsse von Rijswijk* beendeten 1697 den Pfälz. Erbfolgekrieg. Im Frieden Frankreichs mit England, den Niederlanden und Spanien (20. 9.), dem das Hl. Röm. Reich beitrat (30. 9.), gab Ludwig XIV. die meisten Eroberungen preis (außer den elsäss. Reunionen mit Straßburg).

Rikscha [jap.] (Jinrikisha, Jinriksha), zweirädriges Gefährt zur Personenbeförderung; wird von einem Menschen gezogen oder angetrieben (Fahrrad-R.); auch motorisiert.

Riga
Stadtwappen

Wolfgang Rihm

Riksmål

Riksmål ['ri:ksmo:l], ältere Bez. für Bokmål (↑Norwegisch).

Rila, höchstes Gebirge der Balkanhalbinsel, Bulgarien, im Mussala 2925 m hoch.

Rilke, Rainer Maria, eigtl. René M. R., * Prag 4. 12. 1875, † Val-Mont bei Montreux 29. 12. 1926, österr. Dichter. 1899 und 1900 bereiste R. mit Lou Andreas-Salomé Rußland (Begegnung mit L. N. Tolstoi). 1901 heiratete er die Bildhauerin Clara Westhoff (* 1878, † 1954), die er bei seinem Aufenthalt in Worpswede (1900) kennengelernt hatte. 1905/06 war R. Sekretär von A. Rodin in Paris (»Auguste Rodin«, Monographie, 1903). Nach Reisen und Gastaufenthalten (u. a. auf Schloß Duino bei Triest 1910) lebte er nach 1918 v. a. in der Schweiz, wo er sich, ab 1921 im »Turm« des Schlosses Muzot (bei Siders im Wallis), in die totale Abgeschiedenheit zurückzog. Seine Jugendlyrik (u. a. »Larenopfer«, 1896), die frühen Dramen und Prosaskizzen bewegen sich zw. Naturalimus, Jugendstil und Neuromantik. Seit der Worpsweder und bes. der Pariser Zeit überwiegt ein plastischsachl. und malerisch-intensiver Stil in seinen »Dinggedichten« (»Das Stundenbuch«, 1905; »Das Buch der Bilder«, 1902, erweitert 1906). »Die Weise von Liebe und Tod des Cornets Christoph Rilke« (1899 entst., 1906 gedr.) umschreibt seine Beziehung zu Lou Andreas-Salomé. In seinem einzigen Roman (»Die Aufzeichnungen des Malte Laurids Brigge«, 1910) spiegeln sich eigene Existenzproblematik und Kierkegaardsche Angst und Verzweiflung. »Das Marienleben« (1913) wurde 1922/23 von P. Hindemith vertont. Die im Laufe von zehn Jahren entstandenen »Duineser Elegien« (gedr. 1923) greifen zwar den antiken Elegienvers auf, der Inhalt aber ist Antiidyll: Verzweiflung am Menschen und seiner Situation in der Welt, an seinem Ungenügen und seiner Gebrochenheit. »Die Sonette an Orpheus« (1923) erschienen R. selbst als »Kehrseite« der Elegien.

Rimbaud, Arthur [frz. rɛ̃'bo], * Charleville (heute Charleville-Mézières) 20. 10. 1854, † Marseille 10. 11. 1891, frz. Dichter. 1871–73 Liaison mit P. Verlaine; nach dem Bruch (1873) Ende der literar. Tätigkeit, unstetes Wanderleben, zuletzt in Äthiopien. Sein berühmtestes Werk »Das trunkene Schiff« (entst. 1871, hg. 1883) ist mit seiner sinnl., surrealen Metaphorik (der Freiheit) ebenso wie die im lockeren Versbau geschriebenen Prosagedichte »Aufenthalt in der Hölle« (1873) und »Erleuchtungen« (hg. 1886) zum festen Bestandteil der Weltliteratur geworden; von bes. Einfluß auf die symbolist. und surrealist. Lyrik.

Rimini, italien. Stadt an der Adria, in der Emilia-Romagna, 130 800 E. Archäolog. Museum; Seebad. Röm. sind der Augustusbogen (27 v. Chr.) und die Brücke Ponte Augusto (14–21 n. Chr. vollendet); Renaissancekirche (1446; unvollendet). – In der Antike *Ariminum*, eine von Umbrern gegr. Siedlung, wurde 268 v. Chr. Kolonie latin. Rechts, spätestens 88 v. Chr. Munizipium; kam durch die Pippinsche Schenkung (754/756) an den Papst.

Rimski-Korsakow, Nikolai Andrejewitsch, * Tichwin 18. 3. 1844, † Gut Ljubensk bei Sankt Petersburg 21. 6. 1908, russ. Komponist. Trug wesentlich zur Ausbildung einer nat.-russ. Musik bei. Zu seinen bekanntesten Orchesterwerken gehören »Capriccio espagnol« (1887) und »Scheherazade« (1888); daneben u. a. die Opern »Sadko« (1898), »Das Märchen vom Zaren Saltan« (1900), »Der goldene Hahn« (1909), Orchesterwerke (u. a. 3 Sinfonien, Ouvertüre über russ. Themen, Klavierkonzert), Kammer- und Klaviermusik, Chorwerke und Lieder.

Rindbox (Chromrindleder), chromgegerbtes Schuhoberleder aus Rindshäuten.

Rinde (Kortex, Cortex), **1)** *Anatomie:* die äußere, vom Mark sich unterscheidende Schicht bestimmter Organe, z. B. der Nieren *(Nieren-R.)*, des Gehirns *(Kleinhirn-, Großhirnrinde).*
2) *Botanik:* bei *Pflanzen* die äußeren Gewebeschichten von Sproßachse und Wurzel. Anatomisch sind zu unterscheiden: *primäre R.:* Gewebekomplex zw. äußerer Epidermis und den peripheren Leitbündeln; *sekundäre R. (Bast):* die in Sproß und Wurzel nach Beginn des sekundären Dickenwachstums vom Kambium nach außen abgegebenen Gewebeschichten; Begrenzung nach außen durch die Borke.

Rainer Maria Rilke

Arthur Rimbaud
(Ausschnitt aus dem Gemälde »Le Coin de Table« von Fantin-Latour, 1872; Paris, Louvre)

Rindenläuse (Staubläuse, Holzläuse, Flechtlinge, Psocoptera), mit über 1 000 Arten weltweit verbreitete Ordnung kleiner, etwa 1 mm bis wenige Millimeter langer Insekten mit kauenden Mundwerkzeugen und langen, fadenförmigen Fühlern.

Rindenparenchym, Grundgewebe im Bereich der pflanzl. Rinde; kann bei mächtiger Entwicklung Speicherfunktionen übernehmen, z. B. Nährstoffspeicherung in Rüben.

Rindenpilze, Ständerpilze, die v. a. auf Kernholz oder Rinde wachsen, z. B. der *Eichen-R.* mit grauvioletten, warzigen Fruchtkörpern und der *Rindensprenger,* unter der Rinde von toten Laubgehölzen wachsend.

Rinder (Bovinae), Unter-Fam. etwa 1,6–3,5 m langer, 150–1 350 kg schwerer Paarhufer (Fam. Horntiere) mit neun Arten, v. a. in Wäldern und Grassteppen Amerikas und der Alten Welt; seit dem jüngeren Tertiär bekannte Wiederkäuer mit breitem Schädel, unbehaartem, feuchtem »Flotzmaul« und (bei beiden Geschlechtern) Hörnern. Zu den R. gehören ↑Büffeln, ↑Bison, Wisent u. a. die *Stirnrinder (Bos)* mit Jak, ↑Gaur und Auerochse. Der *Jak* (Yak, Wildjak) kommt im zentralasiat. Hochland vor; Körperlänge bis über 3,25 m, Schulterhöhe bis über 2 m, Hörner beim Männchen bis 1 m lang; eine domestizierte Zuchtform ist der kleinere *Hausjak* (Grunzochse), ein Tragtier, auch Milch-, Fleisch- und Wollieferant. Der *Auerochse* (Ur) wurde 1627 ausgerottet; Männchen über 3 m Körperlänge und 1,8 m Schulterhöhe; Stammform des Hausrindes und des *Zebus* (Buckelrind; in ganz Asien).

Das Rind ist das wichtigste Haustier und das älteste Milch- und Arbeitstier für den Menschen. Die Rassen des Hausrinds stammen v. a. vom Auerochsen ab, der zus. mit dem Wisent (↑Bison) seit der letzten Zwischeneiszeitphase in Europa verbreitet war. Die Ausgrabungen von Çatal Hüyük (Türkei) lassen erkennen, daß die ältesten Domestikationsversuche um 6 500 v. Chr. anzusetzen sind.

Rinderbandwurm, 4 bis 10 m langer Bandwurm; erwachsen im Darm des Menschen (Endwirt), Finnen (7–9 mm lang) in der Muskulatur des Rindes (Zwischenwirt).

Rinderbremsen, Gatt. bis 25 mm langer, maximal 5 cm spannender Fliegen (Fam. Bremsen) mit rd. 40 Arten in Eurasien; u. a. die *Pferdebremse* (bis 25 mm lang) und die 10–24 mm lange *Gemeine Rinderbremse.*

Rinderdasselfliegen (Rinderbiesfliegen), Bez. für zwei fast weltweit verschleppte Arten etwa 11–15 mm langer ↑Hautdasseln, die bes. an Rindern schädlich werden können (Abnahme der Milch- und Fleischproduktion, Hautschäden); hummelähnlich behaarte Insekten.

Rinderpest, aus Asien eingeschleppte, tödlich verlaufende anzeigepflichtige Viruskrankheit des Rindes (und anderer Wiederkäuer).

rinforzando (rinforzato) [italien.], Abk. **rf., rfz., rinf.,** musikal. Vortragsbez.: stärker werdend.

Ring, 1) *allg.:* ein aus unterschiedlichstem Material gefertigter kreisförmiger Körper; findet Verwendung als techn. Gegenstand (z. B. Dichtungs-R.) oder als Schmuckstück, auch als symbol. Zeichen. – Der R. wurde schon im alten Orient und in Ägypten als Siegel-R. gebraucht, später auch bei Griechen und Römern, und galt – meist als Finger-R. getragen – als sakrales Würdezeichen und herrscherl. Insigne. Aus dem *Verlo-*

Nikolai Andrejewitsch Rimski-Korsakow

Rinder. Links: Jak ♦ Rechts: Zebu

Ring Christlich-Demokratischer Studenten

Ring 1).
Links: Ring mit Skarabäus; griechische Arbeit (4. Jh. v. Chr.; Pforzheim, Schmuckmuseum) ◆ Rechts oben: Ring mit aufklappbarem Kästchen; italienische Arbeit (16. Jh.) ◆ Rechts unten: Schmuckring; indische Arbeit (18. Jh.; beide Mailand, Museo Poldi Pezzoli)

Joachim Ringelnatz

bungs-R., der in röm. Zeit der Frau als Empfangsbestätigung für die Mitgift gegeben wurde, entwickelte sich der *Ehe-R.* v. a. unter frühchristl. Einfluß als Symbol der Treue. Im Volksglauben werden dem R. oft mag. und zauber. Kräfte (Amulett-R., Zauber-R.) zugesprochen.
2) *Sport:* (Box-R.) ↑Boxen.
3) *Motorsport:* Bezeichnung für Rennstrecken, z. B. Nürburgring, Hockenheimring.
4) *Mathematik:* eine algebraische Struktur *R* mit zwei als Addition und Multiplikation bezeichneten Verknüpfungen ihrer Elemente (Symbole: + und ·), die bezüglich der Addition eine Abelsche Gruppe ist und das Assoziativgesetz der Multiplikation erfüllt.

Ring Christlich-Demokratischer Studenten, Abk. **RCDS,** 1951 gegr. polit. Studentenverband, der der CDU nahesteht.

Ringe, Turngerät der Männer; besteht aus zwei 28mm starken Holzringen von 18 cm Durchmesser, die an zwei Schwungseilen hängen, der Aufhängepunkt der Seile ist 5,50m über dem Boden.

Ringelblume, 1) (Gilke, Maienrose) Gatt. der Korbblütler mit rd. 20 Arten, v. a. im Mittelmeergebiet und in Vorderasien; Zierpflanzen *(Gartenringelblume).*
2) volkstüml. Bez. für den Löwenzahn.

Ringelnatz, rd. 1 m (♂) bis 1,5 m (♀) lange Wassernatter, v. a. an dicht bewachsenen Gewässerrändern Europas, NW-Afrikas und W-Asiens; ernährt sich vorwiegend von Lurchen und Fischen.

Ringelnatz, Joachim, eigtl. Hans Bötticher, *Wurzen 7. 8. 1883, † Berlin 17. 11. 1934, dt. Schriftsteller und Maler. Ab 1920 Kabarettautor in Berlin; skurrile Lyrik (Moritaten, Songs, Grotesken, Nonsensverse), u. a. »Die Schnupftabakdose« (Ged., 1912), »Kuttel Daddeldu« (Ged., 1920, erweitert 1923).

Ringelrobben ↑Robben.

Ringelwürmer (Gliederwürmer, Anneliden, Annelida), Tierstamm mit rd. 17000, wenige Millimeter bis 3 m langen Arten im Meer, im Süßwasser oder im Boden. Der Körper der meisten R. ist langgestreckt und aus vielen weitgehend gleichen Segmenten aufgebaut, die äußerlich als Ringe erkennbar sind. Man unterscheidet Vielborster, Wenigborster und Blutegel.

Ringen, von Männern ausgeübter sportl. Zweikampf, bei dem durch bestimmte Griffe der Gegner mit beiden Schultern auf die Matte gedrückt werden soll. Man unterscheidet *Freistil-R.*

Ringelnatter
(Länge bis 1 m)

Rio de Janeiro

(Griffe vom Scheitel bis zur Sohle mit Einsatz der Beine) und *griechisch-römischen Stil* (Griffe vom Scheitel bis zur Hüfte, ohne Einsatz der Beine). Gekämpft wird auf einer Matte mit 9 m Durchmesser; Kampfdauer 2 × 3 Minuten mit je einer Minute Pause.

Ringkörper, svw. ↑Torus.

Ringmodulator, aus zwei Übertragern und vier ringförmig angeordneten Dioden aufgebaute Schaltung zur Modulation, Effektgerät der elektron. Musik; mit dem R. werden unharmon. Klangspektren erzeugt. Die Verknüpfung von Sprache mit Instrumentalklang führt zu einem sich im Sprachrhythmus bewegenden neuen Verfremdungsklang.

Ringmuskel (Sphinkter), ringförmiger Muskel zur Verengung oder zum Verschluß röhrenförmiger Hohlorgane, v. a. im Bereich des Darmtrakts.

Ringnebel, svw. ↑planetarische Nebel.

Ringverbindungen, andere Bez. für ↑cyclische Verbindungen.

Ringwall, vor- und frühgeschichtl. Befestigungstyp mit umlaufendem Wall bzw. Wallsystem.

Rinser, Luise, *Pitzling (heute zu Landsberg a. Lech) 30. 4. 1911, deutsche Schriftstellerin. 1944/45 inhaftiert (»Gefängnis-Tagebuch«, 1946); 1953 bis 59 ∞ mit C. Orff; schreibt Romane (»Daniela«, 1953) und Erzählungen (»Die gläsernen Ringe«, 1941; »Ein Bündel weißer Narzissen«, 1956); auch Hörspiele, Tagebücher. Kandidierte 1984 für die »Grünen« für das Amt des Bundespräsidenten. – *Weitere Werke:* Ich bin Tobias (R., 1966), Den Wolf umarmen (Autobiographie, 1981), Mirjam (R., 1983), Silberschuld (R., 1987), Abaelards Liebe (R., 1991), Wir Heimatlosen (Tagebuch 1989–92, 1992).

Rinteln, Stadt an der Weser, Ndsachs., 27 200 E. Spirituosenfabrik, Maschinenbau; Flußhafen. Marktkirche (13. und 14. Jh.), ehem. Rathaus im Stil der Weserrenaissance, Wallanlage (17. Jh.).

Río [span. 'rrio; lat.], span. svw. Fluß (portugies. und brasilian. *Rio*).

Río Bravo ↑Rio Grande.

Rio de Janeiro ['ri:o de ʒa'ne:ro, brasilian. 'rriu di ʒe'nejru], **1)** Hauptstadt des gleichnamigen brasilian. Gliedstaates (seit 1975), an der Baía de Guanabara, 5,48 Mio. E. Vier Univ., Ingenieurhochschule, zahlr. Forschungsinstitute, Nationalarchiv, -bibliothek, Nationalmuseum, Museen, Theater, Oper; botan. Garten, Zoo. R. de J. ist das größte Handels- und Bankenzentrum, die zweitgrößte Ind.-Stadt und größter Importhafen Brasiliens; zwei ✈. Berühmt ist der Badestrand von Copacabana sowie der jährl. Karneval.

Stadtbild: Im Stadtbild, das vom Zuckerhut (395 m) und Corcovado (711 m; mit Christusstatue) beherrscht wird,

Ringelblume. Gartenringelblume (Höhe 25–50 cm)

Luise Rinser

Rio de Janeiro. Die Bucht des Stadtteils Botafogo mit dem Zuckerhut

Río de la Plata

Rispengras.
Gewöhnliches Rispengras (Höhe bis 80 cm)

treffen moderne Hochbauten und Elendsviertel (Favelas) unvermittelt aufeinander. Bed. Zeugnisse der Kolonialarchitektur, u. a. Kirche des Klosters São Bento (Ausstattung 1693–1720), Karmeliterkloster und Franziskanerkloster, Kirche Nossa Senhora da Gloria (alle 17. Jh.). In R. de J. entstand mit dem Erziehungsministerium (1936–43) der erste richtungweisende Bau der modernen brasilian. Architektur nach den Vorstellungen Le Corbusiers.
Geschichte: Vorläufer der heutigen Stadt war das 1565 in der Nähe des Zukkerhuts gegr. São Sebastião do R. de J., 1567 nach N verlegt; 1763 Hauptstadt von Bahia; 1808–21 Residenz des portugies. Prinzregenten und König Johanns VI.; 1822–1960 Hauptstadt Brasiliens.
2) brasilian. Gliedstaat im SO des Landes, 44 268 km², 12,584 Mio. E, Hauptstadt Rio de Janeiro. – 1975 wurde der Gliedstaat Guanabara eingegliedert.
Río de la Plata [span. 'rrio ðe la -], gemeinsamer Mündungstrichter von Paraná und Uruguay an der südamerikan. Atlantikküste zw. Uruguay und Argentinien.
Rio Grande [engl. 'riːəʊ 'grændɪ] (mex. Río Bravo), Fluß in Nordamerika, 3 034 km lang, entspringt in den San Juan Mountains (USA), bildet über 2 000 km die Grenze zw. den USA und Mexiko, mündet mit einem Delta bei Brownsville in den Golf von Mexiko.
Rio Grande do Norte [brasilian. 'rriu 'grɛndi du 'nɔrti], Gliedstaat in NO-Brasilien, 53 015 km², 4,14 Mio. E, Hauptstadt Natal.
Rio Grande do Sul [brasilian. 'rriu 'grɛndi du 'sul], Gliedstaat in S-Brasilien, 282 184 km², 9,128 Mio. E, Hauptstadt Pôrto Alegre.
Riojaweine [span. 'rrioxa...], die aus dem Weinbaugebiet im Quellgebiet des Ebro südl. der Pyrenäenabhänge stammenden überwiegend roten Weine zählen zu den besten der Erde.
Río Magdalena [span. 'rrio mayða-'lena], größter Strom Kolumbiens, entspringt in der Zentralkordillere, mündet in das Karib. Meer, 1 540 km lang.
Río Muni [span. 'rrio -], ehem. span. Übersee-Prov. an der afrikan. W-Küste; seit 1968 als *Mbini* Teil der Republik Äquatorialguinea.

rip., Abk. für ↑**Ripieno**.
R. I. P., Abk. für ↑requiescat in pace.
Ripen (dän. Ribe), Hauptstadt der dän. Amtskommune Ribe im sw. Jütland, 18 000 E. Roman. Domkirche (12. Jh.; im 13. Jh. got. erweitert), Ruinen von Schloß Riberhus (12. Jh.). – 855 erstmals gen., im MA einer der wichtigsten dän. Handelsplätze. – Der *Vertrag von Ripen* (1460) begründete die Personalunion Dänemarks und Schleswigs und Holsteins.
Ripieno [italien. »voll«], Abk. R., rip., im 17./18. Jh. Bez. für das volle Orchester (Tutti) im Ggs. zum solist. Concertino, bes. im ↑Concerto grosso.
Riposte [italien.-frz.] (Nachhieb, Nachstoß), im Fechtsport Bez. für den Gegenangriff nach parierter Parade.
Rippe, 1) *Biologie:* ↑Rippen.
2) *Technik:* ein Bauteil zur Verstärkung (Querversteifung) flächiger Bauteile.
3) *Baukunst:* (Ogive) der ein Gewölbe oder eine Stahlbetondecke verstärkende oder tragende Konstruktionsteil, auch Schmuckelement mittelalterl. Gewölbebaus (Band-, abgeschrägte, ausgekehlte, Rundstab-, Birnenstab-R.).
Rippen (Costae), knorpelige bis größtenteils knöcherne, spangenartige, paarige Skelettelemente des Brustkorbs, die seitl. an die Wirbelsäule anschließen. – Der menschl. Brustkorb besteht aus zwölf paarigen R., von denen die oberen sieben direkt an das Brustbein gehen *(echte R., Brustbein-R.),* im Unterschied zu den restl. fünf *(falsche R.).* Von ihnen legen sich die Knorpel der 8. bis 10. R. jeweils an den Knorpel der vorhergehenden an und bilden den *Rippenbogen (Bogen-R.).* Die beiden letzten R.paare enden frei *(freie Rippen).*
Rippenatmung ↑Atmung.
Rippenfell, das die Brustwand, das Zwerchfell und das Mittelfell überziehende Brustfell.
Rippenfellentzündung (Brustfellentzündung, Pleuritis), ohne Pleuraerguß *(trockene R., Pleuritis sicca)* oder – häufiger – mit Pleuraerguß *(feuchte R., Pleuritis exsudativa)* einhergehende Entzündung des Brustfells (Rippenfells). Charakterist. Symptome sind u. a.: beim Atmen auftretende Rücken- und Seitenschmerzen, Reizhusten, zunehmende Atemnot mit Druck- und Beklemmungsgefühl in der Brust.

Ritterorden

Ripuarisch, mitteldeutsche Mundart.

Risalit [italien.], vorwiegend bei barocken Profanbauten vortretender Gebäudeteil, z. T. mit eigenem Dach und Giebel (Mittel-, Eck- und Seitenrisalit).

Risorgimento [italien. risordʒi'mento »Wiedererstehung«], italien. Einigungsbestrebungen im 18. und 19. Jh., insbes. 1815–70 (↑Italien, Geschichte).

Rispe ↑Blütenstand.

Rispengras, Gatt. der Süßgräser mit rd. 300 Arten in den gemäßigten Zonen der Nord- und Südhalbkugel sowie in den Gebirgen der Tropen und Subtropen. Wichtige einheim. Futterpflanzen sind u. a. *Wiesen-R., Rauhes R., Hain-R.* und *Einjähriges Rispengras.*

Riß, das bei der Projektion eines Körpers, eines Gebäudes u. a. auf eine Ebene entstehende Bild (z. B. als Grundriß).

Rißeiszeit [nach dem Donaunebenfluß Riß] ↑Eiszeit.

Rist, Johann von (seit 1653), *Ottensen (heute zu Hamburg) 8. 3. 1607, † Wedel (Holstein) 31. 8. 1667, dt. Dichter. Mgl. des »Nürnberger Dichterkreises« und der »Fruchtbringenden Gesellschaft«. Verfasser geistl. und weltl. Lyrik, auch Dramen, u. a. »Das Friede wünschende Teutschland« (1647).

Rist, Fußrücken bzw. Oberseite der Handwurzel.

rit., Abk. für ↑ritardando und ↑ritenuto.

ritardando [italien.], Abk. **rit., ritard.,** musikal. Vortragsbez.: langsamer werdend.

rite [lat.] ↑Doktor.

Riten [lat.], Mrz. von ↑Ritus.

ritenuto [italien.], Abk. **rit.,** musikal. Vortrags-Bez.: zurückgehalten, zögernd.

Ritornell [italien.], 1) *Dichtung:* italien. Strophenform zu drei Zeilen, von denen jeweils zwei gereimt sind.
2) *Musik:* Bez. für einen meist mehrfach wiederkehrenden Abschnitt; instrumentales Zwischenspiel in Vokalformen des 17. und 18. Jh. und in der frühen Oper.

Ritschl, Albrecht, *Berlin 25. 3. 1822, † Göttingen 20. 3. 1889, dt. ev. Theologe. Betonte in Ablehnung spekulativen Denkens die method. Gemeinsamkeiten von Theologie und Naturwissenschaften; gilt als Begründer des *Kulturprotestantismus.*

Ritsos, Jannis, *Monemvasia (Lakonien) 1. 5. 1909, † Athen 12. 11. 1990, neugriech. Lyriker. Wegen seines linksgerichteten polit. Engagements 1948–52 und 1967–72 in Haft und Konzentrationslagern. In dt. Sprache erschien u. a. »Die Nachbarschaften der Welt« (1957), »Zwölf Gedichte an Kavafis« (1963), »Zeugenaussagen I und II« (1963–66), »Tagebuch des Exils« (1975); auch Prosa, u. a. »Mit einem Stoß des Ellenbogens« (1984).

Rittberger [nach dem dt. Eiskunstläufer Werner Rittberger, *1891, † 1975], Sprung im Eis- und Rollkunstlauf: Anlauf rechts rückwärts auswärts, nach zwei oder drei Drehungen Aufsprung rückwärts auf dem Absprungbein.

Ritten, Hochfläche nö. von Bozen, Italien; bekannt für die aus Moränenschutt ausgewaschenen Erdpyramiden.

Ritter, 1) Carl, *Quedlinburg 7. 8. 1779, † Berlin 28. 9. 1859, dt. Geograph. War u. a. Prof. in Berlin; wurde mit seiner länderkundl. Darstellung der Erde einer der Begründer der modernen Geographie.
2) Gerhard, *Sooden (heute zu Bad Sooden-Allendorf) 6. 4. 1888, † Freiburg im Breisgau 1. 7. 1967, dt. Historiker. 1925–56 Prof. in Freiburg im Breisgau; im Dritten Reich im Widerstandskreis um C. F. Goerdeler; 1944/45 inhaftiert; schrieb u. a. »Staatskunst und Kriegshandwerk« (4 Bde., 1954–68).

Ritter, der beritten er i. d. R. gepanzert in den Kampf ziehende Krieger. Für das antike Rom ↑Equites. – Im MA der Angehörige des R.standes, der durch die Gemeinsamkeit der spezif. ritterl. Lebensform (↑Rittertum) bestimmt war. Aus dem Stand der unfreien Ministerialen ab dem 11. Jh. durch den Waffendienst sozial aufgestiegen, wurde der R. in stauf. Zeit zum Inbegriff des Adligen.

Ritterling, Gatt. großer, dickfleischiger Lamellenpilze; z. T. gute Speisepilze, z. B. *Grünling, Mairitterling.*

Ritterorden, religiöser Zusammenschluß von Kriegern im Zuge der Kreuzzugsbewegung des 11./12. Jh. zur Bekämpfung der Glaubensfeinde; bedeutende Ritterorden waren der Templerorden, der Johanniterorden (Malteser), der Deutsche Orden und der Schwertbrüderorden.

Carl Ritter

2873

Diego Rivera.
Blumenverkäufer
(1935; San Francisco,
Museum of Art)

Rittersporn

Rittersporn (Delphinium), Gatt. der Hahnenfußgewächse mit rd. 400 Arten in der nördl. gemäßigten Zone, in Vorder- und M-Asien sowie in den Gebirgen des trop. Afrika; Stauden oder einjährige Pflanzen. Einheim. ist der *Feld-R.* (Acker-R.), 20–40 cm hoch; Zierpflanzen sind die zahlr. Sorten des *Gartenrittersporns*, u. a. der 40–60 cm hohe *Einjährige Garten-R.* mit blauvioletten, rosafarbenen oder weißen Blüten in Trauben und der 1,2–1,8 m hohe *Stauden-R.* mit großen, oft halb gefüllten Blüten.

Ritterstern, Gatt. der Amaryllisgewächse mit 60–70 Arten in Savannen oder period. trockenen Waldgebieten des subtrop. und trop. Amerika; die »Amaryllis« der Gärtner ist als Topfpflanze weit verbreitet.

Rittertum (frz. chevalerie, engl. chivalry), die Gesamtheit der ritterl. Kultur und Lebensformen des hohen und späten MA, die im Minnesang und im höf. Epos ihren literar. Niederschlag fanden. Das mit hohen Standesidealen versehene R. entwickelte sich zuerst in Frankreich und drang dann über Flandern und Burgund in das Hl. Röm. Reich vor. Vornehmste Aufgaben des sich an einem ritterl. Tugendlehre orientierenden Ritters waren der Minnedienst, der Schutz der Kirche und der Schwachen sowie der Kreuzzug. Der Kampf gegen die »Heiden« führte zum Entstehen eines mönch.-asket. R. neben dem weltl.-höf. (↑Ritterorden). Die Erziehung des ritterbürtigen Knaben, die ihn auf den Zweikampf zu Pferde mit Schwert oder Lanze vorbereitete (↑Turnier), aber auch geistig und musisch bildete, endete mit der *Schwertleite* (Bekundung der Mündigkeit und Waffenfähigkeit), später mit dem *Ritterschlag* (festl. Aufnahmeakt in die Ritterschaft).

Rittmeister, Führer einer Reiterabteilung.

Ritual [lat.], **1)** Vorgehen nach festgelegter Ordnung.
2) svw. ↑Ritus.

Rituale [lat.], liturg. Buch der röm.-kath. Kirche, das Ordnungen und Texte für Gottesdienste – außer der Messe – enthält.

Ritualmord, eine mit kult. oder mag. Zielsetzung vollzogene Tötung von Menschen.

Ritus [lat.] (Mrz. Riten), **1)** Handlungsablauf *(Ritual)*, der mit religiöser Zielsetzung genau festgel. Regeln folgt und deshalb als intent. wiederholbar erscheint. **2)** *kath. Kirchenrecht:* Bez. für eine teilkirchl. Gemeinschaft, die den gleichen liturg. Ritus befolgt.

Ritzel, kleines Zahnrad.

Riva del Garda, italien. Stadt am N-Ende des Gardasees, Trentino-Südtirol, 13 000 E. Barocke Kirche (1603); Wasserschloß der Scaliger (1124).

Charlie Rivel

Rivel, Charlie [span. rri'βɛl], eigtl. José Andreo R., *Cubellas bei Vendrell 28. 4. 1896, † Barcelona 26. 7. 1983, span. Artist. Einer der bekanntesten Clowns.

Rivera, Diego [span. rri'βera], *Guanajuato 8. 12. 1886, † Mexiko 25. 11. 1957, mexikanischer Maler. Lebte 1911–21 v. a. in Paris, 1931–34 in den USA; schuf monumentale Fresken sowie Mosaiken mit Szenen aus der mexikanischen Geschichte und Gegenwart, u. a. am Palacio Nacional (Mexiko, 1929 ff.); ∞ mit F. Kahlo.

Rivette, Jacques [frz. ri'vɛt], *Rouen 1. 3. 1928, frz. Filmregisseur. Wichtiger Vertreter der frz. Neuen Welle; u. a. »Paris gehört uns« (1961), »Die Nonne« (1966), »Céline und Julie fahren Boot« (1974), »Nordostwind« (1977), »Die schöne Querulantin« (1991).

Riviera, schmale Küstenlandschaft am Mittelmeer, zw. Marseille und La Spezia, geteilt in die frz. Côte d'Azur und die Italien. Riviera westl. und östl. von Genua; zahlr. Buchten, mildes, sonnenreiches Klima, üppige mediterrane Vegetation.

Rivière, Jacques [frz. ri'vjɛ:r], *Bordeaux 15. 7. 1886, † Paris 14. 2. 1925, frz. Schriftsteller. Mitbegründer und 1910–14 sowie 1919–25 Leiter der »Nouvelle Revue Française«; Tagebücher, Romane, Essays.

Rize [türk. 'rizɛ], Stadt an der türk. Schwarzmeerküste, 50 200 E. Zentrum des türk. Teeanbaus.

Rizin [lat.] (Ricin), hochgiftiges Eiweiß im Rizinussamen; bewirkt Zusammenballung und Hämplyse der roten Blutkörperchen, Haut- und Schleimhautreizung.

Rizinus [lat.] (Ricinus), Gatt. der Wolfsmilchgewächse mit der wärmeliebenden, nur in Kultur bekannten Art *Christuspalme* (Wunderbaum); bis 3 m hohe, halbstrauchige, in den Tropen auch baumartige (über 10 m hoch) Pflanzen. Früchte walnußgroßen Kapseln mit bohnengroßen, giftigen Samen, die etwa 50 % Rizinusöl und Rizin enthalten.

Rizinusöl (Kastoröl), aus den Samen von Rizinus gewonnenes gelbl. Öl; medizinisch als Abführmittel, technisch zur Herstellung von Textilhilfsmitteln, transparenten Seifen und Spezialschmiermitteln verwendet.

Rjasan [russ. rɪ'zanj], russ. Gebietshauptstadt, an der Oka, 522 000 E. Zwei Hochschulen, Museen, Theater; u. a. Maschinenbau, Erdölraffinerie. – 1095 erstmals urkundlich erwähnt als *Perejaslawl-Rjasanski;* ab Mitte des 14. Jh. Zentrum des gleichnamigen Ft.; 1521 dem Moskauer Staat angeschlossen; 1778 in R. umbenannt; ab 1796 Verwaltungssitz des Gouvernements Rjasan.

rm (Rm), Einheitenzeichen für ↑Raummeter.

RM, Abk. für **R**enten**m**ark und **R**eichs**m**ark.

Rn, chem. Symbol für ↑Radon.

RNA, Abk. für engl. **r**ibo**n**ucleic **a**cid (↑RNS).

RNasen, Abk. für **R**ibo**n**ukle**asen**, die RNS hydrolytisch spaltende Enzyme (Hydrolasen).

RNS (RNA), Abk. für **R**ibo**n**uklein**s**äure (engl. ribonucleic acid), im Zellkern, den Ribosomen und im Zellplasma aller Lebewesen vorkommende Nukleinsäure. Im Ggs. zur ↑DNS liegt die RNS nicht in Form von Doppelsträngen vor (außer in Viren), enthält sie den Zucker Ribose und anstatt der Pyrimidinbase Thymin Uracil. Man unterscheidet drei Arten von RNS: die *Messenger-RNS* (Boten-RNS, m-RNS) wird an der DNS synthetisiert und dient als Matrize bei der Proteinbiosynthese. Die in den Ribosomen lokalisierte *ribosomale RNS* (r-RNS) besteht aus zwei RNS-Arten mit unterschiedl. Molekülmasse und Basensequenz. Die *Transfer-RNS* (t-RNS) dient bei der Proteinbiosynthese als Überträger für die Aminosäuren. Ihr aufgefaltetes Molekül besitzt eine stets aus der Basensequenz Zytosin-Zytosin-Adenin bestehende Anheftungsstelle für die Aminosäure und ein bestimmtes Nukleotidtriplett (Anticodon), das zu einem Nukleotidtriplett der m-RNS (Codon) aufgrund der Basenpaarung komplementär ist. Bei einigen Viren ist eine ein- oder doppelsträngige RNS (virale RNS) anstelle der DNS Träger der genet. Information.

Roa Bastos, Augusto, *Asunción 13. 6. 1917, paraguay. Schriftsteller. Lebt seit 1947 im Exil; schreibt Lyrik, Erzählungen und Romane (»Menschensohn«, 1960; »Ich, der Allmächtige«, 1974).

Roach, Max[well] [engl. routʃ], *New York 10. 1. 1925, amerikan. Jazzmusiker

Rittersporn.
Feldrittersporn

Rizinus.
Christuspalme

Roadster

Robben. Mähnenrobbe (Männchen)

(Schlagzeuger, Komponist). Einflußreichster Innovator des Jazzschlagzeugs.
Roadster [ˈroːtstər, engl. ˈrəʊdstə], offener, zweisitziger Sportwagen.
Robbe-Grillet, Alain [frz. rɔbgriˈjɛ], * Brest 18. 8. 1922, frz. Schriftsteller. Einer der Hauptvertreter des ↑Nouveau roman (»Der Augenzeuge«, 1955; »Die Jalousie oder die Eifersucht«, 1957); auch Essays sowie Filmszenarien (»Letztes Jahr in Marienbad«, 1961; Regie A. Resnais).
Robben (Flossenfüßer, Pinnipedia), Ordnung etwa 1,4–6,5 m langer Säugetiere mit rd. 30 Arten überwiegend in kalten Meeren ausgezeichnete Schwimmer und Taucher, überwiegend Fischfresser; Körper walzenförmig mit dicker Speckschicht und kurzem, meist dicht anliegendem Haarkleid; Schwanz stummelförmig, Extremitäten flossenartig; Nasen- und Ohröffnungen verschließbar. Die Pelze zahlr. Arten (↑Seal) sind sehr gefragt, so daß durch starke Bejagung der Bestände einiger Arten bedroht sind. Zu den R. zählen ↑Seehunde, ↑Walroß und die 13 Arten umfassende Familie Ohren-R. (Otariidae; mit den Gruppen ↑Pelzrobben und ↑Seelöwen) mit kleinen Ohrmuscheln und verlängerten, flossenförmigen Extremitäten. Im Küstengebiet S-Amerikas kommt die *Mähnen-R.* (Patagon. Seelöwe) vor; ♂ bis 2,5 m lang; in antarkt. Gewässern lebt der *Seeleopard,* bis 4 m lang. Die Unter-Fam. *Mönchs-R.* hat 3 stark bedrohte Arten, darunter die 2–4 m lange *Mittelmeermönchs-R.* Die drei Arten der Gatt. *Ringel-R.* sind bis 1,4 m lang: *Eismeerringel-R., Kaspi-R.* und *Baikalrobbe*.

Robinie. Falsche Akazie (Blütentraube)

Frederick Chapman Robbins

Robbins [engl. ˈrɔbɪnz], **1)** Frederick Chapman, * Auburn (Ala.) 25. 8. 1916, amerikan. Mediziner. Entwickelte Verfahren zur Züchtung des Poliomyelitisvirus in Gewebekulturen als Voraussetzung für die Herstellung eines Impfstoffes gegen Kinderlähmung; 1954 mit J. F. Enders und T. H. Weller Nobelpreis für Physiologie oder Medizin.
2) Jerome, * New York 11. 10. 1918, amerikan. Tänzer, Choreograph und Regisseur. Bes. bekannt wurden seine Musicalproduktionen (auch verfilmt), u. a. »West Side Story« (1957, Musik L. Bernstein), »Anatevka« (1964).
Robe [frz.], festl. Kleidung, großes Abendkleid, auch feierl. Amtskleidung.
Robert, Name von Herrschern:
Apulien: **1) Robert Guiscard** [frz. gisˈkaːr], * 1016, † auf Kefallinia 17. 7. 1085, Hzg. (seit 1059/60). Beteiligte sich an der Normanneninvasion Süditaliens; leistete 1059 Papst Nikolaus II. den Lehnseid; befreite 1084 den von Kaiser Heinrich IV. belagerten Papst Gregor VII. aus der Engelsburg (Plünderung Roms durch die Normannen); starb auf einem Kriegszug gegen Byzanz.
Schottland: **2) Robert I. Bruce** [engl. bruːs], * 11. 7. 1274, † Cardross bei Glasgow 7. 6. 1329, König (seit 1306). Siegte am 24. 6. 1314 bei Bannockburn über die Engländer; setzte 1328 die Unabhängigkeit Schottlands durch.
Robert de Boron [frz. rɔbɛrdəbɔˈrõ] (R. de Borron), * Montbéliard oder Boron bei Belfort, frz. Dichter des 12./13. Jh. Schrieb »Die Geschichte des Hl. Gral«.
Robert-Koch-Institut, 1891 als Institut für Infektionskrankheiten gegr. und zuerst von R. Koch geleitetes Institut in Berlin, das sich v. a. mit der Erforschung ansteckender Krankheiten bzw. deren Erreger sowie mit der Bekämpfung dieser Krankheiten befaßt; 1952–94 Teil des Bundesgesundheitsamtes.
Roberts [engl. ˈrɔbəts], **1)** Julia, * Smyrna (Ga.) 28. 10. 1967, amerikan. Filmschauspielerin. Internat. Erfolge u. a. in »Magnolien aus Stahl – Die Stärke der Frauen« (1989), »Pretty Woman« (1990), »Die Akte« (1993).
2) Kenneth Lewis, * Kennebunk (Maine) 8. 12. 1885, † Kennebunkport (Maine) 21. 7. 1957, amerikan. Schriftsteller. Schrieb histor. Romane, u. a. »Nordwestpassage« (1937).

3) Richard John, *Derby 6. 9. 1943, brit. Chemiker. Erhielt 1993 für die Entdeckung der diskontinuierlich aufgebauten Gene (zus. mit P. A. Sharp) den Nobelpreis für Physiologie oder Medizin.

Robespierre, Maximilien de [frz. rɔbɛs'pjɛːr], *Arras 6. 5. 1758, † Paris 28. 7. 1794 (hingerichtet), frz. Revolutionär. 1789 Deputierter des 3. Standes in den Generalständen; radikaler Jakobiner; als Mgl. der Pariser Kommune und des Nationalkonvents (seit Aug./Sept. 1792) wurde R. Führer der Bergpartei. Setzte seine Vorstellungen mit terrorist. Mitteln durch, stürzte die Girondisten (31. 5./2. 6. 1793) und beherrschte den Wohlfahrtsausschuß; am 27. 7. [= 9. Thermidor] 1794 gestürzt.

Robin Hood [engl. 'rɔbɪn 'hʊd], engl. Volksheld; Symbolfigur des angelsächs. Widerstands gegen die Normannen. Zahlr. Volksballaden (14./15. Jh.) behandeln sein abenteuerl. Leben mit einer Schar von Getreuen im Wald von Sherwood, wo er reiche Adlige und Kleriker ausraubte und Arme beschenkte.

Robinie [...i-ə; nach dem frz. Botaniker Jean Robin, *1550, † 1629], Gatt. der Schmetterlingsblütler mit rd. 20 Arten in N-Amerika einschließlich Mexiko; sommergrüne Bäume oder Sträucher; Nebenblätter oft als kräftige Dornen ausgebildet; bekannte Art ist die *Falsche Akazie* (Scheinakazie), ein bis 25 m hoher Baum.

Robinson [engl. 'rɔbɪnsn], **1) Edwin Arlington,** *Head Tide (Maine) 22. 12. 1869, † New York 6. 4. 1935, amerikan. Lyriker. Schrieb neben Lyrik u. a. ein dreiteil. Versepos (»Merlin«, 1917; »Lancelot«, 1920; »Tristram«, 1927).
2) Mary, *Ballina (County Mayo) 21. 5. 1944, ir. Politikerin. Verfassungsrechtlerin; 1976–85 Mgl. der Labour Party, seitdem parteilos; seit 1990 Staatspräsidentin.
3) Sir (seit 1939) **Robert,** *Bufford bei Chesterfield 13. 9. 1886, † Great Missenden bei London 8. 2. 1975, brit. Chemiker. Erforschte biologisch wichtige Pflanzenstoffe, insbes. Alkaloide, wofür er 1947 den Nobelpreis für Chemie erhielt.

Robinson Crusoe [- 'kruːzo, engl. - 'kruːsəʊ], Held des Abenteuerromans von D. Defoe: Ein Schiffbrüchiger lebt 28 Jahre lang fern von aller Zivilisation auf einer Insel, wo er die kulturelle Entwicklung der Menschheit nachvollzieht. Histor. Vorbild des R. C. war der Matrose Alexander Selkirk (*1676, † 1721), der 1704–08 auf der Isla Robinson Crusoe, einer der Juan-Fernández-Inseln, lebte.

Robin Wood [engl. 'rɔbɪn 'wʊd], 1982 gegr. Aktionsgruppe, deren Mitgl. durch Öffentlichkeitsarbeit und z. T. spektakuläre Aktionen gegen Umweltschädigungen und -zerstörungen aufmerksam zu machen suchen; Sitz der Geschäftsstelle: Bremen.

Roboter [tschech.], Bez. für selbstbewegl. Automaten, die gewisse manuelle Funktionen ausführen können. Als *Industrie-R.* werden heute alle rechnergesteuerten, mit einer Anzahl von Bewegungsmöglichkeiten ausgestatteten Arbeitsgeräte bezeichnet; mit Sensoren ausgestattete Industrie-R. werden zur Werkzeughandhabung eingesetzt, v. a. zum Schweißen und zur Montage von Großserienteilen.

Rocaille [rɔ'kaːj; frz.] (Muschelwerk), Ornament in ausschwingenden Muschelformen, Dekorationselement des Rokoko.

Roca (Kap R.), Kap an der SW-Spitze der Halbinsel von Lissabon, westlichster Punkt des europ. Festlandes; Leuchtturm.

Rochefort, Christiane [frz. rɔʃ'fɔːr], *Paris 17. 7. 1917, frz. Schriftstellerin. Schreibt Romane, u. a. »Das Ruhekissen« (1959), »Kinder unserer Zeit« (1961).

Rochefoucauld ↑La Rochefoucauld.

Rochen (Rajiformes), Ordnung bis über 6 m langer Knorpelfische mit rd. 350 fast ausschließlich im Meer lebenden Arten; Körper scheibenförmig abgeflacht, mit schlankem, deutlich abgesetztem Schwanz (zuweilen mit einem Giftstachel) und flügelartig ausgebildeten Brustflossen; Mund, Nasenöffnungen sowie Kiemenspalten stets auf der Körperunterseite; Spritzlöcher hinter den Augen auf der Kopfoberseite. – Zu den R. gehören neben den Zitterrochen noch Sägerochen, Adlerrochen, Teufelsrochen, Stechrochen und die Fam. *Echte R.* (Rajidae) mit den Arten *Glatt-R.* (1–1,5 m lang, an den europ.

Richard John Roberts

Maximilien de Robespierre (Ausschnitt aus einem zeitgenössischen Gemälde; Paris, Musée Carnavalet)

Robert Robinson

Rochester

Rochen. Oben: Glattrochen (Länge bis 2,5 m) ♦ Unten: Art der Sägefische

W-Küsten, im westl. Mittelmeer und in der westl. Ostsee; kommt als Seeforelle in den Handel), *Nagel-R.* (Keulen-R.; bis 1,1 m lang, im N-Atlantik, Mittelmeer und Schwarzen Meer) und *Stern-R.* (60–100 cm lang, an den Küsten N-Europas, N-Amerikas und im Mittelmeer).
Rochester [engl. 'rɔtʃɪstə], 1) westl. Nachbarstadt von Chatham, Gft. Kent, 52 300 E. King's School (gegr. 604); u. a. graph. Gewerbe; Hafen. Kathedrale (12.–14. Jh.) mit normann. W-Portal (1160), Guildhall (1687); Ruinen einer normann. Burg (11. Jh.).
2) Stadt nahe dem S-Ufer des Ontariosees (N. Y.), USA, 242 000 E. Univ., Ind.-Zentrum.
Rochus, hl., Pestpatron.
Rock, im MA das lange, geschlossene Obergewand der Männer- und Frauenbekleidung; in der Frauenbekleidung ging die Bez. R. vom einteiligen Kleid auf den in der Taille ansetzenden Halb-R. über.
Rockefeller, John Davison [engl. 'rɔkɪfɛlə], *Richford (N. Y.) 8. 7. 1839, † Ormond (Fla.) 23. 5. 1937, amerikan. Industrieller, Mitbegründer einer Erdölraffinerie, aus der 1870 die Standard Oil Company of Ohio hervorging; errang monopolartige Machtstellungen. Förderer der Wiss. (u. a. Gründung der Univ. Chicago [1890], des R. Institute for Medical Research sowie der Rockefeller Foundation).
Rockefeller Foundation [engl. 'rɔkɪfɛlə faʊnˈdeɪʃən], eine der größten Stiftungen der Welt, 1913 von J. D. Rockefeller in New York errichtet; verfolgt auf nat. und internat. Ebene humanitäre Ziele und fördert die Wissenschaft.

John Davison Rockefeller

Rocken (Spinnrocken), der zum Spinnrad gehörende hölzerne Stab, auf den das Spinnmaterial gewickelt wird.
Rockmusik, Sammel-Bez. für die seit 1950 aus afrikan. Folklore (Blues, Rhythm and Blues, Jazz) sowie amerikan. Popular Music und Folklore (u. a. Hillbilly, Country and western) entstandenen afroamerikan. Populärstile. Ihre gemeinsamen Merkmale sind naturhaftes Ausdrucksideal, körperhafte Gestik, Blues-Diktion in vokaler wie instrumentaler Melodik, eine standardisierte Grundbesetzung (Gesang, Gitarren, Schlagzeug) und eigenschöpfer. Improvisation, außerdem elektroakust. Aufbereitung und Verstärkung sowie die Vermittlung durch Massenmedien. Der Begriff R. entstand etwa 1968, als die bis dahin synonyme Bez. »Popmusik« infolge Verwischung stilist. Grenzen vieldeutig wurde und seitdem auf jede Art von Unterhaltungsmusik angewendet werden konnte.
Die R. beginnt in den 50er Jahren mit der Ausbildung des Rock 'n' Roll. Neue Impulse brachte um 1962 die brit. Beatmusik. In der 2. Hälfte der 60er Jahre folgte die rasche Ausbildung neuer Stilarten (Folk-Rock, Soul, Jazz-Rock, Psychedelic Rock, Polit-Rock, Raga Rock, Classic Rock, Country-Rock, Latin Rock). Gleichzeitig bildeten sich Gegenkulturen (Hippies) aus, deren Hauptmerkmal die Protesthaltung gegenüber der etablierten Gesellschaft war. In der 2. Hälfte der 70er Jahre erhielt die Rockszene mit dem Discosound und dem an die Ursprünge der R. anknüpfenden Punk Rock wieder eine zunehmende internat. gleichartige Prägung, die durch die komplexe Weiterentwicklung zum New Wave ab 1978 allmählich wieder verlorenging. Frische Impulse kamen Anfang der 80er Jahre

durch afroamerikan. Musikformen wie Funk, Reggae, Rap und Hip-Hop. Hinzu kam eine Wiederbelebung der aggressiven Urform der R. durch »Heavy Metal«.

Rock 'n' Roll [engl. 'rɔkn'rəʊl] (Rock and Roll), Musikstil, der Mitte der 1950er Jahre in den USA aus dem (schwarzen) Rhythm and Blues und der weißen Country music entstand; Ausgangspunkt für die Entwicklung der Pop- und Rockmusik. Der R.'n' R. änderte das Ausdrucksideal in der westl. Unterhaltungsmusik grundlegend. Stilprägende Interpreten waren u. a. Elvis Presley, Bill Haley, Chuck Berry und Little Richard.

Rocky Mountains [engl. 'rɔkɪ 'maʊntɪnz] (Felsengebirge), der östl. Teil der nordamerikan. Kordilleren, verläuft von der Brooks Range in Alaska bis New Mexico, etwa 4300 km lang, im Mount Elbert 4398 m hoch.

Rocky Mountain Trench [engl. 'rɔkɪ 'maʊntɪn 'trɛntʃ], 3–16 km breite tekton. Senke westl. der kanad. Rocky Mountains, fast 1800 km lang.

Roda Roda, Alexander, urspr. (bis 1908) A. Friedrich Roda, *Puszta Zdenci (Slawonien) 13. 4. 1872, † New York 20. 8. 1945, österr. Schriftsteller. Mitarbeiter des »Simplicissimus«; emigrierte 1938; lebte ab 1940 in den USA; schrieb Lustspiele und satir. Anekdoten (»Der Schnaps, der Rauchtabak und die verfluchte Liebe«, 1908).

Rodbell, Martin [engl. rɔdbel], *Baltimore 1. 12. 1925, amerikan. Biochemiker. Erhielt 1994 zus. mit A. G. Gilman den Nobelpreis für Physiologie oder Medizin für die Entdeckung der G-Proteine und ihre Bedeutung für die Signalübertragung in Zellen.

Rodel, im Sport übl. Bez. für Schlitten. *Rodelsport* ist seit 1964 olymp. Disziplin. Die Wettbewerbe werden auf Natur- und Kunstbahnen ausgetragen. Der *Renn-R.* ist 1,25–1,50 m lang, etwa 15 cm hoch und 40–45 cm breit.

Rodenbach, Georges [frz. rɔdɛ̃'bak, rɔdɛn'bak], *Tournai 16. 7. 1855, † Paris 25. 12. 1898, belg. Schriftsteller. Schrieb neben Lyrik den einzigen bed. symbolist. Roman »Das tote Brügge« (1892).

Rodeo ['ro:deo, ro'de:o], Reiterwettkämpfe der Cowboys in den USA.

Auguste Rodin. Der Kuß (1886; Paris, Musée Auguste Rodin)

Roderich (span. Rodrigo), † bei Jerez de la Frontera 711, letzter König der Westgoten (seit 710). Fiel im Kampf gegen die Araber.

Rodez [frz. rɔ'dɛz, rɔ'dɛs], frz. Dép.-Hauptstadt im südl. Zentralmassiv, 24 400 E. Kathedrale (13.–16. Jh.) mit 87 m hohem Turm.

Rodgers, Richard [engl. 'rɔdʒəz], *New York 28. 6. 1902, † ebd. 31. 12. 1979, amerikan. Komponist. Seine zahlr. Musicals wurden teilweise zu Welterfolgen, u. a. »Oklahoma!« (1943), »South Pacific« (1949), »The king and I« (1951).

Rodin, Auguste [frz. rɔ'dɛ̃], *Paris 12. 11. 1840, † Meudon 17. 11. 1917, frz. Bildhauer. 1883–93 Zusammenarbeit mit seiner Schülerin und Geliebten C. Claudel; schuf Plastiken in expressiv-dynam. Gestaltung; unruhig bewegte, rauhe Oberflächen vermitteln den Eindruck von impressionist. Lebendigkeit; auch bed. Bildhauerzeichnungen; Gesamtwerk im Pariser Musée Rodin, u. a. »Das eherne Zeitalter« (1876/77), »Höllentor« (1880 ff., unvollendet; verselbständigte Details u. a. »Eva« [um

Martin Rodbell

Rodó

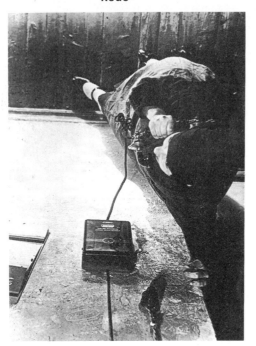

Alexandr Michailowitsch Rodtschenko. Am Telephon; 1928

1881], »Denker« [1890–1900]), »Die Bürger von Calais« (1884–86), »Der Kuß« (Marmor, 1886), »H. de Balzac« (1893–97), »V. Hugo« (1896).

Rodó, José Enrique [span. rrɔ'ðo], *Montevideo 15. 7. 1871, † Palermo 1. 5. 1917, uruguay. Schriftsteller. Vertreter des Modernismo.

Rodrigo, Westgotenkönig, ↑Roderich.

Rodríguez Larreta, Enrique [span. rrɔ'ðriɣeð la'rreta], ↑Larreta, Enrique Rodríguez.

Rodtschenko, Alexandr Michailowitsch [russ. 'rɔttʃɪnkɐ], *Petersburg 5. 12. 1891, † Moskau 3. 12. 1956, russ. Maler, Bildhauer und Photograph des russ. Konstruktivismus.

Rodung, die Beseitigung von Wald zur Gewinnung von landwirtschaftlich nutzbarem Land und von Siedlungsflächen.

Roemer, Olaf ↑Rømer, Ole.

Roermond [niederl. ru:r'mɔnt], niederl. Stadt an der Mündung der Rur in die Maas, 38 300 E. Mittelpunkt des zentralen Limburg; Hafen. Kathedrale Sint Christoffel (15. Jh.); Rathaus (1700).

Rogallogleiter ↑Paragleiter.

Rogate [lat. »bittet!«], in den ev. Kirchen Name des 5. Sonntags nach Ostern.

Rogen, Bez. für die Eier in den Eierstöcken der weibl. Fische *(Rogner)*.

Roger II., *22. 12. 1095, † Palermo 26. 2. 1154, König von Sizilien (seit 1130). Wurde 1105 Graf von Sizilien und erlangte 1127 die Herrschaft über Kalabrien und Apulien. R. errichtete eine Erbmonarchie mit autokrat.-beamtenstaatl. Organisation.

Roger, Frère [frz. frɛːr rɔ'ʒeː], schweizer. ev. Theologe, ↑Schutz, Roger.

Roggen (Secale), Gatt. der Süßgräser mit fünf Arten im östl. Mittelmeergebiet und in den daran angrenzenden östl. Gebieten sowie in Südafrika. Die wichtigste, als Getreidepflanze angebaute Art ist *Secale cereale* (R. im engeren Sinn) mit Hauptanbaugebieten in N-Europa und Sibirien von 50° bis 65° nördl. Breite. Der R. hat 65–200 cm lange Halme und eine 5–20 cm lange, vierkantige Ähre. Angebaut wird v. a. *Winter-R.*, da er gegenüber dem *Sommer-R.* bessere Erträge bringt.

Rogier van der Weyden [niederl. roː'xiːr vɑn der 'wɛɪdə] ↑Weyden, Rogier van der.

Rohan, Henri I., Hzg. von (seit 1603) [frz. rɔ'ã], Fürst von Léon, *Blain bei Nantes 21. 8. 1579, † Königsfelden (heute zu Windisch, Kt. Aargau) 13. 4. 1638, Hugenottenführer. Führte 1615 die Hugenotten gegen die Regentschaftsregierung Marias von Medici sowie 1621/22 und 1625–29 gegen Richelieu. Eroberte 1635 im Auftrag Richelieus das Veltlin.

Rohkost, vitamin-, mineralstoff- und schlackenreiche, kalorien-, v. a. fettarme, i. d. R. auch eiweißarme, ungekochte Kost aus Obst, Gemüse und Getreide.

Rohleinen, grobflächiges, naturfarbenes, nicht appretiertes Leinengewebe.

Rohlfs, 1) Christian, *Groß Niendorf bei Bad Segeberg 22. 11. 1849, † Hagen 8. 1. 1938, dt. Maler. Expressionist. Landschaften und Blumenstilleben.

2) Gerhard, *Vegesack (heute zu Bremen) 14. 4. 1831, † Rüngsdorf (heute zu Bonn-Bad Godesberg) 2. 6. 1896, dt. Afrikaforscher. Durchquerte 1865–67

Rohrkrepierer

als erster Europäer Afrika vom N (Tripolis) über den Tschadsee und den Niger bis zum Golf von Guinea.

Rohling, ein gegossenes oder geschmiedetes Werkstück, das noch weiter bearbeitet werden muß.

Röhm, Ernst, *München 28. 11. 1887, † ebd. 1. 7. 1934 (ermordet), dt. Offizier und Politiker. Nach dem 1. Weltkrieg im Freikorps Epp (München); ab 1919 am Aufbau der NSDAP und der SA beteiligt; nahm 1923 am Hitlerputsch teil und wurde zu Festungshaft verurteilt, jedoch bald freigelassen; 1928 Militärberater in Bolivien; 1931 »Stabschef der SA«, im Dezember 1933 Reichs-Min. ohne Geschäftsbereich; wurde am 30. 6. 1934 unter dem Vorwand angebl. Putschpläne (*Röhmaffäre;* sog. ↑Röhm-Putsch) auf Befehl Hitlers verhaftet und dann erschossen.

Rohmer, Eric [frz. rɔ'mer], eigtl. Maurice Scherer, *Nancy 4. 4. 1920, frz. Filmregisseur. Bed. Vertreter des internat. Films; u. a. sechsteiliger Filmzyklus »Moralische Geschichten« (u. a. »Die Sammlerin«, 1967; »Meine Nacht bei Maud«, 1969; »Claires Knie«, 1970), »Die Marquise von O.« (1975; nach H. von Kleist), »Pauline am Strand« (1982), vierteiliger Filmzyklus »Vier Jahreszeiten« (u. a. »Wintermärchen«, 1992).

Röhm-Putsch, von der NS-Propaganda verbreitete Bez. für die von Hitler befohlene, von SS und Gestapo durchgeführte Mordaktion gegen die SA-Führung und polit. Gegner am 30. 6. 1934. Grund war das Hitlers Absichten entgegenstehende Bestreben Röhms, die Reichswehr durch die SA im Rahmen eines revolutionären Milizheeres auszuschalten. Hitler nutzte den R.-P., um auch konservative Gegner und mißliebige Politiker (Schleicher, Bredow, G. Strasser, Kahr, Klausener, Jung) umbringen zu lassen.

Rohöl, 1) ↑Erdöl.
2) nicht raffinierte Öle aus Braun- und Steinkohlenteer sowie Ölschiefer.

Rohrammer (Rohrspatz), etwa 15 cm langer Singvogel (Unterfam. Ammern), v. a. in Röhrichten und Sümpfen großer Teile Eurasiens.

Rohrblatt, Vorrichtung zur Tonerzeugung bei bestimmten Blasinstrumenten: eine oder zwei Zungen aus Schilfrohr, die am Instrument auf- oder zusammengebunden sind. Man unterscheidet das einfache R. (die Zunge schlägt auf einen Rahmen auf [Klarinette, Saxophon]) und das doppelte R. (die Zungen schlagen gegeneinander [Oboe, Fagott]).

Rohrdommeln, fast weltweit verbreitete Gatt. bis etwa 80 cm langer, überwiegend braun gefärbter Reiher mit fünf Arten an schilfreichen Gewässern.

Rohre (Röhren), lange Hohlzylinder von meist kreisförmigem Querschnitt; sie dienen v. a. zum Fortleiten von Flüssigkeiten, Dämpfen, (zerkleinerten oder kleinformatigen) Feststoffen, zum Verlegen von Kabeln, als Konstruktionselemente im Gerüst- und Fahrzeugbau. Werkstoffe sind Stahl, Gußeisen, Nichteisenmetalle (v. a. Kupfer, Messing, Blei und Aluminium), Glas, Keramik und Beton sowie (für flexible R.) Gummi und Kunststoffe.

Röhre, 1) Rohr, rohrartiges Gebilde.
2) svw. ↑Elektronenröhre.

Röhren (Schreien), weidmänn. Bez. für den Paarungsruf des Rothirsches.

Röhrenblüten, die radiären, regelmäßig fünfzähligen Einzelblüten der Korbblütler.

Röhrenglocken, Orchesterschlaginstrument, bestehend aus in einen Rahmen aufgehängten Metallröhren verschiedener Länge, werden mit Hämmern angeschlagen.

Röhrenzähner, 1) (Tubulidentata) Ordnung der Säugetiere mit der einzigen rezenten Art *Erdferkel,* in Afrika südlich der Sahara; Körperlänge bis 1,4 m; lebt im Erdbau.
2) Giftschlangen, deren Giftzähne einen röhrenförmigen, geschl. Giftkanal besitzen (Vipern, Grubenottern).

Rohrer, Heinrich, *Buchs 6. 6. 1933, schweizer. Physiker. Entwickelte mit G. Binnig das Rastertunnelmikroskop; 1986 (mit G. Binnig und E. Ruska) Nobelpreis für Physik.

Rohrkolben, einzige Gatt. der einkeimblättrigen Pflanzenfam. *R. gewächse* (Typhaceae) mit rd. 15 fast weltweit verbreiteten Arten; einheimisch sind der *Breitblättrige R.* und der *Schmalblättrige R.;* oft bestandbildend in Sümpfen, Teichen und an Flußufern.

Rohrkrepierer, Bez. für ein Geschoß, das vor dem Verlassen des Geschützrohrs detoniert [und die Waffe zerstört].

Rohrdommeln.
Große Rohrdommel
(Körperlänge 80 cm)

Heinrich Rohrer

Rohrkolben.
Breitblättriger Rohrkolben

Rohrleitungen

Rohrsänger.
Teichrohrsänger

Rohrleitungen, aus miteinander verbundenen Rohren bestehende *Leitungen* zum Transport gas- oder dampfförmiger, flüssiger oder fester Stoffe. Zur Kennzeichnung des Durchflußstoffes werden farbige Ringe und/oder in Durchflußrichtung weisende farbige Schilder angebracht. ↑Pipeline.

Röhrlinge (Röhrenpilze, Boletaceae), Lamellenpilze mit 46 in Mitteleuropa heimischen Arten; meist große, dickfleischige Hutpilze; meist gute Speisepilze (u. a. *Butterpilz, Rotkappen, Steinpilz, Maronenröhrling*), ungenießbar bzw. giftig sind u. a. *Gallenröhrling* und *Satanspilz*.

Rohrluppe, durch Walzen hergestelltes Rohr verhältnismäßig geringer Länge und großer Wanddicke, das noch weiterbearbeitet werden muß.

Rohrpost, aus einem verzweigten Rohrleitungssystem bestehende Förderanlage, in der Förderbehälter mit Druck- oder Saugluft durch Rohre (Durchmesser 2,5–12,5 cm) bewegt werden; Fördergeschwindigkeit etwa 5–20 m/s.

Rohrsänger, Gatt. bis etwa 20 cm langer Grasmücken mit 18 Arten in Schilfdickichten (auch in Getreidefeldern) Eurasiens, Afrikas, Australiens und Polynesiens; bauen häufig napfförmige Nester an Schilfhalmen; Zugvögel. In M-Europa kommen vor: *Schilf-R.* (Bruchweißkehlchen), etwa 12 cm lang; *Drossel-R.*, etwa 19 cm lang; *Teich-R.*, etwa 13 cm lang; *Seggen-R.*, etwa 13 cm lang; *Sumpf-R.*, bis 13 cm lang.

Rohrspatz, svw. ↑Rohrammer.

Rohrwerk, die Gesamtheit der Zungenstimmen einer Orgel.

Rohrzucker, svw. ↑Saccharose.

Rohseide, vom Kokon abgehaspelte Seidenfäden, die noch mit Seidenleim behaftet und deshalb steif, strohig und matt sind.

Rohsprit ↑Branntwein.

Rohstoffe, im betriebswirtschaftl. Sinne bearbeitete oder im Urzustand befindliche Ausgangsmaterialien, die im Fertigungsprozeß in die Zwischen- bzw. Endprodukte eingehen oder als Hilfsstoffe verbraucht werden. Volkswirtschaftlich beeinflussen die jeweils vorhandenen Mengen und Preise der R. in starkem Maße die Konjunktur von Ind.-Ländern, als oft überwiegende Einnahmequelle vieler Entwicklungsländer stellen sie deren Existenzgrundlage dar. Zur Stabilisierung der R.märkte wurden seit 1949 die verschiedensten *Rohstoffabkommen* (z. B. für Weizen, Zucker, Olivenöl, Kaffee, Zinn, Kupfer, Kakao) getroffen, die von GATT und UNCTAD unter bestimmten Voraussetzungen zugelassen werden und die z. T. Erzeuger- oder Exportquotenregelungen, Einrichtung von Ausgleichslagern (sog. Buffer-Stocks) und andere Maßnahmen enthalten.

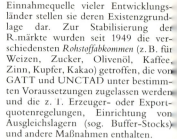

Rohwedder, Detlev Karsten, *Gotha 16.10.1932, † Düsseldorf 1.4.1991 (ermordet), dt. Industriemanager. 1969 bis 78 Staatssekretär im Bundeswirtschaftsministerium; 1980–90 Vorstands-Vors. der Hoesch AG; ab 1990 Vorstands-Vors. der Treuhandanstalt; von einem RAF-Kommando ermordet.

Rojas, Manuel [span. 'rrɔxas], *Buenos Aires 8. 1. 1896, † Santiago de Chile 11. 3. 1973, chilen. Schriftsteller. Gestaltete mit großer Fabulierkunst ein breites Panorama der unteren Bevölkerungsschichten, u. a. »Chilen. Beichte« (R., 1960).

Rök, Runenstein von, bedeutendstes wikingerzeitl. Runendenkmal Schwedens (datiert etwa 850) in Rök (Gem. Ödeshög; Östergötland).

Rokoko [frz.], in der *Kunst* die Stilphase zw. Barock und Klassizismus (etwa 1720 bis 1780), die die schweren Formen des Barock ins Leichte, Zarte wandelte. Das R. war im wesentlichen Dekorationsstil, Hauptmotiv ist die Rocaille. Blüte der Kleinkunst und des Kunstgewerbes: Möbel, Tapeten, Metallgerät; als neue Gattung der Kleinkunst entsteht die Porzellanplastik (J. J. Kändler, F. A. Bustelli). Galante Themen bestimmen die Malerei (A. Watteau, J. H. Fragonard, F. Boucher); Stilleben (J.-B. S. Chardin) und Porträtkunst werden gepflegt, bes. Pastellmalerei (R. Carriera, M. Quentin de la Tour). Lichte Helligkeit charakterisiert auch die venezian. Malerei des 18. Jh. (Canaletto, F. Guardi, G. B. Tiepolo). Während das Louis-quinze in Frankreich eine aristokrat. Profankultur darstellt, findet das südd. R. im Kirchenbau höchste Vollendung. In ihm wird das R.ornament umfassend wirksam; im Innenraum überspielen Stuck, Plastik und Malerei, Licht und Farbig-

Romain Rolland

keit die räuml. Grenzen (D. Zimmermann, Wies; Brüder Asam, Abteikirche Weltenburg; J. M. Fischer, Rott am Inn, Plastik von I. Günther; Wallfahrtskirche Birnau, Plastik von J. A. Feuchtmayer). In der *Literatur* des [dt.] R. (etwa zw. 1740 und 1780) erscheint »Grazie« als das moralisch Schöne; propagiert wird ein verfeinerter Sinnengenuß. Wichtigste Themenkreise: Lieben, Trinken, Singen, Freundschaft, Geselligkeit, Natur. Bevorzugt werden Lyrik, Verserzählung, Singspiel und Idylle; Hauptvertreter, auch Anakreontiker genannt: C. M. Wieland, der junge Goethe, der junge Lessing, F. von Hagedorn, J. W. L. Gleim, J. P. Uz, C. F. Weiße, C. F. Gellert, S. Geßner.

Rokossowski, Konstantin Konstantinowitsch [russ. rɐkaˈsɔfskij], * Warschau (?) 21. 12. 1896, † Moskau 3. 8. 1968, Marschall der Sowjetunion (1944) und von Polen (1949). 1937–41 inhaftiert; führend an der Verteidigung Moskaus im Winter 1941 beteiligt; 1949–56 poln. Verteidigungs-Min. und Oberbefehlshaber. Der von R. in Polen durchgesetzte stalinist. Kurs löste 1956 den Posener Aufstand und den Machtwechsel zugunsten W. Gomułkas aus.

Roland (italien. Orlando), ⚔ bei Roncesvalles (Pyrenäen) 15. 8. 778, Markgraf der Bretonischen Mark. Fiel beim Rückzug Karls d. Gr. aus Spanien im Kampf gegen die Basken (↑Rolandslied).

Roland (Rolandsäule), Standbild in Gestalt eines oft überlebensgroßen barhäuptigen Ritters mit bloßem Schwert (13.–18. Jh.). Ursprung und Bedeutung sind umstritten; die Bez. ist ungeklärt; die Bildsäulen symbolisieren hohe Gerichtsbarkeit oder städt. Rechte und Freiheiten.

Roland Holst, Adriaan (Adrianus), * Amsterdam 23. 5. 1888, † Bergen (bei Alkmaar) 6. 8. 1976, niederl. Schriftsteller. Bed. Schriftsteller der Widerstandsbewegung, v. a. Lyrik.

Rolandslied (Chanson de Roland), ältestes frz. Heldenepos (Chanson de geste); verfaßt vermutlich um 1075–1100. Zugrundeliegendes histor. Ereignis ist die Vernichtung der vom breton. Markgrafen Roland geführten Heeresnachhut Karls d. Gr. im Tal von Roncesvalles (in den westl. Pyrenäen) im Jahr 778. Im

Rokoko. François Boucher. »Sylvia wird von einem verwundeten Wolf verfolgt« (1756; Tours, Musée des Beaux-Arts)

Epos ist Roland ein Neffe und einer der zwölf Paladine Karls. Der Kampf Rolands und sein Tod bilden den Höhepunkt der Handlung. Zahlr. Nachdichtungen, z. B. das R. des Pfaffen Konrad (1170) oder die Bearbeitung des Stricker (13. Jh.).

Rolland, Romain [frz. rɔˈlã], * Clamecy bei Vézelay 29. 1. 1866, † Vézelay 30. 12. 1944, frz. Schriftsteller. 1903–12 Prof. für Musik- und Kunstgeschichte an der Sorbonne; verfaßte u. a. Dramenzyklen mit welthistor. Hintergrund und »Revolutionsdramen« (u. a. »Danton«, 1900) sowie zahlr. Biographien, u. a. über Beethoven (1903) und Michelangelo (1905). Der zehnbändige, z. T. autobiograph. Roman »Johann Christof« (1904–12) gibt eine treffende Synthese dt.-frz. Wesensart. Bed. Vorkämpfer für den Pazifismus und für eine übernat. Völkergemeinschaft. 1915 Nobelpreis für Literatur.

Rolle [frz. rɔl], Bezirkshauptort im schweizer. Kt. Waadt, am Genfer See, 3 400 E.

Rolle, 1) *Technik:* zu den einfachen Maschinen zählender Körper; eine drehbare Scheibe, die als *feste* R. der Richtungsänderung einer durch ein Seil o. ä. übertragenen Kraft, als *lose* R. (zus. mit einer festen; z. B. beim Flaschenzug) der Verkleinerung einer aufzuwendenden Kraft dient.

Rokoko. Joseph Anton Feuchtmayer. »Der Honigschlecker« (um 1750; Wallfahrtskirche Birnau)

Rollenbahn

Rom. Petersplatz, im Hintergrund Engelsburg und Tiber

2) *Theater, Film, Fernsehen:* 1. von einem Schauspieler, Sänger, Tänzer darzustellende Gestalt eines [Bühnen]stückes; 2. der dem einzelnen Darsteller zugeteilte Text.
3) *Soziologie:* (soziale R.) zentrale Kategorie der *Soziologie*, die die Summe der gesellschaftl. Erwartungen an das Verhalten eines Inhabers einer sozialen Position (Stellung im Gesellschaftsgefüge) bezeichnet.
4) *Sport:* Übung beim *Bodenturnen*, die vor- und rückwärts um die Breitenachse des Körpers oder seitwärts um die Längsachse ausgeführt wird.
Rollenbahn ↑Fördermittel.
Rollenlager ↑Wälzlager.
Rolling Stones [engl. 'rʊlɪŋ 'stəʊnz], 1962 gegr. engl. Rockgruppe: Michael P. (»Mick«) Jagger (* 1943), Gesang; Keith Richard (* 1943), Gitarre; Brian Jones (* 1942, † 1969), Gitarre; nach dessen Tod: Michael (»Mick«) Taylor (* 1949), für ihn ab 1975 Ron Wood (* 1947), beide Gitarre; Bill Wyman (* 1941), Baßgitarre, Klavier; Charles (»Charlie«) Watts (* 1941). Ihre in harter Rockmanier vorgetragene Musik ist eine Mischung von Rhythm and Blues, Rock 'n' Roll und Blues; die Ablehnung der bürgerl. Ordnung machte die R. S. in den 60er Jahren zum Leitbild der Jugendkultur.

Rollkur, Methode zur Behandlung von Magenschleimhautentzündung und Magengeschwür, bei der der Patient nach Einnahme eines flüssigen Arzneimittels (auf nüchternen Magen) jeweils nach kürzeren Zeitabständen abwechselnd die Rücken-, Bauch- und Seitenlage einnimmt.
Roll-on-roll-off-Schiff [engl. 'rəʊl'ɔn-'rəʊl'ɔf...] (RoRo-Schiff), Frachtschiff mit Heck-, Bug- und/oder Seitenpforten, deren Verschlüsse als Rampe ausgebildet sind, über die die rollenden Ladungseinheiten (Lkws, Container, Trailer und Stückgut auf Großpaletten) an und von Bord gelangen.
Rollschuhe, vierrädrige Spezialschuhe mit zwei Achsen zur Fortbewegung; 1790 in Paris patentiert. – Bei den *Roller-Blades* sind die Räder in Reihe angeordnet.
Rollschuhsport, auf Rollschuhen betriebene Sportarten. *Rollschnellauf* wird wettkampfmäßig v. a. auf Bahnen durchgeführt (Weltmeisterschaften seit 1936). *Rollkunstlauf* und *Rollhockey* ähneln der entsprechenden Eissportart.
Rolls-Royce Motor Cars Limited [rəʊlz 'rɔɪs 'məʊtə kɑːz 'lɪmɪtɪd], Crewe, brit. Kfz-Unternehmen (v. a. Autos der Marken »Rolls-Royce« und »Bentley«); 1971 aus der Rolls-Royce Ltd. hervorgegangenen.

Rom

Rolls-Royce plc [rəʊlz'rɔɪs piel'siː], London, brit. Hersteller von Flugzeugtriebwerken; hervorgegangen aus der 1906 von Charles Stewart Rolls (*1877, †1910) und Frederick Henry Royce (*1863, †1933) gegr. Rolls-Royce Ltd. Nach deren Konkurs (1971) wurde der Kfz-Bereich privatisiert (↑Rolls-Royce Motor Cars Limited).

Rolltreppe ↑Fördermittel.

Rom (italien. Roma), Hauptstadt Italiens, am Unterlauf des Tiber, 2,8 Mio. E. Polit., geistiges und kulturelles Zentrum Italiens, Sitz des Papstes (Vatikanstadt), der italien. Regierung, der staatl. Rundfunk- und Fernsehanstalten. Zwei Univ., TH und weitere Hochschulen, Nationalbibliothek, Staatsarchiv; bed. Bühnen und Theater, über 50 Museen und Gemäldegalerien, botan. Gärten, Zoo; Sportstättenviertel um das Olympiastadion. Maschinenbau, graph. Gewerbe, Erdölraffinerie, Filmateliers, Modezentrum; internat. Fachmessen; U-Bahn; zwei ✈, darunter der internat. ✈ in Fiumicino.

Stadtbild: Zentrum des *antiken Stadtgebietes* bildet das Ruinenfeld des Forum Romanum (↑Forum), westlich davon das ↑Kapitol, im O das ↑Kolosseum und der Ehrenbogen für Konstantin von 315. Das ↑Pantheon steht auf dem ehem. Marsfeld, nahebei (Piazza Colonna) die Mark-Aurel-Säule. An der Via Appia zahlr. Grabbauten, u. a. der Metella; jenseits des Tibers ließ Hadrian seinen Grabbau errichten (↑Engelsburg). Vor der Grabanlage des Augustus wurde die Ara Pacis Augustae (Friedensaltar [13–9 v. Chr.]) wiedererrichtet. Großartig noch heute die Thermen des Diokletian (298 ff.) und die ↑Caracallathermen. Die *frühchristl. Bauten* sind z. T. ersetzt oder verändert worden, u. a. die Basiliken San Giovanni in Laterano (326[?]ff.), San Paolo fuori le mura (um 386 bis gegen 410), Santa Maria Maggiore (432 ff.) sowie die Zentralbauten Baptisterium San Giovanni in Fonte (frühes 4. Jh.), Santa Costanza (um 340). Bed. Mosaiken (9. Jh.) besitzt Santa Prassede. *Roman. Kirchen* sind die Oberkirche von San Clemente (1228 geweiht; Unterkirche 6. Jh.) und Santa Maria in Trastevere (um 1140 umgebaut). Die einzige größere *got. Kirche* ist Santa Maria sopra Minerva (um 1280 ff.). Frühe *Renaissancepaläste* sind der Palazzo Venezia (1451–91) und der Palazzo della Cancelleria (1483–1511). Der Tempietto in San Pietro in Montorio von Bramante (1502) ist ein grundlegendes Werk der Hochrenaissance; auf ihn geht auch die Renaissancekonzeption für die ↑Peterskirche zurück. Palazzi der Hochrenaissance sind die Villa Farnesina (1508–11, B. Peruzzi)

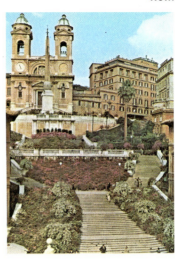

Rom. Spanische Treppe (1723–25), mit ägyptischem Obelisken und der Kirche Trinità dei Monti (1495–1585)

Rom Stadtwappen

Rom. Piazza Navona, vorn der Mohrenbrunnen, dahinter der Vierströmebrunnen (1648–51)

2885

ROM

Rom. Konstantin-Bogen (315)

und der Palazzo Farnese (1541 ff., A. da Sangallo d. J., 1546–52 von Michelangelo weitergeführt). Mit der Kirche Il Gesù (1568 ff.) begann das Zeitalter des *Barock,* dessen Hauptvertreter in Rom, G. L. Bernini, u. a. die Kolonnaden des Petersplatzes (1656–67) und den Vierströmebrunnen auf der Piazza Navona (1648–51) schuf. Neben ihm wirkte F. Borromini (San Carlo alle Quattro Fontane, 1638–41; Palazzo Barbarini, 1628–32). Aus späteren Jh. sind v. a. die Span. Treppe (1723–25), die Stazione Termini (1950) und der Palazzo dello Sport von P. L. Nervi (1960) zu nennen.
Geschichte: Um 575 v. Chr. (nach der Legende am 21. 4. 753 v. Chr.) unter etrusk. Herrschaft aus Einzelsiedlungen entstanden, nach der Zerstörung durch die Kelten (386) wiederaufgebaut und neu ummauert. Diese Servian. Mauer umschloß bereits die sieben Hügel (Aventin, Caelius mons, Esquilin, Kapitol, Palatin, Quirinal, Viminal). Als Hauptstadt des ↑Römischen Reiches wuchs R. stark an. Unter Nero brannte es 64 n. Chr. fast völlig ab; Aurelian ließ ab 271 einen neuen größeren Mauerring (Aurelian. Mauer) errichten. Im 4. Jh. verlor R. die Hauptstadtfunktion an Mailand und Ravenna. R. wurde mehrfach erobert und geplündert (410 Westgoten unter Alarich, 455 Vandalen unter Geiserich, 546 Ostgoten unter Totila). Das Papsttum, die neue Ordnungsmacht in R., war häufig nicht in der Lage, es vor äußeren Feinden zu schützen. Der Machtgewinn des Papsttums im Hoch-MA, die wachsende Bedeutung der Stadt als Hauptstadt des Kirchenstaats, als Wallfahrtsort (Apostel Petrus und Paulus) und als diplomat. Zentrum des Abendlandes begründeten den Wiederaufstieg. Ansätze zur Befreiung von der päpstl. Stadtherrschaft (Arnold von Brescia 1145, Cola di Rienzo 1347) scheiterten. Nach dem Avignon. Exil und dem Abendländ. Schisma brachte erst die Zeit des Renaissancepapsttums R. ab 1417 einen gewaltigen kulturellen und wirtschaftlichen Aufschwung (1527 nur kurzfristig von der achttägigen Plünderung durch die Truppen Karls V. [Sacco di Roma] unterbrochen). – Am 20. 9. 1870 zogen italien. Truppen in R. ein; der Papst blieb bis 1929 (Lateranverträge) als »Gefangener« im Vatikan. R. wurde 1871 Hauptstadt des geeinten Italien.

ROM (Read Only Memory, Read-only-Speicher), ↑Festspeicher, dessen Inhalt bereits bei der Herstellung festgelegt wird.

Roma [Romani »Menschen«] (Einz. Rom, weibl. Romni; Zigeuner), Selbst-Bez. urspr. osteurop. Zigeunergruppen, die lange unter rumän.-walach. Einfluß standen; verschiedentlich auch als Bez. für alle ↑Zigeuner benutzt.

Romains, Jules [frz. rɔ'mɛ̃], eigtl. Louis Farigoule, *Saint-Julien-Chapteuil bei Le Puy 26. 8. 1885, †Paris 14. 8. 1972, frz. Schriftsteller. Sein Hauptwerk ist der 27bändige Romanzyklus »Les hommes de bonne volonté« (1932–46, Bd. 1–7 dt. 1935–38 u. d. T. »Die guten Willens sind«, Bd. 2 und 16 1962 u. d. T. »Quinettes Verbrechen«); Theaterstücke, Lyrik und zahlr. polit. Schriften.

Roman, Großform der Erzählkunst in Prosa; durch die Prosa unterscheidet sich der R. schon äußerlich vom Epos und Versroman, durch Umfang und Vielschichtigkeit von der Novelle und Kurzgeschichte. Der R. war zunächst Medium zur Unterhaltung und Belehrung, erst später wurde er zur Kunstform.
Geschichte: Der antike R. i. e. S. entfaltete sich vom 1. Jh. v. Chr. bis zum Ende des 3. Jh. n. Chr. Typ. Merkmale: exot., meist oriental. Schauplätze, Darstellung privater Schicksale. Zahlr. R. erschie-

Romanik

nen im 2. Jh. n. Chr. Das Hauptwerk dieser Gattung in lat. Sprache sind die »Metamorphosen« des Apulejus; hier zeigt sich der für die röm. Literatur typ. satir. Einschlag, der auch das »Satiricon« (1. Jh. n. Chr.) des Petronius prägte. Den griech. Hirtenroman »Daphnis und Chloe« (2./3. Jh.) des Longos kennzeichnet ein bukol. Realismus. – Das europ. MA kannte keinen Prosa-R.; später wurden jedoch Heldenepen, Chansons de geste, Spielmannsdichtung, höf. Artus-R. (↑Artus) und pseudohistor. Werke Quellen bzw. Vorlagen für zahlr. Prosatexte. Mit dem Buchdruck wurden diese und andere Werke im 15. und 16. Jh. weit verbreitet; hinzu kamen Volksbuchfassungen verschiedener Sagenkreise: u. a. »Fortunatus« (1509), »Faustbuch« (1587), die Schwank-R. vom »Eulenspiegel« (1515) bis zum »Lalebuch« (1597). Die antike bukol. Dichtung fand im *Schäfer-R.* der Renaissance und Barock ihre neue Form. Der *Schelmen-R.* des Barock hingegen ist eine echte Neuschöpfung; zentrales Werk dieser Zeit ist der *Abenteuer-R.* »Don Quijote« (1605–15) von M. de Cervantes Saavedra, bedeutendster deutschsprachiger R. »Der Abentheurliche Simplicissimus Teutsch« (1669) von J. J. C. von Grimmelshausen. Seit dem 18. Jh. wurde der R. immer mehr zur literar. Ausdrucksform des Bürgertums; das Schema des höf.-heroischen R. wird auf bürgerl. Lebensläufe übertragen. Bekannt wurden J. J. Rousseaus *Brief-R.* »Die neue Heloise, oder Briefe zweier Liebenden« (1761) und sein *Erziehungs-R.* »Emil, oder über die Erziehung« (1762). Neue Inhalte und Formen entstanden v. a. in England (D. Defoe, S. Richardson, H. Fielding, L. Sterne). Der dt. R. folgte zunächst dem engl. Vorbild des empfindsamen R., fand aber bald mit C. M. Wieland, Goethe, Jean Paul und insbes. den Romantikern L. Tieck, C. Brentano, Novalis, F. Schlegel, E. T. A. Hoffmann und J. von Eichendorff seine eigene Ausprägung. Im 19. Jh. bildeten sich verschiedene Formen des R. aus: der *Bildungs-R.,* der *histor. R.,* der *krit. Gesellschafts-R.* und der durch die Entwicklung der Presse bedingte *Fortsetzungs-R.* Im 20. Jh. ist der R. wesentlich geprägt durch inhaltl. und formale Experimente wie ↑innerer Monolog, Stream of consciousness usw. (M. Proust, J. Joyce, V. Woolf, T. Mann u. a.).

Romancier [romãs'je:; frz.], Romanschriftsteller.

Roman de Renart [frz. rɔmãdrə'na:r], zw. 1175 und 1250 entstandener Verszyklus altfrz. Tierfabeln (von Fuchs und Wolf) verschiedener Verfasser.

Romanen [lat.], Gesamtheit der Völker mit roman. Sprachen, u. a. Franzosen, Italiener, Spanier, Rumänen; einzige Gemeinsamkeit ist der lat. Ursprung ihrer Sprachen.

Romani ['ro:mani, ro'ma:ni; zu Romani rom »Mensch, Mann, Gatte« (von Sanskrit doma »Mann der niederen Kaste, der von Gesang und Musizieren lebt«)] (Zigeunersprache), zusammenfassende Bez. für die verschiedenen Dialekte der ↑Roma; nach Grundwortschatz und grammat. System eine neuindoar. Sprache innerhalb der indogerman. Sprachen; zahlr. Lehnwörter.

Romanik [lat.], Epoche der abendländ. Kunst des frühen MA (um 950–1250). Zur Früh-R. rechnen u. a. die otton. Kunst und die normann. Baustil; die Hoch-R. (in Frankreich 1000–1150, in Deutschland 1050–1150) wird in Deutschland auch als salische Kunst bezeichnet, die Spät-R. auch als staufische Kunst (1150–1250) oder als »Übergangsstil« (die Kunst der Stauferzeit in Deutschland und Italien zeigt spätroman. und frühgot. Stilformen, während in Frankreich bereits die Frühgotik vorherrscht).

Baukunst: Bei den Kirchenbauten (Basiliken) der R. sind die einzelnen Teile klar voneinander abgesetzt; charakterist. Doppelturmfassaden im W oder ein Westwerk, Vierungstürme sowie auch Türme am Ostabschluß. Das Gesamtbild wirkt geschlossen und plastisch durchgeformt (»Gruppenbau«). Einführung der Wölbung im späten 11. Jh., Kreuzgrate (Dom in Speyer, ab 1030), später Kreuzrippen (normann. Baustil, um 1100) auf mächtigen Pfeilern und Säulen; in Frankreich auch Tonnen (Burgund, Poitou) oder Kuppeln (Aquitanien). Außerdem Burganlagen (stauf. Kaiserpfalzen), städt. Befestigungen.

Plastik: Sie steht in engem Zusammenhang mit der Sakralarchitektur, v. a. als Steinreliefs. Daneben tritt im 11. Jh.

Romanik. Oben: Kapitell der ehemaligen Klosterkirche in Spieskappel (um 1200) ◆ Unten: Atlant im Kreuzgang der Stiftskirche in Königslutter (2. Hälfte des 12. Jh.)

romanische Sprachen

Romanik. Dom in Speyer. Links: Chor mit Osttürmen ♦ Rechts: Mittelschiff gegen Osten

große Holzplastik (Kultbilder). Höhepunkte sind die Tympanonreliefs (Vézelay, Sainte-Madeleine, um 1130) und der Kapitellschmuck. Bes. im Rhein-Maas-Gebiet bed. Goldschmiedekunst (u. a. Reliquienschreine); Elfenbeinschnitzerei.
Malerei: Von den großen Zyklen roman. Wandmalerei ist nur wenig erhalten; in Italien tritt das aus der byzantin. Kunst übernommene Mosaik z. T. an ihre Stelle. Tafelmalerei in Form von Retabeln und Antependien ist erst aus dem 12. Jh. erhalten. Die Buchmalerei hat einen ihrer Höhepunkte im 11./12. Jh.; bed. auch die Glasmalerei.
romanische Sprachen, Bez. für die Sprachen, die sich auf dem Boden des Röm. Reiches (außer N-Afrika) aus dem gesprochenen Latein (Vulgärlatein) in kontinuierl. Entwicklung gebildet haben. Es lassen sich folgende Einzelsprachen unterscheiden: Rumänisch, Dalmatinisch, Rätoromanisch, Italienisch, Sardisch, Provenzalisch, Frankoprovenzalisch, Französisch, Katalanisch, Spanisch, Portugiesisch.
Romanismus [lat.], eine Strömung in der niederl. Malerei der 1. Hälfte des 16. Jh., die sich an italien. Vorbildern orientiert (u. a. J. Gossaert, J. van Scorel, F. Floris).
Romanistik [lat.], die Wiss. von den roman. Sprachen, Literaturen und Kulturen.
Romano, Giulio ↑Giulio Romano.
Romanow [russ. ra'manɐf], russ. Zarendynastie, die vom Ende der »Zeit der Wirren« (1613) bis zum Tod Elisabeth Petrownas (1762) regierte; ihr folgte die Linie R.-Holstein-Gottorp bis 1917.
Romantik, Epochenbegriff für die geistige, künstler., insbes. literar. Bewegung in Europa zw. 1790 und 1830. – Die *literar. R.* begann in Deutschland 1793, als W. H. Wackenroder und L. Tieck die mittelalterl. Kunst und Religion zum Leitbild für die Gegenwart deklarierten. Zum Kreis der Jenaer *Frühromantik* gehörten u. a. Novalis, F. und A. W. Schlegel, L. Tieck, F. D. E. Schleiermacher, J. G. Fichte, W. Schelling, J. W. Ritter. Publikationsorgan war die Zeitschrift »Athenäum« (1798–1800). Ein zweiter Romantikerkreis bildete sich in Heidelberg (1805 und 1808/09) um A. von Arnim, C. Brentano, J. von Eichendorff, J. Görres, F. Creuzer, J. und W. Grimm *(Hochromantik).* In Ablehnung der Aufklärung und des Klassizismus wandten sie sich der Sammlung und Bearbeitung volkstüml. Literatur zu (»Des Knaben Wunderhorn«, 1806–08; »Kinder- und

Romantik

Hausmärchen«, 1812–15). Weitere literar. Zirkel bildeten sich in Dresden und in Berlin (Salon der R. Varnhagen von Ense, A. von Chamisso, F. de la Motte Fouqué, E. T. A. Hoffmann, H. von Kleist u. a.). Zur süddt. oder schwäb. R. (nach 1810) gehören v. a. L. Uhland, J. Kerner, G. Schwab und W. Hauff. Der nicht auflösbare Widerspruch zw. der Sehnsucht nach Poesie und dem prosaischen bürgerl. Alltag prägte noch einmal die nach 1820 gedichteten Werke J. von Eichendorffs, E. Mörikes, H. Heines und N. Lenaus *(Spätromantik)*.

Die R. suchte alle geistigen und literar. Strömungen, die im 18. Jh. im Widerspruch u. a. zu Rationalismus, Aufklärung, frz. Klassizismus gestanden hatten, aufzunehmen und sie im Sinne ihres Programms umzuformen. Sie versuchte das Vernünftige, Rationale mit dem Unbewußten, den dem Menschen nicht ohne weiteres zugängl. seel. Bereichen zu vermitteln. Bes. im Märchen und im Mythos sah die R. die Einheit von Bewußtem und Unbewußtem verwirklicht. Die Poesie galt als alles einende und harmonisierende Kraft. Neben der Lyrik (v. a. auch in erzählenden Formen wie Ballade, Romanze, Versepos) waren Novelle, Erzählung und v. a. der Roman von Bedeutung. Im Unvollendeten, im Fragment, sah die dt. R. ihre spezif. Form. Anspruch und Problematik der R. kommen auch in dem Programm der *romant. Ironie* zum Ausdruck; sie bezeichnet allgemein einen Schwebezustand, eine ironisch distanzierte Haltung, die, im Hinblick auf das eigene Schaffen, ein künstler. Experimentieren, ein Spiel mit dem (literar.) Gegenstand seitens eines sich als autonom begreifenden (dichter.) Subjekts erlaubt. – Als Übersetzer zahlr. literar. Werke aus anderen Sprachen traten insbes. L. Tieck (Cervantes) und A. W. Schlegel (Shakespeare) hervor. Die romant. Bewegungen in den übrigen europ. Ländern entstanden im Zusammentreffen eigener antiklassizist. und nationalbewußter Tendenzen mit fremden Anregungen. Die R. wirkte auf die gesamte literar. und geistige künstler. Produktion des 19. Jh., den frz. Symbolismus, den Expressionismus und Surrealismus.

Die *Kunst* zw. 1790 und 1830 steht in enger Verbindung zur geistesgeschichtl. Entwicklung und insbes. zur Literatur. Bes. die dt. Landschaftsmalerei drückt ein neues, sehr individuelles Naturgefühl aus, in dem Mensch und Natur eine innige Beziehung eingehen (P. O. Runge, C. D. Friedrich, J. A. Koch oder auch C. P. Fohr). Stimmungswerte der Landschaft haben die engl. Romantiker dargestellt (W. Turner, J. Constable, R. P. Bonington). Daneben erfolgt in der romant. Malerei eine Wiederbelebung der mittelalterl. Geschichte, der Sagen- und Märchenwelt (M. von Schwind, L. Richter, J. Schnorr von Carolsfeld) und der religiösen Thematik (Nazarener, Präraffeliten). In Frank-

Romantik. Caspar David Friedrich. »Mönch am Meer« (1809–10; Berlin, Schloß Charlottenburg, Schinkel-Pavillon)

Romantsch

Ole Rømer

reich entzündet sich die romant. Malerei als dramat., im Farbgefühl gründender Gegenentwurf zur klassizist., sich auf die Zeichnung berufenden Malerei (E. Delacroix). In der Architektur sind romant. Tendenzen durch das neu erwachte histor. Bewußtsein bestimmt (Neugotik). Es bildet auch die Grundlage der sich im 19. Jh. entwickelnden Denkmalpflege.

In der *Musik* steht der Begriff R. für einen bes. langen Zeitraum (etwa 1820 bis 1910). Zw. der Spätklassik und den Anfängen der Neuen Musik entfaltet sich in dieser Epoche ein fast unübersehbarer Reichtum an musikal. Stilerscheinungen, der nach vier Komponistengenerationen nur annähernd untergliedert werden kann: 1. *Früh-R.:* F. Schubert, C. M. von Weber; 2. *Hoch-R.:* R. Schumann, F. Mendelssohn Bartholdy, F. Chopin, H. Berlioz; 3. *Spät-R.:* F. Liszt, R. Wagner, A. Bruckner, J. Brahms; 4. *Nach-R.:* G. Mahler, R. Strauss, H. Pfitzner, M. Reger. In der R. erlebt die abendländ. tonale Mehrstimmigkeit ihre höchste Blüte und ihr Ende. Alle musikal. Elemente, v. a. die Harmonik, aber auch Melodik, Rhythmik, Dynamik und Klanglichkeit, werden zu äußerster Differenzierung getrieben; außermusikal. Anregungen spielen eine tragende Rolle. Musikal. Vergangenes (J. S. Bach, G. P. da Palestrina, Volkslied) wird erstmals gepflegt und beeinflußt die Komposition. Dies fällt zusammen mit dem Aufkommen des bürgerl. Konzertbetriebs. Mit den Ansprüchen des breiten Publikums entwickeln sich neue Formen. Hohe (»ernste«) und triviale (»Unterhaltungs«-)Musik beginnen sich zu trennen.

Romantsch (Romontsch, Rumontsch, Rumantsch), rätoroman. Bez. für die im Bündner Oberland (Graubünden) gesprochenen Mundarten des Rätoromanischen.

Romanze [roman.], **1)** in Spanien im 15. Jh. entstandene kürzere epische Dichtung in Strophen, die Stoffe der altspan. Sage und Geschichte gestaltet. In Deutschland als Gattung durch die kongeniale Übers. des R.zyklus »Cid« (1805) von J. G. Herder bekannt gemacht, beliebt in der dt. Romantik. – In der modernen span. Literatur v. a. von F. García Lorca wieder aufgegriffen.

2) *Musik:* Komposition mit lyrischem Charakter.

Rombach, Otto, *Heilbronn 22. 7. 1904, † Bietigheim-Bissingen 19. 5. 1984, dt. Schriftsteller. Bekannt durch zahlreiche phantasievoll-amüsante und kulturgeschichtl. Romane, u. a. »Der junge Herr Alexius« (R., 1940), »Der gute König René« (1964).

Römer [niederl.], Trinkglas mit fast kugelförmigem Oberteil (Kuppa) und ausladendem, grün oder braun getöntem Fuß; auch Stengelglas; Kristallpokal.

Rømer, Ole (Olaus) [dän. ˈroːmər] (Olaf Roemer), *Århus 25. 9. 1644, † Kopenhagen 19. 9. 1710, dän. Astronom. Erfand den Meridiankreis und errechnete 1675/76 erstmals die Lichtgeschwindigkeit.

Römerbrief (Abk. Röm.), Schrift des NT, Paulin. Brief an die christl. Gemeinde in Rom (55/56 in Korinth verfaßt). Bed. Auswirkung auf Luther und die Reformation.

Römerstraßen, die Heer- und Handelsstraßen des Röm. Reiches; bed. sind:

Via Aemilia (Ämil. Straße; erbaut 187 v. Chr.): Ariminum (heute Rimini)–Placentia (heute Piacenza).

Via Appia (App. Straße; begonnen 312 v. Chr.): Rom–Capua (später bis Brundisium [heute Brindisi]).

Via Aurelia (Aurel. Straße; erbaut um 241 v. Chr.): Rom–Cosa (später bis Pisa).

Via Cassia (Cass. Straße): Rom–Florentia (heute Florenz).

Via Claudia Augusta (Claud. Straße; erbaut 47 n. Chr.): Altinum–Reschenpaß–Donau.

Via Egnatia (Egnat. Straße; erbaut Mitte 2. Jh. v. Chr.): Dyrrhachium (heute Durrës) und Apollonia–Thessalonike (heute Saloniki)– vermutlich Byzantion (heute Istanbul).

Via Flaminia (Flamin. Straße; erbaut 220 v. Chr., wiederhergestellt unter Augustus): Ariminum (heute Rimini)–Rom.

Römische Frage, Konflikt zw. der italien. Einigungsbewegung und dem Papst als Herrscher über den Restkirchenstaat; verschärft durch die Besetzung Roms 1870 durch die Truppen der neuen italien. Republik; in den ↑Lateranverträgen 1929 beigelegt.

römische Literatur

römische Geschichte ↑Römisches Reich.

römische Kunst, die Kunst der Römer und die unter ihrer Herrschaft entstandene Reichskunst, bestimmt durch die Verschmelzung von italischen (bes. etrusk.) und griechisch-hellenistischen Elementen.

Die *Baukunst* bereicherte den Mittelmeerraum um zahlr. Bautypen (u. a. das geschlossene Forum, Basilika, Thermen, Amphitheater, röm. Theater, Podiumtempel, Triumphbogen, Villa) und um typ. Formen des Baus von Straßen, Brücken und Wasserleitungen; von der griech. Kunst wurden die Säulenordnungen übernommen und dekorativ verwendet in Verbindung mit Bogenpfeilern (Kolosseum). Als Baustoff diente Naturstein und v. a. Ziegel- und Gußmauerwerk, das Gewölbe von größten Spannweiten ermöglichte (Pantheon, Thermen). Eine umfassende Kenntnis der frühröm. Architektur, bes. des Wohnhauses, vermitteln Pompeji und Herculaneum. Mit dem Forum Cäsars, dem ersten der Kaiserforen, begann die gewaltige städtebaul. Entwicklung Roms in der Kaiserzeit. Nach dem Brand unter Nero wurden von den Flaviern das Kolosseum und der Kaiserpalast auf dem Palatin erbaut, unter Hadrian das ↑Pantheon und die ↑Engelsburg. Die letzten großen Bauten waren die Maxentiusbasilika (dreischiffiger Hallenbau, von Maxentius um 310 begonnen, von Konstantin nach 313 abgeschlossen) und der Konstantinsbogen. Bed. Bauwerke entstanden auch in den Provinzen.

Unter den Werken der *Plastik* überwiegen Kopien nach griech. Originalen. Selbständige Arbeiten aus spätrepublikan. Zeit lassen den nüchternen Realismus erkennen, der die Römer bes. zum Bildnis und zum histor. Relief befähigte; die Plastik fand ihre reife Form im klassizist. Stil der augusteischen Zeit: Reliefs der ↑Ara Pacis Augustae, Marmorstandbild des Augustus in Primaporta (nördlich von Rom); Reliefs aus der röm. Geschichte: am Titusbogen und, eine fortlaufende Chronik bildend, an den Säulen Trajans und Mark Aurels in Rom; Reliefs auch an den Sarkophagen. In der Bildniskunst lösten sich idealisierende und naturnahe Stile ab; in der Spätzeit zunehmende Erstarrung; neue Ausdrucksmöglichkeiten entwickelte die frühchristl. Kunst.

römische Kunst. Reiterstandbild des Mark Aurel (früher auf dem Kapitol in Rom, seit 1990, nach jahrelanger Restaurierung, im Kapitolinischen Museum)

Während unsere Kenntnis der röm. *Malerei* v. a. auf dem Bestand an dekorativen Wandmalereien aus Rom und bes. den vom Vesuv verschütteten Städten beruht, die den Zeitraum vom 1. Jh. v. Chr. bis 79 n. Chr. abdecken (Pompeji [Mysterienvilla], Rom [Odysseelandschaften, Vatikan; Aldobrandinische Hochzeit, Vatikan]), geben die Katakombenmalereien (konturenbetonter Stil) und Mosaiken (u. a. Piazza Armerina, Sizilien) Aufschluß über die Malerei der Spätzeit.

Hervorragende Leistungen gab es auf dem Gebiet der Kleinkunst: Gemmen, Kameen, Münzen, Silbergeschirr, Tongeschirr (↑Terra sigillata) sowie Glas.

römische Literatur, das Schrifttum in lat. Sprache von etwa 240 v. Chr. bis rund 400 n. Chr. In der *Vorklassik* (etwa 240–100) v. a. Übersetzungen und Bearbeitungen griech. Originale (Naevius, Ennius, Cato d. Ä.); eigene Stoffe v. a. in histor. Epen und Geschichtswerken; Lucilius (*um 180 [?], † 102/101) begründete die Satire. Die röm. Komödie

römische Kunst. Spätrepublikanischer Porträtkopf (Acireale, Biblioteca Zelantea)

römische Religion

wird durch Plautus und Terenz vertreten. – *Klassik* (etwa 100 v. Chr. bis 14 n. Chr.): Erhalten sind Repräsentanten aller wichtigen Gattungen: Epos (Vergil, Ovid), Lyrik (Catull, Horaz), Elegie (Properz, Tibull, Ovid), Satire (Horaz), grammat. und rhetor. Fachschriften (M. T. Varro, Cicero). – *Nachklassik* (14 bis etwa 240): Die Literaten der frühen Kaiserzeit orientierten sich v. a. an der eigenen Klassik, die sie zu überbieten suchten. Geschildert wurden die Laster der Menschen sowie Tücke und Brüchigkeit der Verhältnisse bes. in Epos (Lukan, Statius [*um 40, †um 96]) und Tragödie (Seneca d. J.). Der »moderne« Stil der neron. Zeit wurde um 90 von einer klassizist. Phase, der Cicero, Sallust u. a. als Vorbilder dienten, abgelöst (Quintilian, Tacitus); ihr folgte eine auf die Anfänge der r. L. zurückgreifende archaist. Strömung. Die ab dem 3. Jh. zurückgehende r. L. wurde ab etwa 400 von der christl. lat. Literatur abgelöst.

römische Religion, Glaube und Kultur der Römer in der Antike. In den Anfängen (etwa 10.–6. Jh.) war die r. R. eine bäuerl. Religion, deren Vegetationskulte vom Familienvater (Pater familias) vollzogen wurden und die durch viele Sondergottheiten für eng begrenzte Gebiete und das urspr. Fehlen von Mythen und Tempeln, die erst gegen Ende der Königszeit nach etrusk. Vorbild erbaut wurden, gekennzeichnet war. Die ältesten Staatsgötter waren Jupiter, Mars, Quirinus; an ihre Stelle trat im 6. Jh. v. Chr. die Dreiheit Jupiter, Juno, Minerva; Götter des Hauses waren Laren, Penaten und Genien, die Manen wurden als Geister der Toten verehrt. Träger des staatl. Kults war zunächst der König selbst als Pontifex Maximus, dem die übrigen Priester, Opferpriester und die Vestalinnen unterstanden. Der Götterwille wurde von den Auguren aus dem Vogelflug, von den Haruspizes aus den Eingeweiden von Tieren erforscht. Ebenfalls seit dem 6. Jh. v. Chr. traten auch fremde Götter aus Etrurien und dem griech. Kulturkreis an die Seite der einheim. Götter und begannen mit diesen zu verschmelzen; v. a. die Zwölfheit der bedeutendsten griech. Götter wurde übernommen: Jupiter – Zeus, Juno – Hera, Minerva – Athena, Mars – Ares, Neptun – Poseidon, Venus – Aphrodite, Diana – Artemis, Vulcanus – Hephäst, Mercurius – Hermes, Vesta – Hestia, Apollon (mit griech. Namen übernommen), Ceres – Demeter. Auch abstrakte Begriffe wurden in den Rang von Gottheiten erhoben, z. B. Fortuna (glückl. Geschick), Victoria (Sieg), Spes (Hoffnung). Seit dem 2. Jh. v. Chr. begann der Verfall der r. R., die schließlich v. a. durch die oriental. Mysterienkulte (Mithras, Isis) und das Christentum vollends aufgelöst wurde.

römisches Recht, i. e. S. das Recht des röm. Staates bis zum Untergang des Weström. Reiches; i. w. S. das von dem oström. Kaiser Justinian I. im ↑Corpus Juris Civilis kanonisierte r. R., das am Ausgang des MA in Europa rezipiert wurde und als Grundlage europ. Gesetzbücher auch in der Neuzeit weltgeschichtl. Bedeutung erlangte. – Das Interesse der röm. Juristen galt dem Einzelfall, den sie wiss. analysierten, wobei sie aber kein geschlossenes System von aufeinander bezogenen generellen Regeln und Begriffen anstrebten. Die von ihnen entwickelten Begriffe, Rechtsinstitute und Maximen liegen noch heute den meisten europ. Rechtsordnungen zugrunde.

Römisches Reich (lat. Imperium Romanum), in der Antike der Herrschaftsbereich des röm. Volkes.

Königszeit und Republik (6. Jh. bis 27 v. Chr.): Der antiken Überlieferung von der Gründung Roms am 21. 4. 753 v. Chr. sowie der Zahl und der Geschichte der sieben röm. Könige kommt kein histor. Wert zu. Im 6. Jh. v. Chr. standen die röm. Hügelsiedlungen unter der Herrschaft etrusk. Könige, die sie zu einem Gemeinwesen verbanden. Nach der Beseitigung des Königtums (der Überlieferung nach 510/509 v. Chr.; heute u. a. Datierung in das Jahr 470 v. Chr.) wählten die röm. Patrizier aus ihrer Mitte zwei Jahresbeamte (Prätoren, später Konsuln gen.). Der Ständekampf brachte den Plebejern um 450 die Kodifikation des Rechts im Zwölftafelgesetz, 367/366 (363?) den Zugang zum Konsulat, 300 zu den Priesterämtern. Außenpolitisch gelang es Rom trotz der Niederlage gegen die Kelten (»Gallier«) an der Allia (387; Besetzung Roms mit Ausnahme des Kapitols), seinen Ein-

römisches Reich

flußbereich auszudehnen: In mehreren Kriegen (Latinerkrieg 340–338 v. Chr., Samnitenkriege 343–341, 328–304 und 298–290 v. Chr., Keltenkrieg 285–283 v. Chr.) konnten die Römer ihr Herrschaftsgebiet auf Süditalien ausdehnen. Mit der Unterwerfung der Messapier 266 v. Chr. war diese Entwicklung abgeschlossen. Die rechtlich verschiedenen Bindungen der Völker und Städte durch Verträge, die Anlage von Kolonien und die Gründung von Munizipien machten die »röm.-italische Wehrgenossenschaft« aus. Die erste außeritalische Auseinandersetzung erfolgte mit Karthago im 1. Pun. Krieg (264–241), in dem Rom ganz Sizilien (228/227 Prov.) mit Ausnahme des verbündeten Kgr. Syrakus gewann. 237 wurden auch Sardinien und Korsika römisch (228/227 Prov.). Im 2. Pun. Krieg (218–201) zog Hannibal über die Alpen nach Italien und drohte Rom zu zerstören. Er wurde jedoch nach der Eroberung Spaniens durch Rom (206; 197 zwei röm. Prov.) in Afrika durch Publius Cornelius Scipio Africanus d. Ä. bei Zama 202 vernichtend geschlagen. Kriege gegen Philipp V. von Makedonien (200–197 v. Chr.) und den Seleukidenkönig Antiochos III. (188 Friede von Apameia) endeten mit der Zerschlagung von deren Reichen (3. Makedon. Krieg 172/171–168 v. Chr.). Karthago wurde trotz Unterwerfung unter Rom im 3. Pun. Krieg (149–146) restlos zerstört (Einrichtung der Prov. Africa), ebenso Korinth nach dem gleichzeitigen Krieg zw. Rom und dem Achäischen Bund. Kämpfe in Spanien (154–133) endeten mit der Zerstörung von Numantia (133). Rom war Herr im Mittelmeerraum.
Die rapide Ausweitung des röm. Herrschaftsgebietes hatte schwere ökonom. und soziale Strukturkrisen hervorgerufen (Dezimierung und Besitzverlust des mittleren Bauerntums, wachsender Reichtum der Nobilität und des Ritterstandes [Equites], Latifundienwirtschaft mit großem Sklavenbedarf). Gegen die Mißstände trat 133 der Volkstribun Tiberius Sempronius Gracchus mit einem Ackergesetz hervor, das den Besitz von Staatsland (Ager publicus) beschränkte. Wie er scheiterte auch sein jüngerer Bruder Gajus Sempronius Gracchus 123/122. In dieser Zeit kamen die »Partei«-Bez. Optimaten und Popularen auf. Die Schäden an Staat und Gesellschaft enthüllten der Jugurthin. Krieg (111 bis 105) und die Kämpfe gegen die Kimbern, Teutonen, Ambronen u. a. (113 bis 101): Der damals fähigste Heerführer Gajus Marius konnte sie nur durch Rekrutierung von aus der Staatskasse besoldeten Proletariern beenden (Übergang zum stehenden Berufsheer), womit er aber das Problem der Veteranenversorgung schuf. Durch den Bundesgenossenkrieg (91–89 bzw. 82) erhielten alle Bewohner südlich des Po das Vollbürgerrecht.
Nach der siegreichen Beendigung des 1. Mithridat. Kriegs (89–84) und des röm. Schreckensregiments der Popularen unter Lucius Cornelius Cinna (87–84) durch Lucius Cornelius Sulla wurde dieser im Dezember 82 Diktator (Rücktritt 79). Nach der Beendigung des 3. Mithridat. Kriegs (74–63) durch Pompeius wurden die Prov. Bithynien-Pontus und Syrien eingerichtet. Der Privatbund des sog. 1. Triumvirats zw. Pompeius, Cäsar und Crassus brachte Cäsar das Konsulat für 59 und das Prokonsulat für Gallien, das er 58–52 unterwarf. Die Frage seiner Bewerbung um ein neues Amt in Abwesenheit von Rom und die Forderungen nach Entlassung seines Heeres führten 49 zum Bürgerkrieg, der mit den Niederlagen der Pompejaner 48 bei Pharsalos, 46 bei Thapsus und 45 bei Munda (heute Montilla) endete. Cäsar war damit alleiniger Herr von Rom; sein Streben nach der Königswürde dürfte der letzte Anstoß zu seiner Ermordung am 15. 3. 44 gewesen sein. Sein Großneffe und Adoptivsohn Gajus Octavius (Oktavian; ↑Augustus) wandte sich gegen den Konsul Marcus Antonius, verband sich aber 43 mit diesem und dem Cäsarianer Marcus Aemilius Lepidus zum 2. Triumvirat. Die Triumvirn teilten das Reich unter sich auf und schlugen die Cäsarmörder 42 bei Philippi. Sextus Pompeius Magnus wurde 36 besiegt und Lepidus von Oktavian zur Abdankung gezwungen. Den Krieg mit Antonius und der ägypt. Königin Kleopatra VII. entschied Oktavian durch die Schlacht von Aktium (31) und die Einnahme Alexandrias (30) für sich.

2893

Römische Verträge

Erwin Rommel

Die Kaiserzeit (27 v. Chr. bis 476 n. Chr.): Oktavian (Augustus) stellte 27 v. Chr. die Republik formal wieder her; die tatsächl. Führung lag bei ihm (Prinzipat). Der vom Prinzeps garantierte Friede (Pax Augusta) führte zur Konsolidierung des Reiches und zu kultureller Blüte. Die Nachfolger des Augustus im *jul.-claud. Haus* (14–68) führten die defensive Friedenspolitik fort. Das Willkürregiment Neros wurde durch Aufstände der Kommandanten der Grenzheere beseitigt. Aus den Wirren des Vierkaiserjahres 68/69 ging Vespasian als Sieger hervor (Begründer der *1. flav. Dynastie* 69–96). Er ließ den jüd. Aufstand (66–70) durch seinen Sohn Titus niederwerfen. Domitian sicherte die Rhein- und Donaugrenze u. a. durch Errichtung der Prov. Ober- und Untergermanien (um 90) und den Baubeginn des obergerman. und rät. Limes (etwa 83). Der vom Senat aus seinen Reihen zum Prinzeps bestimmte Nerva führte bei der Nachfolgeregelung das Adoptivprinzip *(Adoptivkaiser)* ein. Unter Trajan erreichte das Imperium 106–117 durch Einrichtung der Prov. Dakien, Arabien, Mesopotamien, Armenien und Assyrien seine größte Ausdehnung, während Hadrian diese Prov. außer Dakien und Arabien wieder aufgab. Erschüttert wurde das R. R. durch den jüd. Aufstand des Bar Kochba (132–135), die Markomannenkriege (167–175; 177/178–180) und die aus dem Partherkrieg 166 eingeschleppte Bubonenpest. Das Philosophenkaisertum des 2. Jh. endete mit dem Tod Mark Aurels 180.

Der Afrikaner Septimius Severus, der als Sieger aus dem auf die Ermordung des Commodus folgenden Wirren hervorging, begründete die Dynastie der *Severer* (193–235), unter der die reine Militärdespotie an die Stelle des Prinzipats trat. Sein Sohn Caracalla verlieh durch die Constitutio Antoniniana von 212 allen freien Reichsangehörigen das röm. Bürgerrecht. Die bedeutendsten röm. Juristen schufen die theoret. Grundlage des »absolutist.« spätantiken Kaisertums. 235 begann mit der Erhebung des Thrakers Gajus Julius Verus Maximinus durch die Legionen die Epoche der Militäranarchie der rd. 40 *Soldatenkaiser*. Unter Gallienus erfolgte die völlige staatl. Auflösung in ein im wesentlichen auf Italien beschränktes Kerngebiet sowie ein gall. und ein syr. Sonderreich; letztere wurden 272/273 durch Aurelian beseitigt. Die Kämpfe gegen Alemannen und Goten zwangen zur Aufgabe des Dekumatlandes (260) und der Prov. Dakien (271).

Der Dalmatiner Diokletian schuf die Herrschafts- und Thronfolgeordnung der Tetrarchie, die jedoch 306 durch die Ausrufung Konstantins I., d. Gr., zum Augustus scheiterte. Zugleich formten Diokletian und Konstantin I. den Prinzipat vollends zum Dominat um. Das auf Zwang beruhende Verwaltungs- und Militärsystem kannte nur noch zwei Untertanengruppen in Gestalt der Beamten und Soldaten sowie der sie erhaltenden Steuerzahler. Konstantin I., der 330 Konstantinopel als erste Hauptstadt gründete und zum Schöpfer der *2. flav. Dynastie* wurde, tolerierte nach den Verfolgungen Diokletians das Christentum. 395 wurde das Reich in eine W- und eine O-Hälfte geteilt. Durch die Einfälle der Germanen, die 410 (Westgoten) und 455 (Vandalen) Rom plünderten und als Foederati eigene Staaten auf röm. Reichsboden gründeten, löste sich das Westreich auf und endete nach allg. Beurteilung mit der Entthronung des Romulus Augustulus durch Odoaker (476) bzw. mit dem Tod des Julius Nepos (480).

Römische Verträge ↑Europäische Union.

römische Ziffern, in der röm. Welt sowie in Westeuropa bis zum 15. Jh. allg. gebrauchte Zahlzeichen mit festem Wert: I = 1, V = 5, X = 10, L = 50, C = 100, D = 500, M = 1 000. Sie werden so oft gesetzt, wie Einheiten einer Zahl vorhanden sind, jedoch (außer M) maximal dreimal; 4 und 9 werden durch Vorsetzen der kleineren Einheit vor die nächstgrößere gebildet: IV = 4, IX = 9, desgleichen XL = 40, XC = 90, CD = 400, CM = 900 usw.

römisch-katholisch, Abk. **röm.-kath.,** zum Bekenntnis der kath. Kirche gehörig.

Rommé [rɔ'me:, 'rɔme; engl.-frz.] (Rummy), Kartenspiel (Baustein- bzw. Ablegespiel) für drei bis sechs Mitspieler mit zweimal 52 frz. Karten, dazu vier (bei Turnieren sechs) Joker, die jede Karte vertreten können.

Rommel, Erwin, *Heidenheim an der Brenz 15. 11. 1891, †Herrlingen (Blaustein bei Ulm) 14. 10. 1944, dt. Generalfeldmarschall (seit 1942). Errang legendären Ruhm (»Wüstenfuchs«) im Kommando des dt. Afrikakorps (1941–43); schloß sich 1944 der Widerstandsbewegung an und wurde von Hitler nach dem 20. 7. zum Selbstmord gezwungen.

Romont (FR) [frz. rɔ'mõ (fri'bu:r)], Bezirkshauptort im schweizer. Kt. Freiburg, 3 700 E. Got. Pfarrkirche (13. und 15. Jh.); Schloß (13.–16. Jh.).

Romulus, Gestalt der röm. Mythologie, Gründer und erster König Roms. Zus. mit seinem Zwillingsbruder *Remus* geboren als Kinder der Vestalin Rhea Silvia und des Mars. Die Knaben werden im Tiber ausgesetzt, jedoch gerettet und von einer Wölfin gesäugt, bis sie der Hirte Faustulus an Sohnes Statt aufzieht. Bei der Gründung der Stadt Rom (der R. seinen Namen gibt) erschlägt R. seinen Bruder.

Romulus Augustulus, eigtl. R. Augustus, *um 459, letzter röm. Kaiser (475/476). Durch Odoaker abgesetzt.

Roncalli, Angelo Giuseppe [italien. roŋ'kalli] †Johannes XXIII., Papst.

Ronda, span. Stadt in Andalusien, durch eine 160 m tiefe Schlucht geteilt, 30 000 E. Kirche Santa María la Mayor (ehemalige Moschee); Renaissancepalast Casa de Mondragón; Reste arab. Bäder und der Alcazaba.

Rondo [italien.], im 17./18. Jh. entwickelte vokale und instrumentale Reihungsform mit wiederkehrendem Refrain und eingeschobenen Zwischenteilen (Couplets), oft heiterer Schlußsatz der Sonate.

Rondônia, Gliedstaat im westl. Z-Brasilien, 243 044 km², 11,3 Mio. E, Hauptstadt Pôrto Velho.

Ronkalische Felder, Ebene in der Emilia-Romagna, ben. nach dem Ort Roncaglia (heute Piacenza); im MA Heerlager der Röm. Könige und Kaiser. Bed. v. a. der *Ronkalische Reichstag* vom Nov. 1158, abgehalten von Friedrich I. Barbarossa zur Neuorganisation der Reichsherrschaft in Italien.

Rønne [dän. 'rœnə], Hauptstadt der dän. Amtskommune Bornholm, an der W-Küste der Insel, 15 400 E.

Ronsard, Pierre de [frz. rõ'sa:r], *Schloß Possonnière bei Coutoure-sur-Loir 11. 9. 1524 oder 1525, † Saint-Cosme-en-l'Isle bei Tours 27. 12. 1585, frz. Dichter. Haupt der †Pléiade; bed. Lyrik.

Röntgen, Wilhelm Conrad, *Lennep (heute zu Remscheid) 27. 3. 1845, † München 10. 2. 1923, dt. Physiker. Entdeckte 1895 bei Untersuchungen der Kathodenstrahlung eine »neue Art von Strahlen«, die später nach ihm ben. Röntgenstrahlung, für deren Entdeckung er 1901 den ersten Nobelpreis für Physik erhielt.

Röntgen [nach W. C. Röntgen], Einheitenzeichen **R** (früher r), gesetzlich nicht mehr zulässige Einheit der Ionendosis einer ionisierenden Strahlung (Röntgenstrahlung u. a.): $1\,R = 2{,}58 \cdot 10^{-4}$ C/kg.

Röntgenastronomie [nach W. C. Röntgen], Teilgebiet der †Astronomie, das sich mit der Erforschung der von kosm. Objekten kommenden Röntgen- und Gammastrahlung befaßt.

Röntgenbild [nach W. C. Röntgen], durch Röntgenstrahlung entstandenes Abbild eines Objekts, das auf Photograph. Weg auf Film *(Röntgenaufnahme)* oder auf einem Leuchtschirm *(Röntgenschirmbild)* sichtbar gemacht wird. †Angiographie.

Röntgengerät [nach W. C. Röntgen], Gerät zur gezielten Anwendung von Röntgenstrahlung. Seine Hauptbestandteile sind: Hochspannungsquelle (Transformator und Gleichrichter) und Röntgenröhre (Festanodenröhre, Drehanodenröhre, Röntgenblitzröhre [für schnell ablaufende Vorgänge]), bei medizinischen Geräten zusätzliche Zeitschaltwerke, Röntgenfilter, Einstellhilfen (Lichtvisier) und Filmkassette.

Röntgengerät

Römische Ziffern								
I	II	III	IV	V	VI	VII	VIII	IX
1	2	3	4	5	6	7	8	9
X	XX	XXX	XL	L	LX	LXX	LXXX	XC
10	20	30	40	50	60	70	80	90
C	CC	CCC	CD	D	DC	DCC	DCCC	CM
100	200	300	400	500	600	700	800	900
M								
1000								

Wilhelm Conrad Röntgen

Röntgenkinematographie

Röntgenkinematographie ↑Röntgenschirmbildphotographie.
Röntgenlithographie [nach W. C. Röntgen], modernes oberflächentechn. Verfahren der Chipherstellung, mit dem sehr feine Leiterbahnen von nur 0,5 μm Breite möglich sind. Hierbei wird die gegenüber Licht wesentlich geringere Wellenlänge der Röntgenstrahlung ausgenutzt.
Röntgenographie [nach W. C. Röntgen] ↑Radiographie.
Röntgenologie [nach W. C. Röntgen], die Lehre der Röntgenstrahlung und ihrer Anwendungen, i. e. S. ihrer diagnost. und therapeut. Anwendung in der Medizin; Teilgebiet der Radiologie.
Röntgenröhre [nach W. C. Röntgen], zur Erzeugung von Röntgenstrahlung verwendete Hochvakuumelektronenröhre mit Wolframglühkathode (von D. Coolidge entwickelt; *Coolidge-Röhre*) und schräggestellter Antikathode oder mit scheibenförmiger, sich drehender Anode *(Drehanodenröhre)*. Durch die zw. Kathode und Anode liegende hohe Gleichspannung (bis über 1 MV) werden die aus der Kathode austretenden Elektronen beschleunigt und erzeugen beim Eindringen in das Antikathodenmaterial eine kontinuierliche Röntgenbremsstrahlung (↑Röntgenstrahlung).
Röntgenschirmbildphotographie (Röntgenschirmbildverfahren) [nach W. C. Röntgen], Aufnahmetechnik der Röntgendiagnose, bei der das Bild vom Röntgenleuchtschirm über ein opt. System photographisch aufgenommen wird. Die *Röntgenkinematographie* arbeitet mit Röntgenbildwandlern, die bei bis zu 200 Aufnahmen/s die Dosisbelastung des Patienten klein zu halten gestatten.
Röntgenspektralanalyse [nach W. C. Röntgen], die Bestimmung der chem. Zusammensetzung von Stoffen durch spektrale Zerlegung der von ihnen emittierter oder nicht absorbierter Röntgenstrahlung. Bei der *Röntgenfluoreszenzanalyse* werden die Atome einer Probe durch eingestrahlte Photonen zur Emission einer elementspezif. Röntgenstrahlung angeregt. Erfolgt die Anregung der Fluoreszenzstrahlung durch Absorption von Elektronen oder Protonen, spricht man von *Röntgenemissionsanalyse*.
Röntgenstrahlung [nach W. C. Röntgen] (X-Strahlen), extrem kurzwellige, energiereiche elektromagnet. Strahlung. Ihre Wellenlänge liegt etwa zw. 10^{-8} m und 10^{-12} m (entspricht einem Frequenzbereich von $3 \cdot 10^{16}$ Hz bis $3 \cdot 10^{20}$ Hz), reicht also vom kürzesten Ultraviolett bis in den Bereich der Gammastrahlung. Die Energie der Röntgenstrahlung liegt zw. 100 eV und 1 Mio. eV. Je nach Art der Entstehung unterscheidet man (Röntgen-)Bremsstrahlung und charakterist. Röntgenstrahlung. *Röntgenbremsstrahlung* entsteht bei der Ablenkung eines schnellen geladenen Teilchens (z. B. eines Elektrons) im elektr. Feld eines anderen geladenen Teilchens (z. B. Atomkern); die Bremsstrahlung besitzen ein kontinuierl. *Bremsspektrum.* – *Charakterist. Röntgenstrahlung (Eigenstrahlung, Röntgenlinienstrahlung)* entsteht bei Übergängen zw. den kernnächsten Quantenzuständen der Atome, wobei nur ganz bestimmte (diskrete) Energiedifferenzen möglich sind. Man erhält ein getrenntes (diskretes) *Röntgenlinienspektrum.* Die Lage der scharf getrennten Spektrallinien ist charakteristisch für das sie aussendende Atom und damit für das Material, auf das man schnelle Elektronen aufprallen läßt.
Der Erzeugung von R. dienen ↑Röntgenröhren; je nach angelegter Hochspannung unterscheidet man *überweiche R.* (5–20 kV), *weiche R.* (20–60 kV), *mittelharte R.* (60–120 kV), *harte R.*

Röntgenröhre. Schnittbild einer Doppelfokus-Drehanodenröhre für die Röntgendiagnostik, z. B. Angiographie, Mammographie, Tomographie; im Brennfleck auf der Anodenscheibe entstehen Temperaturen bis zu 2 700 °C

(120–250 kV), und *überharte* R. (über 250 kV). R. haben ein hohes Ionisierungsvermögen und bewirken daher häufig starke chem. und biolog. Veränderungen; der Umgang mit ihnen unterliegt den Vorschriften des Strahlenschutzes. R. erzeugen Fluoreszenz und zeigen auf Grund ihrer elektromagnet. Wellennatur Reflexion, Brechung, Beugung, Interferenz und Polarisation.

Röntgenstrukturanalyse (Röntgenometrie) [nach W. C. Röntgen], die Ermittlung der Atomanordnung von Kristallen sowie ihrer Fehlordnungen bzw. Gitterbaufehler mit Hilfe von Röntgenstrahlung. Mit dieser Methode wurde in den letzten Jahren nach Züchtung von Proteinkristallen die molekulare Struktur vieler Proteine aufgedeckt.

Röntgenteleskop [nach W. C. Röntgen] (Röntgenstrahlungsteleskop, Wolter-Teleskop), modernes, astronom. Beobachtungsgerät zur Registrierung der von kosm. Objekten ausgesandten Röntgenstrahlung. Mit R. ausgerüstete Satelliten *(Röntgensatelliten),* z. B. »ROSAT«, sind die wichtigsten Instrumente der Röntgenastronomie.

Röntgentopographie [nach W. C. Röntgen], zerstörungsfreies Prüfverfahren zur Ermittlung von Kristalldefekten in Festkörpern, v. a. in Halbleitermaterial. Der Festkörper wird mit einem gebündelten Röntgenstrahl abgetastet, wobei die Kristallfehler infolge von Interferenzerscheinungen als Kontrastunterschiede auftreten.

Röntgenuntersuchung [nach W. C. Röntgen], allg. die Untersuchung von Stoffen bzw. Körpern mit Röntgenstrahlung; i. e. S. svw. *Röntgendiagnostik,* d. h. die zu medizin.-diagnost. Zwecken durchgeführte Untersuchung von Teilen des menschl. Körpers mit Röntgenstrahlung. Man unterscheidet: *Röntgenaufnahme,* das Erzeugen eines ↑Röntgenbildes, auf dem die unterschiedl. Röntgenstrahlabsorption von Knochen, Weichteilgeweben und lufthaltigen Organen sowie eingebrachte Kontrastmittel eine entsprechende Kontrastierung bewirken. Um scharf gezeichnete Röntgenbilder zu bekommen, ist je nach Organ ↑Röntgenstrahlung unterschiedl. Härte zu verwenden. Bei der *Röntgenstereoaufnahme (Röntgenstereographie)* werden zwei gleich große Röntgenbilder bei unveränderter Film- und Patientenposition angefertigt, indem man die Röntgenröhre zw. den Aufnahmen um einen Augenabstand verschiebt. Die *Tomographie (Röntgenschichtaufnahme, Planigraphie)* liefert durch koordinierte gegensinnige Bewegung von Röntgenröhre und -film um einen Drehpunkt im ruhenden Körper ein scharfes Bild der in der Drehpunktebene gelegenen Körperschicht. Eine Weiterentwicklung ist die ↑Computertomographie. Die *Röntgendurchleuchtung* liefert ein direkt beobachtbares Bild des Körpers auf einem Leuchtschirm und ermöglicht damit eine unmittelbare Erfassung von Organveränderungen und -bewegungen, die Gewinnung eines räuml. Eindrucks durch Drehen des Patienten, die Lokalisation von Fremdkörpern u. a. sowie die Verfolgung von Eingriffen (z. B. beim Einführen eines Herzkatheters) am Patienten.

Roon, Albrecht Graf (seit 1871) von, *Pleushagen bei Kolberg 30. 4. 1803, † Berlin 23. 2. 1879, preuß. Generalfeldmarschall (seit 1873) und Politiker. 1859–73 Kriegs-, 1861–71 auch Marine-Min.; führender militär. Kopf im preuß. Verfassungskonflikt seit 1860 und maßgebl. Förderer Bismarcks; 1873 preuß. Ministerpräsident.

Roosevelt [engl. ˈroʊz(ə)vɛlt], **1) Anna Eleanor,** *New York 11. 10. 1884, † ebd. 7. 11. 1962, amerikan. Politikerin (Demokrat. Partei). Ab 1905 ∞ mit Franklin D. R.; 1947–51 Vors. der UN-Menschenrechtskommission.

2) Franklin D[elano], *Hyde Park (N. Y.) 30. 1. 1882, † Warm Springs (Ga.) 12. 4. 1945, 32. Präs. der USA (1933–45; Demokrat. Partei). 1910 in den Senat von New York gewählt; Unterstaatssekretär für die Marine 1913 bis 20; schied wegen Kinderlähmung 1921 für mehrere Jahre aus der Politik aus; 1928 zum Gouverneur von New York gewählt; gewann 1932 die Präsidentschaftswahlen, 1936 und (entgegen der amerikan. Tradition) 1940 und 1944 wiedergewählt. R. leitete als Präs. mit dem Reformprogramm des ↑New Deal die Wende zum interventionist. Sozialstaat ein und propagierte eine Politik der guten Nachbarschaft gegenüber Lateinamerika. Nach anfängl. Neutralität im

Franklin D. Roosevelt

Root

Theodore Roosevelt

2. Weltkrieg verkündete er im Aug. 1941 gemeinsam mit Churchill die Atlantikcharta; unter seiner Führung wurden die USA zu einem entscheidenden Faktor für den Ausgang des 2. Weltkrieges. Sein Versuch, das Kriegsbündnis für die Nachkriegszeit als Kern einer neuen Weltordnung zu institutionalisieren blieb umstritten. R. hatte Anteil an der Gründung der UN.

3) Theodore, *New York 27. 10. 1858, †Sagamore Hill (N. Y.) 6. 1. 1919, 26. Präs. der USA (1901–09; Republikan. Partei). Vertrat im Zeichen des Imperialismus in Asien und Afrika eine Politik der offenen Tür und proklamierte für die USA Polizeifunktionen in Lateinamerika; erhielt nach der Vermittlung des russisch-japanische Friedensschlusses 1905 den Friedensnobelpreis für 1906; setzte u. a. eine beschränkte Kontrolle der Großunternehmen und Reformen des Arbeitsschutzes durch.

Root, Elihu [engl. ru:t], *Clinton (N. Y.) 15. 2. 1845, †New York 7. 2. 1937, amerikan. Politiker (Republikan. Partei). 1899–1903 Kriegs-, 1905–09 Außen-Min.; 1910 erster Präs. der Carnegiestiftung für den internat. Frieden sowie Mgl. des Ständigen Schiedshofs in Den Haag; erhielt 1912 den Friedensnobelpreis.

Elihu Root

Rops, Félicien, *Namur 7. 7. 1833, †Corbeil-Essonnes 23. 8. 1898, belg. Graphiker. Karikaturen (»Uylenspiegel«), Buchillustrationen, symbolist. erot. Radierfolgen.

Roquefort ['rɔkfoːr, frz. rɔk'fɔːr; nach dem frz. Ort Roquefort-sur-Soulzon], Edelpilzkäse, überwiegend aus Schafsmilch.

Roraima, Gliedstaat in N-Brasilien, 230 104 km², 112 000 E, Hauptstadt Boa Vista.

Roritzer (Roriczer), Conrad, *zw. 1410 und 1415, †Regensburg um 1475, dt. Baumeister. Sohn von Wenzel R. († 1419). Dombaumeister (Westfassade) in Regensburg; leitete ab 1454 (?) den Bau der Lorenzkirche in Nürnberg; Berater beim Bau für Sankt Stephan in Wien und die Frauenkirche in München. In Regensburg folgte ihm sein Sohn Matthäus R. († zw. 1492 und 1495).

RoRo-Schiff ↑ Roll-on-Roll-off-Schiff.

Gennadi Nikolajewitsch Roschdestwenski

Rorschach, Hermann, *Zürich 8. 11. 1884, †Herisau 2. 4. 1922, schweizer. Psychiater. Entwickelte den nach ihm ben. *Rorschachtest* (Formdeutetest); soll Rückschlüsse auf die Persönlichkeit (Intelligenz, Aktivität u. a.) zulassen.

Rorschach, Bezirkshauptort im schweizer. Kt. Sankt Gallen, am Bodensee, 9 900 E. Spätgot. Kreuzgang (1519) des ehem. Benediktinerklosters, barocke Pfarrkirche Sankt Columban und Constantin (17. Jh.; später umgebaut); Kornhaus (1746–49).

Rosa, Salvator[e], *Arenella bei Neapel 20. 6. oder 21. 7. 1615, †Rom 15. 3. 1673, italien. Maler und Dichter. Lebte in Rom und Florenz. Phantast. Schlachtenbilder und Landschaften; schrieb Satiren und Lyrik.

Rosa von Lima, hl., *Lima 20. 4. 1586, †ebd. 24. 8. 1617, peruan. Dominikanertertiarin. Mystikerin; Patronin Amerikas (insbes. Perus). – Fest: 23. August.

Rosario, argentin. Stadt am Paraná, 1,9 Mio. E. Univ.; Eisen- und Stahlwerk, Hafen.

ROSAT [Kw. aus **Rö**(oe)**n**tgen-**Sat**ellit], 1990 gestarteter dt. Röntgensatellit (unter brit. und amerikan. Beteiligung), der mit Hilfe eines Röntgenteleskops, das aus vier ineinandergeschachtelten Teleskopen vom Wolter-Typ besteht, das Weltall nach Röntgenquellen durchmustert. Bis 1994 erfaßte R. mehr als 100 000 neue kosm. Röntgenquellen, darunter v. a. Quasare und gewöhnl. Sterne sowie Röntgendoppelsterne, aktive Galaxien und Galaxienhaufen.

Roschdestwenski, Gennadi Nikolajewitsch [russ. raʒ'djestvɪnskɪj], *Moskau 4. 5. 1931, russ. Dirigent. 1978–81 Leiter des Londoner BBC Symphony Orchestra, 1981–84 der Wiener Symphoniker.

Rosch Ha-Schana [hebr. »Beginn des Jahres«], jüd. Neujahrsfest, das am 1. und 2. Tischri (Sept./Okt.) gefeiert wird.

Rose [lat.] (Rosa), Gatt. der Rosengewächse mit über 100 sehr formenreichen Arten und zahllosen Gartenformen. Die Wildarten kommen v. a. in den gemäßigten und subtrop. Gebieten der Nordhalbkugel, in Afrika bis Äthiopien, in Asien bis zum Himalaya und zu den

Rose.
Heckenrose

Philippinen vor. Meist sommergrüne Sträucher mit stacheligen Zweigen und unpaarig gefiederten Blättern. Die krugförmige Blütenachse wird bei der Reife zu einer Hagebutte. Zu den wichtigsten Wildarten gehören u. a. *Apfel-R.*, Blüten hellrosa; *Chinesische R.* (Bengal-R.), Blüten rosafarben, dunkelrot oder gelblich; *Dünen-R.* (Bibernell-R., Stachelige R.), Blüten meist weiß; *Feld-R.* (Kriech-R.), Blüten weiß; *Hekken-R.*, Blüten rosafarben bis weiß; Früchte orangerot, eiförmig; *Hunds-R.*, Blüten rosafarben bis weiß; *Samt-R.* (Unbeachtete R.), Blüten leuchtend rosafarben; *Wein-R.*, Blüten rosafarben; *Zimt-R.* (Mairose), Blüten leuchtend rot. Eine wichtige Stammart der heutigen Garten-R. ist die seit langem kultivierte *Essig-R.*, Blüten etwa 6 cm groß, hellrot bis purpurfarben. Die *Zentifolie* (Provence-R.) blüht in verschiedenen Rottönen oder in Weiß. Zuchtformen davon sind *Moos-R.* und die *Damaszener-R.* 1824 wurde die *Tee-R.* von China nach Großbrit. eingeführt; Blüten weiß, blaßrosafarben oder gelblich, halb gefüllt oder gefüllt, 5–8 cm im Durchmesser, mit starkem, teeartigem Duft; sie ist eine der Ausgangsformen der *Teehybriden*. Im 19. Jh. entstanden die *Remontant-R.* mit gefüllten, duftenden Blüten; um 1810 dann die *Noisette-Kletter-R.* mit roten, hakenförmigen Stacheln und gelben, weißen oder rosafarbenen Blüten; in der 2. Hälfte des 19. Jh. dann die *Polyantha-R.* von meist niedrigem, buschigem Wuchs mit zahlr. kleineren Blüten. Kreuzungen der Polyantha-R. mit Teehybriden werden als *Floribunda-R.* (mit großen, edelrosenähnl. Blüten) bezeichnet. Weiterhin von gärtner. Bedeutung sind die *Strauch-R.* (2–3 m hohe, dichte Büsche bildende R.arten) und *Kletter-R.* – Die Vermehrung aller Sorten erfolgt durch Okulation mit der Zuchtform »Edel-Canina« (Hunds-R.) als Unterlage.
Die R. ist wahrscheinlich in Persien heimisch und kam im 7. Jh. v. Chr. nach Griechenland und Italien. Als Symbol der Liebe und als Sinnbild der Frau wird die R. schon seit der Antike geschätzt.

Rosé [ro'ze:] (Rosévein) ↑Wein.
Roseau [engl. rəʊ'zəʊ], Hauptstadt von Dominica, an der SW-Küste, 20 000 E. Museum, botan. Garten; Exporthafen.

Rosegger, Peter ['roːzɛɡər, 'rɔzɛɡər], eigtl. P. Roßegger, Pseud. P. K. (für: Petri Kettenfeier), *Alpl (heute zu Krieglach) 31. 7. 1843, † Krieglach (bei Mürzzuschlag) 26. 6. 1918, österr. Schriftsteller. Schrieb zahlr. Romane in der Tradition der Dorfgeschichte; bes. bekannt sind seine autobiograph. Erzählungen »Als ich noch der Waldbauernbub war« (1902).

Rosei, Peter, *Wien 17. 6. 1946, österr. Schriftsteller. Schreibt Erzählungen (»Chronik der Versuche, ein Märchenerzähler zu werden«, 1979) und Romane, u. a. »Wer war Edgar Allan?« (1977), »Das schnelle Glück« (1980), »Die Wolken« (1986), »Rebus« (1990).

Rosenberg, Alfred, *Reval 12. 1. 1893, † Nürnberg 16. 10. 1946 (hingerichtet), dt. Publizist und Politiker (NSDAP). Leitete ab 1923 den »Völk. Beobachter« (ab 1925 als Chefredakteur, ab 1938 als Hg.); MdR 1930–45 und Reichsleiter der NSDAP 1933–45; beanspruchte früh, als führender Theoretiker der NS-Weltanschauung, v. a. des Antisemitismus (»Der Mythus des 20. Jh.«, 1930), und der Außenpolitik zu gelten; ab 1933 Leiter des Außenpolit. Amtes der NSDAP; als Leiter des Kulturraub-Kommandos »Einsatzstab Reichsleiter R.« (1940–45) und als Reichs-Min. für die besetzten Ostgebiete (1941–45) im Nürnberger Hauptkriegsverbrecherprozeß 1946 zum Tode verurteilt.

Rosenblut, Hans ↑Rosenplüt, Hans.
Rosendorfer, Herbert, *Bozen 19. 2. 1934, dt. Schriftsteller. Jurist; verfaßt skurril-groteske Romane wie »Der Ruinenbaumeister« (1969), »Deutsche Suite« (1972), »Großes Solo für Anton« (1976), »Nacht der Amazonen« (1989), »Der Liebhaber ungerader Zahlen« (1994).

Roseneibisch

Roseneibisch, 1) sommergrüne Eibischart in China und Indien; zahlr. Gartenformen mit weißen, rosafarbenen, violetten oder tiefblauen, einfachen oder gefüllten Blüten.
2) (Chinarose) wahrscheinlich aus China stammende, heute in allen trop. und subtrop. Gebieten als Gartenpflanze kultivierte Eibischart.

Rosengarten, Gebirgsstock in den Dolomiten, Südtirol, bis 3004 m hoch.

Rosengewächse (Rosazeen, Rosaceae), formenreiche zweikeimblättrige Pflanzen-Fam. mit rd. 3000 Arten in etwa 100 Gatt.; fast weltweite Verbreitung; meist Bäume, Sträucher oder Stauden; zahlr. Kultur- und Zierpflanzen. – Die große Formenfülle der R. läßt sich u. a. nach der unterschiedl. Gestaltung ihrer Früchte in die folgenden Unterfam. gliedern: 1. *Spiräengewächse:* meist mit vielsamigen Balgfrüchten, z. B. beim Spierstrauch und Geißbart; 2. *Rosoideae:* mit einsamigen Nüßchen oder Steinfrüchten, die oft zu Sammelfrüchten vereinigt sind; z. B. bei der Gatt. Rubus mit Brombeere und Himbeere, bei der Erdbeere sowie bei der Rose; 3. *Apfelgewächse:* mit Scheinfrüchten wie beim Apfelbaum, Birnbaum, bei der Eberesche, Quitte, Mispel und beim Weißdorn; 4. *Mandelgewächse:* mit einsamigen Steinfrüchten; z. B. bei der Gatt. Prunus mit Pflaumenbaum, Mandelbaum, Süßkirsche und Sauerkirsche.

Rosenheim, Stadt an der Mündung der Mangfall in den Inn, Bayern, 56 500 E. U. a. Fleisch- und Metallverarbeitung. Wohnhäuser mit Laubengängen und Grabendächern (z. T. 15. und 16. Jh.).

Rosenkäfer (Cetoniinae), v. a. in wärmeren Ländern verbreitete Unterfam. der Skarabäiden; 0,7–12 cm lange, häufig metallisch glänzende Käfer; in Deutschland u. a. der etwa 1,4–2 cm große *Gemeine Rosenkäfer* (Goldkäfer).

Rosenkohl, Sorte des Gemüsekohls mit kleinen kugeligen Achselknospen (Rosen) am Hauptsproß.

Rosenkranz, in der kath. Kirche ein außerliturg., meditatives Gebet zu Ehren Marias (Gebete symbol. als »Kranz geistl. Rosen« aufgefaßt); es besteht aus 15 Vaterunsern mit jeweils 10 Ave-Maria und 15 Ehre-sei-dem-Vater, denen 15 Ereignisse aus dem Leben Jesu und Marias, die sog. »Gesätze« (d. h. Geheimnisse), zur Betrachtung zugeordnet sind. Die einzelnen Gebete werden an einer aus sechs größeren (für das Vaterunser) und 53 kleineren (für die Ave-Maria) Perlen zusammengesetzten kreisförmigen Schnur oder Kette (auch R. gen.), die in einem Kreuz endet, durchgezählt.

Rosenkreuzer (Rosenkreutzer), nach dem legendären Christian Rosenkreuz (angebl. *1378, †1484) ben. Geheimbünde. Die R. bewegung trat erstmals an die Öffentlichkeit mit drei anonymen Schriften (1614–16) wohl aus dem Freundeskreis um den Tübinger Theologen Johann Valentin Andreä (*1586, †1654), der eine Übereinstimmung von Theologie und Philosophie forderte. Im 18. Jh. starker Einfluß auf die dt. Freimaurerei und den preuß. Hof. Im 20. Jh. verschiedene Neubildungen.

Rosenkriege, die Dynastenkriege 1455 bis 85 zw. den beiden Plantagenet-Seitenlinien Lancaster (rote Rose im Wappen) und York (weiße Rose seit 1485) um die engl. Krone. Nachdem zunächst Eduard IV. (⚭ 1461–83) aus dem Hause York das Königtum erlangt hatte, setzte sich mit Heinrich VII. (⚭ 1485–1509) der Erbe des Hauses Lancaster gegen Richard III. durch und begründete die Dynastie Tudor.

Rosenmontag [von mitteldt. rosen »toben, ausgelassen sein«], um 1830 erstmals in Köln auftauchende Bez. für den Fastnachtsmontag.

Rosenöl (Oleum rosarum), aus den Blütenblättern der Damaszenerrose und deren Bastarden gewonnenes äther. Öl; das bei der Destillation anfallende Wasser *(Rosenwasser)* wird in der Parfümerie und als Aromastoff verwendet.

Rosenplüt (Rosenblut), Hans [...ply:t], gen. der Schnepperer, *Nürnberg (?) zw. 1400 und 1405, †ebd. nach 1460, dt. Dichter. Einer der stadtbürgerl. Handwerkerdichter. Verfaßte Reimpaargedichte, teils monolog. (Spruchdichtung bzw. Sprechstücke), teils dialog. Form (Fastnachtsspiele).

Rosenroman (Roman[z] de la Rose), altfrz. zweiteiliger Versroman des 13. Jh.; den 1. Teil verfaßte zw. 1230 und 1240 Guillaume de Lorris (*1200/1210, †nach 1240), den 2. zw. 1275 und 1280 Jean de Meung, auch Jehan Clopinel (Chopinel) de Meun[g]

Rosenkäfer.
Gemeiner Rosenkäfer

Rossellino

gen. (*um 1240, † um 1305). Der R. schildert mit den Stilmitteln der Traumallegorie die Suche nach einer Rose als Symbol für den Gegenstand der Liebe.

Rosenwasser ↑Rosenöl.

Rosenzweig, Franz, *Kassel 25. 12. 1886, † Frankfurt am Main 10. 12. 1929, dt. Religionsphilosoph und Pädagoge. Verband Theologie und Philosophie in der Rückkehr zur jüd. Tradition; übersetzte mit M. Buber die Bücher des AT.

Rosette [ro'zɛtə, ro'zɛt], ägypt. Hafenstadt im westl. Nildelta, 37 000 E. – 1799 wurde nö. von R. der *Stein von Rosette* gefunden, der die Entzifferung der Hieroglyphen ermöglichte.

Rosettenpflanzen, Pflanzen mit unterdrückter Streckung der Internodien des Laubsprosses; die Blätter liegen dichtgedrängt dem Boden auf (Rosette).

Rose von Jericho, svw. ↑Jerichorose.

Roséwein [ro'ze:...] (Rosé) ↑Wein.

Rosi, Francesco, *Neapel 15. 11. 1922, italien. Regisseur. Setzt sich v. a. mit den polit. und sozialen Verhältnissen Italiens auseinander, u. a. in den Filmen »Wer erschoß Salvatore G.?« (1961), »Hände über der Stadt« (1963), »Der Fall Mattei« (1971), »Christus kam nur bis Eboli« (1979; nach dem Roman von C. Levi), »Drei Brüder« (1980), »Palermo vergessen!« (1990); mit »Carmen« (1983) adaptierte er die Oper von G. Bizet.

Rosinen [lat.-altfrz.], getrocknete, kernhaltige Weinbeeren.

Roskilde [dän. 'rɔskilə], dän. Stadt auf Seeland, 48 900 E. Univ., Museen, u. a. fünf Wikingerschiffe (11. Jh.). Romangot. Domkirche (Backstein; im wesentl. 13. Jh.; Grabmäler dän. Könige). – Um 1000 bed. Handelsplatz und ab dem 12. Jh. Königsresidenz und Bischofssitz (1536 aufgehoben). – Im *Frieden von Roskilde* (26. 2. 1658) mußte Dänemark an Schweden große Gebiete in S-Schweden und Norwegen abtreten.

Rosmarin [lat.], Gatt. der Lippenblütler mit der einzigen mediterranen Art *Echter Rosmarin* der trockenen Macchie; immergrüner, bis 150 cm hoher Halbstrauch, Blätter mit würzigem Geruch (Küchengewürz).

Rosmarinheide (Lavendelheide, Gränke, Sumpfrosmarin), Gatt. der Heidekrautgewächse mit nur zwei Arten; in den Hoch- und Zwischenmooren von N-Deutschland und im Alpenvorland die

Rosmarin.
Echter Rosmarin

Polei-R. (Echte R.), ein 10–30 cm hoher immergrüner Halbstrauch.

Ross, 1) Sir (seit 1843) James Clark, *London 15. 4. 1800, † Aylesbury bei London 3. 4. 1862, brit. Admiral und Polarforscher. 1829–33 Arktisexpedition mit seinem Onkel Sir John Ross (*1777, † 1856); 1839 bis 1843 Antarktisexpedition.

2) Sir (seit 1911) Ronald, *Almora (Indien) 13. 5. 1857, † Putney Heath (heute zu London) 16. 9. 1932, brit. Bakteriologe. Wies den Kreislauf der Malariaplasmodien nach und erhielt hierfür 1902 den Nobelpreis für Physiologie oder Medizin.

Roßbreiten, windschwache Zonen des subtrop. Hochdruckgürtels (zw. etwa 25 und 35° n. Br. und s. Br.).

Rossellini, Roberto, *Rom 8. 5. 1906, † ebd. 3. 6. 1977, italien. Filmregisseur. Einer der bedeutendsten Vertreter des Neorealismus, u. a. mit »Rom – offene Stadt« (1945); drehte u. a. »Stromboli« (1949), »Liebe ist stärker« (1953), »Angst« (1954) mit seiner Frau I. Bergman (∞ 1950–58) als Hauptdarstellerin; später vorwiegend Dokumentar- sowie histor. Fernsehfilme.

Rossellino, Bernardo, *Settignano (heute zu Florenz) 1409, † Florenz 23. 9. 1464, italien. Baumeister und Bildhauer. Baute nach Plänen von L. B. Alberti 1446ff. den Palazzo Rucellai in Florenz. Schuf im Domplatz von Pienza (1459–63) mit Kathedrale und Palazzo Piccolomini die erste Platzanlage der

Ronald Ross

Rosmarinheide.
Poleirosmarinheide
(Höhe 10–30 cm)

Renaissance; erstes Wandnischengrab (für L. Bruni, um 1445–50, Santa Croce, Florenz).
Rossetti, Dante Gabriel, eigtl. Gabriel Charles Dante R., * London 12. 5. 1828, † Birchington bei Ramsgate 9. 4. 1882, engl. Dichter und Maler italien. Herkunft. Mitbegründer der Präraffaeliten; Übersetzungen aus dem Dantekreis, Sonette.
Rossi, Aldo, * Mailand 3. 5. 1931, italien. Architekt. In den 1960er Jahren Hauptinitiator der Formulierung des Begriffs der »rationalen Architektur«, die die Beziehung zw. Stadtform und Gebäudetypologie zur Grundlage der Planung erhebt, realisiert etwa im Wettbewerbsentwurf für das Dt. Histor. Museum in Berlin (1987). – *Werke:* Wohnquartier Gallaratese 2 (Mailand, 1967–73), Friedhof San Cataldo (Modena, 1980), Theater Carlo Felice (Genua, 1983–91), »Berliner Block« Kochstraße/Wilhelmstraße (Berlin, 1986 bis 1988).
Rossigkeit, Brunstperiode der Stute.
Rossini, Gioacchino, * Pesaro 29. 2. 1792, † Paris 13. 11. 1868, italien. Komponist. Komponierte etwa 40 Opern mit ausgeprägtem Sinn für melod. Gestaltung und die musikal. Darstellung kom. Charaktere und Situationen. Mit dem »Barbier von Sevilla« (1816) schuf er einen der Höhepunkte der italien. Buffooper, mit seinem letzten Bühnenwerk »Wilhelm Tell« (1829) leitete er die Ära der frz. großen Oper ein. Daneben schuf R. Orchester- und Chorwerke sowie Kammermusik.
Roßkäfer, auf der Nordhalbkugel verbreitete Gatt. der Mistkäfer; in Deutschland u. a. der *Frühlings-R.* und der metallisch blau und grün glänzende *Waldroßkäfer.*
Roßkastanie, Gattung der Roßkastaniengewächse mit rd. 25 Arten in N-Amerika, SO-Europa und O-Asien; sommergrüne Bäume oder Sträucher. Die wichtigsten Arten sind: *Pavie* (Rotblühende Kastanie), Baum oder Strauch mit hellroten Blüten in lockeren Rispen und eirunden Früchten; *Weiße R.* (Gemeine Roßkastanie), bis 20 m hoher Baum mit weißen, rot und gelb gefleckten, in aufrechten Rispen stehenden Blüten und bestachelten Kapselfrüchten.

Gioacchino Rossini

Roßkastanie.
Weiße Roßkastanie.
Oben: blühend ♦
Unten: Frucht

Roßlau/Elbe, Kreisstadt an der Mündung der Rossel in die Elbe, Sa.-Anh., 14 600 E. Schiffswerft, Dieselmotorenbau.
Rossmeer, antarkt. Randmeer des Pazifiks, vom ↑Ross-Schelfeis bedeckt.
Rosso, Medardo, * Turin 20. 6. 1858, † Mailand 31. 3. 1928, italien. Bildhauer. Modellierte impressionistische Plastik vorzugsweise in Wachs oder Gips.
Rosso Fiorentino [italien. -fjoren'ti:no], eigtl. Giovanni Battista di Iacopo di Guasparre, * Florenz 8. 3. 1494, † Paris 14. 11. 1540, italien. Maler. Vertreter des Florentiner Manierismus; seit 1530 auf Einladung Franz' I. in Frankreich; Begründer der Schule von ↑Fontainebleau.
Ross-Schelfeis, Schelfeistafel am Rand des antarkt. Kontinents, 538 000 km². Seit 1977 internat. Forschungsbohrprogramm.
Rost, 1) *Botanik:* (Berostung, Fruchtberostung) in rauhen Flecken auftretende, dunkel- bis zimtbraune, z. T. sorteneigentümliche Verfärbung der Obstfruchtschale. ↑Rostkrankheiten.
2) *Chemie:* rotbraune, bröckelige, aus wasserhaltigem Eisen(II)- und Eisen(III)-oxid bestehende Schicht, die sich auf eisenhaltigen Teilen an feuchter Luft oder im Wasser bildet.

Rostropowitsch

Rostock
Restaurierte Giebelhäuser am Neuen Markt, dahinter die Marienkirche

Rostand, Edmond [Eugène Alexis] [frz. rɔs'tã], *Marseille 1. 4. 1868, †Paris 2. 12. 1918, frz. Dramatiker; zahlr. Theaterstücke u. a. »Cyrano von Bergerac« (1897).

Rösten, 1) *Metallurgie:* das Erhitzen von zerkleinerten Erzen oder Erzkonzentraten unter Luftzutritt zur Überführung von Metallsulfiden, -arseniden und -antimoniden in Metalloxide. Die entstehenden flüchtigen Sauerstoffverbindungen gehen in *Röstgase* über.
2) *Lebensmitteltechnik:* das Erhitzen pflanzl. Lebensmittel (z. B. Kaffee- und Kakaobohnen, Getreidekörner, Malz) ohne Wasserzusatz auf etwa 300 °C, wobei sich dunkle, je nach Röstgrad kräftig bis bitter schmeckende Substanzen bilden.

Rostkrankheiten, durch ↑Rostpilze hervorgerufene Pflanzenkrankheiten, wobei die befallenen Pflanzenteile meist rostfarbene, punkt-, strich- oder ringförmige Sporenlager aufweisen.

Rostock, Stadt in Meckl.-Vorp., 12 km vor der Mündung der Warnow in die Ostsee, 246 600 E. Univ., Theater; Zoo. Großwerften, Fischverarbeitung; jährlich stattfindende Ostseewoche; Überseehafen in R.-Petersdorf. Der Stadtteil *Warnemünde* liegt an der Ostsee; Seebad, Fähre nach Gedser (Dänemark). Nach 1945 wieder aufgebaut bzw. erhalten u. a. die got. Marienkirche (13. Jh.), die frühgot. Nikolaikirche (13. Jh.) mit spätgot. Chor (15. Jh.), das got. Rathaus (13. und 14. Jh.) mit barocker Fassade (1727), drei Stadttore. – Nach 1160 gegr., erhielt 1218 lüb. Recht, seit 1229 Hauptort des mecklenburg. Ft. Rostock; fiel 1314 an das Ft. (später Hzgt.) Mecklenburg; Hansestadt; 1419 Gründung der ersten Univ. Norddeutschlands.

Rostow [russ. ras'tɔf], russ. Stadt am W-Ufer des Nerosees, 31 000 E. – 862 erstmals erwähnt; im 11. Jh. Hauptstadt des Ft. Rostow-Susdal; 1474 dem Moskauer Staat angegliedert; im 16./17. Jh. Metropolitenresidenz. Im 17. Jh. wurde ein großer, mit Ziegelsteinmauer und elf Türmen befestigter Kreml errichtet, mit sechs Kirchen sowie Weißem und Rotem Palast.

Rostow am Don [russ. ras'tɔf], Geb.-Hauptstadt in Rußland, am Don, 1,02 Mio. E. Univ., Hochschulen, Theater; botan. Garten, Zoo. U. a. Landmaschinenbau, Schiffsreparaturen, Sektkellerei; Hafen. – 1750 entstanden; 1761 Festung.

Rostpilze (Uredinales), weltweit verbreitete Ordnung der Ständerpilze mit mehr als 5000 ausschließlich auf Pflanzen parasitisch lebenden Arten; die befallenen Pflanzen kümmern oder sterben ab.

Rostropowitsch, Mstislaw Leopoldowitsch [russ. rɐstraˈpovitʃ], *Baku 27. 3. 1927, russ. Violoncellist und Dirigent.

Rostock
Stadtwappen

Mstislaw Leopoldowitsch Rostropowitsch

Einer der führenden Cellisten der Welt; seit 1977 Chefdirigent des National Symphony Orchestra in Washington (D.C.).

Rostumwandler, Bez. für chem. Substanzen, die mit Rost reagieren, wobei sich Verbindungen bilden, die eine weitere Korrosion verhindern.

Roswita von Gandersheim ↑Hrotsvit von Gandersheim.

Rot, Bez. für jede Farbempfindung, die durch Licht einer Wellenlänge zw. etwa 600 nm und dem langwelligen Ende des sichtbaren Spektrums bei 700 nm *(rotes Licht)* hervorgerufen wird.

Rota [lat.] (offiziell Sacra Romana Rota), in der *kath. Kirche* das Berufungsgericht der Kurie zur Entscheidung kirchl. Rechtsstreitigkeiten; seit 1331 mit fester Organisation.

Rotalgen (Rhodophyceae), Abteilung der Algen mit über 4000 überwiegend marinen Arten (nur etwa 180 Arten im Süßwasser), in tieferen Lagen in allen wärmeren Meeren; rot bis violett gefärbt durch das in den Rhodoplasten enthaltene Phycoerythrin. Die meisten Arten haben einen Thallus, der aus verzweigten Zellfäden aufgebaut ist. Einige Arten dienen (v. a. in O-Asien) als Nahrungsmittel und zur Herstellung von Agar-Agar.

Rotangpalmen, Gatt. der Palmen mit rd. 200 Arten v. a. im ind.-malaiischen Florengebiet; mit dünnem, manchmal bis 100 m langem Stamm und großen Fiederblättern; mehrere Arten liefern Peddigrohr.

Rotary Club [engl. ˈrəʊtərɪ ˈklʌb], internat. Vereinigung führender Persönlichkeiten, organisiert in örtl. Klubs, in denen aus jedem Beruf nur jeweils ein Vertreter aufgenommen wird; gegr. 1905 in Chicago.

Rotaryverfahren [engl. ˈrəʊtərɪ...] ↑Erdöl.

Rotation [lat.], svw. ↑Drehung.

Rotationsdruck ↑Drucken.

Rotationsfläche (Drehfläche), die Oberfläche eines Rotationskörpers.

Rotationskolbenmotor, ein Verbrennungsmotor, der im Ggs. zum Otto- oder Dieselmotor mit einem sich drehenden »Kolben« arbeitet, also keine sich hin und her bewegenden Teile besitzt. Von mehreren, im einzelnen unterschiedl. R. (Kreiskolben-, Drehkolben-, Umlaufkolbenmotor) hat sich in der Praxis nur der von dem dt. Ingenieur F. Wankel entwickelte *Wankelmotor* bewährt. Der Kolben dieses R. hat im Querschnitt die Form eines Dreiecks mit konvexen Seiten; er läuft in einem Gehäuse um, wobei er sich um seinen Mittelpunkt dreht, der seinerseits eine Kreisbewegung ausführt. Durch die spezielle Form des Gehäuses entstehen drei durch die Kanten des Kolbens mit

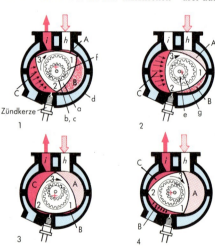

Rotationskolbenmotor.
Schematische Darstellung der Taktfolge eines Wankelmotors:
1 Ansaugen des Kraftstoff-Luft-Gemischs durch die Einlaßöffnung h in Kammer A als 1. Takt;
2 Verdichten des Gemischs durch Verkleinerung des Raums B als 2. Takt;
3 Zünden des Gemischs mit nachfolgender Arbeitsverrichtung und Raumvergrößerung in Kammer B als 3. Takt;
4 Ausstoßen der Abgase aus Kammer C durch die Auslaßöffnung i als 4. Takt;
a Kolben, b Innenverzahnung, c Zahnrad, d Gehäuse, e Motorwelle, f Exzenter, g Kolbenmittelpunkt

Rote Liste

Rotbarsch

ihren Dichtleisten gasdicht voneinander getrennte, sich beim Kolbenumlauf in ihrer Größe ständig verändernde Räume, in denen sich der nach dem Viertaktverfahren ablaufende Arbeitsprozeß des Motors abspielt.

Rotationskörper, ein Körper, der bei Drehung einer ebenen Kurve, der *Erzeugenden* des R., um eine in ihrer Ebene liegende feste Achse, die *Rotations-* oder *Drehachse,* entsteht. Zu den R. zählen u. a. Kreiszylinder, Kreiskegel und Kugel.

Rotbarsch (Großer R., Goldbarsch), bis 1 m langer, lebendgebärender Knochenfisch im N-Atlantik; Körper leuchtend zinnoberrot; Speisefisch.

Rotblat, Joseph, *Warschau 4. 11. 1908, amerikan. Physiker poln. Herkunft. Emigrierte 1939 zunächst nach Großbrit. und beteiligte sich danach in den USA am Bau der amerikan. Atombombe, begann sich jedoch nach 1945 gegen Kernwaffen einzusetzen; gehörte 1957 zu den Mitbegründern der Pugwash-Bewegung, deren Generalsekretär er 1957–73 war und als deren Präs. (seit 1988) er für ihren Einsatz für die weltweiten Abschaffung von Kernwaffen 1995 den Friedensnobelpreis erhielt.

Rotblindheit ↑Farbenfehlsichtigkeit.
Rotbuch ↑Farbbücher.
Rotbuche ↑Buche.
Rotdorn ↑Weißdorn.

Röte, Gatt. der Rötegewächse mit rd. 40 Arten im Mittelmeergebiet, in Asien, Afrika, M- und S-Amerika; früher zur Farbstoffgewinnung angebaut wurden der *Ostind. Krapp* und die bis 80 cm hohe *Färberröte.*

Rote Armee, bis 1946 offizieller Name der 1918 von L. D. Trotzki als Rote Arbeiter- und Bauernarmee aufgestellten Streitkräfte der UdSSR; dann als Sowjetarmee bezeichnet.

Rote-Armee-Fraktion, Abk. **RAF,** ↑Terrorismus.
Rote Bete, svw. ↑Rote Rübe.
rote Blutkörperchen ↑Blut.

Rote Fahne, Die, dt. kommunist. Tageszeitung; gegr. 1918, Zentralorgan des Spartakusbundes bzw. der KPD; 1933–41 illegal erschienen.

Rötegewächse (Rubiaceae, Rubiazeen), artenreiche, zweikeimblättrige Pflanzen-Fam. mit weltweiter Verbreitung; Bäume, Sträucher oder Kräuter; u. a. Kaffeepflanze, Chinarindenbaum, Röte, Gardenie.

Roteisenstein (Roteisenerz, Roteisen), Varietät des ↑Hämatits.
Rote Johannisbeere ↑Stachelbeere.

Rote Kapelle, von der Gestapo geprägte Bez. für Gruppen der antifaschist. Widerstandsbewegung in W-Europa (Koordination v. a. in Belgien und Frankreich), die v. a. Spionagedienste für die Sowjetunion leisteten; 1941/42 zerschlagen.

Rote Khmer, kommunist. kambodschan. Bewegung, die sich politisch und militärisch gegen die Khmer-Republik richtete (↑Kambodscha, Geschichte).

Rötel (Rotstein, Rotocker, Eisenrot), aus Gemischen von feinschuppigem Roteisenstein (↑Hämatit) mit Ton oder Kreide bestehender, weicher und gut abfärbender [Pigment]farbstoff von bräunlich-roter Farbe. Als Farbstoff schon in der Steinzeit verwendet; in Form von R. stiften zum Zeichnen benutzt *(Rötelzeichnungen).*

Rote Liste, 1) *Pharmazie:* ein Verzeichnis der Arzneimittelspezialitäten.
2) *Naturschutz:* ein Verzeichnis der gefährdeten Tier- und Pflanzenarten mit Angabe des Gefährdungsgrades.

Röte. Färberröte

Rötel. Rötelzeichnung mit dem Titel »Studien zu einem Dromedar« von Antoine Watteau

Röteln

Eugen Roth

Joseph Roth

Rotes Kreuz. Oben: Rotes Kreuz ◆ Unten: Roter Halbmond

Röteln (Rubeolen, Rubeola, Rubella), durch das Rötelnvirus verursachte, im allg. durch Tröpfchen übertragene, fiebrige Infektionskrankheit. Der Rötelnausschlag (vergleichsweise deutlich umschriebene, leicht erhabene, rundl., hellrosarote Flecken) beginnt am Kopf und breitet sich dann über den gesamten Körper aus; typisch sind Lymphdrüsenschwellungen im Nacken und hinter den Ohren. Erkranken Frauen während der ersten drei Schwangerschaftsmonate an R., kann es zu Fruchtschäden an der Augenlinse, am Innenohr oder zu angeborenen Herzfehlern kommen.

Roter Davidstern ↑Rotes Kreuz.
Roterde ↑Bodentypen.
Roter Fleck (Großer Roter Fleck) ↑Jupiter.
Roter Fluß, Fluß in China und Vietnam, mündet in den Golf von Tonkin, 1 183 km lang.
Roter Frontkämpferbund, Abk. **RFB,** 1924 gegr. Schutz- und Wehrorganisation der KPD; Vors. E. Thälmann; arbeitete ab 1929 illegal; nach 1933 zerschlagen.
Roter Halbmond ↑Rotes Kreuz.
Roter Main, linker Quellfluß des ↑Mains.
roter Riese, Stern geringer Oberflächentemperatur, großen Durchmessers und großer absoluter Helligkeit.
Rote Rübe (Rahne, Rote Bete, Salatbete, Salatrübe), in zahlr. Sorten angebaute Varietät der Gemeinen Runkelrübe mit durch Anthozyane dunkelrot gefärbter Rübe.
Rotes Kreuz, 1) unter Umkehrung des Schweizer Wappens entstandenes internat. Schutzzeichen (rotes Kreuz auf weißem Grund) des Sanitätsdienstes im Rahmen der Genfer Rotkreuzabkommen (↑Genfer Konventionen), zugleich Kennzeichen der in 150 Ländern der Erde bestehenden nat. Rotkreuzgesellschaften (z. B. in Deutschland das ↑Deutsche Rote Kreuz), in islam. Ländern *Roter Halbmond;* in Israel *Roter Davidstern* (international nicht anerkannt).
2) internat. Hilfswerk auf der Grundlage nat. Gesellschaften zur Milderung der Leiden des Krieges, zur Hilfe im Austausch von Gefangenen, Auskunftserteilung über Kriegsgefangene und Internierte, Betreuung von Kriegsgefangenenlagern, Schaffung von Sicherheitszonen oder Hilfe in Katastrophenfällen. Die Tätigkeit des R. K. begann 1863 auf Anregung von H. Dunant als »Internat. Komitee zur Unterstützung der Verwundeten«; 1864 wurde das aus 25 Schweizern bestehende Internationale Komitee vom Roten Kreuz (IKRK) in Genf geschaffen. Neben diesem bestehen die freiwilligen nat. Rotkreuzgesellschaften, die in der unabhängigen und dem IKRK gleichberechtigten Internationalen Föderation der Rotkreuz- und Rothalbmondgesellschaften zusammengeschlossen sind. IKRK, Internat. Föderation und nat. Gesellschaften bilden die Internationale Rotkreuz- und Rothalbmondbewegung.

Rotes Meer, langgestrecktes Nebenmeer des Ind. Ozeans, Teil des Ostafrikan. Grabensystems, trennt Asien von Afrika. Es erstreckt sich von der Meerenge Bab el-Mandeb, über die es mit dem Golf von Aden verbunden ist, nach NNW bis zur S-Spitze der Halbinsel Sinai. Hier spaltet es sich in die Golfe von Akaba und Suez. Im N ist das R. M. 180 km, im S etwa 360 km breit; die größte Tiefe beträgt 2 604 m. – Seit der Eröffnung des Suezkanals (1869) ist das R. M. von großer Bed. für den Seeverkehr von Europa nach Indien, Ostasien und Australien. Die wichtigsten Häfen sind Massaua, Port Sudan, Suez und Djidda.
Rote Spinne, Bez. für mehrere zeitweise rote Spinnmilben, die durch Massenauftreten im Garten-, Wein- und Obstbau schädlich werden.
Rotfäule ↑Kernfäule.
rotfiguriger Stil ↑Vasenmalerei.
Rotfuchs ↑Füchse.
Rotgrünblindheit, Form der Farbenfehlsichtigkeit im Bereich der Rot- und Grünwahrnehmung.
Roth, 1) Eugen, *München 24. 1. 1895, †ebd. 28. 4. 1976, dt. Schriftsteller. Schrieb in der Tradition von W. Busch und C. Morgenstern hintergründig-humorvolle Gedichte über menschl. Unzulänglichkeiten, u. a. die Sammlungen »Ein Mensch« (1935), »Mensch und Unmensch« (1948), »Der letzte Mensch« (1964), daneben auch Essays, Novellen und Kinderbücher.
2) Friederike, *Sindelfingen 6. 4. 1948, dt. Schriftstellerin. Schreibt v. a. Hör-

spiele, Lyrik (u. a. »Schattige Gärten«, 1987) und Theaterstücke (u. a. »Ritt auf die Wartburg«, 1981; »Erben und sterben«, 1992).
3) Gerhard, *Graz 24. 6. 1942, österr. Schriftsteller. Schreibt v. a. Romane, u. a. den 1991 vollendeten siebenteiligen Zyklus »Die Archive des Schweigens« (u. a. »Landläufiger Tod«, 1984).
4) Joseph, *Brody (Gebiet Lemberg) 2. 9. 1894, † Paris 27. 5. 1939, österr. Schriftsteller. Journalist; emigrierte 1933 nach Frankreich. Nach sozialist. Anfängen und der Auseinandersetzung mit dem Stil der »Neuen Sachlichkeit« wurden seit Mitte der 1920er Jahre die Welt des Ostjudentums und der Untergang der Donaumonarchie (v. a. in den Romanen »Radetzkymarsch«, 1932, und »Die Kapuzinergruft«, 1938) thematisch bestimmend.
5) Philip [rɔːθ], *Newark (N. J.) 19. 3. 1933, amerikan. Schriftsteller. Verfasser satir.-iron. Romane (»Portnoys Beschwerden«, 1969; »Zuckermans Befreiung«, 1981; »Die Anatomiestunde«, 1983) und Erzählungen, meist aus dem großstädt. jüd. Bürgertum.

Roth, Kreisstadt an der Rednitz, Bayern, 20 900 E. Pendlerwohngemeinde von Schwabach und Nürnberg. Ehem. markgräfl. Renaissanceschloß Ratibor (16. Jh.).

Rothaargebirge, Teil des Rhein. Schiefergebirges, bis 843 m hoch (Langenberg).
Rothaut, (abwertende) Bez. für Indianer, die auf die bei manchen Stämmen übl. rote Körperbemalung zurückgeht.
Rothe, Hans, *Meißen 14. 8. 1894, † Trespiano (heute zu Florenz) 1. 1. 1978, dt. Schriftsteller. Emigrierte 1934; schrieb Hörspiele, Dramen, Romane, Essays und Kunstbücher. Bes. bekannt durch seine Übertragungen der Dramen Shakespeares.
Rothenberger, Anneliese, *Mannheim 19. 6. 1924, dt. Sängerin (Sopran). Seit 1958 Mgl. der Wiener Staatsoper; bed. auch als Liedersängerin.
Rothenburg ob der Tauber, Stadt im westl. Vorland der Frankenhöhe, Bayern, 11 400 E. Mittelalterl. Stadtbild mit Stadtmauer, Wehrgang, Türmen und Toren, Häusern aus Gotik und Renaissance. In der got. ev. Pfarrkirche Sankt Jakob (14. und 15. Jh.) Altar von T. Riemenschneider. – 1144 erstmals als stauf. Besitz gen., um 1200 ummauert; 1274–1803 Reichsstadt.
Rothermere, Harold Sidney Harmsworth, Viscount (seit 1919) [engl. ˈrɔðəmɪə], *London 26. 4. 1868, † Hamilton (Bermudainseln) 26. 11. 1940, brit. Verleger. Gründete zus. mit seinem Bruder A. C. W. Harmsworth Viscount

Roth.
Der 1535–37 gestaltete Prunksaal im Schloß Ratibor

Rothfels

Rothirsch. Mitteleuropäischer Rothirsch (Körperlänge 1,8–2,5 m)

Rotkappen. Dunkle Rotkappe (Hutbreite bis 20 cm)

Northcliffe einen der einflußreichsten europ. Pressekonzerne (Amalgamated Press).

Rothfels, Hans, *Kassel 12. 4. 1891, † Tübingen 22. 6. 1976, deutscher Historiker. Ab 1938 im Exil, ab 1951 Professor in Tübingen; arbeitete v. a. über den Widerstand gegen Hitler (u. a. »Die deutsche Opposition gegen Hitler«, 1948); Gründer und Mitherausgeber der »Vierteljahrshefte für Zeitgeschichte«.

Rothirsch (Edelhirsch), in Europa, Asien und N-Amerika weitverbreitete Hirschart von etwa 165–265 cm Länge und rd. 75 bis 150 cm Schulterhöhe; Männchen mit vielendigem, oft mächtigem Geweih und fast stets deutl. Halsmähne; rd. 25 Unterarten, darunter die als *Marale* bezeichneten zwei Unterarten *Kaukasushirsch* (Geweih wenig verzweigt) und *Altaimaral* (Geweih stark verzweigt). Als *Wapiti* (Elk) werden mehrere (insbes. die nordamerikan.) Unterarten bezeichnet; im S sehr klein, im N ungewöhnlich groß, Männchen bis rd. 300 cm lang; mit langen Enden am großen Geweih. Der *Mitteleurop. R.* ist etwa 180–250 cm lang und hat eine Schulterhöhe von etwa 100–150 cm; Geweih meist stark entwickelt, bis über 1 m ausladend, selten mit mehr als 16 Enden; Brunstzeit Ende Sept. bis Anfang Okt., Wurfzeit Ende Mai bis Anfang Juni.

Rothschild ['ro:tʃɪlt, frz. rɔt'ʃild, engl. 'rɔθtʃaɪld], jüd. Bankiersfamilie dt. Herkunft. Der Name leitet sich von einem roten Schild an ihrem Haus im Ghetto in Frankfurt am Main ab. 1766 gründete Mayer Amschel (*1743, † 1812) in Frankfurt am Main das Bankhaus R., das an vielen Finanzoperationen europ. Fürstenhäuser beteiligt war. Sein ältester Sohn Amschel Mayer (*1773, † 1855) übernahm das Frankfurter Stammhaus, während seine Brüder in Wien (Salomon Mayer, *1774, † 1855), London (Nathan Mayer, *1777, † 1836), Neapel (Karl Mayer, *1788, † 1855) und Paris (James Mayer, *1792, † 1868) Filialen errichteten. 1901 erlosch das Stammhaus in Frankfurt.

Rotisserie [frz.], Grillrestaurant.

Rotkappen, derbe, festfleischige und wohlschmeckende, bis 25 cm große Pilze mit 7–20 cm breitem, trockenem, dickfleischigem Hut; u. a. *Dunkle R.* (meist unter Birken), *Espen-R.* und *Heiderotkappe.*

Rotkehlchen, etwa 15 cm langer Singvogel in unterholzreichen Wäldern, Parkanlagen und Gärten NW-Afrikas und Eurasiens; Teilzieher.

Rotkohl (Rotkraut), svw. ↑Blaukraut.

Rotlauf (Schweinerotlauf), durch ein Bakterium verursachte Infektionskrankheit des Schweins; kann gutartig, chronisch oder tödlich verlaufen.

Rotlicht, durch Vorschaltung eines Rotfilters aus Glühlampenlicht herausgefilterte langwellige Strahlung mit hohem Infrarotanteil; zur örtl. Behandlung von Nervenschmerzen, -entzündung u. ä.; dringt tiefer in [Körper]gewebe ein als Licht kürzerer Wellenlänge und führt zu örtl. Erwärmung.

Rotor [lat.-engl.], 1) *allg.:* ein rotierendes Objekt.
2) *Elektrotechnik:* Läufer beim Elektromotor in Ggs. zum Ständer.
3) *Luftfahrttechnik:* drehender (rotierender) Flügel eines Hubschraubers.

Rotschwänze, Gatt. der Drosseln mit vielen Arten, die durch rostroten Schwanz gekennzeichnet sind; in M-Europa kommen nur vor: *Garten-R.*, etwa 14 cm lang, Männchen mit orangeroter Brust; Zugvogel; *Haus-R.*; Teilzieher.

Rotse, Bantuvolk am oberen Sambesi, Sambia. – Vom 17.–20. Jh. bestand ein

Kgr., das 1964 unter dem Namen *Barotseland* eine Prov. Sambias wurde.

Rottach-Egern, Gem. am S-Ufer des Tegernsees, Bayern, 5 500 E. Heilklimatischer Kurort.

Rott a. Inn, Gemeinde nördlich von Rosenheim, Bayern, 3 000 E. Barocke Kirche des ehem. Benediktinerklosters (18. Jh.).

Rottanne ↑Fichte.

Rotte, 1) *Militärwesen:* zwei gemeinsam operierende Flugzeuge bzw. Seefahrzeuge gleichen Typs.
2) *weidmännisch:* mehrere zusammenlebende Sauen.

Rottenburg am Neckar, Stadt am oberen Neckar, Bad.-Württ., 36 400 E. Diözesanmuseum. Im Stadtteil *Bad Niedernau* Kurbetrieb. Dom (Chor 1424, Langhaus 17. Jh.); ehem. Jesuitenkolleg (1650; heute bischöfl. Palais). – An der Stelle des röm. Stützpunkts *Sumelocenna* gegr.; um 1125 erstmals als *Rotenburc* erwähnt.

Rottenburg-Stuttgart, Bistum, seit Jan. 1978 Name des 1812 gegr. und 1821 als Suffragan von Freiburg im Breisgau errichteten Bistums Rottenburg.

Rottenmanner Tauern ↑Alpenpässe (siehe Übersicht).

Rotterdam, niederl. Hafenstadt beiderseits der Neuen Maas, 28 km von der Küste entfernt, 579 000 E (städt. Agglomeration 1,05 Mio. E). Univ., zahlr. Forschungsinstitute, Museen; Theater- und Konzerthaus, Kongreßzentrum, Börse, Großbanken, Versicherungsanstalten, Großmärkte; Zoo. Größter europ. See- und Binnenhafen, Mittelpunkt einer Ind.-Zone, die von Dordrecht im O bis zur Nordsee reicht. Größtes Erdölverarbeitungszentrum der Erde, außerdem Schiff- und Bohrinselbau. U-Bahn, internat. ✈.

Bauten: Von den histor. Baudenkmälern wurden nach 1945 wiederhergestellt: die got. Sint-Laurenskerk (1412), die Sint-Rosaliakerk (18. Jh.) und das Schielandshuis (1662–65; jetzt histor. Museum). Beim Wiederaufbau entstanden u. a. breite Geschäftsstraßen, das

Rotterdam

Rotterdam. Rathaus; 1914–20

Rotterdam Stadtwappen

Rotterdam. Ladenstraße »Lijnbaan« 1949–53 von Jacob Berend Bakema und Johannes Hendrik van den Broek erbaut

Rottmann

Francis Peyton Rous

Bouwcentrum, das Kaufhaus Bijenkorf, der Hauptbahnhof sowie Monumentalplastiken, u. a. das Mahnmal für die zerstörte Stadt (1953, von O. Zadkine). Wahrzeichen des Hafens ist der 185 m hohe Euromast.
Geschichte: Im 13. Jh. Entstehung der Siedlung *Roterodamum;* 1340 Stadtrecht. 1572 auf Seiten der Aufständischen gegen die spanische Herrschaft. 1866 begannen die Arbeiten am Nieuwe Waterweg, an dessen Mündung ins Meer die Stadt *Hoek van Holland* als Exklave der Gemeinde Rotterdam entstand. Seit dem 19. Jh. größter niederl. Rhein- und Seehafen.

Rottmann, Carl, *Handschuhsheim (heute zu Heidelberg) 11. 1. 1797, † München 7. 7. 1850, dt. Maler. Schuf spätromant. röm. Landschaften.

Rottmayr, Johann Michael, ≈ Laufen 11. 12. 1654, † Wien 25. 10. 1730, dt. Maler. Schuf an der Wende vom Spätbarock zum Rokoko Fresken, bes. in österr. Barockbauten (Salzburger Residenz [1710/11], Stiftskirche Melk [1716–22]).

Rottweil, Kreisstadt am oberen Neckar, Bad.-Württ., 24 200 E. Museum, Kunstsammlung; traditionelle Fastnachtsbräuche (»Narrensprung«). Kath. Kirche Hl. Kreuz (sog. Münster; neugotisch restauriert), ev. Pfarrkirche (1753 barock umgebaut), spätgot. Rathaus mit Renaissancetreppenhaus. – R. geht zurück auf den 73 n. Chr. angelegten bed. röm. Stützpunkt *Arae Flaviae;* später fränk. Königspfalz *(Rotumvila);* um 1400 Reichsstadt; 1463/1519–1803 zugewandter Ort der Eidgenossenschaft; Sitz eines kaiserl. Hofgerichts vom 14. Jh. bis 1784.

Rouen
Stadtwappen

Rottweiler
(Widerristhöhe 55–68 cm)

Rottweiler [nach der Stadt Rottweil], in Deutschland gezüchtete Hunderasse; kräftige, stämmige, bis über 60 cm schulterhohe Schutz- und Wachhunde.

Rotunde [lat.], kleinerer Rundbau oder runder Raum.

Rotverschiebung, die Verschiebung der Spektrallinien im Spektrum eines kosm. Objekts zu größeren Wellenlängen (Rot) hin. Ursache sind der †Doppler-Effekt und ein Energieverlust der Lichtquanten beim Verlassen starker Gravitationsfelder *(relativist. Rotverschiebung).*

Rotwelsch (Jenisch, Kochemer Loschen), Sondersprache der Nichtseßhaften und Gauner im dt. Sprachraum. Das R. enthält Lehngut aus dem Jiddischen und der Zigeunersprache sowie aus dem Spanischen, das auf Soldaten Karls V. zurückgeht. Viele Wörter wurden in die Umgangssprache übernommen (z. B. Henkelmann, mies).

Rotwild (Edelwild), *Jägersprache:* Bez. für Rothirsche.

Rotz (Wurm), durch Rotzbakterien hervorgerufene ansteckende, meist tödlich verlaufende Krankheit v. a. der Einhufer (aber auch vieler Katzenarten); den Menschen übertragbar.

Rotzahnspitzmäuse (Soricinae), Unter-Fam. der Spitzmäuse mit mehr als 80 Arten in Eurasien, in N-, M- und im nördl. S-Amerika; Zähne mit dunkelrostroten bis rötlichgelben Spitzen. Zu den R. gehören u. a. *Waldspitzmaus* (Körperlänge 6–9 cm; Schwanzlänge 3–6 cm), *Wasserspitzmaus* (Körperlänge etwa 10 cm, Schwanzlänge 5–8 cm), *Zwergspitzmaus* (Körperlänge 5–7 cm).

Rotzunge, zwei 30–60 cm lange Plattfischarten *(Hundzunge* und *Limande)* im Atlantik; Speisefische.

Rouault, Georges [frz. rwo], *Paris 27. 5. 1871, † ebd. 13. 2. 1958, frz. Maler und Graphiker. Schuf in einem expressionist. Stil leuchtender Farbflächen und schwarzer Konturen Darstellungen zu religiösen Themen, v. a. der Passion Christi, sowie von Bauern, Arbeitern und Clowns; Radierfolgen (»Guerre et Miséréré«, 1917–27; »Passion«, 1934/35); Glasfenster in Assy (bei Chamonix-Mont-Blanc; 1948).

Rouen [frz. rwã], Hauptstadt der frz. Region Haute-Normandie und des Dép. Seine-Maritime, an der Seine,

105 500 E. Kultureller Mittelpunkt der Normandie; Univ., Museen; Hafenstadt an der Seine. Got. Kathedrale (13.–16. Jh.), spätgot. Kirche Saint-Maclou (15. und 16. Jh.), Justizpalast (16. und 19. Jh.). – Das antike *Rotomagus,* seit dem 3. Jh. Bischofs-, seit dem 4. Jh. Erzbischofssitz, wurde im 10. Jh. einer der Hauptorte des Hzgt. Normandie. – 1431 wurde hier Jeanne d'Arc verbrannt.

Rouffignac, Grotte de [frz. grɔdrufiˈɲak] ↑Höhlen (Übersicht).

Rouge et Noir [frz. ruʒeˈnwaːr »rot und schwarz«], Glücksspiel zw. mindestens drei Spielern mit zwei- bis sechsmal 52 frz. Karten.

Rouget de Lisle, Claude Joseph [frz. ruʒeˈdlil], Pseud. Auguste Hix, *Lons-le-Saunier 10. 5. 1760, † Choisy-le-Roi 26. 6. 1836, frz. Dichter. Textete und komponierte 1792 die ↑Marseillaise.

Rouleau [ruˈloː; frz.], aufrollbarer Vorhang.

Roulett [ruˈlɛt; frz.] (Roulette), Glücksspiel chin. Ursprungs; eine Kugel auf drehbarer Scheibe mit roten und schwarzen (0 und 1 bis 36) Fächern bestimmt den Gewinner, der meist Chips auf Nummern oder Nummernkombinationen gegen die Bank setzt, die von dem Bankhalter gehalten wird. Der Spielplan enthält außer den Zahlen u. a. die Abteilungen: *Rouge* (Rot), *Noir* (Schwarz), *Pair* (gerade Zahlen), *Impair* (ungerade Zahlen), *Manque* (1–18; Klein), *Passe* (19–36; Groß); je nach Konstellation ist der 1–35fache Einsatz zu gewinnen.

Rourkela [ˈrʊəkəla], ind. Ind.-Stadt am Zusammenfluß von Sankh und Koel, Gliedstaat Orissa, 400 000 E.

Rous, Francis Peyton [engl. raʊs], *Baltimore (Md.) 5. 10. 1879, † New York 16. 2. 1970, amerikan. Pathologe. Forschungen über die Entstehung von Krebsgeschwülsten durch bestimmte Virusarten *(R.-Sarkom);* erhielt 1966 (zus. mit C. B. Huggins) den Nobelpreis für Physiologie oder Medizin.

Rousseau [frz. ruˈso], **1)** Henri, genannt »le douanier« (»der Zöllner«), *Laval 20. 5. 1844, † Paris 4. 9. 1910, frz. Maler. Beamter bei der Pariser Stadtverwaltung; begann um 1880 als Autodidakt zu malen; malte Landschaften, Porträts, Volksszenen und exot.

Georges Rouault. Clown (1935; Lausanne, Privatsammlung)

Traumbilder von eindringl., oft poet. Wirkung; gilt als der Begründer der europ. naiven Kunst, deren surrealer Umgang mit der Wirklichkeit erhebl. Einfluß auf die Malerei im 20. Jh. ausübte. – *Werke:* Der Krieg (1894; Paris, Louvre), Schlafende Zigeunerin (1897; New York, Museum of Modern Art), Schlangenbeschwörerin (1907; Paris, Louvre), Der Traum (1910; New York, Museum of Modern Art).

2) Jean-Jacques, *Genf 28. 6. 1712, † Ermenonville bei Paris 2. 7. 1778, frz. Philosoph und Schriftsteller schweizer. Herkunft. R. lebte nach einer unruhigen Jugend ohne geregelte Ausbildung ab 1741 mit Unterbrechung (u. a.

Jean-Jacques Rousseau

Roulett. Spielplan

Roussel

Ernst Rowohlt

1766/67 auf Einladung Humes in England) in Paris. Zunächst als Hauslehrer und Notenschreiber tätig, unterhielt er freundschaftl. Beziehungen zu den Enzyklopädisten, v. a. d'Alembert, Diderot, Condillac (später jedoch getrübt), für deren »Encyclopédie« er musiktheoret. Beiträge schrieb; später trat er auch mit eigenen Kompositionen hervor (Singspiel »Der Dorfwahrsager«, 1752). – Seine preisgekrönte Schrift »Abhandlung über die Wissenschaften und Künste« (1750) verneint die Frage, ob der Fortschritt der Kultur die Menschheit verbessert habe, und konstruiert einen glücklich naturhaften Urzustand der Menschheit. Die »Abhandlung über den Ursprung und die Grundlagen der Ungleichheit unter den Menschen« (1754) begründet die revolutionäre Forderung nach Wiederherstellung der »natürlichen Rechtsgleichheit« aller Menschen, sein Werk »Gesellschaftsvertrag« (Contrat social, 1762) die ↑Vertragslehre, sein Erziehungsroman »Emil, oder über die Erziehung« (1762) eine völlig neue, freie, individuelle, naturgemäße Erziehung. Sein Briefroman »Die neue Heloise, oder Briefe zweier Liebenden« (1761) traf mit der Verbindung von Naturschilderungen mit einer tragischsentimentalen Liebesgeschichte genau den Zeitgeschmack. Seine »Bekenntnisse« (1764–70) geben Zeugnis von seiner ausweglosen Vereinsamung. Obwohl R. in wesentl. Punkten die Positionen der Aufklärung vertrat, nahm er mit seiner Hinwendung zu subjektiver Innerlichkeit, mit dem Zweifel an Fortschritt und Zivilisation das Lebensgefühl der Romantik vorweg. Seine Staatstheorien beeinflußten seit der Frz. Revolution die demokrat. Verfassungen.

3) Théodore, *Paris 15. 4. 1812, † Barbizon 22. 12. 1867, frz. Maler. Einer der ersten Freilichtmaler, tätig in der Vendée, Fontainebleau und Barbizon (Hauptvertreter der Schule von ↑Barbizon); schuf einsame, charakterist. Landschaften in oft gedeckter Beleuchtung und intensivem Kolorit.

Roussel, Albert [frz. ru'sɛl], *Tourcoing 5. 4. 1869, †Royan 23. 4. 1937, frz. Komponist. Komponierte in Auseinandersetzung mit exot. Musik und frz. Folklore u. a. Opern, Ballette, Orchester- und Kammermusik.

Roussillon [frz. rusi'jõ], histor. Gebiet in den frz. O-Pyrenäen. Die Bevölkerung spricht auch katalanisch. – Das zunächst röm. (ab 121 v. Chr.), dann westgot. (ab Anfang 5. Jh.) R. wurde Mitte des 8. Jh. durch Pippin III. dem Fränk. Reich eingegliedert; 1172 an Aragonien; 1642 endgültig an Frankreich.

Routine [ru...], **1)** *allg.:* durch gewohnheitsmäßige Erfahrung erlangte Fertigkeit.

2) *Datenverarbeitung:* ein in sich abgeschlossenes Unterprogramm, das als Teil eines größeren Programms genau umrissene Aufgaben durchführt.

Rovaniemi, Hauptstadt des Verw.-Geb. Lappland in N-Finnland, 32 900 E. Arktisches Zentrum; Fremdenverkehr.

Roveredo (GR), Bezirkshauptort im schweizer. Kt. Graubünden, 2 000 E. Pfarrkirche San Giulio mit roman. Turm.

Rover Group PLC [engl. 'rəʊvə gru:p pi:elsi:], brit. Unternehmen der Automobilindustrie (Marken: Austin, Jaguar, Leyland, Morris, Rover, Triumph), Sitz London; 1968 als »British Leyland Ltd.« (seit 1986 R. G. PLC) gegr., 1988 privatisiert, 1994 von der BMW AG übernommen.

Rovigo, italien. Prov.-Hauptstadt in Venetien, 52 500 E. Markt- und Handelsplatz. Barocker Dom (1696 ff.), Renaissancepaläste. – Erstmals 838 erwähnt.

Rovings [engl. 'rəʊvɪŋz] ↑GFK-Technik.

Rowland, Sherwood Frank [engl. 'rəʊlənd], *Delaware (Ohio) 28. 6. 1927, amerikan. Chemiker. Erhielt für seine Untersuchungen über die Einwirkung von Fluorchlorkohlenwasserstoffen auf die Ozonschicht 1995 zus. mit P. Crutzen und M. J. Molina den Nobelpreis für Chemie.

Rowohlt, Ernst, *Bremen 23. 6. 1887, † Hamburg 1. 12. 1960, dt. Verleger. Gründete 1908 in Leipzig einen Verlag, der 1913 von Kurt Wolff (*1887, † 1963) übernommen wurde. Neugründung 1919 in Berlin; Sitz der *R. Verlag GmbH* seit 1950 Hamburg, seit 1960 Reinbek; 1983 an die Verlagsgruppe Georg von Holtzbrinck GmbH verkauft. R. verlegte mit großer persönl. Initiative zeitgenöss. Belletristik (F. Kafka, K. Tucholsky, R. Musil); seit

1950 Taschenbuchreihe »rowohlts rotations romane« (»rororo«).
Royal Air Force [engl. 'rɔɪəl 'ɛə 'fɔ:s], Abk. **RAF,** Name der königl. brit. Luftwaffe; 1918 entstanden.
Royal Ballet, The [engl. ðə 'rɔɪəl 'bælɪt], seit 1956 Name der der Londoner Covent Garden Opera angeschlossenen Ballettkompanie und -schule.
Royal Dutch/Shell-Gruppe [engl. 'rɔɪəl 'dʌtʃ 'ʃɛl...], niederl.-brit. Unternehmen der Erdöl-Ind.; Sitz Den Haag und London; entstanden 1907 durch Fusion. Dt. Tochtergesellschaft ist die Dt. Shell AG, Hamburg.
Royal Philharmonic Orchestra [engl. 'rɔɪəl fɪla:'mɒnɪk 'ɔ:kɪstrə], 1946 von Sir Thomas Beecham (* 1879, † 1961) in London gegr. Sinfonieorchester; Chefdirigent seit 1987 V. Ashkenazy.
ROZ, Abk. für **R**esearch-**O**ktan**z**ahl (↑Oktanzahl).
Rp., Abk. für ↑**r**ecipe.
RPR, Abk. für ↑**R**assemblement **p**our la **R**épublique.
r-RNS, Abk. für **r**ibosomale RNS (↑RNS).
RSFSR, Abk. für **R**ussische **S**ozialistische **F**öderative **S**owjet**r**epublik (↑Rußland, Geschichte).
RSHA, Abk. für ↑**R**eichs**s**icherheits**h**auptamt.
RTL, privater dt. Fernsehsender, Sitz Köln; Sendebeginn 1985. Hauptaktionäre: WAZ mit Bertelsmann und CLT.
RTL 2, privater dt. Fernsehsender, Sitz München; Sendebeginn 1993. Hauptaktionäre: Bauer Verlag, Tele München.
Ru, chem. Symbol für ↑**R**uthenium.
RU 486, Hormonpräparat zur Durchführung eines Schwangerschaftsabbruchs; derzeit u. a. in Frankreich und Großbrit., nicht jedoch in Deutschland zugelassen.
Ruanda (Rwanda), Staat in Afrika, grenzt im N an Uganda, im O an Tansania, im S an Burundi, im W an Zaire.
Staat und Recht: Präsidialrepublik; *Verfassung* von 1991. Staatsoberhaupt ist der nach dieser Verfassung für fünf Jahre direkt gewählte Präsident. Als *Exekutive* wurde 1994 nach dem Bürgerkrieg eine 18köpfige Regierung der Nat. Einheit eingesetzt. Bis zur freien Wahl der 1973 aufgelösten Nat.versammlung dient der Nat. Entwicklungsrat (70 Mgl.) als *Legislative.* Mehrparteiensystem.

Ruanda

Staatsflagge

Ruanda
Fläche: 26 338 km²
Einwohner: 7,526 Mio.
Hauptstadt: Kigali
Amtssprachen: Kinya-Ruanda und Französisch
Nationalfeiertag: 1.7.
Währung: 1 Ruanda-Franc (F. Rw.) = 100 Centimes
Zeitzone: MEZ + 1 Std.

Staatswappen

Landesnatur: R. besteht aus einem in zahlr. Schollen zerbrochenen Hochland, das im W mit einer markanten Randschwelle an den Zentralafrikan. Graben grenzt und sich nach O zur stark versumpften Senke des Kagera abdacht. Im NW des Landes gibt es die Kette der Virungavulkane (im Karisimbi 4507 m hoch). R. hat wechselfeuchtes trop. Klima; trop. Bergwald und Feuchtsavannen, im O des Landes Trockensavannen und Überschwemmungsgebiete.
Bevölkerung: 90% sind Hutu (ein Bantuvolk), 9% äthiopide Tutsi, sonstige Minderheiten. Rd. 70% sind Christen.
Wirtschaft, Verkehr: R. ist ein Agrarstaat. Neben den Produkten für den Eigenbedarf werden Tee und Kaffee für den Export kultiviert. An Bodenschätzen gibt es Erdgas, Zinn und Wolfram. Die schwach entwickelte Ind. verarbeitet landwirtsch. und bergbaul. Produkte. Das Straßennetz ist 6760 km lang. Internat. ✈ ist Kigali.
Geschichte: 1899 brachte das Dt. Reich das Land unter sein Protektorat (Dt.-Ostafrika); seit 1920 Teil von ↑Ruanda-Urundi. 1959 erhoben sich die Hutu und stürzten die herrschende Schicht der Tutsi. 1962 wurde R. als Republik unabhängig. Nach einem Putsch 1973 übernahm General J. Habyarimana als

Bevölkerung (in Mio.) | Bruttosozialprodukt je E (in US-$)

Stadt | Land

Bevölkerungsverteilung 1992

Industrie | Landwirtschaft | Dienstleistung

Bruttoinlandsprodukt 1992

Ruanda-Urundi

Präs. die Macht (wiedergewählt 1978, 1983 und 1988) und etablierte ein Einparteiensystem. Zw. Hutu und Tutsi kam es v. a. wegen der Überrepräsentierung der Tutsi in der sozialen Oberschicht immer wieder zu bürgerkriegsähnl. Auseinandersetzungen, die seit 1990 zu einem regelrechten Krieg zw. den mehrheitlich den Tutsi angehörenden Rebellen der »Patriot. Front Ruandas« (RPF) und Regierungstruppen eskalierten. Im März 1992 beschlossen Regierung und Opposition die Einrichtung eines Mehrparteiensystems als Voraussetzung für ein Friedensabkommen, das im Aug. 1992 unterzeichnet wurde und eine Übergangsregierung einsetzte. Nachdem Habyarimana im April 1994 bei einem ungeklärten Flugzeugabsturz ums Leben gekommen war, kam es erneut zu einem Bürgerkrieg, in dessen Verlauf die militär. Verbände der RPF das Land unter ihre Kontrolle brachten; Hilfsaktionen der UN konnten weder den Völkermord (bis zu etwa 1 Mio. Tote, v. a. Tutsi) noch die Flucht der Mehrheit der überlebenden Zivilbevölkerung, v. a. nach Burundi und Zaire, verhindern. Im Juli 1994 wurde eine neue Regierung unter dem Hutu F. Twagiramungu als Min.-Präs. gebildet.

Ruanda-Urundi, vom ehem. Dt.-Ostafrika 1919/20 abgetrennter, unter belg. Völkerbundsmandat gestellter Landesteil; seit 1946 unter UN-Treuhandschaft, 1962 Teilung in die Republik ↑Ruanda (N-Teil) und das Kgr. bzw. (seit 1966) die Republik ↑Burundi (S-Teil).

Ruark, Robert Chester [engl. 'ruːɑːk], * Wilmington (N. C.) 29. 12. 1915, † London 1. 7. 1965, amerikan. Schriftsteller. Schrieb Romane und Essays v. a. über soziolog. und [afrikan.] Rassenprobleme, u. a. »Die schwarze Haut« (R., 1955), »Der Honigsauger« (R., 1965).

Rub al-Chali ['rʊb al'xaːli], mit etwa 780 000 km² größte Sandwüste der Erde, im S und SO der Arab. Halbinsel.

rubato [italien.] ↑Tempo rubato.

Rubbia, Carlo, * Gorizia 31. 3. 1934, italien. Physiker. Erhielt 1984 für seine entscheidende Mitarbeit bei der Entdeckung der Feldpartikel W und Z, der Vermittler schwacher Wechselwirkung, zus. mit S. van der Meer den Nobelpreis für Physik.

Rubel, im 14. Jh. Bez. für (später gestempeltes) russ. Barrensilber; im Groß-Ft. Moskau Gewichts- und Recheneinheit; unter Peter I. als Silber-R. alleinige Währungseinheit; bis 1991 Währungseinheit in der Sowjetunion (1 R. = 100 Kopeken), seither in Rußland und einigen anderen Nachfolgestaaten.

Ruben, im AT Name des ältesten Sohnes Jakobs; Ahnherr eines israelit. Stammes.

Rüben, fleischig verdickte Speicherorgane bei zweikeimblättrigen Pflanzenarten.

Rubens, Peter Paul ['ruːbəns, niederl. 'ryːbəns], * Siegen 28. 6. 1577, † Antwerpen 30. 5. 1640, fläm. Maler. Ab 1600 Hofmaler in Mantua, daneben auch tätig in Rom, Venedig, Florenz und Genua, studierte R. antike Bildwerke und die Malerei der Renaissance und des röm. Frühbarock (Caravaggio, Carraci). 1608 kehrte er nach Antwerpen zurück und baute dort seine Werkstatt auf (u. a. A. van Dyck, F. Snijders, J. Breugel d. J., J. Jordaens); Reisen (auch als Diplomat) führten ihn nach Frankreich, England und Spanien. Ab 1610 war R. verheiratet mit Isabella Brant (* 1591, † 1626; u. a. »Doppelbildnis in der Geißblattlaube«, um 1609/10; München, Alte Pinakothek), nach deren Tod ab 1630 mit Helene Fourment. Die großen Altarwerke »Kreuzaufrichtung« (1609/1610) und »Kreuzabnahme« (1611/12; beide Antwerpen, Kathedrale) kennzeichnen die erste Reifestufe einer Kunst, die die Grundlage der europ. Barockmalerei wurde. Neben von Pathos und Sinnlichkeit erfüllten Bildern wie der »Raub der Töchter des Leukippos« (um 1616/17) und »Amazonenschlacht« (vor 1619) stehen religiöse Darstellungen, das große und das kleine »Jüngste Gericht« (um 1615/16 bzw. 1618–20), »Der Höllensturz der Verdammten« (um 1620; alle München, Alte Pinakothek). Zu seinen größten Aufträgen zählen zwei Medici-Gemäldezyklen für Paris (1622–25 für Palais Luxembourg; heute Louvre; Entwürfe [1628–31] zur Geschichte Heinrichs IV., u. a. Berlin, Gemäldegalerie, und Florenz, Uffizien), die einen Hö-

Carlo Rubbia

Peter Paul Rubens. Helene Fourment mit ihrem Sohn Frans (um 1635; München, Alte Pinakothek)

hepunkt polit.-histor. Allegorie darstellen. Das letzte große Altarwerk, der »Ildefonso-Altar« (1630–32; Wien, Kunsthistor. Museum), führt die kolorist. Entwicklung (seit Mitte der 1620er Jahre) zur Blüte. Das Spätwerk prägen auf Naturstudien beruhende, aber auch ins Allegorische weisende Landschaften, u.a. »Landschaft mit Regenbogen« (um 1635; München, Alte Pinakothek), und Porträts, u.a. »Helene Fourment mit ihrem Sohn Frans« (um 1635, München, Alte Pinakothek) und »Das Pelzchen« (um 1638, Wien, Kunsthistor. Museum). Das Werk von R. (über 2 000 Bilder, 600 überwiegend eigenhändig, etwa 200 Handzeichnungen) wurde durch Reproduktionsstiche der eigenen Stecherwerkstatt verbreitet.

Rübenzucker, svw. ↑Saccharose.

Rübezahl, dt. Sagengestalt des Erzgebirges; erscheint als Bergmännlein, Mönch, Riese oder Tier, foppt und führt Wanderer in die Irre, schickt Unwetter, hütet Schätze und beschenkt Arme.

Rubidium [lat.], chem. Symbol **Rb,** chem. Element aus der I. Hauptgruppe des Periodensystems der chem. Elemente (Alkalimetall); Ordnungszahl 37; relative Atommasse 85,4678; Schmelztemperatur 38,89°C; Siedetemperatur 688°C. In seinen Verbindungen einwertig vorliegendes, sehr reaktionsfähiges, silberglänzendes Metall; wird als Kathodenmaterial oder -belag für Photozellen sowie als Gettermaterial für Elektronenröhren verwendet.

Rubidium-Strontium-Methode, eine Methode der Altersbestimmung, die auf dem Zerfall des Rubidiumisotops Rb 87 in das Strontiumisotop Sr 87 beruht.

Rubikon (lat. Rubico), im Altertum Name des kleinen Grenzflusses zw. Italien und Gallia cisalpina, vermutl. der heutige Rubicone (Mündung ins Adriat. Meer nw. von Rimini); mit Cäsars Übergang über den R. begann 49 v.Chr. der Bürgerkrieg.

Rubin [lat.] ↑Korund.

Rubinglas (Goldrubinglas), Glas mit feinstverteiltem (kolloidalem) Gold.

Rubinstein, 1) Anton Grigorjewitsch, *Wychwatinez (Gouvernement Podolsk) 28.11.1829, † Peterhof (heute Petrodworez) 20.11.1894, russ. Pianist,

Rubljow

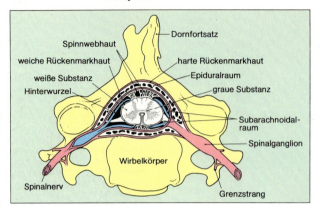

Rückenmark. Schematische Darstellung (Querschnitt) von Rückenmark, Wirbelkanal und Spinalnerven beim Menschen

Ruchgras. Gemeines Ruchgras (Höhe 15–25 cm)

Komponist und Dirigent. Gründete 1862 das Kaiserl. Konservatorium in Sankt Petersburg; gefeierter Pianist; der Romantik verpflichtete Kompositionen (Opern, Oratorien, Orchester- und Klaviermusik).
2) Artur, *Łódź 28. 1. 1887, † Genf 20. 12. 1982, amerikan. Pianist poln. Herkunft. Bed. Interpret von Werken F. Chopins sowie der Wiener Klassik, der dt. Romantik und der Neuen Musik.
Rubljow (Rublev), Andrei, *zw. 1360/70, † Moskau um 1427/1430, russ. Maler. Mönch; seine Ikonenmalerei gilt als Höhepunkt der altruss. Kunst. – *Werke:* u. a. Ikonostase der Verkündigungskathedrale in Moskau (1405) und der Uspenski-Kathedrale in Wladimir (1408; z. T. Moskau, Tretjakow-Galerie, z. T. Sankt Petersburg, Russ. Museum).
Rüböl, aus Rübsen- *(Rübsenöl)* oder Rapssamen *(Rapsöl)* gewonnenes, haltbares, als Speiseöl und zu techn. Zwecken verwendetes Öl.
Rubrik [lat.], **1)** urspr. der rot ausgezeichnete Textantang in mittelalterl. Handschriften.
2) in liturg. Büchern der kath. Kirche die (rot gedruckten) Anweisungen für rituelle Handlungen.
3) eine Spalte, in die etwas nach einer bestimmten Ordnung (unter einer bestimmten Überschrift) eingetragen wird.

Rubrum [lat.], kurze Inhaltsangabe als Aufschrift (bei Akten u. ä.).
Rübsen (Rübsaat, Rübenkohl, Rübengras), aus M- und S-Europa stammende, in zwei Formengruppen kultivierte Art des Kohls mit Schotenfrüchten. Die etwa 30–35% Öl enthaltenden Samen der *Ölrübse* (Rübenraps) werden ähnl. wie die des Raps verwendet. Die *Wasserrübe* (Stoppel-, Brach-, Halm-, Herbst-, Saatrübe, Weiße Rübe) wird v. a. als Viehfutter verwendet.
Rubus [lat.], vielgestaltige Gattung der Rosengewächse mit mehr als 700 Arten (u. a. Brombeere, Himbeere) in 11 Untergattungen; v. a. auf der Nordhalbkugel.
Ruchgras (Geruchgras, Riechgras), Gatt. der Süßgräser mit rd. 20 Arten in Eurasien und im Mittelmeergebiet; einheim. u. a. das *Gemeine R.* (Wohlriechendes R.) in lichten Wäldern, auf Wiesen und Weiden.
rückbezüglich, svw. ↑reflexiv.
rückbezügliches Fürwort ↑Pronomen.
Rücken, 1) *Anatomie:* (Dorsum) die dem Bauch gegenüberliegende Seite des tier. und menschl. Körpers. Bei den *Säugetieren* gilt als R. die obere (beim Menschen die hintere), von Nacken und Becken begrenzte Rumpfwand. Beim *Menschen* ist der R. der tragkräftigste Körperteil. Er erstreckt sich vom Dornfortsatz des siebten Halswirbels und den beiden Schulterblattregionen, einschließlich der hinteren Teile des Schultergelenks, bis zu den Konturen des Steißbeins (in der R.mittellinie) und den beiden

Darmbeinkämmen und ist durch das Vorhandensein großer, flächiger Rückenmuskeln ausgezeichnet. Die Achse des R. und den wichtigsten R.teil bildet die Wirbelsäule, über deren Dornfortsätzen die *R.furche* verläuft, die unten von der flachen Kreuzbeinregion abgelöst wird. In ihr liegt das *Sakraldreieck* mit Spitze in der Gesäßfurche und Basis zw. den beiden hinteren oberen Darmbeinstacheln.
2) *Geomorphologie:* langgestreckter, abgerundeter Höhenzug.
Rückenflosse, unpaare Flosse bei im Wasser lebenden Wirbeltieren, bes. bei den Fischen (wird bei Haien und Walen auch *Finne* genannt), dient allg. der Stabilisierung der Körperlage und der Steuerung der Bewegung.
Rückenmark (Medulla spinalis), bei allen Wirbeltieren und beim Menschen ein in Körperlängsrichtung im Wirbelkanal verlaufender ovaler oder runder Strang, der mit seinen Nervenzellen und -fasern einen Teil des Zentralnervensystems darstellt und gehirnwärts am Hinterhauptsloch in das verlängerte Mark (↑Gehirn) übergeht. Das R. wird embryonal als Medullarrohr angelegt. Beim *Menschen* läßt sich das R. in acht Halssegmente, zwölf Brustsegmente, fünf Lendensegmente, fünf Kreuzbeinsegmente und ein bis zwei Steißbeinsegmente gliedern (R.segmente). Rings um den sehr engen, mit Liquor gefüllten Zentralkanal des R. (*R.kanal*) ist die sog. *graue Substanz* im Querschnitt in der Form eines H oder eines Schmetterlings angeordnet, deren Schenkel die *Hinterhörner* und die *Vorderhörner* bilden. Die graue Substanz wird von den Nervenzellkörpern gebildet. Am größten sind die motor. Ganglienzellen der Vorderhörner, deren Neuronen (*Vorderwurzelfasern*) die vorderen Wurzeln der Spinalnerven mit efferenten (motor.) Fasern bilden. In den Seitenhörnern liegen die vegetativen (sympath.) Ganglienzellen, die von den hinteren Wurzeln her mit sensiblen Nervenfasern (*Hinterwurzelfasern*) verbunden sind. Kurz vor der Vereinigung mit der vorderen erscheint die hintere Wurzel jeder Seite durch eine Anhäufung von Nervenzellen zu einem eiförmigen *Spinalganglion* aufgetrieben. Vorder- und Hinterwurzelfasern vereinigen sich zu den R.nerven (Spinalnerven), die den Wirbelkanal durch das Zwischenwirbelloch verlassen. – Die graue Substanz wird von der weißen Substanz, dem *Markmantel*, umschlossen. Die sog. *weiße Substanz* besteht aus Nervenfasern, die zus. eine Reihe (aus der Peripherie) aufsteigender und (aus dem Gehirn) absteigender Leitungsbahnen bilden (afferente bzw. efferente Leitungsbahnen). Die größte efferente Bahn ist die für die willkürl. Bewegungen zuständige paarige *Pyramidenseitenstrangbahn*. Die absteigenden Bahnen des ↑extrapyramidalen Systems leiten unwillkürl. Bewegungsimpulse und Impulse für den Muskeltonus aus dem Hirnstamm rückenmarkwärts zu den motor. Vorderhornzellen. Zu den afferenten Bahnen gehören die sensiblen *Hirnstrangbahnen*. Sie erhalten ihren Erregungszustrom nicht nur von der Epidermis bzw. den Druck- und Berührungsrezeptoren her, sondern auch aus den die Tiefensensibilität (Lage- und Bewegungsempfindungen) betreffenden kleinen »Sinnesorganen« der Muskeln, Sehnen und Gelenke. Im Seitenstrang ziehen die *Kleinhirnseitenstrangbahnen* aufwärts, die dem Kleinhirn u.a. Meldungen aus den Muskeln und Gelenken zur Erhaltung des Körpergleichgewichts vermitteln. Das R. dient jedoch nicht nur als Leitungs- und Umschaltapparat zw. Körperperipherie und Gehirn. Vielmehr sind in den sog. Eigenapparat des R. eine Reihe unwillkürl. nervaler Vorgänge, die *R.reflexe,*

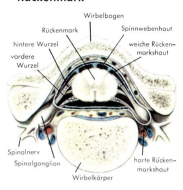

Rückenmark. Querschnitt durch Wirbelsäule und Rückenmark

Artur Rubinstein

Rückenmarkserkrankungen

eingebaut; die Schaltzellen der entsprechenden Reflexbögen liegen in der grauen Substanz.
Das mit der *weichen R.haut* verbundene R. ist eingebettet in die Gehirn-R.-Flüssigkeit (Zerebrospinalflüssigkeit, Liquor) des Raumes unter der *Spinnwebhaut* des R., aufgehängt v. a. jederseits durch ein Band (Ligamentum denticulatum). Auf die Spinnwebhaut folgt die *harte R.haut*, die von der Auskleidung *(Endorhachis)* des Wirbelkanals durch den als Polster wirkenden, mit halbflüssigem Fett, Bindegewebe, Venengeflechten und Lymphgefäßen ausgefüllten *Epiduralraum* getrennt ist. Die harte R.haut bildet einen in sich geschlossenen, unten in den Endfalten übergehenden Sack *(Durasack, Duralsack)*.

Rückenmarkserkrankungen, Nervenkrankheiten, die im Rückenmark lokalisiert sind; z. B. die nach Infektionskrankheiten auftretende oder durch Fortleitung entzündl. Prozesse (von den Rückenmarkshäuten) entstehende *Rückenmarksentzündung* (Myelitis). Die *Rückenmarkserweichung* (Myelomalazie) ist eine durch verschiedene Krankheitsvorgänge (Entzündungen, Durchblutungsstörungen, Tumordruck) bedingte degenerative Veränderung der Rückenmarkssubstanz. *Rückenmarkstumoren* sind im Bereich des Rückenmarks vorkommende Geschwülste. Die neurolog. Ausfallserscheinungen (Lähmungen, Sensibilitätsstörungen) sind von der Tumorgröße und dem Sitz der Geschwulst im Querschnitt und in der Höhe des Rückenmarks abhängig. Bei völliger Leitungsunterbrechung an einer Stelle des Rückenmarks kommt es zur Querschnittslähmung.

Rückert, Friedrich, Pseud. Freimund Raimar, *Schweinfurt 16. 5. 1788, † Neuses bei Coburg 31. 1. 1866, dt. Dichter. Prof. der oriental. Sprachen in Erlangen und Berlin; schrieb u. a. patriot. Befreiungslyrik [gegen Napoleon] in »Dt. Gedichte« (1814), politisch-satir. Lustspiele auf Napoleon (1815–18), biedermeierl. »Haus- und Jahrespoesie«, »Kindertotenlieder« (hg. 1872, von G. Mahler 1902 vertont). Seine eigtl. Leistung ist die Erschließung der persisch-arab. Dichtung durch sein ungewöhnl. Sprach-, Reim- und Übersetzertalent.

Friedrich Rückert

Rückfall, im *Strafrecht* die wiederholte Straffälligkeit eines Täters, der sich frühere Verurteilungen nicht hat zur Warnung dienen lassen *(Rückfalltäter);* wirkt strafverschärfend.

Rückfallfieber (Febris recurrens), durch Borreliaarten (Spirochäten) verursachte, von Zecken oder Kleiderläusen übertragene, anzeigepflichtige fieberhafte Infektionskrankheit, v. a. der trop. und subtrop. Länder; mit mehreren 4–7 Tage andauernden Fieberschüben, zw. denen fieberfreie Intervalle von mehreren Tagen liegen.

Rückgrat, die Höckerreihe der Dornfortsätze; auch svw. Wirbelsäule.

Rückgriff (Regreß), Inanspruchnahme eines Hauptschuldners durch einen ersatzweise haftenden Schuldner; auch im Wechselrecht.

Rückkaufswert, Abfindung des Versicherungsnehmers nach Kündigung einer Lebensversicherung, bei der vor der Deckungsrückstellung aus Sparanteilen der Prämien gebildet wurde. Der R. liegt in den ersten Vertragsjahren (v. a. wegen der Abschlußkosten) unter und in späteren Vertragsjahren (v. a. wegen gutgeschriebener Gewinnanteile) über der Summe der gezahlten Prämien.

Rückkopplung (Feedback), Zurückführung eines Teils der Ausgangsgröße eines Systems auf dessen Eingang, z. B. zu Zwecken der Regelung; bei Verstärkern speziell die Rückwirkung einer der Ausgangsspannung proportionalen Signalspannung in den Eingangskreis oder auf eine Steuerelektrode (z. B. Steuergitter einer Elektronenröhre). Als *[elektro]akust. R.* bezeichnet man die Erscheinung, daß bei Auftreffen von Schallwellen aus einem Lautsprecher auf ein Mikrophon derselben Übertragungsanlage ein ständig lauter werdender Ton hörbar wird. Entsprechend dem techn. Sprachgebrauch übertragen auf den Vorgang, eine Rückmeldung über das eigene Verhalten zu erhalten.

Rücklagen, 1) *Betriebswirtschaft:* aus der Zurückbehaltung von Gewinnen im Unternehmen oder der Einzahlung von Gesellschaftern angesammelte betriebl. Reserven. *Offene R.:* Das über den Nennbetrag des Haftungskapitals einer Kapitalgesellschaft hinausgehende, zusätzlich vorhandene, in der Bilanz ausgewiesene Eigenkapital; bei der AG un-

...terscheidet man zw. *gesetzl. R.* und *freien Rücklagen.* Freie R. können durch die Ausgabe von Gratisaktien in Grundkapital verwandelt werden. – *Stille R.:* Eigenkapitalteile, deren Existenz aus der Bilanz nicht zu ersehen ist. Sie entstehen entweder durch Unterbewertung von Vermögensteilen oder durch Überbewertung von Verbindlichkeiten.

2) *Versicherungswesen:* in der *Sozialversicherung* von den jeweiligen Trägern zu unterhaltende Guthaben, die der Sicherung der Verbindlichkeiten in beitragsarmen Zeitabschnitten dienen.

Rücklicht, svw. Schlußleuchte (↑Kraftfahrzeugbeleuchtung).

Rückprojektion ↑Film.

Rückstellungen, Passivposten der Bilanz zur Berücksichtigung der am Bilanzstichtag schon erkennbaren, der Höhe nach aber noch ungewissen Verbindlichkeiten und drohenden Verluste.

Rückstoß, die Kraft, die (nach dem Impulssatz) auf einen Körper ausgeübt wird, von dem eine Masse mit einer bestimmten Geschwindigkeit ab- oder ausgestoßen wird, z. B. der R. einer Rakete beim Ausströmen der Brenngase.

Rückstrahler (Katzenauge), Glas- oder Kunststoffkörper, deren verspiegelte Rückseite in Form von Würfelecken profiliert ist, so daß einfallendes Licht parallel zur Einfallsrichtung zurückgeworfen wird; bei Verkehrszeichen u. a. werden *Reflexfolien,* in denen Glaskugeln von 0,05–0,1 mm Durchmesser eingebettet sind, verwendet.

Rücktritt, 1) *Recht:* einseitige Lossage vom Vertrag mit der Folge, daß beide Vertragsparteien Zug um Zug zur Rückgewähr bereits erbrachter Leistungen verpflichtet sind.

2) *Staats- und Verfassungsrecht:* svw. ↑Demission.

3) *Strafrecht:* als R. vom ↑Versuch ein persönl. Strafaufhebungsgrund für denjenigen, der freiwillig die Vollendung einer von ihm begonnenen Straftat bzw. den Eintritt des Erfolges verhindert.

Rücktrittbremse, bes. bei Fahrrädern verwendete Freilaufnabenbremse, die beim Rückwärtsbewegen der Pedale einen Bremsmantel gegen die umlaufende Nabenhülse preßt.

Rückversicherung, Versicherung der Versicherung, die Übernahme eines Teilwagnisses von einem Versicherer durch einen Versicherer (Rückversicherer) gegen Entgelt.

Rückversicherungsvertrag, am 18. 6. 1887 zw. dem Dt. Reich und Rußland abgeschlossener Geheimvertrag. Der R. verpflichtete den Vertragspartner zur Neutralität, falls Deutschland von Frankreich oder Rußland von Österreich-Ungarn unprovoziert angegriffen würde. 1890 nach Bismarcks Sturz nicht mehr erneuert.

Rückwirkung von Gesetzen, die aus Gründen der Rechtsstaatlichkeit (Rechtssicherheit) problemat. Wirkung, die ein Gesetz auf in der Vergangenheit liegende Sachverhalte hat. Im Strafrecht besteht ein Rückwirkungsverbot.

Rudaki, Abu Abdollah Djafar [pers. ruda:´ki:], *Rudak bei Samarkand wohl 858, † ebd. 941, pers. Gelehrter, Dichter und Musiker. Lebte bis 938 in Buchara am Hof des Samanidenkönigs Nasr II., den er in vielen ↑Kassiden besang; einer der gefeiertsten pers. Dichter.

Rude, François [frz. ryd], *Dijon 4. 1. 1784, † Paris 3. 11. 1855, frz. Bildhauer. Überwand durch Naturstudien den Klassizismus und wurde zum Bahnbrecher des Neobarock. – *Werke:* Auszug

François Rude. Napoleon, sich zur Unsterblichkeit erhebend (1846; Paris, Musée d'Orsay)

Rüde

der Freiwilligen 1792/La Marseillaise (vollendet 1836; Paris, Sockel des Arc de Triomphe), Napoleon, sich zur Unsterblichkeit erhebend (1846; Paris, Museé d'Orsay).

Rüde, männliches Tier der Hundeartigen und Marder.

Ruder, 1) *Flugzeugbau:* bewegl. Teil des Tragflügels *(Quer-R.)* oder des Höhen- und Seitenleitwerks *(Höhen-* bzw. *Seiten-R.)* eines Flugzeugs (allg. jede bewegl. Steuerfläche eines Luftfahrzeugs oder Flugkörpers) zur Richtungsänderung.
2) *Schiffbau:* Steuerorgan eines Schiffes oder Bootes, i. d. R. ein am Heck *(Heckruder)* angeordneter, an einem vertikalen *R.schaft* befestigter und durch diesen nach beiden Seiten drehbarer blattartiger Körper *(R.blatt).* Die heutigen *Profil-* oder *Verdrängungs-R.* sind stromlinienförmige Verdrängungskörper, die aus zwei gewölbten, durch Stegplatten ausgesteifte Außenschalen (Fläche bis über 100 m²) bestehen und bei Großschiffen bis über 100 t wiegen können. *Sonderformen* sind u. a.: das *Aktiv-R.,* dessen im R.blatt untergebrachter, in einer Düse sich drehender elektr. angetriebener Propeller die R.wirkung erhöht; das *Bugstrahl-R.,* bei dem der Querschub durch einen von einem querschiffs im Bug eingebauten Propeller oder einer Pumpe erzeugten, starken Wasserstrahl erfolgt (meist zum An- und Ablegen oder zum genauen Stationieren von Spezialschiffen benutzt); die *Tiefen-R.* beim Unterseeboot, die entweder an Bug oder Turm und Heck angebracht und um eine horizontale Achse drehbar sind; sie ermöglichen die Tiefensteuerung eines Unterseeboots.

Ruderalpflanzen [lat./dt.] (Schuttpflanzen), meist unscheinbar blühende Pflanzen, die sich auf Bauschutt, Häuserruinen, Müllplätzen und ähnl. Orten angesiedelt haben; zeichnen sich durch Anpassungsfähigkeit, starke Vermehrung und große Lebenszähigkeit aus.

Ruderanlage, Gesamtheit der zum Steuern eines Schiffes benötigten Anlagen, bes. die Einrichtung zum Bewegen des Ruders durch Drehen des Ruderschafts. Müssen große Ruderkräfte bewältigt werden, benötigt man eine *Rudermaschine.* Aus Sicherheitsgründen müssen alle Schiffe eine *Not-R.* haben, meist eine zweite Rudermaschine oder die Möglichkeit zur Bewegung des Ruders von Hand.

Ruderboot, kleines, aus Holz, Kunststoff oder Stahl gefertigtes Wasserfahrzeug, das durch Riemen (gemeinsprachlich Ruder gen.) angetrieben wird.

Ruderfüßer (Pelecaniformes, Steganopodes), seit dem Oligozän bekannte, heute mit über 50 Arten in allen warmen und gemäßigten Regionen verbreitete Ordnung mittelgroßer bis sehr großer Wasservögel; u. a. Pelikane, Tölpel, Kormorane.

Ruderfußkrebse (Kopepoden; Copepoda), Unterklasse meist 0,5 bis wenige mm großer Krebstiere mit rd. 4000 Arten in Meeren und Süßgewässern, auch an feuchten Landbiotopen (z. B. Moospolster); z. T. Parasiten; wichtige Fischnahrung.

Rudersport, Form des Wassersports, vorwiegend als Mannschaftssport betrieben. Die Ruderer sitzen mit dem Rücken zum Bug des Bootes und treiben ihr Boot mittels Riemen oder Skulls an. Für das Wander- und Übungsrudern werden breitere Boote, sog. *Gigs* verwendet, die aus Mahagoni-, Eichen- oder Zedernholz in Klinkerbauweise gebaut sind. Beim *Rennrudern* werden schmale, leichte Boote eingesetzt. Re-

Rudersport.
Bootsteile

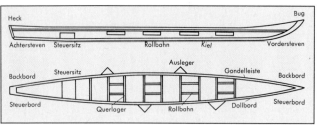

Rudolstadt

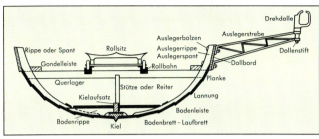

Rudersport. Querschnitt eines Bootes

gatten (Wettfahrten) werden in folgenden [olymp.] Bootsklassen ausgetragen: Einer, Zweier ohne Steuermann, Zweier mit Steuermann, Doppelzweier, Vierer ohne Steuermann, Vierer mit Steuermann, Doppelvierer und Achter. Im Einer, Doppelzweier und Doppelvierer werden Skulls (2,95 m lang; beidseitig) verwendet, in allen anderen Bootsgattungen Riemen (3,82 m lang; einseitig). Die Wettkampfstrecke beträgt bei Männern 2 000 m, bei Frauen 1 000 m, bei Jugendlichen 1 500 m.

Ruderwanzen (Wasserzikaden, Corixidae), mit über 200 Arten in stehenden Gewässern weltweit verbreitete Fam. der Wasserwanzen, darunter in M-Europa 35 (2–15 mm lange) Arten.

Rüdesheim am Rhein, hess. Stadt im Rheingau, 10 500 E. Rheingau- und Weinmuseum, Weinbau, Fremdenverkehr. Der Ortsteil *Assmannshausen* wurde um 1100 von R. aus angelegt.

Rudiment [lat.], **1)** *allgemein:* Überbleibsel.
2) *Biologie:* nicht mehr vollständig ausgebildetes, verkümmertes, teilweise oder gänzlich bedeutungslos gewordenes Organ bei einem Lebewesen (wichtiger Hinweis in bezug auf die Stammesgeschichte; z. B. Wurmfortsatz des Blinddarms).

Rudnicki, Adolf [poln. rud'nitski], *Warschau 19. 11. 1912, † ebd. 15. 11. 1990, poln. Schriftsteller. Nahm 1944 am Warschauer Aufstand teil; schrieb v. a. über das Schicksal der poln. Juden, u. a. »Goldene Fenster« (En., 1954).

Rudolf, Name von Herrschern:
Hl. Röm. Reich: **1) Rudolf von Schwaben** (R. von Rheinfelden), ✕ bei Hohenmölsen 10. 10. 1080, Hzg. von Schwaben (seit 1057), Gegenkönig Heinrichs IV. (seit 1077).

2) Rudolf I., Graf von Habsburg, *Schloß Limburg (Breisgau) 1. 5. 1218, † Speyer 15. 7. 1291, Röm. König (seit 1273). Baute als Parteigänger der Staufer seine territoriale Machtgrundlage im Aar- und Zürichgau sowie am Oberrhein konsequent aus. 1276/78 konnte R. Ottokar II. von Böhmen zur Anerkennung seiner Wahl und zum Verzicht auf Österreich, Steiermark, Kärnten, Krain und das Egerland zwingen (Begründung der habsburg. Herrschaft in Österreich). Landfriedenswahrung, straffe Verwaltung des Reichsguts, Begünstigung der Städte gehörten zu den wichtigsten Maßnahmen seiner inneren Politik.

3) Rudolf II., *Wien 18. 7. 1552, † Prag 20. 1. 1612, König von Ungarn (1572 bis 1608) und Böhmen (1575–1611), Kaiser (seit 1576). Ältester Sohn Kaiser Maximilians II.; mußte nach einer Verschwörung seiner Brüder und der Erz-Hzg. der steir. Linie 1608 Ungarn, Mähren und Österreich, 1611 auch Böhmen abtreten; förderte in seiner Residenz Prag Gelehrte, u. a. T. Brahe und J. Kepler.
Österreich: **4) Rudolf,** *Schloß Laxenburg bei Mödling 21. 8. 1858, † Schloß Mayerling 30. 1. 1889, Erz-Hzg. und Kronprinz. Einziger Sohn Kaiser Franz Josephs I.; beging mit seiner Geliebten, der Baronesse Mary Vetsera (*1871), unter nicht restlos geklärten Umständen Selbstmord.

Rudolphinische Tafeln (Rudolfinische Tafeln, Tabulae Rudolphinae), zu Ehren Kaiser Rudolfs II. ben., von J. Kepler nach den Beobachtungen T. Brahes berechnete und hg. Planetentafeln.

Rudolstadt, Kreisstadt an der Saale, Thüringen, 30 200 E. Freilichtmuseum. Barock sind die Schlösser Ludwigsburg

Rueil-Malmaison

Rügen. Die Kreidesteilküste von Stubbenkammer

und Heidecksburg; Stadtkirche (1634 bis 1636). – Ab 1599 Hauptort der Gft., 1710–1918 des Ft. Schwarzburg-Rudolstadt.

Rueil-Malmaison [frz. rɥɛjmalmɛˈzõ], frz. Stadt im westl. Vorortbereich von Paris, Dép. Hauts-de-Seine, 63 400 E. Schloß Malmaison (nach 1799 umgebaut für Joséphine de Beauharnais; heute Museum).

Rufmord, Zerstörung des Ansehens eines Menschen durch öffentl. Verleumdung.

Rugby [engl. ˈrʌgbɪ], Kampfspiel zwischen zwei Mannschaften mit je 15 Spielern. Das *R.feld* besteht aus dem eigtl. *Spielfeld* (95–100 m lang, 68,40 m breit) und dem *Malfeld;* dazwischen stehen die *Malstangen* (Tore). Der Ball darf geworfen, getreten, gefangen und getragen, jedoch ausschließlich nach hinten abgegeben werden. Ziel des Spieles ist es, durch einen *Versuch* Punkte zu erringen, dabei muß der ovale Ball im gegnerischen Malfeld von einem Angreifer auf den Boden gelegt werden; Spielzeit: 2 × 40 Minuten.

Rüge, im Kauf- und Werkvertragsrecht die Anzeige des Käufers bzw. Bestellers, daß die gekaufte Sache mängelbehaftet ist (sog. *Mängelrüge*); im Prozeß die Geltendmachung der Fehlerhaftigkeit einer Prozeßhandlung.

Rügen, Insel mit stark gelapptem Umriß vor der pommerschen Ostseeküste, 926 km², bis 161 m hoch, mit den Steilküsten Kap Arkona und Stubbenkammer. Badeorte u. a. Binz, Sellin; Fährverkehr von Saßnitz nach Schweden und von Mukran nach Litauen; 2,5 km langer Fahrdamm *(Rügendamm)* nach Stralsund.

Rugier (lat. Rugi, Rugii), ostgermanischer Stamm, ursprünglich an der unteren Weichsel, im 2. Jh. v. Chr. an der pommerschen Küste, Mitte des 4. Jh. n. Chr. an der mittleren Donau; 487 wurde das niederösterreichische R.reich von Odoaker zerstört, die Reste des Volkes gingen mit den Ostgoten zugrunde.

Rühe, Volker, *Hamburg 25. 9. 1942, dt. Politiker (CDU). Lehrer; seit 1976 MdB; 1989–92 Generalsekretär der CDU; seit 1992 Bundes-Min. der Verteidigung.

Ruhegehalt (Pension), Altersruhegeld von Beamten, dessen Höhe sich nach Länge der Dienstzeit und Höhe der Dienstbezüge richtet.

Ruhegeld, Regelleistung der gesetzl. Rentenversicherung.

Ruhestadien, bei vielen Lebewesen Zeiten mit stark verminderter Stoffwechseltätigkeit derart, daß die Aktivität ruht und das Wachstum bzw. die Entwicklung unterbrochen sind (z. B. Winterschlaf).

Ruhrkohle AG

Ruhestand, die Stellung des Beamten nach Beendigung des öffentl.-rechtl. Dienstverhältnisses. Bei polit. Beamten ist jederzeit die Versetzung in den *einstweiligen R.* möglich.

Rühm, Gerhard, *Wien 12. 2. 1930, österr. Schriftsteller. Urspr. Komponist; seit 1954 vorwiegend literarisch tätig, auch als Zeichner; Mgl. der »Wiener Gruppe«; bedient sich einer breiten Palette der Gestaltungsarten, so der Lautdichtung, der Textmontage, der Mundartdichtung sowie der Möglichkeiten des Theaters und des Hörspiels.

Rühmann, Heinz, *Essen 7. 3. 1902, †Berg 3. 10. 1994, dt. Schauspieler und Regisseur. Bekannt durch zahlr. Filme (u. a. »Der Mustergatte«, 1937; »Quax der Bruchpilot«, 1941; »Die Feuerzangenbowle«, 1944; »Charleys Tante«, 1955; »Der Hauptmann von Köpenick«, 1956; »Der brave Soldat Schwejk«, 1960; »In weiter Ferne, so nah«, 1993).

Ruhmasse, die Masse m_0, die ein Körper in einem Bezugssystem besitzt, bezügl. dessen er ruht *(Ruhsystem)*. Auf Grund der Einsteinschen Masse-Energie-Äquivalenz ist der R. die *Ruheenergie* $E_0 = m_0 c^2$ zugeordnet (c Lichtgeschwindigkeit).

Rühmkorf, Peter, *Dortmund 25. 10. 1929, dt. Schriftsteller. Bezieht mit seiner Lyrik (u. a. »Irdisches Vergnügen in g«, 1959; »Haltbar bis Ende 1999«, 1979; »Aus der Fassung«, 1989), seinen Dramen, Essays und Prosatexten (u. a. »Die Jahre, die ihr kennt«, 1972; »Strömungslehre I. Poesie«, 1978; »agar agar – zaurzaurim. Zur Naturgeschichte des Reims und der menschl. Anklangsnerven«, 1981; »Bleib erschütterbar und widersteh«, 1984) gesellschaftskritische Positionen. 1993 Georg-Büchner-Preis.

Ruhpolding, Luftkurort in den Chiemgauer Alpen, Bayern, 6 200 E. Barocke Pfarrkirche (18.Jh.).

Ruhr, rechter Nebenfluß des Niederrheins, entspringt im Sauerland, mündet bei Duisburg-Ruhrort, 235 km lang.

Ruhr (Dysenterie, Bakterienruhr, bakterielle Dysenterie, Shigellose), meldepflichtige, durch ↑Shigellen verursachte Infektionskrankheit, v. a. des Dickdarms. Die Inkubationszeit beträgt 1–7 Tage. Bei leichten Verlaufsformen (sog. *Sommerruhr*) kommt es nach raschem Fieberanstieg, Übelkeit und Erbrechen zu schmerzhaftem Stuhl- und Harndrang und zu Durchfällen mit wäßrigdünnen Stühlen. Bei schweren Verlaufsformen *(tox. Bakterienruhr)* sind die Symptome auf Grund der Toxinwirkung und der Salz- und Wasserverluste heftiger (Koliken, häufiges Erbrechen, zahlreichere Stühle, Kreislaufgefährdung; u. U. auch zentralnervöse Symptome).

Ruhrfestspiele, 1947 vom DGB und der Stadt Recklinghausen gegr. Theaterfestival; dreimonatige Spielzeit (Mai bis Juli).

Ruhrgebiet (bergbaulich Ruhr-Revier), der bedeutendste dt. und europ. Ind.-Bezirk. Die Entwicklung des R. war abhängig von Steinkohlenvorkommen; sein Kerngebiet erstreckt sich heute als breites Band aneinandergereihter Städte vom linksrhein. Teil Duisburgs bis Dortmund und reicht mit seinen Randgebieten von nahe der niederl. Grenze bis Hamm, im N über Lippe und im S teilweise über die Ruhr hinaus. Die zweite wirtschaftl. Säule war die Eisen- und Stahlindustrie. Die Krise der Montan-Ind. in den 1970er Jahren erforderte einen Strukturwandel; neben bereits bestehenden Werken der Kohlechemie, Elektro-, Glas-, Textil- und Brau-Ind. entstanden zahlr. neue Werke und Einrichtungen des Dienstleistungsbereichs.

Geschichte: 1919 und 1920 war das R. Zentrum kommunist. Unruhen. Auf Grund angeblich vorsätzlich versäumter dt. Reparationszahlungen kam es 1923 zur *Ruhrbesetzung* (bis 1925) durch frz. und belg. Truppen. – Auf Grund des Abkommens vom 28. 4. 1949 *(Ruhrstatut)* beschlossen die USA, Großbrit., Frankreich und die Beneluxstaaten die Errichtung der *Internat. Ruhrbehörde,* die als Kontrollbehörde (seit 1949 auch mit westdt. Beteiligung) die Produktion des R. auf den dt. und internat. Markt verteilen sollte; sie wurde nach Errichtung der Europ. Gemeinschaft für Kohle und Stahl bis 1953 liquidiert.

Ruhrkohle AG, dt. Holdinggesellschaft des Steinkohlenbergbaus und der Energiewirtschaft, Sitz Essen; 1968 unter Mitwirkung der Bundesregierung gegr. zur Neuordnung des in die Krise geratenen Kohlenbergbaus.

Heinz Rühmann

Peter Rühmkorf

Ruhrkraut

Ruhrkraut, weltweit verbreitete Gatt. der Korbblütler mit rd. 150 Arten; weißgrau-filzige oder wollig behaarte Kräuter; einheim. Art auf kalkarmen Böden ist das *Waldruhrkraut*.
Rührmichnichtan ↑Springkraut.
Ruhrort ↑Duisburg.
Ruisdael, Jacob van [niederl. 'rœÿzda:l], * Haarlem 1628 oder 1629, □ ebd. 14. 3. 1682, niederl. Maler. Sein Werk, neben Küsten-, Stadtansichten und Winterbildern v. a. einsame dunkle Wald- und Sumpflandschaften, bildet den Höhepunkt der niederl. Landschaftsmalerei der 2. Hälfte des 17. Jahrhunderts.
Ruiz [span. rruiθ], **1)** José Martínez, span. Schriftsteller, ↑Azorín.
2) Juan, gen. Arcipreste de Hita, * Alcalá de Henares 1283 (?), † um 1350, span. Dichter. Sein »Libro de buen amor« (7 173 Verse; hg. 1790, dt. Ausw. 1960 u. d. T. »Aus dem Buch der guten Liebe«) ist ein autobiograph. Traktat über die Liebe, der ein umfassendes Lebens- und Sittenbild Spaniens im 14. Jh. vermittelt.
Ruiz de Alarcón y Mendoza, Juan [span. 'rruið ðe alar'kon i men'doθa], * Tasco (Mexiko) 1581 (?), † Madrid 4. 8. 1639, span. Dramatiker. Schrieb originelle Komödien (u. a. »Verdächtige Wahrheit«, 1624).
Ruländer ↑Rebsorten (Übersicht).
Rulfo, Juan, * Sayula (Jalisco) 16. 5. 1918, † Mexiko 7. 1. 1986, mex. Schriftsteller. Sein Erzählband »Der Llano in Flammen« (1953) und der Roman »Pedro Páramo« (1955) hatten starken Einfluß auf die gesamte lateinamerikan. Literatur.
Rum [engl.], Trinkbranntwein aus vergorener Zuckerrohrmelasse (oder auch Zuckerrohrsaft) und aromat. Zusätzen; unterschiedl. Alkoholgehalt (zw. 38 und 83 Vol.-%). Der *Rumverschnitt* (Mischung von R. mit anderen Alkoholen) braucht nur $1/20$ R. zu enthalten.
Rumänien (rumänisch România), Staat in Europa, grenzt im N und NO an die Ukraine und Moldawien, im SO an das Schwarze Meer, im S an Bulgarien, im SW an Serbien, im W an Ungarn.
Staat und Recht: Präsidialrepublik; *Verfassung* von 1991. Staatsoberhaupt ist der auf 4 Jahre direkt gewählte Staats-Präs. Die *Exekutive* übt die Regierung unter dem Min.-Präs. aus. Als *Legislativorgan* besteht ein Zweikammerparlament (Abg.-Haus mit 341 Abg., Senat mit 143 Senatoren); je vierjährige Legislaturperiode). *Parteien:* Partei der Sozialen Demokratie (bis 1993 Demokrat. Front der Nat. Rettung, FDSN), Demokrat. Konvent (CD), Demokrat. Partei (bis 1993 Front der Nat. Rettung, FSN).
Landesnatur: Den Kern des Landes bildet der nach W geöffnete Karpatenbogen, der im Moldoveanu 2543 m erreicht. Der Karpatenbogen und das Westsiebenbürg. Gebirge umschließen das Westsiebenbürg. Hochland. Im NW, W und SW hat R. Anteil am Gro-

Rumänien.
Die östlichen Südkarpaten bei Podu Dîmboviței

Rumänien

ßen Ungar. Tiefland. Den Außenrand der Karpaten säumt im NO das Karpatenvorland, östlich der Ostkarpaten liegt das Moldauplateau, im S der Ostkarpaten und südlich der Südkarpaten erstreckt sich das Tiefland der Walachei. Zw. Donau und Schwarzem Meer liegt die Dobrudscha. R. liegt im Bereich kontinentalen Übergangsklimas.

Bevölkerung: Rd. 90% der E sind Rumänen, 7% Magyaren und Szekler. Größte deutschstämmige Gruppe sind die Siebenbürger Sachsen und die Banater Schwaben; außerdem gibt es an Minderheiten Serben, Kroaten, Ukrainer, Russen, Bulgaren, Türken und Roma. 87% der Gläubigen gehören der rumän.-orth. Kirche an.

Wirtschaft, Verkehr: Das einstige Agrarland R. wurde nach dem 2. Weltkrieg industrialisiert, wobei Grundstoff- und Schwer-Ind. überproportional entwickelt wurden. Die 1990 begonnenen Wirtschaftsreformen schreiten nur langsam voran. In der Landwirtschaft werden Mais, Weizen, Roggen, Sonnenblumen, Zuckerrüben, Flachs, Kartoffeln, Sojabohnen und Reis angebaut; von besonderer Bedeutung sind Wein- und Obstbau. Wichtige Bodenschätze sind Erdöl, Erdgas, Steinkohle, Eisenerze, Bauxit, Gold, Silber und Uran. Die wesentl. Industriezweige sind Metall-, Nahrungsmittel-, Textil- und chem. Industrie. Das Eisenbahnnetz ist 11 275 km, das Straßennetz rd. 72 800 km lang. Wichtigste Wasserstraße ist die Donau mit den Häfen Brăila, Galaţi und Giurgiu. Bedeutendster Seehafen ist Konstanza. Internationaler ✈ bei Bukarest, Konstanza, Temesvar und Arad.

Geschichte: *Von der Antike bis zum Ende des russ. Protektorats (1856):* Das heutige R. umfaßt im wesentlichen die histor. Gebiete der Moldau, der Walachei und Siebenbürgens (↑Banat, ↑Bessarabien, ↑Bukowina, ↑Dobrudscha). Die ältesten, ethnisch klar einzuordnenden Bewohner waren Daker und Geten. Nach der Römerherrschaft (röm. Provinz Dakien 106–270) verschmolzen die zurückgebliebenen Teile der röm. Zivilbevölkerung mit den Dakern, die ihre Sprache annahmen. In den folgenden Jh. wurde das Gebiet von mehreren Völkerwellen aus dem O überzogen: im 3. Jh. von den Goten, im 4./5. Jh. von den Hunnen. Ihnen folgten die Gepiden (in Siebenbürgen schon im 3. Jh., bis 567). Im 7. Jh. ließen sich die Slawen nieder. Dann brachen Nomadenvölker ein: 6.–8. Jh. Awaren, 11. Jh. Petschenegen, 11.–13. Jh. Kumanen. Im 9./10. Jh. erfolgte die magyar. Landnahme in Siebenbürgen, das bald teils von Magyaren, teils (ab etwa 1150) von den Siebenbürger Sachsen kolonisiert wurde. Im 13. Jh. werden die Rumänen erstmals urkundlich als Volk erwähnt (Vlahi, Wlachen). Die Donau-Ft. Walachei und Moldau entstanden 1310 und 1352/53 (oder 1354); sie erkauften sich eine weitgehende innere Selbständigkeit gegenüber den Osmanen bis zu Beginn des 18. Jh. durch Tributzahlungen. Dem walach. Fürsten Michael dem Tapferen (⚰ 1593–1601) gelang es, sein Land mit Siebenbürgen und der Moldau für kurze Zeit zu vereinigen (1599/1600). Die Unzuverlässigkeit der einheim. Fürsten veranlaßte die Osmanen in der Moldau ab 1711, in der Walachei ab 1716, griech. Adlige, Phanarioten gen. (nach dem Griechenviertel in Konstantinopel, dem Phanar) auf den Fürstenthron zu setzen (bis 1822). Die Kleine Walachei (Oltenien) gehörte 1718–39 zu Österreich, die Bukowina fiel 1775 an Österreich, Bessarabien 1812 an Rußland. Seit dem Frieden von Küçük Kaynarca (1774) ge-

Staatsflagge

Rumänien

Fläche:	237 500 km²
Einwohner:	23,327 Mio.
Hauptstadt:	Bukarest
Amtssprache:	Rumänisch
Nationalfeiertag:	1. 12.
Währung:	1 Leu (l) = 100 Bani
Zeitzone:	MEZ + 1 Std.

Staatswappen

1970 1992 1970 1992
Bevölkerung Bruttosozial-
(in Mio.) produkt je E
(in US-$)

Bevölkerungsverteilung 1992

Bruttoinlandsprodukt 1992

2925

Rumänien

Rumänien.
Südliches Donaudelta
bei Murighiol

rieten die Donau-Ft. zunehmend unter russ. Einfluß (russ. Besetzung 1828 bis 1834). Nach der Niederlage Rußlands im Krimkrieg (1853/54–56) endete das russ. Protektorat; die Ft. blieben unter osman. Oberhoheit, jedoch unter Protektorat der sieben europ. Signatarmächte des Pariser Friedens; die Moldau erhielt S-Bessarabien zurück.

Von der Gründung des Ft. Rumäniens (1859/62) bis zum Ende des Kgr. Rumänien (1947): 1859 wurde der moldauische Oberst A. I. Cuza zum gemeinsamen Fürsten der Moldau und der Walachei gewählt. Am 24. 1. 1862 rief Cuza die Vereinigung der beiden Ft. unter dem Namen *Rumänien* aus. Unter seinem Nachfolger Karl I. (⚭ 1866 bis 1914; 1881 zum Kg. proklamiert) aus dem Hause Hohenzollern-Sigmaringen erkannte der Berliner Kongreß (1878) die volle Souveränität von R. an; es mußte jedoch erneut S-Bessarabien an Rußland abtreten, erhielt aber die nördl. Dobrudscha, nach dem 2. Balkankrieg (1913) auch die südl. Dobrudscha. In den Friedensverträgen von 1919/20 wurde der Anschluß der Bukowina, der ganzen Dobrudscha, Siebenbürgens und des östl. Banats bestätigt.

Im März 1923 wurde eine neue Verfassung angenommen. Die Unzufriedenheit mit den großen Parteien stärkte rechtsgerichtete Gruppierungen, insbes. die 1927 gegr. Legion Erzengel Michael (†Eiserne Garde), eine faschist. Bewegung. Innenpolit. Krisen gingen auch von der Krone aus. Karl II. (⚭ 1930–40) übte eine ausgeprägte Willkürherrschaft aus, die 1938 in eine offene Diktatur mündete. Im 2. Weltkrieg suchte R. nach der frz. Niederlage eine Annäherung an die Achse Berlin-Rom. 1940 verlor R. Bessarabien und die nördl. Bukowina an die Sowjetunion, im 2. Wiener Schiedsspruch (30. 8.) N-Siebenbürgen an Ungarn, im Vertrag von Craiova (7. 9.) trat es die südl. Dobrudscha an Bulgarien ab. Der zum Min.-Präs. mit unbeschränkten Vollmachten ernannte General I. Antonescu rief nach der erzwungenen Abdankung Karls II. (6. 9.) dessen Sohn Michael I. zum König aus und errichtete eine profaschist. Militärdiktatur, die am Dreimächtepakt beitrat. R. trat am 22. 6. 1941 an der Seite des Dt. Reiches in den Krieg gegen die Sowjetunion ein. Am 23. 8. 1944 wurde das Regime Antonescu unter Mitwirkung des Königs gestürzt; es kam zur bedingungslosen Kapitulation; die sowjet. Streitkräfte besetzten das Land. Am 24./25. 8. erklärte R. dem Dt. Reich den Krieg. Der Friedensvertrag (Paris 10. 2. 1947) brachte die Wiedervereinigung N-Siebenbürgens mit Rumänien. Am 6. 3. 1945 wurde eine Koalitionsregierung der sog. Nationaldemokrat. Front unter P. Groza gebildet, in der die Kommunist. Partei (RKP) zu immer größerem Einfluß gelangte. Nach dem Verbot der gegner. Parteien (1947) wurde König Michael am 30. 12. 1947 zur Abdankung gezwungen, die Volksrepublik R. wurde ausgerufen.

Volksrepublik R. und Sozialist. Republik R. (1948–89): Nach der Verabschiedung der Verfassung am 13. 4. 1948 wurden im Juni 1948 alle Ind.-Betriebe, Banken, Transportunternehmen und Versicherungsgesellschaften verstaatlicht. Die Industrialisierung des Agrarlandes R. wurde rasch vorangetrieben. 1944 bis 65 wurde die rumän. Politik durch G. Gheorghiu-Dej geprägt. R. integrierte sich in den Ostblock durch die Mitbegründung des Kominform (1947), des Rates für gegenseitige Wirtschaftshilfe (1949) und des Warschauer Paktes (1955). Der Rückzug der sowjet. Besatzungstruppen 1958 schuf die Voraussetzung für einen unabhängigen Kurs der RKP gegenüber dem Führungsanspruch der KPdSU. Unter Staats- und Parteichef N. Ceaușescu (1965–89) praktizierte R. eine Außenpolitik der »Öffnung nach allen Seiten«: R. nahm nicht an der Besetzung der ČSSR durch Truppen des Warschauer Pakts 1968 teil und distanzierte sich von der sowjet. Besetzung Afghanistans 1979. Die Rolle des »ehrlichen Maklers« zw. den Blöcken kam ins Wanken, nachdem die stalinist. Innenpolitik heftige Kritik im Westen hervorgerufen hatte. Der rumän. Handlungsspielraum wurde zudem durch die prekäre wirtschaftl. Lage erheblich eingeengt. Umsiedlungspläne der Regierung für die dt.stämmige und ungar. Bevölkerung führten zu Protesten und außenpolit. Spannungen mit Ungarn und der BR Deutschland. Die katastrophale wirtschaftl. Lage und die stalinist. Herrschaftspraktiken führten im Dez. 1989, ausgehend von der Stadt Temesvar, zu einem Volksaufstand, in dessen Verlauf zahl. Menschen zu Tode kamen und Staatschef N. Ceaușescu am 22. Dez. gestürzt wurde. Nach einem kurzen Gerichtsverfahren durch den inzwischen gebildeten Rat der Nat. Rettung wurden Ceaușescu und seine Frau am 25. Dez. hingerichtet. Die Kämpfe zw. Anhängern des gestürzten Staats- und Parteichefs – v. a. der gefürchteten Geheimpolizei Securitate – und dem Militär, das sich auf die Seite der Demonstranten gestellt hatte, zogen sich bis in den Jan. 1990 hinein. Der Rat der Front der Nat. Rettung unter Führung des ehem. ZK-Mgl. der Kommunist. Partei, I. Iliescu, verbot die Kommunist. Partei, hob eine Reihe umstrittener Gesetze auf und änderte den Staatsnamen in Republik R. (vorher Sozialist. Republik R.).

Die Republik (seit 1989): Massenproteste, die die Informationspolitik und die Maßnahmen gegen die Opposition scharf verurteilten, bewirkten Anfang Febr. 1990 die Auflösung des Rats der Front der Nat. Rettung, die durch den Provisor. Rat der Nat. Einheit ersetzt wurde. Für Mai 1990 wurden Neuwahlen ausgeschrieben, die Staats-Präs. Iliescu überlegen gewann. Erneute Protestdemonstrationen v. a. der Bergarbeiter erzwangen im Sept. 1991 die Ablösung der rumän. Regierung. Im Sept. 1992 gewann die FDSN die Parlamentswahlen, im Okt. wurde Iliescu bei Präsidentenwahlen im Amt bestätigt.

Rumänisch, zu den roman. Sprachen gehörende Sprache, die v. a. in Rumänien sowie in Teilen benachbarter Länder gesprochen wird. Das R. gliedert sich in vier Hauptmundarten: *Dakorumänisch* (v. a. in Rumänien), *Aromunisch* (oder *Mazedo-R.;* Makedonien, Albanien), *Meglenitisch* (nördlich von Saloniki) und *Istrorumänisch* (auf Istrien). Eine dialektale Besonderheit ist das in kyrill. Schrift geschriebene Moldauische. – Typisch für das R., das zahlr. Übereinstimmungen mit den übrigen Balkansprachen aufweist und v. a. im Wortschatz slawisch beeinflußt ist, sind u. a. der große Reichtum an Diphthongen und Triphthongen. Die Sprache wurde bis zur Mitte des 19. Jh. in einer modifizierten kyrill. Schrift geschrieben, um 1860 setzte sich die lat. Schrift durch.

rumänische Literatur. Die Anfänge einer r. L. reichen bis ins 16. Jh.; die Sprache ist altkirchenslawisch, die Vorlagen sind byzantinisch (rhetor. Texte, Volksbücher, Chroniken). Hiervon unabhängig entfaltete sich eine reiche *Volksdichtung.* Erstes überliefertes Dokument in rumän. Sprache ist ein Bojarenbrief von 1521. Eigenständigkeit gewann die r. L. mit den moldauischen Chroniken; am bedeutendsten war der Fürst und Polyhistor Dimitrie Cantemir (* 1673,

Rumantsch

† 1723). 1688 erschien die erste rumän. Bibelübersetzung. Zunehmend wurde *Laienliteratur* (Volksbücher, moral. Schriften) in Übersetzungen oder Bearbeitungen verbreitet. Die sog. »Siebenbürgische Schule« versuchte, die rumän. Sprache mit lat. und italien. Wörtern zu durchsetzen (Reromanisierung) und die lat. Schrift einzuführen. Wachsendes Nationalbewußtsein und Öffnung nach Westen kennzeichneten die Periode nach 1821. Brennpunkte der Entwicklung waren v. a. die [seit 1829 erscheinenden] ersten rumän. Zeitschriften in Bukarest und Iași, in denen sich die Auseinandersetzung mit Klassizismus und Romantik W-Europas spiegelte; davon geprägt sind auch der Lyriker Grigore Alexandrescu (*1810, † 1885) und der vielseitigste Dichter der Epoche, Vasile Alecsandri (*1821, † 1890); bed. auch der Dramatiker und Novellist Costache Negruzzi (*1808, † 1868). Begründer der rumän. Literaturkritik ist Titu Livin Maiorescu (*1840, † 1917); Mgl. des von ihm 1863 in Iași gegr., die Nachahmung westeurop. Vorbilder ablehnenden Dichterkreises »Junimea« (»Die Jugend«) waren M. Eminescu, I. L. Caragiale, Ion Creangă (*1837, † 1889) und Ioan Slavici (*1848, † 1925). In scharfem Ggs. zur »Junimea« standen der marxist. Theoretiker und Publizist Constantin Dobrogeanu-Gherea (*1855, † 1920). Eine in Geschichte und Tradition verwurzelte Literatur verfaßten u. a. die Lyriker Alexandru Vlahuță (*1858, † 1919), George Coșbuc (*1866, † 1918) und der Meister des histor. Romans, M. Sadoveanu. Früheste Vertreter des noch vor 1914 einsetzenden Symbolismus waren die Lyriker Dimitrie Anghel (*1872, † 1914) und Ion Minulescu (*1881, † 1944). Bed. für die Entwicklung der modernen rumän. Lyrik waren v. a. T. Arghezi, Gheorghe Bacovia (*1881, † 1957), Ion Barbu (*1895, † 1961) und Vasile Voiculescu (*1884, † 1963). Zu den führenden Prosaisten der 1920er und 1930er Jahre gehören P. Istrati, M. Sadoveanu, Cezar Petrescu (*1892, † 1961), Liviu Rebreanu (*1885, † 1944) und Camil Petrescu (*1894, † 1957), in den 1950er Jahren v. a. George Calinescu (*1899, † 1965). 1948 bis etwa 1964 war der sozialist. Realismus verbindl. Parteirichtlinie.

Werke von Rang schrieben nur die Prosaisten Marin Preda (*1922) und Eugen Barbu (*1924). Seit Mitte der 1960er Jahre ist v. a. eine antirealist. Phantastik sowie die Erprobung neuer Formen und Stile zu beobachten, dies bes. in der Lyrik, die durch Leonid Dimov (*1926), Nichita Stanescu (*1933), Marin Sorescu (*1936), Ioan Alexandru (*1941), Ana Blandiana (*1942) sowie M. Dinescu herausragend vertreten ist. In der *Emigration* lebten u. a. der Religionswissenschaftler und Erzähler M. Eliade, die Romanciers Petru Dumitriu (*1924) und Paul Goma (*1935); im westl. Ausland finden die Romane von Vintila Ivanceanu (*1940) und Paul Goma (*1936) besondere Beachtung.

Rumantsch (Rumontsch), svw. ↑Romantsch.

Rumba [kuban.], lateinamerikan. Gesellschaftstanz in mäßigem bis raschem $^2/_4$- oder $^4/_4$-Takt, mit einer mehrschichtigen, synkopenreichen Rhythmik; Paartanz mit ausgeprägten Hüftbewegungen.

Rumelien (türk. Rumeli), europ. Gebiet des Osman. Reiches seit 1352/54 (Statthalterschaft). – Zu Ost-R. ↑Bulgarien (Geschichte).

Rummy [engl. 'rʌmɪ] ↑Rommé.

Rumpf (Körperstamm, Truncus), äußerlich meist wenig gegliederte Hauptmasse des Körpers der Wirbeltiere und der Menschen, bestehend aus Brust, Bauch und Rücken.

Rumpfparlament, Bez. für die verbliebene Minderheit des engl. Parlaments nach der Vertreibung seiner presbyterian. Mgl. durch O. Cromwell (Dez. 1648).

Rumpler, Edmund, *Wien 4. 1. 1872, † Neu-Tollow (heute zu Züsow bei Rostock) 7. 9. 1940, österr. Konstrukteur. Gründete 1908 die R. Luftfahrzeugbau GmbH in Berlin und baute dort eine weiterentwickelte Form der »Taube« I. Etrichs (*R.-Taube*, eigtl. *Etrich-R.-Taube*); entwickelte das erste Kabinenflugzeug sowie zweimotorige Flugzeuge.

Rumseldschuken ↑Seldschuken.
Rumverschnitt ↑Rum.
Run [rʌn; engl. »Lauf«], **1)** *allgemein:* Ansturm.
2) *Datenverarbeitung:* Bez. für einen Programmablauf.

Runciman, Walter [engl. 'rʌnsɪmən], Viscount R. of Doxford (seit 1937), *South Shields 19. 11. 1870, † Doxford bei Newcastle upon Tyne 13. 11. 1949, brit. Politiker. 1908–37 mehrfach Min.; bereitete im Juli 1938 das Münchner Abkommen vor.

runden, eine Zahl durch einen [kleineren oder größeren] Näherungswert ersetzen. *Rundungsregeln:* 1. Folgt auf die letzte Stelle, die noch angegeben werden soll, eine der Ziffern 0, 1, 2, 3 oder 4, dann wird *ab*gerundet, d. h. die letzte stehenbleibende Ziffer wird nicht verändert; z. B. 3,141 ≈ 3,14. 2. Folgt auf die letzte Stelle, die noch angegeben werden soll, eine der Ziffern 5, 6, 7, 8 oder 9, dann wird *auf*gerundet, d. h. die letzte stehenbleibende Ziffer wird um 1 erhöht; z. B. 3,145 ≈ 3,15.

Rundfunk, Verbreitung von für die Allgemeinheit bestimmten Informationen und Darbietungen aller Art in Wort und Ton (beim *Hör-* oder *Ton-R.;* ↑Hörfunk) sowie als Bild (beim *Fernseh-R.;* ↑Fernsehen) mit Hilfe elektromagnet. Wellen; i. e. S. die Gesamtheit der Anlagen, die zur Aufnahme akust. und opt. Signale mit Übertragung auf funktechn. Wege (als *R.sendungen*) einschließlich ihrer Rückwandlung in R.empfängern dienen.
Völkerrecht: Bes. wegen des begrenzten Vorrats an Frequenzbereichen wird die Aufteilung der Frequenzen im Rahmen der ↑Internationalen Fernmelde-Union vorgenommen. Ohne Genehmigung der zuständigen Regierung darf kein Sender betrieben werden. Eine völkerrechtl. Einschränkung der Freiheit jedes Staates in der Programmgestaltung besteht durch das Verbot feindl. Propaganda.

Rundköpfe, auf ihre Haartracht zurückzuführende Bez. für die puritan. Anhänger der parlamentar. Partei unter O. Cromwell während der Puritan. Revolution in England (1642–52) im Ggs. zu den royalist. Kavalieren.

Rundling, bes. Typ des Weilers, beschränkt auf den ehem. dt.-slaw. Grenzraum in M-Europa: Um den platzartigen Innenraum liegen die Hofstellen mit Anschluß an die Flur.

Rundmäuler (Cyclostomata, Zyklostomen), Klasse fischähnl. Wirbeltiere (Überklasse Kieferlose) mit knapp 50, etwa 15–100 cm langen Arten in Meeres- und Süßgewässern; Körper aalförmig, mit Chorda dorsalis; am Vorderdarm 5–15 Paar rundl., meist offene Kiemenspalten.

Rundstedt, Gerd von, *Aschersleben 12. 12. 1875, † Hannover 24. 2. 1953, dt. Generalfeldmarschall (seit 1940). Im 2. Weltkrieg Oberbefehlshaber v. a. im Westen; im März 1945 entlassen.

Rundumlicht (Rundumkennleuchte), eine opt. Verkehrswarnvorrichtung, bei der blaues, gelbes oder rotes Licht in Form eines umlaufenden (von einem rotierenden Hohlspiegel gebündelten) Lichtbündels abgestrahlt wird (z. B. als Blaulicht).

Runeberg, Johan Ludvig [schwed. ˌrʉːnəbærj], *Jakobstad 5. 2. 1804, † Borgå 6. 5. 1877, schwedischsprachiger finn. Dichter. Nationaldichter; schrieb [Liebes]lyrik und Versepik aus der Geschichte Finnlands, u. a. »Fähnrich Stahls Erzählungen« (1848–60; deren Einleitung »Vårt land« finn. Nationalhymne).

Runen, die in Stein, Metall oder Holz geritzten graph. Zeichen der R.schrift (2./3. Jh.–11. Jh.), der ältesten Schrift der germanischsprachigen Stämme, die mit dem Aufkommen der christl.-mittelalterl. Kultur der lat. Schrift wich. Die R.schrift ist auch eine Begriffsschrift, d. h., die R. repräsentieren einen Begriff, der mit dem jedem Zeichen eigenen R.namen identisch ist. Die Zahl der R.zeichen wechselte im Lauf der Entwicklung. Die älteren Quellen haben einen Zeichenvorrat von 24 Runen, das »Futhark«, so ben. nach den ersten

Johan Ludvig Runeberg

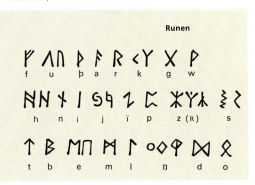

Runen

Runendänisch

Salman Rushdie

sechs Zeichen. Seit etwa 500 wurde im anglofries. Bereich das R.inventar auf 28–33 Zeichen vermehrt.

Runendänisch ↑Dänisch.

Runge, Philipp Otto, *Wolgast 23. 7. 1777, † Hamburg 2. 12. 1810, dt. Maler. Bed. Vertreter der Romantik; befreundet mit L. Tieck. Neben Porträts (u. a. Selbstbildnis, 1802/03; Hamburg, Kunsthalle; »Die Hülsenbeckschen Kinder«, 1805/06; ebd.; »Die Eltern des Künstlers«, 1806; ebd.) beschäftigte ihn seit 1802 die natursymbol. Folge der »Vier Tageszeiten«; erhalten sind die Entwürfe und Studien (ab 1802), der »Morgen« als Gemälde ausgeführt (1. Fassung 1808, Hamburg, Kunsthalle; 2. Fassung 1809, ebd., Rekonstruktion). R. verfaßte auch kunsttheoret. Schriften (»Farbenkugel...«, 1810) sowie zwei plattdt. Märchen für die Sammlung der Brüder Grimm.

Runkelrübe, Gatt. der Gänsefußgewächse mit etwa zwölf Arten vom Mittelmeergebiet bis Vorderindien und Zentralasien; mit aus Wurzeln und Hypokotyl gebildeten Rüben; die wirtschaftlich wichtigste Art ist die *Gemeine R.,* deren zweijährige Kulturform als Viehfutter angebaut wird. Unterarten sind der *Mangold* (Blätter werden als Gemüse gegessen) und die *Meerstrandrübe* (Wilde Rübe); Stammpflanze der Kulturrüben.

Runkelstein (italien. Castel Roncolo), Burg im Sarntal bei Bozen (13./14. Jh.); berühmte, um 1400 entstandene Freskenzyklen.

Ruodlieb, nach der Hauptperson ben. lat. Roman in leonin. Hexametern, um 1040/50 entstanden; in Bruchstücken (2 300 von etwa 4 000 Versen) erhalten.

Rupie [Hindi] (engl. rupee), seit etwa 1540 ind. Silbermünze, seit dem 17. Jh. auch in Hinterindien sowie in O-Afrika verbreitet; heute noch u. a. in Indien Währung (Ind. Rupie; 1 I. R. = 100 Paise [P.]).

Ruprecht, Knecht ↑Knecht Ruprecht.

Ruprecht, Name von Herrschern:

Hl. Röm. Reich: **1) Ruprecht von der Pfalz,** *Amberg 5. 5. 1352, † Burg Landskrone (in Oppenheim) 18. 5. 1410, Röm. König (seit 1400). Als Kurfürst von der Pfalz (seit 1398) R. III.

Pfalz: **2) Ruprecht I.,** *Wolfratshausen 9. 6. 1309, † Neustadt an der Weinstraße 16. 2. 1390, Kurfürst (seit 1353). Neffe Kaiser Ludwigs IV.; gründete die Univ. Heidelberg.

Ruprechtskraut ↑Storchschnabel.

Rur, rechter Nebenfluß der Maas, 248 km lang.

Rurikiden, erste historisch nachweisbare russ. Herrscherfamilie (862–1598), nach der altruss. Nestorchronik begründet durch den *Waräger* Rurik in Nowgorod (umstritten). Iwan IV. (der Schreckliche) nahm 1547 den Titel des *Zaren* an.

Rus, alte, ihrer Herkunft nach umstrittene Bez. für das Kiewer Reich *(Kiewskaja Rus);* möglicherweise über finn. Vermittlung als Selbst-Bez. der Waräger (Wikinger) übernommen und später auf die Ostslawen übertragen.

Rushdie, Salman [Ahmed] [engl. ˈrʊʃdɪ], *Bombay 19. 6. 1947, ind. Schriftsteller. Lebt seit 1961 in Großbrit.; schreibt in engl. Sprache; verbindet in seinen Romanen histor. und polit. Realitäten mit phantast., traum- und märchenhaften Elementen sowie einer Fülle von literar. und mytholog. Anspielungen und subtilen Sprachspielen. Sein Roman »Die satanischen Verse« (1988) wurde in mehreren islam. Staaten, in Indien und Südafrika verboten; im Febr. 1989 rief der iran. Religionsführer Ajatollah Khomeini wegen angebl. Gotteslästerung des Werkes weltweit zur Ermordung des Schriftstellers auf. Seither lebt R. in verschiedenen Verstecken. – *Weitere Werke:* Grimus (R., 1975), Mitternachtskinder (R., 1981), Scham und Schande (R., 1983), Das Lächeln des Jaguars (Reisebericht, 1987), Harun und das Meer der Geschichten (Kinderbuch, 1990).

Rush-hour [engl. ˈrʌʃaʊə, eigtl. »Drängstunde«], Hauptverkehrszeit.

Rusk, Dean [engl. rʌsk], *Cherokee County (Ga.) 9. 2. 1909, amerikan. Politiker. Maßgeblich an der UN-Intervention in Korea und am Friedensvertrag mit Japan beteiligt; 1961–69 Außenminister.

Ruska, Ernst, *Heidelberg 25. 12. 1906, † Berlin 27. 5. 1988, dt. Elektroingenieur. Baute 1931 mit M. Knoll das erste Elektronenmikroskop mit magnet. Linsen. Nobelpreis für Physik 1986 (mit G. Binnig und H. Rohrer).

Ruskin, John [engl. ˈrʌskɪn], *London 8. 2. 1819, † Brantwood (Cumbria)

Runkelrübe. Futterrübe

Ernst Ruska

Rüsseltiere

20. 1. 1900, brit. Schriftsteller, Kunstkritiker und Sozialphilosoph. Von maßgebl. Einfluß auf das Kulturleben seiner Zeit; propagierte die Kunstauffassung der ↑Präraffaeliten; trat für soziale und polit. Reformen ein.

Ruß ↑Memel.

Ruß, bei der unvollständigen Verbrennung oder therm. Zersetzung von Kohlenwasserstoffen entstehende, aus feinverteiltem Kohlenstoff und wechselnden Mengen wasserstoff- und sauerstoffhaltiger Kohlenstoffverbindungen bestehende Produkte. R. wird als Füllstoff von Kautschuk, als Schwarzpigment sowie für Kohleelektroden und Trockenbatterien verwendet.

Russe [bulgar. 'ruse], bulgar. Stadt an der Donau, 183 700 E, Werften, Erdölraffinerie. Wichtigster bulgar. Donauhafen, Brücke zum linken, rumän. Donauufer.

Rüssel, die bis zur Röhrenform verlängerte, muskulöse, sehr bewegl., als Tastorgan (auch Greiforgan) dienende Nasenregion bei verschiedenen Säugetieren, z. B. Elefanten, Tapiren, Schweinen, Spitzmäusen; auch Bez. für Organe bei Insekten (z. B. bei der Stubenfliege; als *Stech-R.* z. B. bei Blattläusen, Stechmücken; nur als *Saug-R.* v. a. bei Schmetterlingen).

Rüsselbären, svw. ↑Nasenbären.

Rüsselkäfer (Rüßler, Curculionidae), weltweit verbreitete, mit rd. 45 000 (0,3–7 cm langen) Arten umfangreichste Fam. der Käfer, deren Kopf vorn rüsselartig vorgezogen ist und am Ende kurze, kauende Mundwerkzeuge trägt; versenken ihre Eier gewöhnl. in Pflanzengewebe, wozu sie mit dem Rüssel Löcher bohren; zahlr. Arten können an Pflanzen und Vorräten schädl. werden, z. B. Blütenstecher, Kornkäfer.

Russell [engl. rʌsl], engl. Adelsfamilie; seit 1550 Inhaber des Adelstitels Bedford. Bed. Vertreter: **1) Bertrand,** Earl, *Trelleck bei Monmouth 18. 5. 1872, †Plas Penrhyn bei Penrhyndeudraeth (Wales) 2. 2. 1970, brit. Mathematiker und Philosoph. Enkel von John R.; 1916 wegen Aufforderung zur Kriegsdienstverweigerung inhaftiert; trat nach dem 2. Weltkrieg öffentlich gegen die atomare Rüstung, später auch gegen die amerikan. Beteiligung am Vietnamkrieg und gegen die Intervention der Warschauer-Pakt-Staaten in der Tschechoslowakei auf; erhielt 1950 den Nobelpreis für Literatur. – Mit G. E. Moore entwickelte R. etwa ab 1900 die ↑analytische Philosophie. – In der mathemat. Grundlagenforschung ist R. einer der Hauptvertreter des Logizismus. Die philos. Grundlagen für die Reduktion der Mathematik auf reine Logik hatte R. im Anschluß an seine Entdeckung der Russellschen Antinomie und deren Erörterung mit G. Frege geschaffen. – R. prägte die engl. und amerikan. Philosophie des 20. Jh. entscheidend und gewann durch populärwiss. und sozialkrit. Schriften bed. Einfluß auf die öffentl. Meinung. – Das 1963 in London gegr. *B.-R.-Friedensinstitut* erinnert an die Impulse, die die internat. Friedensbewegung R. verdankt. – *Werke:* Principia Mathematica (1910–13; zus. mit A. N. Whitehead), Probleme der Philosophie (1912), Mystik und Logik (1918), Warum ich kein Christ bin (1927), Philosophie des Abendlandes (1946), Das menschl. Wissen (1948), Autobiographie (1967–69).

2) John, Earl (seit 1861), *London 18. 8. 1792, †Pembroke Lodge (heute zu London) 28. 5. 1878, brit. Politiker. 1835–39 Innen-Min.; 1846–52 und 1865/66 Premier-Min.; 1852/53 und 1859–65 Außenminister.

Russell [engl. rʌsl], **1) Charles Taze,** *Pittsburgh 16. 2. 1852, †auf einer Bahnfahrt in Texas 31. 10. 1916, amerikan. Kaufmann und Begründer der ↑Zeugen Jehovas.

2) Henry Norris, *Oyster Bay (N. Y.) 25. 10. 1877, †Princeton (N. J.) 19. 2. 1957, amerikan. Astronom. R. verbesserte 1913 das von E. Hertzsprung entwickelte Temperatur-Leuchtkraft-Diagramm zum Hertzsprung-Russell-Diagramm.

Rüsselsheim, hess. Stadt am linken Untermainufer, 59 600 E. Automobilindustrie.

Rüsselspringer (Rohrrüßler, Macroscelididae), Fam. der Insektenfresser mit rd. 20 Arten in Afrika; Körperlänge etwa 10–30 cm, Schwanz knapp körperlang; Schnauze mit bewegl. Rüssel; Augen und Ohren auffallend groß; stark verlängerte Hinterbeine.

Rüsseltiere (Proboscidea), bes. während der pleistozänen Eiszeiten nahezu

Bertrand Russell

Henry Norris Russel

Rüsselspringer. Rüsselhündchen (Kopf-Rumpf-Länge 24–32 cm, Schwanzlänge 19–26 cm)

Russisch

russische Kunst.
Hl. Georg
(Holz, bemalt, 15. Jh.)

russische Kunst.
Betzimmer des Zaren
im Terem-Palast
im Moskauer Kreml
(1635–36;
Wandmalereien 19. Jh.)

weltweit verbreitete, heute weitgehend ausgestorbene Ordnung der Säugetiere von der Größe eines Zwergflußpferds bis rd. 4 m Schulterhöhe; meist mit mächtigen Stoßzähnen; u. a. Mammute, Elefanten.

Russisch, zur östl. Gruppe der slaw. Sprachen gehörende Sprache. Erst in der 2. Hälfte des 18. Jh. setzten Bestrebungen ein, neben dem literar. Kirchenslawisch eine »russ.« Literatursprache zu schaffen, die dann durch Puschkin auf der Grundlage der vom Frz. beeinflußten russ. Umgangssprache der Gebildeten endgültig geformt wurde. Das R. wird in kyrill. Schrift geschrieben. Nahezu jedem palatalen Konsonanten steht ein entsprechender nichtpalataler Konsonant gegenüber. Die fünf Vokalphoneme des R. /a,e,i,o,u/, die palatale bzw. nichtpalatale Varianten aufweisen, haben nur in betonter Silbe ihren vollen Lautwert, in Silben vor oder nach der Betonung werden sie verschieden stark reduziert bzw. verdumpft.

russische Kunst. Seit der Einführung des Christentums (988) entwickelte sich die altruss. Kunst im Dienst der Kirche und unter Einfluß von Byzanz: Sophienkirchen in Kiew (1037 begonnen) und Nowgorod (1045–52) nach dem Vorbild byzantin. Kreuzkuppelkirchen, dann vielfach vereinfacht und abgewandelt, auch durch Verbindung mit roman. und armen. Formen (Kirchen in Wladimir). Seit Ende des 15. Jh.: Neugestaltung des Moskauer Kremls; bes. durch ital. Baumeister (Uspenski-Kathedrale, 1475–79, und Erzengel-Michael-Kathedrale, 1505–09). Fortbildung byzantin. Kirchenbautypen zu russ. Sonderformen (Außenbau oft turmartig mit hohem Zeltdach): Himmelfahrts-Kirche in Kolomenskoje (1532), auch fast ganz in Türme aufgelöst: Basilius-Kathedrale in Moskau (1555–60). Seit dem 16. Jh. Verschmelzung mannigfacher Einflüsse, auch islam. Kunst und Barock, zu einem nat. Stil: maler. Einheit überreicher Formen, gipfelnd in oft grellbunten Zwiebeltürmen. Die Plastik, hauptsächlich auf Reliefs beschränkt, verarbeitete byzantin. und abendländ., bes. lombard. Einflüsse. Die Malerei ist in der Frühzeit rein byzantinisch (Mosaiken der Sophienkirche in Kiew); seit dem 12. Jh.: Blüte der Fresken- und Ikonenmalerei in Nowgorod (Hauptmeister Theophanes der Grieche, Ende des 14. Jh.); seit dem 14. Jh. in Moskau (Hauptmeister A. Rubljow, um 1400).

18.–20. Jahrhundert: Durch die Reformen Peters d. Gr. wurde eine entschiedene Ausrichtung nach Westeuropa v. a. in der Baukunst mit der programmat. Stadtgründung von Petersburg (1703) eingeleitet. Unter der Zarin Elisabeth II. schuf B. F. Rastrelli spezif. russ. Rokokobauten (Smolny-Stift, 1748–54; sog. Vierter Winterpalast, 1754–63), unter Katharina II. setzte sich der Klassizismus durch (Akademie der Schönen Künste, 1764–88, von Jean-Baptiste Michel Vallin de la Mothe [*1729, †1800] u. a.; Marmorpalast, 1768–85, von Antonio Rinaldi [*um 1709, †1794], Taurischer Palast, 1783, von Iwan Jegorowitsch Starow [*1745, †1808]), und erreichte unter Alexander I. seinen Höhepunkt (Neue Admiralität, 1806–23, von Adrian Dmitrijewitsch Sacharow [*1761, †1811]). Karl Iwanowitsch Rossi (*1775, †1849) entwarf umfassende, das Stadtbild vereinheitlichende Architekturensembles (Alexander [heute Puschkin]-Theater, -straße und -platz, 1829–32). Im Moskau des 18. Jh. wirkte Matwei Fjodorowitsch Kasakow (*1738, †1812); der Brand von 1812 hatte eine lebhafte Wiederaufbautätigkeit zur Folge. Die Malerei seit dem 18. Jh. war zunächst auf das Porträt konzentriert. Die seit etwa 1860 führende Richtung eines sozialkrit. Realismus kristallisierte sich in der Künstlervereinigung Peredwischniki (gegr. 1870);

russische Literatur

deren bedeutendster Vertreter wurde I. J. Repin. Von etwa 1890 an nahm die Petersburger Künstlergruppe »Mir iskusstwa« Verbindung zur westeurop. Moderne auf. Die Auseinandersetzung mit modernen Kunstströmungen seit Beginn des 20. Jh. (W. Kandinsky, M. Chagall, Mihail Larionoff [* 1881, † 1964], Natalija Sergejewna Gontscharowa [* 1881, † 1962], K. S. Malewitsch, W. J. Tatlin, A. S. Rodtschenko, El Lissitzky) wurde nach einer scharfen Stellungnahme Lenins 1920 beendet. Der sozialist. Realismus wurde seit Ende der 1920er Jahre als verbindlich erklärt und beherrschte das offizielle Kunstgeschehen. Die Tauwetterperiode nach Stalins Tod, die eine gewisse künstler. Emanzipation brachte (Denkmäler von Ernesto Neiswestny [* 1925]), endete bereits 1962/63. Neben der Parteikunst lebte die freie K. im Untergrund (u. a. auch Privatausstellungen) sowie im Exil (u. a. Lew Nusberg [* 1937], Neiswestny) weiter, bis sich durch die Reformen ab 1985 auch die Bedingungen für die freie Entfaltung der bildenden Kunst in Rußland verbesserten.

russische Literatur. Ihre älteste Periode ist kirchenslawisch-ostslawisch; erst im 14./15. Jh. entwickelte sich eine nationalruss. Literatur.

Kiewer Literatur (11.–13. Jh.): Nach der Christianisierung des Kiewer Reiches (988) stand die gottesdienstl. und weltl. Übersetzungsliteratur im Vordergrund; ostslaw. Originalschrifttum zeigt sich in Predigten, Heiligenlegenden, der »Nestorchronik« und v. a. dem »Igorlied«.

Moskauer Literatur (14.–17. Jh.): Neben Neuübersetzungen bekannter Erzählstoffe, hagiograph. Literatur sowie v. a. religiöser Publizistik stand propagandist. (Moskau als »drittes Rom«) und annalist. Literatur. Das 16. Jh. brachte v. a. literar. Sammeltätigkeit enzyklopäd. Charakters sowie krit. Publizistik (Maxim Grek). Verstärkt drangen im 17. Jh. die russ. Umgangssprache und westeurop. Erzählungen in die Literatur ein. Der Beginn der zunächst noch kirchenslawisch geschriebenen russ. Lyrik, der satir. Erzählliteratur, des Abenteuerromans und des didakt. Dramas fällt ins 17. Jh.; mit seiner Lebensbeschreibung »Das Leben des Protopopen A.« (1672) schuf der Priester Awwakum (* um 1621, † 1682) ein Meisterwerk der älteren russ. Literatur.

Klassizismus und Sentimentalismus (18. Jh.): Die erste neuruss. literar. Epoche ist die frz. und dt. beeinflußte aufklärer. Klassizismus, vertreten durch Antich Cantemir (* 1708, † 1744; Satiren), M. W. Lomonossow (Stiltheorie), Alexandr Petrowitsch Sumarokow (* 1717, † 1777), D. I. Fonwisin (satir. Komödien), G. R. Derschawin (Lyrik) und A. N. Radischtschew. Literaturhistorisch bed. sind die satir. Zeitschriften der 1770er Jahre. Zur europ. Strömung des Sentimentalismus, die gegen den bis in die 1820er Jahre fortwirkenden späten Klassizismus auftrat, gehörte v. a. N. M. Karamsin (Erzählungen).

Russische Romantik (etwa 1820 bis etwa 1850): Nach einer präromant. Phase ab 1800 begann mit A. S. Puschkin das »goldene Zeitalter« der r. L.: Eine neue Poetik sowie die Schaffung der modernen russ. Literatursprache ließ die r. L. zu einer der großen europ. Nationalliteraturen werden. Prägend waren neben Puschkin v. a. M. J. Lermontow und N. W. Gogol, bed. u. a. auch der Lyriker F. I. Tjuttschew. Den Übergang zum Realismus markierte eine sich auf Gogol berufende literar. Gruppe der 1840er Jahre, die »natürl. Schule«, deren charakterist. Gattung kurze Prosaskizze ist. Zahlr. Dichter der 2. Hälfte des 19. Jh. begannen im Rahmen dieser Gruppe zu publizieren (v. a. I. S. Turgenjew, F. M. Dostojewski, N. A. Nekrassow, I. A. Gontscharow, A. N. Ostrowski).

Realismus (etwa 1850 bis etwa 1890): Die 2. Hälfte des 19. Jh. war die Epoche der großen realist. Erzähler, die sich durch bes. Berücksichtigung sozialer und psycholog. sowie gesellschaftskrit. Thematik auszeichnen: I. S. Turgenjew, I. A. Gontscharow, F. M. Dostojewski, L. N. Tolstoi, N. S. Leskow, M. J. Saltykow, A. N. Ostrowski. Eine sozial ankläger. Versdichtung des Realismus vertrat N. A. Nekrassow; in der Tradition der Lyrik Tjuttschews standen A. A. Fet und A. K. Tolstoi. Das Ende des russ. Realismus markieren v. a. W. M. Garschin, Gleb I. Uspenski (* 1843, † 1902), Wladimir G. Korolenko (* 1853, † 1921) und A. P. Tschechow.

russische Literatur

Symbolismus, Akmeismus, Futurismus (etwa 1890 bis etwa 1925): Kennzeichnend für den russ. Symbolismus ist das Prinzip des autonomen lyr. Ästhetizismus, der v. a. von Waleri J. Brjussow (*1873, †1924), A. A. Blok, A. Bely und D. S. Mereschkowski vertreten wurde. Um 1912 trat neben den Symbolismus der Akmeismus (N. S. Gumiljow, A. A. Achmatowa, O. E. Mandelschtam) und der Futurismus (W. W. Chlebnikow, W. W. Majakowski). Die realistische Erzähltradition des 19. Jh. setzten v. a. M. Gorki, A. I. Kuprin und Kusmin fort. Nach der Oktoberrevolution konnten sich die russ. avantgardist. Strömungen bis weit in die 1920er Jahre halten; das vielfältige literar. Leben formierte sich in wechselnden programmat. Gruppen um Dichterpersönlichkeiten und Zeitschriften, z. B. LEF (mit futurist. Ausgangspunkt) um Majakowski, der Proletkult, die Imaginisten mit S. A. Jessenin, die Serapionsbrüder ab 1920/21 mit den führenden Prosaschriftstellern J. I. Samjatin, M. M. Soschtschenko, K. A. Fedin, W. W. Iwanow; bes. bed. die »ornamentale Prosa« I. J. Babels und Boris A. Pilnjaks (*1894, †1937).

Sowjetliteratur (etwa 1925 bis 1991): Um die Mitte der 1920er Jahre entstand in der Nachfolge des proletar. Realismus M. Gorkis eine kommunist. Literatur, die sich auch thematisch in den Dienst des »Aufbaus des Sozialismus« stellte, v. a. vertreten von Fjodor W. Gladkow (*1883, †1958), A. A. Fadejew, M. A. Scholochow. Die literar. Freiheit wurde immer mehr eingeengt: Verurteilung einzelner polit. unbequemer Schriftsteller (B. A. Pilnjak, J. K. Olescha, J. I. Samjatin) und ganzer Richtungen (Formalismus), Auflösung aller literar. Gruppen und Bildung eines einheitl. Schriftstellerverbandes (1932), der auf seinem 1. Kongreß (1934) den †Sozialistischen Realismus zum einzigen künstler. Prinzip erklärte. Dies hatte ein Absinken des künstler. Niveaus zur Folge und zwang – nach einer ersten Emigrationswelle Anfang der 1920er Jahre – zahlr. weitere Schriftsteller zur Emigration; andere verstummten (M. A. Bulgakow) oder erhielten Publikationsverbot. Im 2. Weltkrieg konnten auch Werke entstehen, die den Kriegsalltag und das Leiden des Volkes ohne beschönigendes Pathos schilderten (K. M. Simonow, A. T. Twardowski, N. S. Tichonow, A. A. Achmatowa, O. F. Berggolz). Bald nach Kriegsende wurde das literar. Schaffen wieder einer starken Reglementierung unterworfen. Ein Wandel trat erst nach Stalins Tod (1953) und nach dem 20. Parteitag (1956) zur Zeit des sog. »Tauwetters« ein (W. Panowa, I. G. Ehrenburg, W. D. Dudinzew). Die Literatur wandte sich nun zunehmend eth. und zeitkrit. Themen zu. Bed. Erzähler der späten 1950er und der 1960er Jahre waren B. L. Pasternak, K. A. Fedin, W. P. Nekrassow, W. P. Axjonow, Juri P. Kasakow (*1927), K. G. Paustowski, L. M. Leonow, Wenjamin A. Kawerin (*1902, †1989) und W. F. Tendrjakow. In der Lyrik traten neben O. F. Berggolz, A. A. Achmatowa und N. A. Sabolozki (*1903, †1958) v. a. J. A. Jewtuschenko, Robert I. Roschdestwenski (*1932), A. A. Wosnessenski, Bella A. Achmadulina (*1937) und Bulat S. Okudschawa (*1924) hervor. Hauptvertreter einer radikal-systemkrit. Literatur war A. I. Solschenizyn (1974 Ausweisung und Ausbürgerung).

Mitte der 1970er Jahre kam es nach neuerl. Repressionen zu einer weiteren Emigrationswelle, u. a. J. A. Brodski, Alexander A. Galitsch (*1919, †1977), Naum Korschawin (*1925), W. L. Maximow, W. P. Nekrassow, A. D. Sinjawski, die v. a. in der Pariser Emigrantenzeitschrift »Kontinent« ein Publikationsorgan fanden. In der UdSSR selbst wurden offiziell verbotene Werke durch Samisdat-Ausgaben verbreitet. Die Thematik der r. L. dieser Zeit war vielfältig. Ein dringendes Anliegen für viele Autoren, u. a. K. M. Simonow, Wassili W. Bykow (*1924), Grigori J. Baklanow (*1923) und Juri W. Bondarew (*1924), blieb die weitere Beschäftigung mit dem 2. Weltkrieg. Das Leben auf dem Land wurde zum Gegenstand anspruchsvoller Prosa, u. a. vertreten von Walentin G. Rasputin (*1939), Wiktor P. Astafjew (*1924) und Wassili I. Below (*1932). Probleme des städt. Lebens behandelten J. W. Trifonow, Andrei G. Bitow (*1937), Wladimir S. Makanin (*1937). In der Lyrik traten bes. Rimma F. Kasakowa (*1932), Nowella N. Mat-

russische Musik

wejewa (*1934), Junna P. Moriz (*1937) und Alexandr S. Kuschner (*1934), in der Dramatik Wiktor S. Rosow (*1913), Alexandr W. Wampilow (*1937, † 1972) und Ljudmila S. Petruschewskaja (*1938) hervor. Science-fiction schrieben die Brüder Arkadi N. (*1925) und Boris N. (*1933) Strugazki.
Seit den Reformen M. S. Gorbatschows erfolgte die schonungslose Auseinandersetzung mit der Vergangenheit, u. a. durch die Publizierung bisher nur im Ausland erschienener Memoiren, u. a. von Nadeschda J. Mandelschtam (*1899, † 1980) und Jewgenia S. Ginsburg (*1906, † 1977). Werke (häufig schon früher entstanden), die radikal mit den bis dahin bestehenden Tabus brachen, konnten erscheinen, u. a. von Wassili S. Grossman (*1905, † 1964), Daniil A. Granin (*1919), W. D. Dudinzew, Anatoli I. Pristawkin (*1931), W. P. Astafjew und Anatoli N. Rybakow (*1911). Jahrzehntelang totgeschriebene Autoren wurden neu gewürdigt: I. A. Bunin, Georgi W. Iwanow (*1894, † 1958), D. S. Mereschkowski, A. M. Remisow, V. Nabokov, Daniil I. Charms (*1906, † 1942), W. P. Nekrassow, J. A. Brodski, A. D. Sinjawski, A. A. Galitsch, W. J. Maximow. Thematisch zeichnete sich immer stärker das Wiederaufleben religiöser und philosoph. Fragestellungen ab.
Ebenfalls zur Sowjetliteratur wurde die in russ. Sprache geschriebene Literatur der nichtruss. Völker der UdSSR gerechnet, so die Lyrik des Tschuwaschen Gennadi N. Aigi (*1934), die Erzählungen des Kirgisen Tschingis Aitmatow (*1928) oder die Prosa des Awaren Rassul G. Gamsatow (*1923) und des Mittelasiaten Anatoli A. Kim (*1939).

russische Musik. Die r. M. entwickelte sich bis zum 17. Jh. unabhängig von der abendländ. Musik. Zur *Volksmusik* gehören Scherz- (Tschastuschki), Brauchtums- und Erzähllieder, lyr. (Starinen), ep. (Bylinen) Lieder und Tänze. Prägend wirkten altkirchl. Modi, Pentatonik, asymmetr. Taktarten und gelegentl. freie Mehrstimmigkeit, die wiederum zu mehrstimmigem Spiel auf den Volksinstrumenten führte, u. a. Gudok, Kobsa, Bandura, Domra, Balalaika, Gusli, Dudka. – Die russ. *Kirchenmusik,* bis ins 17. Jh. einstimmig, war urspr. an das Griech., Altkirchenslaw. bzw. Altbulgar. sowie an die byzantin. und altslaw. Liturgie gebunden. Über volkssprachl. Übersetzungen liturg. Texte setzten sich nat. Elemente durch. Durch die Aneignung von Stil und Techniken aus Renaissance-Vokalpolyphonie, italien. Barock und Vorklassik entfaltete sich die Kirchenmusik u. a. mit Dimitri S. Bortnjanski (*1751, † 1825) zu einer Kunsthöhe, an die später russ. Romantik und Moderne anknüpfen konnten. – Die *weltl. Kunstmusik,* wie die Volksmusik von der Kirche heftig bekämpft, entwickelte sich seit dem späten 17. Jh., anfangs v. a. durch die Tätigkeit dt., italien., böhm. und frz. Musiker bes. am Moskauer Hof. Die sich dann herausbildende nat. Komponistenschule – u. a. mit Bortnjanski und Jewstignei I. Fomin (*1761, † 1800) – verarbeitete Volksmusik in Opern und Instrumentalwerken. Die Blüte der nat. Musik beginnt mit M. I. Glinka (u. a. »Das Leben für den Zaren«, Oper, 1836). Zu eigenständigen Lösungen der Wort-Ton-Beziehung gelangte A. S. Dargomyschski im musikal. Drama »Der steinerne Gast« (1872). Die nat. Musik wurde durch die Gruppe »Das mächtige Häuflein« mit A. F. Borodin, Z. A. Kjui, M. A. Balakirew, M. Mussorgski, N. A. Rimski-Korsakow auf hohem Niveau repräsentiert. Mussorgski stilisierte in seinen Opern und Liedern klangl. Qualitäten der russ. Sprache. Rimski-Korsakow gründete am Petersburger Konservatorium die erste russ. Komponistenschule. Zum stärker westlich orientierten Flügel der russ. Nationalromantik zählen neben P. I. Tschaikowski A. G. Rubinstein und S. W. Rachmaninow. Seit dem späten 19. Jh. erreichten russ. Pianisten, Geiger, Sänger und das klass. Ballett internat. Ruf. Zur Moderne leitete A. N. Skrjabin über. Bereits vor der Revolution hatten sich weitere nat. Schulen gebildet, so in Georgien, Armenien, Aserbaidschan, ferner in Estland, Lettland, Litauen. Am bekanntesten wurde der Armenier A. I. Chatschaturjan. Die Moderne erreichte mit S. S. Prokofjew und D. D. Schostakowitsch, deren reiches Werk sämtl. Gattungen von Gebrauchsmusik bis zu Sinfonik und Oper umspannt, einen ersten

russische Schrift

Gipfelpunkt, darüber hinaus sind u. a. R. M. Glier, J. A. Schaporin, N. A. Roslawez, T. N. Chrennikow, N. J. Mjaskowski und D. B. Kabalewski zu nennen. Die jüngere Generation verbindet Tradition und »Erbe« mit Aneignung und Umsetzung von Errungenschaften der internat. Avantgarde – so v. a. Edisson W. Denissow (*1929), Vytautas Barkauskas (*1931), Alfred Schnittke (*1934), Rodion K. Schtschedrin (*1932), Walentij Silwestrow (*1937).

russische Schrift ↑kyrillische Schrift.

Russische Sozialistische Föderative Sowjetrepublik, Abk. **RSFSR,** ↑Rußland (Geschichte).

Russisch-Japanischer Krieg (1904/1905), durch die expansive russ. Fernostpolitik und das jap. Großmachtstreben in Ostasien verursachter Krieg um die Kontrolle über die Mandschurei und die Halbinsel Liaodong mit dem eisfreien Hafen Port Arthur; nach einer Reihe von Niederlagen (u. a. Seeschlacht in der Tsushimastraße, 27. 5. 1905) mußte Rußland im Frieden von Portsmouth (5. 9. 1905) Südsachalin, die Pacht von Liaodong und die Konzession für die südmandschur. Eisenbahn Japan überlassen, das auch ein Protektorat über Korea errichten konnte.

russisch-orthodoxe Kirche, der nach Lehre, Liturgie und Spiritualität den orth. Kirchen (↑orientalische Kirchen) zugehörige Kirchenverband, der durch seine Geschichte, durch das russ. Mönchtum und durch die slaw. Kirchensprache einen eigenständigen Charakter erhielt. Die Christianisierung der ostslaw. Völker begann im 10. Jh., nachdem der Kiewer Großfürst Wladimir I. die Taufe empfangen (988) und das Christentum zur Staatsreligion erhoben hatte. Die religiöse und kulturelle Abhängigkeit von Byzanz zeigte sich auch daran, daß ihr Oberhaupt (seit 1037 ein Metropolit, zunächst in Kiew, ab 1299 in Wladimir, seit 1326 in Moskau) bis ins 15. Jh. hinein meist ein Grieche war. Das litauisch gewordene Kiew wurde 1355 eine neue Metropole, die nach der Personalunion Litauens mit Polen (1386) kath. beeinflußt wurde. Nach der auf dem Konzil von Florenz 1439 beschlossenen Union mit Rom verweigerte für die r.-o. K. Großfürst Wassili II. die Anerkennung der Union; in Moskau wurde ein von Konstantinopel nicht bestätigter Metropolit gewählt, womit die Trennung von der griech.-orth. Kirche besiegelt wurde. Nach dem Fall Konstantinopels (1453) fühlte sich Moskau als das »Dritte Rom« zum Bewahrer des orth. Glaubens und zum Beschützer aller orth. Gläubigen berufen. Durch das »Geistl. Reglement« Peters I. (1721) wurde das Patriarchat, das endgültig 1589 eingerichtet worden war, abgeschafft und durch den Hl. ↑Synod ersetzt, den ein weltl. Beamter, der Oberprokuror, kontrollierte. Nach der Revolution von 1917 wurde zunächst die Patriarchatsverfassung wiederhergestellt, 1918 die Trennung von Kirche und Staat vollzogen, wodurch die r.-o. K. ihren gesamten weltl. Besitz verlor und jede Unterrichtstätigkeit untersagt wurde. Das »Gesetz über religiöse Angelegenheiten« beschränkte ihre Tätigkeit auf den Vollzug des Kultus in den vom Staat zur Verfügung gestellten Kirchengebäuden. Eine Umorientierung der repressiven staatl. Kirchenpolitik in der UdSSR erfolgte nach dem dt. Angriff 1941, da die r.-o. K. in der Unterstützung der für die Befreiung der »hl. russ. Erde« kämpfenden Truppen ihre ureigene Pflicht sah. Nach Schwankungen der Kirchenpolitik führte die international stark beachtete Tausendjahrfeier der r.-o. K. (1988) zu einer nachhaltigen Entspannung des Verhältnisses zw. Kirche und Staat. Die polit. Entwicklung seit 1990 ermöglichte die Wiedereinsetzung der Kirche in ihre traditionellen Rechte, die Rückgabe großer Teile ihres Eigentums und die Beendigung der direkten Einflußnahme des Staates. 1990 erfolgte die Wahl des Patriarchen Alexei II. (eigtl. A. M. Ridiger, *1929).

Rußland (russisch Rossija; amtlich Rossijskaja Federazija, dt. Russische Föderation), Staat in O-Europa und N-Asien (mit Sibirien und dem Fernen Osten), grenzt im NW an Norwegen, Finnland, Estland und Lettland sowie mit der Exklave des Gebiets Kaliningrad an Litauen und Polen, im N an das Nordpolarmeer mit Barentssee, Karasee, Laptewsee und Ostsibir. See, im NO an die Beringstraße, im O an den Pazifik mit Beringmeer und dem Ochotskischen Meer, im SO an das Ja-

Rußland

Staatsflagge

pan. Meer, Nord-Korea und China, im S an China, die Mongolei und Kasachstan, im SW an das Kasp. Meer, Aserbaidschan und Georgien, im W an das Schwarze Meer, die Ukraine und Weißrußland.
Staat und Recht: Präsidiale Bundesrepublik; *Verfassung* von 1993. *Staatsoberhaupt,* Oberbefehlshaber der Streitkräfte und Inhaber weitreichender exekutiver Vollmachten ist der auf 4 Jahre direkt gewählte Präsident. Die eigtl. Leitung der *Exekutive* liegt bei der Regierung unter Vors. des Min.-Präs., der wie alle Min. vom Präs. ernannt wird. Die *Legislative* liegt beim Zweikammerparlament (Duma, 450 für 4 Jahre gewählte Abg.; Föderationsrat, 178 in den territorialen Einheiten für 4 Jahre gewählte Abg.). Wichtige Akte der Legislative bedürfen der Zustimmung beider Kammern. Die *Parteien*landschaft ist unübersichtlich und stark zergliedert; im wesentlichen lassen sich als Richtungen radikale und gemäßigte Reformer, national-konservative Kräfte und orthodox-kommunist. Gruppierungen unterscheiden. Die Truppenstärke der 1992 gegr. *Streitkräfte* umfaßt bei 18monatiger Wehrpflicht offiziell 1,9 Mio. Mann; daneben bestehen (die früher zum KGB gehörenden) Grenztruppen (200 000 Mann) sowie die Truppen des Innenministeriums (350 000 Mann).
Landesnatur: R. erstreckt sich über 9 000 km von der Ostsee im W bis zur Beringstraße im O und über 4 000 km vom Nordpolarmeer im N bis zu den Bergländern S-Sibiriens im S und dem Großen Kaukasus im SW. Die Oberflächengestalt wird zu 75 % von Ebenen bestimmt, die westlich des Jenissei vorherrschend sind. Sie werden durch den Ural in die Osteurop. Ebene (Russ. Ebene) und das Westsibir. Tiefland mit den Hauptströmen Ob und Irtysch geteilt. An die von der Wolga durchflossene Osteurop. Ebene schließen sich im NW die Bergländer Kareliens und der Halbinsel Kola, im S Nordkaukasiens bis zum Kamm des Großen Kaukasus (Elbrus, mit 5 642 m ü. M. der höchste Berg R.) und die Kasp. Senke bis zur unteren Wolga (bei Astrachan 28 m u. M.) an. Östlich des Jenissei erstreckt sich bis zur Lena das Mittelsibir. Bergland, östlich der Lena schließen sich die

Rußland

Fläche:	17 075 400 km²
Einwohner:	149,003 Mio.
Hauptstadt:	Moskau
Amtssprachen:	Russisch; in den Republiken daneben die jeweiligen Nationalitätensprachen
Währung:	1 Rubel (Rbl.) = 100 Kopeken
Zeitzone:	(von W nach O): MEZ − 2 Std. bis − 12 Std.

Staatswappen

bis 3 147 m ü. M. aufragenden Gebirge O-Sibiriens sowie, jenseits der Wasserscheide zw. Nordpolarmeer und Pazif. Ozean, die bis 2 077 m hohen Gebirge des Fernen Ostens an. Der Gebirgsgürtel wird am Pazif. Ozean durch das Korjakengebirge (bis 2 562 m ü. M.) und durch die an Vulkanen reichen Gebirge Kamtschatkas (bis 4 868 m ü. M.) sowie der Kurilen abgeschlossen. Vor der fernöstl. Küste liegt Sachalin, die größte russ. Insel. Das Bergland Sibiriens geht nach N in das Nordsibir. Tiefland über, das sich östlich der Lena im Jana-Indigirka-Tiefland fortsetzt. Am Mittellauf der Lena und am Aldan erstreckt sich das Zentraljakutische Tiefland. Der nordsibir. Küste sind zahlr. Inseln und Archipele vorgelagert: Nowaja Semlja, Sewernaja Semlja, die Neusibir. Inseln und Franz-Josef-Land. Der südsibir. Gebirgsgürtel beginnt im W mit dem Gebirgssystem des Altai (4 506 m ü. M.); östlich davon liegen West- und Ostsajan sowie die Gebirge Transbaikaliens, östlich der Lena das Stanowoi- und das sich nach N zum ostsibir. Gebirgsgürtel erstreckende Dschugdschurgebirge. Zu Klima und Vegetation ↑Asien.
Bevölkerung: Den größten Teil der Bevölkerung stellen mit 82 % die Russen. Unter den mehr als 100 nat. Minderheiten bilden die Tataren mit 3 % die

Bevölkerungsverteilung 1992

Bruttoinlandsprodukt 1992

2937

Rußland

Rußland. Tundra im Sommer auf der Halbinsel Taimyr, Sibirien

größte Gruppe, gefolgt von Ukrainern (2,7%), Tschuwaschen (1,2%), Baschkiren (0,9%), Weißrussen (0,8%), Deutschen (0,5%). Die mit Abstand größte christliche Religionsgemeinschaft ist die russisch-orthodoxe Kirche. Minderheiten bilden Katholiken, Baptisten und Lutheraner; daneben gibt es v.a. Muslime, Buddhisten und Juden. Die Bevölkerung ist sehr ungleich verteilt; weite Gebiete haben Bevölkerungsdichten von unter 1 bis höchstens 10 Einwohner pro km^2, z. B. der nordöstliche europäische Teil und der größte Teil Sibiriens.

Wirtschaft, Verkehr: Das Kernland der ehem. Sowjetunion war an deren Ind.-Produktion (1988) mit 61%, an deren landwirtschaftl. Produktion mit 50% beteiligt. Die seit 1928 nach zentralen Planvorgaben gelenkte Wirtschaft war v. a. auf die Grundstoff-, Produktionsgüter-, Schwer- und Rüstungs-Ind. ausgerichtet und vernachlässigte die Konsumgüterproduktion. Nach dem Zerfall der Sowjetunion eröffnete sich in Rußland die Möglichkeit der Einführung der Marktwirtschaft. Die hierfür eingeleiteten Reformen brachten zunächst jedoch nicht die gewünschten Ergebnisse, sondern führten vielmehr zu einer weiteren Verschlechterung der Wirtschaftslage (1991–93 Rückgang des Nationaleinkommens um 33%, der Ind.-Produktion um 27%). Ende 1992 waren 36% des Einzel-, 34% des Großhandels und fast 40% der Dienstleistungseinrichtungen privatisiert, während die Privatisierung der Industriebetriebe und der Landwirtschaft nur zögerlich anlief. Klimatisch bedingt umfaßt die landwirtschaftl. Nutzfläche nur 220 Mio. ha (13% der Landesfläche), davon sind 61% Ackerland, 38% Weiden und Grasland. Trotz Ansätzen zu einer Reprivatisierung auch der Landwirtschaft sind Kooperativen, Kolchosen und Sowchosen weiterhin die Hauptbetriebsformen. Wertmäßig hat die Viehzucht größere Bed. als der Pflanzenbau. Ihre Hauptzweige sind Rinderzucht (Wolgagebiet, europ. Zentrum, W-Sibirien), Schweinezucht (Nordkaukasien, Wolgagebiet, zentrales Schwarzerdegebiet), Schafzucht (Wolgagebiet, Nordkaukasien, O-Sibirien) sowie Geflügelhaltung. Im arkt. N wird Renzucht, im N und O auch Pelztierjagd und -zucht betrieben. Von der Ackerfläche sind 58% mit Getreide (bes. Weizen) bestanden, 33% mit Futterpflanzen und 9% mit anderen Kulturen (v. a. Zuckerrüben, Sonnenblumen, Flachs, Kartoffeln und Gemüse); Zentrum des Obst- und Weinbaus ist Nordkaukasien. R. ist reich an Bodenschätzen; es besitzt ein Fünftel der weltweit nachgewiesenen Goldvorkommen, die Hälfte der Weltkohlevorkommen und sehr große Erdöl- und Erdgaslagerstätten. Die Elektrizitätswirtschaft stützt sich zu etwa 80% auf Wärmekraft-, zu

Rußland

11,5% auf Kernkraft- und etwa 5% auf Wasserkraftwerke. Basierend auf ausgedehntem Eisenerz- und Nichteisenerzbergbau entstanden Eisen- (Ural, Tula, Lipezk, Kursk, Moskau, Tscheropowez, Kusnezker Kohlenbecken) und Nichteisenerzverhüttung (Ural, Halbinsel Kola, Nordsibirien, N-Sibirien, Ferner Osten). Bes. im Wolgagebiet, im NW, im Ural und in Moskau befinden sich Betriebe des Maschinen- und Fahrzeugsowie des Geräte- und Anlagenbaus; im Ural um Jekaterinburg konzentriert sich die Schwer- und Rüstungsind. Wichtige Standorte der chem. und erdölverarbeitenden Ind. liegen im zentraleurop. und nordwestl Teil, im Wolgagebiet und im Ural. Die Holz-Ind. ist in den nördl. und östl. Landesteilen, die Textil-Ind. bes. im zentralen und nordwestl. europ. Teil und die Nahrungsmittel-Ind. in den zentralen europ. Landesteilen, in Nordkaukasien und im SW Sibiriens vertreten. Neben den alten Hauptindustriestandorten Moskau, Sankt Petersburg, Nischni Nowgorod, Saratow, Rostow am Don und Wolgograd entwickelten sich nach 1945 neue Ind.-Standorte im Ural, im Kusnezker Kohlenbecken und in Nordkaukasien, in Sibirien, im Bereich der Kursker Magnetanomalie, im Timan-Petschora-Becken und um Orenburg. Die Dichte des Verkehrsnetzes (1990: 87090 km Eisenbahnstrecken, 624000 km Straßen) nimmt von W nach O ab, es ist östlich des Urals sehr weitmaschig. Durch Sibirien verlaufen die ↑Transsibirische Eisenbahn sowie weiter südlich die ↑Baikal-Amur-Magistrale. Bes. in Sibirien sowie dem Fernen Osten hat der Flugverkehr große Bedeutung. Die Hauptflughäfen liegen in Moskau und Sankt Petersburg. Die Binnenschiffahrt wird durch die lange Vereisungsdauer der Flüsse stark behindert; Schiffahrtskanäle existieren nur im europ. Landesteil. Wichtigste Seehäfen sind Nachodka-Wostotschny, Wladiwostok, Sankt Petersburg, Murmansk, Archangelsk, Noworossisk und Astrachan. Durch die Nordostpassage wird die Hochseeschiffahrt auch mit Hilfe von Eisbrechern betrieben. Erdöl- und Erdgasfernleitungen führen von den Fördergebieten in die Verarbeitungszentren im In- und Ausland.

Geschichte: *Rußland im MA vom Kiewer Reich bis zum Ende der Mongolenherrschaft:* Nach dem Bericht der altruss. Nestorchronik beginnt die russ. Geschichte mit der Herrschaftsübernahme des Warägerfürsten Rurik in Nowgorod (862). Ruriks Nachfolger Oleg († 912) eroberte 882 Kiew, machte es zu seiner Residenz und legte durch die Vereinigung Nowgorods mit dem S den Grund zum Kiewer Reich. In der 2. Hälfte des 10. Jh. setzte sich das slaw. Element der Bevölkerungsmehrheit auch in der herrschenden Schicht durch; erster Kiewer Fürst mit slaw. Namen war Swjatoslaw (⚭ 945/969–972). Unter Wladimir I., dem Heiligen (⚭ 978–1015), mit dessen Taufe 988 das Christentum von Byzanz aus dauernden Eingang fand, und dessen Sohn Jaroslaw Mudry (⚭ 1019–54) erreichte die Macht des Kiewer Reiches ihren Höhepunkt. Als weitere Machtzentren traten daneben im SW das Ft. Galitsch-Wolynien und im NW das Ft. Nowgorod, die sich untereinander ständig bekriegten. 1252 mußte Alexander Newski, der Großfürst von Wladimir (Residenz des Kiewer Reichs seit 1169), die mongol. Oberhoheit anerkennen. Von dem 1263 gebildeten Teil-Ft. Moskau aus (ab 1326 Sitz des Metropoliten, ab 1328 Groß-Ft.) begann die »Sammlung der russ. Erde« (Wiedervereinigung der Gebiete des Kiewer Reichs). Großfürst Dmitri Iwanowitsch Donskoi (⚭ 1359–89) gelang es 1380,

Rußland. Baikalsee in Ostsibirien

Rußland

Rußland.
Moskauer Kreml, von der Moskwa her gesehen

die Tataren (Mongolen) der Goldenen Horde erstmals zu schlagen und damit den Moskauer Führungsanspruch endgültig durchzusetzen.

Das Moskauer Reich von 1480 bis zur Verlegung der Residenz nach Petersburg (1703): Unter Iwan III., d. Gr. (⚰1462–1505), wurde Rußland ein autokrat. Einheitsstaat; nach der Heirat mit einer Nichte des letzten byzantin. Kaisers (1473) verkündete er den Anspruch Moskaus, der Erbe von Byzanz und damit das »Dritte Rom« zu sein. Iwan IV. Wassiljewitsch, gen. der Schreckliche (⚰1533–84), wurde 1547 zum ersten »Zaren von ganz Rußland« gekrönt und konsolidierte den Staat nach innen und außen. Im W suchte er einen Zugang zur Ostsee zu gewinnen, um Rußland aus der wirtschaftl., polit. und kulturellen Isolation zu lösen. Der mit dem Einfall in Livland bewirkte Krieg (1558–82/83) endete jedoch nach dem Eingreifen Schwedens und Polens mit dem Verlust aller Eroberungen und führte zum wirtschaftl. und sozialen Niedergang des russ. Staates. Anfang der 1560er Jahre begann Iwan IV. einen Vernichtungskampf gegen die Fürsten- und Bojarenaristokratie unter weiterer Förderung des Dienstadels. 1565 schuf er die Opritschnina, durch Massenumsiedlungen und andere Gewaltmaßnahmen enteignete Ländereien, die er seinen Leibgardisten übertrug. Unmittelbare Folgen der Bindung der Bauern an die Scholle und ihrer feudalen Ausbeutung waren eine fortgesetzte Massenflucht der Bauern zu den Kosaken und eine schwere Wirtschaftskrise. Nach dem Tod des Zaren Boris F. Godunow (⚰1598 bis 1605) begann die »Smuta« (Zeit der Wirren), aus der die Autokratie des Zaren jedoch ungeschwächt hervorging (ab 1613 Haus Romanow, in weibl. Linie bis 1917 [ab 1762 Holstein-Gottorf]).

Rußlands Aufstieg zur Großmacht unter Peter I., d. Gr., und Katharina II., d. Gr.: 1694 übernahm Peter I., d. Gr. (⚰1682 bis 1725), die Regierungsgeschäfte. Seine Politik zielte darauf ab, die »Europäisierung« Rußlands verstärkt weiterzutreiben. 1700 griff er Schweden an, um die balt. Länder zu erobern; im Verlauf des 2. Nord. Krieges erreichte er mit der Einnahme von Narwa und Dorpat (1704) seine wichtigsten Kriegsziele. Mit dem Sieg über die Schweden bei Poltawa (1709) übernahm Rußland die Vormacht im Ostseeraum; im Frieden von Nystad (1721) wurde es europ. Großmacht. Im Innern kam es, u. a. wegen Erhöhung vorhandener und Einführung neuer Steuern, zu mehreren Aufständen. Unter Peters Tochter Elisabeth Petrowna (⚰1741–62) nahm Rußland am Siebenjährigen Krieg an der Seite Österreichs und Frankreichs gegen Preußen teil. Katharina II., d. Gr. (⚰1762–96), gewann in zwei Türkenkriegen (1768 74 und 1787–92) die N-Küste des Schwarzen Meeres und schob in den Poln. Teilungen (1772, 1793, 1795) die russ. W-Grenze bis an Bug und Memel vor. Ihre in einer aufklärer. Geisteshaltung begonnene Innenpolitik (Reorganisation der Zentral-

Rußland

behörden 1763) wurde zunehmend reaktionär, als die mit Rücksicht auf den Adel vorgenommene Verschärfung der bäuerl. Leibeigenschaft Bauern- und Kosakenaufstände auslöste.

Die Außenpolitik Rußlands im 19. Jh.: 1801 geriet Georgien, 1809 Finnland und 1812 Bessarabien unter russ. Herrschaft. Nach dem militär. Fiasko Napoleons I. bestimmte Alexander I. (⚭ 1801–25) auf dem Wiener Kongreß 1815 die neue Ordnung des Kontinents maßgeblich mit und wurde mit der Begründung der Hl. Allianz zum Wahrer des monarch. Prinzips in Europa. Hauptziel der Expansion unter Nikolaus I. Pawlowitsch (⚭ 1825–55) blieb das Osman. Reich, wobei Rußland jedoch zunehmend in Konflikt mit den anderen europ. Großmächten geriet, der sich im ↑Krimkrieg (1853/54-56) entlud. Daneben gewannen Zentralasien und der Ferne Osten zunehmende Bedeutung; 1858/60 mußte China Amur und Ussuri als Grenze anerkennen. Der siegreiche Russ.-Türk. Krieg von 1877/78 schien das Programm der Panslawisten, den polit. und kulturellen Zusammenschluß aller Slawen, zu verwirklichen; auf dem Berliner Kongreß 1878 mußte sich Rußland jedoch einem Schiedsspruch der europ. Mächte beugen und seine Gebietsansprüche zurückschrauben. Einen empfindl. Prestigeverlust erlitt es durch die Niederlage im Russ.-Jap. Krieg 1904/05 (Zurückdrängung des russ. Einflusses in Korea und der südl. Mandschurei). 1907 gelang der Ausgleich der russ. und brit. Interessengebiete in Asien: Rußland zog sich aus Afghanistan und Tibet zurück, behielt jedoch eine Einflußsphäre in N-Persien.

Die innere Entwicklung Rußlands bis 1917: Die Aufhebung der Leibeigenschaft der Bauern 1861 löste nur die zivilrechtl., nicht aber die wirtschaftl. Probleme der Neuordnung; auch die übrigen Reformen Alexanders II. (⚭ 1855–81) brachten nicht den Anschluß an die liberale Entwicklung in W-Europa. Die Ermordung Alexanders II. durch die radikale Opposition führte unter seinem Sohn Alexander III. (⚭ 1881–94) zu einer scharfen Unterdrückungspolitik, die sich auch in der rücksichtslosen Russifizierung der nichtruss. Völker des Reiches äußerte. Die Industrialisierung zog die Bildung eines Industrieproletariats nach sich. In der Revolution von 1905 vereinigten sich das Verlangen der Intelligenz nach einer liberalen Verfassung, die Landforderung der Bauern und der Versuch der marxistisch geführten Arbeiterschaft, die staatl. Ordnung grundlegend zu verändern. Als Nikolaus II. (⚭ 1894–1917) den Liberalen mit der Schaffung der Duma, einer gewählten Repräsentativversammlung mit gesetzgebender Funktion, entgegenkam (Okt. 1905), hatten die Sozialdemokraten den Kampf zunächst verloren; die sozialist. Mehrheiten in der Duma wurden 1907 durch eine Wahlrechtsänderung ausgeschaltet. Einen für den Ausbruch des 1. Weltkrieges mitentscheidenden Schritt tat Rußland mit der überstürzten Mobilmachung vom 27. 7. 1914.

Rußland. Landschaft im westlichen Uralvorland

Rußland

Rußland. Gegend im mittleren Teil der Osteuropäischen Ebene

Nach Anfangserfolgen mußte das russ. Heer bereits 1915 den Rückzug antreten, 1916 stand Rußland vor der wirtschaftl. Katastrophe. Die ↑Februarrevolution (27. 2. [12. 3.] 1917) brachte das Ende des Zarenreiches (2. [15.] 3. Abdankung Nikolaus' II.), die ↑Oktoberrevolution (25. 10. [7. 11.] 1917) mit der Machtergreifung der Bolschewiki die Errichtung Sowjetrußlands.

Die Russ. Sozialist. Föderative Sowjetrepublik (1918–91): Am 10. 7. 1918 wurde die erste Verfassung der Russ. Sozialist. Föderativen Sowjetrepublik (RSFSR) angenommen; 1918–20/21 mußte sich Sowjetrußland in einem Bürgerkrieg gegenrevolutionärer Kräfte und einer Intervention der Ententemächte sowie Deutschlands und Polens erwehren. Mit dem bolschewist. Sieg wurden auch verschiedene Gebiete des ehem. russ. Imperiums, die sich bereits für unabhängig proklamiert hatten, wieder von sowjetruss. Truppen besetzt (Kaukasien, die Ukraine und Weißrußland). Die RSFSR war führendes Gründungs-Mgl. der am 30. 12. 1922 zus. mit der Ukraine, Weißrußland und der Transkaukas. Föderation gebildeten Union der Sozialist. Sowjetrepubliken (UdSSR); sie dominierte von Anfang an die gesamte Entwicklung der ↑Sowjetunion. Die russ. Zentralgewalt gewährte den einzelnen der UdSSR angehörenden Republiken und Nationalitäten zwar formal eine Reihe von Selbstverwaltungs- und Autonomierechten, jedoch wurden überall nach russ. Vorbild einheitl. kommunist. Gesellschafts- und Wirtschaftsstrukturen durchgesetzt und die Entwicklung primär an den von der russ. Zentralmacht vorgegebenen Zielen ausgerichtet. Russisch wurde Amtssprache in der gesamten Union; die in den nichtruss. Republiken angesiedelten Bevölkerungsteile stellten dort die polit. und wirtschaftl. Elite.

Im 2. Weltkrieg war R. ab 1941 der osteurop. Hauptkriegsschauplatz; der zunächst rasche Vorstoß dt. Truppen bis weit ins Territorium der RSFSR hinein wurde im Dez. 1941 vor Moskau gestoppt; entscheidende Niederlagen erlitt die dt. Wehrmacht 1942/43 bei Stalingrad und 1943 bei Kursk; 1944 hatte die Rote Armee das Territorium der RSFSR befreit. Die 1924 innerhalb der RSFSR gebildete Wolgadeutsche Republik wurde 1941 unter dem zu Unrecht erhobenen Vorwurf der kollektiven Kooperation mit Deutschland aufgelöst; die Rußlanddeutschen wurden zwangsweise v. a. nach Zentralasien umgesiedelt. Das 1945 annektierte nördl. Ostpreußen wurde als Gebiet Kaliningrad der RSFSR eingegliedert, 1954 die Krim per Parlamentsbeschluß aus der RSFSR herausgelöst und der Ukraine zugeschlagen; nach Umbildung der Karelofinn. SSR in die Karel. ASSR (1956) kam diese zur RSFSR.

Im Zuge der seit Mitte der 1980er Jahre von M. S. Gorbatschow eingeleiteten Reformpolitik entwickelte sich in der RSFSR unter Führung von B. N. Jelzin eine breite polit. Bewegung, die das Ziel einer radikalen Staats- und Wirtschaftsreform mit der Forderung nach größerer

Selbständigkeit der RSFSR gegenüber der Zentralregierung der UdSSR verband. Mit der Wahl zum Vors. des Obersten Sowjets der RSFSR erlangte der zuvor von Gorbatschow aus seinen polit. Ämtern entlassene Jelzin im Mai 1990 das höchste russ. Staatsamt. Im Juni 1990 erklärte die RSFSR ihre Souveränität; im selben Monat wählte die Bev. Jelzin zum ersten Staats-Präs. der RSFSR. Im Aug. 1991 stellte sich Jelzin an die Spitze des Widerstands gegen den Putsch konservativer kommunist. Führungskräfte. Als der von Gorbatschow favorisierte neue Unionsvertrag zum Erhalt der UdSSR nach monatelangen Verhandlungen bis Ende 1991 nicht zustande kam, gründete die RSFSR im Verein mit den beiden anderen slaw. Teilrepubliken, Weißrußland und Ukraine, am 8.12. 1991 in Minsk die als lockeren Staatenbund konzipierte ↑Gemeinschaft Unabhängiger Staaten (GUS), der am 21.12. mit Ausnahme der balt. Republiken und Georgiens auch die anderen ehem. Sowjetrepubliken beitraten. R. wurde von den Mgl. der GUS im Dez. 1991 der Sitz der UdSSR in den UN und im UN-Sicherheitsrat zugesprochen; mit der endgültigen Auflösung der UdSSR erfolgte Ende Dez. 1991 die Umbenennung der RSFSR in Russ. Föderation.

Die Russische Föderation (seit 1991): Die Entwicklung in der Russ. Föderation ist geprägt von den Schwierigkeiten der polit. und wirtschaftl. Umwandlung des Landes von einem bürokrat.-kommunist. System mit Planwirtschaft in eine parlamentar. Demokratie mit Marktwirtschaft. Diese Schwierigkeiten äußern sich nicht zuletzt in einem dramat. Rückgang der Wirtschaftsleistung, einem explosionsartigen Anschwellen der Kriminalität und einem drast. Verfall der staatl. Autorität. Der innere Aufbau des Staates wurde am 31.3. 1992 in einem »Föderationsvertrag« festgelegt, der die Beziehungen zw. den russ. Zentralorganen und den autonomen Gebieten und Republiken der Föderation regelte; mit ihm konnte ein Auseinanderfallen R. verhindert werden. Die Instabilität der Übergangszeit zeigte sich v. a. in dem lang andauernden Machtkampf zw. dem noch zur Zeit der Sowjetunion gewählten und von Reformgegnern dominierten Parlament unter R. Chasbulatow und dem zunächst radikalreformerisch agierenden Präs. Jelzin bzw. der von diesem berufenen Regierung. Nachdem Jelzin im April 1993 in einer Volksabstimmung Zuspruch zu seinem polit. Kurs erhalten hatte, berief er eine Verfassungskonferenz ein, die im Juli 1993 einen Verfassungsentwurf vorlegte, der jedoch vom Parlament blockiert wurde. Daraufhin erklärte der Präs. im Sept. 1993 das Parlament (ohne Rechtsgrundlage) für aufgelöst und setzte Neuwahlen und ein Verfassungsreferendum für Dezember an. Der Konflikt gipfelte Anfang Okt. in gewaltsamen Auseinandersetzungen, in deren Verlauf die Armee im Auftrag Jelzins das Parlamentsgebäude gegen bewaffneten Widerstand eroberte. Im Dez. 1993 billigte die Bevölkerung die unter Federführung des Präs. erarbeitete neue Verfassung in einem Referendum und wählte zugleich ein neues Zweikammerparlament, in dessen erster Kammer jedoch (v. a. wegen der Zerstrittenheit des »Reformlagers«) national-konservative und kommunist. Kräfte abermals eine Mehrheit errangen. Unter Ausnutzung der in der Verfassung verankerten starken Machtposition des Präs. suchte die Regierung unter Min.-Präs. W. Tschernomyrdin (seit 1992 Nachfolger von J. Gaidar) aber weiterhin die verlangsamte innen- und wirtschaftspolit. Reformpolitik fortzusetzen. Außenpolitisch erlangte R. 1994 durch seine Aufnahme in den Kreis der G-7-Staaten zwar die Anerkennung seiner Großmachtstellung; das gewaltsame Vorgehen gegen Tschetschenien offenbarte jedoch den seit der Niederschlagung des Putsches von 1993 gewachsenen Einfluß militär. Kreise auch auf außenpolit. Belange. Bei den Parlamentswahlen vom Dez. 1995 wurde die Kommunist. Partei mit 157 Sitzen zur stärksten polit. Kraft.

Rüster, svw. ↑Ulme.

Rustika [lat.], svw. ↑Bossenwerk.

Rüstung, 1) *Geschichte:* Schutzbekleidung des Kriegers gegen Verwundungen. Neben Helm und Beinschienen (am Unterschenkel) diente seit dem 2.Jt. v. Chr. der Panzer zum Schutz des Körpers: u. a. Brustharnisch und Rückenschale aus Bronze oder Eisen, Lederpan-

Rute

Ernest Rutherford

Jürgen Rüttgers

Leopold Ružička

zer mit Metallschuppen, Kettenpanzer (Ringpanzer), hemdartige Panzer aus Ringen) und Schuppenpanzer (Schuppen aus Bronze oder Eisen).
2) *Politik:* Maßnahmen und Mittel zur Vorbereitung und Führung von Kriegen; umfaßt i. e. S. Waffen und Massenvernichtungsmittel aller Art, darüber hinaus alle militärisch verwendbaren Einrichtungen eines Staates. Die Weltausgaben für das Militär (R. und Personal) betragen etwa 6% des Weltbruttosozialprodukts; R. verbraucht etwa 10% der Rohstoffe und 40% der Weltausgaben für wiss. Forschung. Die größten Waffenproduzenten waren nach 1945 die USA, die UdSSR, Großbrit. und Frankreich. ↑Abrüstung.

Rute, 1) *Jagdwesen:* 1. Schwanz des Hundes und der glatte Schwanz von Haarraubwild; 2. Penis von Schalenwild, Raubwild und Hund.
2) *Maßwesen:* alte dt. Längeneinheit unterschiedl. Größe (10, 12, 14 oder 16 Fuß); entsprach z. B. in Baden 3,00 m, in Bayern 2,92 m.
3) *Obstbau:* Bez. für einen Langtrieb an Obstgehölzen und Beerensträuchern.

Rutebeuf [frz. ryt'bœf] (Rustebeuf, Rustebuef), *in der Champagne (?) vor 1250, † um 1285, frz. Dichter. Bedeutendster frz. Lyriker vor F. Villon; schrieb satir. Gedichte gegen polit. und soziale Mißstände; »Das Mirakelspiel von Theophilus« (entstanden um 1261) ist dem Fauststoff verwandt; zahlr. Kreuzzugslieder.

Ruth, Gestalt und gleichnamiges Buch des AT; das Buch R. wird im Judentum als Festrolle für das Wochenfest benutzt.

Ruthenisch ↑Ukrainisch.

ruthenische Kirche, urspr. Bez. aller mit der röm.-kath. Kirche durch die Unionen von Brest-Litowsk (1595/96) und Uschgorod (1646) vereinigten Kirchen des byzantin.-slaw. Ritus, deren Anhänger im Gebiet des poln.-litauischen Staates und im NO Ungarns lebten. Die Bez. r. K. wird heute v. a. für die Gemeinschaft der in die USA emigrierten Katholiken aus Transkarpatien gebraucht.

Ruthenium [nach Ruthenien, dem früheren Namen der Ukraine], chem. Symbol **Ru,** silbergraues chem. Element aus der VIII. Nebengruppe des Periodensystems der chem. Elemente (Platinmetalle); Ordnungszahl 44; relative Atommasse 101,07; Dichte 12,30 g/cm³ (bei 20°C); Schmelztemperatur 2310°C; Siedetemperatur 3900°C. In seinen meist farbigen Verbindungen tritt es v. a. vierwertig auf; verwendet in Legierungen für Federspitzen und Spinndüsen sowie als Katalysator.

Rutherford, Ernest [engl. 'rʌðəfəd], Lord R. of Nelson (seit 1931), * Spring Grove bei Nelson (Neuseeland) 30. 8. 1871, † Cambridge 19. 10. 1937, brit. Physiker. Einer der bedeutendsten Experimentalphysiker dieses Jh., insbes. auf dem Gebiet der Radioaktivität bzw. der Kernphysik. Auf Grund des Durchdringungs- und Ionisierungsvermögens unterschied R. 1897 zwei verschiedene radioaktive Strahlungsarten, die er Alpha- und Betastrahlung nannte. 1902 erkannte R. mit F. Soddy die Radioaktivität als Elementumwandlung und formulierte das radioaktive Zerfallsgesetz. 1911 entwickelte er das nach ihm ben. Atommodell. 1919 gelang ihm die erste künstl. Kernreaktion durch Alphastrahlenbeschuß von Stickstoff, der dabei in Sauerstoff umgewandelt wurde. Nobelpreis für Chemie 1908.

Rutherfordium [rʌðə...; nach E. Rutherford] (Unnilhexium, Seaborgium), chem. Symbol **Rf,** radioaktives chem. Element mit der Ordnungszahl 106; 1974 in der UdSSR künstlich hergestelltes ↑Transactinoid. R. war früher der Name für das chem. Element ↑Dubnium.

Rutil [lat.], in Form prismat., gestreckter oder säuliger Kristalle bzw. feinster Nadeln auftretendes, metall. glänzendes, rötl. Mineral, chem. TiO_2. Mohshärte 6,0; Dichte 4,2–4,3 g/cm³; wichtiges Titanerz, synthet. R.kristalle als Schmucksteine.

Rutin [griech.-lat.] (Vitamin P, Antipermeabilitätsfaktor) ↑Vitamine.

Rutil. Kristalle in hellem Gestein

Rüti (ZH), Gem. im schweizer. Kt. Zürich, 10 000 E. – 1206 gegr. Prämonstratenserabtei, bevorzugte Grabstätte der Grafen von Toggenburg.

Rütlischwur, angeblich auf dem Rütli, einer Bergwiese über dem Urner See, im August 1291 geschlossenes »ewiges Bündnis« der Schweizer Urkantone Uri, Schwyz und Unterwalden; gilt als Beginn der Schweizer. Eidgenossenschaft.

Rüttgers, Jürgen, * Köln 26. 6. 1951, dt. Politiker (CDU). Jurist; seit 1987 MdB; 1991–94 Erster Parlamentarischer Geschäftsführer der CDU-Bundestagsfraktion; seit 1994 Bundes-Min. für Bildung, Wissenschaft, Forschung und Technologie.

Ruus al-Djebel, Halbinsel im O der Arab. Halbinsel, gehört zu Oman bzw. den Vereinigten Arab. Emiraten.

Ruusbroec (Rusbroec, Ruisbroeck, Ruysbroeck), Jan van [niederl. 'ry:zbru:k], sel., * Ruisbroek bei Brüssel 1293, † Groenendaal bei Brüssel 2. 12. 1381, fläm. Mystiker. Stiftete die Augustiner-Chorherren-Probstei Groenendaal, deren erster Prior er war (1353). Schrieb zahlr. myst. Traktate; seine Mystik ist eine Synthese von Christus- und Trinitätsmystik.

Ruwenzori [...'zo:ri], kristallines Gebirge in Ostafrika, über das die Grenze zw. Zaire und Uganda verläuft, bis 5 109 m hoch.

Ruwer, rechter Nebenfluß der Mosel, 40 km lang; am Unterlauf Weinbau.

Ruysdael, Salomon Jacobsz. van [niederl. 'rœjzda:l], * Naarden kurz nach 1600, □ Haarlem 3. 11. 1670, niederl. Landschaftsmaler. Hell gestimmte Landschaften; Porträts.

Ružička, Leopold [serbokroat. 'ruʒitʃka], * Vukovar 13. 9. 1887, † Mammern bei Frauenfeld 26. 9. 1976, schweizer. Chemiker kroat. Herkunft. R. untersuchte Steroidhormone; erhielt für seine Arbeiten über die Polyterpene 1939 (mit A. Butenandt) den Nobelpreis.

RVO, Abk. für ↑**R**echts**v**er**o**rdnung, ↑**R**eichs**v**ersicherungs**o**rdnung.

Ryan, Meg [engl. 'reɪən], * Fairfield (Conn.) 19. 11. 1961, amerikan. Filmschauspielerin. Internat. bekannt v. a. durch »Top Gun« (1986), »Harry & Sally« (1989), »Schlaflos in Seattle« (1993).

Ryūkyūinseln

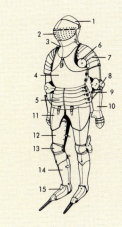

Rüstung 1). Vollrüstung um 1450; 1 geschlossener Visierhelm mit aufschlächtigem Visier (2) und Ansteckbart (3), 4 Brust mit doppelter Schiftung, 5 Plattenschurz mit fünf Bauchreifen, 6 Schwebescheibe, 7 siebenmal geschobene Achsel, 8 Armkachel, 9 Unterarmröhre, 10 ungefingerter Handschuh (Hentze), 11 Beintasche, 12 Diechling, 13 Kniebuckel, 14 Beinröhre, 15 Eisenschuh mit absteckbarem Schnabel

Rychner, Max ['ri:çnər], * Lichtensteig bei Sankt Gallen 8. 4. 1897, † Zürich 10. 6. 1965, schweizer. Schriftsteller und Literaturhistoriker. Hg. und Übersetzer (P. Valéry), Lyriker und Novellist; sah sich als Mittler zw. dt. und frz. Geisteswelt (u. a. »Bedachte und bezeugte Welt«, 1962).

Rydberg-Konstante [nach dem schwed. Physiker J. Rydberg, * 1854, † 1919] (physikal. Zeichen R), Konstante in Serienformeln für die Spektrallinien von Linienspektren: $R = 109737{,}31\,cm^{-1}$.

Ryle, Sir (seit 1966) Martin [engl. raɪl], * Brighton 27. 9. 1918, † Cambridge 14. 10. 1984, brit. Astrophysiker. Prof. für Radioastronomie in Cambridge; lieferte bahnbrechende Arbeiten zur ↑Apertursynthese; 1974 (zus. mit A. Hewish) Nobelpreis für Physik.

Ryūkyūinseln (Riukiuinseln), jap. Inselgruppe zw. Ostchin. Meer und Philippinensee, 98 Inseln, davon 47 bewohnt, rd. 4600 km², Hauptort Naha (auf Okinawa).

Geschichte: Seit dem 14. Jh. China, seit 1609 gleichzeitig Japan tributpflichtig; 1879 von Japan annektiert (als Präfektur Okinawa zum jap. Kaierreich); April bis Juni 1945 heftig umkämpft (über 200 000 Opfer), kamen die R. im Vertrag von San Francisco 1951 unter amerikan. Verwaltung; 1953 Rückgabe der nördl., 1972 der südl. R. an Japan.

Martin Ryle

S s

S, 1) 19. Buchstabe des dt. Alphabets (im lat. der 18.), im Griech. σ (Sigma).
2) Abk. für italien. **S**an, **S**ant', **S**anta und **S**anto; span. **S**an; portugies. **S**anto und **S**ão.
3) chem. Symbol für ↑Schwefel.
s, Einheitenzeichen für ↑Sekunde.
SA, Abk. für **S**tur**m**abteilung, die uniformierte polit. Kampf- und Propagandatruppe der NSDAP; 1920 als Versammlungsschutz der Partei gegr., seit 1921 von ehem. Freikorpsoffizieren zur paramilitärischen Kampforganisation umgeformt, nach dem Hitlerputsch verboten; 1925 Neuaufbau auf lokaler Ebene. Die SA (1933 rd. 700 000 v. a. jugendl. Mgl.) wurde in Straßenkampf und Propaganda zur Terrorisierung polit. Gegner und der Staatsgewalt eingesetzt, ab 1933 z. T. »Hilfspolizei« gegen polit. Widerstand. Den Plänen des SA-Stabschefs E. Röhm für den Aufbau eines »SA-Staats« begegnete Hitler im Verlauf des angebl. »Röhm-Putsches« (1934), wodurch die SA ihre polit. Bedeutung verlor.
Sa., Abk. für lat. **S**umm**a** (»Summe«).
S. A. [frz. ɛ'sa], Abk. für **S**ociété **A**nonyme, frz. Bez. für Aktiengesellschaft.
Saadja (Saadja ben Josef al-Faijumi), * Pithom (Unterägypten) 882, † Sura (Babylonien) 942, jüd. Gelehrter. Bedeutendster ↑Gaon des mittelalterl. Judentums; gilt als Vater der jüd. Philosophie, v. a. durch sein religionsphilosoph. Werk »Buch des Glaubens und Wissens«.
Saalach, linker Nebenfluß der Salzach, z. T. Grenzfluß zw. Deutschland und Österreich, 108 km lang.

Saarbrücken
Stadtwappen

Entwicklung des Buchstabens **S**

〜	Semitisch
Σ	Griechisch
S	Römische Kapitalschrift
S	Unziale
ſ	Karolingische Minuskel
𝖘𝖘	Textur
S s	Renaissance-Antiqua
𝔖𝔰	Fraktur
S s	Klassizistische Antiqua

Saalburg, röm. Limeskastell im Taunus, nw. von Bad Homburg v. d. H.; angelegt unter Domitian (um 90 n. Chr.), ausgebaut unter Hadrian und Caracalla; 1898–1917 rekonstruiert.
Saale, linker Nebenfluß der Elbe, entspringt im nördl. Fichtelgebirge, mündet sö. von Barby/Elbe, 427 km lang.
Saalfeld/Saale, Kreisstadt am NO-Rand des Thüringer Waldes, Thüringen, 29 000 E. Spätgotisch sind die Johanniskirche, das Rathaus und das Schlößchen Kitzerstein; Burgruine Hoher Schwarm (14. Jh.); am Stadtrand die Feengrotten (ehem. Alaunbergwerk); Barockschloß (1677–1720). – Zunächst wohl fränk. Königshof (899 erstmals erwähnt), im 10. Jh. Königspfalz, 1208 erstmals als Stadt bezeugt; 1389 an die Wettiner; 1680–1735 Residenz der Hzg. von Sachsen-Saalfeld.
Saalkirche, einschiffiger Kirchenbau.
Saane, linker Nebenfluß der Aare (Schweiz), 128,5 km lang.
Saanen, Bezirkshauptort im schweizer Kt. Bern, im oberen Saanental, 6 300 E. Got. Mauritiuskirche (um 1200 und v. a. 15. Jh.).
Saar (frz. Sarre), rechter Nebenfluß der Mosel, entspringt am Donon (Vogesen), mündet bei Konz, 246 km lang. Quellflüsse sind *Weiße S.* und *Rote S.,* die beide am Donon in den Vogesen entspringen und sich bei Lörchingen (Lorquin) vereinigen. Den Hunsrück durchbricht die S. in tief eingesenkten Mäandern, zu denen die S.-Schleife bei Mettlach gehört.
Saarbrücken, Hauptstadt des Saarlandes, in einem Becken des Saartales und an den umgebenden Hügeln, 191 000 E. Univ., Museen, Theater, Landesarchiv; Dt.-Frz. Garten, Zoo. Seit der Mitte des 19. Jh. bed. Metall-Ind., daneben Elektro-, Textil-, Nahrungsmittel-Ind., Brauereien, Druck- und Verlagsgewerbe, Steinkohlenbergbau, u. a. im Ortsteil *Dudweiler;* Hafen; ✈. Bed. u. a. Stadtpfarrkirche (15., 17. und 20. Jh.) mit Grabdenkmälern des Hauses Nassau-S., barocke ev. Ludwigskirche (18. Jh.), Altes Rathaus (18. Jh.); Schloß (Neubau 19. Jh.); Stiftskirche im Stadtteil *Sankt Arnual* (13. und 14. Jh.). – Alt-S. entwickelte sich im 11. Jh. unterhalb der 999 erstmals erwähnten Burg; erhielt 1321 Stadtrecht. 1381–1801

Saarland

Saar.
Die Saarschleife bei Mettlach

Hauptstadt der Gft. Nassau-S., 1815 an Preußen. Nach Eingemeindung des ehem. Dorfes *Sankt Arnual* (1896) wurden 1908 Alt-S., *Sankt Johann* (Stadtrecht seit 1321) und *Malstatt-Burbach* (Stadtrecht seit 1875) zur Stadt S. zusammengeschlossen, die seit 1947 Hauptstadt des Saarlandes ist.

Saargebiet ↑Saarland (Geschichte).

Saargemünd (frz. Sarreguemines), frz. Stadt an der Saar, Dép. Moselle, 24 800 E.

Saarinen, 1) Eero, *Kirkkonummi bei Helsinki 20. 8. 1910, † Ann Arbor (Mich.) 1. 7. 1961, amerikan. Architekt und Designer finn. Herkunft. Sohn von Eliel S.; schuf u. a. dynamisch konzipierte Schalendachkonstruktionen (Massachusetts Institute of Technology [1953–55]; Dulles International Airport in Washington [1958–62]); auch Sitzmöbel.
2) Eliel, *Rantasalmi bei Mikkeli 20. 8. 1873, † Bloomfield Hills (Mich.) 1. 8. 1950, amerikan. Architekt finn. Herkunft. Vater von Eero S.; Bahnhof in Helsinki (1904 Entwurf, 1910–14 erbaut).

Saarland, Bundesland im W der BR Deutschland, an der frz. und luxemburg. Grenze, 2570 km^2, 1,08 Mio. E, Hauptstadt Saarbrücken. Teile des Saar-Nahe-Berglands bilden den Kernraum. Pfälzer Gebrüch, Westrich und Bliesgau leiten über zum Pfälzer Wald und lothring. Schichtstufenland. Im N liegt die höchste Erhebung (695 m) im Schwarzwälder Hochwald, einem Teil des Hunsrücks. Rd. 73 % der Bevölkerung sind kath., 22 % evangelisch. Das S. verfügt über eine Univ. in Saarbrücken. Wichtigste landwirtschaftl. Erzeugnisse sind Getreide, Kartoffeln, Gemüse, Obst und Weintrauben; außerdem Rinder-, Schweine- und Geflügelzucht. Rd. 30 % des S. sind waldbedeckt. Auf der Basis der einheim. Steinkohlevorkommen (rückläufiger Abbau) und der eingeführten lothring. Minette entwickelte sich Eisen- und Stahl-Ind., deren Standorte eng an das Kohlerevier gebunden sind. Bed. ist auch u. a. die Keramik- und Glasindustrie.

Geschichte: Auf Grund des Versailler Vertrags wurden 1920 Teile der ehem. preuß. Rhein-Prov. und der ehem. bayr. Rheinpfalz als *Saargebiet* für 15 Jahre der Verwaltung des Völkerbunds unterstellt. 1935 kam dieses auf Grund einer Volksabstimmung (rd. 90 % für den Anschluß) zum Dt. Reich; 1935–40 mit der Pfalz zum Gau Saarpfalz vereinigt, 1940–45 Westmark genannt. Am 2. 1. 1946 kamen die ehem. reichseigenen Saargruben unter frz. Verwaltung. Am 15. 12. 1947 trat die Verfassung in Kraft, Min.-Präs. wurde J. Hoffmann (Christl. Volkspartei, 1947–51 und 1952–54 in Koalition mit der Sozialdemokrat. Partei Saar); die Regierung wurde von einem frz. Hohen Kommissar beaufsichtigt. Am 1. 4. 1948 trat eine Zollunion mit Frankreich in Kraft. 1954 handelten Frankreich und

Saarland
Landeswappen

Saarlouis

die BR Deutschland im Rahmen der Pariser Verträge das *Saarstatut* (23. 10.) aus, das eine »Europäisierung« des S. im Rahmen der Westeurop. Union vorsah; es wurde in der Volksabstimmung vom 23. 10. 1955 mit $^2/_3$-Mehrheit abgelehnt, Min.-Präs. Hoffmann trat zurück. In der Landtagswahl vom 18. 12. 1955 setzten sich die die Angliederung an die BR Deutschland befürwortenden Parteien durch. Der am 27. 10. 1956 abgeschlossene dt.-frz. *Saarvertrag* trug dem Rechnung und gliederte das S. der BR Deutschland am 1. 1. 1957 politisch, im Juli 1959 auch wirtschaftlich ein. 1955–80 war die CDU stets stärkste Partei. Sie stellte 1956–85 den Min.-Präs. (1959–79 F.-J. Röder; 1979–85 W. Zeyer): 1956–59 Koalition CDU/SPD/Dt. Partei Saar (DPS [FDP]), 1959–61 CDU/SPD, 1961–70 CDU/DPS (FDP), nach Alleinregierung der CDU 1970–77 erneut Koalition CDU/FDP. Bei den Wahlen von 1985 errang die SPD die absolute Mehrheit; Min.-Präs. ist seither O. Lafontaine.

Saarlouis [zaːrˈlui], Kreisstadt an der mittleren Saar, Saarland, 38 200 E. Nach Plänen Vaubans zw. 1680/86 als Festung erbaut; 1936–45 *Saarlautern*.

Saar-Nahe-Bergland, Landschaft zw. dem Hunsrück im N, dem Rheinhess. Hügelland im O und dem Pfälzer Wald im S. Höchste Erhebung ist mit 687 m der Donnersberg, der im O, im *Nordpfälzer Bergland*, liegt.

Saarstatut ↑Saarland (Geschichte), ↑Pariser Verträge 1954.

Saarvertrag ↑Saarland (Geschichte).

Saas-Fee, schweizer. Sommerfrische und Wintersportort im Kt. Wallis, 3 200 E.

Saaterbse, Art der Gatt. Erbse mit den Kulturformen *Ackererbse* (Felderbse, Futtererbse; für Grün- und Trockenfutter angebaut), *Gartenerbse* (Gemüseerbse; in vielen Sorten als Gemüsepflanze kultiviert), *Markerbse* (Runzelerbse; mit viereckigen, trockenen Samen; werden unreif als Gemüse gegessen) und *Zuckererbse* (die süß schmeckenden Hülsen und Samen werden unreif als Gemüse gegessen).

Saateule (Wintersaateule), etwa 4 cm spannender Eulenfalter; Raupen sind schädlich durch Fraß an Wurzeln und Blättern krautiger Pflanzen und Gräser.

Saatkrähe

Saatgut (Saat), zur Erzeugung von Pflanzen oder zu ihrer Vermehrung vorgesehene Samen und Früchte (gesetzlich auch das Pflanzgut von Kartoffeln und Reben). Gehandeltes S. bestimmter Pflanzenarten (z. B. Getreide, Gräser, Hackfrüchte, Reben und Gemüsearten) bedarf einer amtl. Saatenanerkennung.

Saatkrähe, rd. 45 cm langer, schwarzer, kolonieweise brütender Rabenvogel in Europa und Asien; mit unbefiederter Schnabelbasis.

Saatschnellkäfer, Gatt. der Schnellkäfer mit zehn 6–15 mm langen einheim. Arten; Larven einiger Arten als *Drahtwürmer* schädlich an Wurzeln und Knollen verschiedener Kulturpflanzen (z. B. Getreide, Kartoffel- und Gemüsepflanzen).

Saavedra Lamas, Carlos [span. saaˈβeðra -], *Buenos Aires 1. 11. 1878, †ebd. 5. 5. 1959, argentin. Politiker. 1932–38 Außen-Min., präsidierte der Konferenz, die den Chacokrieg beilegte; 1936 Friedensnobelpreis.

Saba, Kgr. (1. Jt. v. Chr. bis 3. Jh. n. Chr.) der *Sabäer* in S-Arabien (im heutigen NO-Jemen) mit der Hauptstadt Marib; bekannt aus dem AT (u. a. Besuch der Königin von Saba bei Salomo, 1. Kön. 10) und aus assyr. Texten des 8. und 7. Jh. v. Chr.; zerfiel in nachchristl. Zeit und ging nach dem Aussterben seiner Dynastie im 3. Jh. im südarab. Großreich der benachbarten Himjar auf, das im frühen 6. Jh. unter abessin., dann unter pers. (sassanid.) Oberherrschaft kam; der letzte pers. Satrap schloß sich 628 dem Propheten Mohammed an.

Sabah, seit 1963 Gliedstaat Malaysias, im N der Insel Borneo, 73 710 km², 1,47 Mio. E, Hauptstadt Kota Kinabalu. Höchste Erhebung ist der Kinabulu (4 101 m ü. M).

Sabaoth ↑Zebaoth.

Sabatier, Paul [frz. sabaˈtje:], *Carcassonne 5. 11. 1854, †Toulouse 14. 8. 1941, frz. Chemiker. Erhielt für die Entwicklung der katalyt. Hydrierung or-

Saatschnellkäfer. Feldhumusschnellkäfer

gan. Verbindungen mit fein verteilten Metallpulverkatalysatoren 1912 (mit V. Grignard) den Nobelpreis für Chemie.

Sábato, Ernesto [span. 'saβato], *Rojas bei Rosario 23. 6. 1911, argentin. Schriftsteller. Schreibt Romane (»Der Maler und das Fenster«, 1948; »Über Helden und Gräber«, 1961; »Abaddon«, 1974) und Essays; als Leiter einer staatlich beauftragten Kommission Verfasser der Schrift »Nie wieder! Ein Bericht über Entführung, Folter und Mord durch die Militärdiktatur Argentiniens« (1984).

Sabbat [hebr.] (jidd. Schabbes), im Judentum der 7. Tag der Woche (Sonnabend), Tag der Ruhe und der Heiligung.

Sabbatai Zwi, *Smyrna (heute İzmir) 1626, † Ulcinj (Montenegro) 17. 9. 1676, jüd. Pseudomessias und Sektengründer (Sabbatianismus). Gab sich für den von den Kabbalisten erwarteten Messias aus; wurde 1666, kurz nach Beginn der von ihm bestimmten messian. Ära von osman. Behörden verhaftet und gezwungen, zum Islam überzutreten.

Sabbatianismus, nach Sabbatai Zwi ben. messian. Bewegung im Judentum im 17./18. Jahrhundert. Trotz eines Rückgangs nach der Konversion Sabbatai Zwis zum Islam wirkten die *Sabbatianer* bis weit ins 18. Jh. hinein.

Säbel, einschneidige Hieb- und Stichwaffe mit gekrümmter Klinge; zum Schutz der Faust ist der S.griff mit Bügel oder Korb versehen; war v. a. bei der leichten Kavallerie in Gebrauch.

Säbelfechten ↑Fechten.

Sabeller (lat. Sabelli), die von den Sabinern und Umbrern ausgegangenen mittelitalischen Stämme (u. a. Volsker, Äquer, Marser und bes. die Samniten); im 4./3. Jh. v. Chr. von den Römern unterworfen.

Säbelschnäbler (Recurvirostridae), Fam. etwa 40–50 cm langer, schlanker, hochbeiniger Wasservögel mit sieben Arten an Meeresstränden und Salzseen der Alten und Neuen Welt; in Europa der fast 40 cm lange, rotbeinige *Stelzenläufer* (Strandreiter) und der *Eurasiat. S.* (rd. 45 cm lang, schwarz/weiß gefärbt).

Säbelwuchs ↑Geknick.

Sabiner (lat. Sabini), im Altertum ein von den Umbrern abstammendes Volk M-Italiens; Hauptort u. a. Nursia (heute Norcia) und Reate (heute Rieti). Durch den röm. *Raub der Sabinerinnen* (der Sage nach raubten die Römer, weil sie keine Frauen hatten, bei einem Fest die Frauen der S.; den darauf folgenden Rachezug der S. verhinderten die Frauen) bed. Rolle in der myth. Geschichte Roms; 290 v. Chr. von Rom unterworfen.

Sabiner Berge, westl. Randgebirge des Abruzz. Apennin, bis 1 365 m hoch.

Sabin-Schluckimpfung [engl. 'sæbɪn...], Schluckimpfung gegen Kinderlähmung mit dem von dem amerikan. Arzt poln. Herkunft Albert Bruce Sabin (*1906, † 1993) entwickelten Lebendimpfstoff (durch Wirtspassagen abgeschwächte Poliomyelitisviren vom Typ I, II und III).

Säbler, Gatt.-Gruppe bis etwa 30 cm langer, vorwiegend brauner Singvögel mit rd. 30 Arten, v. a. in SO-Asien; Schnabel türkensäbelförmig abwärts gekrümmt; z. T. Stubenvögel.

Sabotage [...'ta:ʒə; frz.], bewußte Beeinträchtigung von militär. oder polit. Aktionen oder Produktionsabläufen, z. B. durch [passiven] Widerstand oder Zerstörung wichtiger Anlagen und Einrichtungen.

SAC, 1) Abk. für **S**ocietas **A**postolatus **C**atholici (↑Pallottiner).
2) Abk. für **S**chweizer **A**lpen-**C**lub (↑Alpenvereine).

Saccharide [zaxa...; griech.], svw. ↑Kohlenhydrate.

Saccharimetrie [zaxa...; griech.], die Bestimmung des Zuckergehalts einer wäßrigen Lösung, z. B. durch Messen der Dichte mit einem Aräometer oder des opt. Drehvermögens mit einem Polarimeter *(Saccharimeter)*.

Saccharin [zaxa...; griech.] (o-Sulfobenzoesäureimid), künstl. Süßstoff (550fache Süßkraft von Zucker).

Säbel.
Links: Türkischer Säbel, 16. Jh.; Griff 18. Jh. ♦ Rechts: Husarensäbel, 19. Jh.

Säbelschnäbler.
Eurasiatischer Säbelschnäbler

Saccharose

Saccharose [zaxa...; griech.] (Rohrzucker, Rübenzucker, Sucrose), aus je einem Molekül Glucose und Fructose aufgebautes Disaccharid, das v. a. aus Zuckerrüben und Zuckerrohr gewonnen wird; wichtiges Nahrungsmittel.

Sacco di Roma [italien. 'sakko di 'ro:ma »Plünderung Roms«], Bez. für die monatelange Plünderung Roms (1527) durch die Söldner des Kaisers Karl V.

Sacco-Vanzetti-Fall [italien. 'sakko...], nach dem Schuhmacher Nicola Sacco (*1891, †1927) und dem Fischhändler Bartholomeo Vanzetti (*1888, †1927) ben. amerikan. Justizfall, in dem beide des Mordes angeklagten Anarchisten italien. Herkunft trotz problemat. Beweisführung und weltweiter Proteste 1921 für schuldig erklärt und 1927 hingerichtet wurden; im Juli 1977 wurden Sacco und Vanzetti vom Gouverneur von Massachusetts rehabilitiert.

Sacerdotium [lat. »Priestertum«], im MA Bez. für die geistl. Gewalt (Papsttum) im Ggs. zur weltl. (Königtum [Regnum] bzw. Kaisertum [Imperium]).

Sachalin [zaxa'li:n, russ. sexa'lin], russ. Insel zw. Ochotsk. und Jap. Meer, durch den Tatar. Sund vom Festland getrennt, 76 400 km², bis 1 609 m hoch, wichtigste Häfen Korsakow und Cholmsk. – 1855–75 gemeinsame russ.-jap. Verwaltung; 1875 Verzicht Japans auf den südl. Teil, der 1905–45 erneut jap. war; seit 1945 ganz zur UdSSR.

Sacharja (Vulgata: Zacharias), alttestamentl. Prophet des 6. Jh. und gleichnamiges Buch des AT.

Sacharow, Andrei Dmitrijewitsch [russ. 'saxɐrɐf], *Moskau 21. 5. 1921, †Moskau 14. 12. 1989, russ. Physiker und Bürgerrechtler. Führend an der Entwicklung der sowjet. Wasserstoffbombe beteiligt. In seinem Memorandum »Gedanken über den Fortschritt, die friedl. Koexistenz und geistige Freiheit« (1968) wandte er sich gegen die ideolog. Teilung der Welt. 1970 gründete Sacharow ein Komitee zur Durchsetzung der Menschenrechte in der UdSSR; 1975 erhielt er den Friedensnobelpreis. 1980–86 nach Gorki verbannt und bis 1988 aus der Sowjet. Akademie der Wiss. ausgeschlossen, wurde er 1989 Abg. im Kongreß der Volksdeputierten.

Andrei Dmitrijewitsch Sacharow

Sachbeschädigung, die vorsätzl. und rechtswidrige Beschädigung oder Zerstörung einer fremden Sache.

Sachbezüge (Naturalbezüge), Teil des Arbeitsentgelts, das in Sachgütern (z. B. freie Station, Heizung) geleistet wird.

Sachbuch, Publikation, die [neue] Fakten und Erkenntnisse auf wiss., techn., polit., sozialem, wirtschaftl., kulturellem Gebiet in meist populärer und unterhaltsamer Form darbietet.

Sache, im *Recht* Bez. für einen abgrenzbaren körperl. Teil der den Menschen umgebenden Außenwelt, der der Beherrschung durch eine einzelne Person zugänglich ist und deshalb Gegenstand von Rechten sein kann. Unbewegl. S. sind die Grundstücke (Immobilien) mit ihren wesentl. Bestandteilen (z. B. Gebäuden). Alle anderen S. zählen zu den beweglichen (Mobilien). Im Schuldrecht von Bedeutung ist die Unterscheidung zw. *vertretbaren* und *unvertretbaren* S.; vertretbar sind bewegl. S., die im Verkehr nach Maß, Zahl und Gewicht bestimmt zu werden pflegen; unvertretbar sind z. B. Grundstücke oder bes. angefertigte Möbel.

Sachenrecht, dasjenige Gebiet des bürgerl. Rechts, das die Rechtsverhältnisse an Sachen betrifft. Gesetzl. Grundlage ist in erster Linie das 3. Buch des BGB.

Sacher-Masoch, Leopold Ritter von, Pseud. Charlotte Arand, Zoë von Rodenbach, *Lemberg 27. 1. 1836, †Lindheim (heute zu Altenstadt bei Büdingen) 9. 3. 1895, österr. Schriftsteller. Der sexualpatholog. Begriff des ↑Masochismus geht auf seine zahlr. Romane (u. a. »Venus im Pelz«, 1870) und Erzählungen (u. a. »Grausame Frauen«, 6 Bde., hg. 1907) zurück, in denen das Phänomen der durch Grausamkeit ausgelösten Wollust literarisch dargestellt wird; im deutschsprachigen Bereich heftig abgelehnt, in Frankreich u. a. von V. Hugo und E. Zola gefeiert.

Sachmet (Sechmet), ägypt. Göttin, die Krankheiten (v. a. Seuchen) schickt und auch heilt. Dargestellt als Frau mit Löwenkopf, als Gemahlin des Ptah in Memphis verehrt.

Sachs, 1) Hans, *Nürnberg 5. 11. 1494, †ebd. 19. 1. 1576, dt. Meistersinger. Schuhmacher; wurde 1520 in Nürnberg Meister (↑Meistersang). Schrieb über 4000 geistl. und weltl. Lieder sowie

schwankhafte Spruchgedichte (»Die Wittenbergisch Nachtigall« [1523] mit einer volkstüml. Darstellung der Lehre Luthers). Schrieb 85 Fastnachtsspiele, über 100 Komödien und Tragödien v. a. über bibl. und histor. Stoffe.
2) **Nelly**, eigtl. Leonie S., * Berlin 10. 12. 1891, † Stockholm 12. 5. 1970, deutschsprachige Lyrikerin. Stammte aus einer jüd. Familie; floh, von S. Lagerlöf unterstützt, 1940 nach Schweden, wurde schwed. Staatsbürgerin. Ausgangspunkt ihres Schaffens ist der Untergang des europ. Judentums, der ihr zum Zeichen für den auf der Flucht befindl. Menschen überhaupt wurde. 1965 Friedenspreis des Börsenvereins des Dt. Buchhandels, 1966 Nobelpreis für Literatur (mit S. J. Agnon). – *Werke:* In den Wohnungen des Todes (1947), Sternverdunkelung (1949), Und niemand weiß weiter (1957), Fahrt ins Staublose (1961), Glühende Rätsel (1964), Die Suchende (Ged.-Zyklen, 1966), Teile dich Nacht (hg. 1971).

Hans Sachs
(Gemälde von Andreas Herneisen; 1575)

Sachseln, Gem. im schweizer. Kt. Obwalden, am Sarnersee, 3500 E. Wallfahrtskirche (1672–84). Im Ortsteil *Flüeli* Wallfahrtskapelle des hl. Nikolaus von Flüe (17. Jh.).

Sachsen, Moritz Graf von, gen. Maréchal de Saxe, * Goslar 28. 10. 1696, † Chambord 30. 11. 1750, dt. Heerführer und frz. Marschall (seit 1744). Natürl. Sohn Augusts II., des Starken, von Polen-Sachsen und der Gräfin Maria Aurora von Königsmarck; 1711 legitimiert; ab 1720 in der frz. Armee; stieg im Österr. Erbfolgekrieg zum Generalfeldmarschall aller frz. Armeen auf.

Sachsen, Bundesland der BR Deutschland, im O des Staates, grenzt an Polen und die Tschech. Rep., 18 338 km², 4,68 Mio. E, Hauptstadt Dresden. Der N des Bundeslandes ist Teil des Norddt. Tieflandes, das mit der Leipziger Tieflandsbucht weit nach S reicht. Das Sächs. Bergland leitet zum Erzgebirge über; im O schließen sich Elbsandsteingebirge und die Oberlausitz an. Wichtige Flüsse sind Elbe, Mulde und Spree. Bevölkerungsreichstes Land in O Deutschlands. Univ. bestehen in Leipzig, Dresden, Chemnitz/Zwickau und Freiberg. Intensiver Ackerbau (Weizen, Zuckerrüben, Gemüse) findet sich in den Bördenlandschaften, bed. Braunkohlenabbau südl. von Leipzig. Wichtige Ind.-Zweige sind der Maschinenbau, die Elektro-, Textil-, chem. und neuere Ind. (Meißen), Spielwarenind. und Musikinstrumentenbau im Erzgebirge und Vogtland.

Geschichte: Das (jüngere) *Stammesherzogtum S.*, entstanden um 900 auf der Grundlage des alten Sachsenstammes unter Führung der Liudolfinger, seit 1137/42 an die Welfen vergeben, wurde nach dem Sturz Heinrichs des Löwen, unter dem es seine größte Ausdehnung erreicht hatte, 1180 auf ein östl., an der Elbe gelegenes Rest-Hzgt. reduziert (das übrige S. kam z. T. an das Erzstift Köln, z. T. bildete es später das Hzgt. Braunschweig-Lüneburg). Das Rest-Hzgt. S. fiel an die Askanier, die es 1260 in die Hzgt. S.-Lauenburg (↑Lauenburg) und S.-Wittenberg teilten. Letzteres fiel 1423 zusammen mit der 1356 (Goldene Bulle) erworbenen Kurwürde und dem Hzg.titel an die wettin. Markgrafen von Meißen. Die *Markgrafschaft Meißen,* 982 aus den Mark-Gft. Merseburg, Zeitz und Meißen gebildet und 1089/1125 an das Haus Wettin gelangt, umfaßte seit Mitte des 13. Jh. (zu dieser Zeit u. a. Erwerb Thüringens) ein Gebiet von der Oder bis zur Werra, vom Erzgebirge bis zum Harz. Auf dieses Gebiet übertrug sich 1423 der Name des Kur-Ft. S. (*Kursachsen* oder Obersachsen, während man das alte Land der Sachsen jetzt Niedersachsen nannte). 1485 kam es zur Teilung des Hauses Wettin in die Ernestin. Linie, die in den

Sachsen

Sachsen-Anhalt
Landeswappen

Besitz der Hauptmasse Thüringens (ab 1572 Aufspaltung in die ↑Sächsischen Herzogtümer) und (bis 1547) des Kurlandes S. gelangte und in der Reformationszeit als Förderer Luthers und Führer des Schmalkald. Bundes eine bed. Rolle spielte, sowie in die Albertin. Linie, die die Mark-Gft. Meißen, das Leipziger Gebiet, das nördl. Thüringen, 1547 das Kurland S. mit der Kurwürde und 1623/35 beide Lausitzen erhielt. Unter der absolutist. Herrschaft Augusts II., des Starken, wurde das Kur-Ft. S. in Personalunion mit Polen verbunden (bis 1763). Neben große kulturelle Leistungen (Dresdner Barock, J. S. Bach) trat der polit. Niedergang. 1806 wurde S. Mgl. des Rheinbundes und durch Napoleon I. zum Kgr. erhoben. – Durch den Wiener Kongreß (1815) kam die N-Hälfte des Kgr. an Preußen, das aus Gebieten an der unteren Saale und mittleren Elbe die neue, wirtschaftlich reiche *preuß. Provinz S.* errichtete, die 1945 mit dem Land Anhalt zur Prov. S. vereinigt wurden (1947–52, seit 1990 ↑Sachsen-Anhalt). – 1831 erhielt das *Königreich Sachsen* eine Verfassung, die ein Zweikammersystem vorsah. 1866 erfolgte der Beitritt zum Norddt. Bund. Seitdem nahm S. einen wirtschaftl. Aufschwung. – Am 10. 10. 1918 wurde in Dresden von den Arbeiter- und Soldaten-Räten die Republik S. ausgerufen, am 1. 11. 1920 nach Weimarer Vorbild eine Verfassung im *Land S.* erlassen. 1945 kam dieses mit Teilen Niederschlesiens zur sowjet. Besatzungszone. Mit der Aufhebung der Verfassung vom 28. 2. 1947 durch die Verwaltungsreform der DDR am 25. 7. 1952 wurde das Land S. in die Bezirke Leipzig, Dresden und Karl-Marx-Stadt (Chemnitz) aufgeteilt. 1990 wurde das Land S. im Zuge des Einigungsprozesses der DDR mit der BR Deutschland wiedererrichtet. Die Landtagswahlen von 1990 und 1994 wurden von der CDU gewonnen; seit 1990 ist K. Biedenkopf (CDU) Ministerpräsident. 1992 wurde eine Landesverfassung verabschiedet.

Sachsen, 1) (lat. Saxones) german. Stamm (Nordseegermanen), später Stammesverband, der sich im 2. und 3. Jh. an der Nordseeküste bis zum Niederrhein ausdehnte und seit Beginn des 5. Jh. z. T. nach Britannien auswanderte. Die auf dem Festland verbliebenen S. breiteten sich schließlich im ganzen Raum zw. Eider, Elbe und Saale, Werra und Unstrut sowie dem Niederrhein aus. 772–804 wurden sie von Karl d. Gr. dem Fränk. Reich gewaltsam eingegliedert.
2) ↑Siebenbürger Sachsen.
3) Zipser Sachsen (↑Zips).

Sachsen-Anhalt, Bundesland der BR Deutschland, grenzt im W an Niedersachsen und Thüringen, im O an Brandenburg und Sachsen, 20 443 km², 2,82 Mio. E, Hauptstadt Magdeburg. Weite Teile des Landes werden vom Norddt. Tiefland eingenommen; im W setzt die Mittelgebirgsschwelle mit dem östl. Harz ein (im Brocken 1 142 m hoch). Zentren sind Magdeburg, Halle und Dessau. Univ. bestehen in Halle-Wittenberg und in Magdeburg. Intensiver Ackerbau wird in der Magdeburger Börde und auf der Querfurter Platte betrieben. Chem. Ind., die v. a. auf dem Braunkohlenabbau beruht, Maschinen- und Fahrzeugbau sind die wichtigsten Ind.-Zweige.

Geschichte: Das Land S.-A. wurde 1947 aus der ehem. preuß. Prov. ↑Sachsen (mit Ausnahme des Regierungsbezirks Erfurt, der schon 1944 zu ↑Thüringen gekommen war) und dem ehem. Land ↑Anhalt gebildet. Bereits 1952 erfolgte die Aufteilung in die Bezirke Halle und Magdeburg durch die Verwaltungsreform der DDR. 1990 wurde im Zuge des Einigungsprozesses der DDR mit der BR Deutschland das Land S.-A. wiedererrichtet. Die Landtagswahl von 1990 gewann die CDU; Min.-Präs. einer CDU-FDP-Koalition wurde G. Gies (CDU), 1991 gefolgt von W. Münch (CDU), 1993 abgelöst von C. Bergner (CDU). Nach den Landtagswahlen von 1994 wurde R. Höppner (SPD) Min.-Präs. einer Minderheitsregierung zw. SPD und Bündnis 90/Die Grünen.

Sachsenhausen, Ortsteil von Oranienburg, Brandenburg. 1936–45 bestand in S. ein nat.-soz. KZ, dessen Insassen v. a. im 2. Weltkrieg zu Zwangsarbeit eingesetzt wurden; von den rd. 200 000 Häftlingen kam mehr als die Hälfte um. 1945–50 bestand hier ein sowjet. Internierungslager. Heute Mahn- und Gedenkstätte.

Sachsen
Landeswappen